المؤرخون والكتـابة التاريخية
في الجزيرة العربية

المؤرخون والكتابة التاريخية في الجزيرة العربية

في القرنين الثاني عشر والثالث عشر الهجريين
الثامن عشر والتاسع عشر الميلاديين

د. محمد عبدالله الزعارير

دار جامعة حمد بن خليفة للنشر
HAMAD BIN KHALIFA UNIVERSITY PRESS

الطبعة العربية الأولى عام ٢٠١٨

دار جامعة حمد بن خليفة للنشر
صندوق بريد ٥٨٢٥
الدوحة، دولة قطر

www.hbkupress.com

المؤرخون والكتابة التاريخية في الجزيرة العربية في القرنين
الثاني عشر والثالث عشر الهجريين الثامن عشر والتاسع عشر الميلاديين

حقوق النشر © د. محمد عبدالله الزعارير، ٢٠١٨
الحقوق الفكرية للمؤلف محفوظة

جميع الحقوق محفوظة.
لا يجوز استخدام أو إعادة طباعة أي جزء من هذا الكتاب بأي طريقة بدون الحصول على الموافقة الخطية من الناشر باستثناء في حالة الاقتباسات المختصرة التي تتجسد في الدراسات النقدية أو المراجعات.

الترقيم الدولي: ٩٧٨٩٩٢٧١٢٩١٥٥

مكتبة قطر الوطنية بيانات الفهرسة- أثناء- النشر (فان)

زعارير، محمد عبد الله، مؤلف.

المؤرخون و الكتابة في الجزيرة العربية في القرنين الثاني عشر و الثالث عشر الهجريين الثامن عشر و التاسع عشر الميلاديين / تأليف د. محمد عبد الله سلامة الزعارير. – الطبعة العربية الأولى.

الدوحة : دار جامعة حمد بن خليفة للنشر ، 2018.

صفحة ؛ سم

تدمك : 978-9927-129-15-5

1. التأريخ -- شبة الجزيرة العربية -- القرن 18. 2. التأريخ-- شبة الجزيرة العربية -- القرن 19. 3. المؤرخون -- شبة الجزيرة العربية -- تراجم. ج. العنوان.

DS326. Z33 2018

953.6– dc23

2018 2684865x

الإهــــداء

إلى والدتي ووالدي وزوجتي
وأولادي وإخواني وأخواتي

محمد

شكر وتقدير

أحمد الله وأشكره على نعمه التي لا تعد ولا تحصى...

يسعدني أن أتقدم بالشكر والتقدير والعرفان إلى أساتذتي الأفاضل في قسم التاريخ بالجامعة الأردنية الذين نهلت من علمهم في مرحلة الماجستير والدكتوراه. منهم من انتقل إلى جوار ربه داعيًا الله العلي القدير أن يتغمدهم بواسع مغفرته ورحمته ومنهم الأستاذ الدكتور عبد الكريم محمود غرايبة - رحمه الله - الذي أشرف على أطروحتي في الماجستير، ووقف إلى جانبي وشجعني وساعدني على الاستمرار في دراسة الدكتوراة، والأستاذ الدكتور عبد العزيز الدوري - رحمه الله - ومن أساتذتي الأفاضل الذين يدعوني الواجب لذكرهم وشكرهم هنا وما زالوا على قيد الحياة متمنيًا لهم موفور الصحة والعافية الأستاذ الدكتور عبدالأمير محمد أمين الذي أشرف على أطروحتي في الدكتوراة، والشكر موصول أيضًا إلى أساتذتي الكرام الأستاذ الدكتور علي محافظة والأستاذ الدكتور صالح درادكة، والأستاذ الدكتور محمد عدنان البخيت.

ويقضي الاعتراف بالجميل، ورد الفضل إلى أصحاب الفضل، أن أشكر كل من رعاني وساعدني على إعداد هذه الدراسة، والشكر موصول لأولئك الذين شجعوني ووقفوا إلى جانبي حتى تجاوزت كل صعوبة اعترضتني، وهم: أخوالي الأعزاء وزملائي الكرام، والأستاذ حامد الزغول لما بذله من جهد في المراجعة اللغوية لهذه الدراسة.

أما أولئك الذين لم يسعفني المقام لذكرهم، وهم كثيرون، فأرجو أن يلتمسوا لي عذرًا، مع تقديري لكل ما قدموه، واعتزازي بهم جميعًا.

المحتويات

الإهداء	5
شكر وتقدير	7
قائمة المختصرات	11
ملخـــص	13
المقدمة	15
تمهيــــد	21
القوى المؤثرة في أحداث الجزيرة	22
أولًا: القوى المحلية	22
ثانيًا: القوى السياسية الخارجية	27
الحياة الثقافية	32
الأوضاع الاقتصادية	35
الأوضاع الاجتماعية	36

الفصل الأول: التكوين الاجتماعي والمذهبي والسياسي والثقافي للمؤرخين في الجزيرة العربية 61

أولًا: مؤرخو نجد	66
ثانيًا: مؤرخو الحجاز:	81
ثالثًا: مؤرخو عُمان:	87
رابعًا: مؤرخو اليمن:	93
مؤرخو المخلاف السليماني	109

الفصل الثاني: اتجاهات الكتابة التاريخية	137
التاريخ العام:	141
التاريخ المحلي:	144
السِّيَر والتراجم:	174
النسب:	189
الرحلات:	194
الفصل الثالث: دوافع الكتابة التاريخية عند مؤرخي الجزيرة العربية	215
الدوافع السياسية:	217
الدوافع الدينية (المذهبية):	239
الدوافع الاجتماعية:	243
الدوافع الثقافية:	246
الفصل الرابع: مصادر المؤرخين ومنهجهم في التعامل معها	269
المصادر المكتوبة	273
المصادر الشفوية:	301
مشاهدات المؤرخين:	313
الخاتمة	341
قائمة المصادر والمراجع	347

قائمة المختصرات

ج : الجزء (للكتاب أو الجريدة أو المجلة).

س: السنة

ص: الصفحة

ط: الطبعة

ع: العدد (للجريدة أو المجلة).

ق: القسم

م: المجلد (للكتاب أو المجلة).

د.ت: (دون تاريخ)

د.ط: (دون طبعة)

د.م: (دون مطبعة)

د.ن: (دون ناشر)

ملخـــص

المؤرخون والكتابة التاريخية في الجزيرة العربية في القرنين الثامن عشر والتاسع عشر الميلاديين.

تبين هذه الدراسة التي حصلت على أساسها على درجة الدكتوراة في التاريخ من الجامعة الأردنية أهمية الدور الذي قام به المؤرخون من أبناء الجزيرة العربية في تدوين تاريخ بلدانهم خلال القرنين الثاني عشر والثالث عشر الهجريين/ الثامن عشر والتاسع عشر الميلاديين، في ظل مؤثرات سياسية متنوعة تمثلت بتعدد القوى السياسية المحلية، والتيارات المذهبية، والقوى السياسية الخارجية. وقد حاولت الكشف عن أثر الأوضاع السياسية والتيارات المذهبية والانتماءات القبلية في الكتابة التاريخية، وعن مدى ظهور هذه المؤثرات في كتابة التاريخ.

واقتضى موضوع هذه الدراسة إلقاء الضوء على الأوضاع السياسية والثقافية والاقتصادية والاجتماعية للعصر الذي عاش فيه المؤرخون؛ وقد تبين أن مؤرخي الحجاز تأثروا – في مؤلفاتهم التاريخية – بالأوضاع السياسية والاجتماعية والفكرية السائدة، وتأثّر مؤرخو عُمان بالإمامة الإباضية، ومؤرخو نجد بدعوة الشيخ محمد بن عبد الوهاب والدولة السعودية. وفي شمال اليمن تأثر المؤرخون بالفكر الزيدي والإمامة الزيدية، بينما تأثر مؤرخو جنوب اليمن وخاصة في حضرموت بالتصوف والولاء للسادة العلويين.

وتناولت الدراسة اتجاهات الكتابة التاريخية في الجزيرة العربية التي تمثلت بالتاريخ العام والتاريخ المحلي والسير والتراجم والنسب والرحلات، وأوضحت مدى تأثر مؤرخي الجزيرة بالمؤرخين المسلمين السابقين في ميدان التاريخ وخاصة أنهم حاولوا تدوين أخبارهم على السنوات (الحوليات) سيما في التاريخ المحلي الذي انصب عليه أغلب اهتمام المؤرخين، وفي التراجم أيضًا كان التأثر واضحًا بالمؤرخين المسلمين فكرة وتنظيمًا وترتيبًا للمادة التاريخية.

وبيّنت الدراسة في سياق دراسة المؤرخين ونتاجهم التاريخي دوافعهم لكتابة التاريخ، وجاءت في أغلبها على شكل دوافع سياسية كان بعضها بطلب رسمي، وبعضها الآخر كان ذاتيًا، هذا بالإضافة إلى دوافع اجتماعية (لإظهار النسب)، وثقافية للتأكيد على دور العلماء والعناية بتراجمهم وأحوالهم.

وألقت الدراسة الضوء على المصادر المتنوعة التي اعتمد عليها المؤرخون، وهي المكتوبة المتمثلة بكتب المؤرخين السابقين والكتب والمراسلات التي كان يتاح لبعض المؤرخين الاطلاع عليها، كما اعتمدوا على المصادر الشفوية، وعلى المشاهدات.

وأيًا كانت مصادر مؤرخي الجزيرة، أو انتماءاتهم فقد تمكنوا من حفظ أخبار بلادهم، وأصبحت مؤلفاتهم مصادر لا يستغنى عنها لكتابة تاريخ الجزيرة العربية في العصر الحديث.

المقدمة

تمثل الكتابة التاريخية عند العرب في القرنين الثاني عشر والثالث عشر الهجريين/ الثامن عشر والتاسع عشر الميلاديين امتدادًا للمدرسة التاريخية الإسلامية، خاصة فيما يتعلق بتكوين المؤرخين الذين كانوا في الأغلب فقهاء وقضاة وأدباء.

وتتزامن هذه الدراسة مع الدعوات المتكررة لإعادة كتابة التاريخ العربي وفق نظرة جديدة وموضوعية، فقد أشار الأستاذ الدكتور عبد العزيز الدوري-رحمه الله - في محاضرة بمركز دراسات الوحدة العربية عام 1992 بعنوان (كتابة التاريخ العربي) إلى أهمية الالتفات إلى دراسة تاريخ التأريخ بروح نقدية وعلمية قائلا: «بدأنا نلتفت إلى أهمية دراسة مناهج مصادرنا التاريخية المكتوبة للتعرف إلى تطور الكتابة التاريخية وميول المؤرخين والرواة، ولاءاتهم، أساليبهم، مواردهم...الخ، ولكنها لا تزال بدايات نظرية. المفروض أن نتوسع في دراسة تأريخ التأريخ، ولكن الأهم أن نلاحظ ذلك عندما نكتب، فنعنى بمناقشة الروايات بالإشارة إلى مصادرها والدقة فيها، والثقة بها، وأن نميز بين ما يقتبسه المؤرخ/ المصدر ممن سبق في الكتابة وبين ما يورده هو، وأن ننقد السند، كما ندقق المتن». ومع أن هذا القول ينطبق على التاريخ الإسلامي في مصادره الأولى، إلا أن المنهج يمكن تطبيقه أيضًا على مصادر التاريخ الحديث وخاصة أن مؤرخي العرب في العصر الحديث تأثروا بالمدرسة الإسلامية من حيث النظرة للتاريخ، والاتجاهات التي تضمنتها الكتابة التاريخية، هذا بالإضافة إلى عرضهم للمادة التاريخية.

وتعد هذه الدراسة محاولة للكشف عن ملامح الكتابة التاريخية في الجزيرة العربية والعوامل المؤثرة فيها، وتتبع ما قام به المؤرخون في تدوين أخبار بلادهم في العصر الحديث، ومعرفة ما إذا اتسمت نظرتهم للتاريخ بالشمولية، وما ركزوا عليه في أخبارهم، والموضوعات التي أشاروا إليها باختصار، والتي أغفلوها، ومعرفة ما إذا كان عرضهم للأحداث متأثرًا بتكوينهم

العلمي أم بتكوينهم السياسي والمذهبي، وخاصة أن الجزيرة العربية كانت خلال فترة الدراسة تتجاذبها تيارات مذهبية وسياسية متعددة، فالأشراف في الحجاز، والدولة السعودية ودعوة الشيخ محمد بن عبد الوهاب في نجد، والإمامة الإباضيـة في عُمان، والإمامة الزيدية في اليمن، والعلويون والسادة في جنوب اليمن، والعثمانيون يحاولون بسط نفوذهم على المنطقة، وتكريس وجودهم فيها، والبريطانيون يقومون بمحاولة مماثلة.

لقد ركزت هذه الدراسة على منطلقات المؤرخين والعوامل المؤثرة في كتاباتهم ونظرتهم إلى التاريخ وخاصة أن المؤرخ بحكم تكوينه الفكري، يكتب - كما يرى الأستاذ الدوري - في إطار معين أحس بذلك أم لم يحس. (من حوار مع الدوري في مجلة الجديد، 1997م).

لقد حاولت هذه الدراسة الكشف عن مدى تأثر المؤرخين بالتيارات المذهبية والقوى السياسية، وتبين ما إذا انخرط المؤرخون في الجدل والنقاش الدائر بين هذه التيارات السياسية والمذهبية، وتوضيح ملامح التداخلات والتفاعلات بينها من خلال تتبع الإشارات الواردة في الكتب التي دونوها.

ولما كانت الدراسات الحديثة المهتمة بالتـاريخ الحديث لبلدان الجزيرة العربية قد اعتمدت على كتابات المؤرخين من أبناء الجزيرة كأحد المصادر الرئيسة، فإن إفراد دراسة علمية خاصة بهؤلاء المؤرخين يمكن أن تجد لها مكانًا بين تلك الدراسات.

وكان اهتمام الدول الحديثة في بلادنا العربية، وخاصة بعد التحرر والاستقلال، بتاريخها، وإنشاؤها المؤسسات ومراكز البحث، وعقدها المؤتمرات والندوات كمظاهر لهذا الاهتمام، لقد كان ذلك دافعًا آخر لدراسة هذه المؤلفات التي دوّنها مؤرخون، أو مهتمون بتدوين الأخبار من الفقهاء والمتعلمين، وأصبحت مصادر تأخذ منها تلك الدول ما يخدم وجودها واستمرارها، ويعزز مكانتها في نفوس شعوبها، حيث أثار الرغبة لدى الباحث في التعرف على قيمة هذه المصادر وأحوال مؤلفيها.

لقد تكونت لدى الباحث تساؤلات كثيرة عند مطالعة الكتب المتعلقة بالكتابة التاريخية، والمقدمات التي تضمنتها الرسائل العلمية فلا تكاد تخلو رسالة جامعية من دراسة لتحليل المصادر المخطوطة والمطبوعة والوثائق المنشورة منها وغير المنشورة، حتى أصبح ذلك تقليدًا من الصعب تجاوزه. واختلف الباحثون في معالجة تحليل المصادر، بين مُركّز على معالجة ميول المؤرخين وأهوائهم وانتماءاتهم ومعاصرتهم للأحداث ومصادرهم، ومكتف بالإشارة العابرة إلى المصادر دونما دراسة معمقة لأحوال المؤرخ وتكوينه وطبيعة مادته التاريخية. وقد

استوقفني ذلك كله خاصة بعد أن دُرّسنا مادة (فكر التاريخ وفلسفته) على يد الأستاذ الدكتور عبد العزيز الدوري، تلك المادة التي أثار خلالها الكثير من القضايا والتساؤلات الخاصة بفهم التاريخ والنظرة إليه، ومصادر المؤرخ وميوله ودوافعه وأهوائه، وكان حافزًا قويًا إلى التعرف على العوامل المحركة والفاعلة في كتابة التاريخ، والمنطلقات التي تدفع المؤرخ لوضع تاريخ عام أو محلي أو سيرة أو نسب أو تراجم.

أما اختيار الجزيرة العربية كمنطقة للدراسة، فسببه ما تحظى به من مكانة دينية وتاريخية. ففي الجزيرة العربية مكة المكرمة والمدينة المنورة اللتان ظهرت فيهما أعظم حركة تغيير شهدتها البشرية. وأعظم حركة تغيير شهدها العرب في مختلف شؤون حياتهم. ومن هنا فإن تتبع الإشعاع الحضاري الذي بدأ من هناك قضية على درجة بالغة من الأهمية، وخاصة أن الجزيرة العربية قُدّر لها أن تشهد بعد مضي اثني عشر قرنًا من هجرة الرسول محمد بن عبد الله ﷺ حركتين دعتا إلى الإصلاح، إحداهما في نجد على يد الشيخ محمد بن عبد الوهاب، والثانية في اليمن حمل لواءها محمد بن علي الشوكاني. كما كان اختياري الجزيرة العربية امتدادًا لدراسة سابقة أعددتها عن تاريخ نجد في القرن التاسع عشر مما أتاح لي الاطلاع على المصادر التاريخية المخطوطة والمطبوعة، وشجعني على التوسع في هذا المجال.

تمّ في هذه الدراسة تناول المؤرخين وفق مناطق الجزيرة العربية، بدءًا بوسطها: نجد، ثم الحجاز، وبعد ذلك عُمان، ثم اليمن ثم المخلاف السليماني. ولم يكن هناك اعتماد أساس معين لاختيار المؤرخ أو كتابه كأن يكون مخطوطًا أو محققًا بقدر ما كان الأساس توافر الكتاب وإمكانية الحصول عليه. وتم تناول المؤرخين في كل منطقة على أساس التسلسل التاريخي لوفياتهم.

وجاءت معالجة المادة التاريخية التي أوردها المؤرخون من خلال التركيز على الأفكار الرئيسة الواردة في مقدمة كتاب المؤرخ، خاصة فيما يتعلق بإشاراتهم المتعلقة بالاتجاهات، ودوافع الكتابة التاريخية لديهم ومصادرهم. كما اقتضت طبيعة الموضوع إيراد نصوص مما كتبه المؤرخون مع بعض الإشارات من الدراسات الحديثة التي أولت عناية ببعض المؤرخين ممن تضمنتهم هذه الدراسة.

وعلى أي حال تتناول الدراسة عددًا من المؤرخين في بلدان الجزيرة العربية ممن عاشوا خلال القرنين الثاني عشر والثالث عشر الهجريين/ الثامن عشر والتاسع عشر الميلاديين، وقد أمكن جمع مادة تاريخية تتعلق بثمانية وعشرين مؤرخًا بعضهم مجهول. وقد كانت غالبية هؤلاء المؤرخين من اليمن ونجد ولم يشكل مؤرخو الحجاز وعُمان سوى ثلثهم.

واعتمدت الدراسة اعتمادًا رئيسًا على آثار المؤرخين الذين شملتهم، وكان تناولها لهذه الآثار بمثابة تحليل عميق مدقق لها. كما أشارت إلى المصادر والمراجع الحديثة التي أفادتها في الحديث عن الأوضاع السياسية والثقافية والاقتصادية والاجتماعية، وعن الجوانب الخاصة بحياة المؤرخين وما كتب عنهم، وتنوعت هذه المصادر بين وثائق عثمانية غير منشورة، ووثائق منشورة. والوثائق غير المنشورة هي وثائق قصر يلدز الموجودة في مركز التوثيق الإعلامي لدول الخليج العربي/ بغداد، ووثائق من أرشيف رئاسة الوزراء باستنبول تتعلق بمسألة الكويت، وهي موجودة لدى الدكتور محمد عيسى صالحية. وقد أفادت هذه الوثائق في توضيح علاقة الدولة العثمانية بنجد وبعض بلدان الجزيرة العربية. أما الوثائق المنشورة فهي الوثائق العثمانية المصرية التي اختارها وجمعها د. عبد الرحيم في كتاب بعنوان (من وثائق شبه الجزيرة العربية في عصر محمد علي 1234هـ/ 1819م-1256هـ/ 1840م).

واعتمدت الدراسة أيضًا على مخطوطات خاصة ببعض المؤرخين لتوضيح ما اكتنفه الغموض من تاريخ الجزيرة العربية، وتم الحصول على هذه المخطوطات عن طريق السفر والمراسلة، وعن طريق الطلبة من بلدان الخليج العربي واليمن الدارسين في الجامعات الأردنية، بالإضافة إلى تلك الأجزاء من المخطوطات التي تم نشرها في عدد من المجلات مثل مجلة العرب، والداره، ودراسات يمنية. كما اعتمدت الدراسة على عدد من كتب الرحالة الذين زاروا الجزيرة في فترة الدراسة، أو عملوا فيها خاصة في القرن الثالث عشر الهجري/ التاسع عشر الميلادي.

أما الدراسات الحديثة عن المؤرخين، فقد تم الاطلاع منها على دراسة دوّنها الكاتب الصحفي المصري مصطفى عبد الغني، وهي دراسة غلب عليها الأسلوب الصحفي في سرد المادة التاريخية. وتناول بعض المتخصصين في التاريخ مؤرخي بلدان معينة من الجزيرة العربية، مثل الدكتور سيد مصطفى سالم الذي درس مؤرخي اليمن في العهد العثماني الأول، والدكتور حسين العمري الذي وضع كتابًا خاصًا بالمؤرخين اليمنيين في العصر الحديث، والدكتور فاروق عمر الذي درس مصادر التاريخ العُماني. كما اعتمدت الدراسة على ما أورده محققو بعض المؤلفات التاريخية الداخلة ضمن الدراسة.

واستعان الباحث عند تناوله للحركات الإصلاحية كحركة الشيخ ابن عبد الوهاب والشوكاني، بما أورده الدكتور جمال الدين الشيال والدكتور علي محافظة من معلومات حول طبيعة هذه الحركات وظروفها والمراكز الثقافية والاتجاهات الفكرية الحديثة في الجزيرة العربية.

وقد واجهت الباحث مشكلات أهمها: عدم توافر المؤلفات التي وضعها المؤرخون موضوع الدراسة، وخاصة أن معظمها مخطوط، وهي متناثرة في المكتبات الخاصة لدى المهتمين، ولا يسمحون بتصويرها أو إعارتها. والقضية الأخرى تتعلق بالمؤلفات المحققة، وأعني بها تلك التي كانت تحمل عنوانًا غير عنوانها الأصلي، وكان لا بد من الاعتماد على عنوان الكتاب بالشكل الذي نشر فيه، كما تعرضت المادة التاريخية إلى تدخل المحقق في ترتيبها وأحيانًا في لغتها مما يجعل أمر متابعة لغة المؤرخ وأسلوبه في ترتيب المادة التاريخية وعرضها أمرًا صعبًا.

ومن الصعوبات التي واجهت الدراسة أيضًا قلة الدراسات الحديثة الخاصة بالمؤرخين على أسس علمية ومنهجية واضحة في البحث عن العوامل المؤثرة في الكتابة التاريخية، وخاصة ما يتعلق بالمؤرخين العُمانيين، إذ إن المصادر العُمانية نفسها لم تهتم بالترجمة للمؤرخين، والمؤرخون أنفسهم لم يترجموا لبعضهم، وحتى المؤلفات المحققة لم تحو معلومات موثقة توثيقًا علميًا، إذ اكتفى المحققون بطبع النصوص دون أي تعليق أو ضبط للأسماء والأعلام الواردة في المخطوطات.

وزاد اتساع الموضوع وكثرة مادته التاريخية الأمر صعوبة، فدراسة ثمانية وعشرين مؤرخًا يمثلون بيئات مختلفة وتيارات مذهبية وسياسية متنوعة والإحاطة بنتاج هؤلاء المؤرخين، كل ذلك يحتاج إلى وقت وجهد كبيرين، ووقت طويل.

لقد اشتملت الدراسة إضافة إلى هذه المقدمة على تمهيد وأربعة فصول وخاتمة وثبت بالمصادر والمراجع، وكان التمهيد ضروريًا لتعرُّف الملامح العامة للجزيرة العربية في العصر الذي عاش فيه المؤرخون طيلة قرنين من الزمان، وإلقاء الضوء على الأوضاع السياسية والثقافية والاقتصادية والاجتماعية السائدة في الجزيرة العربية. ففي التمهيد تم توضيح التسمية والحدود حسب ما ورد في المصادر التاريخية والجغرافية، وتحديد التقسيمات السياسية الحديثة، والتعرف على القوى السياسية الموجودة في الجزيرة، المحلية منها والخارجية، والتعرف أيضًا على الحياة الثقافية والعوامل المؤثرة فيها والمراكز الثقافية المهمة، ومراكز التعليم، والعلوم التي كانت تدرّس والعلوم التي اشتهر التأليف فيها، وعلى جوانب الحياة الاقتصادية والاجتماعية لتوضيح طبيعة العصر والبيئة التي نشأ فيها المؤرخون، وأثّرت في تكوينهم.

وتناول الفصل الأول المؤرخين الذين تم التركيزعليهم في هذه الدراسة مرتبين على أساس تاريخ الوفاة، وذلك في كل منطقة من مناطق الجزيرة العربية، حيث أعطى صورة واضحة لحياة كل منهم، وأبرز العوامل المؤثرة في حياته وتكوينه اجتماعيًا ومذهبيًا وثقافيًا وسياسيًا.

ووضح الفصل الثاني اتجاهات الكتـابة التاريخية، وأدرج المؤرخين ضمن الاتجاه الواحد وذلك وفق مؤلفاتهم المتوافرة التي أمكن الاطلاع عليها.

وبيّن الفصل الثالث دوافع الكتابة التاريخية والنظرة إلى التاريخ، وجاءت هذه الدوافع سياسية رسمية وسياسية ذاتية. وتم الاعتماد في الدوافع السياسية الرسمية على ما كان يشير إليه المؤرخ عادة في المقدمة، وإذا لم ترد إشارة واضحة وصريحة في المقدمة لتلك الدوافع كان يتم البحث عنها داخل كتاب المؤلف. وبالإضافة إلى الدوافع السياسية كان هناك دوافع دينية (مذهبية) جعلت بعض المؤرخين يكتبون في التاريخ لإبراز المذهب ورجاله. كما كانت هناك دوافع اجتماعية تتمثل بمحاولة إبراز بعض الأسر خاصة فيما يتعلق بنسبها أو دورها. وآخر ما تناوله الفصل الثالث الدوافع الثقافية التي تمثلت بالاهتمام بالتراجم لحفظ تراث العلماء والأعيان.

وأما الفصل الرابع فقد تناول مصادر المؤرخين ومناهجهم في التعامل معها، وتم تقسيم هذه المصادر إلى مكتوبة اشتملت على المؤلفات التاريخية المتنوعة التي اعتمد عليها المؤرخون والمراسلات والمكاتبات التي أوردوها في مؤلفاتهم. ومصادر شفوية تتمثل في الروايات الواضحة الإسناد والمجهولة الإسناد. أما النوع الثالث من المصادر فقد كان مشاهدات المؤرخين ومعاصرتهم للأحداث.

وانتهت الدراسة إلى خاتمة تضمنت أبرزالنتائج التي توصلت إليها ثم إلى ثبت بأهم مصادرها ومراجعها.

أرجو أن أكون قد وفقت في سد ثغرة في المكتبة التاريخية العربية، وهو ما هدفت إليه وأنا أتمثل قول القاضي البسياني في رسالة بعث بها إلى عماد الدين الأصفهاني: «إني رأيت أنه لا يكتب إنسانٌ كتابًا في يومه إلا قال في غده: لو غير هذا لكان أحسن، ولو زيد كذا لكان يستحسن، ولو قدم هذا لكان أفضل، ولو ترك هذا لكان أجمل، وهذا من أعظم العبر، وهو دليل على استيلاء النقص على جملة البشر».

﴿ونعم أجر العاملين﴾

صدق الله العظيم

تمهيـــد

نشأ مؤرخو الجزيرة العربية خلال القرنين الثاني عشر والثالث عشر الهجريين/ الثامن عشر والتاسع عشر الميلاديين في بيئة جغرافية واسعة اختلفت المصادر في تحديدها، وأوردت إشارات متباينة إلى البلدان التي تضمّها، فقد جعل الهمداني (ت بعد 334هـ/ 945م) جنوب الجزيرة اليمن، وشمالها الشام، وغربها شرم أيله (شرم الشيخ) وسواحل البحر الأحمر وفسطاط مصر، وشرقها عُمان والبحرين وكاظمة والبصرة، ووسطها الحجاز ونجد والعروض[1]. وذكر ابن حوقل (ت350هـ/ 961) أن بلدان الجزيرة هي: الحجاز بمدنها مكة والمدينة واليمامة ومخاليفها ونجد والبحرين وبادية العراق وبادية الجزيرة وبادية الشام واليمن وعُمان ومهرة وبلاد صنعاء وعدن وسائر مخاليف اليمن[2]. وقال أبو عبيد البكري (ت بعد 483هـ/ 1090م) أن جزيرة العرب هي: مكة والمدينة واليمامة واليمن[3]، وأورد ياقوت (ت 626هـ/ 1228م) ما ذكره البكري وأضاف: «فصارت بلاد العرب من هذه الجزيرة التي نزلوها وتوالدوا فيها على خمسة أقسام عند العرب في أشعارها وأخبارها: تهامة والحجاز ونجد والعروض واليمن...»[4]. وأورد البغدادي (ت739هـ/ 1338م) ما رُوي مسندًا إلى ابن عباس أن الجزيرة خمسة أقسام: تهامة والحجاز ونجد والعروض واليمن[5]، وهي الأقسام التي ذكرها ياقوت.

أما المراجع الجغرافية الحديثة فحدود الجزيرة العربية فيها أكثر وضوحًا، وأدق تحديدًا، فهي شبه جزيرة يحدها البحر الأحمر من الغرب، والبحر العربي وخليج عدن من الجنوب، والخليج العربي وبحر عُمان من الشرق، والعراق وبلاد الشام من الشمال.

وتبلغ مساحة شبه الجزيرة (3.150.000) كم^2 تضم التقسيمات السياسية التالية: السعودية واليمن وعُمان والإمارات العربية المتحدة وقطر والبحرين والكويت[6].

وقد أحاطت بالجزيرة العربية خلال فترة الدراسة ظروف داخلية وخارجية، تمثلت الداخلية منها بقوى سياسية محلية تنوعت تبعًا لتنوع المذاهب الدينية، ففي وسط الجزيرة انبثقت الدولة

السعودية عن دعوة الشيخ محمد بن عبد الوهاب، وفي الحجاز كان الأشراف يحكمون باسم السلطان العثماني، وفي عُمان تركزت السلطة بيد الإباضية، وفي جنوب الجزيرة وُجد اتجاهان دينيان سياسيان أحدهما زيدي تولى الحكم في شمال اليمن منذ فترة طويلة، والثاني تولى الحكم في جنوبها، ويتمثل في سلطة السادة والمشايخ والزعامات القبلية المتعددة والمتنازعة.

أما الظروف الخارجية التي أحاطت بالجزيرة العربية، وأثرت في أحداثها فقد صنعتها قوى سياسية تنافست على النفوذ، وكان العثمانيون والبريطانيون من أبرز هذه القوى.

القوى المؤثرة في أحداث الجزيرة:

أولًا: القوى المحلية:

نجد : الدولة السعودية الاولى

ينسب آل سعود إلى سعود بن مقرن بن مرخان[7]، أمير الدرعية[8] (ت1137هـ/ 1724م)[9]، وارتبطت شهرتهم بدعوة الشيخ محمد بن عبد الوهاب (1115هـ/ 1703م-1206هـ/ 1791م)[10]. الذي يرجع في نسبه إلى بني تميم[11]. فقد كانت نجد عشية ظهور حركته من دون سلطة مركزية موحدة، تسودها النزعة الاستقلالية المتمسكة بكيانات صغيرة، حيث يغلب على العلاقات بين القبائل النجدية والقرى والبلدان النزاع المتواصل استحواذًا على الماء والكلأ، أو طمعًا باحتلال مركز الصدارة، ثم السيطرة على القبائل الأخرى[12]. هذا بالإضافة إلى أن البادية كانت مستقلة استقلالًا تامًّا ولم تظهر الخضوع لأحد المتنازعين إلا رغبة أو رهبة أو خوفًا وطمعًا[13].

ومع بدايات النصف الثاني من القرن الثاني عشر الهجري/ الثامن عشر الميلادي، ومع ظهور دعوة الشيخ ابن عبد الوهاب أخذت نجد تبرز على مسرح الأحداث السياسية، فبعد أن جهر الشيخ ابن عبد الوهاب بدعوته في العيينة[14] طلب منه أميرها مغادرتها[15]، فاضطر للبحث عن نصير آخر للدعوة، فالتجأ إلى الدرعية وفق أغلب الروايات في عام 1157هـ/ 1744م[16]. وتبدو أهمية انتقاله إلى الدرعية في المصير الذي رُسم لنجد والجزيرة العربية فيما بعد، فالحركة التي بدأت بداية دينية اتخذت مسارًا سياسيًّا عندما أعلن أمير الدرعية محمد بن سعود (ت1179هـ/ 1765م) مناصرتها[17]، وعقد بين الطرفين الاتفاق المشهور الذي كان من أبرز بنوده تعهد أمير الدرعية بحماية الشيخ ابن عبد الوهاب والجهاد في سبيل نشر الدعوة، مقابل الاستمرار في أخذ ما كان يفرضه على أهل الدرعية عند جني الثمار، وأن يبقي في الدرعية وألّا

يغادرها، وأن تكون أمور السياسة في الدولة بيد ابن سعود وذريته من بعده، وأن يتمتع الشيخ محمد بن عبد الوهاب ودعوته بحماية الدولة ورعايتها . ولم يُشِرْ أي من المصادر التي أرّخت لأحداث الحركة تاريخ الاتفاق بالتحديد [18]، وإنما اكتفت بالإشارة إلى أن هذا الاتفاق كان شفهيًا بالحلف وبحضور شهود[19].

ونجح الشيخ ابن عبد الوهاب في نشر دعوته وفي إقامة سلطة سياسية عملت على نشر الدعوة عن طريق اتحاده مع آل سعود في الدرعية قلب نجد[20]. وتحولت مشيخة الدرعية الصغيرة إلى إمارة كبيرة بل إلى مملكة ضمت أكثر من ثلثي الجزيرة العربية وعاشت زهاء سبعين سنة وما تزال[21].

مرت الدولة السعودية منذ قيامها حتى نهاية القرن الثالث عشر الهجري/ التاسع عشر الميلادي بثلاثة أدوار، بدأ أولها بالاتفاق بين الشيخ ابن عبد الوهاب وابن سعود، وانتهى باستسلام عبد الله بن سعود لإبراهيم باشا سنة 1233هـ/ 1817م، وبدأ الثاني بنجاح تركي بن عبد الله في إخراج بقية جنود الحاميات العسكرية التابعة لمحمد علي من نجد سنة 1240هـ/ 1824م وانتهى بانتصار الأمير محمد آل رشيد[22] على عبد الرحمن بن فيصل سنة 1309هـ/ 1891م، والدور الثالث بدأ باستيلاء عبد العزيز بن عبد الرحمن آل سعود على الرياض سنة 1319هـ/ 1901م[23]، ومازالت الدولة بدورها الثالث قائمة حتى الان، وتداول على الحكم خلال عهد الدولة الأولى والثانية وبداية الثالثة أربعة عشر حاكمًا من الأسرة السعودية، اغتيل حاكم واحد وأعدم آخر في استنبول، وقتل ثالث على يد أحد أفراد الأسرة ونفي رابع[24].

الحجاز (الأشراف):

حكم الأشراف طبقة بعد طبقة مكة المكرمة[25]، وتنازعت على الحكم فيها أسر من الأشراف تنحدر من قتادة بن إدريس هم ذوو زيد، وذوو عبد الله، وذوو بركات[26]، وقد تعاقب على حكم مكة من الأشراف منذ عام 1101هـ/ 1689م وحتى 1299هـ/ 1881م خمسة وعشرون حاكمًا[27]، امتدت فترة حكم أحدهم ستًا وعشرين سنة متواصلة، هو الشريف غالب بن مساعد (ت1230هـ/ 1814م)[28]، وامتدت فترة حكم شريف آخر هو الشريف محمد بن عون (ت1274هـ/ 1857م) مدة مساوية تقريبًا ولكن على فترتين دامت الأولى أربعًا وعشرين سنة ودامت الثانية سنتين[29]. وكانت أقل فترة هي التي شغلها الشريف عبد المحسن بن أحمد بن زيد (ت 1131هـ/ 1718م) إذ بلغت تسعة أيام فقط[30]. وأدت كثرة التنازع والاختلاف على حكم مكة إلى عزل سبعة من حكامها، وتنازل أربعة، وقتل واحد، ولم يحكمها بصورة اعتيادية سوى

ستة من الأشراف(31). وتجدر الإشارة إلى أنه بعد عزل الشريف غالب صار الحجاز خاضعًا لنفوذ والي مصر محمد علي لأكثر من خمس وعشرين سنة، ولم يكن أمراء مكة سوى منفذين لإرادته، وفقدت الدولة العثمانية نفوذها وسلطتها المباشرة في الحجاز(32).

عُمان (الإمامة الإباضية):

ذكرت أغلب المصادر التاريخية أن الإباضية من الخوارج(33)، وجعلتها بعض المصادر الأقرب إلى السنة من فرق الخوارج الأخرى(34). واختُلف في سبب تسميتهم بالإباضية(35)، وعلى أي حال تمكن مشايخهم وحملة العلم منهم وتنظيماتهم السرية خلال القرنين الأول والثاني الهجريين من تأسيس دولة إباضية مستقلة في الجزيرة العربية(36)، وكان العُمانيون يختارون أئمتهم منذ النصف الأول من القرن الثاني للهجرة/ الثامن للميلاد(37)، ومن الأسر التي اشتهرت في حكم عُمان آل الجلندي(38)، وبنو نبهان(39)، واليعاربة(40)، والبوسعيد المنتسبون إلى الأزد(41). وقد بدأ عهد البوسعيديين منذ مجيء أحمد بن سعيد عام 1154هـ/ 1741م الذي خلفه ابنه. وبعد ذلك فقد العُمانيون ثقتهم بالإمامة بفرع واحد من الأسرة، وحدث الانفصال بين الإباضيين وبين الحكام من البوسعيديين الذين اعتمدوا على القوة العسكرية لتثبيت حكمهم، ووطدوا صلتهم مع البريطانيين، وذلك منذ القرن الثالث عشر الهجري/ التاسع عشر الميلادي(42). وقد وصف تاريخ عُمان الحديث بأنه تاريخ صراع بين الإمامة والسلطنة، باعتبار أن الإمامة أسبق إلى الظهور، وأصبحت الطابع المميز للحكم في عُمان. وبظهور دولة بوسعيد أخذت الإمامة تتقلص وتنزوي في المقاطعات الداخلية من عُمان بينما اضطلعت السلطنة بالحكم واتخذت من ميناء مسقط مقرًا وعاصمة لإدارة شؤون البلاد(43)، وانصرف البوسعيديون إلى التجارة البحرية والمغامرات الخارجية، وانشغلوا بهما عن الإمامة(44).

وقد قامت في الساحل العُماني موانئ كثيرة اعتبرت ملاجئ طبيعية للسفن التي كانت تشتغل بالتجارة منذ أقدم العصور، وكان هذا الساحل ينقسم إلى سبع وحدات سياسية (أبو ظبي، ودبي، والشارقة، وعجمان، ورأس الخيمة، وأم القوين، والفجيرة)، وينتمي سكان هذه المشيخات إلى قبائل بني ياس وآل بوفلاسه والقواسم وآل بو علي، وتوجد في الساحل عناصر أخرى مثل الفرس والبلوش والهنود والزنوج، وبدأت أولى معاهدات بريطانيا مع شيوخ هذا الساحل منذ عام 1246هـ/ 1830م(45)، حيث أصبح الشاطئ العُماني مقسمًا إلى وحدات سياسية في ظل الحماية البريطانية بعد أن كان موحدًا في ظل القواسم(46).

الكويـت:

اتّحد عدد من القبائل العربية في أواخر القرن السابع عشر الميلادي تحت اسم (العتوب[47]، وانتقلوا بسبب الجفاف إلى شواطئ الخليج العربي، حيث تفرقوا ثم التقوا عند الكويت[48]، وشكلوا كتلة مستقلة عن بني خالد في الأحساء، واشتهر منهم آل الصباح وآل خليفة، وقد سيطر آل الصباح على شؤون الكويت في سنة 1164هـ/ 1750م، وتوطدت مشيخة الكويت خاصة بعد مساعدة البريطانيين لأمرائها في التصدي للسعوديين 1210هـ/ 1795م[49]. وتولى الحكم في الكويت من آل الصباح حتى عام 1334هـ/ 1915م سبعة من الأمراء على اعتبار أن اول أمرائهم هو صباح الأول الذي تولى الحكم منذ سنة 1166هـ/ 1752م[50] حتى نهاية عهد مبارك الصباح الذي تخلص من أخويه محمد وجراح وانفرد بالحكم دون منافس منذ سنة 1313هـ/ 1895م[51]. وقد اتسمت سياسة مبارك بعدم الوضوح مع القوى المحلية المجاورة خاصة مع أمير نجد محمد بن رشيد، ونجح عدم الوضوح هذا عند مطالبة عبد الرحمن الفيصل آل سعود الموجود في الكويت بملك آبائه بعد أن سيطر ابن رشيد على الرياض، ومطالبة أحد المعارضين لحكم الصباح بإمارة الكويت، وهو يوسف الإبراهيم[52].

البحرين:

ارتبط تاريخ البحرين الحديث بآل خليفة الذين انتقلوا إليها منذ عام 1197هـ/ 1782م وجعلوها مركزًا لحكمهم[53]. وقد حكم البحرين بين عامي 1197هـ/ 1782م-1351هـ/ 1932م سبعة حكام، تخلل فترات حكمهم مخاطر خارجية تمثلت بمهاجمة سلطان عُمان عام 1215هـ/ 1800م ثم إجلاء العُمانيين سنة 1224هـ/ 1809م على يد السعوديين. وكانت عادة آل خليفة إذا ضايقهم أمير نجد استعانوا بحاكم مسقط، وإذا ضايقهم حاكم مسقط استعانوا بأمير نجد، كما شهدت البحرين نزاعات داخلية على الحكم بين أبناء آل خليفة[54] خاصة عندما رفضت القبائل القطرية الخضوع لآل خليفة مما جعلها ساحة للنزاعات التي نشبت بين شيوخ البحرين المتنافسين على حكمها[55].

قطـــر:

كانت زعامة القبائل في قطر لأسرة آل ثاني بن محمد بن ثامر بن علي[56] الذي ينتسب إلى المعاضيد من بني تميم[57]، وكانت قبائل قطر ذات ولاءات متعددة، فبعضها يدين بالولاء للحكم في الرياض، وبعضها للحكم في البحرين، وكانت بعض القبائل مشتتة الأهواء بين نجد وعُمان

والشريط الساحلي المطل على الخليج العربي(58). ودخلت قطر في ظل الحكم العثماني عام 1289هـ/ 1872م وأصبحت قائمقامية تابعة للواء الأحساء(59)، ولما كان أمير قطر وأمير حائل من أتباع الدولة العثمانية فقد سهل ذلك عملية التنسيق والتعاون بينهما، وتمخّض عن هذا التعاون محاولتهما التوجه إلى الكويت، خاصة بعد طلب يوسف الإبراهيم المعارض لحكم مبارك الصباح المساعدة من ابن رشيد وأمير قطر لدخول الكويت(60). ولم تظهر قطر كإمارة مستقلة بذاتها تحت حكم آل ثاني إلا في النصف الثاني من القرن التاسع عشر، وارتبطت بعد ذلك ببريطانيا بموجب معاهدات خاصة(61).

تهامة وعسير:

شكلت تهامة وعسير الجزء الجنوبي الغربي من البلاد السعودية، وكانت تتقاسم بلاد تهامة وعسير مشيخات قبلية متعددة، وكان أشراف آل خيرات في تهامة يسيطرون على المخلاف السليماني، وفي عسير أمراء متفرقون من قبائل متعددة. وكان من آثار ظهور دعوة الشيخ ابن عبد الوهاب أن أقبل بعض الأمراء والأهالي على قبولها(62)، وفي عام 1217هـ/ 1802م قبل الشريف حمود أبو مسمار 1160هـ/ 1747م-1233هـ/ 1817م(63) الدخول في الدعوة، وحاول عام 1223هـ/ 1808م الاستقلال عن الدولة السعودية لكنه فشل. ومع قدوم القوات المصرية إلى نجد استقلّ الشريف حمود بالبلاد الممتدة من زبيد في الجنوب إلى جبال السراة في الشمال، وامتد بصره نحو بلاد عسير في الجبال. وكانت عسير قد خضعت لحكم الدولة السعودية سنة 1215هـ/ 1800م(64).

اليمن (الإمامة الزيدية):

ارتبط تاريخ اليمن بالإمامة الزيدية، وينتسب الزيديون إلى زيد بن علي(65) بن الحسين بن أبي طالب(66)، ويقولون بإمامته(67) وبواجب الطاعة للإمام سواء أكان من أولاد الحسن أم من أولاد الحسين(68). وقد قُدّر للزيدية أن تؤسس حكمًا في اليمن لما يزيد على الألف سنة منذ 284هـ/ 897م-1382هـ/ 1962م(69) وكان نفوذ الحكم الزيدي يشمل أحيانًا بلاد اليمن جميعها، وأحيانًا أخرى يتقلص في المناطق الجبلية الحصينة(70). وخضعت اليمن للعثمانيين في الفترة (945هـ/ 1538م-1038هـ/ 1628م)(71)، ووقع القسم الأكبر منه بما فيها عدن تحت السيطرة العثمانية. وقد تزعم الأئمة الزيديون معارضة القبائل اليمنية للحكم العثماني وتمكنوا من إخراج العثمانيين، وتوحدت الأراضي اليمنية التي تضمنت المناطق الجبلية، وساحل البحر

الأحمر، وجنوب اليمن بما فيها عدن، وحضرموت تحت سلطة الأئمة الزيديين الذين اختاروا صنعاء عاصمة لهم[72]. وفي القرن الثاني عشر الهجري/ أواخر الثامن عشر الميلادي تراجع النفوذ الزيدي نتيجة للخلاف على الإمامة[73] الذي وصل إلى حدّ النزاع والقتال مما أدى إلى تفتيت الدولة إلى أقسام ضعيفة ومبعثرة[74]، وإلى جانب النزاع على الحكم وجه أحد مؤرخي اليمن الاتهام بصورة متكررة إلى الوزراء لسوء تدبيرهم الذي كان يؤدي في أغلب الأحيان إلى اضطراب الأوضاع العامة[75]، وإلى رؤساء القبائل الذين ساهموا في الاضطراب والفوضى[76]، وقد وصف القاضي الشوكاني متولي القضاء الأكبر بصنعاء[77] الأوضاع العامة بقوله:

رعايا اليمن الميمون　　أضحوا ما لهم راعي
فلا العدل يُرجون　　ولا الردع لطماعِ[78]

وانتقلت الإمامة في أواخر القرن التاسع عشر الميلادي إلى بيت حميد الدين بتولي الإمام المنصور محمد بن يحيى حميد الدين[79] الحكم، وقد اتسم عهده بمقاومة الوجود العثماني الثاني في اليمن[80].

وكانت الصفة البارزة للأوضاع السياسية في الأجزاء الجنوبية من اليمن، وجود دويلات وسلطنات متعددة، وكانت تلك السلطنات من النمط القبلي حيث يسود نظام الوراثة والصراع على الحكم، وكل سلطنة يعتقد بأن بقاءها متوقف على قوة العصبية القبلية، وعلى متانة العلاقات التحالفية التي تقيمها مع القبائل الأخرى[81]. وكانت مناطق جنوب اليمن تفتقر إلى سلطة مركزية، فسادها التناحر بين رؤساء العشائر، وأدت الصراعات القبلية والاقتتال العشائري والتناحر على السلطة إلى عدم الاستقرار في الأوضاع السياسية، وانعدام الأمن[82].

ثانيًا: القوى السياسية الخارجية:

العثمانيون:

بدأ النفوذ العثماني في الجزيرة العربية بعد أن سيطر السلطان سليم على مصر سنة 922هـ/ 1517م حيث دخل الحجاز في دائرة هذا النفوذ[83]، وأصبح السلطان العثماني يعتبر نفسه حامي الحرمين الشريفين، وحكم الأشراف باسم السلطان[84]. وكان محمد علي والي مصر الأكثر نفوذًا والأكثر تدخلًا بشؤون الحجاز خاصة بعد التطورات المتعلقة بالدولة السعودية وتهديدها الحجاز، فألقى القبض على الشريف غالب لعدم قدرته على التصدي للسعوديين وذلك سنة 1228هـ/ 1813م وأرسله إلى مصر، وجاءت موافقة السلطان العثماني على ما أراده

الوالي، وأصبح الحجاز بعد هذه الخطوة يخضع لنفوذ والي مصر واستمر ذلك لأكثر من خمس وعشرين سنة[85].

ومثلت دعوة الشيخ ابن عبد الوهاب بظهورها ومناصرة ابن سعود لها وتوسعها في نجد مخاطر متعددة على الدولة العثمانية، ومن هذه المخاطر؛ تهديد الزعامة الدينية للسلطان الذي طالما اعتزّ بأنه حامي الحرمين الشريفين وذلك عندما دخل السعوديون الحجاز سنة 1218هـ/ 1803م[86]، وقلق العثمانيين من تعرّض طريق الحج العراقي إلى نجد لبعض المخاطر[87]. كما هددت الدولة السعودية المناطق الخاضعة للعثمانيين كإغارتهم على العراق عام 1216هـ/ 1801م[88]، والبصرة عام 1219هـ/ 1804م[89]، وهددت دمشق، وتوقف الحج الشامي عام 1222هـ/ 1807م[90]. هذا بالإضافة إلى رفض الإمام السعودي الاعتراف بأن السلطان العثماني خليفة، فكان بذلك أول حاكم في المنطقة يرفض الاعتراف بهذه الصفة المعنوية المهمة التي كان السلطان يحرص أكثر ما يحرص عليها في عهد ضعف الدولة[91].

وعلى الرغم من انشغال الدولة العثمانية بحروب على جبهاتها الخارجية[92]، عجلت بالتصدي لخطر الدولة السعودية المتنامي، وتمثلت مواجهتها بالحملات العسكرية، والدعوات الإعلامية لتشويه صورة دعوة الشيخ ابن عبد الوهاب وصورة أتباعها. لقد تم تحريك والي دمشق[93]، ووالي بغداد[94] للقضاء على الدولة السعودية، ولما فشلا، كُلِّف محمد علي على الرغم من التردد الذي أبداه بالتوجه إلى الجزيرة العربية والقضاء على الدولة السعودية. وقد أشار ابن سند (ت1243هـ/ 1827م) الموالي للعثمانيين[95] إلى الأمر الصادر إلى محمد علي بقوله: «والأمر لمحمد علي صدر في أولى سلطنته فما زال محمد علي يبدي الأعذار إلى بابه العالي وهو لا يُقبَل منه فلما تحقق... صدْقُ توجُّه الأمر السلطاني شمّر عن ساعد همّته...»[96]. وتمكنت قوات محمد علي باشا من الاستيلاء على الحجاز سنة 1228هـ/ 1813م[97]، ودمرت القوات المصرية عام 1233هـ/ 1818م عاصمة الدولة السعودية (الدرعية) وتم إجلاء أهلها وأسر أفراد أسرة آل سعـود وآل الشيخ ونقلهم إلى مصر[98]، وانتشرت القوات المصرية في بلاد نجد تجمع المال والجمال من السكان[99]، وبعد رحيلها دبّت الفوضى لعدم وجود سلطة قوية[100].

واتبعت الدولة العثمانية إلى جانب الحملات العسكرية سياسة دعائية ضد الحركة وأتباعها، متهمة إياهم بالكفر والخروج على الطاعة – طاعة الخليفة –، وشارك علماء المسلمين في هذه الدعوة التشهيرية[101]، وقيل إن الدولة أوعزت إلى العلماء للقيام بهذه الحملة، وبذلك فإنها لم تدخر وسيلة إلا وحاولت اتباعها للقضاء على الحركة وتنفير الناس منها[102]. وقد

شارك البريطانيون كذلك في الحملة ضد تنامي دعوة الشيخ ابن عبد الوهاب وخاصة أن بعض المسلمين في الهند اتصلوا بالحركة في موسم الحج وبدؤوا عند عودتهم إلى بلادهم بدعوات إصلاحية مشابهة[103]. وأمام هذه الحملات العسكرية والإعلامية استطاعت الدولة العثمانية إضعاف الحركة ولكن لم تنجح في القضاء عليها[104]، فقد بدأت محاولات إحياء الدولة السعودية على يد تركي بن عبد الله آل سعود[105] الذي أثار بمحاولاته وتحركاته في نجد قلق العثمانيين، وحاول تركي الاتصال بوالي بغداد[106] مما أزعج والي مصر الذي طلب من تركي الحضور إلى مصر وإلا فسيضطر إلى القبض عليه وإحضاره إلى مصر[107].

وكانت القوات المصرية قد كثفت من علاقاتها مع بعض الزعامات المحلية في نجد، فقد اعتمدوا على عبد الله بن رشيد في الحصول على الجمال وتسهيل مهمة الجيش في نجد[108]، وتمكن ابن رشيد من الحصول على اعتراف بحكمه على جبل شمر[109]، وقدم مقابل ذلك من الإبل ما بين (700[110] و1000[111])، رأس وحوالي (125) إردبًا[112] زكاة عن الغلال المشتراة من الجبل[113]. وظل آل رشيد طيلة فترة حكمهم التي بدأت بتعيين الإمام فيصل بن تركي عبدالله بن رشيد حاكمًا على جبل شمر في أوائل سنة 1251هـ/ 1835م على تحالفهم للدولة العثمانية، وبلغت هذه العلاقات أوجها في عهد محمد بن عبد الله آل رشيد الذي كان دائم الإعلان عن ولائه للسلطان العثماني من خلال الرسائل والهدايا التي كان يبعث بها إلى السلطان[114].

وبعد وقوع الاضطراب في نجد إثر الاختلاف على الحكم في الرياض بعد وفاة فيصل بن تركي، واستيلاء سعود بن فيصل على الأحساء، جهز والي بغداد مدحت باشا حملة أعادت الأحساء إلى سيطرة العثمانيين وجعل عليها عبد الله بن فيصل قائمقامًا وأجرى عليه المرتّب[115]، وزادت الدولة العثمانية من اهتمامها بنجد وأمرائها خاصة آل رشيد، وقوّت من علاقاتها بشيوخ المناطق والإمارات وذلك على إثر الاحتلال البريطاني لمصر سنة 1300هـ/ 1882م[116]، وتمثل ذلك بتخصيص رواتب شهرية لآل رشيد وأسرهم وبعض رجالهم، والعلماء في حائل[117].

ومع سيطرة محمد بن رشيد على جميع بلدان نجد أصبح - كما وصفه أحد التقارير العثمانية - أقوى حاكم في الجزيرة العربية، وتبعه كبراء وأعيان أكثر من ثلاثة ملايين من العرب، لذلك أخذ العثمانيون يتطلعون بحذر إلى قوة ابن رشيد المتزايدة، وصارت التقارير ترد إلى السلطان أن محمد بن رشيد يخطط بالتعاون مع جهات أجنبية تدعمه ماديًّا ومعنويًّا لتشكيل حكومة عربية، وأن المساعدات تصله عن طريق خليج البصرة والكويت[118].

وفي شرق الجزيرة العربية كانت الأحساء تتبع للعثمانيين[119] وتتبع مركز الولاية في بغداد[120]، وأدخل العثمانيون قطر تحت نفوذهم سنة 1289هـ/ 1872م عند احتلالهم للقطيف وأصبحت قائمقامية تتبع الأحساء[121]. وصار صاحب مسقط يدفع الخراج الذي كان يدفعه للإمام فيصل بن تركي إلى محمد علي باشا[122]، ولما كانت الكويت تتبع الإدارة العثمانية فقد كان أميرها يتلقى راتبًا من الدولة العثمانية قيمته (16000) غرش[123].

وفي المنطقة الواقعة بين الحجاز واليمن كانت عسير محط أنظار العثمانيين، وتمكنت القوات العثمانية من السيطرة عليها عام 1289هـ/ 1872م، بعد القضاء على عدد من أمرائها من آل عائض، واستقر الحكم العثماني فيها حوالي ثمان وأربعين سنة على شكل متصرفية مركزها أبها، ويتبع لها ستة مراكز في بلاد عسير[124]، وكان المتصرف في أبها يتبع أحيانًا الوالي العثماني في اليمن وأحيانًا أخرى للوالي في الحجاز، وفي بعض الأحيان يتبع الباب العالي مباشرة[125].

وفي جنوب الجزيرة العربية بدأت علاقة العثمانيين باليمن منذ وصول الأسطول العثماني عدن سنة 945هـ/ 1538م، وقد تم الاستيلاء على ميناء المخا ومدينة زبيد، وبذلك أصبحت اليمن ولاية عثمانية استمرت حوالي قرن من الزمن[126]. وتم تقسيم اليمن إلى ولايتين تضم الأولى المناطق الجبلية الشمالية وعاصمتها صنعاء بينما ضمت الثانية تهامة وجنوب الهضبة وعاصمتها زبيد وأحيانًا تعز[127].

واتسم حكم العثمانيين في اليمن بعدم الاستقرار، وقد تم إخراجهم منها عام 1045هـ/ 1635م على يد الإمام القاسم الذي تزعَّم المقاومة[128]، وتمكن من إخضاع أغلب الجهات اليمنية من عدن جنوبًا إلى صعدة شمالًا[129]، وظلت اليمن بعد ذلك مستقلة عن أي سيطرة خارجية[130]. وفي عام 1249هـ/ 1833م أورد مؤرخ مجهول إشارات إلى محاولات العثمانيين توجيه قواتهم إلى اليمن مرة ثانية[131]، وتحقق ذلك في سنة 1264هـ/ 1847م عندما حضرت القوات العثمانية إلى تهامة فاستقبل الإمام المتوكل هذه القوات، وتم الاتفاق بين الإمام وبين قيادتها على دخولها صنعاء، وفتحت لهم الأبواب، ودخلوا صنعاء، ووصل فرمان عثماني بتنصيب الإمام المتوكل حاكمًا على صنعاء باسم السلطان، وقُرئ الفرمان بصنعاء سنة 1265هـ/ 1848م[132]. وتجدر الإشارة إلى أن المؤرخين اليمنيين تناولوا سياسة العثمانيين في اليمن، وأساليب المقاومة اليمنية وأشكالها للتخلص منهم[133]. وقد بلغ عدد الولاة العثمانيون الذين تولوا حكم اليمن في الفترة الثانية، ثلاثة عشر واليًا بين عامي 1289هـ/ 1872م و1318هـ/ 1900م[134].

وفي جنوب اليمن وجّه أحد أعوان الدولة العثمانية في حضرموت تحذيرًا من محاولات

البريطانيين المستمرة للسيطرة على جنوب اليمن وبلاد الجزيرة(135)، وكان التنافس العثماني البريطاني في جنوب الجزيرة قد مرّ بعدة مراحل، تمثلت الأولى بالفترة الممتدة بين 1289هـ/ 1872م-1293هـ/ 1876م حيث اعتبر العثمانيون أنفسهم أصحاب السيادة على اليمن كله، وسعى البريطانيون إلى توسيع نفوذهم فأقاموا علاقات مع تسع قبائل: عبدلي، صبحي، فضلي، يافع، العوالق، الحوشبي، وأميري. وفي المرحلة الثانية الممتدة بين 1304هـ/ 1886م-1313هـ/ 1895م تمكن البريطانيون من فرض الحماية على إمارات جنوب اليمن البالغ عددها سبع عشرة حتى عام 1314هـ/ 1896م. وفي المرحلة الثالثة 1319هـ/ 1901م-1333هـ/ 1914م تم تقسيم اليمن إلى شطرين جنوبي بريطاني، وشمالي عثماني(136).

البريطانيون:

ظهر البريطانيون لأول مرة في الخليج العربي عند بداية القرن السابع عشر الميلادي وذلك لغرض التجارة، وكانت فترة المائة والخمسين سنة التالية من تاريخ البريطانيين في المنطقة فترة صراع مستمر مع قوى أوروبية أخرى كالبرتغاليين(137)، والهولنديين(138)، والفرنسيين(139)، ومع القوى المحلية كالفرس والعرب كذلك العثمانيين. وفي عام 1160هـ/ 1747م كانت مصالح بريطانيا في الخليج العربي لا تزال متمثلة على وجه الخصوص بشركة الهند الشرقية(140) ووكلائها(141).

وبدأ الاحتكاك البريطاني مع القوى السياسية في الجزيرة العربية عند استيلاء السعوديين على المنطقة الشرقية من جزيرة العرب وخاصة أن الخليج العربي مثّل أهمية خاصة للمصالح البريطانية في الهند لضمان سيطرتها على خطوط المواصلات إلى مستعمراتها. وقد أدرك البريطانيون قوة السعوديين في داخل الجزيرة، وأدرك قادة الدولة السعودية قوة البريطانيين في المجال البحري فتصرّف كل منهم بوحي من ذلك(142). وفي عام 1216هـ/ 1801م أسس البريطانيون قنصلية لهم في جدة لمواجهة محاولات الفرنسيين الاتصال مع شريف مكة(143).

وفي النصف الثاني من القرن الثامن عشر سيطر البريطانيون على إمارات الساحل العُماني(144). ويعتبر القرن التاسع عشر أهم فترة من فترات الوجود البريطاني في الخليج، حيث تحققت سيادة بريطانيا على المنطقة، إذ دعمت مواقعها بصورة أكبر(145).

وكانت البحرين منطقة نفوذ بريطانية، بينما كانت قطر منطقة صراع بريطاني عثماني(146)، وكشف البريطانيون في عام 1307هـ/ 1891م عن معاهدة سرية مع سلطان مسقط تقضي بأن

تكون سلطنة مسقط شبه محمية بريطانية(147)، وأصبحت الكويت في عام 1317هـ/ 1899م محمية بريطانية(148).

وفي جنوب الجزيرة احتل البريطانيون عدن سنة 1254هـ/ 1839م بحجة قتل اليمنيين قنصل بريطانيا(149)، ومثلت سيطرة البريطانيين على عدن ضربة قوية لمشروعات محمد علي وآماله، وكانت بداية لإجلاء قواته عن اليمن وباقي الجزيرة فيما بعد(150)، وأصبحت عدن مرتكزًا سياسيًّا مهمًّا للبريطانيين ليس في الجزيرة العربية وحسب بل في شرق إفريقية، وأخذت تبسط نفوذها على أعماق جنوب اليمن المكون من عدة إمارات ومشيخات متنازعة فيما بينها، وفرضت على تلك الإمارات والمشيخات معاهدات ملزمة لزعماء هذه الإمارات(151). وقامت السياسة البريطانية في عدن وباقي جنوب اليمن على أساس إغراء الزعامات القبلية بالأموال والمناصب، كما كانت تلجأ إلى إشعال الفتن والنزاعات بين القبائل كوسيلة استعمارية عبر عنها الوكيل البريطاني في عدن (Haines)(152) بقوله: «إنني أنظم الأمور وأقوم بإعداد الترتيبات وأجعل القبائل المعادية المشاغبة تقاتل ضد قطاع الطرق بدون استدعاء الحراب البريطانية»(153).

الحياة الثقافية:

ظلت البلاد العربية طيلة القرون الثلاثة الأولى من حكم العثمانيين في عزلة عن الأحداث الدولية، وبينما كانت النهضة العلمية والأدبية جارية في أوروبا كان العرب منغلقين على أنفسهم تحت الحكم العثماني، واقتصرت العلوم عندهم في هذه الحقبة الزمنية الطويلة على العلوم الخاصة بأصول الدين والفقه والنحو والصرف وبعض الحساب البسيط والفلك القديم لمعرفة أوقات الصلاة(154). وأهمل العثمانيون العلوم العقلية، وملؤوا الفراغ الفكري بالطرق الصوفية فأخذوا من التصوف نسكه وشكله وطقوسه وطرحوا فلسفته وعقلانيته(155).

ومثلت دعوة الشيخ محمد بن عبد الوهاب في نجد، ومحمد بن علي الشوكاني في اليمن خروجًا على الجمود الفكري، وكانت الأولى ردة فعل لمظاهر البدع والبعد عن الدين وتردي الأوضاع الاجتماعية(156)، وانقياد العلماء والفقهاء إلى شيوخ الطرق الصوفية(157). بينما حملت الثانية على الجمود الفكري والتقليد الأعمى لدى الأجيال المتعاقبة من علماء الإسلام وتوقف الاجتهاد منذ القرن الرابع الهجري(158). وأثارت دعوة الشيخ ابن عبد الوهاب أنصار القديم من العلماء من أهل السنة والشيعة فانبروا للرد على الدعوة وكفَّروا أصحابها، بينما برز علماء من أتباع الدعوة يدافعون عن مذهبهم، وبذلك نشطت حركة التأليف(159) نتيجة للجدل الكبير الذي أثير بين مؤيد(160) ومعارض(161)، مما ساهم في تطور الفكر الإسلامي الحديث(162).

32

وامتدت آثار الدعوة إلى خارج نجد والجزيرة العربية، ووصلت إلى ليبيا والسودان والهند ونيجيريا وسومطرة(163)، وأصبحت مثلًا يُحتذى به في الثورة على الحكم الفاسد والمجتمع المنحل ولو كان مسلمًا(164).

وتركت الدعوة أيضًا آثارها على الحياة الثقافية داخل نجد، إذ ظهر الاهتمام بالعلوم الدينية بشكل زاد عما كان قبل ظهور هذه الدعوة، كما زاد عدد العلماء، وظهرت الدرعية كمركز لتجمع العلماء(165)، كما أعطت هذه الدعوة بظهورها بعدًا جديدًا للحركة الشعرية تمثل بظهور سمات وأغراض جديدة كالعناية بالجدل العقيدي، وانفعل الشعراء من أهل الدعوة ودخلوا معاركها، وظهر الهجاء بأنواعه الفكري والديني والسياسي(166). كما تركت الدعوة آثارًا بارزة على الكتابة التاريخية تمثلت في ظهور عدد من المؤرخين الذين اهتموا بإبراز تاريخها الديني والسياسي(167).

وأثارت دعوة الشوكاني إلى نبذ التقليد والتعصب والدعوة إلى الاجتهاد مناقشات كلامية وجدلًا فقهيًّا بينه وبين معاصريه من العلماء وخاصة في صنعاء، وحاول الشوكاني التصدي لمشكلات عصره من خلال التدريس(168)، والتأليف، والمشاركة في الحكم بتوليه القضاء الأكبر في صنعاء(169).

ومثلت التيارات المذهبية في الجزيرة العربية التي اتخذت أشكالًا سياسية عاملًا آخر للتأثير في الحركة الثقافية وتوجيهها وجهة محددة، ففي الحجاز انصب اهتمام العلماء على فضائل ومناقب الأشراف من آل البيت(170)، بينما اهتم علماء نجد بأخبار دعوة الشيخ ابن عبد الوهاب والدولة السعودية(171)، واهتم علماء عُمان بالعقيدة الإباضية وتدوين أخبار الأئمة وفضائلهم تأليفًا ونظمًا وشرحًا(172) وتاريخًا(173)، وفي اليمن بدا واضحًا أثر الزيدية في الحياة الثقافية خاصة في التاريخ، فمنذ تولي أئمة الزيدية حكم اليمن وجدوا بين أشياع مذهبهم مؤرخين صادقين يدونون أخبار وأعمال أئمتهم منذ عهد مبكر(174)، ومن هذه النظرة عبّر العديد من المؤرخين اليمنيين وباقي بلدان الجزيرة عن مواقفهم من الدولة العثمانية متأثرين بولاءاتهم وانتماءاتهم السياسية والمذهبية(175).

وساهم عامل آخر في الحياة الثقافية هو تنقل علماء الجزيرة بين بلدانها من جهة، وسفرهم إلى خارج الجزيرة من جهة أخرى، كما استقبلت المراكز الثقافية في الجزيرة علماء من مختلف البلدان الإسلامية، ومثّلت مكة والمدينة مركزًا مهمًّا لوجود العلماء فيها من مختلف البلاد(176). وتنقل كثير من علماء نجد بين دمشق والعراق والقاهرة وأحيانًا استنبول(177)، وتنقل علماء اليمن بين بلادهم ومصر(178)، ودمشق(179)، واستقبلت اليمن عددًا من العلماء القادمين

من الحجاز والأحساء[180] وبغداد[181] والموصل[182] ومدن الشام ومصر والمغرب[183]. وساهم العلماء القادمون من بيئات مختلفة في الحياة الثقافية بعلومها المتنوعة من فقه وتفسير وحديث ولغة وتصوف وهيئة[184].

وكان للحملة الفرنسية على مصر سنة 1213هـ/ 1798م أثر كبير في الحياة الثقافية، فقد دفعت المؤرخين والأدباء في الجزيرة العربية إلى التحدث عن أسبابها ومسيرها ودخولها مصر والجهود التي بذلت لإخراجها[185]، كما عبّروا عن مواقفهم وأحاسيسهم بصدق ووضوح شعرًا ونثرًا، وبخاصة في ميدان الرسائل الديوانية التي اسهم في إنشائها عدد من كتاب الدواوين وبخاصة أدباء اليمن والحجاز[186].

وأضاف بعض الحكام في رعايتهم للتعليم وحضورهم مجالس التعليم، والإنفاق على بعض طلبة العلم والمدرسين عاملًا آخر ساهم في تنشيط الحياة الثقافية، كما هو الحال في نجد[187] وتهامة وعسير[188] واليمن[189].

وقد مثلت مكة والمدينة مركزًا ثقافيًا مهمًا حيث كان يتجمع العلماء من كل البلاد الإسلامية[190]، وفي نجد برزت الدرعية كمركز ثقافي بالإضافة إلى بعض المدن الأخرى مثل أشيقر، والعيينة، وعنيزة[191]، وحائل[192].

واشتهرت الأحساء بوجود بعض الأسر الثقافية[193]، كذلك اشتهرت مدن عديدة في الجزيرة العربية بوجود أسر ثقافية مثل صنعاء[194] وضمد[195] وذمار[196] والروضة[197]، وزبيد[198]، وكوكبان[199]، ومثلت صبيا من بلدان أبو عريش أبرز مراكز الصوفية في الجزيرة[200]. واشتهرت أيضًا بعض مدن حضرموت ببعض الأسر الثقافية والصوفية[201].

وكان التعليم منتشرًا في المراكز الثقافية التي مرّ ذكرها على شكل أربطة[202]، ومجالس تعقد في أوقات معينة[203]، وحلقات علمية في المساجد[204] وفي بيوت بعض العلماء[205] وفي محلات خاصة[206]، كذلك انتشرت الكتاتيب خاصة في القرى[207] كذلك بيوت الحكام التي كان يتم فيها تدريس أبنائهم فقط[208]. وكانت العلوم التي تدرس هي العلوم الدينية[209]، وعلوم اللغة[210]، والمنطق[211]، والتصوف[212]، والحساب والفلك[213]، والعروض، والقراءات[214]، وعلوم الاجتهاد[215]. ووردت إشارات إلى تعليم الموسيقى[216] في الحجاز، والطب[217]، وهندسة الأرض والبناء[218]، كذلك اهتم المشايخ في حضرموت بتعليم الأوراد[219].

واهتم علماء الجزيرة العربية – في مجال التأليف – بالعلوم الدينية والتاريخ، واهتم علماء الحجاز بالفقه وأصوله وفروعه والحديث وعلومه[220]، والتاريخ باتجاهاته المتنوعة[221]. وأشار

السالمي إلى عدم اهتمام أهل عُمان بالتأليف بالتاريخ لانشغالهم بالعلوم الدينية والأحداث السياسية[222]، وانصب اهتمام العلماء في اليمن على علوم الفقه والحديث والتفسير، كما أكثروا من التأليف في التاريخ خاصة التراجم والأنساب والسير والمناقب والفضائل[223]. واهتم العلماء في نجد غالبًا بالفقه على المذهب الحنبلي وبالتأريخ للدعوة والدولة السعودية[224].

الأوضاع الاقتصادية:

يتطلب الحديث عن الأوضاع الاقتصادية إحاطة كبيرة بما ورد في المصادر التاريخية حول عناصر النشاط الاقتصادي في الجزيرة العربية، وهو أمر يضيق دونه المقام، ويمكن الاستغناء عنه بإشارات مختصرة توضح الملامح العامة للنشاط الاقتصادي.

ففيما يتعلق بالزراعة فإن الطابع الجغرافي البارز للجزيرة العربيـة هو أن أرضها جرداء ليس فيها سوى مساحات بسيطة صالحة للزراعة لتوافر كميات من الماء فيها[225]، ومن بين المراكز التي اشتهرت بالزراعة في مناطق الجزيرة: المدينة في الحجاز[226]، وجبل شمر خاصة حائل[227]، والقصيم ومنطقة سدير التي كانت تسمى ريف نجد[228]. وفي عُمان اشتهرت بالزراعة مقاطعة الباطنة ووادي سمايل[229] ونزوة[230]. وفي بلاد المخلاف السليماني وعسير اشتهرت تهامة[231] وأبو عريش[232]. وفي اليمن: صنعاء[233]، وتعز التي عرفت بالروضة، ووصفت بأنها من أخصب بقاع الجزيرة العربية[234]. وقد اشتهرت هذه المناطق بزراعة الحبوب[235]، والخضروات[236] وبساتين الفاكهة[237].

وتأثرت الزراعة باضطراب الأوضاع السياسية وعدم الاستقرار[238]، كما تأثرت بعوامل طبيعية كانقطاع الأمطار[239]، وسقوط البَرَد[240] والثلج كما حدث في صنعاء سنة 1141هـ/ 1728م[241]، والصقيع[242]، والرياح[243]، والآفات الزراعية مثل الجراد[244]، و(الذّقل) الذي أطلق عليه اليمنيون اسم عاهة العنب[245]، هذا بالإضافة إلى الطيور التي كانت تحصد الزرع حصدًا[246].

وفي مجال التجارة استفادت الجزيرة العربية من موقعها ما بين الهند والصين وإفريقية على الجانب الشرقي والجنوبي الغربي من جهة، وما بين البحر الأبيض المتوسط والعراق على الجانب الشمالي من جهة ثانية حيث كانت تستعمل هي والممرات المائية المحاذية لها كطرق تجارية[247]. وشغلت إمارات الخليج حيزًا في التجارة العالمية، وكانت بعض مدنه مراكز تجميع وتوزيع للسلع التجارية والبضائع الخاصة بمنطقة الساحل الغربي للمحيط الهندي، كما كانت تعتبر المركز الاقتصادي الرئيسي لمنطقة حوض المحيط الهندي بأسرها، وذلك لنقل

السلع من وإلى شبه القارة الهندية(248). وقد نشط تجار البحرين في السفر إلى الهند لبيع اللؤلؤ وشراء الأمتعة(249). واشتهر التجار العُمانيون بالنشاط في التبادل التجاري. واحتكروا توريد البن إلى إيران والعراق(250). واستفاد سكان حضرموت من الموانئ الساحلية كميناء عدن والشحر والمكلا في احتكار التجارة في جنوب الجزيرة(251).

وانتشرت التجارة الداخلية في بلدان الجزيرة العربية على شكل أسواق متنوعة تبعًا للسلع التي يتم تبادلها(252).

وعُرفت الصناعات اليدوية البسيطة في بلدان الجزيرة، وهذه الصناعات خاصة باحتياجات الناس الضرورية مثل صناعة الكوافي البيض المنقوشة(253)، والخياطة(254)، والصباغة(255)، وصناعة السيوف وأسنة الرماح والخناجر وسروج الخيل، وخياطة العباءات(256). وعُرفت الحدادة في عُمان، حيث صنعت البنادق والمدافع خصيصًا لأسطول الحاكم. كذلك عُرفت صناعة السكر وصناعة المواد الغذائية لتجفيف الليمون والبلح والأسماك(257)، وفي تهامة وعسير عُرفت صناعة أدوات الحرث والزراعة ومستلزمات النقل على ظهور الدواب المختلفة، ودباغة الجلود(258). وفي اليمن عُرفت صناعة المغالق والمفاتيح وصناعة الأحذية(259). وعرف أهل حضرموت إنتاج الجير الذي يستخدم في طلاء المنازل، والحدادة، والنجارة(260).

الأوضاع الاجتماعية:

غلبت على المجتمع العربي في بلاد الجزيرة العربية ظروف مختلفة طبعت حياة الناس في كل منطقة بطابع مختلف إلى حد ما، فما يمكن قوله عن الحجاز لا يصدق على اليمن، وما يقال عن نجد لا يصح بالقياس إلى تهامة، فليس هناك قطر واحد وإنما هناك أقطار وأقاليم(261).

وانقسم مجتمع الجزيرة إلى قسمين متساويين تقريبًا، فنحو نصفه بدو رحل، والآخرون مستقرون في المناطق الحصينة بمحاذاة الساحل، ومعظمهم من الفلاحين والصيادين(262). وأغلب سكان الجزيرة من العرب الصرحاء النسب(263)، وقد أورد محمد بن حمد البسام (ت1246هـ/ 1831م) توزيع القبائل العربية المنتشرة في الحجاز ونجد وتهامة والأحساء وعُمان واليمن، وذكر أيضًا أعداد رجال كل قبيلة وصفاتهم(264). وإلى جانب العرب وجدت عناصر غير عربية كالبلوش، والفرس والزنوج خاصة في المناطق الساحلية والمراكز التجارية(265).

وبلغ عدد السكان الخاضعين للدولة السعودية في أوج قوتها حسب إشارة أوردها مؤرخ عاش في النصف الأول من القرن الثالث عشر الهجري/ التاسع عشر الميلادي (2350000)

نسمة تقديرًا وتخمينًا(266)، وفي أواخر القرن الثالث عشر الهجري أوردت بعض التقارير العثمانية غير المؤرخة أن عدد السكان الخاضعين لنفوذ محمد بن عبد الله آل رشيد أمير نجد بلغ حوالي ثلاثة ملايين نسمة(267). ولمزيد من المعلومات حول التجمعات السكانية في الجزيرة العربية انظر الجدول التالي:

جدول يبين عدد السكان في بعض بلدان الجزيرة العربية*

البلد		عدد السكان تقريبًا			السنة	المصدر/ المرجع
القطر/ الإقليم	المدينة	نسمة	بيت	عائلة		
الحجاز	المدينة	16000-20000	—	—	1231هـ/ 1815م	مصطفى، المدينة، ص20.
	المدينة	18000	6000	—	1234هـ/ 1818م	مصطفى، نفسه، 21-22.
	المدينة	16000	—	—	منتصف ق 19	مصطفى، نفسه، 21-22.
	خيبر	2500	—	—	منتصف ق 19	بيرين، اكتشاف جزيرة العرب، ص291.
نجد (جبل شمّر)	—	—	—	1560	1261هـ/ 1845م	فالين، صور من شمال جزيرة العرب، ص127-132.
	—	5000	—	—	1292هـ/ 1875م	Doughty, Deserta, p182.
	—	55000	—	—	آخر ق 19	لوريمر، دليل الخليج، ج6، ص224-225.
	—	75000	—	—	—	العزاوي، تاريخ نجد، ورقة 148.
	حائل	20000	—	—	1315هـ/ 1897م	الألوسي، تاريخ نجد، ص21-22.

* هذه الأرقام تقريبية وليست دقيقة.

البلد		عدد السكان تقريبًا				السنة	المصدر/ المرجع
القطر/ الإقليم	المدينة	نسمة	بيت	عائلة			
نجد والمناطق الخاضعة للدولة السعودية	—	1490000	—	—		1279هـ/ 1862م- 1280هـ/ 1863م	Palagrave, Narrative, v.2, p.84-86.
نجد (القبائل التابعة للدولة السعودية)	—	244500	—	—		1279هـ/ 1862م- 1280هـ/ 1863م	Palagrave, Narrative, v.2, p.84-86.
نجد (حضر وبدو)	—	428000	—	—		—	العزاوي، تاريخ نجد، ورقة 148 و149.
الكويت	—	—	2000 إلى 3000	—		1286هـ/ 1869م	وثائق تتعلق بمسألة الكويت من أرشيف رئاسة الوزراء باستنبول مؤرخة بتاريخ 28 ذي القعدة 1286. انظر أيضًا، مدحت باشا، مذكرات، ص171.
الكويت	—	20075	—	—		1322هـ/ 1904م	الكرملي، الكويت، مجلة المشرق، ع10 س7 1904، ص457.
أبو ظبي (عرب وزنوج)	—	10000	—	—		1319هـ/ 1901م	قاسم، دراسة لتاريخ الإمارات، ص53.
دبي	—	15000	—	—		—	قاسم، ص54.
عُمان	مسقط	1200	—	—		1187هـ/ 1733م	قاسم، دولة بوسعيد، ص66.
	مسقط	50000-60000	—	—		في ثلاثينات ق 19	لاندن، عُمان، ص60.
	صحار	9000	—	—		1256هـ/ 1840م	لاندن، 113-114.

البلد		عدد السكان تقريبًا			السنة	المصدر/ المرجع
القطر/ الإقليم	المدينة	نسمة	بيت	عائلة		
	صحار	4000	ـــ	ـــ	1318هـ/ 1900م	لاندن، 113-114.
عُمان	ـــ	50000	ـــ	ـــ	ق 19	لاندن، 35.
قضاء قطر	ـــ	10000	4000	ـــ	أواخر ق 19	الدباغ، قطر، ص30 من تقديرات العثمانيين.
قطر	ـــ	26000	ـــ	ـــ	بدايات ق 20	الدباغ، قطر، ص30 من تقديرات العثمانيين.
بعض قبائل تهامة وعسير	ـــ	140000	ـــ	ـــ	النصف الثاني من ق18	مجهول، لمع الشهاب، ص72، 173.
عسير	بيشة	45000 منهم 1000 زنجي	ـــ	ـــ	ق 19	موريس، رحلة، ص152.
اليمن	صنعاء	ـــ	2500	ـــ	الثلث الأول من ق16	بيرين، اكتشاف جزيرة العرب، ص64.
	عدن	ـــ	5000 أو 6000	ـــ	العقد الأول من ق16	بيرين، 48.
	عدن	ـــ	6000	ـــ	1255هـ/ 1839م	هارولد، ص47.
	عدن	25000	ـــ	ـــ	1258هـ/ 1842م	هارولد، ص47.
بلاد حضرموت	ـــ	1000000	ـــ	ـــ	1296هـ/ 1878م	من وثائق الأرشيف العثماني باستنبول، أوراق يلدز، رقم الوثيقة (3951) تاريخها 18 نيسان 1296.
حضرموت (لعلها المدينة وجوارها)		150000	ـــ	ـــ	1304هـ/ 1886م	عكاشة، ص15.

وكان السكان يقيمون في بيوت من طين، ثم أصبحت تبنى من الطوب المجفف ومن سعف النخيل، وفي بعض المناطق كانت على شكل أكواخ صغيرة، هذا في نجد[268]. وفي عُمان تكونت المباني من طابقين أو ثلاثة للأثرياء، وعلى شكل أكواخ للفقراء[269]. وفي مناطق أبو عريش كانت المساكن تبنى بخشب الآراك ثم تغطى بحزم الحشيش، وتتكون مباني السادة والحكام من عدة غرف، بينما تكونت منازل الفقراء من غرفتين وأحيانًا من غرفة واحدة[270]. وفي حضرموت كانت أغلب القبائل تسكن في الكهوف[271].

وشكلت القبيلة في مجتمع الجزيرة ببدوه وحضره أساسًا في التنظيم الاجتماعي، وظلت هي الشكل السائد لهذا التنظيم في مجتمعات الفلاحين المستقرة في اليمن وعُمان، وفي المدن التجارية مثل عدن والبحرين والكويت حيث تحول المجتمع عن البداوة إلى الاستقرار في حالات عديدة[272]. وكان مجتمع المدينة المنورة تتحكم فيه اتجاهات مختلفة ورغبات متعددة، فهناك أمير مكة الذي هو سيد الجميع في عرف المجتمع، وهناك أيضًا الولاة العثمانيون ورؤساء الجند وكبار الموظفين كشيخ الحرم (شيخ الآغوات) والمفتي التركي[273]. وتكون مجتمع نجد من الحضر والبدو[274]، وتكون المجتمع في عُمان بالإضافة إلى القبائل العربية من عناصر غير عربية كالهنود والإيرانيين والتجار والحرفيين، والعمال الوافدين من منطقة بلوشستان[275]. وشكل العبيد المجلوبون من إفريقية على الأغلب آخر السلم الاجتماعي[276]. وفي بلاد المخلاف السليماني تهامة وأبو عريش وصبيا، انقسم المجتمع إلى أعيان ينتمون إلى السادة الأشراف، وتتركز بأيديهم السلطة السياسية والدينية والثقافية، وقد شكلوا إحدى فئات المجتمع، والفئة التالية تألفت من القضاة والمثقفين، وقد وفرت هذه العائلات الكوادر الإدارية والثقافية لسلطة الأشراف والسادة، وشكل الفلاحون وسكان المدن الفئة الثالثة من المجتمع[277].

وفي اليمن عرف المجتمع فئتين اجتماعيتين تنقسم كل منهما إلى عدة أقسام، الفئة الأولى هي علية القوم، وهم (السادة) وكل الإمارات والعمالات الرفيعة والمقامات والوظائف في اليمن بأيديهم. يليهم الفقهاء ثم القضاة ثم النقباء ثم المشايخ عُمَد القرى والأحياء، ثم العُقّال. والفئة الثانية تتكون من القبليين (القرويين، الفلاحين) وهم أغلب السكان في اليمن[278]. وفي المجتمع الحضرمي كانت المشيخة القبلية يتولاها (مقدم)، وكان رئيس القبيلة أو العشيرة ينظر لنفسه في قريته نظرة الحاكم أو السلطان على المنطقة الخاضعة له باعتبارها إقطاعية أو ضيعة من ضياعه، ومثّل السادة العلويون المركز الأول في المجتمع الحضرمي، يليهم المشايخ، وعرفوا بالفقه والتصوف، ثم التجار الصغار، والحرفيون وأشباه العمال الذين ظهروا نتيجة لنمو الحركة التجارية

في ميناءي المكلا والشحر⁽²⁷⁹⁾. ومثّل العبيد المجلوبون من إفريقية آخر الفئات الاجتماعية في اليمن⁽²⁸⁰⁾.

وزاول السكان في الجزيرة العربية حرفًا وأعمالًا مختلفة، وكان الرجل يتولى العمل بينما تدير المرأة شؤونه الداخلية وأحيانًا تتداخل أعمال الرجل المزارع والبدوي مع أعمال المرأة، فهي معه تساعده على الحرث، والحصاد والرعي⁽²⁸¹⁾. وعرف مجتمع المدينة مهنًا متنوعة مثل الحلاقة وفلاحة الحدائق والتجارة والإسكافة ومهنًا أخرى متنوعة⁽²⁸²⁾، وفي المناطق المنتشرة على الساحل العربي للخليج عمل السكان في الغوص وجمع اللؤلؤ وصيد الأسماك والتجارة⁽²⁸³⁾. وفي اليمن عرفت بعض المهن مثل التحميل في سوق العلف، والقصابة، واشتغلوا كحضايين (الذين يقومون بعمل حواشٍ للثياب) وملاجين (الذين يقومون بتطيين الجدران)، وكان منهم المجاصصة (الذين يقومون بعمل الجص) والمقاضضه (الذين يعنون بخلط الجير ووضعه في البرك ومجاري المياه) والندافون (الذين يقومون بتنظيف القطن المستعمل للفرش)، وعرفت بعض النساء العمل بـ (الشارعة) وهي تزيين العرائس⁽²⁸⁴⁾.

واعتمد السكان على مياه الأمطار وتجميعها في الآبار، واستخراج المياه بعمل حفر عميقة للاستفادة منها للشرب والسقي⁽²⁸⁵⁾. وتكوّن طعام السكان من الحنطة والتمر والأرز واللبن والجبن والسمن والحليب والخضار والفواكه والبلح والسمك⁽²⁸⁶⁾.

وكانت حياة السكان تتعرض بين الحين والآخر إلى عدد من الأخطار التي تمثلت بالأوبئة مثل الطاعون⁽²⁸⁷⁾ والجدري⁽²⁸⁸⁾ والحصبة والسعال⁽²⁸⁹⁾، ومرض ذات الجنب، ومرض الكبد، والبرد، والحمى المهلكة، ومرض المعدة، والتهاب الأمعاء⁽²⁹⁰⁾، والجروح اليمنية، والحمى المعوية⁽²⁹¹⁾، كما شكل الجوع بسبب القحط والغلاء عاملًا آخر من العوامل التي هددت حياة السكان⁽²⁹²⁾، وكذلك اضطراب الأحوال السياسية وكثرة النزاعات والغزو⁽²⁹³⁾. وكان أبرز مظاهر عدم الاستقرار تغير وتبدل العملة وقيمتها انخفاضًا وارتفاعًا⁽²⁹⁴⁾.

الهوامش

(1) الهمداني، الحسن بن أحمد يعقوب، ت بعد 334هـ/ 945م، صفة جزيرة العرب، تحقيق محمد بن علي الأكوع، ط2، دار الشؤون الثقافية العامة، آفاق عربية، بيروت 1983، ص 39 و سيشار له عند تكرار وروده الهمداني، صفة جزيرة العرب.

(2) ابن حوقل، محمد بن علي أبو القاسم، ت في حدود 350هـ/ 961م، كتاب صورة الأرض، ق1، طبع في مدينة ليدن بمطبعة بريل، 1967م، ق1، ص19. و سيشار له عند تكرار وروده ابن حوقل، كتاب صورة الأرض.

(3) أبو عبيد البكري، عبد الله بن عبد العزيز، ت483هـ/ 1090م، كتاب المسالك والممالك، حققه وقدم له أدريان فإن ليوفن وأندريه فيري، الدار العربية للكتاب، المؤسسة الوطنية للترجمة والدراسات، بيت الحكمة، 1992، 2ج. ج1، ص144 وسيشار له عند تكرار وروده أبو عبيد البكري، كتاب المسالك والممالك.

(4) ياقوت الحموي، ياقوت بن عبد الله، ت 626هـ/ 1228م، معجم البلدان، دار صادر، بيروت، د.ت. م2، ص137. و سيشار له عند تكرار وروده ياقوت الحموي، معجم البلدان.

(5) البغدادي، عبد المؤمن بن عبد الحق، ت739هـ/ 1338م، مراصد الاطلاع على أسماء الأمكنة والبقاع، مختصر لمعجم البلدان لياقوت، تحقيق وتعليق علي محمد البجاوي، ط1، دار الجيل، بيروت 1992 م1، ص232، و سيشار له عند تكرار وروده البغدادي، مراصد الاطلاع.

(6) جوده، د.حسين، شبه الجزيرة العربية، دراسة في الجغرافية الإقليمية، دار المعرفة الجامعية، 1984م، ص5-6 وسيشار له عند تكرار وروده، جوده، شبه الجزيرة العربية.

(7) ابن بشر، عثمان بن عبد الله النجدي، ت1290هـ/ 1873م، عنوان المجد في تاريخ نجد، حققه وعلق عليه عبد الرحمن بن عبد اللطيف آل الشيخ، ط4، مطبوعات دارة الملك عبد العزيز، الرياض 1982م.ونسخة أخرى حققها وعلق عليها بعض الأفاضل بأمر من وزارة المعارف السعودية د.ط، د.م، د.ن، 2ج. ج2، ص12-16وسيشار الى تاريخ بن بشر عند تكرار وروده ابن بشر، عنوان المجد.

(8) الدرعية: كانت قرية صغيرة عند وصول الشيخ ابن عبد الوهاب إليها، وكانت تضم سبعين بيتًا، وربما لم يبلغ عدد سكانها آنذاك الألف نسمة، وغدت بعد ذلك أقوى مدينة في نجد عندما أصبحت عاصمة للدولة السعودية المترامية الأطراف. غرايبة، د عبدالكريم محمود، قيام الدولة السعودية العربية، قسم البحوث والدراسات التاريخية والجغرافية، المنظمة العربية للتربية والثقافة والعلوم، 1974، ص52. وسيشار له عند وروده، غرايبة، قيام الدولة السعودية. وتقع الدرعية إلى الغرب من الرياض بقرب خط الطول 40َ-59ْ وخط عرض 14َ-26ْ. الجاسر، حمد، المعجم الجغرافي للبلاد العربية السعودية، د.ط، منشورات دار اليمان للبحث والترجمة والنشر، الرياض، د.ت، 3ق. ق2، ص693وسيشار له عند تكرار وروده الجاسر، المعجم الجغرافي.

(9) ابن بشر، عنوان المجد، ج2، ص367.

(10) ابن غنام، حسين، ت1225هـ/ 1810م، تاريخ نجد المسمى – روضة الأفكار والإفهام لمرتاد حال الإمام وتعداد غزوات ذوي الإسلام، حرره وحققه د.ناصر الدين الأسد، ط1، مطبعة المدني، المؤسسة السعودية، 1961؛ ط2، دار الشروق، 1985، ص81-91. وسيشار له عند تكرار وروده ابن غنام، تاريخ نجد. مجهول، كيف كان ظهور شيخ الإسلام الشيخ محمد بن عبد الوهاب، حققه وعلق عليه، د.عبد الله الصالح العثيمين، ط2، مطبعة سفير، الرياض، 1994م. ص33-43. وسيشار له عند تكرار وروده مجهول، كيف كان ظهور شيخ

الإسلام. مجهول، ت بعد 1233هـ/ 1817م، لمع الشهاب في سيرة الشيخ محمد بن عبد الوهاب، تحقيق د.أحمد مصطفى أبو حاكمة، دار الثقافة، بيروت، 1967م، ص27-43. وسيشار له عند تكرار وروده مجهول، لمع الشهاب. ابن بشر، عنوان المجد، ج1، ص18؛ انظر أيضًا: الفصل الخاص باتجاهات الكتابة التاريخية (الاتجاه المحلي).

(11) ابن غنام، تاريخ نجد، ص76.العثيمين، د.عبد الله صالح، تاريخ المملكة العربية السعودية، ط1، د.ن، 1984، ج1، ص59. وسيشار له عند تكرار وروده العثيمين، تاريخ.

(12) ابن بشر، عنوان المجد، ج2، ص12-13؛ العثيمين، تاريخ، ج1، ص44-47.

(13) طه حسين، الحياة الأدبية في الجزيرة العربية، مجلة الهلال، 1933، ص596.

(14) العيينة: قرية ذات إمارة من إمارات الرياض وتقع بقرب خط الطول َ20-ْ48 وخط عرض َ14-ْ26. الجاسر، المعجم الجغرافي، ق3، ص1253.

(15) ابن غنام، تاريخ نجد، ص80. وكان أمير العيينة آنذاك عثمان بن معمر، وقد قتل سنة 1163هـ/ 1750م. ابن بشر، عنوان المجد، ج1، ص60.

(16) اختلفت المصادر في تحديد تاريخ انتقال الشيخ ابن عبد الوهاب إلى الدرعية. ابن غنام، ص80 ذكر أن مغادرة الشيخ للعيينة كان سنة 1157 أو 1158. وسكت صاحب لمع الشهاب عن ذكر تاريخ لذلك. وقال الفاخري في الأخبار النجدية، ص106 إن تاريخ الانتقال كان سنة 1158 أو 1159انظر الفاخري، محمد بن عمر، ت1277هـ/ 1860م، الأخبار النجدية، دراسة وتحقيق وتعليق د.عبد الله يوسف الشبل، لجنة البحوث والتأليف والترجمة والنشر، د.ط، جامعة الإمام محمد بن سعود الإسلامية، د.م، د.ت.، وسيشار له عند تكرار وروده، الفاخري، الأخبار النجدية. بينما ذكر ابن بشر، ج1، ص25 أن الانتقال كان سنة 1158هـ. ومن المراجع الحديثة رجح العثيمين هذا الانتقال بأنه سنة 1157؛ العثيمين، ج1، ص85.

(17) ابن بشر، عنوان المجد، ج1، ص99.

(18) إغفال المصادر لتاريخ هذا الاتفاق ربما ارتبط بالسرية التي سار عليها الشيخ ابن عبد الوهاب عند خروجه من العيينة إلى الدرعية خاصة بعد التهديدات من أمير بني خالد، ويبدو أن الاتفاق عقد بعد خروج الشيخ ابن عبد الوهاب من العيينة، ويبدو من خلال ما أورده ابن غنام أن الاتفاق قد تم في مكان خارج بيت الأمير، وقد يكون خارج الدرعية. ابن غنام، ص81. انظر أيضًا حول الاتفاق: ابن بشر، عنوان المجد، ج1، ص22؛ مجهول، لمع الشهاب، ص30-31.

(19) مجهول، لمع الشهاب، ص30-31؛ عبد الرحيم، د.عبد الرحمن، الدولة السعودية الأولى، رسائل وبحوث 1745-1818، د.ط، المطبعة العالمية، القاهرة، 1969، ج1، ص40-43. وسيشار له عند تكرار وروده، عبد الرحيم، الدولة السعودية الأولى. انظر ايضا العثيمين، تاريخ، ج1، ص82-86.

(20) جب، هـ، ر، الاتجاهات الحديثة في الإسلام، تعريب جماعة من الأساتذة الجامعيين، ط1، بيروت، 1961م، ص53-54. وسيشار له عند تكرار وروده جب، الاتجاهات الحديثة في الإسلام.

(21) غرايبة، قيام الدولة السعودية، ص51.

(22) محمد بن عبد الله آل رشيد أمير حائل (1289هـ/ 1873م-1315هـ/ 1897م) أحد الحكام البارزين لإمارة آل رشيد في حائل التي أسسها عبد الله بن رشيد عام 1835م وكان محمد آل رشيد قد استغل الخلاف بين أبناء الإمام فيصل بن تركي 1283هـ/ 1865م بعد وفاته وسيطر على الرياض منهيًا بذلك عهد الدولة السعودية الثانية، بعد ذلك أخذ يتطلع إلى خارج نجد فأغار سنة 1298هـ/ 1880م على إقليم حوران، ووصلت غاراته

إلى عشائر القدس وعجلون وعلى بعد 90 كم من دمشق، وتطلع للسيطرة على الكويت، كما تطلع إلى اليمن، وأصبح بذلك الرجل الأقوى في الجزيرة العربية في القرن الثالث عشر الهجري/ التاسع عشر الميلادي. انظر: وثائق الأرشيف العثماني باستنبول، وثائق يلدز، رقم الوثيقة 3936، بدون تاريخ. انظر أيضًا : ابن عيسى، إبراهيم بن صالح، ت1343هـ/ 1924م، عقد الدرر فيما وقع في نجد من الحوادث في آخر القرن الثالث عشر وأول القرن الرابع عشر، ذيل على كتاب (عنوان المجد في تاريخ نجد)، حققه وعلق عليه عبد الرحمن بن عبد اللطيف بن عبد الله آل الشيخ، د.ط، طبع على نفقة وزارة المعارف، د.ت، ص46-48، 88. وسيشار له عند تكرار وروده ابن عيسى، عقد الدرر. بلنت، رحلة في بلاد نجد، ص223-224؛ النجدي، العقود الدرية، ورقة 86-87، 93، 97؛ الدخيل، القول السديد، ورقة 44؛ الرشيد، نبذة تاريخية، ص40؛ الأحسائي، تحفة المستفيد، ق1، ص94، 150، 170؛ الرشيد، تاريخ الكويت، ص136؛Muil – Northern – .negd. p244

(23) () العثيمين، تاريخ، ج1، ص5.

(24) زامباور، إدوارد فون، معجم الأنساب والأسرات الحاكمة في التاريخ الإسلامي، أخرجه د.زكي محمد حسن بك وحسن أحمد محمود واشترك في ترجمة بعض فصوله د.سيدة إسماعيل كاشف. د.ط، مطبعة جامعة فؤاد الأول، 1951، 2ج.ج1، ص190. وسيشار له عند تكرار وروده، زامباور، معجم الأنساب والأسرات الحاكمة،.

(25) دحلان، السيد أحمد بن السيد زيني ت1304هـ/ 1886م، أمراء البلد الحرام منذ أولهم في عهد الرسول ﷺ حتى الشريف الحسين بن علي، الدائرة المتحدة للنشر، بيروت، د.ت، ص28. وسيشار له عند تكرار وروده دحلان، أمراء البلد الحرام.

(26) رافق، عبد الكريم، العرب والعثمانيون 1516-1916، ط1، دمشق، 1974م، ص335.. وسيشار له عند تكرار وروده رافق، العرب والعثمانيون.

(27) دحلان، السيد أحمد بن السيد زيني ت1304هـ/ 1886م، تاريخ الدول الإسلامية في الجداول المرضية، المطبعة البهية، القاهرة 1888م، ص156-165. وسيشار له عند تكرار وروده، دحلان، تاريخ الدول الإسلامية.

(28) دحلان، المصدر نفسه، ص162-163.

(29) دحلان، المصدر نفسه، ص163.

(30) دحلان، نفسه، ص156-163.

(31) دحلان، نفسه، ص156-165.

(32) الجميل، د.سيّار، بقايا وجذور التكوين العربي الحديث، ط1، عمان، الدار الأهلية للنشر والتوزيع، عمان، 1997، ص 252. وسيشار إليه عند تكرار وروده الجميل، بقايا وجذور.

(33) ابن قتيبة، عبد الله بن مسلم، ت276هـ/ 889م، المعارف، حققه وقدم له ثروت عكاشه، مطبعة دار الكتب، وزارة الثقافة والإرشاد القومي، القاهرة، 1960م ص622؛.وسيشار له عند تكرار وروده ابن قتيبة، المعارف. انظر أيضًا أبو منصور البغدادي، عبد القاهر بن طاهر بن محمد، ت429هـ/ 1037م، الفَرق بين الفِرق وبيان الفرقة الناجية منهم، عقائد الفرق الإسلامية وآراء كبار أعلامها، دراسة وتحقيق محمد عثمان الخشن، مكتبة ابن سينا للنشر والتوزيع، د.ت. ص37 وسيشار له عند تكرار وروده ابو منصور البغدادي، الفرق بين الفِرَق. وانظر الشهرستاني، عبد الكريم، ت548 هـ/ 1153م، الملل والنحل، وهو بهامش كتاب علي بن حزم الأندلسي الظاهري، ت456هـ، الفصل في الملل والأهواء في النحل، القاهرة، مكتبة ومطبعة محمد

علي صبيح، 1928، وط2، دار المعرفة، بيروت، 1975م ج1، ص180-181. وسيشار له عند تكرار وروده الشهرستاني، الملل والنحل.

(34) المبرِّد، محمد بن يزيد الأزدي البصري، ت 285هـ/ 898م، الكامل في اللغة، حققه وعلق عليه وصنع فهارسه محمد أحمد الدالي، مؤسسة الرسالة، بيروت، 1986، 4ج. ج2، ص179-180 وسيشار له عند تكرار وروده المبرد، الكامل في اللغة. ووصفت بعض المراجع الحديثة الأباضية بالاعتدال قياسًا بفرق الخوارج الأخرى: عمارة، تيارات الفكر الإسلامي، ص361. وقال السالمي أحد علماء الأباضية البارزين إن الأباضية من بين الفرق الإسلامية الثلاث وسبعين الفرقة التي على الحق والفرقة الناجية: السالمي، عبد الله بن حميد بن سلوم، ت1332هـ/ 1914م، اللمعة المرضية في أشعة الأباضية، 1981، ص1-32. وسيشار له عند تكرار وروده، السالمي، اللمعة المرضية، انظر أيضًا نفس المؤلف السالمي، تحفة الأعيان بسيرة أهل عُمان، ط5، - د.م، ود.ن، 1974؛ ج1، ص79-87 نسخة أخرى د.م، د.ن، 1981، 2ج. وسيشار له عند تكرار وروده، تحفة الأعيان. انظر أيضًا حول السالمي الفصل الأول: تكوين المؤرخين، مؤرخو عُمان.

(35) ذكر ابن قتيبة أن الإباضية نسبة إلى عبد الله بن إباض: ابن قتيبة، المعارف، ص622. انظر أيضًا الشهرستاني، الملل، ج1، ص180-181. وقال عوض خليفات إن العلماء الإباضيين ينسبون إلى عبد الله بن إباض دورًا ثانويًا بتأسيس المذهب الإباضي بالمقارنة مع جابر بن زيد الأزدي العُماني الذي يعتبرونه إمام أهل الدعوة ومؤسس فقههم ومذهبهم، وذهب خليفات إلى أن جابر بن زيد كان الإمام الروحي وفقيه الإباضية ومفتيهم، والشخص الذي بلور الفكر الإباضي انظر لمزيد من التفاصيل خليفات، د.عوض محمد، الأصول التاريخية للفرقة الإباضية، سلطنة عُمان، وزارة التراث القومي والثقافة، ط2، عُمان، د.ت، ص91.وسيشار له عند وروده، خليفات، الأصول التاريخية للفرقة الإباضية. وأشار المقريزي إلى أن النسبة قد تكون إلى (إباض) وهي قرية بالعرض من اليمامة نزل بها نجدات ابن عامر وذكر أيضًا أن المشهور نسبتهم إلى عبد الله بن إباض، ويطلق عليهم إباضية عُمان وزنجبار. وإباضية في شمال إفريقية. انظر المقريزي، أحمد بن علي بن عبد القادر، ت845هـ/ 1441م، المواعظ والاعتبار بذكر الخطط والآثار المعروف بالخطط المقريزية، طبعة جديدة بالأوفست، دار صادر، بيروت، 2ج؛ نسخة أخرى، طبعة جديدة بالأوفست، مكتبة المثنى، بغداد، 2ج. ج2، ص355. وسيشار له عند تكرار وروده المقريزي، الخطط. انظر أيضًا الفرق في التسمية: موتيلنسكي، (إباضية) و (إباضية) دائرة المعارف الإسلامية، ج1، ص127.

(36) خليفات، الأصول التاريخية للفرقة الأباظية، ص52.

(37) السالمي، اللمعة المرضية ج1، ص79-80؛ قاسم، جمال زكريا، دولة بوسعيد في عُمان وشرق إفريقيا 1741-1861، مكتبة القاهرة الحديثة، 1968، ص ص10 وسيشار له عند تكرار وروده، قاسم، دولة البوسعيد.؛ فليبس، ويندل، تاريخ عُمان، ترجمة محمد أمين عبد الله، سلطنة عُمان، وزارة التراث القومي والثقافة، 1981، ص 58، وسيشار له عند تكرار وروده، فليبس، تاريخ عُمان.

(38) آل الجلندي حكموا في عمان (135-287هـ) وعاصمتهم نزوى. انظر: زامبادر، معجم، مرجع سابق ج1، ص191.

(39) تولوا الحكم (549هـ/ 1154م809-هـ/ 1406م) وسموا أنفسهم ملوكًا وقامت ثورات كثيرة لما كان يتصف به حكمهم من ظلم وجور. انظر الأزكوي، سرحان بن سعيد، ت بعد 1140هـ/ 1728م، تاريخ عُمان المقتبس من كتاب كشف الغمة الجامع لأخبار الأمة، حققه ونشره عبد المجيد حسيب القيسي، دار الدراسات الخليجية، ص83-95. وسيشار له عند تكرار وروده الأزكوي، كشف الغمة.انظر أيضًا ابن رزيق، حميد بن

محمد، ت1274هـ/ 1857م، الفتح المبين في سيرة السادة البوسعيديين، تحقيق عبد المنعم عامر ود.محمد مرسي عبد الله، وزارة التراث القومي والثقافة، سلطنة عُمان، 1973، ص250-257. وسيشار له عند تكرار وروده، ابن رزيق، الفتح المبين. قاسم، دولة بوسعيد، مرجع سابق ص10؛ انظر أيضًا عوض، د.عبد العزيز، دراسات في تاريخ الخليج العربي الحديث، ط1، مكتبة الرائد العلمية، عمان، الأردن 1991، 2ج. ج1، ص61، وسيشار له عند تكرار وروده، عوض، دراسات في تاريخ الخليج.

(40) حكم اليعاربة عُمان في الفترة (1034هـ/ 1624م1167-هـ/ 1753م) ضعفت دولة اليعاربة بعد وفاة الإمام سلطان بن سيف في عام 1718 وانهارت أجهزة الحكم والإدارة اشتد النزاع بين زعماء القبائل للاستيلاء على السلطة مما أدى إلى استمرار الحرب الأهلية، وغزت أيضًا القوات الفارسية عمان: عوض، دراسات، مرجع سابق ج1، ص70-71.

(41) ابن رزيق، الفتح المبين، مصدر سابق، ص3.

(42) ابن رزيق، الفتح المبين، مصدر سابق، ص350-458، انظر ايضا ابن رزيق، حميد بن محمد، ت1274هـ/ 1857م، بدر التمام في سيرة السيد الهمام سعيد بن سلطان، ملحق بكتاب ابن رزيق الفتح المبين، تحقيق عبد المنعم عامر ود.محمد مرسي عبد الله، وزارة التراث القومي والثقافة، سلطنة عُمان1973، ص459-553 وسيشار له عند تكرار وروده، ابن رزيق، بدر التمام.

(43) قاسم، دولة بوسعيد، مرجع سابق ص53-59. قاسم، جمال زكريا، دراسة لتاريخ الإمارات العربية 1840-1914، ط2، دار البحوث العلمية، الكويت 1974، ص58 وسيشار له عند تكرار وروده، قاسم، دراسة لتاريخ الإمارات.

(44) رافق، العرب والعثمانيون، مرجع سابق ص338.

(45) قاسم، دراسة لتاريخ الإمارات العربية، مرجع سابق ص50-52.

(46) رافق، العرب والعثمانيون، مرجع سابق ص337.

(47) العتب: من كلمة عتب العربية، أي تنقّل. رافق، المرجع السابق ص335.

(48) كانت الكويت قضـاء من الأقضية التابعة للدولة العثمانية، يحده شمالًا مركز قضاء البصرة، وجنوبًا سنجق نجد، وشرقًا الخليج العربي، وغربًا البادية الشامية أو صحراء سورية. حمزة، فؤاد، البلاد السعودية، ص27؛ وهبه، حافظ، خمسون عامًا في جزيرة العرب، ص27.

(49) رافق، مرجع سابق ص335-336.

(50) أبو حاكمه، د.أحمد مصطفى، تاريخ الكويت الحديث 1750-1965م، ط1، طباعة ونشر وتوزيع ذات السلاسل 1984م، ص25-27، 431. وسيشار له عند تكرار وروده، أبو حاكمه، تاريخ الكويت. انظر أيضًا الرشيد، عبد العزيز. تاريخ الكويت، وضع حواشيه وأشرف على تنسيقه يعقوب عبد العزيز الرشيد منشورات دار مكتبة الحياة، بيروت، 1971م، ص 90، وسيشار له عند تكرار وروده الرشيد، تاريخ الكويت، انظر أيضًا النجدي، العقود الدرية في تاريخ البلاد النجدية، موجود في مكتبة الدراسات العليا، كلية الآداب، جامعة بغداد تحت رقم 570، بغداد. ورقة 98-99 وسيشار له عند تكرار وروده، النجدي، مخطوط.

(51) خزعل، حسين خلف، تاريخ الكويت السياسي، د.ط، بيروت، 1960، د.ط، بيروت، 1962، 5ج، ج1، ص152-154 وسيشار له عند تكرار وروده خزعل، تاريخ الكويت.

(52) النجدي، مخطوط، مصدر سابق ورقة 102-108. ولمزيد من المعلومات حول النزاع بين مبارك وآل الصباح وآل الرشيد في نجد انظر: ابن عيسى، عقد الدرر، ص90-91؛ خزعل، تاريخ الكويت، مرجع سابق ج2، ص29، 30، 40، 46؛ الرشيد، تاريخ الكويت، مرجع سابق ص136.

(53) قاسم، دراسة لتاريخ الإمارات، مرجع سابق ص46.

(54) النبهاني، محمد بن خليفة بن حمد بن موسى، التحفة النبهانية في تاريخ الجزيرة العربية، ط1، دار إحياء العلوم، بيروت، المكتبة الوطنية – البحرين، 1986. ص77-135، وسيشار له عند تكرار وروده النبهاني، التحفة النبهانية، ؛ انظر أيضا أبو حاكمه، تاريخ الكويت، ص342؛ رافق، ص336.

(55) قاسم، دراسة لتاريخ الإمارات، ص430.

(56) الدباغ، مصطفى مراد، قطر ماضيها وحاضرها، ط1، منشورات دار الطليعة، بيروت، 1961م، ص175، وسيشار له عند تكرار وروده الدباغ، قطر.

(57) قاسم، دراسة لتاريخ الإمارات، ص47-48.

(58) الصرّاف، محمود حسن، تطور قطر السياسي والاجتماعي في عهد الشيخ قاسم بن محمد آل ثاني، د.ط، 1980. ص61وسيشار له عند تكرار وروده الصراف، تطور قطر.

(59) المنصور والخترش، نشوء قطر وتطورها، دراسة تاريخية، ص54.

(60) رسالة من الشيخ قاسم آل ثاني إلى مقبل الذكير مؤرخة في 12 صفر 1315 حول وصول الشيخ يوسف الإبراهيم إلى قطر. النجدي، العقود الدرية، ورقة 106؛ وانظر أيضًا: لوريمر، جون غوردن دليل الخليج، القسم التاريخي، طبعة جديدة ومنقحة أعدها قسم الترجمة بمكتب أمير دولة قطر، د.ط ، مطابع علي بن علي، الدوحة، د. ت، 7ج، ج3، ص1235، 1246. وسيشار له عند تكرار وروده لوريمر، دليل الخليج.

(61) قاسم، دراسة لتاريخ الإمارات، ص47-48.

(62) ابن مسفر، عبد الله بن علي، السراج المنير في سيرة أمراء عسير، ط1، مؤسسة الرسالة، 1978، ص24، 74-75. وسيشار له عند تكرار وروده ابن مسفر، السراج المنير.

(63) الشوكاني، محمد بن علي، ت1250هـ/ 1834م، البدر الطالع بمحاسن من بعد القرن السابع، ط1، مطبعة السعادة، بجوار محافظة مصر بالقاهرة، 1929، 2ج. ج1، ص240-241 وسيشار له عند تكرار وروده الشوكاني، البدر الطالع.

(64) ابن مسفر، السراج المنير ص74-75؛ أبو داهش، د.عبد الله بن محمد بن حسين، الحياة الفكرية والأدبية في جنوب البلاد السعودية 1200-1351هـ/ 1785-1932م، ط1، نادي أبها الأدبي، 1986، ص17-21. وسيشار له عند تكرار وروده أبو داهش، الحياة الفكرية.

(65) ابن قتيبة، عبد الله بن مسلم، ت276هـ/ 889م، المعارف، حققه وقدم له ثروت عكاشه، مطبعة دار الكتب، وزارة الثقافة والإرشاد القومي، القاهرة، 1960م، ص623. وسيشار له عند تكرار وروده ابن قتيبة، المعارف.

(66) الشهرستاني، الملل، ج1، ص207. وذكر بروكلمان أن مؤسس الفرقة الزيدية زيد بن علي الذي قتل سنة 122هـ/ 740م. بروكلمان، كارل. تاريخ الأدب العربي، نقله إلى العربية د.عبد الحليم النجار، جامعة الدول العربية، الإدارة الثقافية، دار المعارف بمصر، 1962، ج3، ص322-323. وسيشار له عند تكرار وروده بروكلمان، تاريخ الأدب العربي.

(67) أبو منصور البغدادي، الفرق بين الفرق، ص36. وذكر بروكلمان أن هناك بعض المصنفات المنسوبة إلى زيد بن علي إمام الزيدية ومؤسس مذهبهم، ويعد كتابه المجموع كتابًا للتعليم الأساسي في المدارس الزيدية، بروكلمان، تاريخ الأدب العربي، ج3، ص322-323.

(68) الشهرستاني، الملل، ج1، ص207، ورأى عمارة بالزيدية ثورة معتزلية ضد الدولة الأموية، قادها إمام ثائر من أئمة آل البيت على عهد الخليفة الأموي هشام بن عبد الملك (71هـ/ 690م-125هـ/ 742م) واستمرت

47

ثورتها ضد الأمويين والعباسيين. عمارة، د.محمد، تيارات الفكر الإسلامي، دار المستقبل العربي، القاهرة، 1983م، ص97-124. وسيشار له عند تكرار وروده عماره، تيارات الفكر الإسلامي.

(69) السيد، د.أيمن فؤاد، تاريخ المذاهب الدينية في بلاد اليمن حتى نهاية القرن السادس الهجري، ط1، الدار المصرية اللبنانية، 1988، ص 224-225 وسيشار له عند تكرار وروده السيد، تاريخ المذاهب.

(70) السيد، المرجع السابق.

(71) وحول دخول العثمانيين الأول وحكمهم في اليمن انظر: الموزعي، شمس الدين عبد الصمد بن إسماعيل بن عبد الصمد، من علماء ق11هـ/ 17م، دخول العثمانيون الأول إلى اليمن المسمى: الإحسان في دخول مملكة اليمن تحت ظل عدالة آل عثمان، تحقيق عبد الله الحبشي، ط1، بيروت، منشورات المدينة، صنعاء 1986م. وسيشار له عند تكرار وروده الموزعي، الإحسان في دخول مملكة اليمن في ظل عدالة آل عثمان.

(72) بيردييف، عزيز خودا، الاستعمار البريطاني وتقسيم اليمن، طُبع في الاتحاد السوفياتي، دار التقدم، موسكو، 1990م، ص11-12وسيشار له عند تكرار وروده خودا بيردييف، الاستعمار البريطاني وتقسيم اليمن.

(73) مجهول، ت بعد 1287هـ/ 1870م، صفحات مجهولة من تاريخ اليمن، تحقيق وتقديم القاضي حسين بن أحمد السياغي، ط2، مركز الدراسات والبحوث اليمنية، صنعاء، 1984م، ص51، 55، 58، 60، 67، 76، 106. وسيشار له عند تكرار وروده مجهول، صفحات مجهولة من تاريخ اليمن.

(74) سالم، سيد مصطفى. المؤرخون اليمنيون في العهد العثماني الأول 1538-1635، الجمعية المصرية للدراسات التاريخية، 1971م، ص3. وسيشار له سالم، المؤرخون اليمنيون في العهد العثماني الأول. انظر أيضًا : سالم، سيد مصطفى، تكوين اليمن الحديث، ط4، ب.م، 1993م، ص31 وسيشار له سالم، تكوين اليمن.

(75) مجهول، ت بعد 1316هـ/ 1898م، حوليات يمانية، من سنة 1224-1316 أو اليمن في القرن التاسع عشر الميلادي حققه واستخرجه من مسودة المصنف عبد الله الحبشي، ط1، دار الحكمة اليمانية، 1992م ص29، 32، 68، 84-85، 108، 109، 111-115، 119، 122، 252. وسيشار له مجهول، حوليات يمانية.

(76) مجهول، المصدر السابق، ص229؛ العمري، د.حسين عبد الله، مائة عام من تاريخ اليمن الحديث 1161-1264هـ/ 1748-1848م، ط1، دار الفكر، دمشق 1984م، ص93.وسيشار له العمري، مئة عام.

(77) لمزيد من المعلومات حول الشوكاني انظر: الفصل الخاص بتكوين المؤرخين، مؤرخو اليمن.

(78) الشوكاني، محمد بن علي، ت1250هـ/ 1834م، أسلاك الجوهر - ديوان شعر، تحقيق ودراسة د.حسين عبد الله العمري، ط2، دار الفكر، دمشق 1986م، ص233. وسيشار له الشوكاني، أسلاك الجوهر.

(79) حول هذا الإمام انظر: الإرياني، علي بن عبد الله، ت1323هـ/ 1905م، الدر المنثور في سيرة الإمام المنصور، تحقيق د.محمد عيسى صالحية، دار الشروق، عمان، 1997، 2ج.الإرياني، الدر المنثور في سيرة الإمام المنصور. وانظر أيضًا :زباره، محمد بن محمد بن يحيى، الحسني اليمني الصنعاني، أئمة اليمن بالقرن الرابع عشر للهجرة، الدار اليمنية للنشر والتوزيع، 1984م، ص147. وسيشار له زباره، أئمة اليمن.

(80) لمزيد من المعلومات انظر: الفصل الخاص باتجاهات الكتابة التاريخية، التاريخ المحلي/ اليمن.

(81) عكاشه، د.محمد عبد الكريم، قيام السلطنة القعيطية والتغلغل الاستعماري في حضرموت 1839-1918، ط1، دار ابن رشد للنشر والتوزيع، عمان، 1985، ص17.وسيشار له عكاشة، قيام السلطنة القعيطية.

(82) عكاشة، المرجع السابق ، ص33-34.

(83) دحلان، تاريخ الدول الإسلامية، مرجع سابق ص150.

(84) الشيال، د.جمال الدين، محاضرات في الحركات الإصلاحية ومراكز الثقافة في الشرق الإسلامي الحديث،

السلسلة الثانية، جامعة الدول العربي، معهد الدراسات العربية العالمية، 1958، 2ج، ج1، ص62 وسيشار له الشيال، محاضرات. انظر أيضًا: رافق، العرب والعثمانيون، مرجع سابق ص335.

(85) الجميل، بقايا وجذور، مرجع سابق ص252.

(86) الشيال، محاضرات، مرجع سابق، ج1، ص61-62 انظر أيضًا؛ غرايبة، قيام الدولة السعودية، مرجع سابق ص88-89.

(87) غرايبة، المرجع نفسه ص88-89.

(88) ابن سند، عثمان النجدي الوائلي البصري ت1242هـ/ 1826م، تأريخ بغداد المسمى مطالع السعود في أخبار الوزير داود، صورة عن المخطوط محفوظة على شريط ميكروفيلم في مكتبة الجامعة الأردنية تحت رقم (956.082)، ورقة 183.وسيشار له عند تكرار وروده ابن سند، مطالع السعود.

(89) ابن سند، مطالع السعوط، ورقة 195.

(90) رافق، مرجع سابق ص342.

(91) غرايبة، مرجع سابق ص88-89.

(92) الشيال، محاضرات، مرجع سابق ص62.

(93) رافق، العرب، ص342.

(94) مجهول، لمع الشهاب، ص126.

(95) انظر الفصل الخاص بتكوين المؤرخين، مؤرخو نج

(96) ابن سند، مطالع السعود، ورقة 206.

(97) ابن سند، نفسه، ورقة 206-209.

(98) الفاخري، الأخبار النجدية، ص152؛ ابن بشر، عنوان المجد، ج1، ص429-434؛ النجدي، العقود الدرية، ورقة 52.

(99) ابن بشر، ج1، ص454.

(100) العثيمين، د.عبد الله صالح، تاريخ المملكة العربية السعودية، ط1، د.ن، 2ج، 1984 ج1 ص204. وسيشار له العثيمين، تاريخ.

(101) الشيال، ج1، ص62-63. وحول بعض العلماء الذين شاركوا في الحملة الإعلامية انظر: الفصل الخاص بتكوين المؤرخين مثل ابن سند، ابن حميد، دحلان.

(102) العزاوي، ورقة 159.

(103) الشيال، ج1، ص63.

(104) طه حسين، الحياة الأدبية، مجلة الهلال، ص601.

(105) العثيمين، تاريخ ج1، ص210.

(106) وثيقة 10، دار الوثائق القومية، القاهرة، محفظة 7، رقمها 112، رسالة من صالح باشا الصدر الأعظم إلى محمد علي حول ازدياد نفوذ تركي بن عبد الله صادرة في5شوال 1236هـ، من وثائق شبه الجزيرة، م1، ص55

(107) وثيقة 12، دار الوثائق القومية، القاهرة، دفتر2، عابدين، وحدة الحفظ20، رسالة من محمد علي باشا إلى محافظ مكة تاريخها 18 جمادى الثانية 1242هـ/ 17 يناير 1827م من وثائق تاريخ شبه الجزيرة، م1، ص556. وحول المكاتبات بين محمد علي والمسؤولين العثمانيين في مكة حول مواجهة الإمام تركي انظر: وثيقة 13، المصدر نفسه، دفتر 40 معية تركي، رقمها في وحدة الحفظ412، ورقة 72، تاريخها 27 صفر 1246هـ/ 17

أغسطس 1830م، ووثيقة 14 دفتر 40 وحدة الحفظ 413؛ ورقة 72 تاريخها 27 صفر 1246هـ/ 17 أغسطس 1830م من وثائق الجزيرة العربية، م1 ص557-558.

(108) وثيقة 23، دار الوثائق القومية، محفظة 262 وثيقة رقم 189 تاريخ 17 رجب 1253هـ/ 17 أكتوبر 1837م، ص580.

(109) وثيقة 32، المصدر نفسه، محفظة 66، وثيقة رقم 6، تاريخ 17 رجب 1253هـ/ 17 ديسمبر 1838م، م1، ص614. انظر أيضًا وثيقة 37 محفظة 266 وثيقة رقم 4 تاريخ غرة صفر 1255هـ/ 16 إبريل 1839م، م1، ص627.

(110) ابن بشر، عنوان المجد، ج2، ص332-333؛ النجدي، العقود الدرية، ورقة 68.

(111) الرشيد، ضاري بن فهيد، ت1340هـ/ 1921م، نبذة تاريخية عن نجد، د.ط، منشورات دار اليمامة، الرياض، مطبعة نهضة مصر، 1961م، ص72.وسيشار له الرشيد، نبذة.

(112) الإردب: وحدة وزن تساوي 69.6 كغم من القمح أو 56 كغم من الشعير أو بوصفه مكيالًا حوالي 90 لترًا. هنتس، فالتر، المكاييل والأوزان الإسلامية وما يعادلها في النظام المتري، ترجمه عن الألمانية د.كامل العسلي، ط1، منشورات الجامعة الأردنية، 1970، ص58-59. وسيشار له فالترهنتس، المكاييل والأوزان الإسلامية

(113) وثيقة 38، المصدر نفسه، وثيقة 267 رقم 163 تاريخ 29 جمادى الأولى 1255هـ/ 10 أغسطس 1839، ص630-631.

(114) وحول هذه الرسائل بين محمد بن رشيد والسلطان العثماني التي أمكن الاطلاع على أربع منها. انظر: وثائق الأرشيف العثماني باستنبول، أوراق يلدز، رقم الوثيقة 3945، رقم الأوراق، 3/ 119، رقم الظرف، 119، رقم الكارتون 128، تاريخ الوثيقة 3946؛ والوثيقة 3947 تاريخ 7/ 1/ 1306؛ والوثيقة 3948. انظر أيضًا الزعارير، محمد عبدالله، إمارة آل رشيد في حائل، ط1، دار بيسان للنشر والتوزيع، بيروت، 1997 ص 57. وسيشار له عند تكرار وروده الزعارير، امارة آل رشيد.

(115) مدحت باشا، مذكرات، تعريب يوسف كمال بك، ط1، مطبعة هندية بمصر، د.ت، ص178-180، وسيشار له، مدحت باشا، مذكرات؛ الزوراء، جريدة ع136، س2 بغداد، الثلاثاء 28 محرم، 1288هـ، لقطة 23. انظر وثائق الأرشيف العثماني باستنبول، دفتر همايوني، 13، رقم البحث 3913، تاريخ الوثيقة 19 شوال 1283، والوثيقة فرمان عالي من السلطان العثماني إلى قائمقام نج انظر أيضًا : الزوراء، ع14، س2، الثلاثاء، 12 صفر 1288، لقطة 30، وع199، س3، السبت 12 رمضان 1288.

(116) الكراي، القسنطيني، مشروع خطة عثمانية في التصدي للأطماع الاستعمارية، مجلة المؤرخ، ع41/ 42 س16، 1990، ص35.

(117) العبادي، عبد القادر. راتب ابن رشيد من الدولة العثمانية، جريدة الاتحاد العثماني، ع156، س1، بيروت، السبت 6 ربيع الأول 1327هـ/ 14 آذار 1325، و27 آذار 1909، صحيفة 3-4.

(118) وثائق الأرشيف العثماني، وثائق يلدز، رقم الوثيقة 3936، الوثيقة غير مؤرخة، وهي لائحة في أحوال العراق الماضية والمستقبلية للمشير نصرت باشا.

(119) محاضرات في تاريخ شرقي الجزيرة العربية في العصور الحديثة، معهد البحوث والدراسات العربية، مطبعة النهضة الجديدة، القاهرة، 1967م، ص4.وسيشار له أبو حاكمه، محاضرات في تاريخ شرقي الجزيرة العربية.

(120) رافق، العرب والعثمانيون، ص100-101.

(121) المنصور والخترش، نشوء قطر وتطورها، ص54؛ لوريمر، دليل الخليج، ج3، ص1217-1218.

(122) من وثائق الأرشيف العثماني باستنبول، أوراق يلدز، رقم الوثيقة 3951، تاريخ الوثيقة 18 نيسان 1296.

(123) من وثائق أرشيف رئاسة الوزراء باستنبول، تقرير من والي بغداد مؤرخ في ذي القعدة، 28 كانون الثاني 1285، موجه إلى مقام الصدارة العثمانية.

(124) وهذه المراكز هي: جازان ومركزها صبيا، ومحائل، ومنطقة رجال ألمع ومركزها الشعبي، وبلاد رجال الحجر ومركزها النماص، وبلاد غامد وزهران ومركزها رغدان، والقنفذة وكل مركز من هذه المراكز كان يطلق عليه (قائمقامية).

(125) ابن جريس، غيثان بن علي. وثائق من عسير خلال الحكم العثماني (1289-1337هـ) مجلة العرب، الرياض، ج3و4، 1993، ص29.

(126) سالم، تكوين اليمن، ص29.

(127) البطريق، د.عبد الحميد، من تاريخ اليمن الحديث 151-1840، معهد البحوث والدراسات العربية، جامعة الدول العربية، 1969، ص29. وسيشار له البطريق، من تاريخ اليمن الحديث.

(128) انظر الفصل الثاني، اتجاهات الكتابة التاريخية، التاريخ المحلي في اليمن.

(129) سالم، تكوين اليمن، ص29-30.

(130) العمري، د.حسين عبد الله، مائة عام من تاريخ اليمن الحديث 1161-1264هـ/ 1748-1848م، ط1، دار الفكر، دمشق 1984، ص12م وسيشار له العمري، مئة عام من تاريخ اليمن.

(131) مجهول، حوليات يمانية، ص57.

(132) مجهول، نفسه، ص162-178؛ وانظر أيضًا :الكبسي، محمد بن إسماعيل الصنعاني، ت1308هـ/ 1890، اللطائف السنية في أخبار الممالك اليمنية، تم نسخه وطبعه ونشره بعناية السيد عبد الله بن عبد الله الكبسي، أحد أحفاد المؤلف، مطبعة السعادة، د.ت، 2ج/ 1م، ج2، ص310، وسيشار له عند تكرار وروده الكبسي، اللطائف السنية.

(133) لمزيد من المعلومات حول سياسة العثمانيين في اليمن ومقاومة أهل اليمن لهذه السياسة وللوجود العثماني، انظر الفصل الخاص باتجاهات الكتابة التاريخية خاصة المتعلقة بالتاريخ المحلي في اليمن، وكذلك اتجاه السير.

(134) الجرافي، أحمد بن محمد بن أحمد، 1316هـ/ 1899م، حوليات العلامة الجرافي، تحقيق ودراسة د.حسين بن عبد الله العمري، ط1، دار الفكر المعاصر، بيروت، 1982م ملحق، ص235-237، وسيشار له عند تكرار وروده الجرافي، حوليات.

(135) من وثائق الأرشيف العثماني باستنبول، أوراق يلدز، رقم الوثيقة 3951، تاريخ الوثيقة 18 نيسان 1296، م1، ص2250.

(136) خودا بيردييف، الاستعمار البريطاني، ص14-17.

(137) ظهر البرتغاليون في المحيط الهندي سنة 1498 وفي سنة 1507 استقروا في مسقط، وفشلوا سنة 1513 في السيطرة على عدن. حول التنافس العثماني البرتغالي انظر: أوزبران، د.صالح، الأتراك العثمانيون والبرتغاليون في الخليج العربي 1534-1581، ترجمة وتعليق د.عبد الجبار ناجي، مطبعة الإرشاد، بغداد، منشورات مركز دراسات الخليج العربي بجامعة البصرة، 1987م، ص39-43. وسيشار له عند تكرار وروده أوزبران، الأتراك العثمانيون. ويلسون، اللفتنانت كولونيل سير أرنولدت، تاريخ الخليج، ترجمة محمد أمين عبد الله، ط2، وزارة التراث القومي والثقافة، سلطنة عُمان 1985، ص62-82. وسيشار له عند تكرار وروده، ويلسون، تاريخ الخليج.

(138) ارتبط اسم الهولنديين بشركة الهند الشرقية الهولندية، ونالت هذه الشركة امتيازها في عام 1602 الذي منحها حق احتكار التجارة الهولندية بين رأس الرجاء الصالح ومضيق ماجلان وخولها صلاحية خوض حرب دفاعية وإقامة القلاع وعقد المعاهدات مع الحكام المحليين في مناطق امتيازها. انظر: عبد الأمير أمين، دراسة في النشاط التجاري والسياسي الأوروبي في آسيا 1600-1800، ص54؛ ويلسون، تاريخ الخليج، ص127؛ عوض، دراسات في تاريخ الخليج، ج1، ص188-196.

(139) مثلت الحملة الفرنسية على مصر في آخر القرن الثامن عشر بداية لاتصال الفرنسيين بالجزيرة العربية خاصة بالحجاز إذ اتصل بونابرت بشريف مكة وتبادل معه الرسائل، كما كان شريف مكة واسطة الاتصال بين بونابرت وسلطان مسقط. العقبي، التنافس الإنجليزي الفرنسي في شبه الجزيرة، ص412-413.

(140) شركة الهند الشرقية الإنجليزية، حصلت على امتيازها من الملكة إليزابيث الأولى عام 1600 وتضمن الامتياز حق الشركة في احتكار التجارة الانجليزية في (East Indies) في البلدان الواقعة إلى الشرق من رأس الرجاء الصالح ودخلت في تنافس مع الشركة الهولندية، ولم تستطع الشركة الإنجليزية ذات الإمكانات الملاحية والمالية المحدودة من التصدي للهولنديين. انظر: - أمين، د.عبد الأمير محمد، دراسات في النشاط التجاري والسياسي الأوروبي في آسيا 1600-1800، منشورات الجامعة الأردنية، عمان 1987م، ص54. وسيشار له عند تكرار وروده أمين، دراسة في النشاط التجاري.

(141) المصالح البريطانية في الخليج العربي 1747-1778، تعريب هاشم كاطع لازم، مراجعة مكي حبيب المؤمن، منشورات مركز دراسات الخليج العربي 14، مطبعة الإرشاد، بغداد 1977م، ص8. وسيشار له عند تكرار وروده أمين، المصالح البريطانية في الخليج العربي.

(142) العثيمين، تاريخ، ج1، ص166-167.

(143) أحمد حسين العقبي، التنافس الإنجليزي الفرنسي في شبه الجزيرة العربية في القرن التاسع عشر الميلادي، رسالة دكتوراه، جامعة الأزهر، القاهرة، مصر، 1979 ص414-417، وسيشار له عند تكرار وروده، العقبي، التنافس الإنجليزي الفرنسي.

(144) رافق، العرب والعثمانيون، ص337.

(145) أمين، دراسات في النشاط التجاري، ص85.

(146) العقبي، التنافس الإنجليزي الفرنسي، ص426.

(147) العقبي، المرجع نفسه ص425-429. انظر أيضًاعن بدايات العلاقة بين البريطانيين وعُمان: سيتون، ديفيد، يوميات ديفيد سيتون في الخليج 1800-1809، تحقيق د.سلطان بن محمد القاسمي، ط1، 1994. وسيشار له سيتون، يوميات ديفيد سيتون

(148) العقبي، نفسه، ص425-429. انظر أيضًا: مجلة الهلال، ج4 س10، 1901، ص128.

(149) من وثائق الأرشيف العثماني باستنبول، أوراق يلدز، رقم الوثيقة 3952، بدون تاريخ، م1، ص2251.

(150) العمري، د.حسين بن عبد الله، عدن بين محوري طموحات محمد علي وأطماع الاستعمار البريطاني، مجلة دراسات يمنية، صنعاء، ع17، 1984، ص460. وانظر أيضًا:العقبي، ص412-413.

(151) خودا بيرديف، الاستعمار البريطاني، ص13.

(152) ستافورد بتسورت هينس (Stafford Bettsworth Haines) أول وكيل سياسي بريطاني في عدن بعد احتلالها سنة 1839. هارولد. ف. يعقوب، ملوك شبه الجزيرة العربية، ترجمة أحمد المضواحي، مركز الدراسات والبحوث اليمني، صنعاء، دار العودة، بيروت 1983م، ص 40. وسيشار له عند تكرار وروده، هارولد، ملوك شبه الجزيرة.

(153) هارولد، ملوك شبه الجزيرة، المرجع السابق ص47.

(154) محافظة، د.علي، الاتجاهات الفكرية عند العرب في عصر النهضة 1798-1914؛ الاتجاهات الدينية والسياسية والاجتماعية والعلمية، الأهلية للنشر والتوزيع د.ت.، ص11-12، وسيشار له عند تكرار وروده محافظة، الاتجاهات الفكرية.

(155) عماره، د.محمد، تيارات الفكر الإسلامي، دار المستقبل العربي، القاهرة، 1983م، ص254. وسيشار له، عماره، تيارات الفكر الإسلامي.

(156) محافظة، الاتجاهات الفكرية، مرجع سابق ص37، 39.

(157) جب، الاتجاهات الحديثة، مرجع سابق ص53.

(158) محافظة، مرجع سابق ص37.

(159) طه حسين، الحياة الأدبية، مجلة الهلال، ص601-603.

(160) لمزيد من المعلومات حول المؤلفات التي ظهرت على شكل رسائل ومنظومات وأسئلة وأجوبة حول هذه الدعوة، انظر فهرس مخطوطات الخزانة التيمورية، ج4، ص17، 27، 100، 136، 137، 143.

(161) انظر فهرس مخطوطات الخزانة التيمورية، ج4، ص12، 42، 62، 63، 73-74، 139. وانظر أيضًا على سبيل المثال: الحبشي، لفحات الوجد من فعلات أهل نجد، مجلة العرب، الرياض، ج9و10، س17، 1983، ص747-748؛ ابن سند، مطالع السعود، مخطوط؛ دحلان، مؤلفاته. انظر حول ابن سند ودحلان الفصل الخاص بتكوين المؤرخين.

(162) رافق، العرب والعثمانيون، ص339.

(163) جب، الاتجاهات الحديثة، ص54-55؛ الشيال، محاضرات، ج1، ص67-71.

(164) محافظة، ص43-44.

(165) العيسى، د.مي بنت عبد العزيز، الحياة العلمية في نجد منذ قيام دعوة الشيخ محمد بن عبد الوهاب وحتى نهاية الدولة السعودية الأولى، إصدارات دارة الملك عبد العزيز، الرياض 1997.، ص31، 112. وسيشار له العيسى، الحياة العلمية في نجد منذ قيام دعوة الشيخ محمد بن عبد الوهاب. انظر أيضًا : البسام، عبد الله بن عبد الرحمن بن صالح، علماء نجد خلال ستة قرون، ط1، مكتبة ومطبعة النهضة الحديثة، مكة المكرمة 1977، 3ج، ج2، ص550 وسيشار له عند تكرار وروده البسام، علماء نجد.

(166) الحامد، ، عبد الله، الشعر في الجزيرة العربية نجد والأحساء والقطيف خلال القرنين (1150-1350) --2 مجلة العرب، الرياض، ج7و8، ص585-586.

(167) انظر الفصل الأول والفصل الثالث.

(168) انظر الفصل الأول، مؤرخو اليمن، الشوكاني.

(169) ورد الحديث عن الشوكاني في الفصل الخاص بتكوين المؤرخين، وينبغي ذكر بعض المؤلفات التي حاول نشر أفكاره فيها مثل السيل الجرار المتدفق على حدائق الأزهار، والقول المفيد في أدلة الاجتهاد والتقليد، الذي أشار فيه إلى الصفة الشرعية أجائز هو أم لا. واحتوت أيضًا مؤلفاته الأخرى أفكارًا حول التقليد والاجتهاد، مثل البدر الطالع وأدب الطلب، وأسلاك الجوهر (ديوان شعر) يضم مكاتبات الشوكاني مع علماء عصره.

(170) الهيله، محمد الحبيب، التاريخ والمؤرخون بمكة من القرن الثالث الهجري إلى القرن الثالث عشر، «جمع وعرض وتعريف»، ط1، دار الغرب الإسلامي، بيروت، 1994، ص389-390، 400-404، 409، 413، 418، 420. وسسيشار له عند تكرار وروده، الحبيب الهيلة، التاريخ والمؤرخون.

(171) انظر المؤلفات الخاصة بعلماء نجد خاصة في التاريخ: مؤرخو نجد، في فصل تكوين المؤرخين. وانظر أيضًا حول الفقه والتاريخ والتي تتصل بالدعوة: العيسى، الحياة العلمية في نجد منذ قيام دعوة الشيخ محمد بن عبد الوهاب وحتى نهاية الدولة السعودية الأولى، ص225، 235.

(172) فهرس مخطوطات، الخزانة التيمورية، ج4، ص44، 87، 128، 140، وفهرس مخطوطات جامعة الملك سعود، ج6، ص176، وفهرس مخطوطات مكتبة دار الكتب، القاهرة، ج2، ص58.

(173) انظر مؤرخو عُمان، فصل تكوين المؤرخين.

(174) بروكلمان، تاريخ الأدب العربي، ج3، ص85. وانظر أيضًا مؤرخو اليمن، فصل تكوين المؤرخين.

(175) انظر الفصل الخاص بتكوين المؤرخين.

(176) مجهول، (عاش في القرن الثاني عشر الهجري/ الثامن عشر الميلادي)، تراجم أعيان المدينة المنورة في القرن الثاني عشر الهجري، ط، دار الشروق، 1984م وسيشار له عند تكرار وروده مجهول، تراجم أعيان المدينة في القرن الثاني عشر الهجري.

(177) البسام، علماء نجد، انظر على سبيل المثال ج1، ص163-257، 322، 323 وج2، ص501، 504 وج3، ص683-686. انظر حول رحلات علماء نجد إلى الشام: الحقيل، عبد الله حمد، رحلات علماء نجد إلى الشام طلبًا للعلم، مجلة الدارة، الرياض، ع2 س14، 1988، ص174-178.

(178) الجبرتي، عبد الرحمن بن الحسن، ت1237هـ/ 1821م، عجائب الآثار في التراجم والأخبار، ط2، دار الجيل، بيروت، 1978، 3 مجلدات. م1، ص337-338، 526-528، وسيشار له عند تكرار وروده الجبرتي، عجائب الآثار.

(179) المرادي، محمد بن خليل بن علي، ت1206هـ/ 1791م، سلك الدرر في أعيان القرن الثاني عشر، مكتبة المتنبي، بغداد، د.ت، 4مجلدات، م2، ص328. وسيشار له عند تكرار وروده المرادي، سلك الدرر.

(180) زباره، محمد بن محمد بن يحيى، الحسني اليمني الصنعاني من مجاميعه: نشر العرف لنبلاء اليمن بعد الألف إلى سنة 1375هـ، المطبعة السلفية ومكتبتها، 1956.، م2، ص16-18، 66، 68، 279-281، 662-665، وسيشار له عند تكرار وروده ، زباره، نشر العرف.

(181) زباره، المرجع السابق ، م2، ص207.

(182) الشوكاني، البدر الطالع، ج2، ص406-407.

(183) زباره، نشر العرف، م1، ص19، 223، 227؛ م2، ص19-21، 118، 254-259، 738-741.

(184) الشوكاني، البدر الطالع، ج1، 269، 314؛ ج2، ص228.

(185) انظر اتجاهات الكتابة التاريخية، الفصل الثاني.

(186) انظر أيضًا ما قاله المؤرخون حول الحملة الفرنسية: نصوص مختارة عن الحملة الفرنسية من كتاب جحاف، لطف الله ت1243هـ/ 1828م، درر نحور الحور العين، سيرة الإمام المنصور يحيى ورجال دولته الميامين، 1189هـ/ 1775م1224-هـ/ 1809م. نصوص يمنية عن الحملة الفرنسية على مصر، نصوص مختارة من المخطوط المذكور، نشر وتحقيق سيد مصطفى سالم، مركز الدراسات اليمنية، القاهرة، 1975م.وسيشار له عند تكرار وروده جحاف، درر نحور الحور العين. وانظر أيضًا: الشوكاني، البدر الطالع، ج2، ص9-24. وذكريات مراسلات لنفس المؤلف. انظر أيضًا: ابن سند، مطالع السعود، ورقة 142؛ الفاخري، الأخبار النجدية، ص129-130؛ ابن بشر، عنوان المجد، ج1، ص245-250؛ دحلان، السيد أحمد بن السيد زيني ت1304هـ/ 1886م الدولة العثمانية من كتاب الفتوحات الإسلامية بعد مضي الفتوحات النبوية، اعتنى

بطبعه طبعة جديدة بالأوفست وقف الإخلاص، استنبول، تركيا، 1992م، ص243-271. وسيشار له عند تكرار وروده دحلان، الدولة العثمانية. وانظر أيضًا: أبو داهش، د.عبد الله بن محمد، موقف أدباء الجزيرة من الحملة الفرنسية على مصر 1213-1216هـ (1798-1801م)، مجلة العرب، الرياض، ج11و12، 1986، ص754-766.

(187) ابن بشر، ج1، ص276، ج2، ص111؛ العثيمين، ج1، ص312.

(188) أبو داهش، الحياة الفكرية، ص66-67.

(189) مجهول، حوليات يمانية، ص52؛ زباره، أئمة اليمن، ص305. وانظر أيضًا حول بلاد حضرموت: الكندي، تاريخ حضرموت، م2، ص26-27.

(190) الأنصاري، تحفة المحبين، مجهول، تراجم لأعيان وعلماء المدينة، وأورد (110) ترجمة لعلماء وأعيان عاشوا في المدينة خلال القرن الثاني عشر الهجري. انظر أيضًا : محافظة، ص14.

(191) العيسى، الحياة العلمية في نجد، ص318.

(192) Musil, Northern Negd, P.253.

(193) آل مبارك، علماء الأحساء ومكانتهم العلمية والأدبية، مجلة العرب، ج5و6، س7، 1982، ص375.

(194) حول علماء صنعاء انظر: الشوكاني، البدر الطالع، ج1، ص12، 19-10، 24؛ ج2، ص23، 133، .... وانظر أيضًا: توشرر، ميشيل، المخلاف السليماني، مجلة دراسات يمنية، ص81.

(195) الشوكاني، البدر، ج1، ص76؛ عاكش الضمدي، حدائق الزهر. انظر أيضًا: الحبشي، عبدالله، من شعراء ضمد في كتاب مطلع البدور، مجلة العرب، ج1و2، س24، 1989، ص78. انظر أيضًا: المشني، أحمد بن محمد هندي، الحياة الفكرية في ضمد (900-1351) مجلة العرب، ج9و10، 1994، ص634-647.

(196) الشوكاني، البدر الطالع، ج1، ص336، 361.

(197) الشوكاني، نفسه، ج1، ص220.

(198) الشوكاني، نفسه، ج1، ص267، 292، ج2، ص44؛ توشرر، ميشيل، المخلاف، مجلة دراسات يمنية، ص81.

(199) الشوكاني، نفسه، ج1، ص391، 416، 472، 490، 517؛ ج2، ص45.

(200) أبو داهش، د.عبد الله بن محمد الحياة الفكرية، ص75-79. انظر أيضًا لنفس المؤلف: رسالتا: ابن مجثل الحفظي في حال أحمد بن إدريس المغربي، مجلة العرب، الرياض، ج1و2، س23، 1988، ص65-66.

(201) الكندي، سالم بن محمد بن سالم بن حميد الحضرمي، ت حوالي 1316هـ/ 1898م، تاريخ حضرموت المسمى بـ العدة المفيدة الجامعة لتواريخ قديمة وحديثة، تحقيق عبد الله محمد الحبشي، ط1، مكتبة الإرشاد، صنعاء، 1991، 2م وسيشار له عند تكرار وروده، الكندي، تاريخ حضرموت. انظر أيضًا ابن عيدروس الحبشي، عيدروس بن عمر، عقد اليواقيت الجوهرية وسمط العين الذهبية بذكر طريق السادات العلوية، وبهامشه كتاب ذخيرة المعاد بشرح راتب الحداد، تأليف عبد الله بن أحمد باسودان، ط1، المطبعة العامرة الشرقية، مصر، 1899م، ج1. وسيشار له عند تكرار وروده ابن عيدروس الحبشي، عقد اليواقيت الجوهرية... بذكر طريق السادات العلوية.

(202) الحامد، الحياة الاجتماعية، مجلة العرب، ص203.

(203) ابن بشر، ج1، ص465، ج2، ص58.

(204) السويدي، عبد الرحمن بن عبد الله، البغدادي، ت1200هـ/ 1785م، تاريخ حوادث بغداد والبصرة من 1186-1192هـ/ 1772-1778م، حققه وقدم له وعلق عليه د.عماد عبد السلام رؤوف، ط2، وزارة الثقافة

55

والإعلام، دار الشؤون الثقافية العامة، 1987م، ص45-46. وسيشار له عند تكرار وروده السويدي، تاريخ حوادث بغداد والبصرة. انظر أيضًا، الشوكاني، البدر، ج1، ص155، 237، 395-396؛ الكندي، تاريخ حضرموت، م1، ص319، 324؛ م2، ص314-315، 396؛ عاكش الضمدي، حدائق الزهر، ورقة 121-122؛ أبو داهش، الحياة الثقافية، ص41، 51-53، 56.

(205) ابن بشر، عنوان المجد ج1، ص465، ج2، ص58.

(206) الكندي، تاريخ حضرموت م1، ص319، 324؛ م2، ص21، 396.

(207) الدخيل، سليمان، تحفة الألباء بتاريخ الأحساء، د.ط، مطبعة الرياض، بغداد، د.ت، ص49. وسيشار له عند تكرار وروده، الدخيل، تحفة الألباء. خزعل، تاريخ الكويت، ج2، ص295.

(208) سالمة بنت سعيد، السيدة سالمة بنت السيد سعيد بن سلطان (سلطان مسقط وزنجبار)، مذكرات أميرة عربية، ترجمة عبد المجيد حسيب القيسي، وزارة التراث القومي والثقافة، سلطنة عُمان د.ت، ص125. وسيشار له عند تكرار وروده سالمة بنت سعيد، مذكرات أميرة عربية.

(209) الأنصاري، عبد الرحمن بن عبد الكريم، ت بعد 1197هـ/ 1783م، تحفة المحبين والأصحاب في معرفة ما للمدنيين من الأنساب، تحقيق محمد العروسي المطوي، نشر المكتبة العتيقة، نهج جامع الزيتونة، تونس 1970م، ص486، 487، 302، 304. وسيشار له عند تكرار وروده الأنصاري، تحفة المحبين؛ وانظر أيضًا: مجهول، تراجم، ص26، 60، 61، 109؛ العيسى، الحياة العلمية في نجد، ص320-321؛ الدخيل، القول السديد، ورقة 66؛ الشوكاني، البدر، ج1، ص269-270؛ زباره، نيل الوطر، ج2، ص10.

(210) ابن بشر، ج1، ص316-317؛الأنصاري، تحفة المحبين ص486، 487، 302، 304؛مجهول، تراجم، 26، 60-61، 109؛

(211) الشوكاني، البدر، ج2، ص130، 160، 205، 210، 227.

(212) أبو داهش، الحياة الفكرية، ص51-52.

(213) الأنصاري، تحفة المحبين ص486، 487، 302، 304؛ مجهول، تراجم، ص26، 60-61، 109.

(214) الشوكاني، البدر، ج1، ص18، 203، 11-12، 446.

(215) الشوكاني، البدر، ج1، ص405، ج2، ص44، 165، 227.

(216) الأنصاري، ص237، 317.

(217) مجهول، تراجم، ص41، 61. ولعل المقصود بالطب (الطب الشعبي).

(218) الأنصاري، تحفة المحبين ص339.

(219) الكندي، تاريخ حضرموت، م2، ص26-27.

(220) الهيلة، التاريخ والمؤرخون، تراجم لعلماء الحجاز.

(221) الهيلة، انظر على سبيل المثال: ص389، 392، 400-406، 409، 418-420. وانظر أيضًا: الجاسر، حمد، مؤرخو الطائف، مجلة العرب، ج1، س2، 1967، ص110، وج3، س2، 1967، ص200؛ البلادي، عاتق بن غيث، نشر الرياحين في تاريخ البلد الأمين (تراجم مؤرخي مكة وجغرافيتها) على مر العصور، دار مكة، د.ت، 2ج، ج1، ص79، 324، ج2، ص675.وسيشار له عند تكرار وروده، البلادي، نشر الرياحين. انظر أيضًا فصل تكوين المؤرخين.

(222) السالمي، عبد الله بن حميد بن سلوم، ت1332هـ/ 1914م، تحفة الأعيان بسيرة أهل عُمان، ط5، - د.م، ود.ن، 1974؛ نسخة أخرى د.م، د.ن، 1981، 2ج، ج2، ص108.وسيشار له عند تكرار وروده، السالمي، تحفة الأعيان.

(223) الحبشي، عبد الله محمد، مصادر الفكر العربي الإسلامي في اليمن، مركز الدراسات اليمنية، صنعاء 1978م. الحبشي، مصادر الفكر العربي، والسيد، مصادر تاريخ اليمن. ويضم هذين الكتابين مصادر التراث اليمني المخطوطة وغير المخطوطة.

(224) انظر الفصل الخاص بتكون المؤرخين، مؤرخو نجد

(225) هاليداي، فرد، المجتمع والسياسة في الجزيرة العربية، تعريب وتقديم د.محمد الرميحي، ط1، د.م، 1976 ص31، وسيشار له عند تكرار وروده هاليداي، المجتمع والسياسية.

(226) هاليداي، المجتمع والسياسة، ص32.

(227) العزاوي، عباس، تاريخ نجد، موجود بخط المؤلف في دار صدام للمخطوطات، بغداد، ومصور على شريط ميكروفيلم يحمل الرقم (126)، ورقة 164. وسيشار له عند تكرار وروده، العزاوي، تاريخ نجد؛ انظر أيضًا الموسوي المكي، العباس بن علي بن نور الدين الحسيني، ت حدود سنة 1179هـ/ 1765م، نزهة الجليس ومنية الأديب الأنيس، وضع المقدمة محمد مهدي الخرساني، منشورات المطبعة الحيدرية في النجف الأشرف، 1373هـ/ 1967، 2ج، ج1، ص92. وسيشار له عند تكرار ورودها الموسوي، نزهة الجليس، ؛ انظر أيضًا الزوراء، جريدة الزوراء، جريدة عثمانية تصدر يومين بالأسبوع السبت والثلاثاء وتحوي الأخبار والحوادث الداخلية والخارجية، مركز الولاية بغداد، ع148، س2، الثلاثاء 20 ربيع الأول 1287هـ، لقطة 48.

(228) العزاوي، ورقة 164، مجهول، لمع الشهاب، ص144. وانظر أيضًا قيمة خرص الثمار التي كانت مطلوبة من القصيم من القمح والشعير سنة 1253هـ/ 1837م حيث قدر المسؤولون العثمانيون قيمة خرص القمح والشعير المطلوب من بلاد نجد بـ(5660) إردبًا. وثيقة 17 دار الوثائق القومية، القاهرة، محفظة 255، عابدين، رقمها 56/ 2؛ مؤرخة بـ25 محرم 1253هـ/ 1 مايو 1837م. من وثائق شبه الجزيرة، م1، ص564-565.

(229) لاندن، روبرت جيران، عُمان منذ 1856 مسيرًا ومصيرًا، ترجمة محمد أمين عبد الله، د.ط، سلطنة عُمان، وزارة التراث القومي، د.ت، 34، 38. وسيشار له عند تكرار وروده لاندن، عُمان.

(230) هاليداي، المجتمع والسياسة ص32.

(231) أبو داهش، الحياة الفكرية، ص8.

(232) تاميزيه، موريس، رحلة في بلاد العرب، الحملة المصرية على عسير 1249هـ/ 1834م، ترجمة محمد بن عبد الله آل زلفه، الرياض، 1993 ، ص47. وسيشار له عند تكرار وروده ، تاميزيه، رحلة.

(233) هاليداي، المجتمع والسياسة ص32.

(234) بيرين، جاكلين، اكتشاف جزيرة العرب، خمسة قرون من المعاصرة والعلم، نقله إلى العربية قدري قلعجي، قدم له حمد الجاسر، د.ط، دار الكتاب العربي، بيروت، د.ت، ص158. وسيشار له عند تكرار وروده، بيرين، اكتشاف جزيرة العرب.

(235) مجهول، لمع الشهاب، ص144-145؛ فالين، جورج أوغست، صور من شمال جزيرة العرب في منتصف القرن التاسع عشر، ترجمة سليم شلبي، مراجعة يوسف إبراهيم يزبك، منشورات أوراق لبنانية، د.ت، ص99؛ وسيشار له عند تكرار وروده ، فالين. صور من شمال الجزيرة الدخيل، القول السديد، ورقة 72؛ العزاوي، تاريخ نجد ، مخطوط ورقة 116؛ مايلز، س.ب، الخليج، بلدانه وقبائله، ترجمة محمد أمين عبد الله، وزارة التراث القومي والثقافة، سلطنة عُمان، 1982م ص306. ويشار له عند تكرار وروده، مايلز، الخليج، بلدانه وقبائله، ؛ تاميزيه، رحلة، ص47؛ شلحد، وفد فرنسي يزور الإمام المهدي، مجلة دراسات يمنية، صنعاء، ع18، 1984، ص73، بيرين، اكتشاف جزيرة العرب ص61-62، 109.

(236) الدخيل، القول السديد ورقة 72؛ العزاوي، تاريخ نجد، مخطوط، ورقة 116؛ مايلز، الخليج ص306.

(237) مجهول، لمع الشهاب، ص144؛ مجهول، حوليات يمانية، ص526-527؛ فيضي، سليمان، مذكرات، في (غمرة النضال)، د.ط، دار القلم، بيروت، د.ت، ص9 وسيشار له عند تكرار وروده، فيضي، مذكرات؛ العزاوي، تاريخ نجد، ورقة 116؛ قاسم، دراسة لتاريخ الإمارات، ص51؛ مايلز، الخليج، ص306؛ تاميزيه، رحلة، ص47.

(238) انظر الأوضاع السياسية في الجزيرة العربية، بداية التمهيد.

(239) دحلان، أمراء البلد الحرام، ص284؛ أبو طالب، حسام الدين محسن بن الحسن بن القاسم بن أحمد بن القاسم بن محمد، ت1170هـ/ 1756م، تاريخ اليمن (عصر الاستقلال عن الحكم العثماني الأول من سنة 1056-1160هـ)، تحقيق عبد الله بن محمد الحبشي، ط1، مطابع المفضل للأوفست، 1990، 2ج، ج2، ص495-496 وسيشار عند تكرار وروده أبو طالب، تاريخ اليمن.

(240) ابن غنام، تاريخ نجد، ص198.

(241) أبو طالب، تاريخ اليمن ج2، ص457.

(242) ابن غنام، تاريخ نجد ص126، ابن بشر، عنوان المجد ج2، ص361؛ الفاخري، الاخبار النجدية ص177، 182.

(243) الفاخري، الاخبار النجدية ص165.

(244) أبو طالب، تاريخ اليمن ج1، ص177؛ ابن غنام، تاريخ نجد ص117، 199؛ الفاخري، الأخبار النجدية ص154؛ مجهول، ت بعد 1287هـ/ 1870م، صفحات مجهولة من تاريخ اليمن، تحقيق وتقديم القاضي حسين بن أحمد السياغي، ط2، مركز الدراسات والبحوث اليمنية، صنعاء، 1984م ص94 وسيشار عند تكرار ورده مجهول، صفحات مجهولة. مجهول، حوليات يمانية، ص38، 123.

(245) مجهول، حوليات يمانية، ص238، 254، 276.

(246) الفاخري، الأخبار النجدية ص154؛ ابن بشر، عنوان المجد ج2، ص55.

(247) هاليداي، المجتمع والسياسة ص33.

(248) لاندن، عمان ص74.

(249) النبهاني، التحفة النبهانية، ص99. وانظر أيضًا حول النشاط التجاري لأهل البحرين، سيتون، يوميات ديفيد سيتون، ص39.

(250) لاندن، عمان ص56-57؛ بيرين، اكتشاف جزيرة العرب ص380.

(251) عكاشه، قيام السلطنة القعيطية، ص14.

(252) الأنصاري، تحفة المحبين، انظر على سبيل المثال، ص349، 352، 362، 365، 378، 379، 398، 481. انظر أيضًا: الجاسر، الجواهر المعدة في فضائل جدة 4-- مجلة العرب، الرياض، ج11و12، س13، 1979، ص121-124؛ أبو داهش، الحياة الفكرية، ص28، 33-34؛ وحول أسواق اليمن انظر: السياغي، قانون صنعاء، مجلة معهد المخطوطات العربية، جامعة الدول العربية، م10، ج2، 1964، ص273-307. وانظر أيضًا:
Palagrave – Central and eastern Arabia, p93. –

(253) الأنصاري، تحفة المحبين ص387.

(254) الأنصاري، تحفة المحبين 112، 126، 151. لاندن، 129 عمان ص 130؛ عكاشة، قيام السلطنة القعيطية ص24.

(255) الأنصاري، تحفة المحبين ص46، 127، 290؛ السياغي، قانون صنعاء، مجلة دراسات يمنية، ص285-305.

(256) مجهول، لمع الشهاب، ص185؛ الدخيل، القول السديد، ورقة 76؛ لاندن، عمان ص129-130.

(257) لاندن، المرجع السابق ص129-130.

(258) أبو داهش، مرجع سابق ص30.

(259) السياغي، قانون صنعاء، ص385-405.

(260) عكاشة، مرجع سابق ص24.

(261) طه حسين، الحياة الأدبية في الجزيرة العربية، مجلة الهلال، ص594.

(262) هاليداي، المجتمع والسياسية، ص32.

(263) الحامد، الحياة الاجتماعية في الجزيرة، مجلة العرب، ص195.

(264) البسام، محمد بن حمد، ت1246هـ/ 1831م، الدرر المفاخر في أخبار العرب الأواخر، تحقيق د.رمزية محمد الأطرقجي، وزارة التعليم العالي والبحث العلمي، جامعة بغداد، بيت الحكمة، 1989م، ص9-65. وسيشار عند تكرار وروده، البسام، الدرر المفاخر في أخبار العرب الأواخر. انظر أيضًا حول بعض القبائل وتوزيعها وأعدادها؛ مجهول، لمع الشهاب، ص157-166.

(265) لاندن، عُمان، ص35.

(266) مجهول، لمع الشهاب، ص71. انظر حول توسع الدولة السعودية، الصفحات السابقة.

(267) من وثائق الأرشيف العثماني، وثائق يلدز، رقم الوثيقة (3936) الوثيقة بدون تاريخ، وهي تحوي لائحة في أحوال العراق الماضية والمستقبلية للمشير نصرت باشا.

(268) العزاوي، تاريخ نجد ورقة 151؛ بيرين، اكتشاف جزيرة العرب ص285؛ Musil. Northern Negd, P236,253.

(269) لاندن، عُمان، ص60.

(270) أبو داهش، الحياة الفكرية ص26؛ توشرر، المخلاف السليماني، مجلة دراسات يمنية، ص81؛ موريس، رحلة، ص49-50.

(271) عكاشة، ص22.

(272) هاليداي، المجتمع والسياسة، ص33-36.

(273) الجاسر، كشف الحجب والستور عما وقع لأهل المدينة مع أمير عكة سرور، مجلة العرب، الرياض، ج7و8، 1985، ص451. انظر أيضًا الفصل الخاص باتجاهات الكتابة التاريخية، اتجاه النسب حول عناصر السكان في المدينة.

(274) العثيمين، تاريخ، ج1، ص38.

(275) لاندن، عُمان، ص60.

(276) هاليداي، المجتمع والسياسة ص35-36.

(277) توشرر، المخلاف السليماني، مجلة دراسات يمنية، ص78-81.

(278) زكريا، وصفي، حديث اليمن، مجلة المقتطف، ج1، ص91، 1937، ص462-464.

(279) الكندي، تاريخ حضرموت، م2، ص255-256، 314-315، 340؛ عكاشة، قيام السلطنة القعيطية ص16-22.

(280) عكاشة، نفسه؛ هاليداي، المجتمع والسياسة ص35-36.

(281) الحامد، الحياة الاجتماعية، مجلة العرب، ص201-202؛ أبو داهش، الحياة الفكرية، ص23.

(282) انظر حول هذه المهن: الفصل الخاص باتجاهات الكتابة التاريخية، اتجاه النسب، الأنصاري.

(283) من وثائق أرشيف رئاسة الوزراء باستنبول، تقرير من والي بغداد مؤرخ في 28 ذي القعدة المصادف 28 كانون الثاني، 1285، موجه إلى مقام الصدارة العظمى. انظر أيضًا: العقاد، التيارات السياسية في الخليج، ص54-57؛ قاسم، دراسات لتاريخ الإمارات، ص51؛ لاندن، ص38؛ عكاشة، ص13؛ الحامد، ص204؛ بيرين، ص164-165.

(284) السياغي، قانون صنعاء، مجلة معهد المخطوطات، 1964، ص285-305.

(285) فالين، ص98؛ العزاوي، تاريخ نجد ورقة 93، تاميزيه، ص44؛ بيرين، ص174؛ لاندن، عمان، ص34.

(286) مجهول، لمع الشهاب، ص182-183؛ الفاخري، ص96، 97، 101، 115، 134، 153، 154، 172، 184؛ ابن بشر، عنوان المجد، ج1، ص66، 293، 310، ج2، ص360؛ أبو طالب، تاريخ اليمن، ج1، ص177؛ مجهول، صفحات مجهولة، ص94؛ الكندي، تاريخ حضرموت، م1، ص245، 263؛ م2، ص288، 332؛ العزاوي، تاريخ نجد، ورقة 182؛ لاندن، عمان ص34.

(287) الفاخري، الأخبار النجدية، ص157، 176؛ مجهول، حوليات يمانية، ص136، 254-255.

(288) الفاخري، الأخبار النجدية 178، 181؛ ابن بشر، عنوان المجد، ج1، ص291؛ ابن رزيق، الفتح المبين، ص536؛ السالمي، تحفة الأعيان، ج2، ص298-299؛ البهكلي، عبد الرحمن بن أحمد الحسن بن علي، ت1248هـ/ 1832م، نفح العود في سيرة الشريف حمود، أكمله: عاكش، الحسن بن أحمد بن عبد الله ت1289هـ/ 1872م، دراسة وتحقيق فضيلة الشيخ محمد بن أحمد العقيلي، مطبوعات دارة الملك عبد العزيز، الرياض، 1982، ص129، 198، 202. وسيشار له عند تكرار وروده، البهكلي، نفح العود.

(289) الفاخري، الأخبار النجدية، 178، 181.

(290) العزاوي، تاريخ نجد، ورقة 195-197.

(291) تاميزيه، رحلة، ص47.

(292) ابن غنام، تاريخ نجد، ص127-128، 156؛ الفاخري، الأخبار النجدية ص166، 181؛ ابن بشر، عنوان المجد ج1، ص105؛ مجهول، حوليات يمانية، ص44-45، 68.

(293) ابن بشر، عنوان المجد ج1، ص285؛ الجاسر، الجواهر المعدة، مجلة العرب، 1979، ص675.

(294) مجهول، صفحات مجهولة، ص29، 44-45، 48، 65، 70، 78، 99؛ مجهول، حوليات يمانية، ص238، 247؛ العمري، مئة عام من تاريخ اليمن، ص150-151.

الفصل الأول

التكوين الاجتماعي والمذهبي والسياسي والثقافي للمؤرخين في الجزيرة العربية

التكوين الاجتماعي والمذهبي والسياسي والثقافي للمؤرخين في الجزيرة العربية

أولًا: مؤرخو نجد:

(1) مؤرخ مجهول ت بعد 1218هـ/ 1803م.

(2) ابن غنام ت 1225هـ/ 1810م.

(3) مؤرخ مجهول ت بعد 1233هـ/ 1817م.

(4) ابن سند ت 1242هـ/ 1826م.

(5) ابن لعبون ت بعد 1255هـ/ 1839م.

(6) الفاخري ت 1277هـ/ 1860م.

(7) ابن بشر ت 1290هـ/ 1873م.

(8) ابن حُميد ت 1295هـ/ 1878م.

(9) ابن عيسى ت 1343هـ/ 1925م.

ثانيًا: مؤرخو الحجاز:

(1) المكي ت بعد 1197هـ/ 1766م.

(2) الأنصاري ت بعد 1197هـ/ 1783م.

(3) دحلان ت 1304هـ/ 1886م.

ثالثًا: مؤرخو عُمان:

(1) الأزكوي ت بعد 1140هـ/ 1728م.

(2) مجهول ت بعد 1159هـ/ 1746م.

(3) مجهول ت بعد 1198هـ/ 1783م.

(4) ابن رزيق ت بعد 1274هـ/ 1857م.

(5) السالمي ت 1332هـ/ 1914م.

رابعًا: مؤرخو اليمن:

(1) أبو طالب الروضي ت 1170هـ/ 1757م.

(2) لطف الله جحّاف ت 1243هـ/ 1827م.

(3) الشوكاني ت 1250هـ/ 1834م.

(4) مجهول ت بعد 1287هـ/ 1870م.

(5) الكبسي ت 1308هـ/ 1891م.

(6) الكندي ت 1316هـ/ 1898م.

(7) الجرافي ت 1316هـ/ 1898م.

(8) مجهول ت بعد 1316هـ/ 1898م.

(9) الإرياني ت 1323هـ/ 1905م.

خامسًا: مؤرخو المخلاف السليماني

البهكلي ت 1248هـ/ 1832م.

عاكش الضمدي ت 1289هـ/ 1872م.

تؤثر في حياة المؤرخ عوامل عديدة: العصر الذي وُلد فيه، ونسبه، وأسرته. ويحاول هذا الفصل إلقاء الضوء على نشأة المؤرخين الثقافية والعوامل التي أثرت في ثقافتهم بدءًا بدور الأسرة، والبلد الذي نشأ فيه المؤرخ، هل فيه من العلماء ما يمكنه من تحصيل العلم على أيديهم أم أنه سيضطر إلى السفر من أجل تحصيل العلم؟ وإن اضطر إلى السفر فهل سيكون سفره داخليًا أم إلى خارج وطنه؟ ثم إلى أي حد تأثر المؤرخ بشيوخه وبثقافتهم وهل اقتصر تحصيله على العلوم الدينية أم أنه اهتم بتحصيل علوم أخرى؟ وهل انعكست العلوم التي درسها على حياته العملية وخاصة على نشاطه في التأليف؟ ثم إلى أي مدى تأثر المؤرخ بهذا الاتجاه أو ذاك من الاتجاهات المذهبية السائدة، إذ من المعروف أن الجزيرة العربية شهدت العديد من هذه الاتجاهات منها دعوة الشيخ محمد بن عبد الوهاب التي تركت آثارها في مختلف جوانب الحياة منذ النصف الثاني من القرن الثامن عشر، ومن هذه الجوانب: الحياة الثقافية، وخاصة ما يتعلق منها بحركة التأليف بما في ذلك التاريخ.

وسيعرض هذا الفصل نظرة مؤرخي نجد إلى دعوة محمد عبد الوهاب، ومدى تفاعلهم معها. وسيتم أيضًا تعرّف نظرة مؤرخي الجزيرة العربية من خارج نجد إلى هذه الحركة وخاصة أن معظم المؤرخين في عُمان إباضيون، وغالبيتهم في اليمن زيديون، وأما في الحجاز فكانوا معارضين لهذه الحركة بحكم ولائهم للأشراف في الحجاز وللدولة العثمانية.

وليس من شك في أن هناك تداخلًا بين التكوين الديني والسياسي للمؤرخين، ولتبيّن ذلك لا بد من إلقاء الضوء على علاقات المؤرخين بالحكام المعاصرين لهم، ونظرتهم إلى الأحداث الداخلية والخارجية من خلال تلك العلاقات.

وحتى يمكن فهم اتجاهات الكتابة التاريخية في الجزيرة العربية، والدوافع التي انطلق منها المؤرخون للكتابة في التاريخ، لا بد من إلقاء الضوء على الحياة الاجتماعية والدينية (المذهبية) والثقافية للمؤرخين في بلدان الجزيرة العربية: نجد، والحجاز، وعُمان، واليمن، والمخلاف السليماني.

أولًا: مؤرخو نجد

(1) مؤلف مجهول ت بعد 1218هـ/ 1803م

دوّن أحد الموالين لدعوة الشيخ محمد بن عبد الوهاب أخبار الحركة، ولم يترك أثرًا يدل على اسمه أو موطنه. وأطلق على كتابه: (كتاب كيف كان ظهور شيخ الإسلام الشيخ محمد بن عبد الوهاب). وقد ذكر محقق الكتاب عبد الله صالح العثيمين «إن المعلومات الواردة في المخطوطة عن مناطق شمال نجد تفوق المعلومات الواردة فيها عن بقية المناطق، وذلك مقارنة بما ورد عن هذه وتلك في المصادر الأخرى كابن غنام وابن بشر والفاخري»[1]، ويفهم من هذا القول أن العثيمين يرجّح أن يكون المؤلف من شمال نجد وربما من بلاد الشام.

ويظهر حماس المؤلف لدعوة الشيخ محمد بن عبد الوهاب من خلال إطلاقه عليه: «شيخ الإسلام» في عنوان الكتاب. وعندما يتحدث عنه في الكتاب يقول: «وكان رحمه الله عظيم الجهاد وكان لا ينام الليل من الجهاد وكان رجلًا كريمًا في ذاته، قويًّا للقتال، وكان يأمر قومه بالصبر على القتال...وكان لا يجد في بيته شيئًا من الجوع. وكان يطعم الناس في بيته ويترك نفسه وأولاده. وكان رحمه الله شديدًا على الحرب يأمر الناس بالشجاعة»[2]. كما عبّر عن حماسه للدعوة وأتباعها بوصفهم بالمسلمين، وبأنهم يجاهدون في سبيل الله من أجل إظهـار الدين، ومعبرًا عن خصومهم بتسميات مختلفة مثل: «المشركين»، و «أهل الشرك»[3].

ويظهر المؤلف ولاءه السياسي لحكام الدولة السعودية، ففي سيـاق حديثه عن القرى والبلدان الخاضعة لعبد العزيز بن محمد بن سعود 1179-1218هـ/ 1765-1803م[4] يقول: «فهذه كثرة المدائن والقرى تحت يد عبد العزيز بن سعود أطال الله لنا بقاءه...»[5] كما عاصر الإمام سعود بن عبد العزيز 1218-1229هـ/ 1803-1814م[6]، وقال بعد ذكره البلدان التي خضعت له «فكل هذه لله الحمد والمنّة تحت حكم سعود بن عبد العزيز...»[7]

ويأخذ المحقق على مؤلف الكتاب ضعف أسلوبه، وركاكة لغته، فيرى «أن أسلوب المخطوطة مشابه لأسلوب القصص المروية شفهيًا بالعامية النجدية، وأن من أبرز ملامح ذلك الأسلوب التكرار»[8].

(2) ابن غنام 1152-1225هـ/ 1739-1810م

حسين بن أبي بكر بن غنام[9]، وُلد في المبرّز[10] (إلى الشمال من الهفوف بثلاثة أميال من بلاد الأحساء)[11]، وذلك في عام 1152هـ/ 1739م[12] من أسرة آل غنام التي أنجبت العديد من العلماء[13]. ويرجع آل غنام في نسبهم إلى تميم[14].

وقد نشأ حسين بن غنام في الأحساء ثم انتقل إلى الدرعية التي أصبحت مركزًا لدعوة الشيخ محمد بن عبد الوهاب والعاصمة الأولى للدولة السعودية[15]. ودرّس فيها النحو والعروض[16]. وكان ابن غنام قد أخذ العلم عن الشيخ محمد بن عبد الوهاب، وفي أثناء إقامته في الدرعية تلقى العلم على يديه عدد من العلماء من أحفاد الشيخ محمد بن عبد الوهاب، منهم سليمان بن عبد الله بن الشيخ محمد بن عبد الوهاب (ت 1233هـ/ 1817م)[17]، وعبد الرحمن بن حسن بن الشيخ محمد بن عبد الوهاب (ت 1285هـ/ 1868م)[18]. ومن أهل نجد الذين تلقوا العلم على يديه عبد العزيز بن حمد بن ناصر بن معمر (ت 1244هـ/ 1828م)[19].

واختلفت الآراء في تحديد مذهب ابن غنام، بل أغفل الإشارة إلى مذهبه بعض من ترجموا له مثل الفاخري (ت 1277هـ/ 1860م) ، وابن بشر (ت 1290هـ/ 1873م)[20]، غير أن المؤرخ عبد الرحمن البهكلي (ت 1248هـ/ 1832م) ذكر أنه حنبلي[21]. وهناك من يؤكد أنه مالكي، وخاصة أن أسرته كانت على المذهب المالكي[22]. ولم يرد في مؤلفات ابن غنام ما يوضح المذهب الذي كان عليه، ولعل القائلين بأنه حنبلي استفادوا من سيرة حياته في تلمذته على الشيخ محمد بن عبد الوهاب، وأنه من أبرز المدافعين عن حركته. لكن تاريخ انتقاله إلى الدرعية هو الذي يحدد مدى تأثره بالحركة وتخليه عن مذهب أسرته.

فقد انتقل إليها على الأرجح سنة 1200هـ/ 1785م[23]، أي عندما كان عمره ثمانية وأربعين عامًا، وفي هذا العمر يصعب على المرء التخلي عن مذهب نشأ عليه، ولذلك يمكن القول إنه مالكي المذهب على الرغم من كونه من أكثر المتحمسين لدعوة الشيخ محمد بن عبد الوهاب. وقد شغل الإفتاء في الأحساء قبل قدومه إلى الدرعية[24].

ومن أبرز ما يؤكد تأثر ابن غنام بدعوة الشيخ محمد بن عبد الوهاب، تسجيله وقائع هذه الحركة وأخبار زعمائها[25]، يضاف إلى ذلك أن بعض المؤرخين أكدوا أن ابن غنام تتلمذ على الشيخ محمد بن عبد الوهاب[26]، وهذا ما يفسر حماسه للحركة وزعيمها في كتابه الذي سماه «روضة الأفكار والأفهام لمرتاد حال الإمام وتعداد غزوات ذوي الإسلام»، وقد فصّل فيه أخبار دعوة الشيخ ابن عبد الوهاب، وأحوال البلاد قبل هذه الحركة، والظروف التي تعرض

لها في ترحاله واستقراره ثم غزواته بعد اتفاقه مع أمراء الدرعية السعوديين الذين أخذوا على عاتقهم الدفاع عن الحركة ونشر تعاليمها[27]. ومن أبرز مظاهر ولاء ابن غنام للحركة استخدامه لكثير من العبارات الدالة على أتباع الحركة كقوله «أهل الإسلام، أهل التوحيد، أهل الإيمان، واستشهد من المسلمين»[28]، وعلى الشيخ محمد بن عبد الوهاب «محيي السنة»[29]. وفي أخبار سنة 1211هـ/ 1796م يقول عن محاولات من وصفهم بالمبطلين من أهل الأحساء الذين كاتبوا الولاة العثمانيين في العراق من أجل القضاء على هذه الحركة: «وحين استقر التوحيد وثبتت أصوله في جميع بلدان الأحساء» غشي قلوب المبطلين الحزن والأسى، وكانوا يقضون الأيام وهم يعللون نفوسهم بعودة الباطل ودولته، وأرسلوا كثيرًا من الرسائل إلى الحكام يستثيرونهم على المسلمين أهل التوحيد، ويخوفونهم عاقبة انتصارهم وغلبتهم. وملؤوا كثيرًا من الصحف بالأكاذيب والأباطيل، وأرسلوها إلى سليمان باشا والي بغداد العثماني، يذكرون له فيها أنه لا يصلح لمقاتلة جموع المسلمين...»[30]. وقد أطلق ابن غنام على الذين حاولوا الوقوف في وجه انتشار الحركة عبارات دالة مثل: «أهل الضلال»[31]، و «أهل الباطل»[32]. أما القصائد التي نظمها ابن غنام وأوردها ابن بشر ت 1290هـ/ 1873م في كتابه (عنوان المجد في تاريخ نجد) فتؤكد تمسك ابن غنام بمبادئ الحركة، ومنها قصيدة طويلة تقع في خمسين بيتًا يهنئ فيها الإمام سعود بانتصاره ونزوله شمال الأحساء سنة 1211هـ/ 1796م مطلعها:

تــلألأ نــور الحــق وانصــدع الفجر ... وديجــور ليل الشــرك مزقــه الظهر[33]

وفيها يمدح الشيخ محمد بن عبد الوهاب والإمام عبد العزيز والإمام سعود وتقع في 50 بيتًا، فيقول:

فــإن مني قلبــي وروحــي وراحتي ... شيوخــي بنــو الجهــابذة الطهــر
فهــم قدوتي في الديــن والعلم والتقى ... ومــورد آرائــي إذا همّنــي أمــر
مجالســهم روض من العلم معشــب ... وناديهمــو مــا زال يعمــره الذكــر
فــلا أوحــش الله الديــار بفقــدهم ... ولا زال للعلــم الشريــف بهم نشــر
فهــذا كلامــي تم هــل مــن مبلِّغ ... يبلــغ شيخــي عليّ له الأجــر[34]

ولم يتوقف ابن غنام في قصائده عند المدح والتهنئة، بل وقف مدافعًا عن الحركة ومبادئها في وجه المعارضين. ومن ذلك رده على قصيدة قالها محمد بن عبد الله بن محمد بن فيروز الأحسائي ت 1216هـ/ 1801م[35]. وقد أورد ابن بشر ستين بيتًا من قصيدة ابن غنام جاء فيها:

ولاك (ابن فيروز) يروم سفاهة	دفاعًا لحق في البرية قد وطا
ويدعو إلى نهج الضلالة معلنًا	ومنهاج أهل الزيغ جهرًا به أطا
يغالب أمر الله والله غالب	ويندب من لا يمسك الرفع والحطا
ويرجو من المخلوق غوثًا ونصرةً	يناديه من بُعدٍ أغثنا بلا إبطا
لئن كان يدعوه لتفريج كربة	فليس سوى الرحمن يدعو بلا استبطا(36)

وتوضح هذه القصائد إلى جانب تمسك ابن غنام بمبادئ دعوة الشيخ محمد بن عبد الوهاب ودفاعه عنها وعن زعمائها التكوين الثقافي الذي تمتع به، وقدرته على نظم الشعر، وتمكنه من اللغة العربية. وقد شهد له بذلك بعض المؤرخين، فقد قال عنه ابن بشر «وله معرفة في الشعر والنثر»(37). كما ذكر أنه قرأ عليه بعض العلماء في العربية(38). أما لطف الله جحّاف اليمني (ت1234هـ/ 1827م) فقد قال عن ابن غنام: «وهو إمام فاضل متضلع في علم الفقه، يأتي بالمسألة الفقهية فيسرد فيها أقوالًا وتعليلات لا يتمكن الإنسان من نقلها، برع في علم اللغة، ونبغ في علم النحو، وملك أزمة علم الأصول والحديث، وتصدر للإفتاء والتدريس وهو في ثلاث وعشرين سنة بالأحساء...وله في الإنشاء يد طولى، وله القصيدة الطائية التي نقلها الناس»(39). وذكر المؤرخ عبد الرحمن البهكلي (ت 1248هـ/ 1832م) ابن غنام بقوله: «وقد رأيت تاريخًا حافلًا للعلامة ابن غنام من علماء الحنابلة، ترجم لسعود ووالده والشيخ محمد بن عبد الوهاب، وذكر أيامه وما اشتملت عليه سيرته من الوقائع والقلاقل...وهو تاريخ كبير اشتمل على فنون من التواريخ لأيامهم وعقائدهم...»(40). وذكر الفاخري وفاته ولم يذكر شيئًا عن مؤلفاته أو العلوم التي برع فيها(41). وأغفل ابن بشر ذكر التاريخ الذي ألفه ابن غنام، وقال عن مؤلفاته والعلوم التي أتقنها: «كانت له اليد الطولى في معرفة العلم وفنونه، وله معرفة في الشعر والنثر، وصنّف مصنفات منها: العقد الثمين في شرح أصول الدين، أخذ العلم عن عدة مشايخ من أهل الأحساء، وأخذ عنه عدة في الأحساء والدرعية...»(42). وذكر ابن بشر أن ابن غنام برع في علوم العربية وأخذ عنه عدد من أهل الأحساء ونجد(43).

وقد كان لإتقان ابن غنام العلوم التي تقدم ذكرها، وتأييده لدعوة الشيخ محمد بن عبد الوهاب الأثر الكبير في استدعاء الإمام سعود بن عبد العزيز (ت 1229هـ/ 1813م)(44) له للانتقال إلى مركز الدولة السعودية الأولى الدرعية(45). وقد قال حمد الجاسر في قدوم ابن غنام إلى الدرعية: «بلغت الدولة السعودية – في دورها الأول – أوجها من القوة، وأصبحت عاصمة المملكة (الدرعية) مقصد طلاب العلم...فرأى الإمام سعود...أن هذه المدينة وإن كانت مركز

الإشعاع لدعوة الشيخ محمد بن عبد الوهاب، وفيها أبناؤه العلماء، إلا أنها بحاجة إلى علماء يقومون بتدريس علوم اللغة العربية، فدعا عالم المبرز وأديبها حسين بن أبي بكر بن غنام المالكي المذهب ليتولى ذلك، فمكث في هذه المدينة بضع سنوات، لا يقتصر على التدريس، بل أخذ يدوّن تاريخ هذه الدعوة الإصلاحية مبتدئًا بوصف حالة البلاد الإسلامية من الناحية الدينية إبّان قيام محمد بدعوته الإصلاحية، ثم بترجمة وذكر طائفة من رسائله ومؤلفاته، وخصّص لذلك كتابًا سمّاه: (روضة الأفكار والإفهام لمرتاد حال الإمام)، ثم أتبعه بكتاب آخر، جعله سجلًا للغزوات التي قام بها آل سعود في سبيل مناصرة هذه الدعوة ونشرها وسماه: (كتاب الغزوات البيانية، والفتوحات الربانية...)[46].

وهكذا استطاع ابن غنام التمتع بمكانة مرموقة لدى الأئمة السعوديين، مما جعله مؤرخ دعوة الشيخ محمد بن عبد الوهاب، الأمر الذي دفع الشيال إلى وصفه بأنه «تلميذ الشيخ ابن عبد الوهاب ومؤرخه»[47]. فكان ما ألّفه عن هذه الحركة أوفى سجل لها خلال نصف قرن من سنة 1158-1213هـ/ 1745-1798م[48]. وأهم مصدر يستند إليه الباحثون وفي مقدمتهم ابن بشر كمرجع للوقائع التي حدثت وصاحبت قيام الدعوة الإصلاحية على يد محمد بن سعود، والشيخ محمد بن عبد الوهاب[49].

تعرض ابن غنام في موالاته لدعوة الشيخ محمد بن عبد الوهاب إلى نقد معاصريه الموالين للعثمانيين، فقد رأوا في هذه الحركة تهديدًا لنفوذ الدولة العثمانية في المشرق[50].

وقد عاش ابن غنام نحو ثلاث وسبعين سنة، واتفقت المصادر على تاريخ وفاته الذي كان سنة 1225هـ/ 1810م[51]، لكنها اختلفت في تحديد مكانها[52].

(3) مؤلف مجهول ت بعد 1233هـ/ 1817م

اهتم مؤرخ مجهول بتدوين أخبار نجد في كتاب سمّاه «لمع الشهاب في سيرة الشيخ محمد بن عبد الوهاب» جاعلًا دعوة الشيخ محمد بن عبد الوهاب منذ بدايتها حتى سنة 1233هـ/ 1818م محور كتابه. وهناك جدل حول الإشارة التي وردت في نهاية الكتاب وهي أن محرره شخص يدعى «جمال الدين الريكي» فهل هو مؤلف الكتاب أم ناسخه؟. وقد رأى بعض الباحثين أنه من أحد بلدان الخليج العربي[53]. وأُخذ على صاحب الكتاب تحامله على أتباع دعوة الشيخ محمد بن عبد الوهاب[54]، حيث وصفه بـ «المبتدع»، ووصف دعوته بـ «البدعة»، وسمى حركته «الدين الجديد»[55]. لا بل ذهب حمد الجاسر إلى اعتبار مؤلف الكتاب صنيعة لأحد الموظفين

الإنجليز، وأنه ألّفه بناءً على رغبة إحدى الجهات التي لها صلة بهم محاولًا الظهور من ناحية الأفكار الدينية بمظهر المحايد، وأراد أن يقدم لتلك الجهة كتابًا شاملًا في موضوعه[56]. وعلل حمد الجاسر رأيه هذا بالإشارة الواردة في كتاب لمع الشهاب حول مهاجمة الإنجليز لرأس الخيمة في أواخر عام 1223هـ/ 1808م حيث قال: «الحاصل أن رأس الخيمة سلمت بقدر حرب ساعة أو أقل، فانهزم أكثر أهلها إلى خارج البلد، وخربوا النخيل، وبعض بقي في البلد، أخذوا الأمان من الإنقريز، وبعد الأمان لم يغدروا بهم، إذ ليس ذلك من عوايدهم قط. ثم إن الإنقريز خربوا كثيرًا من البيوت، التي حوصر بعض الناس فيها بالمدفع، وحرقوا كل ما حصّلوه من الخشب، ونهبوا كل ما تناولوه من النقـود، أو غيرها. ولم يكن لهم حكم مقرر من حاكمهم على تخريب البلد رأسًا وقلعها من محلها، ولا على السكنى فيها وضبطها وتعميرهـا، بل أنبأ وأعلم كل أحد الرئيس الذي كان في العسكر، بأن قصدنا معكم أيها القواسم كلية حرق أخشابكم أجمع»[57]. ودفاع المؤلف عن البريطانيين، وأنه ليس من عوائدهم الغدر يرجح الرأي الذي ذهب إليه الجاسر.

(4) ابن سند 1180-1242هـ/ 1766-1826م

عثمان بن سند النجدي الوائلي البصري[58]، ولد في نجد سنة(1180هـ/ 1766م)، وينتمي إلى قبيلة عنزة[59]. وقضى سنوات عمره الأولى في جزيرة فيلكة بالكويت[60]، ثم انتقل إلى البصرة سنة 1220هـ/ 1805م[61] ومنها إلى بغداد سنة 1222هـ/ 1807م[62]. وابن سند على المذهب المالكي، وقد اختص بفقه هذا المذهب[63]. ووصف بالتعصب له[64]. وفي بغداد مال إلى دراسة التصوف[65]، ونسب إليه أنه دخل في الطريقة النقشبندية حتى أن البغدادي في (هدية العارفين) ذكره باسم «عثمان بن سند الوائلي النجدي النقشبندي»[66].

قرأ ابن سنـد القـرآن وتعلـم الكتـابة ودرس قـواعد الإعـراب[67]، ثم قصد الأحسـاء والبصـرة وبغداد لسمـاع علمـائها والأخـذ عنهـم[68]، وكـان ممـن أخذ عنهم محمـد بن فيـروز [69] (ت 1216هـ/ 1801م)، الـذي عُـرف بمعارضته لدعوة الشيخ محمد بن عبد الوهاب[70]. وقرأ على زين العابدين المعروف بجمل الليل المدني عند وروده البصرة فبغداد في سنة 1222هـ/ 1807م، ثم سلك طريقة خالد النقشبندي، وبعد ذلك أصبح مدرسًا في المدرسة الرحمانية في البصرة وبقي فيها[71]. وذكر حمد الجاسر أن داود باشا والي بغداد 1232-1246هـ/ 1817-1831م[72] أسند إلى عثمان بن سند «التدريس في مدرسة أنشأها»[73].

وضع ابن سند العديد من المؤلفات عُرف منها: شرح النخبة في أصول الحديث، وأهنأ الموارد من سلسال مدائح خالد النقشبندي، ومنظم الجوهر في مدائح حِمْيَر، ورسائل في

الأدب سماها فكاهة السامر وقرة الناظر، وكتاب نسمات السحر وروضة الفكر، ومطالع السعود بطيب أخبار الوالي داود، وسبائك العسجد في أخبار أحمد نجل رزق الأسعد، ونظم قواعد الإعراب، ونظم الأزهرية، ونظم مغني اللبيب، ومنظومة في العقائد سماها «هادي السعيد» ضمنها جوهرة التوحيد وزاد عليها، ونظم النخبة في أصول الحديث. وله منظومات في علم الحساب، ومنظومة في فقه السادة المالكية، وله الصارم القرضاب في نحر من سب الأصحاب نظمًا في نحو ألف بيت⁽⁷⁴⁾. ووصف ابن سند بأنه من المكثرين في النظم والمطيلين فيه، فقد تبلغ القصيدة من نظمه مائتي بيت، وفي بعض أشعاره ركاكة وفي بعضها رقة وجزالة، وهذه قليلة⁽⁷⁵⁾. ووصلت بعض المنظومات التي نظمها إلى خمسة آلاف بيت. ووصف بأنه «كان شاعرًا مكثرًا يعلو شعره وينحط»⁽⁷⁶⁾. وكان حوالي نصف كتابه (مطالع السعود) (مخطوط في التاريخ) الواقع في 600 صفحة من القطع الكبير شعرًا في مدح الذين ذكرهم في الكتاب ورثائهم وشكرهم وذمهم⁽⁷⁷⁾. ومن شعره في ذم الدهر قوله:

كلمــا قلــت إن دهـري يصفــو	وريــاح المنــى بصفـوي تهفــو
كـدر الدهـر بالخطــوب اللواتــي	لـم يذق لي من قدحهـا الغمض طرفُ
فكأنــي مــن اعتلالــي فعــلٌ	يعمــل النصــب فيه والجزم حـرفُ
رفعتــي أن يقــال هــذا أديــب	جـاع بطنًا وفيه طرف ولطفُ⁽⁷⁸⁾

وكان لوجود ابن سند في بغداد وفي كنف الوالي داود مقيمًا في البيت الذي منحه إياه والكسوة الفاخرة التي ألبسه إياها، والدراهم التي أغدقها عليه⁽⁷⁹⁾ أثرٌ في موقفه من دعوة الشيخ محمد بن عبد الوهاب، فقد عارضها، وقوّى هذا الاتجاه لديه تلقيه العلم على بعض العلماء المعروفين بمعارضتهم لهذه الحركة كابن فيروز، وانتماؤه إلى الطريقة الصوفية (النقشبندية)، وكونه من أتباع المذهب المالكي. وقد أشار حمد الجاسر إلى موقف ابن سند من هذه الحركة بقوله:

«مما ينبغي أن يلاحظ على ابن سند عدم تجرده من الهوى فهو ممن عادى الدعوة الإصلاحية ومدح أعداءها وتقرب إليهم بما يرضيهم من الوقيعة فيها بغير حق»⁽⁸⁰⁾. والمقصود بأعداء الدعوة هم العثمانيون الذين حاربوها ودمروا عاصمتها الدرعية عام 1234هـ/ 1818م⁽⁸¹⁾. أما الدجيلي فذكر عن ابن سند أنه استمر في معارضته للدعوة الإصلاحية حتى آخر عمره «لأنه تكلم على الوهابية في كتابه وذم طريقتهم بل شنّع عليهم، وهذا الكتاب صنّف في السنة الأخيرة من عمره...»⁽⁸²⁾. وبذلك يستبعد الدجيلي أن يكون ابن سند قد أصبح في آخر أيامه سلفي العقيدة.

توفي ابن سند في بغداد على اختلاف في سنة وفاته، فقد رأى بعض المؤرخين أنه توفي سنة 1242هـ/ 1826م[83]، ذلك أنه انتهى في كتابه إلى سنة 1242هـ/ 1826م، وأن الوالي داود الذي من أجله ألّف كتابه (مطالع السعود) بقي في الحكم حتى تمام 1246هـ/ 1830م. في حين رأى قسم آخر أن ابن سند توفي سنة 1250هـ/ 1834م[84].

(5) ابن لعبون قبيل 1182- بعد 1255هـ/ 1768-1839م

حمد بن محمد بن ناصر بن عثمـان بن محمد بن إبراهيم بن حسين بن مدلج الوائلي، من آل مدلج أهل التويم وحرمه[85]. نشأ في حرمه إحدى بلدان سدير بنجد[86]. وآل لعبون الذين ينتسب لهم هذا المؤرخ هم من بني وهب من الحسنة من أفخاذ المصاليخ أحد البطون الكبار للقبيلة المشهورة عنزة[87].

تولى ابن لعبون إمامة الجامع في بلده حرمه لفترات متقطعة[88]، ثم ترك حرمه عندما استولى عليها الإمام عبد العزيز بن محمد عام 1193هـ/ 1779م، وخرج منها بصحبة أحد أعمامه وسكنا بلدة القصب إحدى بلدان الوشم، ثم ارتحلا إلى بلدة ثادق[89]، واستقر سنة 1238هـ/ 1822م في التويم من بلاد سدير[90].

وضع ابن لعبون كتابًا في التاريخ عُرف بـ«تاريخ ابن لعبون»[91]، وله كتابان آخران أحدهما في النسب والآخر في التاريخ لم يكملهما، ذكر ذلك حمد الجاسر[92]. وقد تولى ابن لعبون بيت المال في سدير للإمامين سعود الكبير[93] 1218-1229هـ/ 1803-1813م وابنه عبد الله 1229-1233هـ/ 1813-1817م[94]. وعاش ابن لعبون إلى ما بعد سنة 1255هـ/ 1839م[95].

(6) الفاخري 1186-1277هـ/ 1772-1860م

أورد ابن عيسى إشارة إلى الفاخري في أخبار سنة 1233هـ/ 1817م قال فيها «وقد أرّخها – سنة 1233هـ- محمد بن عمر الفاخري من المشارفة من الوهبة، وهو ساكن بلد حرمه»[96]. وعرف بالفاخري نسبة إلى جده فاخر بن حسن – وهو من آل مشرف كان مسكن أسرته في أشيقر – إلا أنه استقر أخيرًا في بلد التويم إحدى بلدان سدير التي ولد فيها سنة 1186هـ/ 1775م[97]. وانتقل بعد ذلك للاستقرار في حرمه بعد أن تنقل بين الأحساء والتويم وحرمه[98].

وينسب إلى الفاخري أنه حنبلي المذهب، ونشأ نشأة دينية اعتيادية قارئًا ومتعلمًا للقرآن، ويبدو أن تنقله بين البلدان مثل الأحساء والتويم وحرمه ساعده على جمع الأخبار التي دونها

في تاريخ عُرف بـ«الأخبار النجدية»[99]. وعُدَّ الفاخري من أدباء نجد في زمانه، ووصف بجودة الخط وتحصيل الكتب الكثيرة، وجمع كتابًا في الأدعية النبوية[100] سمّاه «الأحاديث المرويّة في الأدعية النبوية»[101]، هذا بالإضافة إلى التاريخ الذي اشتهر به و عُرف بالأخبار النجدية، وقد رأى حمد الجاسر أن التسمية الأصح لهذا التاريخ هي: تاريخ الفاخري، لأنه احتوى على أخبار لبلدان من خارج نجد[102]. وأخبار البلاد النجدية الواردة فيه تبدأ من عام 850-1277هـ/ 1446-1860م[103]، ثم قام أحد أبناء الفاخري بتكملة على ما بدأه والده حتى سنة 1288هـ/ 1871م، وذكر وفاة والده ضمن أحداث سنة 1277هـ/ 1860م في شهر ذي الحجة، حيث قال: «وفي ثالث وعشرين منه توفي والدي مؤلف هذا التاريخ محمد بن عمر الفاخري في حرمه رحمه الله. وإني سأحذو حذوه في إكمال هذا التاريخ لجميع الحوادث في السنين الآتية إن شاء الله»[104].

(7) ابن بشر 1210-1290هـ/ 1795-1873م

عثمان بن عبد الله بن أحمد بن بشر الحرقوصي، وآل حرقوص فخذ من آل عيد أحد بطون بني زيد القبيلة القضاعية القحطانية، وبنو زيد مفرقون في بلدان نجد، إلا أن أصلهم ومرجعهم شقراء عاصمة الوشم. وقد ولد في بلدة جلاجل من بلدان سدير في عام 1210هـ/ 1795م[105]. وانفرد الزركلي بين المراجع الحديثة خاصة النجدية منها في القول بأن ابن بشر «كان من رؤساء قبيلة بني زيد في بلدة شقراء من بلاد الوشم»[106]. ومما يشكك في صحة ذلك ما أورده ابن بشر نفسه في كتابه «عنوان المجد في تاريخ نجد» في أخبار سنة 1246هـ/ 1830م عندما تحدث عن ريح عاصفة دمّرت أشجار النخيل في سدير وفي قريته[107]. كما أن الظروف التي عاشها ابن بشر تُبعد احتمال أن يكون من رؤساء قبيلته، وقد تحدث هو عن هذه الظروف فقال: «واعلم أيدك الله أن التصنيف أمر صعب ولا يُنال إلا بكدّ وتعب... والقلب في أشغال شاغلة، ومُقاسات أمور هائلة، وما أنا فيه من طلب المعيشة وترادف شواغل الهموم، وأشياء يعلمها الحي القيوم»[108].

وكان ابن بشر حنبلي المذهب، وقد ارتحل إلى الدرعية سنة 1206هـ/ 1794م، وحضر فيها المجالس العلمية لأبناء الشيخ محمد بن عبد الوهاب الأربعة: حسين وعبد الله وعلي وإبراهيم، وقال: «ولقد رأيت لهؤلاء الأربعة العلماء الأجلاء مجالس ومحافل في التدريس في بلد الدرعية، وعندهم طلبة علم من أهل الدرعية، ومن أهل الآفاق من أهل صنعاء وزبير واليمن وغيرهم من نواحي نجد والأقطار...»[109]

درس ابن بشر على إبراهيم بن الشيخ محمد بن عبد الوهاب[110] كتاب التوحيد في عام 1224هـ/ 1809م[111]، وأخذ عن إبراهيم بن سيف، وعثمان بن ساعد أحد قضاة سدير[112] وكان

من أشهر شيوخه الذين لازمهم عثمان بن عبد العزيز بن منصور الذي كان أحد قضاة حوطة سدير[113] وكان أغلب هؤلاء العلماء حنبليين وموالين لدعوة الشيخ محمد بن عبد الوهاب ومن علمائها، وكانوا قضاة على البلدان التابعة للدولة السعودية. وقد ظهر ذلك من خلال كتابه (عنوان المجد) حيث قال: «ثم إن هذا الدين الذي منّ الله به في آخر هذا الزمان على أهل نجد بعد ما كثر منهم الجهل والظلم والجور والقتل فجمعهم الله بعد الفرقة، وأعزهم بعد الذلة...فجعلهم إخوانًا فأمنت السبل وحييت السنن، وماتت البدع، واستنار التوحيد... وزال الشرك...وذلك بسبب من عمّت بركة علمه العباد وشيد بنار الشريعة في البلاد قدوة الموحدين وبقية العلماء المجتهدين وناصر دين سيد المرسلين شيخ مشايخنا المتقدمين الأجل والكهف الأطلّ الشيخ محمد بن عبد الوهاب...فآواه من جعل عز الإسلام على يديه وجاد بنفسه وما لديه...محمد بن سعود وبنوه ومن ساعدهم على ذلك وذووه خلد الله ملكهم مدى الزمان، وأبقاه في صالح عقبهم ما بقي الثقلان...»[114]. وهكذا تبدو نظرة ابن بشر إلى الحركة وزعمائها، فقد خلصوا البلاد من مظاهر الشرك والفوضى والفرقة، وانتقلوا بها إلى التوحيد بالعودة إلى الإسلام الصحيح، وأقاموا النظام في البلاد، وقضوا على الفوضى، وجعلوا الناس في الله إخوانًا، وجعل من هذه الحركة وأتباعها وزعمائها محورًا لتاريخ البلاد النجدية. ومن مظاهر تأثره أيضًا بالحركة إطلاقه على أتباع الحركة عبارات مثل «المسلمين»[115]، وعلى جنود الحركة «الجيوش المنصورة»[116]. وسمى الدعوة بـ «دعوة التوحيد»[117]،

وأن العناية الإلهية ترعى أتباع هذه الحركة كقوله «أعمى الله عنهم الأبصار» وهو في ذلك يتحدث عن سرية من جنود الحركة[118]. وأطلق على الخارجين على الدعوة «المرتدين»[119].

يبدو واضحًا من كتاب ابن بشر (عنوان المجد) انسجام تكوينه الديني والسياسي، مع تطور الأحداث في نجد، فقد عاصر تدمير عاصمة الدولة السعودية الأولى على يد القوات المصرية بقيادة إبراهيم باشا وأورد أخبار ذلك في سنة 1234هـ/ 1818م فقال: «فلما كان في شعبان، وقدمت الرسل والمكاتبات من محمد علي على ابنه إبراهيم باشا وهو في الدرعية، أمره فيها بهدم الدرعية وتدميرها، فأمر على أهلها أن يرحلوا عنها، ثم أمر العساكر أن يهدموا دورها وقصورها، وأن يقطعوا نخيلها وأشجارها ولايرحموا صغيرها ولا كبيرها، فابتدر العساكر إلى هدمها مسرعين، وهدموها وبعض أهلها فيها مقيمين، فقطعوا الحدائق فيها وهدموا الدور والقصور، ونفذ فيها القدر، وأشعلوا في بيوتها النيران، وأخرجوا جميع من كان فيها من السكان، فتركوها خالية المساكن كأن لم يكن بها من قديم ساكن، وتفرق أهلها في النواحي والبلدان،

وذلك بتقدير الذي كل يوم هو في شأن»[120]. جمع ابن بشر وقائع آل سعود وأخبارهم، وقال فيهم: «وبالجملة فمحاسن هؤلاء الأمجاد وفضائلهم ومحامدهم التي ملأت أقطار البلاد وأزال الله بأولهم الجهل عن الناس والمحن... وأعني بأولهم محمد وابنه عبد العزيز وابنه سعود وبآخرهم تركي وابنه فيصل قاتل البغاة ونُقَّاض العهود»[121]. وهذا الوصف لآل سعود جعل أبا حاكمة يطلق على ابن بشر لقب: «مؤرخ وهابي» لأن تاريخه جاء دفاعًا وتمجيدًا للحركة وأتباعها[122]. وجاء ارتباط ابن بشر بالأئمة السعوديين من خلال الالتقاء بهم وحضور مجالسهم. ومن ذلك لقاؤه بالإمام سعود أثناء الحج سنة 1225هـ/ 1810م[123]. كما وصف مشاهداته في أخبار سنة 1229هـ/ 1814م لحلقات الدرس التي كانت تعقد بحضور الإمام سعود التي كان يحضرها ابن بشر[124]، ووصفه لمجلس الإمام فيصل بن تركي ضمن أخبار سنة 1265هـ/ 1850م[125] والتقاؤه به في العام نفسه، حيث يقول:

«ثم سلمت على الإمام فقابلني بالتوقير والإكرام، ورحب بي أبلغ ترحيب، وقرّبني أحسن تقريب... ثم سلمت على الشيخين عبد اللطيف وعبد الله بن جبر، فقمنا جميعًا ودخلنا مع الإمام في خيمته وجلسنا عنده...»[126].

تميز ابن بشر برؤية واضحة لأهمية التاريخ وقيمته، مما جعله ينفرد من بين مؤرخي نجد المحدثين في طرحه لواقع الكتابة التاريخية في نجد، والتنويه إلى سلبياتها. فبعد أن أشار إلى أن «علم التاريخ علم شريف فيه موعظة واعتبار»[127]. وتعرّف على أحوال الماضي بقوله: «فمن اعتنى بشيء من أخبار الماضين فقد أتحف هدية وافرة لمن بعده من الخالفين تتشرف بذكرها أوطانها، وتفتخر بذلك ملوكها وسكانها...»[128] فقد نبّه في النصف الأول من القرن التاسع عشر إلى أهمية التاريخ المحلي، وضرورة هذا التاريخ للأجيال القادمة. واستطاع ابن بشر أن يضع تاريخًا يعد من المصادر الرئيسة لأي باحث يتناول تاريخ المملكة العربية السعودية في العصر الحديث أو أي بلد من بلدان الجزيرة العربية.

ونبّه ابن بشر أيضًا إلى أهمية التجديد في أسلوب الكتابة التاريخية الذي كان سائدًا في نجد حتى عصره، وهو سرد الأحداث التاريخية باختصار ودون ذكر الأسباب، فأراد أن ينتقل بالكتابة التاريخية إلى أسلوب قائم على تعليل الأحداث وتفسيرها، هذا إلى جانب أخذه على علماء نجد ونقده لهم لأنهم لم يهتموا بالتأريخ لأيامهم وأوطانهم[129]. وتنطبق رؤية ابن بشر على المنقور الذي سجل أخبارًا مختصرة أكثرها مذكرات شخصية تتعلق بأحواله الخاصة[130]، كذلك الفاخري[131]. وفي سياق الحديث عن رؤيته للتاريخ ويلاحظ أيضًا تنبيه ابن بشر إلى

خطورة الوثوق بما ينقل على الألسن – في إشارة إلى الرواية الشفوية – خاصة إذا تعلق الأمر بوقائع تاريخية وأحداث ذات صلة بعمل المؤرخ، لأن الرواية الشفوية تتعرض للزيادة والنقصان، ومن الصعب الركون إليها. وإذا وجد البديل عنها فتركها أفضل[132].

ولم يقتصر اهتمام ابن بشر على التأليف في التاريخ، وإنما كان له اهتمام بعلم الفلك، ومتابعة للظواهر الفلكية التي أشار إليها في كتابه (عنوان المجد)[133]، وأفرد رسالة خاصة بعلم الفلك سماها: «الإشارة في معرفة منازل السبعة السيـارة» في نحو أربعة كراريس، وصنّف أيضًا كتابًا في الخيل سماه «سهيل في ذكر الخيل» في سبعة كراريس، ويظهر من هذه التسميات أثر الميل الفلكي عند ابن بشر. كما وضع ورقة في الحساب احتوت على الجداول سماها «بغية الحاسب»، ويجزم عبد الرحمن السنيدي أنها جداول (أزيـاج) في الحساب الفلكي «حساب المنازل والبروج» لا حساب المسائل الرياضية، وله أيضًا كتاب «مرشد الخصايص ومبدي النقايص» في الطفيليين والثـقلاء، وفهرس طبقات الحنابلة للحافظ ابن رجب جعل تراجمه على حروف المعجم[134].

أشار ابن عيسى إلى وفاة ابن بشر سنة 1290هـ/ 1873م في بلدة جلاجـل، قائلًا: «وفي تاسع عشر من جمادى الآخرة من السنة المذكورة توفي عثمان بن عبد الله بن أحمد بن بشر في بلد جلاجل رحمه الله تعالى، وهو من بني زيد، وهو صاحب التاريخ المسمى عنوان المجد في تاريخ نجد، كان رحمه الله تعالى أديبًا لبيبًا فاضلًا عابدًا ناسكًا حسن السيرة كريم الأخلاق»[135]. وعاش بذلك نحو ثمانين سنة[136].

(8) ابن حُميد 1236-1295هـ/ 1820-1878م

محمـد بن عبد الله بن علـي بن عثمان بن علي بن حُميـد من آل أبي غنـام[137]، وُلد – على الأرجح – سنة 1236هـ/ 1820م[138] في بلدة عنيزة في القصيم، وهنالك إشارات قليلة تذكر أن سنة ولادته 1232هـ/ 1816م[139]. ونشأ ابن حميد في عنيزة عند عمه عثمان بن حميد وجده لأمه عبد الله بن منصور آل تركي. وقد قال عنهما صاحب كتاب علماء نجد: «وكانا من أهل العلم والعبادة والصلاح»[140].

تلقى ابن حميـد تعليمه الأول في بلدة عنيزة، وفي ترجمته للشيخ عبد الله بن عبد الرحمن المعروف بأبي بُطين الذي عاش بين(1194هـ/ 1780م و 1282هـ/ 1865م)[141] ذكر أنه حضر بعض الدروس عليه وكان عمره اثني عشر عامًا وذلك عندما كان أبو بطين قاضيًا في عنيزه، يقول

ابن حميد «وكنت إذ ذاك صغيرًاعن القراءة عليه عمري اثنتا عشرة سنة. فأحضر مع بعض أقاربي للاستماع خلف الحلقة...»[142]. وبعد تولي فيصل بن تركي الإمامة طالب أهل عنيزة بأن يكون أبو بطين قاضيًا وخطيبًا وفقيهًا ومدرسًا وإمامًا في بلدهم، فلما قدم عنيزة استقبله أهلها، وقال ابن حميد: «وشرعوا في القراءة عليه فشرعت مع صغارهم إلى أن أنعم الله وتفضّل فقرأت مع كبارهم (شرح المنتهى)[143] مرارًا، وفي صحيح البخاري ومسلم، و(المنتقى)[144] وقرأت وحدي (شرح مختصر التحرير في أصول الفقه)[145]، و(شرح عقيدة السفاريني)[146] الكبير، ومع الغير في رسائل عقائد كـ (الحموية)، و(الواسطية) و(التدمرية)»[147]. وأخذ العلم أيضًا على عدد من العلماء منهم علي بن محمد آل راشد قاضي عنيزة (ت1303هـ/ 1885م)، ومحمد بن عبد الله بن محمد بن مانع التميمي وكان أيضًا قاضيًا في عنيزة وتوفي سنة 1291هـ/ 1874م. وقد تأثر بشيخه في التاريخ والأنساب وقال عنه في ذلك: «وكان مطلعًا في علمي التاريخ والأنساب، القريبة والبعيدة، ومنه فيهما استفدت، وعلى نقله اعتمدت...»[148]. كما أخذ عن عبد الجبار بن علي البصري (ت 1285هـ/ 1868م)، وكان قرأ عليه في المدينة، وقال عن ذلك: «...كنت أقرأ عليه سنة 1263 في المدينة المنورة»[149]، ودرس عليه أيضًا في مكة وقال في ذلك: «ولقد كنت أقرأ عليه سنة في مكة المشرفة...»[150]. وأخذ ابن حميد عن شيوخ آخرين منهم محمد بن أحمد الهديبي النجدي[151]، ثم الزبير المكي والمدني (ت1261هـ/ 1845م)، وأحمد بن عثمان بن جامع النجدي ثم البحريني ثم الزبيري (ت1285هـ/ 1868م)، ومحمد بن علي السنوسي (ت 1276هـ/ 1859م)، وأحمد زيني دحلان (ت1304هـ/ 1886م)، وأحمد الدمياطي المكي (ت 1270هـ/ 1853م)، ومحمود شكري بن عبد الله الألوسي (ت1242هـ/ 1826م)وعابد السندي (ت 1257هـ/ 1841م) وعبد الرحمن بن محمد بن عبد الرحمن الكزبري (ت1262هـ/ 1845م)، وعثمان الدمياطي (ت 1265هـ/ 1848م)، وعثمان بن عبد الله النابلسي وإبراهيم السقا الأزهري (ت 1298هـ/ 1880م)[152].

وقد ساعد ابن حميد تلقيه العلم على عدد كبير من العلماء الذين تنوعوا بأصولهم وكانوا في الأغلب على مذهب الإمام أحمد بن حنبل تنقله بين عدد من البلدان، فبعد أن أخذ عن شيوخ نجد انتقل إلى مكة، ومن هناك ارتحل في طلب العلم إلى كل من اليمن والشام ومصر والعراق[153] ونابلس[154]. بعد ذلك عاد إلى مكة واستقر فيها، حيث شرع بالإفادة والتدريس، وعُيّن لإمامة المقام الحنبلي في المسجد الحرام وإفتاء الحنابلة، وتولى ذلك عام 1264هـ/ 1847م[155].

وكان ابن حميد معارضًا لمبادئ دعوة الشيخ محمد بن عبد الوهاب على الرغم من أنه حنبلي المذهب ونجدي الموطن، فقد تأثر - على ما يبدو - ببعض العلماء الذين درس على

أيديهم وكانوا معارضين للحركة، كما أن توليه لمنصب الإفتاء وإمامة المقام الحنبلي[156] وقربه من الحكام العثمانيين في الحجاز جعل منه على خلاف مع هذه الحركة. وظهرت معارضته لها من خلال وصفها بأوصاف وصلت إلى حد السبّ واللّعن[157]. هذا بالإضافة إلى إغفاله للكثير من علماء هذه الحركة، وإيراده لأخبار العلماء الذين عارضوها من أهل نجد أو من الذين خرجوا من نجد واستقروا في مكة أو في الزبير[158]. وقد وصف حمد الجاسر معارضة ابن حميد لهذه الحركة بقوله: «غير أن هذا الرجل كان منحرفًا عن قبول الدعوة السلفية، ومتعصبًا ضد دعاتها من علماء السلف الصالح، مبعثه الهوى، ولذلك ذكرهم في كتابه...أسوأ الذكر وتحامل عليهم ووصمهم بما هم براء منه...»[159].

ولا تخرج مؤلفات ابن حميد عن سياق تكوينه المذهبي الحنبلي، فبالإضافة إلى كتابه الذي اشتهر به «السحب الوابلة على ضرائح الحنابلة» وهو تراجم للرجال والنساء على مذهب الحنبلي[160] الذي بدأه من حيث وقف ابن رجب الحنبلي(ت 795هـ/ 1392م) [161]، جمع حواشي الخلوتي[162] على الإقناع وشرحه. كما وضع حاشية على المنتهى وشرحه للشيخ منصور (ت1051هـ/ 1641م). وله أيضًا (النعت الأكمل بتراجم أصحاب الإمام أحمد بن حنبل)، و(ملخص بغية الوعاة)[163]. وكان قد بدأ أيضًا بكتاب سماه: «غاية العجب في تتمة طبقات ابن رجب»[164]. وقد ذكر محقق كتاب السحب الوابلة عن ابن حميد أنه «لم يكن مكثرًا من التأليف، إذ لم يؤثر عنه إلا بعض مؤلفات أنفسها وأشهرها «السحب الوابلة». لكن الإنسان يعجب لكثرة الكتب التي انتسخها بخطه، أو ذيّل عليها هوامش بخط يده أيضًا، أو تملكها وقرأها، وهي كثيرة متنوعة يدل تنوعها على كثرة قراءته وتنوع ثقافته»[165].

وبقي ابن حميد النجدي مقيمًا في مكة مدرسًا ومفتيًا وإمامًا للمقام الحنبلي وفي خدمة المذهب الحنبلي حتى وفاته بالطائف سنة 1295هـ/ 1878م[166].

ابن عيسى 1270-1343هـ/ 1853-1925م

إبراهيم بن صالح بن إبراهيم عبد الرحمن بن عيسى[167]، وآل عيسى فخذ من بن عطية، وهم بطن كبير من بني زيد القبيلة القضاعية[168]. وقد ولد كما ذكر في كتابه (عقد الدرر) عام 1270هـ/ 1853م في بلدة أشيقر من إقليم الوشم في نجد[169].

كان ابن عيسى حنبلي المذهب[170]، وقد تلقى العلم عن مشاهير علماء بلدته ثم قام برحلات متعددة إلى الهند والأحساء والبصرة والزبير، وممن أخذ عنهم عيسى بن عكاش الأحسائي

ولازمه عشر سنوات، وأخذ عن صالح بن محمد المبيض أحد علماء الحنابلة، وعن أحمد بن إبراهيم بن عيسى. واستقر في بلدة أشيقر يدرس الطلبة، ويسجل أخبار بلاده. وانتقل إلى عنيزة في عام 1342هـ/ 1923م وأقام فيها حتى وفاته(171).

سار ابن عيسى على نهج من سبقه من مؤرخي الدولة السعودية كابن غنام وابن بشر(172) باعتباره من المتحمسين للدعوة والدولة وظهر ذلك في كتابه عقد الدرر الذي أكمل به تاريخ ابن بشر وذلك بطلب من الإمام عبد العزيز آل سعود(173). وقد أشار ابن عيسى إلى طلب الإمام عبد العزيز في رسالة أرسلها إلى أحد أصدقائه – أوردها البسام في كتابه (علماء نجد) – ورد فيها: «ويمكن أنه بلغكم أن الإمام المكرم عبد العزيز... طلب منا كتابة ذيل على تاريخ ابن بشر والإمام...ليس له معرفة بحالي وصار طريقه على أشيقر...وظهر له كبار الجماعة للسلام عليه وأنا ما ظهرت...لأن الإمام لا يعرفني، وأنا مالي دخل في أمر الجماعة...فدخل محمد بن عبد اللطيف الى البلد وقال إن الإمام سأل عنك حيث ذكر أنك تؤرخ حوادث نجد، ويلزمك مواجهته لتعرض عليه الذي عندك من التاريخ وظهرت أنا ومحمد وعرضت على الإمام الوريقات التي كتبتها، وقال بودي أنك تبسط ذلك وتستقصي جميع الحوادث، وإذا حصل منك ذلك فإن شاء الله أعطيك عطية جزيلة ولا أرفع النظر عنك، فشرعت في تبييض ذلك»(174). وكان ابن عيسى شديد الولاء للأسرة السعودية وآل الشيخ، وقد ظهر ذلك من خلال عرضه للأحداث التاريخية حيث أطلق على أتباع الدعوة عبارات تؤكد إخلاصه للحركة وأتباعها، منها وصفه لأتباع الدعوة بـ «المسلمين»(175)، ووصف جنودها بـ «جنود المسلمين»(176)، وبلادهم «بلاد المسلمين»(177)، وعلماءها عند ذكره لأحدهم بـ «قامع الملحدين»(178)، ووصف المعارضين للحركة بـ «المفسدين»(179)، و«الطغاة»(180). وقد توّج إخلاصه للسعوديين برفضه تولي القضاء عندما طلب منه ذلك الأمير محمد بن عبد الله آل رشيد(181)، أمير حائل 1289هـ/ 1873م(182)– 1315هـ/ 1897م(183).

أورد البسام لابن عيسى ثمانية مؤلفات بين كتاب ومجموع ونظم وهي: تاريخ نجد الذي سماه عقد الدرر، فيما وقع في نجد من الحوادث في آخر القرن الثالث عشر وأوائل القرن الرابع عشر، وتاريخ لنجد يبتدئ من عام 1303هـ/ 1885م إلى 1339هـ/ 1920م (وما زال مخطوطًا)، وتاريخ بعض الحوادث الواقعة في نجد يبتدئ من عام 820هـ/ 1417م-1340هـ/ 1921م، ونبذة عن تاريخ أشراف مكة المكرمة ويظهر أنها ملخصة من كتاب أحمد زيني دحلان (أمراء البلد الحرام)، ومجاميع تقع في أحجام صغيرة من التاريخ والأنساب والآداب والعلوم وهي متفرقة

عند الناس. وله أيضًا جزء متوسط في أنساب العرب القحطانيين والعدنانيين، ونظم في الشعر[184]. قضى ابن عيسى آخر أيامه في عنيزة مركز القصيم التي انتقل للإقامة فيها عام 1342هـ/ 1923م إلى أن توفي فيها عام 1343هـ/ 1924م[185].

ثانيًا: مؤرخو الحجاز:

(1) الموسوي المكي 1110-1179هـ/ 1698-1766م

عباس بن علي بن نور الدين علي المعروف بأبي الحسن العاملي الموسوي وكان شيعي المذهب. ولد في مكة سنة 1110هـ/ 1698م ، وفقد والـده وهو ابن تسع سنوات، وتولى تربيته والاعتناء به – على ما يبدو – أخـواه مصطفـى وسليمـان[186]. واضطـر إلى الارتحـال عن بلاده مكة لظروف – على الأرجح أنها مادية – كان يعاني منها. فقد ذكر أنه إنما اغترب لكسب المـال «ولم أغترب إلا لأكتسب الغنى فأسقي منه كل ذي ظمأ سجلا»[187]. كما أن الموسوي شكا من عدم إنصاف أهل زمانه له، وأظهر عدم رضاه عن الأوضـاع القائمة في مكة حيث قال: «فإني لحقت فيها وقتًا قليل الإنصاف، ينصب السفلة ويخفض الأشراف، ويرفع فيه الجاهل وينحط العالم، ويتدنى فيه سهيل وتستعلى النعائم»[188]، ثم تعرض لمضايقة أقربائه، وعبر عن ذلك بالقول: «وبليت...بأقارب هم في الحقيقة كالعقارب، وأصحاب وإخوان أشد أذية من الثعبان»[189]. كل هذه الظروف كانت وراء سفره خارج مكة. وشجعه على السفر أستاذه نصر الله الحائري الذي كان يعطف عليه ويتعهده بالرعاية أثناء وجوده بمكة، وكان قد شجّع الموسوي على السفر معه سنة 1131هـ/ 1718م وذلك بعد انقضاء موسم الحج فسافر مع شيخه الحائري بصحبة الحاج العراقي. وكان أول بلد زاره النجف في العراق[190]. ثم تواصلت رحلته إلى مدن عراقية ثم مدن إيرانية كما انتقل إلى الهند واليمن، وكانت رحلته الأولى عـام 1131هـ/ 1718م مفتاحًا لرحلات أخرى استقر في ختامها ببندر المخا في اليمن حتى عام 1148هـ/ 1735م[191].

يذكر الموسوي المكي أن أكبر همه اكتساب المال مستغلًا إمكاناته في اللغة ونظم الشعر لمدح الحكام والأمراء الذين زارهم. ومما أورده صراحة بهذا الشأن، قوله في زيارته لصنعاء: «وقلت في صنعاء مادحًا إبراهيم بن المهدي ومؤرخًا داره الجديدة بمدينة صنعاء بقصيدة فريدة، لكني لم أظفر منه بعائد، وضاع تغزلي بالبارد لأنه مشهور بالبخل بين الناس، وما على من هجاه إثم ولا باس...»[192]. ثم أورد القصيدة التي مدح بها المذكور.

وقد ذكر المؤرخ زُبارة اليمني زيارة الموسوي إلى اليمن بقوله: «السيد العلامة الرحالة المؤرخ العباس بن علي بن نور الدين الحسيني الموسوي المكي نزيل اليمن بالقرن الثالث عشر للهجرة»، وذكر مولده بأنه سنة 1111هـ/ 1699م بمكة المكرمة، وأنه أخذ عن علمائها وجال في الأقطار[193].

أخذ الموسوي عن مجموعة من العلماء أبرزهم السيد نصر الله بن حسين الحسيني الحائري الذي التقاه بمكة عام 1130هـ/ 1718م، وقال في ذلك: «فاشتغلت بالطلب لديه...ففتح الفتاح ومنح، وجـاد في الوقت ببغيتي وسمح، ونلت الأدب...فكان اجتماعي به بمكة المشرفة عام 1130هـ»[194]. ثم أخذ عن بدر بن غالب الرفاعي الطريقة الرفاعية، والقادرية عن السيد علي نقيب القادرية ببغداد الذي ألبسه الخرقة. كما أخذ عن محمد بن أحمد عقيلة الأحمدي الشناوي الصوفي الحنفي المكي، والسيد يوسف بن عبد الرحيم الرفاعي. ويلاحظ أن الموسوي قد انصب اهتمامه على التصوف تعلمًا وحضورًا لمجالس الصوفية مع شيوخه، وظهر تأثره بالتصوف في الحديث عن الكرامات وتعبير الرؤيا[195].

واشتهر الموسوي في التأليف بكتابه «نزهة الجليس ومنية الأديب الأنيس» الذي ضمّنه تراجم وتواريخ من اجتمع بهم في رحلته من العلماء والصلحاء والرؤساء والوزراء والأدباء والشعراء، ودون كل ما سمعه منهم. وقد فرغ من تأليفه في الرابع من شوال سنة 1148هـ/ 1735م ببندر المخا باليمن، وألفه للوزير الفقيه أحمد بن يحيى خزندار الذي قال عنه الموسوي: «الذي أغناني في غربتي عن بذل ماء وجهي لزيد وعمرو...»[196]. وله أيضًا كتاب: «أزهار الناظرين في أخبار الأولين والآخرين»[197].

أورد صاحب تصانيف الشيعة أن وفاة الموسوي كانت سنة 1179هـ/ 1766م[198]، ولم ترد إشارة دقيقة حول وفاته، فقد اعتمدت بعض المراجع على تاريخ فروغه من تأليف كتابه نزهة الجليس وهو عام 1148هـ/ 1735م، لتحدد وفاته بعد العام المذكور[199].

(2) عبد الرحمن الأنصاري 1124- بعد 1197هـ/ 1712-1783م

عبد الرحمن بن عبد الكريم بن يوسف بن عبد الكريم الأنصاري. وقد نسب الأنصاري نفسه إلى أنس بن مالك الأنصاري الخزرجي البخاري خادم الرسول ﷺ، وذكر أيضًا أن مولده كان سنة 1124هـ/ 1712م في المدينة المنورة[200]. وقد نشأ في أسرة علم ذات مكانة دينية واجتماعية. ومما ذكره عن والده: «وأما والدنا المرحوم...عبد الكريم فمولده تقريبًا في حدود

سنة 1085هـ في شوال، فنشأ في طلب العلوم الشريفة، ودرّس بالروضة المنيفة، ثم ارتحل إلى مصر وبيت المقدس والشام والروم وبلغ ما يروم. وأخذ عمّن بها من العلماء الأعلام ومشايخ الإسلام، وتزوج والدتنا المرحومة أم هانئ بنت محمد بن سعيد (أفندي) سيدون كاتب شيخ الحرم...»[201]. ويظهر بوضوح أن والد عبد الرحمن الأنصاري كان مدرسًا، حيث تلقى العلم على يديه بعض الطلبة الذين ذكرهم الأنصاري في تراجمه. وزاد من وضوح المكانة الاجتماعية للأنصاري الإشارة التي أوردها في كتابه عن أن مسكنه كان في بيت له في حارة الآغوات[202]. هذا بالإضافة إلى نظرته كمدني (يسكن في المدينة وفي حي للأعيان) إلى الفلاحة نظرة ساخرة. فقد وصف أحد أفراد بيت اللعبي بقوله:

«وتعاطى الفلاحة فأضاع ماله وحاله...»[203].

وصف صاحب كتاب تراجم أعيان المدينة المنورة في القرن الثاني عشر الهجري، وصف الأنصاري بالقول: «الخطيب الفاضل، الأديب الكامل، مؤرخ المدينة في عصره، نشأ على طلب العلوم من منطوق ومفهوم، وحفظ القرآن ونظم ونثر، وأمّ وخطب وألّف وصنّف...»[204]. وقد أخذ العلم عن مجموعة من علماء عصره، فقد قرأ القرآن على الفقيه زاهد البلخي الأزبكي (ت 1145هـ/ 1731م)، الذي ذكره الأنصاري قائلًا: «فكان رجلًا مباركًا، وصار يعلم الصبيان القرآن في محل والده، وهو أول معلم قرأت عليه القرآن وأنا صغير جدًا...»[205]. كما درس على والده أيضًا الذي أكمل ما كان الابن قد درسه على الحريشي الذي توفي قبل إتمامه سنة 1142هـ/ 1729م[206]، وأخذ أيضًا عن أبي الطيب السندي (ت 1151هـ/ 1738م)[207]، ومحمد بن عبد الله بن مسعود المغربي الفاسي المالكي (ت 1141هـ/ 1728م)، الذي ذكره بقوله: «وقد حضرنا دروسه واستفدنا منه كثيرًا»[208]. وكان من أكثر الشيوخ الذين استفاد من الطلب عليهم هو محمد أبو الطاهر الذي قال عنه: «فمولده في سنة 1085هـ...وهو من أعظم مشائخنا الذين أخذنا عنهم العلم. وأجازنا بجميع مرويّاته من والده وغيره، ولم يزل مشتغلًا بالعلم والتدريس إلى أن توفي سنة 1145هـ»[209].

أشار الأنصاري إلى نشأته الدينية والثقافية وكيف أمّ وخطب وألّف ولبس الخرقة[210] الصوفية قائلًا عن نفسه: «وجدّ واجتهد في طلب العلوم من منطوق ومفهوم وحفظ القرآن، وصلى به التراويح في روضة سيد ولد عدنان، وأمّ بها وخطب، وألّف الرسائل والخطب، ودرّس بها ورقي إلى أعلى الرتب. وتلقّن الذكر، ولبس الخرقة»[211]. وقد ظهرت الصوفية عند الأنصاري من خلال قوله عن رحلته إلى اليمن سنة 1172هـ/ 1758م «وارتحل (يتحدث عن نفسه)

إلى اليمن الميمون في سنة 1172هـ، وزار من بها من العلماء والأولياء الأموات والأحياء، وحصلت له بركتهم ونالته كرامتهم»(212). كما جاور في مكة لمدة سبعة عشر عامًا(213)، وحج اثنتين وعشرين حجة، كما ارتحل إلى اليمن في عام 1172هـ/ 1758م(214) واجتمع فيها بالإمام المهدي عباس بن الحسين الذي تولى الإمامة باليمن بين عامي 1161هـ- 1748م/ 1189هـ/ 1775م(215). وامتدحه بقصيدة بائية في نحو سبعين بيتًا، ومدح العديد من وزراء وأمراء وكبراء الإمام(216). وقد أتيح للأنصاري الحنفي المذهب(217) أن يتلقى العلم على عدد من العلماء الذين قدموا للمجاورة في مكة، والعلماء الذين كانوا في المدينة على اختلاف أصولهم وثقافاتهم ومذاهبهم.

انصب اهتمام الأنصاري في التأليف على النسب في المرتبة الأولى، وذكر في كتابه (تحفة المحبين والأصحاب في معرفة ما للمدنيين من أنساب) نحو 370 أسرة من أهل المدينة من معاصريه(218)، وأهل المدينة يطلقون على هذا الكتاب (القرمية) أي المشجر في النسب(219). وأشار في الكتاب المذكور إلى مجموعة من مؤلفاته ومنها: (نشر كمائم الأزهار المستطابة في نشر تراجم أنصار طابه)، وقال عنه في حديثه عن نسب العائلة التي ينتمي إليها (الأنصاري): «وقد جمعت لهم تأليفًا لطيفًا يشتمل على كثير من الفوائد والصلات والعوائد المتعلقة بالسادة الأنصار، وذكر ما لهم من الفخار، وجاء في مجلد عظيم المقدار نحو عشرين كراسًا وسميته (نشر كمائم الأزهار المستطابة في نشر تراجم أنصار طابه)»(220). وذكره في موضع آخر بعنوان (نشر خمائل الأزهار المستطابة في نشر فضائل أنصار طابه)، وله رسالة أيضًا سماها (نزهة الأبصار في عدم صحة نسب الخمسة البيوت المنسوبين إلى الأنصار)(221)، والغرض من تأليفها تفنيد مزاعم بعض الأسر في الانتساب إلى الأنصار، ففي حديثه عن بيت الخياري وعن أحد أفراد هذا البيت الذي سافر إلى الروم وادعى أنه من الأنصار قال: «وهو الذي ادعى أنه من الأنصار لكونه من أهل الإعسار. ولا أدعي ما ادعاه من كان قبله من الأصول الأخيار. وقد حققت ذلك في رسالتي المسماة بـ (نزهة الأبصار في عدم صحة نسبة الخمسة البيوت إلى الأنصار (بيت الخياري، بيت الكراني، بيت التمتام، بيت بافضيل، بيت باشعيب)»(222).

وسبب مدّعي النسب إلى الأنصار أنه وردت صدقة من سلطان المغرب للأنصار قدرها مائة دينار، «وكنا غائبين عن المدينة بعضنا بمكة وبعضنا بالعوالي مخرجين من المدينة، فطمع هؤلاء المذكورون في أخذها وأعانهم عليه قوم آخرون، فقد جاؤوا ظلمًا وزورًا وصاروا يشاركوننا فيها بالكذب والبهتان من غير حجة ولا برهان...»(223).

وفي غير النسب جمع الأنصاري رحلة لطيفة عن سفره إلى اليمن سماها (قرة العيون في الرحلة إلى اليمن الميمون)[224] بالإضافة إلى عدد من الرسائل والمجاميع[225].

وتوفي الأنصاري بعد عام 1197هـ/ 1782م، فقد أشار إلى الانتهاء من تأليف كتابه تحفة المحبين في السنة المذكورة وقال: «هذا آخر ما كتبناه من تحفة المحبين والأصحاب فيما للمدنيين من الأنساب...وذلك في يوم الثلاثاء المبارك ضحى من النهار...وذلك اليوم الخامس من شهر الله المحرم...من شهور افتتاح سنة 1197...»[226].

(3) دحلان 1232-1304هـ/ 1817-1886م

أحمد بن زيني دحلان[227]، ولد في مكة[228]، وهو شافعي المذهب، وتولى إفتاء الشافعية في المسجد الحرام[229]. ووصفه البغدادي في هدية العارفين بالقول: «المفتي ورئيس العلماء وشيخ الخطباء»[230]. وتولى إلى جانب قيامه بالإفتاء[231] التدريس في مكة[232]. وقد أنشئت في مكة أول مطبعة في عهده فتولى الإشراف عليها[233].

ترك دحلان العديد من المؤلفات في التاريخ والعقائد والعلم والفضائل والبلاغة والنحو، ومن هذه المؤلفات «أسنى المطالب في نجاة أبي طالب»، و«تاريخ الدول الإسلامية بالجداول المرضية»[234]، و«خلاصة الكلام في بيان أمراء البلد الحرام من زمن النبي محمد ﷺ إلى وقتنا هذا بالتمام»[235]. و«السيرة النبوية والآثار المحمدية»[236] وهي تلخيص لسيرة ابن سيد الناس. وابن هشام والسيرة الشامية والسيرة الحلبية، وعرفت بالسيرة الدحلانية. وله أيضًا رسالة «الاستعارات»، و«رسالة إعراب جاء زيد» و«رسالة البينات» و«رسالة في بيان العلم من أي المقولات» و«رسالة في فضائل الصلاة على النبي ﷺ»، و«فتح الجواد المنّان شرح القصيدة المسماة بفيض الرحمن...» و«فتح المبين في فضائل الخلفاء الراشدين وأهل البيت الطاهرين» في مجلد، و«منهل العطشان على فتح الرحمن في علم القرآن»، و«النصر في أحكام صلاة العصر»، و«الفوائد الزينية

في شرح الألفية للسيوطي»[237]، و«شرح الآجرومية»[238]، و«حاشية على متن السمرقندية في الآداب»، و«تنبيه الغافلين مختصر منهاج العابدين»[239]، و«الدرر السنية في الرد على الوهابية»[240]. وقد غلب على مؤلفات دحلان أنها حواشٍ وملخصات على الكتب الأصلية في الفقه والسيرة والنحو، حتى مؤلفاته في التاريخ فهي مختصرة ومنقولة من كتب التواريخ الأولى، فكتابه تاريخ الدول الإسلامية بالجداول المرضية، وكتابه السيرة أوضح دليل على ذلك، لكنه في كتابه أمراء

البلد الحرام أرّخ بالإضافة للعصور الأولى منذ عهد الرسول ﷺ للعصر الذي عاش فيه المؤلف، الذي ألفه أصلًا من أجل تسهيل الإطلاع على أخبار من ولي إمارة مكة دون العودة إلى الكتب الكثيرة، حيث قال: «ليسهل مراجعة ذلك عند الاحتياج وإن كان ذلك مذكورًا في التواريخ، إلا أنه منتشر ضمن كثير من الوقائع والأخبار لا يهتدي إليه من أراده إلا بمشقة»[241]. وقد وضع كتابه هذا تلبية لطلب من لا يسعه مخالفته، ولم يشر صراحة إلى صاحب الطلب. وقد يكون أحد الأشراف الذين عاصرهم[242].

عارض دحلان المبادئ التي دعت إليها دعوة الشيخ محمد بن عبد الوهاب، وكان يهاجمها كلما وجد مناسبة لذلك، ففي حديثه عن الشريف غالب بن مساعد (ت 1230هـ/ 1814م) قال: «وكان في أيامه ظهور الطائفة الوهابية»[243]، وفي موضع آخر يقول: «ثم إن مولانا الشريف غالبًا في جميع السنين التي كان فيها تغلب الوهابي على مكة كان يصانعهم ويهاديهم بالأموال الجزيلة بحيث كانت هداياه تصل إلى أكثر أمرائهم وعلمائهم وأعوانهم، يفعل ذلك مدافعة عن نفسه، وحماية لبقاء ملكه، ووقاية لأهل مكة أن ينالهم من أحد الوهابية مكروه» ومع ذلك كان يكاتب الدولة العلية سريًا، ويحثهم على تعجيل عساكرهم لإنقاذ الحرمين من السعوديين[244]. يتبين من ذلك أن دحلان في إخلاصه وولائه للأشراف حاول أن يعبر عن معارضته لدعوة الشيخ ابن عبد الوهاب من خلال تبرير تفاهم الشريف غالب مع السعوديين وفتح البلاد لهم دون قتال. كما يظهر ولاؤه للدولة العثمانية التي رأى فيها المنقذ الوحيد من خطر الدولة السعودية. كما أورد دحلان اثنتين وخمسين غزوة للشريف غالب على البلاد الخاضعة للدولة السعودية[245]. وقد ظهر تشنيعه على دعوة الشيخ ابن عبد الوهاب وأتباعه من خلال أعمال نسبها إليهم وأوردها في كتابه الدولة العثمانية[246].

وغلب على أحمد بن زيني دحلان تفسير الكثير من الأحداث التاريخية المهمة وفق ما يسمى بالكرامات والرؤيا وآراء المنجمين، دون أن يفسر هذه الأحداث وفق العلل والأسباب، مشيرًا بذلك إلى ما وجده في كتب التاريخ خاصة حول نشوء وسقوط الدول كدولة بني العباس، وبني بويه، وظهور الدولة العثمانية[247]. توفي أحمد زيني دحلان في المدينة المنورة عام 1304هـ/ 1886م[248].

ثالثًا: مؤرخو عُمان:

(1) الأزكوي ت بعد سنة 1140هـ/ 1728م

سرحان بن سعيد الأزكوي، لا تتوافر عنه معلومات، بل هو «شخص مجهول الذكر في الأخبار»[249]، والإشارات الدالة على عصره هي الأحداث التاريخية التي ذكرها في كتابه (كشف الغمة الجامع لأخبار الأمة) الذي توقف فيه عند أخبار سنة 1140هـ/ 1728م[250]. وذكرت المراجع الحديثة أنه عاش أواخر القرن الحادي عشر الهجري/ السابع عشر الميلادي وأوائل القرن الثاني عشر الهجري/ الثامن عشر الميلادي[251]. واكتفت المصادر العُمانية التي نقلت عن كتاب كشف الغمة بالإشارة إلى الكتاب دون ذكر مؤلفه كقول ابن رزيق: «وقال في كشف الغمة...»[252]، وكذلك ذكره السالمي[253].

ويمكن الاستدلال على التكوين الديني والسياسي للمؤلف من خلال كتابه وطريقة تناوله للأحداث، فقد تميز بانتمائه للإباضية، وهذا الانتماء هو الذي دفعه إلى تأليف كتابه كشف الغمة ليحفظ أخبار أهل عُمان وأئمة مذهبهم من الضياع. وتناول فيه تاريخ عُمان من الجاهلية مرورًا بالإسلام وعهوده المتتابعة مركّزًا على تاريخ عُمان في عهد الأئمة الإباضية، عارضًا هذه المادة بأسلوب قصصي سهل ليقبل الناس على قراءته، ويطّلعوا على تاريخ مذهبهم وأئمته، معترفًا بأنه ليس من أهل الأدب قائلًا: «فمن وقف عليه ودخل فيه، فليمهد لي العذر فيه، لأني ركيك الفهم قليل الحفظ والعلم وإن بان له خطأ في معانيه...»[254]. ثم عبر عن إعجابه بأهل عُمان عندما قال: «لهم الهمم العالية والنفوس الأبية لا ينادون لسلطان ولا يقرون على هوان، ولا يستسلمون إلا لغالب، ومع ذلك يتركون المطالب. همّة الضعيف منهم كهمة الأمير من غيرهم، كل أحد منهم يريد أن يكون الأمر بيده أو بيد من مال إليه بودّه. والناس أتباع له والآخر كذلك وإن لم يكونوا أهلًا لذلك إلا من شاء الله ...»[255].

(2) المعولي ت بعد 1159هـ/ 1746م

محمد بن عامر بن رشيد المعولي المكنّى بأبي سليمان، وهو كالأزكوي، المعلومات عنه نادرة، وقد ذكر محقق كتابه (قصص وأخبار جرت بعُمان) أنّ : «المصادر التاريخية المتاحة لا تكاد توفي ما يمكن قوله عن مؤلف الكتاب في نشأته وحياته وفي مداركه ومؤلفاته، وفي شيوخه وبين علماء عصره...ومن ثمّ فإن تقييم الكتاب يعتمد إلى حد كبير على المادة التاريخية التي حواها الكتاب»[256]. واستدل محقق الكتاب على اسم المؤلف من نسخة محفوظة بالمتحف

البريطاني بلندن ورد فيها اسم (المعولي)[257]. وقال محقق كشف الغمة عن المعولي: «والمعولي مؤلف كتاب (قصص وأخبار) رجل معروف أرّخ له المؤرخون العمانيون، وذكروا أنه كان عالمًا وشاعرًا ومؤرخًا وفقيهًا، وعددوا له بعض المؤلفات) ولكنه لم يذكر أيًا من المصادر التي ذكرت المعولي أو شيئًا عن مؤلفاته. كما ذكر أن المعولي وقف في كتابه عند أخبار 1159هـ/ 1746م[258]، في حين ذكر فاروق عمر أن المعولي وقف في أخباره عند سنة 1157هـ/ 1744م، وقال إن وفاته بعد سنة 1198هـ/ 1783م[259]. أما الأحداث التي وقف عندها صاحب كتاب (قصص وأخبار) فكانت أخبار النزاع بين الإمام أحمد بن سعيد وأبنائه[260]. وتوفي أحمد بن سعيد سنة 1188هـ/ 1774م[261]. وتشابهت المادة التاريخية الواردة عند صاحب قصص وأخبار مع ما ورد عند الأزكوي في كشف الغمة[262]، مما دعا محقق كتاب الأزكوي إلى القول عن التشابه الحاصل بين الكتابين: «ولعل هذا يوحي بأن المعولي نفسه هو مؤلف كشف الغمة والله أعلم»[263]. ولكن لماذا أصرّ المؤرخون الذين جاؤوا بعد الأزكوي والمعولي، مثل ابن رزيق والسالمي على السكوت عن مؤلف كشف الغمة، والاكتفاء بالقول: «صاحب كشف الغمة»[264].

(3) مؤلف مجهول ت بعد عام 1198هـ/ 1783م

هذا المؤرخ كغيره من المؤرخين السابقين اختلفت الدراسات الحديثة في تحديد الفترة التي عاشها. وليس من أثر يدل عليه إلا الكتاب المنسوب إليه (تاريخ أهل عُمان). ففي الوقت الذي ذكر فيه عبد الفتاح عاشور محقق الكتاب المذكور أن آخر تاريخ يدل على عصر المؤلف هو ما قاله حول ذلك: «أما تاريخ تأليف الكتاب فغير معروف، وربما كان قريبًا من الفترة التي توقف عندها المؤلف، وهي نهاية عهد سلطان بن مرشد اليعربي، وانتقال مُلك اليعاربة إلى أحمد بن سعيد سنة 1154هـ»[265]. بينما ذهب فاروق عمر إلى القول: «أما مخطوطة (تاريخ عُمان) للمؤلف المجهول فتشبه إلى حد كبير مخطوطة المعولي آنفة الذكر وخاصة في اعتمادها على (كشف الغمة)، ولكنها تختلف عنها في إكمالها لتاريخ عُمان حتى سنة 1198هـ/ 1783م. وفيها من الأخبار أكثر نسبيًا من مخطوطة المعولي»[266]. وقرر وفاته بأنها في القرن الثامن عشر الميلادي[267]. بينما رأى عبد المجيد القيسي أن تاريخ أهل عُمان يستمر «حتى نهاية القرن الثامن عشر وإلى أيام السيد سلطان بن الإمام أحمد بن سعيد، أي إلى حوالي عام 1215هـ/ 1800م»[268].

وتجدر الإشارة إلى أن هناك تشابهًا كبيرًا في المادة التاريخية في الكتب الثلاثة وما ينطبق على تكوين صاحب كشف الغمة ينطبق على صاحب كتاب قصص وأخبار جرت في عُمان وعلى صاحب تاريخ أهل عُمان[269].

(4) ابن رزيق ت بعد 1274هـ/ 1857م

حميد بن محمد بن رزيق النخلي[270] العماني، ولد في أواخر القرن الثاني عشر الهجري/ الثامن عشر الميلادي[271]. ونشأ في أسرة تمتعت بمكانة مهمة عند السادة البوسعيديين كما عبّر عن ذلك ابن رزيق في مؤلفاته. وقد ترك ذلك آثارًا واضحة على هذا المؤرخ الأباضي الذي حاول التأكيد على هذه العلاقة بين الأسرتين البوسعيد وآل رزيق ودور الأخيرة في الأحداث السياسية. وعن بداية هذه العلاقة قال ابن رزيق عن الإمام أحمد بن سعيد (ت 1188هـ/ 1774م)[272]: «ومن مكارم أخلاقه أنه لما انتهى الأمر إليه أكرم جدي رزيق بن بخيت لأجل نصيحته له إكرامًا لا يحصى، وأكرم أبي محمد بن رزيق إكرامًا إلى أن مات هذا الإمام الكريم، فهو ترك جدي على قلم الحساب في الفرضة كما تركه عليه سيف بن سلطان[273] أيام دولته، فلما توفي جدي ترك والدي مكانه، وكان خط العهد الذي كتبه إلى جدي هكذا:

بسم الله الرحمن الرحيم، من إمام المسلمين أحمد بن سعيد إلى كافة المسلمين أولادي خصوصًا، وإلى الناس عمومًا، أما بعد، لتتركوا بعدي رزيق بن بخيت ومن تناسل منه مثل ما تركته في الفرضة على قلم الحساب، وتمّموا له الفريضة كما تممتها له. وهي مرقومة في دفتر السركار، وأحسنوا إليهم مثلي، فمن بدّل له بعد ما سمعه فإنما إثمه على الذين يبدلونه...»[274]. ويضيف ابن رزيق أن والده تولى بعد جده، ثم تولى هو بعد وفاة والده: «فلما توفي جدي رزيق أمر والدي أن يكون مكانه، فقام مكانه، وبقي هذا الكتاب معي بعد والدي إلى أيام دولة سلطان ابن الإمام أحمد بن سعيد[275]، ثم أصابت بيتي نار سنة الست عشرة والمائتين والألف، فاحترق الصندوق الذي تركته (الكتاب) فيه، واحترق مع احتراق الصندوق»[276]. وأبرز ابن رزيق هذه العلاقة والمكانة التي تمتعت بها أسرته في كثير من الأحداث التاريخية خاصة المتعلقة بأحداث الأئمة من البوسعيديين[277]. وارتبط هو الآخر - في سياق هذه العلاقة - مع من عاصره من البوسعيديين بعلاقات وثيقة، إذ كان يحضر مجالس السيد سالم بن سلطان بن أحمد (ت1236هـ/ 1820م)[278] الذي تولى على عُمان بعد وفاة والده سنة 1207هـ/ 1792م[279]. وقد أشار إلى هذه العلاقة بقوله عن سالم بن سلطان: «ومن احتفاله الزائد بأهل محبته وأصحابه أنه لما بلغ المرض منه الغاية اشتغلت أنا ذات يوم وبعض الخاصة عن المسير إليه للعبادة، ولما مضينا إليه في اليوم الثاني عاتبنا عن تأخيرنا...»[280]. وأبرزابن رزيق مكانة والده بين أعيان وتجار أهل مسقط من خلال الإشارة إلى أن منزل والده كان مجلسًا لتشاور هؤلاء التجار والأعيان[281]. والإشارات التي تم إيرادها كلها تلقي الضوء على المكانة التي تمتعت بها أسرته.

وبرز أثر التكوين الاجتماعي لابن رزيق في تناوله للأحداث التاريخية من خلال اعتماده على رواية جده ووالده للكثير من هذه الأحداث التي عاصروها(282). كما ظهر هذا الأثر في تركيز ابن رزيق على أخبار الأئمة البوسعيديين الذين جعلهم محورًا لتاريخ عُمان منذ أقدم العصور إلى نهاية عهده، وهذا ينسجم مع عنوان الكتاب الذي سمّاه: «الفتح المبين في سيرة السادة البوسعيديين». وقد كشف عن ولائه لهذه الأسرة بتحديده الهدف من كتابه المذكور (الفتح المبين)، وهو التأريخ لسيرة السيد أحمد بن سعيد الذي غمر أسرة ابن رزيق بكرمه وعطائه(283)، وما ذكره لأحداث عُمان قبل البوسعيديين إلا لإبراز دور الإمام أحمد بن سعيد في تاريخ عُمان، وأفصح عن ذلك بقوله: «وإن كان غرضنا في هذا الكتاب سيرة الإمام الحميد أحمد بن سعيد ونسله خاصة، فالأليق أن نذكر أئمة عُمان عمومًا، ليزداد الفهم تفهيمًا، ويعلم من لا يعلم بعد تعليمنا إليه، أن للأزد اليمنيين العمانيين شأنًا عظيمًا»(284). وجاء إفراده لسيرة السيد سعيد بن سلطان في كتاب خاص سماه (بدر التمام في سيرة السيد الهمام سعيد بن سلطان) (ت1273هـ/ 1856م) ليؤكد على إخلاصه وإعجابه بالبوسعيديين(285)، وإيفائه بالوعد الذي قطعه على نفسه وهو الاهتمام بسيرة الإمام أحمد بن سعيد ونسله من بعده(286). وتوفي سعيد بن سلطان في أيام ابن رزيق.

لقد أثر التكوين الاجتماعي لابن رزيق على نظرته للأئمة الإباضيين من البوسعيد في عهده، فقد عرض تاريخ عُمان من وجهة نظر سلاطينها(287)، كما تأثر بتكوينه الديني كأحد علماء الإباضية(288) في نظرته لدعوة الشيخ محمد بن عبد الوهاب حيث عارض مبادئها(289). وظهر ذلك من خلال الإشارات الواردة في كتبه، فقد عبّر عن الحركة بقوله: «الوهابية»(290)، وعن أتباعها: «قوم من الوهابية والمتوهبة»(291).

وكان إكثار ابن رزيق لنظم الشعر عاملًا آخر من العوامل التي جعلت له مكانة وحظوة عند أئمة عصره، فقد نظم كتابه: «الشعاع الشائع باللمعان في ذكر أئمة عُمان» بقصيدة من الشعر تقع في (145) بيتًا(292)، كما ظهر ولعه بالشعر في الصحيفة القحطانية(293)، وضمّن أيضًا كتابه بدر التمام قصائد طويلة في رثاء السيد سعيد بن سلطان(294)، ولعل كثرة نظمه للشعر هي التي جعلت السالمي يذكره دائمًا بـ «الشاعر»(295). ومما قاله في مدح السيد حمد بن سالم بن سلطان ابن إمام وقته في نهاية كتابه بدر التمام الذي أرسله إليه:

نواله طـوّق جيدي ليس إن سـجعت	له المدائـح ما فـي ذاك مـن عجب
وقبلـه قد كسـاني الجـود والـده	ياحبـذا ولـد يـذري النـدى كـأب
أحيا لنا الجـود لمـا أودى والده	فجـوده حاضـر دانٍ ولـم يغـب

وقد وضع ابن رزيق العديد من المؤلفات في الأدب والتاريخ، منها: (الفتح المبين في سيرة السادة البوسعيديين، في تاريخ عُمان) من خلال أسرة البوسعيد[296]، و(بدر التمام في سيرة السيد الهمام سعيد بن سلطان[297]، وقد ألفه بعد وفاة سعيد بن سلطان سنة 1273هـ/ 1855م كما أشار إلى ذلك[298]. وله أيضًا (الشعاع الشائع باللمعان في ذكر أئمة عُمان وما لهم من العدل والشان) وهو على شكل نظم تناول فيه سيرة خمسة وعشرين إمامًا من أئمة عُمان حتى عام 1140هـ/ 1827م[299]، وله في النسب (الصحيفة القحطانية) و(الصحيفة العدنانية)[300]. وقد ذكر الصحيفة القحطانية في كتابه: الفتح المبين[301]، كما ذكر (سبائك اللجين)[302]، وله أيضًا: (علم الكرامات المنسوب إلى نسف المقامات) وديوان شعر يسمى (جوهرة الأشعار وفريد الأفكار)[303].

ولم يرد تاريخ واضح حول وفاة ابن رزيق، إلا أن آخر تاريخ ورد في نهاية كتابه بدر التمام أنه أنهاه عام 1274هـ/ 1857م مما يدل على وفاته بعد العام المذكور[304].

(5) السالمي ت 1332هـ/ 1914م

عبد الله بن حميد بن سلوم، ولد في عُمان، وكان من أعيان الإباضية، قال عنه الزركلي: «انتهت إليه رياسة العلم عندهم (الإباضية) في عصره»[305]. كُفّ بصره وهو في الثانية عشرة من عمره[306].

برز السالمي من خلال حماسه للمذهب باعتباره أحد أبرز رجاله من خلال تأليفه في فقه المذهب وتاريخ رجاله، ذلك أنه رأى في الإباضية سيرةً وأئمة السيرة الأفضل بعد الصحابة[307]. ويزيد في حماسه للمذهب من خلال رسالة سماها: «اللمعة المرضية في أشعة الإباضية» حيث يقول: «أما بعد، فإنه لما اختلفت الأمة بعد نبيها إلى ثلاث وسبعين فرقة، كما قال رسول الله ﷺ، ذهبت كل فرقة منهم إلى مذهب، وسلك كل في طريق، وعاب كل فريق على الآخر. ما إليه ذهبت وظنت كل طائفة أنهم أوتوا الحكم وفصل الخطاب. ويأبى الله أن يكون الحق إلا في واحدة، وهي التي على كتاب الله تعالى، وسنّة رسول الله ﷺ، وسنّة الخلفاء الراشدين، ألا وهم أهل الاستقامة في الدين المعروفون بالإباضية الوهبية المحبوبية كما دلت على ذلك الشواهد اللوامع والبراهين القواطع...»[308]. وفي رحلته إلى الحج سنة 1323هـ/ 1905م قابل العديد من العلماء الذين سألوه عن أصول المذهب فأخبرهم وزودهم بالكتب التي يعرفها عن الإباضية، كما جرت بينه وبين العديد من العلماء الذين التقاهم مناظرات، وقال في ذلك: «وقد منّ الله عليّ بإظهار الحجة على جميعهم، واعترف بعضهم بالحق الذي في أيدينا، فمنهم من قال إن

الإباضية أقرب الفرق إلى الحق...»[309]. كما ظهر تأثر السالمي بالمذهب من خلال عرضه للأحداث التاريخية وذلك من وجهة نظر الإباضية[310].

وتشهد كثرة المؤلفات التي ألفها السالمي على أنه كان من العلماء البارزين، وقد ذكر محقق كتابه (معارج الآمال على مدارج الكمال) حوالي واحد وعشرين نتاجًا علميًا، وهي: مدارج الكمال - نظم مختصر الخصال، لأبي إسحق الحضرمي، وهي أرجوزة تربو على ألفي بيت في الفقه، شرحها بالكتاب المذكور، وله أيضًا بهجة الأنوار شرح على الأرجوزة المذكورة، ومشارق أنوار العقول، وغاية المراد، قصيدة لامية في الأعقاد. وشمس الأصول في الأصول، ألفية في أصول الفقه، وشرح الجامع الصحيح مسند الإمام الربيع بن حبيب، وجوهر النظام، أرجوزة في الأديان، تزيد على أربعة عشر ألف بيت، وتحفة الأعيان بسيرة أهل عُمان، والمنهل الصافي في العروض والقوافي، والعقد الثمين، وتلقين الصبيان بلوغ الأمل في النحو، والحجج المقنعة في أحكـام صلاة الجمعة، ورسالة بذل المجهود في مخالفة النصارى واليهود، واللمعة المرضية في أشعة الإباضية، والحق الجلي في سيرة صالح بن علي، ديوان شعر في غاية البلاغة والفصاحة. وكشف الحقيقة لمن جهل الطريقة، وكتاب مجموع المناظيم[311]. ويلاحظ على أغلب هذه المؤلفات أنها في الفقه. وحتى كتابه في التاريخ (تحفة الأعيان) غلبت عليه النظرة الفقهية من خلال إيراد المؤلف نصوصًا كثيرة خاصة بعلماء وأئمة عُمان تتعلق بالإمامة وشرعيتها وشروطها. كما بدا متمسكًا بمذهبه ومعارضًا لدعوة الشيخ محمد بن عبد الوهاب، واصفًا هذه الحركة بأوصاف وعبارات تدل على رفضه لما جاء فيها من مبادئ[312].

وكان السالمي مسموع الرأي عند إمام عصره الإمام فيصل بن حمود بن عزان المتوفى سنة 1324هـ/ 1906م[313]، وقال في ذلك: «وكنت قد كتبت له عند رجوعي من الحج في المركب برفع العشور والكرنتينة عن الحجاج فرفعهما...»[314].

وسجل السالمي أخبار عُمان إلى سنة 1328هـ/ 1910م[315] وتوفي عام 1332هـ/ 1914م[316].

رابعًا: مؤرخو اليمن:

(1) أبو طالب الروضي 1103-1170هـ/ 1692-1757م

محسن بن الحسن بن القاسم بن أحمد بن الإمام القاسم بن محمد، ولد في الروضة[317] سنة 1103هـ/ 1692م، ونشأ فيها وفي صنعاء[318]. ويتصل الروضي في نسبه إلى الإمام المنصور بالله القاسم بن محمد الحسني مما دعا البغدادي إلى جعله «من سادات الزيدية»[319]. وأورد صاحب نشر العرف ترجمة له من كتاب نفحات العنبر لإبراهيم بن عبد الله الحوثي 1223هـ/ 1808م[320] قال فيها: «هو الشاعر الأديب ذو التصانيف المفيدة في التاريخ، شارك في علوم الآلة وطالع التواريخ وحفظ الأشعار والغرائب...ثم نظم الشعر الحسن ومدح الأكابر والأعيان»[321]، بينما ذكر الشوكاني ت 1250هـ/ 1834م أنه «قال الشعر ومدح الأكابر واتصل بالوزير الكبير علي بن أحمد راجح وزير الإمام المنصور بالله الحسين بن القاسم، وبأخيه الوزير محسن بن أحمد راجح ومدحهما وبالغ في ذلك، وصنّف لهما مصنّفات يطرّزها بمدحهما...وكان...مطلعًا على أحوال أهل عصره وأخبارهم وبينه وبين جماعة من أكابرهم مُشاعرات...»[322]. وهذه الإشارات توضح التكوين الثقافي والسياسي لأبي طالب الروضي فهو شاعر مدح أعيان عصره من أئمة وأعيان إلى درجة المبالغة، مؤرخ يدوّن (القضايا والأخبار كما يراد منه لا كما يريد)[323]، وحصل على الجوائز والمكافآت بدل مدحه وتأليفه في التاريخ، فقد ذكر الحوثي في نفحات العنبر: «أنه فعل تاريخًا لسيرة الإمام المهدي سبع سنين في مجلد وأبلغه إلى حضرته فأرسل له بقدر معلوم من الدراهم، ووعده بالجائزة لتمامه»[324]. وقد عاصر أبو طالب كلًا من الإمام المتوكل على الله القاسم بن الحسين بن أحمد الذي بويع بالإمامة سنة 1128هـ/ 1715م وتوفي سنة 1139هـ/ 1726م[325]، والإمام المنصور بالله الحسين بن القاسم الذي بويع بالإمامة سنة 1139هـ/ 1726م توفي سنة 1161هـ/ 1748م[326]. والإمام المهدي العباس بن الحسين الذي عاش بين عامي 1131هـ/ 1718م و1189هـ/ 1775م[327].

كان أبو طالب الروضي من سادات الزيدية[328]، ووصفه بتعصبه على أهل السنة[329]، ولكنه عاد عن هذا التعصب[330].

ترك أبو طالب عددًا من المؤلفات أوردها عبد الله الحبشي وبلغت حوالي أحد عشر مؤلفًا في الأدب والتاريخ[331] أكثرها مخطوط، وهي: «ذوب الذهب بمحاسن من شاهدت من أهل الأدب»[332]، و(الإشعار بما استجد لأهل عصري من الأخبار والأشعار) جعله ملحقًا لكتابه

الأول(333). و(مسك دارين بمدائح الوزير علي بن راجح)(334)، و(سجع المطوق بمدائح رب المنائح علي بن أحمد راجح)(335)، و(ذيل طبق الحلوى)، و(أقراط اللجين في سيرة المتوكل القاسم بن الحسين)(336)، و(الشذور العسجدية في الخلافة الأحمدية)، في التاريخ(337)، و(السحر المبين وفتور ألحاظ الحور العين فيما سنح من أخبار اليمن وأهله الميامين من سنة 1092 إلى سنة 1150)(338)، و(وشي صنعاء في أخبار الإمام المتوكل على الله القاسم بن محمد وولده المنصور) وهو الكتاب الثاني من كتاب السحر المبين)،(339) و(نسمات الأسحار بنفحات الأزهار في مدح الأمير ذو الفقار)(340)

و(رياض العسجد في شرح بسامة السيد إسماعيل بن محمد فايع)(341) في التاريخ. وتأثر أبو طالب الروضي بما ساد عصره حيث غلب السجع على طريقته في التأليف. وقد وصف الشوكاني تأليفه بالقول: «وله مؤلفات مسجوعة، وكان فيه بلاغة في الجملة ولكنه لم يكن ماهرًا في العلوم الأدبية، فكان يأتي في أسجاعه تارة ملحون وتارة يأتي باللغة العامية...»(342).

وينبغي الإشارة هنا إلى أن كتاب أبي طالب الروضي الذي حققه عبد الله الحبشي بعنوان (تاريخ اليمن) هو مختصر لكتاب أبي طالب (طيب أهل الكسا) الذي قال عنه الحبشي: «جميع كتبه التاريخية لخّصها في كتابه الضخم أهل الكساء...وهو من الكتب الكبيرة...وقد أغرقه المؤلف بالسجع...تصدى لتلخيصه وتهذيبه أحد العلماء في القرن الثاني عشر. ولما وقفنا على الأصل من كتاب طيب أهل الكساء ومختصره...ترجّح لدينا الابتداء بنشر المختصر لفائدته التاريخية وتجنبه السجع...»(343).

وتوفي هذا المؤرخ في الثلث الأخير من القرن الثاني عشر الهجري/ الثامن عشر الميلادي، واختُلف في تاريخ وفاته. فقد سكت الشوكاني عن وفاته(344)، وقال صاحب نشر العرف لعلها سنة 1170هـ/ 1756م(345)، في حين ذكرها صاحب هدية العارفين بأنها سنة 1180هـ/ 1766م(346). ويبدو أن المراجع الحديثة قد اعتمدت ما أورده صاحب نشر العرف وهو سنة 1170هـ/ 1756م(347).

(2) لطف الله جحّاف 1189-1243هـ/ 1775-1827م

لطف الله بن أحمد بن لطف الله بن أحمد بن لطف الله بن أحمد جحّاف، الصنعاني المولد والدار والمنشأ، ولد في سنة 1189هـ/ 1775م(348)، ونشأ في كنف والده في صنعاء. وقد ترجم الشوكاني لوالد جحاف قائلًا: «ووالده من أهل الخير والصلاح...وهو يلازم مجالس تدريسي ويقرأ علي مثل البخاري وغيره ويحضر في غير ذلك حضورًا ويفهم ويتدبر

ويستخرج بفكرته الصافية ما لا يستخرجه من هو فوقه...وله في علم المواقيت يد طولى وكذلك في علم التاريخ، ويزاحم في حفظ أحاديث الأحكام...»[349]. وابتدأ جحاف بقراءته على والده ثم قرأ على العديد من علماء اليمن من أبرزهم عبد القادر بن أحمد بن عبد القادر اليمني 1135هـ/ 1722م-1207هـ/ 1792م[350] وأخذ عنه في الحديث والفقه[351]، كما أخذ في العلوم الآتية: النحو والصرف والبيان على علي بن إبراهيم بن علي بن عامر الشهيد[352] 1143هـ/ 1730م-1162هـ/ 1792م[353]. ومن العلماء الذين أخذ عنهم أيضًا القاسم بن يحيى الخولاني 1162هـ/ 1748م-1209هـ/ 1794م[354] وإبراهيم بن عبد القادر 1169هـ/ 1755م-1223هـ/ 1808م[355] وعلي بن عبد الله الجلال الذي ولد سنة 1169هـ/ 1755م[356]. وأخذ عن معاصره محمد بن علي الشوكاني 1173هـ/ 1759م[357]-1250هـ/ 1834م[358]. وقال جحّاف واصفًا قراءته على الشوكاني: «وبلغت به المعارف إلى أن أذعن له كل طالب للعلم عارف... وعنه أخذ خلق لا يحصون، منهم مؤلف هذا الدفتر (جحاف)...في النحو والصرف، والمعاني والبيان، وأصول الفقه والحديث...»[359] وقال الشوكاني في هذا السياق واصفًا قراءة جحّاف عليه: «ولازمني دهرًا طويلًا فقرأ علي في النحو والصرف والمنطق والمعاني والبيان والأصول والحديث، وبرع في هذه المعارف كلها، وصار من أعيان العصر وهو في سن الشباب»[360]. وأضاف الشوكاني: «ولم يكن في طلبة العلم الآن من له الرغبة في المذاكرة على الاستمرار ما لصاحب الترجمة (جحاف)»[361].

عاصر جحّاف كلًا من الإمام المتوكل على الله أحمد بن الإمام المنصور بالله علي 1170هـ/ 1756م-1231هـ/ 1815م الذي بويع بالإمامة سنة 1224هـ/ 1809م[362]، والإمام المهدي عبد الله بن أحمد المتوكل الذي بويع بالإمامة بعد وفاة والده سنة 1231هـ/1815م[363]. ووصف الشوكاني المكانة التي صار عليها جحّاف عند الإمام المتوكل عند ترجمته لوفاة والد جحّاف حيث قال: «وولده...صار الآن متصلًا بمولانا الإمام المتوكل على الله أحمد بن المنصور وله عنده حظ وافر...»[364]. ولكن الشوكاني بعد أن أثنى على جحاف أخذ يكيل له التهم ويصفه بأشنع الأوصاف لقربه من الأئمة والاتصال بالظلمة من الوزراء، وأن مكانته تراجعت بعد موت الإمام المتوكل وسُجن في أيام الإمام المهدي، وأنه خرج بشفاعة الشوكاني له على حسب ما ذكر الشوكاني شيخ جحاف[365]. أما تلميذه عاكش الضمدي (ت1289هـ/ 1872م) الذي ترجم لشيخه جحاف فلم يذكر شيئًا مما ذكره الشوكاني[366].

وكان لعلاقات جحّاف بحكام عصره أثر في مؤلفاته، خاصة في التاريخ. فقد جعل كتابه

(درر نحور الحور العين بسيرة الإمام المنصور علي) تاريخًا للفترة التي حكم فيها الإمام المنصور من تاريخ دعوته 19 رجب 1189هـ/ 14 سبتمبر 1775م إلى تاريخ وفاته في عام 1224هـ/ 1809م مترجمًا في نهاية كل سنة حولية أعلام رجال تلك الفترة، فضم الكتاب أخبارًا جمعها المؤلف من خلال علاقاته مع المنصور ورجال دولته[367]. وظهر في كتابه المذكور موقفه من دعوة الشيخ محمد بن عبد الوهاب في نجد، وجاء ذلك في أخبار سنة 1222هـ/ 1807م عندما ذكر مبادئ الحركة، وقد اطلع عليها من خلال وفد قدم إلى اليمن. وقال جحّاف عن مقابلته للوفد: «فنزلتُ عليهم، وأخذت ما لديهم فرأيتهم ينكرون المشـاهد والقباب والدعاء لغير الله تعالى كـ: يا محمد يا علي ويشركون المعتقد، ويجزمون بوجوب حضور صلاة الجماعة في كل وقت، وينكرون الزنا والربا والجبا ويجبون طاعة أميرهم سعود بن عبد العزيز ويرمون من خالفهم بالكفر ولا يحاشون أحدًا خلا أن لهم محبة للدنيا عظيمة...»[368]. وقد استخدم جحاف عبارات متنوعة للدلالة على الحركة وأتباعها، ومن هذه العبـارات: (الموهبة)[369]، و(الموهبين)[370]، و(أمراء الموهبة)[371]، و(دعوة التوهيب)[372]. وقد فسّر هذه التسميات بقوله: «وهذا الشيخ محمد بن عبد الوهاب هو الذي تنسب إليه الموهبة نسبة على خلاف القياس، كأنه وهب نفسه لله تعالى ووهّب الناس له...وليس للمتسمين بهذا دراية، وإنما قصدوا اسم أبيه عبد الوهاب فقالوا: الوهابي، ونحن الموهبون»[373].

ترك جحاف عددًا من المؤلفات في التاريخ بعد أن هجر عددًا من العلوم التي سماها عاكش الضمدي المتفارقة كالنحو والصرف والمعاني والبيان، وانقطع إلى كتاب الله، وألّف تفسيرًا سماه العلم الجديد وشرح المنتقى سماه (المرتقى إلى المنتقى). وله تاريخ سمّاه: (ديباج كسرى فيمن تيسّر من أهل الأدب لليسرى)، وتاريخ آخر سمّاه: (درر نحور الحور العين بسيرة المنصور وأعلام دولته الميامين)، وله رحلة سماها: (قرة العين بالرحلة إلى الحرمين)، وله أيضًا: (العباب في تراجم الأصحاب)[374]. و(التاريخ الجامع) وقد تمم به التاريخ الذي انتزعه السيد علي بن صلاح الدين الكوكباني من أنباء الزمن في تاريخ اليمن[375]. وتوفي جحّاف سنة 1243هـ/ 1827م[376].

(3) الشوكاني 1173-1250هـ/ 1759-1834م

محمد بن علي بن عبد الله الشوكاني، ولد سنة 1173هـ/ 1759م في هجرة شوكان[377] (جهة عدن)[378]. وقال الشوكاني في ترجمته لوالده عن الموطن الذي ولد فيه، واصفًا أهله بالعلم واشتهارهم بالقضاء ومقاومة الوجود العثماني: «وهذه الهجرة – هجرة شوكان – معمورة بأهل

الفضل والصلاح والدين من قديم الأزمان، لا يخلو وجود عالم منهم في كل زمن ولكنه يكون تارة في بعض البطون وتارة في بطون أخرى، ولهم عند سلف الأئمة جلالة عظيمة وفيهم رؤساء كبار ناصروا الأئمة ولا سيما في حروب العثمانيين...وكان فيهم إذ ذاك علماء وفضلاء يعرفون في سائر البلاد (الخولانية) بالقضاة، وكانوا يتفرقون في القبائل ويدعونهم إلى الجهاد ويحثونهم على حرب الأتراك، وكان من بصنعاء من العثمانيين يغزون إلى هذا المحل غزوة بعد غزوة ويخربون فيه البيوت...»(379). ويبدو أن هذه الإشارات حول الأصول التاريخية للمنطقة التي ولد فيها الشوكاني وانتمى إلى أسرة ساهمت في تغذية البلاد اليمنية بالقضاة والعلماء، وساهمت أيضًا في مقاومة العثمانيين في اليمن وإلى دعم ومساندة الأئمة وحكمهم في اليمن. يبدو أن كل ذلك كان له أثر في حياة الشوكاني ومستقبله. وقد نشأ الشوكاني في صنعاء في كنف والده الذي درس وأفتى في صنعاء، كما ولي القضاء فيها أربعين سنة. ودرس الشوكاني على والده هذا في الفقه والحديث(380) إلى أن توفي سنة 1211هـ/ 1796م(381). وتابع الشوكاني تلقيه العلم في صنعاء، حيث أخذ عن كبار العلماء فيها(382)، ومن أبرز العلماء الذين درس عليهم: عبد الرحمن بن الحسن الأكوع (ت1206هـ/ 1791م)(383)، وإسماعيل بن الحسن بن أحمد (ت1206هـ/ 1791م) كان قد درس عليهما العربية(384). وسمع الحديث عن عبد القادر بن أحمد ابن عبد القادر (ت1207هـ/ 1792م)(385)، وقرأ المنطق على الحسن بن إسماعيل بن الحسين بن محمد المغربي (ت 1208هـ/ 1793م)(386). ودرس الكافية في النحو والمنطق وآداب البحث على القاسم بن يحيى الخولاني (ت 1209هـ/ 1794م)(387). وعن يوسف بن محمد بن علاء الدين المزجاجي الزبيدي الحنفي (ت 1213هـ/ 1798م) أخذ الرواية وحصل منه على إجازة عامة في ذلك(388). وأخذ الفروع عن أحمد بن محمد بن مظهر القابلي (ت 1227هـ/ 1812م) ولازمه ثلاث عشرة سنة(389). وفي النحو والصرف أخذ عن عبد الله بن إسماعيل بن حسن بن هادي النهمي (ت1228هـ/ 1813م)(390). وقرأ التلخيص الصغير للتفتازاني على علي بن هادي عرهب (ت1236هـ/ 1820م)(391) وفي التلاوة أخذ عن هادي بن حسين القارني ثم الصنعاني (ت1237هـ/ 1821م)(392)، وفي الفقه أخذ عن عبد الله بن محسن الحيمي ثم الصنعاني ولد سنة 1170هـ/ 1756م(393). وأخذ في علم الأوقاف عن العباس بن محمد المغربي التونسي الذي قدم إلى صنعاء سنة 1200هـ/ 1785م وقال الشوكاني إنه أخذ هذا العلم «بقصد التجريب»(394). وقد زاد عدد العلماء الذين درس عليهم الشوكاني على العشرين عالمًا. وقال معاصره الحوثي واصفًا ومُجِلًّا العلوم التي أتقنها الشوكاني: «ثم قرأ في سائر الفنون فحقق النحو والصرف والبيان واللغة والعروض والقوافي والمنطق والأصولين والحساب والمساحة والفرائض وعلم الأثر

والحديث، رواية ودراية، وعلم التفسير، وطالع الدواوين الشعرية، والكتب التاريخية، وبحث في كتب الرجال، والجرح والتعديل بعزم باهر وذكاء متوقد، وفهم صادق وحفظ عظيم، وألمعية ونقاوة، وفحولية تحقيق وإتقان...»[395].

لم يرتحل الشوكاني إلى خارج اليمن طلبًا للعلم لكثرة اشتغاله به في اليمن نفسها «تعلمًا وتعليمًا في آن واحد، وكان يبلغ دروسه في اليوم والليلة إلى نحو ثلاثة عشر درسًا منها ما يأخذه عن مشايخه ومنها ما يأخذه عنه تلامذته...»[396].

قام الشوكاني بأعباء التدريس في مرحلة مبكرة من عمره، كما قام بالإفتاء لأهل صنعاء وما جاورها من البلدان لا بل أصبحت تأتيه المسائل الفقهية للبت فيها من خارج اليمن، وعمل بالإفتاء مجانًا، وعمل بالتدريس والإفتاء وهو في سن العشرين وقال في ذلك: «ثم إن صاحب الترجمة (الشوكاني) فرّغ نفسه لإفادة الطلبة، فكانوا يأخذون عنه في كل يوم زيادة على عشرة دروس في فنون متعددة، واجتمع منها في بعض الأوقات التفسير والحديث والأصول والنحو والصرف والمعاني والبيان والمنطق والفقه والجدل والعروض، وكان في أيام قراءته على الشيوخ وإقرائه لتلامذته يفتي أهل مدينة صنعاء، بل ومن وفد إليها، بل ترد عليه الفتاوى من الديار التهامية وشيوخه إذ ذاك أحياء، وكادت الفتيا تدور عليه من أعوام الناس وخواصهم، واستمر يفتي من نحو العشرين من عمره فما بعد ذلك، وكان لا يأخذ على الفتيا شيئًا...»[397].

قال جحّاف عن الشوكاني: «ما رأيت أنشط منه في التدريس، يصل ليله بنهاره في الإفادة»[398]. وكان يلقي دروسه على الطلبة بالجامع المقدس بصنعاء[399]، وأخذ العلم عنه عدد كبير من الطلبة، وقد وصف جحاف تلاميذ الشوكاني بأنهم: «خلق لا يحصون منهم مؤلف هذا الدفتر (جحاف)»[400]. وجمع الشوكاني العلماء الذين درس عليهم والطلبة الذين أخذوا العلم على يديه في كتاب خاص سماه: (الإعلام بالمشايخ الأعلام والتلامذة الكرام»[401]، كذلك أورد عددًا من شيوخه وتلاميذه والذين كاتبهم وكاتبوه في مسائل وجوابات في العلوم المختلفة في البدر الطالع[402]، وديوان شعر عنوانه (أسلاك الجوهر)[403]، وضمّن كتابًا آخر له أسماء شيوخه الأعلام وكتبه المقروءة ومسموعاته ومروياته وسماه: (إتحاف الأكابر بإسناد الدفاتر)[404]. ويستدل من كثرة شيوخ الشوكاني على سعة اطلاعه، كما أن كثرة تلاميذه تدل على تميزه وأثره الكبير في الحياة الثقافية والعلمية في اليمن.

وكان من أبرز سمات عصر الشوكاني التقليد والتعصب[405] اللذين أضرّا بالدين حسب تعبير الشوكاني نفسه. وقد حاول محاربتهما منطلقًا من عدم تأثره بأي من المذاهب الموجودة في

عصره[406]. ومما يوضح عدم التزام الشوكاني بأي مذهب ما ذكره معاصره جحّاف عندما قال: «ورأيته ينقم على المتسنن والمتمذهب»[407]. ومما قاله الشوكاني عن آثار التعصب في المذاهب: «واعلم أن المفاسد الماحقة لبركة العلم والمفرقة لكلمة المسلمين كثيرة جدًا، والإحاطة بها تتعسّر...وأعظم ما أصيب به دين الإسلام من الدواهي الكبار، والمفاسد التي لا يوقف لها في الضرر على مقدار، أمران أحدهما هذه المذاهب التي ذهبت ببهجة الإسلام وغيرت رونقه وجهمت وجهه...»[408]. وقد تبنى ذلك بعد دعوته إلى محاربة التعصب في أغلب مؤلفاته لما له من آثار خطيرة على المسلمين، وقد أجملها بقوله: «واعلم أنه كما يتسبب عن التعصب محق بركة العلم وذهاب رونقه وزوال ما يترتب عليه من الثواب كذلك يترتب عليه من الفتن المفضية إلى سفك الدماء وهتك الحرم وتمزيق الأعراض واستحلال ما هو في عصمة الشرع ما لا يخفى على عاقل، وقد لا يخلو عصر من العصور ولا قطر من الأقطار من وقوع ذلك سيما إذا اجتمع في المدينة والقرية مذهبان أو أكثر، وقد يقع من ذلك ما يفضي إلى إحراق الديار وقتل النساء والصبيان...»[409]. وقد أورد الشوكاني في كتاب البدر الطالع شواهد كثيرة على الفتن والنزاعات التي تحدث نتيجة التعصب[410].

دعا الشوكاني إلى محاربة البدع والتقليد، ونادى بالاجتهاد، ومع أنه لم يتصل بالشيخ ابن عبد الوهاب ولم يأخذ عنه إلا أن الدعوتين استندتا إلى الأصول الأولى للدين: القرآن والسنة، كما أن المقدمات والأسباب كانت متشابهة. فقد تأثر الشوكاني بمبادئ ابن تيمية فألف كتاب (نيل الأوطار) لشرح كتاب ابن تيمية (منتقى الأخبار)، ثم ألف بعد ذلك رسالته (القول المفيد في حكم التقليد)، وقد أثارت دعوته مناقشات كلامية وجدلًا فقهيًا عنيفًا بينه وبين معاصريه من العلماء وخاصة في صنعاء. ولكنها لم تخرج عن هذا النطاق[411]. وجعل علي محافظة حركة الشوكاني ضمن الحركات الدينية الإصلاحية الحديثة في العالم العربي والتي ظهرت كردة فعل على الأوضاع الاجتماعية والسياسية المتراجعة[412].

اتصل محمد بن علي الشوكاني بأتباع الشيخ محمد بن عبد الوهاب عندما التقى وفدًا حضر إلى صنعاء سنة 1212هـ/ 1797م، وكان الإمام المتوكل إمام صنعاء قد منع الناس من الالتقاء بهم ومن خروجهم إلى الناس «ثم أطلق لهم العنان...فنزلوا للقاضي العلامة البدر محمد بن علي الشوكاني...»[413]. كما أرسل الشوكاني بقصيدة كتبها إلى سعود بن عبد العزيز (ت1229هـ/ 1814م) [414] وإلى علماء نجد جوابًا منه عن أسئلة وردت إليه، وقد أنكر الشوكاني الكثير من مظاهر الشرك والبدع، واتفق بذلك مع ما جاء به الشيخ محمد بن عبد الوهاب من

مبادئ. ومما ورد في قصيدة الشوكاني التي بعث بها إلى نجد:

فـإن قلتم قـد اعتقـدوا قبـورًا ... فليـس لـذا بأرضنـا وجـود
ومـن يأتـي إلى عبـد حقيـر ... فيزعـم أنـه الـربّ الـودود
فهـذا الكفـر ليس له خفـاء ... ولا رد لـذاك ولا جحـود
ولسـت بمنكـر هدمًـا لقبـر ... إذا لعبـت بجانبـه القـرود
وقالـوا إن رب القبـر يقضـي ... ليـا حاجـا فتأتيـه الوفـود
كذبتـم ذاك رب العـرش حقًـا ... تعالـى أن نكـون لـه نـدود
ومـن يقصـد إلـى قبـر لأمـر ... بغيـر توسـل فهـو الكنـود[415]

يظهر من هذه القصيدة أن الشوكاني حارب زيارة القبور وتقديس الأموات والأحياء من الأولياء، ويتفق مع الشيخ ابن عبد الوهاب في ضرورة هدم القباب التي أصبحت مزارات لبعض المشايخ في إشارة إلى بعض الجماعات الصوفية.

أتيح للشوكاني عندما عُين قاضيًا في صنعاء أن يكون قريبًا من الأئمة وخاصة أن منصب القضاء أُسند إليه وهو بين الثلاثين والأربعين من العمر[416]، وكان قبوله بهذا المنصب عام 1209 هـ/ 1794م[417] وقد حاول الشوكاني من خلال رسالة وضعها توضيح الشروط التي يجب من خلالها على العالم التقيد بها عند وجوده إلى جانب الحاكم، وسمى هذه الرسالة: (رفع الأساطين في حكم الاتصال بالسلاطين)، وأشار فيها إلى الأخطار التي قد تلحق بالرعية والدولة في حال امتناع العلماء عن تولي المناصب وإدارة شؤون الدولة، ويقول في ذلك: (ولا يخفى على ذي عقل أنه لو امتنع أهل العلم والفضل والدين عن مداخلة الملوك لتعطلت الشريعة المطهرة لعدم وجود من يقوم بها، وتبدّلت تلك المحكمة الإسلامية بالمملكة الجاهلية في الأحكام الشرعية من ديانة ومعاملة، وعم الجهل وطم، وخولفت أحكام الكتاب والسنة جهارًا، ولا سيما من الملك، وخاصته وأتباعه، وحصل لهم الغرض الموافق لهم، وخبطوا في دين الإسلام كيف شاؤوا، وخالفوه مخالفة ظاهرة، واستبيحت الأموال، واستحلّت الفروج، وعطلت المساجد والمدارس، وانتهكت الحرم، وذهبت شعائر الإسلام، ولا سيما الملوك الذين لا يفعلون ذلك إلا مخافة على ملكهم أن يسلب، وعلى دولتهم أن تذهب، وعلى أموالهم أن تنهب، وعلى حرمتهم أن تنتهك، وعلى عزمهم أن يذل، ووجدوا أعظم السبل إلى التخلص من أكثر أحكام الإسلام قائلين: جهلنا، لم نجد من يعلمنا، لم نلق من يبصرنا، فرّ عنا العارفون بالدين، وهرب منا العلماء العاملون. وفي الحقيقة أنهم يعدون ذلك فرصة انتهزوها...»[418].

ولعل الشوكاني أراد من خلال ما أورده في رسالته المذكورة أن يوضح سبب وجوده قريبًا من الأئمة قاضيًا أكبر على اليمن، ومُقدّمًا عند الأئمة والوزراء حتى حظي في آخر أيامه بمنصب الوزارة إلى جانب القضاء[419].

وقد ترجم الشوكاني نظرته الفقهية في الاتصال بالحكام إلى واقع عملي حيث كان يعد نفسه ناصحًا أمينًا لمنع الظلم عن الرعية، وحفظ الدين في كثير من القضايا التي واجهت أئمة عصره[420]، مع أن الشوكاني رفض تولي القضاء بداية متعذرًا بالانشغال بالتدريس، وتلقي العلم، فأصر عليه الإمام المنصور القيام بالأمرين معًا ، لأن المراد ليس إلا القيام بفصل ما يصل من الخصومات إلى ديوانه العالي في يومي اجتماع الحكام، وقال الشوكاني معبرًا عن تردده في قبول هذا المنصب: «فقلت سيقع مني الاستخارة لله والاستشارة لأهل الفضل، وما اختاره الله ففيه الخير، فلما فارقته ما زلت مترددًا نحو أسبوع ولكنه وفد إليّ غـالـب من ينتسب إلى العلم في مدينة صنعاء وأجمعوا على أن الإجابة واجبة، وأنهم يخشون أن يدخل في هذا المنصب الذي إليه مرجع الأحكام

الشرعية...من لا يوثق بدينه وعلمه...فقبلت مستعينًا بالله ومتكلًا عليه»[421]. ويبدو أن الشوكاني قد التزم بتنفيذ الشريعة بالطريقة التي ارتآها، وعبّر عن ذلك بالقول: «...وأعان على القيام بذلك الشأن ومولانا الخليفة حفظه الله ما ترك شيئًا من التعظيم إلا وفعله، وكان يجلني إجلالًا عظيمًا، وينفذ الشريعة على قرابته وأعوانه بل على نفسه...»[422].

ومن الأئمة الذين عاصرهم الشوكاني وربطته بهم علاقات وثيقة: الإمام المنصور بالله علي بن الإمام المهدي 1151هـ/ 1738م-1224هـ/ 1809م[423] وهو الذي أسند إليه القضاء، كذلك عاصر الإمام المتوكل على الله أحمد بن الإمام منصور بالله علي 1170هـ/ 1756م-1231هـ/ 1815م، وبويع بالإمامة سنة 1224هـ/ 1809م[424]، والإمام المهدي عبد الله بن أحمد المتوكل بن علي المنصور 1208هـ/ 1793م-1251هـ/ 1835م، وقد أخذ الشوكاني لهذا الإمام البيعة سنة 1231هـ/ 1815م[425]. والإشارات حول مكانة الشوكاني عند هؤلاء الأئمة وسعة نفوذه كثيرة، فمن حضور دائم في مجالس الأئمة[426]، إلى مرافقتهم في الغزو[427]، إلى أخذ البيعة لهم بالإمامة[428]، إلى عقد الصلح عند وقوع خلاف على الإمامة[429]، إلى قراءة المكاتبات الواصلة للأئمة من الحكام في البلدان المجاورة والرد عليها بتفويض من الأئمة[430] خاصة فيما يتعلق بالحملة الفرنسية على مصر سنة 1213هـ/ 1798م. وقد وصف الشوكاني موقفه من هذا الحدث بالقول: «إن الرزية العظمى والمصيبة الكبرى والبلية التي تبكي لها عيون الإسلام والمسلمين

هي استيلاء طائفة من الفرنجة يقال لهم الفرنسيس على الديار المصرية جميعها، ووصولهم إلى القاهرة، وحكمهم على من بتلك الديار من المسلمين وهذا خطب لم يصب الإسلام بمثله»[431]. وهذه النظرة تبناها الأئمة الذين كان يحرر لهم المكاتبات المتعلقة بهذا الحدث، وغيره من الأحداث. ونظم الشوكاني الشعر في مدح أئمة عصره[432]. وهذه العلاقات الوثيقة كان من الطبيعي أن تؤثر على موقف الشوكاني من الوجود العثماني في اليمن الذي اتسم بالمعارضة[433].

تميّز الشوكاني بكثرة المؤلفات في أصول الفقه والفقه والعقائد، والمنطق والتاريخ، والفتاوى، وآداب التعلم، ونظم الشعر. وذكر الشوكاني في ترجمته لنفسه حوالي مائة عنوان بين كتاب ورسالة وسؤال وجواب[434]، بينما أورد أحد تلاميذه وهو صدّيق بن حسن القنوجي ما يزيد على خمسة وستين عنوانًا[435]، وأورد صاحب هدية العارفين ما يزيد على خمسة وتسعين مؤلفًا[436]. وتؤكد مؤلفات الشوكاني الكثيرة الفكرة التي آمن بها وجعلها أساسًا في كل مؤلفاته وهي أن الاجتهاد ركن أساس في حياة الأمة الإسلامية ولا يمكن أن يتوقف.

توفي محمد بن علي الشوكاني بعد حياة حافلة بالعلم والمعرفة، ففي هجرة شوكان رأى النور، وانتقل إلى صنعاء عاصمة العلم والعلماء والحكم ليبدأ بحفظ القرآن وتلقي العلم على والده، ثم أخذ الفقه وأصوله والعقائد والحديث والمنطق والتفسير والآلات عن علماء عصره، محققًا نجاحًا متميزًا مما قدمه للتدريس في جامع صنعاء وهو ما يزال تلميذًا لم يزد على العشرين من العمر، مما لفت الأنظار إليه، وجعل الإمام المنصور يطلب إليه القيام بأعباء القضاء في صنعاء، فصار من أقرب المقربين للأئمة منذ عام 1209هـ/ 1794م وحتى وفاته سنة 1250هـ/ 1834م، حيث قضى حوالي أربعين عامًا في القضاء الأكبر متصديًا لمشكلات عصره وخاصة الفكرية كالتعصب والتقليد، ومناديًا بالاجتهاد، ومحاربًا للآراء المتطرفة التي كانت تتبناها بعض الفرق الدينية الموجودة في اليمن في عصره. وقد يكون نجح في درء بعض المخاطر عن الرعية من خلال وجوده في منصب القضاء الأكبر والوزارة في آخر أيامه. وبعد هذه المسيرة الطويلة والفاعلة لهذا العالم الذي برع كمحدث وفقيه ومؤرخ ونحوي وشاعر توفي في صنعاء سنة 1250هـ/ 1834م[437].

(4) مجهول ت بعد 1287هـ/ 1870م

حاول مؤرخ مجهول تدوين أخبار اليمن على طريقة الحوليات في فترة عمّت فيها الفوضى والنزاع على الحكم في صنعاء، وقد بدأ حوليته بأخبار سنة 1263هـ/ 1846م وأنهاها بأخبار سنة 1287هـ/ 1870م[438].

ويبدو من الأحداث التي سجّلها هذا المؤرخ أنه كان من أهل صنعاء حيث كان تركيزه على متابعة الأخبار لما يجري فيها من غزوات القبائل، وانعدام الأمن وكثرة الفتن[439]. ويبدو أيضًا أنه كان فقيهًا لكثرة ما يتحدث عن الفقهاء ودورهم في الأحداث، والظلم الذي لحق بهم نتيجة لانعدام الأمن وعموم الفوضى[440]، إضافة إلى استشهاده بالآيات القرآنية عند إشارته إلى بعض الأحداث[441]، وتفسيره للأحداث التاريخية من وجهة نظر دينية، وأن ما يحدث هو عقوبات إلهية للبشر على معاصيهم، ومن ذلك قوله في أخبار سنة 1284هـ/ 1867م: «ظهرت الجراد وطبقت البلاد...ووقع في الأرض وباء وعموم المرض والموت...وتنوعت العقوبات وعمت البليات...فمنها العاهة العظمى التي وقعت في شجرة العنب وعاهة موت القراش التي عليها قوام المعاش. وعموم ضرر الجراد وموت النحل وهلاكها والمرض والفناء، وسبب كل ذلك إبطال الشريعة وتخذيل أمر الإمام وعدم الانقياد بزمام والتهاون بالعهود ونقض العقود ومحاربة المعبود بأنواع المعاصي مثل الطاغوت والربا وشرب الخمر وأنواع المنكر، ولم يؤثّر أمر بمعروف ولا نهي عن منكر إنا لله وإنّا إليه راجعون»[442]. وتسميته للقبائل المثيرة للفوضى بالبغاة[443].

(5) الكبسي 1221-1308هـ/ 1806-1891م

محمد بن إسماعيل بن محمد بن يحيى الكبسي، ولد بهجرة الكبس[444] من خولان العالية إلى الجنوب الشرقي من صنعاء[445] التي ينسب إليها الأشراف الكباسية[446]، وكان مولده سنة 1221هـ/ 1806م[447]. وأخذ العلم عن والده (ت 1251هـ/ 1835م)[448]، وعن علماء صنعاء في عصره. وممن عاصره وأخذ عنه محمد بن علي الشوكاني (ت 1205هـ/ 1834م)، وإسماعيل بن أحمد بن عبد الله المغلس الكبسي (ت 1250هـ/ 1834م)[449].

يعد الكبسي من أتباع المذهب الزيدي في اليمن[450]. وتولى منصب القضاء بمدينة ذمار[451] من قبل الإمام المتوكل على الله محسن بن أحمد (ت 1295هـ/ 1878م)، وقد تأثر بشيخه الشوكاني بكثير من المعارف والعلوم التي زخرت بها مدرسة الشوكاني[452].

ترك الكبسي عددًا من المؤلفات منها: (تاريخ الزمان وسبب تفرّق الناس في البلدان من بعد الطوفان إلى سيرة سيد ولد عدنان)، و(تاريخ من ولي اليمن من عهد الرسول ﷺ إلى الآن)[453]، و(اللطائف السنية في أخبار الممالك اليمنية) ذكر فيه ملوك اليمن وعماله من أول الإسلام، وأخبار اليمن إلى سنة 1305هـ/ 1887م، و(العناية التامة شرح أنوار الإمامة تكملة القصيدة البسامة)، وهي تزيد على مائة وعشرين بيتًا من الشعر وذكر فيها ثمانية من الأئمة.

و(النفحات المسكية والإجازات السنية والسيرة المتوكلية المحسنية والتراجم البهية) ترجم فيها تراجم كاملة لأكابر علماء البلاد اليمنية وأهل الإسناد لكثير من العلوم، ومعظم سيرة الإمام المتوكل على الله المحسن بن أحمد[454]. وتوفي الكبسي في بلده الذي ولد ونشأ فيه (هجرة الكبس) عام 1308هـ/ 1891م[455].

(6) الكندي 1217-1316هـ/ 1802-1898م

سالم بن محمد بن سالم بن حميد الكندي الحضرمي، ولد سنة 1217هـ/ 1802م في بلدة تريس[456] في بلاد حضرموت وقضى حياته فيها، ولم يغادرها إلا لأداء فريضة الحج سنة 1258هـ/ 1842[457].

تلقى الكندي تعليمه على أيدي العلماء في بلده، ومن أبرزهم محمد بن عبد الرحمن بن محمد بن عمر بن قاضي باكثير (ت1255هـ/ 1839م)[458]، وكان علوي بن سقاف الجفري 1273هـ/ 1856م هو شيخه الروحي حيث كان الكندي ملازمًا له، فهو المدرس وهو المرشد والموجه له[459]. وعبّر الكندي عن العلاقة التي ربطته بشيخه هذا بالقول عند سفره وابنه من بلد تريس سنة 1266هـ/ 1849م: «فمع سفرهما من البلاد احترقت كبدي لفراقهم لكوني ما أقدر على فراقهم، وكذلك استوحشت البلاد بأسرها...وخرج معه أهل البلد تريس يودعونه...»[460]. وعن تلقيه العلم على علوي بن سقاف أورد بعض الإشارات في سياق أخبار سنة 1268هـ/ 1851م عندما اضطرته الظروف المادية التي كان يمرّ بها إلى بيع كتاب عمدة السالك (من الكتب المشهورة على المذهب الشافعي)[461] الذي كان يمتلكه وقال: «وأما الدولة فلم تزل منهم المطالبة للرعية إلى غاية ألجؤوني مع قلة ما بيدي مع علمهم، جعلوا على دفعة قرش ونصف ألجؤوني إلى بيع كتاب (عمدة السالك) محشاه مقابله فقد قرأتها على سيدنا وشيخنا الحبيب العلامة علوي بن سقاف الجفري، ومضاف إليها كتاب (الحصن الحصين في حديث سيد المرسلين)[462] ﷺ، وأنا ظنين بذلك الكتاب»[463]. ويبدو من خلال الإشارتين السابقتين أن الكندي قد كان ملازمًا للشيخ علوي السقاف متلقيًا على يديه العلم على المذهب الشافعي وملازمًا له، ولا يستبعد عبد الله الحبشي أن يكون علوي السقاف هو الذي طلب من الكندي تأليف كتابه (العدة المفيدة)[464]. ولكن الكندي أشار بوضوح إلى الدافع الذي جعله يدون أخبار حضرموت من خلال السلطان غالب الكثيري الذي كان موجودًا في الهند، وقال: «وغالب المذكور المقصود بهذا التأليف»[465]. وفي موضع آخر يؤكد على هذا الدافع من خلال حديثه أيضًا عن السلطان غالب (ولد السلطان المنصور إن شاء الله - غالب... المقصود بجمع ذلك كله كما ذكرت سابقًا»[466]. وقد يكون

لعلوي السقاف دور في إسداء مشورة للكندي لتأليف هذا الكتاب لكن لم يرد عند الكندي ما يثبت أو ينفي هذا الاحتمال. كما أشار عبد الله الحبشي إلى أن الكندي كان عارفًا بالهندسة والمساحة[467]. وكان كاتبًا عند شيخه علوي السقاف موثـقًا لبعض الصكوك التي يحتاجها المتنازعون. وقال الحبشي: «وقد حُفظت لنا بعض الوثائق محررة بخط مؤرخنا...وهي في غاية الجودة والإتقان»[468]. ولعل الإشارات الواردة عند الكندي حول قربه من السلطان غالب الكثيري واتصاله به والقيام ببعض المكاتبات له[469] ما جعل بعض الآراء تذهب إلى القول بأنه كان الكاتب والأمين والكاتم لأسرار الدولة[470] مستندة إلى الإشـارات التي ذكرها الكندي في كتابه، والتي تبين قيام الكندي، تلبية لطلب السلطان غالب بإنشاء بعض المكاتبات[471].

وفي تكوينه الفكري بدا الكندي متأثرًا بشيخه علوي السقاف الذي كان دائم التأكيد على أهمية دور العلماء إلى جانب الحكام، والكندي أيضًا دائم التأكيد على أن العلماء يجب أن يكونوا إلى جانب الحكام لنصرة الشريعة ونصرة الدين وإصلاح البلاد والعباد، وإقامة العدل، وعلى الحاكم أن يتبنى الشورى مبدأً للحكم، وأهل الشورى هم العلماء[472]. وكذلك تأثر بشيخه في الإخلاص والولاء للسلطان غالب الكثيري.

ترك الكندي أثرين في التأليف وهما : كتابه (تاريخ حضرموت المسمى العدة المفيدة الجامعة لتواريخ قديمة وحديثة)، وقد حققه عبد الله الحبشي. وللكندي أيضًا (شمس الظهيرة في أنساب السادة العلوية) مشجر في أربعة مجلدات[473]. وتوفي في بلدة تريس عام 1316هـ/ 1898م[474].

(7) **الجرافي** 1280-1316هـ/ 1863-1898م:

أحمد بن محمد بن أحمد الجرافي، ولد في صنعاء عام 1280هـ/ 1863م[475]، وينسب الجرافي إلى بلدة جراف (قرية في بلاد حاشد)، ويُنسب إليها القضاة من بني الجرافي المقيمون في صنعاء، وهو بيت علم في اليمن[476]. وقد نشأ في كنف والده الذي كان عضوًا في مجلس الإدارة الذي شكله العثمانيون بعد دخولهم صنعاء عام 1289هـ/ 1872م من ممثلين لكبار العلماء والأعيان والتجار لمساعدة الوالي على حل المشكلات والقضايا المحلية. واستمر والد الجرافي في منصبه حتى وفاته سنة 1312هـ/ 1894م[477]. وقد أخذ العلم في النحو والصرف والمعاني والبيان والفروع والأصول والحديث على عدد من العلماء الصنعانيين منهم عبد الكريم بن عبد الله بن محمد (ت 1309هـ/ 1891م) الذي قال عنه: «وقد قرأت عليه كثيرًا... ولي منه إجازة عامة بخطّه»[478]. كما أخذ عن القاضي عبد الملك الآنسي (ت 1315هـ/ 1897م)[479]، وزيد بن أحمد بن زيد الكبسي. وقال الجرافي عن قراءته عليه: «قرأت عليه ثلثًا في (شرح

الأزهار)[480]، و(الناظري) في الفرائض»[481]. وذكر محمد زباره شيوخ الجرافي والعلوم التي درسها عليهم[482].

سافر الجرافي عام 1314هـ/ 1897م لأداء فريضة الحج، واجتمع ببعض العلماء هناك[483]، ويبدو أن ثقافته الدينية كانت تغلب على حياته العملية، فبالإضافة إلى قيامه بالوعظ في جامع الروضة خاصة في أيام الشدة والخروج بالناس للاستسقاء[484]، فقد استجاب لطلب بعض الأعيان وطلبة العلم في عصره، للقيام بتولي النظارة على أموال الوصايا الموقوفة على العلماء والمتعلمين[485]. وكان قبل ذلك رفض أن يحل مكان والده في مجلس الإدارة المحلي عام 1312هـ/ 1895م[486]، ووُصف بأنه كان: «من أسلم من اتصل بالعثمانيين، وما زال على ذلك إلى أن مات»[487].

ترك الجرافي بعض المؤلفات منها: (الدليل) في الرد على الصوفية، و(رافع الحجاب) في النحو، و(جواب في حكم التقليد)، و(الترغيب والترهيب)[488]، و(ومختصر طيب السمر المختصر من نفحات العنبر)[489]، وله رسائل في الفقه مثل رسالة في التسبيح أو الأذان الذي يردد قبل آذان صلاة الفجر وسماها (النصح النافع في التأذين عند طلوع الفجر الساطع)[490]. وتوفي في صنعاء سنة 1316هـ/ 1898م[491].

(8) مؤلف مجهول ت بعد 1316هـ/ 1898م

سجّل مؤلف مجهول أخبار اليمن لما يزيد على تسعة عقود من سنة 1224هـ/ 1809م إلى سنة 1316هـ/ 1898م، مرتبًا تاريخه على الحوليات. وهنالك جدل حول تحديد اسم المؤرخ الذي سجّل هذه الحوليات. وقد ورد في النسخة التي حققها عبد الله الحبشي هذه العبارة: «وتوفي المصنِّف في تلك السنة في شهر رمضان سنة 1288 القاضي العلامة...القاضي محسن بن أحمد الحرازي»[492]. ويرى الحبشي أن المصنف قد لا يكون الحرازي لأن المؤلف أو الناقل للحوليات «يسلسل أحداث الكتاب بنفس الخط والأسلوب»[493].

أما التكوين العام للمؤرخ فأبرزه أنه من أهل صنعاء على ما يبدو لكثرة الإشارات التي أوردها حول هذه المدينة، خاصة في مدحها، حيث كان المؤلف يذكرها بقوله: «صنعاء المحمية»[494]. و«صنعاء المحروسة»[495]، لا بل ذهب إلى أن صنعاء محاطة بالعناية الإلهية، وعبّر عن ذلك بالقول في أخبار سنة 1265هـ/ 1848م عند ضرب العثمانيين لهذه المدينة: «فخيّب الله آمالهم وعلى صنعاء حجاب ودافع»، و«لا علموا أن صنعاء محمية بالله ومحروسة منه بعين العناية...»[496].

كما انصب تركيز المؤلف على نقد الوزراء وسوء إدارتهم، إذ يكـاد هذا الكتاب أن يكون سجلًا خاصًا بسوء إدارة الوزراء خلال الفترة التي سجل أحداثها(497).

تميز هذا المؤلف بمعارضته للوجود العثماني في اليمن(498)، وولائه للإمامة الزيدية(499). وقد أطلق على القبائل الثائرة على الإمام (البغاة)(500)، وانفرد بكثرة الإشارات التي أوردها حول ثورات أهل صنعاء والمناطق المحيطة بها سواء كانت هذه الثورات على الإمام أم على العثمانيين وهي الأغلب(501). والأخبار التي أوردها المؤلف تدل على أنه من الفئات العادية من السكان، إذ أن لغته ونقده للوزراء ومدّعي العلم من الفقهاء -على حد تعبيره- وولائه للإمام تدل على أنه عاش بين أهل صنعاء يراقب الأوضاع العامة يسجّل أخبارها بلغة أقرب إلى العامية. ثم توقف فجأة في أخبار سنة 1317هـ/ 1899م مما يرجح وفاته في السنة المذكورة أو التي بعدها(502).

(9) الإرياني 1271-1323هـ/ 1854-1905م

علي بن عبد الله بن علي بن علي الإرياني، ولد في عام 1271هـ/ 1854م في مدينة إريان، غربي يريم(503)، ونشأ فيها ودرس على شيوخ العصر، حيث لازم شيخه يحيى بن علي بن عبد الله بن علي الإرياني خمس عشرة سنة، لا يفارقه إلا في الليل، وأخذ عنه في العربية وأصول الدين وأصول الفقه والمعاني والبيان والحديث والتفسير والفرائض والحساب، كما درس على محمد الطائفي النحو والقراءة، وكان مشهورًا في علم النحو. وعندما اتجه الإرياني لأداء فريضة الحج سنة 1294هـ/ 1877م التقى أحمد زيني دحلان(504) مفتي الشافعية في مكة وأجازه إجازة عامة في جميع مسموعاته ومروياته ومؤلفاته. وأثناء عودته من الحج التقى سليمان بن محمد بن عبد الرحمن الأهدل(ت 1304هـ/ 1886م) في مدينة المراوعة(505)، شرقي الحديدة(506)، فأجازه هو الآخر إجازة عامة في الإفتاء والتدريس، كما أجيز بإجازات عديدة من عدد آخر من العلماء. وعمل بعد ذلك بالتدريس والإفتاء حتى سنة 1316هـ/ 1898م حيث خرج من يريم والتحق بالإمام المنصور الذي أكرمه وجعله من خاصته(507).

ارتبط الإرياني بعلاقات وثيقة مع الإمام المنصور فجعل من كتابه الدر المنثور سجلًا حافلًا بحياة هذا الإمام وأعماله، ولم يستطع إغفال حبه وولائه لهذا الإمام فقد أشار إلى ذلك بقوله عنه: «فريد أهل الكمال، ونعمة الله في هذا الزمن، ورحمة الله على أهل اليمن، ولقد وقع حبه من حينئذ في قلبي، وصادفه فارغًا متمكنًا»(508). كما حاول التدخل في الأحداث كلما وجد فرصة لذلك حتى يوجهها لصالح الإمام. فقد أورد إشارة تتعلق بدوره في تهدئة الأحوال عند محاولة الاضطراب أو الثورة على الإمام: «وحين أجمع أهل يريم على مبايعة هذا الإمام

الكريم، أمروني أن أكتب البيعة إلى حضرة الإمام...مصحوبة بأبيات التهنئة بتلك الفتوح...»[509].

كما حاول الإرياني إظهار الإمام المنصور بأنه مؤيَّد من الله سبحانه وتعالى، وأن العناية الإلهية هي التي ترعاه، من خلال تفسيره للأحداث وفق هذه النظرة، وحاول التركيز أيضًا على الكرامات التي منحها الله لهذا الإمام، من ذلك ما قاله عن إحدى الوقعات التي قادها الإمام ضد الخارجين على نفوذه عندما انقطعت المياه عن جماعته «فأنزل الله المطر في الساعة، فكان ذلك معدودًا من كرامات إمام الجماعة...»[510]. وفي إشارة أخرى يقول: «ولقد سمعته عليه السلام – من شهر ربيع الأول سنة 1309، حين بلغه خروج العجم، وعظمة الخطب الذي ألمّ، يدعو الله بعد صلاة الجمعة، ويتضرع إليه في دفع شرورهم بدعاء أبكى العيون، وأيقن بإصابته الموقنون، فأرسل الله على عساكر العجم الطاعون»[511]. وجاء موقفه من الوجود العثماني في اليمن منسجمًا مع ولائه للإمام الذي ظل يرفض كل المغريات من الدولة العثمانية للموافقة على الوجود العثماني، وذهب الإرياني إلى وصف العثمانيين بالعجم، وأن وجودهم في اليمن ما هو إلا عقوبة من الله، وقال في ذلك: «فإنما ولاية العجم إنما هي عقوبة لما سبق من الذنوب وتقدم، فإن القبائل في اليمن أضرموا نار الفتن، وصار كل واحد يدعي أنه الأمين المؤتمن، وأكلوا أموال الله، وخالفوا بيت رسول الله...ولقد رأينا مرّات وشاهدنا كرّات، فوجدنا كل من خالف رسم إمام الزمان، لا بد أن يبتلى بالخذلان، ويسلب التوفيق ويرمى بالامتحان، ومن صدق في نياته وأفعاله وأقواله، وتابع الإمام فيما يأمر به، فإنه لا بد يبلغ مرامه من النصر»[512]. وتبدو نظرة الإرياني إلى الإمام واضحة في أن طاعته واجبة ومخالفته تؤدي إلى الهلاك والعقوبة من الله، وما دخول العثمانيين إلى اليمن إلا مثال على ذلك. ونظرة الإرياني للدولة العثمانية تستحق التوقف، فهو كمؤرخ وفقيه وصف سيطرتها على بلاده بأنها عقوبة، وليس لذلك مبرر إلا ولاؤه للإمام، الذي رأى فيه وليًا للأمر، وهو من آل البيت، وأن طاعته هي الطريق إلى الرشاد، ومخالفته تؤدي إلى الهلاك. ولم يتوقف الإرياني في نظرته للدولة العثمانية عند هذا بل أطلق عليها مسميات عديدة، عندما يقرؤها المرء يشعر وكأن المؤلف يتحدث عن دولة لا تدين بالإسلام، ومن العبارات التي ذكرها واصفًا فيها عسكر الدولة العثمانية في اليمن والمتعاونين معهم من اليمنيين: «أعداء الله العجم وأعوانهم المشايخ»[513]، و«العجم»[514]، و«العجم اللئام»[515]، و«العجم أقماهم الله»[516]، و«طاغية العجم»[517]، و«الترك، الأتراك»[518]، و«أعداء الله»[519]. بينما وصف جنود الإمام بـ«المجاهدين»[520]. وأبرز الإرياني أيضًا دور اليمنيين في مقاومة الوجود العثماني من خلال إشارات كثيرة وبأساليب متنوعة[521].

غلب على الإرياني نظم الشعر، وساهم في وضع بعض المؤلفات في التاريخ والفقه. ومن أبرز مؤلفاته: (السيرة المنصورية)، وأساسها القصيدة التي أرسلها للإمام المنصور وسماها: (الدر المنثور في سيرة الإمام المنصور)، وهي الكتاب الذي حققه ونشره محمد عيسى صالحية. وللإرياني أيضًا منظومة في الفقه تقع في 1035 بيتًا، رتبها على مقدمة في أصول الدين، وخاتمة في علم النحو وذيّلها بخاتمة في التصوف. وله أيضًا رسالة في أحكام التجارة وآدابها، ورسالة (إنجاح الطالب في صفة ما يكتب الكاتب)[522]، ورسالة مفيدة في تفسير قوله تعالى: «إن الله يأمر بالعدل والإحسان»، و(رسالة كشف الهالة عن مسألة الإقامة)، وله منظومات في الآداب النبوية والحكم الشرعية سمّاها: (تحفة الندماء في سير الحكماء)، و(قصيدة الإفادة في ذكر الأئمة السادة)، ومرثية بليغة وموعظة حسنة للعلماء الذين وقعت وفاتهم في ابتداء القرن الرابع عشر وقبله بيسير[523]. وتوفي الإرياني بعد وفاة الإمام المنصور عام 1323هـ/ 1905م[524].

مؤرخو المخلاف السليماني

(1) البهكلي 1182-1248هـ/ 1768-1832م

عبد الرحمن بن أحمد بن الحسن بن علي البهكلي الضمدي[525]، ولد في مدينة صبيا[526] سنة 1182هـ/ 1768م[527]، وينتمي إلى أسرة برز فيها الكثير من العلماء والقضاة. وقال الحجري اليماني عن أسرة البهكلي: «من بيوت العلم في تهامة[528]، يسكنون بيت الفقيه ابن عجيل»[529]، بينما قال أحد المستشرقين الفرنسيين ممن لهم عناية بتاريخ هذه الأسرة وبعلمائها: وكان بنو البهكلي مشهورين في المخلاف السليماني، وفي نهاية القرن الحادي عشر الهجري/ السابع عشر الميلادي، ثم في القرنين الثامن والتاسع عشر احتل أفراد عديدون من بني البهكلي وظيفة قاضٍ في «أبو عريش»[530] وجازان (جيزان) وصبيا لدى أشراف هذه المدن، لكن سمعتهم ترجع أيضًا إلى مؤلفاتهم في الحقل الأدبي وبخاصة في مجال التاريخ[531]. وكان عبد الرحمن البهكلي أحد أفراد هذا البيت فنشأ بصبيا وقرأ على والده[532] «يرتشف من معين علومه» حتى برع في الفقه والنحو والأصول[533]، وارتحل بعد ذلك إلى صنعاء حيث زارها ثلاث مرات تلقى خلالها العلم على أكابر العلماء فيها. وكانت رحلته الأولى 1202هـ/ 1787م[534]، وأخذ الفقه والحديث عن عبد القادر بن أحمد 1135هـ/ 1722م-1702هـ/ 1792م[535]، وفي النحو والصرف عن علي بن عبد الله الجلال الذي ولد سنة 1169هـ/ 1755م[536]، وفي التفسير والحديث والأصول والبيان والمعاني أخذ عن عبد الله بن محمد الأمير الصنعاني 1160هـ/ 1747م-1242هـ/ 1826م[537]،

وأخذ أيضًا عن الحسن بن إسماعيل المغربي 1140هـ/ 1727م-1208هـ/ 1793م[538]، وعبد الله بن الحسين بن علي بن الحسين بن المتوكل 1165هـ/ 1751م-1210هـ/ 1795م[539] وعلي بن هادي عرهب الصنعاني 1164هـ/ 1750م-1236هـ/ 1820م[540]. وكان من شيوخه أيضًا محمد بن علي الشوكاني ت1250هـ/ 1834م[541]. وقال الشوكاني عن البهكلي: «وأخذ عني في فنون متعددة، واختص بي اختصاصًا كاملًا، وسألني مسائل كثيرة، فأجبت عليه بأجوبة مطولة ومختصرة، وعاد إلى وطنه وبرع في النحو والصرف والمنطق والمعاني والبيان والأصول والتفسير والحديث...»[542]. وكانت رحلته الثانية إلى صنعاء سنة 1209هـ/ 1794م والتقى فيها بالشوكاني الذي كان يتعرض لحملة معارضة من بعض العلماء المعاصرين له بسبب أفكاره حول التقليد والتعصب. ورحلته الثالثة كانت سنة 1211هـ/ 1796م، وقد ذكر الشوكاني رحلة البهكلي هذه في الوقت الذي تولى فيه القضاء الأكبر، والصلة الوثيقة بينه وبين البهكلي وعن تعيينه قاضيًا في بيت الفقيه، وقال الشوكاني: «ثم وصل إلى صنعاء مرة ثالثة في شهر رمضان سنة 1211، وكنت إذ ذاك قد امتحنت بقبول القضاء الأكبر بعد الإلزام به من مولانا خليفة العصر حفظه الله، فاستقر المترجم له في صنعاء نحو نصف سنة يتصل بي في كل وقت، ويحضر في مواقف التدريس ومجالس المنادمة والتأنيس، ويطارحني بأدبياته ويواصلني بفقره الفايقة وأبياته حتى ولاه مولانا الإمام حفظه الله قضاء بيت الفقيه بن عجيل...وهو الآن قاضي هنالك، وقد باشره مباشرة حسنة بعفة ونزاهة وحرمة كاملة...»[543].

وقد تركت رحلات البهكلي إلى صنعاء وتلقيه العلم على كبار علمائها، والعلاقات الوثيقة التي ربطت بينه وبين أعيان صنعاء مثل محمد بن علي الشوكاني قاضي صنعاء أثرًا واضحًا على تكوينه الثقافي، كما حصل على تعيين في القضاء في بيت الفقيه، ووصف تلميذه عاكش الضمدي قيامه بالقضاء بقوله: «ولعمري إنه جمل منصب القضاء ولم يتجمل به...»[544].

تنوعت مؤلفات البهكلي بين التأليف في الحديث والفقه والتاريخ، وأبرز ما ترك من المؤلفات: (تيسر اليسرى بشرح المجتبى من السنن الكبرى) للنسائي في مجلدين، و(الثقات بمعرفة طبقات رجال الأمهات)، و(الأفاويق بتراجم البخاري والتعاليق)، و(نفخ العود في سيرة أيام الشريف حمود)[545]، وهو الشريف حمود بن محمد الحسني 1160هـ/ 1747م-1233هـ/ 1817م وهو صاحب أبي عريش التهامية[546]، وقد ذكر البهكلي في هذا الكتاب الحوادث التهامية إلى سنة 1225هـ/ 1810م[547]. وله أيضًا رسائل منها رسالة في علم الاشتقاق، وكتاب لم يكمله وهو كتاب في وفيات الأعيان[548].

وتوفي القاضي عبد الرحمن بن أحمد بن الحسن البهكلي عام 1248هـ/ 1832م[549] متأثرًا بسم قد دُسَّ له كما قيل[550].

(2) عاكش الضمدي 1221-1289هـ/ 1806-1872م

الحسن بن أحمد بن عبد الله بن عبد العزيز بن الحسن[551] المعروف بعاكش الضمدي[552]، ولد في ضمد من بلاد تهامة سنة 1221هـ/ 1806م ونشأ فيها[553]، وتوفي والده وعمره نحو عامين[554]. وقد ترجم الشوكاني لوالد عاكش قائلًا: «ولد في سنة 1170 تقريبًا وقرأ ببلده على من بها من أهل العلم، ثم ارتحل إلى صنعاء فأخذ عن جماعة من أكابر علمائها...وعاد إلى وطنه وقد برع في الفقه والحديث والعربية. ثم بعد وصوله إلى بلده عكف عليه الطلبة من أهلها ورغبوا فيه وأخذوا عنه فنونًا من العلم، وعظم شأنه هنالك، وصار المرجع إليه في التدريس والإفتاء في ضمد وغيرها كصبيا وأبي عريش...»، ثم رحل مرة أخرى إلى صنعاء حيث أخذ عن محمد بن علي الشوكاني[555]. ولم يطل العمر بوالد عاكش الضمدي كي يستفيد من علومه في الفقه والنحو، ولكنه استفاد من أحد تلاميذه وهو القاضي عبد الرحمن بن الحسن بن علي البهكلي 1188هـ/ 1874م-1248هـ/ 1832م الساكن في بيت الفقيه حيث ارتحل إليه عاكش عام 1238هـ/ 1822م، وتربى في بيته، وأخذ عنه في بداية حياته العلمية، وعبّر عن ذلك بقوله: «وإني ارتحلت إليه فرباني أحسن تربية وغذاني بلطائفه أبلغ تغذية، ولازمته مدة، وترددت إليه مرات فأخذت عنه المختصرات...أرتشف كؤوس علوم الآلات نحوًا وصرفًا ومنطقًا وبيانًا، وأصولًا فقهيةً، وأصـول الديانات. وقد كان بمنزلة الوالد ولم يزل يهديني إلى ما فيه النفع لي دنيا وأُخرى، إن حضرت عنده أو غبت عنه بالمكاتبة، وفي الحقيقة أنه لو كان والدي حيًّا لم يزدني على ما فعل لي الآن والدي رحمه الله تعالى ولي من العمر مقدار سنتين...»[556]. وبالإضافة إلى تلقيه العلم على عبد الرحمن البهكلي فقد تلقى العلم أيضًا على جماعة كبيرة من علماء عصره بلغ عددهم حوالي خمسين عالمًا في الفقه والنحو والمنطق والحديث والتفسير والفرائض[557]. ومن أبرز العلماء الذين أخذ عنهم: أحمد بن عبد الله بن إبراهيم النعمان الضمدي (ت1241هـ/ 1825م) حيث قرأ عليه في النحو والفقه والفرائض[558]، وفي العربية والفقه والأصول أخذ عن الحسن بن محمد بن علي الحـازمي تبعد 1269هـ/ 1852م[559]، وتردد إلى مدينة زبيد في اليمن حيث أخذ عن عبد الرحمن بن سليمان الأهدل الذي ولد سنة 1179هـ/ 1765م[560] في الحديث والنحو والبيان والأصول وعلم الطريقة وفي التفسير، وأجازه في العلوم التي أخذها عنه[561]. كما أخذ عن السيد أحمد بن إدريس الحسني المغربي، وقال عنه: «هو من ذرية الإمام إدريس عبد الله

المختص بالسادة الإدريسية الساكنين بالغرب»[562]. وقدم من القيروان إلى مكة المشرفة بعد عام 1200هـ/ 1785م، وارتحل من مكة سنة 1243هـ/ 1827م إلى مدينة زبيد التي استقر فيها حتى سنة 1245هـ/ 1829م حيث ارتحل للاستقرار في صبيا إحدى بلدان تهامة. وقال عاكش عن قراءته عليه: «وقد وقفت بين يدي المترجم له نحو ثلاث سنين أرتضع منه أخلاق المعارف، وأقتطف من أزهار علومه اللطايف، واستمديت منه علم الطريقة، وجذبني إلى مجاز تلك الحقيقة وبه عرفت اصطلاح القوم في تلك الطريقة وتطبيقها على الشرع المحمدي من غير غلو ولا تقصير، وأخذت عنه ما له من الأوراد والأحزاب والمواعظ...وأمليت عليه الحكم العطائية...». وأجيز عاكش الضمدي من هذا العالم المغربي في العلوم التي ذكرها، كما ألبسه الخرقة الصوفية وقال في ذلك: «وأخذت عنه علم الطريقة وأجازني فيها بسنده المتصل عن أشياخه على طريقة القوم المعروفة بأسانيدها، وألبسني الخرقة المعروفة بين أهل التصوف التي هي طريقة المتابعة للنبي ﷺ...»[563].وفي رحلته إلى الحج في عامي 1240هـ/ 1824م و 1242هـ/ 1826م أخذ عن محمد بن ياسين بن عبد الله الميرغني الحسني المكي الحنفي (ت 1247هـ/ 1831م) في الحديث وأجازه فيه[564]. وفي هجرته لصنعاء سنة 1243هـ/ 1827م وإقامته بمنزلة من منازل مسجد الفليحي[565]، أخذ عن عدد من علماء صنعاء في العلوم المختلفة، منهم محمد بن علي الشوكاني (ت1250هـ/ 1834م)[566] والقاسم بن محمد بن إسماعيل الأمير (ت1246هـ/ 1830م)[567]، ومحسن بن عبد الكريم بن أحمد (ت1243هـ/ 1827م)[568]، وله إجازة عامة من جحّاف (ت1243هـ/ 1827م)[569]، وعلماء كثيرون أوردهم في كتابه حدائق الزهر.

وأتيح لعاكش الضمدي أن يتلقى العلم على علماء عصره في بلده ضمد والبلاد التهامية، وعلماء صنعاء التي كانت مركزًا لتجمع العلماء من كل البلدان اليمنية في مختلف المذاهب والاتجاهات، كما أتيح له أن يتأثر بالعلماء الذين التقاهم عند زيارة مكة لأداء فريضة الحج، حيث يوجد العلماء من كل البلدان الإسلامية، فاطلع على العلم من خلال علماء من مختلف المذاهب، وتأثر بالتصوف.

ترك الضمدي عددًا من المؤلفات، منها: روض الأذهان شرح نظم المدخل في علمي المعاني والبيان، ونزهة الإبصار من السيل الجرار استوعب فيها ما في السيل الجرار لشيخه القاضي محمد بن علي الشوكاني، وله الديباج الخسرواني في ذكر أعيان المخلاف السليماني، والذهب المسبوك في سيرة سيد الملوك وهو الشريف الحسين بن علي بن حيدر التهامي، وعقود الدرر في تراجم رجال القرن الثالث عشر، وحدائق الزهر في ذكر الأشياخ أعيان العصر والدهر،

ونزهة الظريف في دولة أولاد الشريف جعله ذيلًا على كتاب شيخه عبد الرحمن البهكلي، الذي حمل عنوان: (نفح العـود بذكر دولة الشريف حمود)[570]. وتفسير لآي الذكر الحكيم، ومجموعة قصائد ومراسلات (مجلد)[571]. ورسالة مسماة (النسمات السحرية على النفثات النجدية)[572]، وجمع أيضًا مناظرة أحمد بن إدريس مع فقهاء عسير عام 1248هـ/ 1832م[573]. وكانت وفاته في حوالي عام 1289هـ/ 1872م في مدينة أبي عريش في تهامة اليمن[574].

الهوامش

(1) العثيمين، مقدمة التحقيق لكتاب مجهول، كيف كان ظهور شيخ الإسلام الشيخ محمد بن عبد الوهاب، حققه وعلق عليه، د.عبد الله الصالح العثيمين، ط2، مطبعة سفير، الرياض، 1994م، ص13.وسيشار له عند تكرار وروده مؤلف مجهول، كيف كان ظهور شيخ الإسلام محمد بن عبد الوهاب.

(2) مجهول، كيف كان ظهور شيخ الإسلام، ص51.

(3) مجهول، المصدر نفسه، الصفحات 34، 36، 39، 44، 70، 125.

(4) الحنبلي، راشد بن علي، مثير الوجد في معرفة أنساب ملوك نجد، المطبعة السلفية، القاهرة 1959، ص41. وسيشار له عند تكرار وروده ، الحنبلي، مثير الوجد

(5) مجهول، مصدر سابق، ص123.

(6) الحنبلي، مثير الوجد، 41-42.

(7) مجهول، كيف كان ظهور شيخ الإسلام، ص126.

(8) العثيمين، تاريخ ص23.

(9) الفاخري، الأخبار النجدية، ص140، - ا الأحسائي، محمد بن عبد الله بن عبد المحسن آل عبد القادر الأنصاري، تحفة المستفيد بتاريخ الأحساء في القديم والجديد، أشرف على طبعه وعلق على بعض حواشيه حمد الجاسر، ط1، مطابع الرياض، 1960م، 2ق، ق2، ص104 وسيشار له عند تكرار وروده. ا الأحسائي، تحفة المستفيد؛ انظر أيضًا الجاسر، مؤرخو نجد من أهلها، 1، مجلة العرب، ج9س5، 1971، ص792؛ كحاله، عمر رضا، معجم المؤلفين، تراجم مصنّفي الكتب العربية، مكتبة المثنى، بيروت، ودار إحياء التراث العربي، بيروت، 1957 م3، ص317. وسيشار له عند تكرار وروده، كحاله، معجم المؤلفين،. وأشارت مراجع أخرى إلى ابن غنام بـ«حسين بن غنام» فقط ومنهم ابن بشر، عنوان المجد، ج1، ص311؛ البغدادي، هدية العارفين (ذيل كشف الظنون)، م5، ص328. واحتار الزركلي في تثبيت اسمه «حسين بن غنـام (أو ابن أبي بكر بن غنام) مع أنه رتبه في أعلامه تحت حسين بن غنام. الزركلي، الأعلام، ج2ص251.

(10) آل مبارك، أحمد بن علي، علماء الأحساء ومكانتهم العلمية والأدبية، محاضرة منشورة في مجلة العرب، ج5و6 س7، 1982، ص373. أبو عيله، دراسة في مصادر تاريخ الجزيرة العربية، ص344.

(11) الأحسائي، تحفة المستفيد، ق1، ص41. وقد أورد الأحسائي العديد من العلماء الذين اشتهروا في هذه المدينة. انظر: الأحسائي، المرجع نفسه، ق2، ص102-105.

(12) جحّاف، درر نحور الحور العين (مقتطفات من كتابه منشورة في مجلة العرب) نشرها الجاسر بعنوان: «من تاريخ الدولة السعودية الأولى في المؤلفات اليمنية»، مجلة العرب، ج1و2، س29، 1994، ص80.

(13) آل مبارك، علماء الأحساء ومكانتهم العلمية والأدبية، مجلة العرب ج5 و6، س7، 1982، ص373. وحول العلماء انظر: الأحسائي، تحفة المستفيد، ق2، ص102-105.

(14) الأحسائي، المرجع نفسه، ق2، ص104.

(15) الجاسر، مؤرخو نجد، 1، مجلة العرب، ج9س5، 1971، ص792. انظر أيضًا: الشويعر، ابن غنام مؤرخ وتاريخ، مجلة الدارة ع1س4، 1978، ص32؛ الزركلي، الأعلام، ج2، ص251.

(16) آل مبارك، علماء الأحساء، مجلة العرب، ج5و6، 1982، ص373. الشيال، محاضرات عن الحركات الإصلاحية ومراكز الثقافة في الشرق الإسلامي الحديث، ج1، ص57؛ غرايبة، قيام الدولة السعودية العربية، ص97؛ أبو عليه، دراسة في مصادر تاريخ البلاد السعودية، ص344؛ أبو حاكمه، محاضرات في تاريخ شرق الجزيرة، ص7؛ كحالة، معجم المؤلفين، ج3، ص317.

(17) عبد اللطيف آل الشيخ، مشاهير علماء نجد، ص46.

(18) عبد اللطيف آل الشيخ، المرجع نفسه، ص86.

(19) ابن بشر، عنوان المجد، ج2، ص66-67.

(20) الفاخري، الأخبار النجدية، ص140؛ ابن بشر، عنوان المجد، ج1، ص311.

(21) البهكلي، نفح العود في سيرة الشريف حمود، تكملة عاكش الضمدي، ص280-281. وقد تبنى هذا الرأي البغدادي في هدية العارفين، م5، ص328. انظر أيضًا الشويعر، ابن غنام مؤرخ وتاريخ، مجلة الداره، ع1س4، ص1978م، ص34-35.

(22) الأحسائي، تحفة المستفيد، ق2، ص104. ولعل مما يؤيد ما ذهب إليه الأحسائي أن أحمد بن علي بن حسين بن مشرف ت1285هـ وتتلمذ على ابن غنام وهو مالكي المذهب. انظر الأحسائي، ق2، ص109. انظر أيضًا عبد الله آل الشيخ، مشاهير علماء نجد، ص85. انظر أيضًا : الجاسر، مؤرخو نجد، 1، مجلة العرب، ج9س5، 1971، ص792. الشبل هامش 1، 140 من كتاب الفاخري، الأخبار النجدية، انظر أيضًا الزركلي، الأعلام، ج2، ص251. وطربين، التاريخ والمؤرخون، ص139.

(23) الشويعر، د.محمد بن سعد. ابن غنام مؤرخ وتاريخ، مجلة الدارة ع1س4، 1978م، ص33-34.

(24) الفاخري، الأخبار النجدية، ص140.

(25) ابن غنام، تاريخ نجد، انظر أيضًا : البهكلي، نفح العود في سيرة الشريف حمود، ص280-281.

(26) آل مبارك، احمد بن علي، علماء الأحساء ومكانتهم العلمية والأدبية، مجلة العرب ج5و6، 1982، ص373. غرايبة، قيام الدولة السعودية، ص97. أبو عليه، دراسة في مصادر تاريخ الجزيرة ص344.

(27) ابن غنام، تاريخ نجد.

(28) ابن غنام، تاريخ نجد، الصفحات 97، 98، 110، 115، 149، 189. وهذه الصفحات على سبيل المثال وهناك إشارات كثيرة.

(29) ابن غنام، المصدر نفسه، ص149.

(30) ابن غنام، تاريخ نجد، ص195.

(31) ابن غنام، نفسه، الصفحات 120، 122، 145، 166، 167، 181.

(32) ابن غنام، م.ن، الصفحات 97، 118، 166-168.

(33) ابن بشر، عنوان المجد، ج1، ص228.

(34) ابن بشر، عنوان المجد، ج1، ص360.

(35) ابن حميد، محمد بن عبد الله النجدي المكي، ت1295هـ/ 1878م، السحب الوابلة على ضرائح الحنابلة، حققه وقدم له وعلق عليه بكر بن عبد الله أبو زيد، د.عبد الرحمن بن سليمان العثيمين، ط1، مؤسسة الرسالة، بيروت، 1996م، ج3، ص977. وسيشار له عند تكرار وروده ابن حميد، السحب الوابلة. وذكر ابن حميد في ترجمته أن ابن فيروز لم يكن على وفاق مع أتباع دعوة الشيخ محمد بن عبد الوهاب ويقول «فلهذا اتخذوه أكبر الأعداء، وكفّروه...فلما رأى هذا منهم...ارتحل بأهله وأولاده...إلى البصرة...ولما وصل البصرة تلقاه واليها عبد الله آغا بالإكرام والتعظيم...». والجدير بالذكر أن ابن حميد المؤلف كان من المتحاملين على دعوة الشيخ محمد بن عبد الوهاب. انظر: ابن حميد، السحب الوابلة، ج3، ص974.

(36) ابن بشر، عنوان المجد، ج1، ص220-221. وانظر أيضًا قصائد أخرى ص193-199.

(37) ابن بشر، المصدر نفسه، ج1، ص311.

(38) ابن بشر، م.ن، ج1، ص311.

(39) جحاف، درر نحور الحور العين، مجلة العرب، ج1 و2، 1994، ص80.

(40) البهكلي، نفح العود في سيرة الشريف حمود، ص280-281.

(41) الفاخري، الأخبار النجدية، ص140.

(42) ابن بشر، عنوان المجد، ج1، ص311.

(43) ابن بشر، المصدر نفسه، ج1، ص311، 316، 317؛ الأحسائي، تحفة المستفيد، ق2، ص104؛ البغدادي، هدية العارفين، م5، ص328؛ الزركلي، الأعلام، ج2، ص251؛ كحاله، معجم المؤلفين، م3، ص317.

(44) الفاخري، الأخبار النجدية، ص143.

(45) الأحسائي، تحفة المستفيد، ق2، ص104؛ العيسى، الحياة العلمية في نجد، ص263؛ الشبل، هامش(1) ص140 في كتاب الفاخري، الأخبار النجدية؛ طربين، التاريخ والمؤرخون، ص139.

(46) الجاسر، مؤرخو نجد من أهلها، مجلة العرب، ج9 س5، 1971، ص792-793.

(47) الشيال، محاضرات عن الحركات الإصلاحية ومراكز الثقافة في الشرق الإسلامي الحديث، ج1، ص57.

(48) الجاسر، مرجع سابق، ص792-794.

(49) الشويعر، ابن غنام مؤرخ وتاريخ، مجلة الدارة، ع1 س4، 1978، ص43. ولمزيد من التفاصيل حول اعتماد المؤرخين النجديين على ابن غنام انظر: الفصل الرابع، مصادر المؤرخين.

(50) ابن سند، عثمان النجدي الوائلي البصري ت1242هـ/ 1826م، تأريخ بغداد المسمى مطالع السعود في أخبار الوزير داود، صورة عن المخطوط محفوظة على شريط ميكروفيلم في مكتبة الجامعة الأردنية تحت رقم (956.082)، ورقة 144-145. وسيشار له عند تكرار وروده، ابن سند، مطالع السعود بطيب أخبار الوالي داود.

(51) ابن بشر، عنوان المجد، ج1، ص311. واعتُمد ما أورده ابن بشر من قبل المؤرخين الذين جاؤوا بعده، أما الفاخري الذي توفي سنة 1277هـ/ 1860م فقد ذكر وفاة ابن غنام ضمن حوادث سنة 1225هـ لكنه لم يجزم في ذلك وقال ربما تكون بالسنة التي بعدها يعني سنة 1226هـ. انظر: الفاخري، الأخبار النجدية، ص140.

(52) المصادر الأولى ذكرت وفاة ابن غنام دون الإشارة إلى مكانها. انظر: الفاخري، ص140، وابن بشر، ج1، ص311؛ الأحسائي، تحفة المستفيد، ق2، ص104. وذكرت بعض المراجع الحديثة أن وفاته كانت في

الدرعية. انظر: الزركلي، الأعلام، ج2، ص251. ومراجع أخرى ذكرت وفاته أنها في الأحساء في بلدة المبرز. انظر: آل مبارك، علماء الأحساء ومكانتهم العلمية والأدبية، مجلة العرب، ج5و6، س7، 1982، ص373. والبعض من المراجع اكتفى بذكر وفاته أنها في الأحساء. كحّاله، معجم المؤلفين، م3، ص317.

(53) عبد الغني، مصطفى، مؤرخو الجزيرة العربية في العصر الحديث، دار الموقف العربي، 1980، ص48-49. وسيشار له عند تكرار وروده، عبد الغني، المؤرخون في الجزيرة العربية.

(54) أبو عليه، دراسة في مصادر تاريخ الجزيرة العربية، ص347.

(55) مجهول، لمع الشهاب في سيرة الشيخ محمد بن عبد الوهاب، ص27.

(56) الجاسر، تاريخ الكويت، مجلة دراسات الخليج والجزيرة العربية، ع6 س2، 1976، ص153.

(57) مجهول، لمع الشهاب، ص140.

(58) الزركلي، الأعلام، ج4، ص206.

(59) الجاسر، مؤرخو نجد من أهلها، 2، مجلة العرب، ج10 س5، 1971، ص881.

(60) الجاسر، المرجع نفسه، ص881. انظر أيضًا غرايبة، قيام الدولة السعودية، ص99.

(61) طربين، د.أحمد، التاريخ والمؤرخون العرب في العصر الحديث، دراسة عن حركة التأليف التأريخي في أقطار الوطن العربي، دمشق، 1970م، ص127.وسيشار له عند تكرار وروده، طربين، التاريخ والمؤرخون.

(62) الدجيلي، كاظم، عثمان بن سند البصري، مجلة لغة العرب، ج4 س3، 1913، ص181.

(63) طربين، التاريخ والمؤرخون، ص127.

(64) الدجيلي، مرجع سابق، ص181.

(65) طربين، التاريخ والمؤرخون، ص127.

(66) البغدادي، هدية العارفين، م5، ص661.

(67) الدجيلي، عثمان بن سند البصري، ص181.

(68) طربين، المرجع السابق ص127.

(69) الدجيلي، المرجع السابق ص181.

(70) ابن حميد، السحب الوابلة، ج3، ص974-977.

(71) الدجيلي، ص181.

(72) الدجيلي، ص183-184.

(73) الجاسر، مؤرخو نجد، مرجع سابق، ص881.

(74) حول مؤلفات ابن سند انظر: البغدادي، هدية العارفين، م5، ص661؛ والدجيلي، مرجع سابق، ص183-185؛ الزركلي، الأعلام، ج4، ص206؛ طربين، التاريخ والمؤرخون، ص127-129.

(75) الدجيلي، عثمان بن سند البصري، ص185.

(76) الزركلي، الأعلام، ج4، ص206.

(77) ابن سند، مطالع السعود، مخطوط 600 ورقة؛ وانظر أيضًا: الدجيلي، ص184.

(78) ابن سند، المصدر نفسه، ورقة 18.

(79) ابن سند، م.ن، ورقة 25. وحول العلاقة بين ابن سند والوالي داود انظر: الفصل الثالث، دوافع المؤرخين، انظر ابن سند.

(80) الجاسر، مؤرخو نجد، ص881.

(81) مجهول، لمع الشهاب، ص114-125. وانظر أيضًا: الفاخري، الأخبار النجدية، ص152؛ ابن بشر، عنوان المجد، ج1، ص434. ولمزيد من التفصيلات انظر: رافق، العرب والعثمانيون، ص342؛ العثيمين، تاريخ المملكة العربية السعودية، ج1، ص151-168.

(82) الدجيلي، مرجع سابق، ص181. والكتاب المقصود في النص كتاب ابن سند مطالع السعود.

(83) البغدادي، هدية العارفين، م5، ص661؛ الدجيلي، ص186؛ غرايبة، قيام الدولة السعودية، ص99؛ الزركلي، الأعلام، ج4، ص206؛ طربين، التاريخ والمؤرخون، ص127؛ عبد الغني، مؤرخو الجزيرة، ص64.

(84) الجاسر، مؤرخو نجد من أهلها، مجلة العرب، ص881.

(85) الجاسر، مؤرخو نجد، ج9 س5، 1971، ص798.

(86) البسام، علماء نجد، ج1، ص236؛ الزركلي، الأعلام، ج2، ص273.

(87) البسام، المرجع السابق، ج1، ص237.

(88) الجاسر، مؤرخو نجد، ص798.

(89) البسام، علماء نجد، ج1، ص237.

(90) الزركلي، الأعلام، ج2، ص273.

(91) ابن لعبون، حمد بن محمد الوائلي الحنبلي النجدي، ت 1255هـ/ 1839م، تاريخ ابن لعبون، ط1، مطبعة أم القرى، مكة المكرمة، 1357هـ.وسيشار له عند تكرار وروده ابن لعبون، تاريخ ابن لعبون. انظر: الزركلي، الأعلام، ج2، ص273.

(92) الجاسر، حمد، جمهرة أنساب الأسر المختصرة في نجد، ط1، منشورات دار اليمامة للبحث والترجمة والنشر، الرياض، 1981، 2ج، ق2، ص755. وسيشار له عند تكرار وروده، الجاسر، جمهرة أنساب الأسر المتحضرة في نجد. وانظر أيضًا : الجاسر، تاريخ الفاخري الأخبار النجدية، مجلة العرب، ج5 و6، 1981، ص450-451.

(93) الجاسر، مؤرخو نجد، مجلة العرب، ج9 س5، 1971، ص798-799؛ وانظر أيضًا: الزركلي، الأعلام، ج2، ص273.

(94) الحنبلي، مثير الوجد، ص42.

(95) الجاسر، مؤرخو نجد، ص798. وذكر الجاسر أنه توفي سنة 1260. الأعلام، ج2، ص273.

(96) ابن عيسى، تاريخ بعض الحوادث، ص146.

(97) البسام، علماء نجد، ج3، ص922؛ الجاسر، تاريخ الكويت، مجلة دراسات الخليج، ع6 س2، 1976، ص148؛ الزركلي، الأعلام، ج6، ص318.

(98) البسام، مرجع سابق، ج3، ص922؛ وانظر أيضًا: الشبل، مقدمة التحقيق لكتاب الفاخري، ص30.

(99) الفاخري، الأخبار النجدية، دراسة وتحقيق وتعليق عبد الله بن يوسف الشبل، لجنة البحوث والتأليف والترجمة والنشر، 10.

(100) الشبل، مقدمة التحقيق لكتاب الفاخري، ص30.

(101) الجاسر، تاريخ الفاخري لا الأخبار النجدية، 2، مجلة العرب، ج7 و 8، 1981، ص556.

(102) الجاسر، المصدر نفسه، مجلة العرب، ج5و6، 1981، ص442-455.

(103) الفاخري، الأخبار النجدية.

(104) الفاخري، المصدر نفسه، ص184.

(105) البسام، علماء نجد، ج3، ص700؛ الجاسر، مؤرخو نجد، 2، مجلة العرب، ج1، س5، 1971، ص881-882؛ طربين، التاريخ والمؤرخون، ص141. وأخطأ فلبي في قوله أن ابن بشر ولد وعاش في شقراء واختلط عليه الأمر فيما يبدو فجعل مركز القبيلة التي انتسب إليها ابن بشر هي مكان مولده ونشأته، انظر فلبي، تاريخ نجد، ص20.

(106) الزركلي، الأعلام، ج4، ص209. ويبدو أن بكر شيخ أمين قد أخذ هذا الرأي عن الزركلي. انظر: بكر شيخ أمين، الحركات الأدبية، ص634.

(107) ابن بشر، عنوان المجد، ج2، ص78.

(108) ابن بشر، المصدر نفسه، ج2، ص8.

(109) ابن بشر، نفسه ج1، ص186.

(110) إبراهيم بن محمد بن عبد الوهاب، نقل إلى مصر وتوفي فيها بعد سنة 1251هـ/ 1835م. انظر: عبد الله آل الشيخ، مشاهير علماء نجد؛ وانظر أيضًا: هامش (2) ص190 من كتاب ابن بشر، عنوان المجد، ج1.

(111) كتاب ألفه الشيخ محمد بن عبد الوهاب وعنوانه الكامل: كتاب التوحيد فيما يجب من حق الله على العبيد؛ ابن بشر، عنوان المجد، ج1، ص191.

(112) ولد في ثادق عاصمة بلدان المحمل، قرأ على إبراهيم بن محمد بن عبد الوهاب، عُيِّن قاضيًا في عُمان ثم في بلدان سدير وعند قدوم إبراهيم باشا هرب إلى رأس الخيمة ثم عاد إلى قضاء سدير في عهد الإمام تركي وكان مدرسًا وواعظًا توفي في ولاية الإمام فيصل. انظر:البسام، علماء نجد، ج1، ص116؛حمد الجاسر، مؤرخو نجد، ج10، س5، 1971، ص881

(113) عثمان بن عبد العزيز بن منصور العمروي التميمي كان قاضيًا على سدير للإمام فيصل وتوفي سنة 1282هـ. انظر: ابن عيسى، تاريخ بعض الحوادث، ص176؛ البسام، علماء نجد، ج3، ص693-699.

(114) ابن بشر، عنوان المجد، ج1، ص26-27.

(115) ابن بشر، المرجع نفسه، ج1، ص128. وكان يطلق هذه العبارة في كل موضع يذكر فيه أتباع الحركة.

(116) ابن بشر، المصدر نفسه، ج1، ص141، 152، 154.

(117) ابن بشر، ج1، ص163.

(118) ابن بشر، عنوان المجد، ج1، ص138. وعلى سبيل المثال انظر: 148، 165، 166.

(119) ابن بشر، المصدر نفسه، ج1، ص166.

(120) ابن بشر، المصدر نفسه ج2، ص434.

(121) ابن بشر، المصدر نفسه ج1، ص361.

(122) أبو حاكمه، محاضرات في تاريخ شرق الجزيرة، ص10.

(123) ابن بشر، عنوان المجد، ج1، ص314-315.

(124) ابن بشر، المصدر نفسه ج1، ص348-350.

(125) ابن بشر، المصدر نفسه ج2، ص235-236.

(126) ابن بشر، عنوان المجد، ج2، ص256-257.

(127) ابن بشر، المصدر نفسه ج2، ص7.

(128) ابن بشر، المصدر نفسه ج2، ص7.

(129) ابن بشر، المصدر نفسه ج1، ص29. انظر أيضًا: الفصل الثالث: دوافع الكتابة التاريخية.

(130) المنقور، أحمد بن محمد بن أحمد بن حمد بن محمد، ت1125هـ/ 1656م، تاريخ الشيخ أحمد بن محمد المنقور، تحقيق عبد العزيز الخويطر، الرياض، (د.ن)، 1970.وسيشار له عند تكرار وروده، المنقور، تاريخ المنقور.

(131) الفاخري، الأخبار النجدية.

(132) ابن بشر، عنوان المجد، ج1، ص29.

(133) ابن بشر، عنوان المجد، ج1، ص209، 299، 331، 366، 379. وانظر أيضًا: ج2، ص82، 86، 139، وفي السوابق ضمن ج2، ص322، 346.

(134) السنيدي، عبد الرحمن حمد، الوجه الفلكي للمؤرخ النجدي عثمان بن عبد الله ابن بشر، مجلة الداره، ع3، 1986، ص8-25. وانظر أيضًا : البسام، علماء نجد، ج3، ص701؛ وانظر: الزركلي، الأعلام، ج4، ص209.

(135) ابن عيسى، عقد الدرر، ص69-70. انظر أيضًا حول وفاته: الشويعر، مخطوط عنوان السعد والمجد فيما استظرف من أخبار الحجاز ونجد، مجلة الداره، ع3، 1985، ص9. وقد ورد تناقض عند أحمد طربين في ذكر وفاة ابن بشر، ففي بداية حديثه عنه ذكر وفاته سنة 1288هـ، وفي ختام حديثه عنه ذكر أن وفاته سنة 1290هـ. انظر: طربين، التاريخ والمؤرخون، ص141وص144.

(136) الزركلي، الأعلام، ج4، ص209.

(137) البسام، علماء نجد، ج3، ص862.

(138) ولعل أصحاب هذا الرأي اعتمدوا على ما أورده تلميذ ابن حميد صالح بن عبد الله البسام. انظر ترجمته في السحب الوابلة، ج1، ص626. وقد أورد ما ذكره البسام محققًا كتاب ابن حميد، بكر بن عبد الله أبو زيد، ود.عبد الرحمن سليمان العثيمين. انظر مقدمة التحقيق، السحب الوابلـة، ج1، ص18-19. انظر أيضًا : الجاسر، مؤرخو نجد من أهلها، 2، مجلة العرب، ج10، س5، ص884؛ الهيله، التاريخ والمؤرخون، ص421؛ البلادي، نشر الرياحين، ج2، ص623؛ الزركلي، ج6، ص243.

(139) انفرد البسام بالقول أن ابن حميد ولد في سنة 1232. انظر: البسام، علماء نجد، ج3، ص862.

(140) البسام، المرجع نفسه، ج3، ص862.

(141) ابن حميد، السحب الوابلة، ج2، ص226-633. وانظر أيضًا حول وفاته: ابن عيسى، تاريخ بعض الحوادث، ص177.

(142) ابن حميد، المصدر نفسه، ج2، ص630.

(143) شرح المنتهى، واسمه: دقائق أولي النهى لشرح المنتهى، ألّفه منصور بن يونس بن صلاح الدين بن حسن البهموتي شيخ الحنابلة بمصر ت1051. وانظر: البغدادي، هدية العارفين، م6، ص476. والكتاب شرح على منتهى الإرادات في فقه الحنابلة لتقي الدين محمد بن شهاب الدين أحمد بن النجار الفتوحي، الحنبلي. انظر: كشف الظنون، م2، ص1853.

(144) المنتقى، لعله المنتقى في الحديث للشيخ مجد الدين وشرح أبو العباس أحمد بن الحسن بن قاضي الجبل الحنبلي ت771 وسماه قطر الغمام في شرح أحاديث الأحكام، انظر:حاجي خليفة، كشف الظنون، م2، ص1851.

(145) شرح مختصر التحرير، لعله شرح على تحرير المنقول وتهذيب الأصول للشيخ علاء الدين أبي الحسن علي بن سليمان بن أحمد بن محمد المرداوي الحنبلي المتوفى 885هـ. حاجي خليفة، كشف الظنون، م1، ص357. وانظر أيضًا: البغدادي، إيضاح المكنون، الذيل على كشف الظنون، م4، ص450.

(146) السفاريني، لعله شمس الدين أبو العون محمد بن أحمد بن سالم بن سليمان، فقيه حنبلي نشأ بنابلس وتوفي فيها سنة 1188هـ. له من التصانيف: الأجوبة النجدية عن الأسئلة النجدية؛ البغدادي، هدية العارفين، الذيل على كشف الظنون، م6، ص340.

(147) ابن حميد، السحب الوابلة، ج2، ص631.

(148) ابن حميد، المصدر نفسه، ج3، ص955.

(149) ابن حميد، نفسه، ج2، ص446.

(150) ابن حميد، نفسه، ج2، ص447.

(151) ولد في الزبير وهو تميمي نجدي ولد حوالي سنة 1180هـ/ 1766م، وتوفي عام 1261هـ/ 1845م. انظر: ابن حميد، السحب الوابلة، ج2، ص909-913.

(152) ابن حميد، المصدر نفسه، ج1و2و3.

(153) البسام، علماء نجد، ج3، ص863؛ الزركلي، الأعلام، ج6، ص243؛ البلادي، نشر الرياحين، ج2، ص623.

(154) الحبيب الهيله، التاريخ والمؤرخون، ص421.

(155) البسام، علماء نجد ج3، ص863؛ الهيله، ص421.

(156) البسام، علماء نجد ج3، ص865-866.

(157) ابن حميد، السحب الوابلة، ج2، ص630و675-680، وج3 ص973-974.

(158) ابن حميد، المصدر نفسه، ج2، ص687 - 693، 909 - 913. وج3، ص969-980.

(159) الجاسر، مؤرخو نجد من أهلها، 2، مجلة العرب، ج10، س5، ص885.

(160) ابن حميد، السحب الوابلة على ضرائح الحنابلة، ثلاثة أجزاء محققة.

(161) البغدادي، هدية العارفين، الذيل على كشف الظنون، م5، ص527.

(162) الخلوتي، لعله البهوتي، المنصور بن يونس بن صلاح الدين بن حسن بن أحمد بن علي بن إدريس شيخ الحنابلة بمصر المتوفى سنة 1051هـ. انظر: البغدادي، هدية العارفين، م6، ص476.

(163) بغية الوعاة في طبقات اللغويين والنحاة، ألفه عبد الرحمن بن أبي بكر السيوطي ت 911هـ. انظر البغدادي، م5، ص536.

(164) حول مؤلفات ابن حميد انظر: مقدمة تحقيق كتاب ابن حميد السحب الوابلـة، ج1، ص56-67. وانظر أيضًا : البلادي، نشر الرياحين، ج2، ص623؛ الهيله، التاريخ والمؤرخون، ص422؛ البسام، علماء نجد، ج3، ص868؛ الجاسر، «مؤرخو نجد...»، 1، مجلة العرب، ج9 س5، 1971، ص791-792. وانظر أيضًا: الزركلي، الأعلام، ج6، ص243.

(165) مقدمة التحقيق لكتاب ابن حميد: السحب الوابلة، ج1، ص56.

(166) البسام، ج3، ص868؛ الجاسر، مؤرخو نجد، ص884؛ البلادي، نشر الرياحين، ج2، ص623؛ الهيله، التاريخ والمؤرخون، ص421.

(167) الجاسر، مؤرخو نجد من أهلها، 2، مجلة العرب، ج10، س5، ص1971، ص85.

(168) البسام، علماء نجد، ج1، ص117؛ وانظر أيضًا : الزركلي، الأعلام، ج1، ص44.

(169) ابن عيسى، عقد الدرر، ص16.

(170) طربين، التاريخ والمؤرخون، ص144.

(171) الجاسر، مؤرخو نجد، مرجع سابق، ص886.

(172) انظر حول ابن غنام وابن بشر الصفحات السابقة من هذا الفصل والفصل الثالث الخاص بدوافع المؤرخين.

(173) ابن عيسى، عقد الدرر، ص7.

(174) البسام، علماء نجد، ج1، ص118-119.

(175) ابن عيسى، عقد الدرر، ص33، 38، 39، 48.

(176) ابن عيسى، المصدر نفسه، ص34، 39.

(177) ابن عيسى، المصدر نفسه، ص34.

(178) ابن عيسى، نفسه ص44، 51.

(179) ابن عيسى، نفسه ص44، 51.

(180) ابن عيسى، نفسه ص34.

(181) ذكر الجاسر والبسام أن أعيان عنيزة طلبوا من الأمير محمد بن عبد الله آل رشيد لما سيطر على القصيم أن يعين عليهم ابن عيسى قاضيًا وخطيبًا وإمامًا فرفض ابن عيسى ذلك. انظر: الجاسر، مؤرخو نجد، ص886؛ والبسام، علماء نجد، ج1، ص124.

(182) النجدي، العقود الدرية، مخطوط ورقة 110.

(183) ابن عيسى، تاريخ بعض الحوادث الواقعة في نجد، ص99.

(184) البسام، علماء نجد، ج1، ص123.

(185) الجاسر، مؤرخو نجد، ص886؛ البسام، ج1، ص125؛ الزركلي، الأعلام، ج1، ص44؛ طربين، التاريخ والمؤرخون، ص144.

(186) الخرساني، مقدمة تحقيق كتاب الموسوي، نزهة الجليس، ج1، ص4، 12.

(187) الموسوي المكي، نزهة الجليس ومنية الأديب الأنيس، ج1، ص15.

(188) الموسوي، المصدر نفسه، ص15.

(189) الموسوي، نفسه ص15.

(190) الموسوي، نفسه ص17.

(191) انظر حول البلدان التي زارها في رحلاتها ووصفها: الموسوي، نزهة الجليس، ج1 و2.

(192) الموسوي، نزهة الجليس، ج2، ص494.

(193) زبارة، نشر العرف، م2، ص16.

(194) الموسوي، نزهة الجليس، ج1، ص20-21.

(195) الموسوي، نفسه ج1، وج2. انظر مثلًا ج2، ص487.

(196) الموسوي، نفسه ج1، ص19.

(197) وقد ذكره في كتابه نزهة الجليس، ج1، ص60-61، 104. انظر أيضًا زباره، نشر العرف، م2، ص16. وانظر أيضًا حول مؤلفاته: السيد، مصادر تاريخ اليمن، ص266-267.

(198) الطهراني، آقا برزك، الذريعة إلى تصانيف الشيعة، ط3، دار الأضواء، بيروت، 1983م، ج1، ص533 و536. وسيشار له عند تكرار وروده، الطهراني، الذريعة

(199) وقد ذكر السيد في مصادر تاريخ اليمن ص266 أن الموسوي المكي توفي بعد سنة 1148هـ، ولم يذكر زباره وفاته وكل ما ذكره أنه فرغ من تأليف كتابه نزهة الجليس سنة 1148هـ. زباره، م2، ص17 أقام محقق كتاب الموسوي المكي نزهة الجليس، فقد ذكر أن وفاته كانت سنة 1180هـ.

(200) الأنصاري، تحفة المحبين والأصحاب في معرفة ما للمدنيين من أنساب، ص27. ولم يكن دقيقًا ما أورده مؤلف مجهول في كتابه تراجم أعيان المدينة المنورة في القرن الثاني عشر الهجري، حيث ذكر أن مولد الأنصاري كان سنة 1125هـ. انظر: مجهول، تراجم أعيان المدينة المنورة في القرن الثاني عشر الهجري، حققه وعلق عليه محمد التونجي، ط1، دار الشروق، ص54. انظر أيضًا حول ترجمة الأنصاري: المرادي، سلك الدرر، ج2، ص304؛ البغدادي، هدية العارفين، م5، ص555؛ الزركلي، الأعلام، ج4، ص83؛ كحاله، معجم المؤلفين، م5، ص146؛ وانظر أيضًا السيد، مصادر تاريخ اليمن، ص277.

(201) الأنصاري، تحفة المحبين، ص20.

(202) الأنصاري، المصدر نفسه، ص192-193.

(203) الأنصاري، تحفة المحبين، ص421؛ وانظر: ص437.

(204) مجهول، تراجم أعيان المدينة المنورة، ص54.

(205) الأنصاري، تحفة المحبين، ص266.

(206) الأنصاري، المصدر نفسه، ص182.

(207) الأنصاري، نفسه ص71.

(208) الأنصاري، نفسه ص335، 364.

(209) الأنصاري، نفسه ص459. وذكر القنوجي في أبجد العلوم محمد أبو طاهر باسم أبو طاهر محمد بن إبراهيم الكردي المدني، لبس الخرقة من أبيه، ت سنة 1145هـ. انظر القنوجي، صدّيق بن حسن، ت1317هـ/ 1889م، أبجد العلوم الوشي المرقوم في بيان أحوال العلوم، أعدّه للطبع ووضع فهارسه عبد الجبار زكار، منشورات وزارة الثقافة والإرشاد القومي، دمشق، 1987، ج3، ص167. وسيشار له عند تكرار وروده، القنوجي، أبجد العلوم.

(210) الخرقة، قطعة من اللباس مرقعة (كما في المنتخب)، وعند الصوفية لباس يرتديه الصوفية وهو قسمان أحدهما ذلك الذي يلبسه الشائخ للسالكين بعد التربية التامة. ويسمى بخرقة الإرادة والتصوف، والثاني الذي يلبسونه للسالك بداية أمره حتى يبتعد ببركته عن المعاصي، ويسمى بخرقة التبرك والتشبه فالمريد في خرقة التشبه مريد رسمي، وفي خرقة التصوف مريد حقيقي، كذا في مجمع السلوك، كشاف مصطلحات الفنون، ص444؛ علي الشابي، انظر هامش ص28 من كتابي الأنصاري تحفة المحبين.

(211) الأنصاري، تحفة المحبين، ص27.

(212) الأنصاري، المصدر نفسه، ص27.

(213) لم يذكر الأنصاري السنة التي بدأت مجاورته فيها بمكة التي استمرت 17 عامًا وكان قد أشار في أحد مواضع كتابه أنه سافر إلى مكة سنة 1143هـ. انظر الأنصاري، تحفة المحبين، ص154 و 314.

(214) الأنصاري، تحفة المحبين، ص28.

(215) الشوكاني، البدر الطالع، ج1، ص310، 313.

(216) الأنصاري، تحفة المحبين، ص28.

(217) البغدادي، هدية العارفين، م5، ص555؛ الزركلي، الأعلام، ج3، ص311.

(218) الأنصاري، تحفة المحبين والأصحاب في معرفة ما للمدنيين من أنساب. وقد ذكر الزركلي الكتاب في الأعلام ج3، ص311. وصاحب معجم ما ألف عن المدينة المنورة، مجلة العرب، ج1و2، س31، 1995/ 1996، ص75؛ والسيد، مصادر تاريخ اليمن، ص277. واكتفت بعض المراجع الأخرى بالإشارة إلى

كتاب الأنصاري في النسب دون ذكر عنوانه مثل البغدادي في هدية العارفين، م5، ص555؛ وكحاله، معجم المؤلفين، م5، ص146.

(219) معجم ما ألف عن المدينة المنورة (1)، مجلة العرب، ج1و2، س31، 1995/ 1996، ص75.

(220) الأنصاري، تحفة المحبين، ص8.

(221) الأنصاري، المصدر نفسه، ص105، 134، 206.

(222) الأنصاري، نفسه، ص206.

(223) الأنصاري، نفسه، ص206.

(224) الأنصاري، نفسه ص28، وقد ذكر الرحلة: السيد، مصادر تاريخ اليمن، ص277، ولم ترد لا عند الزركلي ولا عند كحّاله.

(225) الأنصاري، نفسه ص28.

(226) الأنصاري، نفسه ص507-508. وقد اعتمد هذا التاريخ الزركلي، ج3، ص311؛ والسيد، مصادر تاريخ اليمن، ص277؛ وصاحب معجم ما ألف عن المدينة المنورة، ص75. في حين ذكرت مراجع أخرى وفاته بأنها سنة 1195هـ. وربما تكون هذه المراجع قد اعتمدت ما أورده مؤلف مجهول، تراجم أعيان المدينة المنورة، ص54. انظر أيضًا : البغدادي، هدية العارفين، م5، ص555؛ وكحّاله، معجم المؤلفين، م5، ص146.

(227) البغدادي، هدية العارفين، م5، ص191.

(228) الزركلي، الأعلام، ج1، ص130.

(229) البلادي، نشر الرياحين في تاريخ البلد الأمين، ج1، ص27.

(230) البغدادي، هدية العارفين م5، ص191.

(231) البلادي، نشر الرياحين ج1، ص27.

(232) الزركلي، الأعلام، ج1، ص130.

(233) طربين، التاريخ والمؤرخون، ص155.

(234) الكتاب مطبوع في القاهرة سنة 1306هـ، انظر دحلان، تاريخ الدول الإسلامية في الجداول المرضية.

(235) الكتاب مطبوع في القاهرة سنة 1305 ومطبوع أيضًا في مكة، ومنه نسخة حديثة الطبع في بيروت.

(236) وقد طبعت السيرة بالقاهرة ببولاق سنة 1292هـ في جزئين.

(237) هذه الألفية في النحو والتصريف والخط للسيوطي ت911هـ. وجمع فيها بين ألفية ابن مالك في النحو المتوفى سنة 672هـ. وألفية ابن معط في النحو وت628هـ. انظر حاجي خليفة، كشف الظنون، م1، ص151-157، وشرح ألفية في البيان للسيوطي محمد عثمان بن محمد المحجوب المكي الميرغني وقد تكون الفوائد التي وضعها دحلان على هذه الألفية، البغدادي، م5، ص121.

(238) الآجرومية، في النحو لمحمد بن محمد بن داود الصنهاجي ت682هـ، وعليها شروح وحواشي، خليفة، م2، ص1792.

(239) منهاج العابدين، نسب إلى محمد بن محمد الغزالي، ت505؛ حاجي خليفة، الكشف، م2، ص1876-1877.

(240) انظر حول مؤلفات دحلان، البغدادي، هدية العارفين، م5، ص191؛ الزركلي، الأعلام، ج1، ص129-130؛ البلادي، نشر الرياحين، ج1، ص27-28؛ طربين، التاريخ والمؤرخون ص155-156.

(241) دحلان، أمراء البلد الحرام، ص5.

(242) عاصر دحلان عددًا ممن تولى الإمارة في مكة منهم الشريف محمد بن عون ت1274هـ والشريف عبد

المطلب ابن غالب ت بعد 1299هـ. والشريف عبد الله باشا عون ت1294 والشريف حسين باشا ابن عون ت سنة 1297هـ، وآخرهم الشريف عون الرفيق الذي تولى في مكة سنة 1299هـ. انظر دحلان، تاريخ الدولة الإسلامية، ص163-165. وأورد طربين أن الشريف عون الرفيق لما هاجر إلى المدينة لمناهضة الوالي العثماني عام 1886 كان بصحبته دحلان. طربين؛ ص154.

(243) دحلان، تاريخ الدول الإسلامية، ص163.

(244) دحلان، أمراء البلد الحرام، ص325-326.

(245) دحلان، المصدر نفسه، ص282-322.

(246) دحلان، الدولة العثمانية، ص299-240. ونشرت أيضًا ضمن مجموعة من الرسائل المعارضة لدعوة الشيخ محمد بن عبد الوهاب بعنوان فتنة الوهابية، ويليه الصواعق الإلهية ويليهما سيف الجبار، اعتنى بطبعه طبعة جديدة بالأوفست حسين حلمي بن سعيد استانبولي، استانبول، 1983م. ويبدو أن العنوان الصحيح لرسالة دحلان ما أورده البغدادي: الدرر السنية في الرد على الوهابية، البغدادي، م5، ص191.

(247) انظر حول هذه الأحداث وتفسيرها من خلال الرؤيا والكرامات وآراء المنجمين: دحلان، تاريخ الدول الإسلامية، ص11، 25-26، 31، 87-88، 112-113، 121.

(248) البغدادي، هدية العارفين، م5، ص191؛ الزركلي، الأعلام، ج1، ص130؛ انظر أيضًا : البلادي، نشر الرياحين، ج1، ص28؛ طربين، التاريخ والمؤرخون، ص154.

(249) القيسي، مقدمة تحقيق كتاب الأزكوي، كشف الغمة، ص12.

(250) الأزكوي، كشف الغمة الجامع لأخبار الأمة، وقد حقق قسمًا منه عبد المجيد حسيب القيسي ونشره بعنوان، تاريخ عُمان المقتبس من كتاب كشف الغمة الجامع لأخبار الأمة، ص133.

(251) عمر، د.فاروق، الإمامة الإباضية في عُمان، دراسة تاريخية لأحوال عُمان في ظل الأئمة الإباضية في الحقبة من منتصف القرن الثاني الهجري/ الثامن الميلادي حتى منتصف القرن السادس الهجري/ الثاني عشر الميلادي، جامعة آل البيت، المفرق - الأردن، 1997، ص15-16. وسيشار له عند تكرار وروده، فاروق عمر، الإمامة الإباضية في عُمان.

(252) ابن رزيق، الفتح المبين، ص247، 249، 260.

(253) السالمي، عبد الله بن حميد بن سلوم، ت1332هـ/ 1914م، تحفة الأعيان بسيرة أهل عُمان، ط5، - د.م، ود.ن، 1974؛ نسخة أخرى د.م، د.ن، 1981، 2ج، ج1، ص352، 371، 374. وسيشار له عند تكرار وروده، السالمي، تحفة الأعيان.

(254) الأزكوي، كشف الغمة، ص15-16. وانظر حول دوافعه في الكتابة التاريخية الفصل الثالث.

(255) الأزكوي، المصدر نفسه، ص96.

(256) مجهول لعله (المعولي)، قصص وأخبار جرت في عُمان، تحقيق عبد المنعم عامر، مقدمة التحقيق، ص7.

(257) مقدمة تحقيق قصص وأخبار جرت بعُمان، ص6.

(258) مقدمة تحقيق كتاب كشف الغمة، ص12.

(259) فاروق عمر، الإمامة الإباضية في عُمان، ص17.

(260) مجهول، قصص وأخبار جرت في عُمان، ص148-150.

(261) ابن رزيق، الفتح المبين، ص386.

(262) انظر: المصادر المكتوبة، الفصل الرابع.

(263) قارن أيضًا بين الكتابين: الأزكوي، كشف الغمة؛ و مجهول (المعولي)، قصص وأخبار جرت بعُمان.
(264) انظر: ابن رزيق، الفتح المبين؛ والسالمي، تحفة الأعيان.
(265) مقدمة التحقيق لكتاب مؤلف مجهول، تاريخ أهل عُمان، ص8.
(266) فاروق عمر، الإمامة الإباضية، ص7.
(267) فاروق عمر، المرجع نفسه، ص99.
(268) مقدمة تحقيق كتاب الأزكوي، ص12.
(269) وحول التطابق في المادة التاريخية والمقارنة بين الكتب الثلاث انظر: الفصل الرابع من هذه الدراسة.
(270) ابن رزيق، حميد بن محمد، ت1274هـ/ 1857م، بدر التمام في سيرة السيد الهمام سعيد بن سلطان، ملحق بكتاب ابن رزيق الفتح المبين، تحقيق عبد المنعم عامر ود.محمد مرسي عبد الله، وزارة التراث القومي والثقافة، سلطنة عُمان، 1973، ص562. وسيشار له عند تكرار وروده، ابن رزيق، البدر التمام، الملحق بكتابه الفتح المبين.
(271) عبد المنعم عامر ومحمد موسى عبد الله، مقدمة تحقيق كتاب ابن رزيق، الفتح المبين ص(هـ- ز).
(272) ابن رزيق، الفتح المبين، ص386.
(273) توفي الإمام سيف بن سلطان سنة 1123هـ، ابن رزيق، الفتح المبين، ص295.
(274) الآية 181 من سورة البقرة انظر ابن رزيق، الفتح المبين، ص352.
(275) توفي الإمام سلطان بن أحمد بن سعيد 1207هـ، ابن رزيق، ص441.
(276) ابن رزيق، الفتح المبين، ص352.
(277) ابن رزيق، المصدر نفسه، ص331-335، 351، 365، 418-431.
(278) ابن رزيق، الفتح المبين، ص454.
(279) ابن رزيق، نفسه ص441.
(280) ابن رزيق، نفسه ص455. وانظر أيضًا حول هذه العلاقة، ص445-451.
(281) ابن رزيق، نفسه ص418-419.
(282) ابن رزيق، نفسه ص347، 350، 365. ولمزيد من المعلومات انظر: الفصل الرابع، مصادر المؤرخين.
(283) ابن رزيق، نفسه ص352.
(284) ابن رزيق، نفسه ص213.
(285) ابن رزيق، بدر التمام في سيرة السيد سعيد بن سلطان، ملحق بكتاب الفتح المبين، ص459-465.
(286) ابن رزيق، الفتح المبين، ص352.
(287) قاسم، جمال زكريا، دولة بوسعيد في عُمان وشرق إفريقيا 1741-1861، مكتبة القاهرة الحديثة، 1968، ص283. وسيشار له عند تكرار وروده، قاسم، دولة بوسعيد في عُمان وشرق إفريقيا.
(288) ابن رزيق، بدر التمام، ص562.
(289) ابن رزيق، الفتح المبين، ص445.
(290) ابن رزيق، المصدر نفسه، ص477، 480، 482، 519، 520، 523.
(291) ابن رزيق، نفسه، ص514.
(292) ابن رزيق، الشعاع الشائع باللمعان في ذكر أئمة عُمان، وزارة التراث القومي، 1978م. وسيشار له عند تكرار وروده، ابن رزيق، الشعاع الشائع.

(293) ابن رزيق، حميد بن محمد ت بعد 1274هـ/ 1857م، الصحيفة القحطانية، نسخة من المخطوطة محفوظة في مكتبة أكسفورد ببريطانيا تحت رقم S3 1261، لدى الباحث صورة عن المخطوط. وسيشار له عند تكرار وروده، ابن رزيق، الصحيفة القحطانية، مخطوط.

(294) ابن رزيق، بدر التمام، ص553-562.

(295) السالمي، تحفة الأعيان، ج2، ص64.

(296) ابن رزيق، الفتح المبين، حققه عبد المنعم عامر ومحمد مرسى عبد الله، نشرته وزارة التراث القومي، مسقط، 1977.

(297) الكتاب محقق مع كتاب الفتح المبين وقد ألحق فيه ص459-565.

(298) ابن رزيق، بدر التمام، ص459.

(299) ابن رزيق، الشعاع الشائع باللمعان في ذكر أئمة عُمان، تحقيق عبد المنعم عامر، وزارة التراث القومي 1978.

(300) الصحيفة القحطانية، ذكر الدكتور فاروق عمر أنها مخطوطة موجودة في (روس هوس، أكسفورد) إنكلترا. ولدى الباحث صورة عنها. أما الصحيفة العدنانية فهي أيضًا مخطوطة موجودة في المكتبة البريطانية بلندن. انظر: فاروق عمر، الإمامة الإباضية في عُمان، ص97.

(301) ابن رزيق، الفتح المبين، ص225، 249.

(302) ابن رزيق، المصدر نفسه، ص455.

(303) عبد المنعم عامر ومرسي عبد الله، مقدمة التحقيق لكتاب الفتح المبين، ص7.

(304) ابن رزيق، بدر التمام، ص562. وانظر أيضًا: فاروق عمر، الإمامة الإباضية، ص98.

(305) الزركلي، الأعلام، ج4، ص84.

(306) مقدمة تحقيق كتاب السالمي، معارج الآمال على مدارج الكمال بنظم مختصر الخصال، تحقيق محمد محمود إسماعيل، وزارة التراث القومي والثقافة، سلطنة عُمان، 1983، ص3.

(307) السالمي، تحفة الأعيان، ج1، ص4-5.

(308) السالمي، اللمعة المرضية في أشعة الإباضية، ص8.

(309) السالمي، تحفة الأعيان، ج2، ص330 وص329.

(310) جمال زكريا قاسم، دولة بوسعيد، ص283. انظر أيضًا: مصطفى عبد الغني، مؤرخو الجزيرة، ص107-108؛ وانظر أيضًا: عُمان تاريخًا وعلماءً، ترجمة محمد أمين عبد الله من مصادر أجنبية، 1980، ص37-38.

(311) محمد محمود إسماعيل، مقدمة التحقيق لكتاب السالمي، معارج الآمال على مدارج الكمال بنظم مختصر الخصال، ص6-7. انظر أيضًا: الزركلي، الأعلام، ج4، ص84.

(312) السالمي، تحفة الأعيان، ج2، ص194-199، 265-269، 278، 290.

(313) السالمي، المصدر نفسه، ج2، ص332.

(314) السالمي، نفسه، ج2، ص329.

(315) فاروق عمر، الإمامة الإباضية في عُمان، ص18.

(316) الزركلي، الأعلام، ج4، ص84.

(317) الروضة، قال عنها الحجري: «أم قرى بني الحارث شمال صنعاء». الحجري، مجموع بلدان اليمن، م1، ح2، ص373.

(318) الشوكاني، البدر الطالع، ج2، ص77.

(319) البغدادي، هدية العارفين، م6، ص5.

(320) الشوكاني، البدر الطالع، ج1، ص19.

(321) زباره، نشر العرف، م2، ص408.

(322) الشوكاني، البدر الطالع، ج2، ص76-77.

(323) من ترجمة الحوثي، في كتابه نفحات العنبر أوردها زباره في كتابه نشر العرف، م2، ص409.

(324) زباره، نشر العرف، م2، ص409.

(325) الشوكاني، البدر الطالع، ج1، ص42-44.

(326) الشوكاني، البدر الطالع، ج1، ص225-226.

(327) الشوكاني، المصدر نفسه، ج1، ص310-312.

(328) البغدادي، هدية العارفين، م6، ص5.

(329) من ترجمة الحوثي، انظر زباره، نشر العرف، م2، ص409.

(330) زباره، نشر العرف، م2، ص410.

(331) الحبشي، مقدمة تحقيق كتاب أبي طالب: تاريخ اليمن، ج1، ص8-9؛ وانظر أيضًا: الحبشي، مصادر تاريخ اليمن، ص447-448.

(332) من الكتاب نسخة مخطوطة بجامع صنعاء، برقم 1936.

(333) مخطوط موجود بمكتبة المتحف البريطاني برقم 3822.

(334) مخطوط في مكتبة علي بن أحمد بن أبي الرجال.

(335) مخطوط موجود في مكتبة علي أميري، برقم 2381.

(336) أقراط اللجين، مخطوط موجود بمكتبة المتحف البريطاني برقم 2823.

(337) منه مخطوط بمكتبة يابيل برقم 1310، نسخة مصورة بمكتبة الدكتور حسين العمري.

(338) منه نسخة خطية بخط المؤلف بجامع صنعاء وأخرى بدار الكتب المصرية.

(339) مخطوط موجود بمكتبة ليدن برقم 401.

(340) مخطوط بمكتبة الأمبر وزيانا، 123 A. وانظر حول هذه المؤلفات وأماكن وجودها مقدمة التحقيق، ج1، ص8-9 ومصادر تاريخ اليمن.

(341) مخطوط بمكتبة المتحف البريطاني برقم 2823. وانظر حول مؤلفات أبو طالب الروضي في المصادر والمراجع التي ترجمت له ومنها، الشوكاني، البدر الطالع، ج2، ص76-77؛ زباره، نشر العرف، م2، ص409؛ والبغدادي، هدية العارفين، م6، ص5؛ العمري، مصادر التراث اليمني، ص117-118؛ والسيد، مصادر تاريخ اليمن، ص270-272؛ الزركلي، الأعلام، ج5، ص285-286.

(342) الشوكاني، البدر الطالع، ج2، ص77.

(343) الحبشي، مقدمة التحقيق لكتاب أبو طالب، تاريخ اليمن، ج1، ص9-10.

(344) الشوكاني، البدر الطالع، ج2، ص76-77.

(345) زباره، نشر العرف، م2، ص412.

(346) البغدادي، هدية العارفين، م6، ص5.

(347) الزركلي، الأعلام، ج5، ص285؛ العمري، مصادر تاريخ اليمن، ص117؛ والسيد، مصادر تاريخ اليمن، ص270.

(348) الشوكاني، البدر الطالع، ج2، ص60؛ انظر أيضًا زباره، نيل الوطر، ج2، ص189. وذكر تلميذ جحاف عاكش الضمدي، أنه ولد سنة 1179، وقد انفرد في هذا الخبر. انظر عاكش الضمدي، حدائق الزهر، مخطوط، ورقة 125

(349) الشوكاني، البدر الطالع، ج2، ص68-69.

(350) الشوكاني، المصدر نفسه، ج1، ص360-361.

(351) عاكش الضمدي، الحسن بن أحمد بن عبد الله ت1289هـ/ 1872م، حدائق الزهر في ذكر الأشياخ أعيان الدهر، صورة عن نسخة الشيخ يحيى بن أحمد عاكش محفوظة في دارة الملك عبد العزيز تحت رقم 502، الرياض.وسيشار له عند تكرار وروده ، عاكش الضمدي، حدائق الزهر، ورقة 125.

(352) الشوكاني، البدر الطالع ج2، ص60؛ انظر أيضًا: عاكش، حدائق الزهر، ورقة 125.

(353) الشوكاني، المصدر السابق ج1، ص416-420.

(354) الشوكاني، المصدر نفسه ج2، ص53-54 وص60.

(355) الشوكاني، نفسه ج1، ص17-18 وج2، ص60.

(356) الشوكاني، نفسه ج1، ص469، وج2، ص60.

(357) الشوكاني، نفسه ج2، ص215.

(358) مجهول، حوليات يمانية، ص65؛ وانظر أيضًا: زباره، نيل الوطر، م2، ص302.

(359) نسيلة من درر نحور الحور العين لجحاف. انظر: العمري، حسين، الإمام الشوكاني في تراجم معاصريه، مجلة دراسات يمنية، ع13، 1983، ص194-104؛ انظر النص ص96.

(360) الشوكاني، البدر الطالع، ج2، ص60-61.

(361) الشوكاني، المصدر نفسه، ج2، ص62.

(362) الشوكاني، نفسه، ج1، ص77-79.

(363) الشوكاني، نفسه ج1، ص377.

(364) الشوكاني، نفسه ج2، ص69.

(365) الشوكاني، نفسه ج2، ص70-71.

(366) عاكش الضمدي، حدائق الزهر، ورقة 125-128. انظر أيضًا: زباره، نيل الوطر، م2، ص189-191.

(367) العمري، مدرسة الشوكاني في كتابة التاريخ، مجلة دراسات يمنية، ع32، 1988، ص57-58؛ انظر أيضًا: نصوص يمنية عن الحملة الفرنسية، استلها الدكتور سيد مصطفى سالم من كتاب جحّاف درر نحور الحور العين.

(368) من كتاب جحاف، درر نحور الحور العين...؛ الجاسر، من تاريخ الدولة السعودية الأولى في المؤلفات اليمنية، مجلة العرب، ج1، 2س29 شباط 1994، ص81-82.

(369) من كتاب جحاف، المرجع السابق، مجلة العرب، ج3، 4س27، 1992، ص233. انظر: أيضًا ج11، 12 س27، 1992، ص815. وج1، 2س28، 1993، ص73.

(370) من كتاب جحاف، مجلة العرب، ج9، 10 س28، 1993، ص649.

(371) من كتاب جحاف، مجلة العرب، ج11، 12 س28، 1993، ص806.

(372) من كتاب جحاف، مجلة العرب، ج5، 6 س29، 1994، ص356.

(373) من كتاب جحاف، مجلة العرب، ج11، 12 س27، 1992، ص815.

(374) عاكش الضمدي، حدائق الزهر، ورقة 125.

(375) زباره، نيل الوطر، ج2، ص189-191. انظر أيضًا: المراجع الحديثة التي نقلت على ما يبدو عن زباره الذي بدوره نقل عن عاكش الضمدي: العمري، مدرسة الشوكاني في كتابة التاريخ، مجلة دراسات يمنية، ع32، 1988، ص7-85؛ السيد، مصادر تاريخ اليمن، ص289-290.

(376) عاكش الضمدي، حدائق الزهر، ورقة 128؛ زباره، نيل الوطر، ج2، ص191.

(377) الشوكاني، البدر الطالع، ج2، ص215.

(378) قال الشوكاني بأن موطن والده الأصلي هو مكان عدني (شوكان) بينه وبين عدن جبل كبير مستطيل يقال له الهجرة. وبعضهم يقول له هجرة شوكان ومن ذلك كان انتسابه إلى شوكان. الشوكاني، البدر الطالع، ج1، ص481.

(379) الشوكاني، البدر الطلع، ج1، ص481.

(380) الشوكاني، المصدر نفسه، ج1، ص483-484.

(381) الشوكاني، نفسه، ج1، ص484.

(382) محافظة، الاتجاهات الفكرية، ص44.

(383) الشوكاني، البدر الطلع ج1، ص335.

(384) الشوكاني، المصدر نفسه ج1، ص145.

(385) الشوكاني، نفسه ج1، ص362-363.

(386) الشوكاني، البدر الطالع، ج1، ص195-196.

(387) الشوكاني، المصدر نفسه ج1، ص53-54.

(388) الشوكاني، نفسه ج2، ص356-357.

(389) الشوكاني، نفسه ج1، ص97.

(390) الشوكاني، نفسه ج1، ص379-380.

(391) الشوكاني، نفسه ج2، ص499.

(392) الشوكاني، نفسه ج1، ص319.

(393) الشوكاني، نفسه ج1، ص395.

(394) الشوكاني، نفسه ج1، ص314.

(395) مستله من نفحات العنبر للحوثي، استلها حسين العمري، الإمام الشوكاني في تراجم معاصريه، القسم الثاني، مجلة دراسات يمنية، ع14، 1983، ص121.

(396) الشوكاني، المصدر نفسه، ج2، ص218.

(397) الشوكاني، البدر الطالع، ج2، ص219. وانظر أيضًا حول العلوم التي درسها: المصدر نفسه، ج1، ص54، 77، 82، 85، 86، 132-133، 138، 141، 195.

(398) نسيلة من درر نحور الحور العين، مرجع سابق، ص97.

(399) نسيله من درر نحور الحور العين، المرجع السابق، ص95. وانظر أيضًا : الشوكاني، البدر الطالع، ج1، ص96؛ الشوكاني، محمد بن علي، ت1250هـ/ 1834م، (أدب الطلب، تحقيق ونشر مركز الدراسات والأبحاث اليمنية، صنعاء، 1979م، ص31-32. وسيشار له عند تكرار وروده، الشوكاني، أدب الطلب، ص31-32.

(400) نسيلة من درر نحور الحور العين، مرجع سابق، ص95.

(401) مقبل، صالح محمد صغير، محمد بن علي الشوكاني وجهوده التربوية، ط1، دار الجيل، بيروت ومكتبة جدة 1989، ص126. وسيشار له عند تكرار وروده مقبل، الشوكاني.

(402) الشوكاني، البدر الطالع، الجزء الأول والثاني.

(403) ( ) ؛ الشوكاني، محمد بن علي، ت1250هـ/ 1834 أسلاك الجوهر – ديوان شعر، تحقيق ودراسة د.حسين عبد الله العمري، ط2، دار الفكر، دمشق 1986م. وسيشار له عند تكرار وروده ، الشوكان، أسلاك الجوهر.

(404) القنوجي، أبجد العلوم، ج3، ص207.

(405) حسين العمري، مقدمة تحقيق كتاب الشوكاني، أسلاك الجوهر، ص19.

(406) طربين، التاريخ والمؤرخون، ص164.

(407) نسيلة من درر نحور الحور العين، مرجع سابق، ص100.

(408) الشوكاني، أدب الطلب، ص167، وانظر أيضًا ص19، 22.

(409) الشوكاني، المصدر نفسه، ص68-69. وانظر أيضًا: 40-43، 92-93.

(410) الشوكاني، البدر الطالع، ج2، ص34-37و135-136و344-348.

(411) جمال الدين الشيال، محاضرات في حركات الإصلاح في المشرق الإسلامي، ج1، ص66.

(412) محافظة، الاتجاهات الفكرية، ص44-49.

(413) جحاف، درر نحور الحور العين، نشره الجاسر بعنوان: من تاريخ الدولة السعودية الأولى في المؤلفات اليمنية)، مجلة العرب، ج1، 2، 1994، ص81-82.

(414) الفاخري، الأخبار النجدية، ص43.

(415) الشوكاني، أسلاك الجوهر، ص161-164.

(416) الشوكاني، البدر الطالع، ج2، ص224.

(417) الشوكاني، المصدر نفسه، ج1، ص464-467.

(418) الشوكاني، محمد بن علي، ت1250هـ/ 1834م، رفع الأساطين في حكم الاتصال بالسلاطين(رسالة)، دراسة وتحقيق الدكتور حسن محمد الظاهر محمد، ط1، دار ابن حزم، مكتبة الجيل الجديد، بيروت، 1992، ص74-75. وسيشار له عند تكرار وروده الشوكاني، رفع الاساطين.

(419) محافظة، الاتجاهات الفكرية، ص44-49.

(420) حول هذه القضايا انظر : الشوكاني، أسلاك الجوهر، ص233-235؛ وأدب الطلب، ص74-79.

(421) الشوكاني، البدر الطالع، ج1، ص465.

(422) الشوكاني، المصدر نفسه، ج1، ص465.

(423) الشوكاني، المصدر نفسه، ج1، ص459-467.

(424) الشوكاني، نفسه ج1، ص77-79.

(425) الشوكاني، نفسه ج1، ص376-377.

(426) الشوكاني، نفسه ج1، ص150 و 447 وج2، ص176.

(427) الشوكاني، نفسه ج1، ص209، 274، 406. وانظر أيضًا : الشوكاني، أسلاك الجوهر، ص207، 238، 361.

(428) الشوكاني، نفسه ج1، ص77-79، 377.

(429) الشوكاني، نفسه ج1، ص276.

(430) الشوكاني، ذكريات الشوكاني، رسائل للمؤرخ اليمني محمد بن علي الشوكاني، تدقيق صالح رمضان محمود، وزارة الثقافة، اليمن الديمقراطية، دار العودة، بيروت 1983.
(431) الشوكاني، المصدر نفسه، ص10. وانظر أيضًا ما قاله حول الحملة الفرنسية، البدر الطالع، ج2، ص368.
(432) الشوكاني، أسلاك الجوهر، ص237، 240، 276، 278، 309-315، 322، 329، 331، 341، 346، 347، 361.
(433) الشوكاني، المصدر نفسه، ص336. انظر أيضًا : البدر الطالع، ج2، ص369-372.
(434) الشوكاني، البدر الطالع، ج2، ص223-225.
(435) القنوجي، أبجد العلوم، ج3، ص208-211.
(436) البغدادي، هدية العارفين، م6، ص365-367.
(437) مجهول، الحوليات اليمانية، ص65؛ زباره، نيل الوطر، ج2، ص302؛ القنوجي، أبجد العلوم، ج3، ص205؛ البغدادي، هدية العارفين، م6، ص365. وقد ذكر عاكش الضمدي أن وفاة الشوكاني كانت سنة 1251. عاكش، حدائق الزهر، ورقة 28.
(438) مجهول، صفحات مجهولة من تاريخ اليمن، تحقيق وتقديم القاضي حسين بن أحمد السياغي، مركز الدراسات والبحوث اليمني، ط2، صنعاء، 1984.
(439) مجهول، المصدر نفسه، الصفحات، 32، 35، 36، 53، 57-60، 66، 69، 81، 107.
(440) مجهول، نفسه، الصفحات 39، 59، 80-81، 94-98.
(441) مجهول، نفسه، ص31، 73، 94، 99، 107.
(442) مجهول، نفسه، ص92.
(443) مجهول، نفسه، ص41، 58.
(444) محمد زباره، أئمة اليمن، ص171.
(445) محمد زباره، المرجع نفسه، ص179.
(446) الحجري، مجموع بلدان اليمن وقبائلها، م2، ج4، ص661.
(447) الجرافي، أحمد بن محمد بن أحمد، 1316هـ/ 1899م، حوليات العلامة الجرافي، تحقيق ودراسة د.حسين بن عبد الله العمري، ط1، دار الفكر المعاصر، بيروت، 1982م، ص32. وسيشار له عند تكرار وروده الجرافي، حوليات؛ وانظر أيضًا: الزركلي، الأعلام، ج6، ص38؛ العمري، المؤرخون اليمنيون، ص95؛ السيد، مصادر تاريخ اليمن، ص307.
(448) زباره، أئمة اليمن، ص178.
(449) زباره، المرجع السابق، ص171.
(450) الأكوع، مقدمة تحقيق كتاب الكبسي اللطائف السنية، ص8.
(451) ذمار، بلدة مشهورة ومدينة معروفة جنوب صنعاء، الحجري، مجموع بلدان اليمن، م1، ج2، ص341.
(452) زباره، أئمة اليمن، ص172.
(453) الجرافي، حوليات، ص32.
(454) زباره، أئمة اليمن، ص172-175. وانظر أيضًا حول مؤلفاته:السيد، مصادر تاريخ اليمن، ص307-309؛ العمري، المؤرخون اليمنيون، ص95-96؛ الحبشي، مصادر الفكر العربي، ص307-309 وص459-460.
(455) الجرافي، حوليات، ص32؛ انظر أيضًا: البغدادي، ذيل كشف الظنون م6 ص395.

(456) الزركلي، الأعلام، ج3، ص73؛ كحاله، معجم المؤلفين، ج4، ص204. وانظر أيضًا: عبد الله الحبشي، مقدمة التحقيق لكتاب الكندي، العدة المفيدة، ويسمى أيضًا: تاريخ حضرموت، م1، ص5.

(457) الكندي، تاريخ حضرموت، م1، ص329.

(458) الكندي، المصدر نفسه، م2، ص328.

(459) الكندي، المصدر نفسه، م2، ص100-101.

(460) الكندي، نفسه، م2، ص216. وانظر أيضًا: م2، ص10، وص26، 134، 155.

(461) عمدة السالك: كتاب من أشهر كتب المذهب الشافعي ألفه ابن النقيب وشرحه محمد بن عبد المنعم الجوهري بعنوان تسهيل المسالك في شرح عمدة السالك. انظر البغدادي، هدية العارفين، م6، ص212.

(462) وورد عنوان الكتاب في كشف الظنون، الحصن الحصين من كلام سيد المرسلين، وألفه محمد بن محمد الجزري الشافعي ت739. وهو من الكتب الجامعة للأدعية والأذكار والأوراد الواردة في الأحاديث والآثار ذكر فيه أنه أخرجه من الأحاديث الصحيحة. انظر حاجي خليفة، كشف الظنون، م1، ص669.

(463) الكندي، تاريخ حضرموت، م2، ص100-101.

(464) الحبشي، مقدمة التحقيق، م1، ص14.

(465) الكندي، تاريخ حضرموت، م1، ص25.

(466) الكندي، المصدر السابق، م1، ص331.

(467) الحبشي، مقدمة التحقيق لكتاب الكندي، م1، ص13. وانظر أيضًا : الزركلي، الأعلام، ج3، ص73. وانظر أيضًا :كحاّله، معجم المؤلفين، ج4، ص204.

(468) الحبشي، مقدمة التحقيق، م1، ص13.

(469) الكندي، تاريخ حضرموت، م2، ص153-154.

(470) الزركلي، الأعلام، ج3، ص73. ونفس ما أورده الزركلي بالحرف أورده كحّاله، معجم المؤلفين، ج4، ص204. وينبغي التنويه أن الزركلي قد نقل معلوماته من كتاب عبد الله بن حامد السقاف في كتابه تاريخ الشعراء الحضرميين.

(471) وحول علاقة الكندي بالسلطان غالب الكثيري انظر الفصل الخاص بدوافع المؤرخين.

(472) الكندي، تاريخ حضرموت، م2، ص261-262.

(473) السيد، مصادر تاريخ اليمن، ص311؛ وانظر أيضًا :الحبشي، مصادر الفكر العربي، ص460. وقد ذكر الحبشي أنَ شمس الظهيرة في أنساب السادة العلوية موجود منها نسختان مخطوطة أحدهما عند الحبشي، ونسخة أخرى عند أحفاد المؤلف (الكندي).

(474) الزركلي، الأعلام، ج3، ص73. وانظر أيضًا: السيد، مصادر تاريخ اليمن، ص311.

(475) زباره، أئمة اليمن، ص84.

(476) الحجري، مجموع بلدان اليمن، م1، ج3، ص182-183. ويذكر الحجري أيضًا أن جراف بلدة من بني الحارث قرب صنعاء إلى الشمال منها.

(477) الجرافي، حوليات، ص131-132.

(478) الجرافي، المصدر نفسه، ص72-73.

(479) الجرافي، نفسه ص156.

(480) لعله: (الأزهار في فقه الأئمة الأطهار) لأحمد بن يحيى بن مرتضى اليمني من أئمة الشيعة. والكتاب على مذهب الزيدية. انظر حاجي خليفة، كشف الظنون، م1، ص73.

(481) الجرافي، حوليات، ص145.

(482) زباره، أئمة اليمن، ص487-491.

(483) الجرافي، حوليات، ص145.

(484) زباره، أئمة اليمن، ص495.

(485) زباره، المصدر نفسه، ص496-497.

(486) الجرافي، حوليات، ص132.

(487) زباره، أئمة اليمن، ص348-349.

(488) الزركلي، الأعلام، ج1، ص248.

(489) السيد، مصادر تاريخ اليمن، ص311.

(490) حسين العمري، مقدمة تحقيق كتاب الجرافي، الحوليات، ص13.

(491) زباره، أئمة اليمن، ص497. وانظر أيضًا : الزركلي، الأعلام، ج1، ص248.

(492) مجهول، حوليات يمانية، اليمن في القرن التاسع عشر الميلادي، حققه واستخرجه من مسودة المصنّف عبد الله محمد الحبشي، ط1، دار الحكمة اليمانية، صنعاء، 1991، ص290.

(493) الحبشي، مقدمة التحقيق، ص8.

(494) مجهول، حوليات يمانية، الصفحات: 85، 128، 182، 187، 190، 210، 213، 221، 226، 232، 235، 254، 260.

(495) مجهول، المصدر نفسه، ص129.

(496) مجهول، نفسه، ص171.

(497) مجهول، نفسه انظر على سبيل المثال الصفحات: 64-65، 68-69، 84.

(498) مجهول، نفسه ص59، 79، 81، 164-165، 172-173.

(499) مجهول، نفسه ص79، 85، 87، 130، 147، 183.

(500) مجهول، نفسه ص85. وانظر على سبيل المثال: ص103، 117، 163.

(501) مجهول، حوليات يمانية، انظر على سبيل المثال: ص168-169.

(502) مجهول، المصدر نفسه، ص575.

(503) صالحية، د محمد عيسى، مقدمة التحقيق لكتاب الإرياني، علي بن عبد الله، ت1323هـ/ 1905م، الدر المنثور في سيرة الإمام المنصور، تحقيق د.محمد عيسى صالحية، دار الشروق، عمان، 1997، 2ج، ج1، ص12. وسيشار لهذا المصدر عند تكرار وروده الإرياني، الدر المنثور في سيرة الإمام المنصور. ويريم: اسم مشترك بين بلدتين إحداهما يريم في بلاد الشاحذية من أعمال الطويلة، وهي قرية، والأخرى مدينة جنوبي صنعاء. انظر الحجري، مجموع بلدان اليمن، م2، ج4، ص779-782.

(504) انظر الصفحات السابقة من هذا الفصل، مؤرخو الحجاز.

(505) المراوعة، من مشاهير قرى تهامة ولها أعمال قد ذكرت في العبيه وبيت الفقيه ابن عجيل وهي شرقي الحديدة. الحجري، مجموع بلدان اليمن وقبائلها، م2، ج4، ص704.

(506) الحديدة، بلدة مشهورة على ساحل البحر الأحمر غربي صنعاء، وهي مركز لواء الحديدة يشمل جملة من

الأقضية في تهامة. وأهل الحديدة خليط من عرب يمانيين بما فيهم الحضارم وأشراف وهنود. الحجري، م1، ج2، ص250.

(507) صالحية، مقدمة التحقيق لكتاب الإرياني، الدر المنثور، ج1، ص12-14.

(508) الإرياني، الدر المنثور، ج1، ص305.

(509) الإرياني، المصدر نفسه، ج1، ص309. وحول العلاقة بين الإرياني والإمام المنصور انظر الفصل الثالث من هذه الدراسة: دوافع المؤرخين في الكتابة التاريخية.

(510) الإرياني، المصدر نفسه، ج2، ص11.

(511) الإرياني، نفسه، ج1، ص245. وهنالك إشارات كثيرة حول نظرة المؤلف. انظر على سبيل المثال: ص243-255، 260، 263، 273، 314. وج2، ص86، 89، 92، 104.

(512) الإرياني، نفسه، ج1، ص346.

(513) الإرياني، الدر المنثور، ج2، ص14.

(514) الإرياني، المصدر نفسه، ج2، ص20، 23، 69.

(515) الإرياني، نفسه، ج2، ص32.

(516) الإرياني، نفسه ج2، ص40.

(517) الإرياني، نفسه ج2، ص89.

(518) الإرياني، نفسه ج2، ص105، 171، 188، 204.

(519) الإرياني، نفسه ج2، ص184، 187، 188، 196، 226، 260.

(520) الإرياني، نفسه ج2، ص500.

(521) انظر الفصل الثاني: اتجاهات الكتابة التاريخية.

(522) قال صالحية أن هذه الرسالة محفوظة في جامع الغربية تحت رقم 64 وتاريخ نسخها 1924.

(523) صالحية، مقدمة التحقيق، ج1، ص16-17. وانظر أيضًا حول هذه المؤلفات: الزركلي، الأعلام، ج4، ص308-309؛ السيد، مصادر تاريخ اليمن، ص312؛ الحبشي، مصادر الفكر العربي، ص461.

(524) صالحية، المرجع نفسه، ج1، ص15. وانظر أيضًا : الزركلي، ج4، ص308.

(525) الشوكاني، البدر الطالع، ج1، ص318. والضمدي نسبه إلى ضمد، وهي قرية من تهامة في المخلاف السليماني ما بين صبيا وأبي عريش، وهي من مساكن العلماء كبني الضمدي وبني عاكش. الحجري، مجموع بلدان اليمن وقبائلها، م2، ج3، ص553-554.

(526) صبيا: من مدن تهامة. الحجري، مجموع قبائل اليمن، م2، ج3، ص462.

(527) عاكش الضمدي، حدائق الزهر، ورقة 43؛ وانظر أيضًا : زباره، نيل الوطر، ج2، ص23؛ الزركلي، الأعلام، ج3، ص298؛ السيد، مصادر تاريخ اليمن، ص292. وقد ذكر الشوكاني أن ولادة البهكلي كانت سنة 1180 تقريبًا الشوكاني، البدر الطالع، ج1، ص318.

(528) تهامة: هي السهل الغربي لليمن على ساحل البحر الأحمر، وتمتد من عدن وباب المندب إلى جده.

(529) الحجري اليماني، مجموع بلدان اليمن وقبائلها، م1، ج1، ص130.

(530) توشرر، المخلاف السليماني في اليمن، مجلة دراسات يمنية، ع32، 1988، ص65.

(531) أبو عريش، مدينة كبيرة في شمال تهامة من المخلاف السليماني، انظر هامش 1و2 ص21 من كتاب صفحات مجهولة في تاريخ اليمن، حققه القاضي حسين بن أحمد السياغي.

(532) الشوكاني، البدر الطالع، ج1، ص319.

(533) عاكش، حدائق الزهر، ورقة 43.

(534) الشوكاني، البدر الطالع، ج1، ص319.

(535) الشوكاني، لمصدر نفسه، ج1، ص360-368. وانظر ص319.

(536) الشوكاني، نفسه، ج1، ص469. وانظر ص319.

(537) الشوكاني، نفسه، ج1، ص396-397. وانظر ص319.

(538) الشوكاني، نفسه، ج1، ص195-197. وانظر ص319.

(539) الشوكاني، نفسه، ج1، ص380-381. وانظر ص319.

(540) الشوكاني، نفسه، ج1، ص500. وانظر ص319.

(541) مجهول، حوليات يمانية، ص65.

(542) الشوكاني، البدر الطالع ج1، ص319.

(543) الشوكاني، البدر الطالع، ج1، ص320. وحول علاقته بالشوكاني وتبادله المكاتبات معه والشعر انظر: الشوكاني، أسلاك الجوهر، ص93، 192.

(544) عاكش الضمدي، حدائق الزهر، ورقة 45.

(545) وقد أكمله عاكش الضمدي، وحققه العقيلي ومطبوع من دارة الملك عبدالعزيز.

(546) الشوكاني، البدر الطالع، ج1، ص240-241.

(547) زباره، نيل الوطر، ج2، ص24.

(548) عاكش الضمدي، حدائق الزهر، ورقة 43-44. انظر أيضًا حول مؤلفاته: زباره، نيل الوطر، ج2، ص24؛ الزركلي الأعلام، ج3، ص298؛ العمري، مدرسة الشوكاني في كتابة التاريخ، مجلة دراسات يمنية، ع32، ص63؛ السيد، مصادر تاريخ اليمن، ص292-293.

(549) عاكش الضمدي، حدائق الزهر، ورقة 50.

(550) زباره، نيل الوطر، ج2، ص24؛ الزركلي، الأعلام، ج3، ص298.

(551) عاكش الضمدي، حدائق الزهر، مخطوط، ورقة 1.

(552) زباره، نيل الوطر، ج1، ص314.

(553) الزركلي، الأعلام، ج2، ص183.

(554) عاكش الضمدي، حدائق الزهر، ورقة 1.

(555) الشوكاني، البدر الطالع، ج1، ص76-77؛ وانظر أيضًا: عاكش، حدائق الزهر، الورقة 1-14.

(556) عاكش الضمدي، حدائق الزهر، ورقة 45.

(557) عاكش، المصدر نفسه، الورقات 1-139. وانظر أيضًا زباره: نيل الوطر، ج1، ص314-318.

(558) عاكش، نفسه، ورقة 104-105. وانظر أيضًا: زباره، نيل الوطر، ج1، ص315.

(559) عاكش الضمدي، حدائق الزهر، ورقة 124؛ زباره، نيل الوطر، ج1، ص315.

(560) عاكش، ورقة 38.

(561) عاكش، ورقة 38-42؛ زباره، ج1، ص315.

(562) عاكش، ورقة 65.

(563) عاكش، الورقات 65 و70-71.

(564) عاكش، ورقة 102-104. انظر أيضًا: زباره، نيل الوطر، ج1، ص316.

(565) زباره، نيل الوطر، ج1، ص316.

(566) مجهول، حوليات يمانية، ص65.

(567) عاكش، حدائق الزهر، ورقة 52-55.

(568) عاكش، المصدر نفسه، ورقة 76-80.

(569) عاكش، ورقة 124-128.

(570) زباره، نيل الوطر، ج1، ص317؛ وانظر: الزركلي، الأعلام، ج2، ص183.

(571) العقيلي، الحسن بن أحمد عاكش الضمدي، 3، مجلة العرب، ج9، س7، 1973، ص596. وينبغي الإشارة هنا إلى أن الزركلي ذكر أن ثلاثة من كتب الضمدي المخطوطة موجودة في خزانة العقيلي بجازان، وهي: الديباج الخسرواني في ذكر أعيان المخلاف السليماني، والذهب المسبوك في سيرة سيد الملوك، وعقود الدرر في تراجم رجال القرن الثالث عشر. انظر الزركلي، الأعلام، ج2، ص183. ونسخة من عقود الدرر أيضًا موجودة في المكتبة الغربية بصنعاء تحت رقم 137/ تاريخ. انظر: فهرس مخطوطات المكتبة الغربية بصنعاء، ص684.

(572) العقيلي، الحسن بن أحمد عاكش الضمدي، 2، مجلة العرب، ج3، س6، 1971، ص183.

(573) أبو داهش، مناظرة أحمد بن إدريس مع فقهاء عسير 1248هـ/1832م، جمع الحسن بن أحمد بن عبد الله عاكش الضمدي 1121-1290، مجلة العرب، ج5 و6، ص21، 1986، ص326-330.

(574) زباره، نيل الوطر، ج1، ص318؛ والزركلي، الأعلام، ج2، ص183. والسيد، مصادر تاريخ اليمن، ص302.

الفصل الثاني
اتجاهات الكتابة التاريخية

- التاريخ العام.
- التاريخ المحلي.
- السير والتراجم.
- النسب.
- الرحلات.

اتجاهات الكتابة التاريخية

يتناول هذا الفصل اتجاهات الكتابة التاريخية في الجزيرة العربية، وهي: التاريخ العام، والتاريخ المحلي؛ والسِّيَر والتراجم، والنسب، والرحلات. ولم تخرج مناهج مؤرخي الجزيرة المحدثين عما قام به من سبقهم من المؤرخين الذين دونوا التاريخ وفق هذه الاتجاهات.

وسيلقي هذا الفصل الضوء على مساهمات المؤرخين المحدثين في نجد والحجاز وعُمان واليمن والمخلاف السليماني في تدوين التاريخ ضمن هذه الاتجاهات، والتعرف على الرؤية والمنطلقات التي دوّنوا على أساسها تواريخهم، ومدى تأثرهم بالمؤرخين المسلمين.

وتجدر الإشارة هنا إلى أن التاريخ العام يمثله في نجد ابن لعبون، وفي الحجاز أحمد بن زيني دحلان. وأما عُمان واليمن والمخلاف السليماني فقد خلتا من أمثلة في هذا الاتجاه. وفي التاريخ المحلي دوّن أغلب مؤرخي الجزيرة تواريخ محلية خاصة ببلدانهم مثل: ابن غنام، والفاخري، وابن بشر، وابن عيسى وغيرهم في نجد، ودحلان في الحجاز، والأزكوي والمعولي، ومجهول، وابن رزيق والسالمي في عُمان، وكان اليمنيون أكثر نشاطًا في التأليف في التاريخ المحلي ومثّله أبو طالب، ومجهول صاحب كتاب صفحات مجهولة من تاريخ اليمن، والكبسي، والكندي، والجرافي، ومجهول صاحب كتاب حوليات يمنية.

وقد غطّى مؤرخو التاريخ المحلي فترات زمنية مختلفة، ولكنها تبدو متصلة الحلقات، مع تكرار للأحداث. ولم يتنبه مؤرخو هذا الاتجاه إلى إكمال الآخر للأول، فتجد المؤرخ يأخذ عمن سبقه ويضيف عليه ما عاصره من أحداث. وتباينت اهتمامات المؤرخين في الموضوعات التي دونوا أخبارها، ولكن غلب عليها الطابع السياسي والعناية بالأحداث السياسية في الدرجة الأولى، وجاءت الأخبار الخاصة بالأوضاع الاقتصادية والاجتماعية والثقافية من قبيل الحديث عن الأوضاع السياسية عند معظم المؤرخين.

والاتجاه الثالث الذي اهتم به مؤرخو الجزيرة هو السِّيَر والتراجم، ومثّله من مؤرخي نجد ابن سند العراقي الإقامة، وابن رزيق في عُمان، ولطف الله جحاف والإرياني في اليمن،

والبهكلي في المخلاف السليماني، واهتمّ هؤلاء المؤرخون بسير حكام معاصرين لهم ودوّنوا تواريخهم في حياتهم إلا ابن رزيق فإنه ألف سيرة سيده الإمام بعد وفاته.

والاتجاه الرابع الخاص بالتراجم مثّله في نجد ابن حميد، وفي اليمن الشوكاني، وفي المخلاف السليماني عاكش الضمدي. الأول خاصّ بتراجم علماء مذهب، والثاني خاصّ بأكابر الأعيان والعلماء، والثالث بتراجم شيوخ وعلماء درس عليهم المؤلف.

ومثّل الاتجاه الخاصّ بالنسب ابن لعبون في نجد، والأنصاري في الحجاز، وابن رزيق في عُمان. ومثّل الاتجاه الأخير الخاصّ بالرحلات العباس الموسوي المكي من الحجاز.

ويلاحظ أن عددًا من المؤرخين قد ساهموا في كتابة التاريخ في أكثر من اتجاه. ومن الأمثلة على ذلك دحلان، فبالإضافة إلى مساهمته في التاريخ العام ساهم أيضًا في التاريخ المحلي. والمثال الثاني ابن رزيق الذي ساهم في ثلاثة اتجاهات هي التاريخ المحلي والسير والنسب.

التاريخ العام:

أشار ابن لعبون في مقدمة كتابه المعروف بـ (تاريخ ابن لعبون) إلى أنه أراد تسجيل نسب لآل مدلج تلبية لطلب ابن عمه[1]، إلا أن القسم الموجود من الكتاب شمل أخبارًا يمكن تصنيفها ضمن التاريخ العام، ولعلها مقدمة لكتابه في النسب، إذ قال في مقدمة الكتاب: «...وأحببت أن أذكر قبل ذلك مقدمة تكون كالأساس في البنيان، ينتفع بها المنتهي فضلًا عن المبتدئ في هذا الشأن، وأذكر فصولًا تتعلق بالمقصود من الأنساب...على سبيل التلخيص والاختصار...»[2].

ويبدأ كتابه بالحديث عن بداية الخليقة منذ هبوط آدم إلى الأرض والأنبياء من بعده، ثم يفرد قسمًا كبيرًا من الكتاب للحديث عن قبائل العرب وأنسابها وأماكن نزولها، وعلاقة النسب بين قبائل نجد والقبائل العربية المنتشرة في الجزيرة العربية، ثم يتحدث عن فترة ما قبل الإسلام، وينتقل بعد ذلك للحديث عن نسب النبي ﷺ وبعثته، والأحداث المتتالية التي أعقبت عهد الرسول ﷺ، خاصة السياسية وتعاقب الدول حتى ظهور التتار وسقوط الخلافة العباسية في بغداد.

وكما أشار ابن لعبون في المقدمة فإنه لجأ إلى الاختصار في سرد الأحداث التاريخية لهذه الفترة الطويلة من آدم عليه السلام وحتى سقوط الخلافة العباسية في بغداد سنة 656هـ/ 1258م وهروب المنتصر بالله إلى مصر سنة 659هـ/ 1260م. وغلبت على ابن لعبون نظرته للتاريخ على أنه للعظة والعبرة، كما فسّر التاريخ تفسيرًا غير ديني. فبعد دخول التتار إلى بغداد قال: «وإنما ذكرنا ما جرى منهم ليعلم العاقل أن أهل الإسلام يبتلون وتمسهم البأساء والضراء ويزلزلون، وليس ذلك دليلًا على رضى من الله عن عدوهم أو بغض لهم...فإذا نكب أهل الإسلام نكبة أو أديل عليهم عدو فليعتبر بهذه القضية وما قبلها من النكبات ولا يفتر، وليعلم إنما أصاب من مصيبة فبكسب الأيدي كما ذكر الله تعالى، فيوجب للمسلم التوبة إلى الله ولا يستغرب ما جرى في زمنه...»[3].

وينبغي الإشارة هنا إلى أن الجزء المتبقي من كتاب ابن لعبون الخاص بنسب آل مدلج ما زال مفقودًا[4].

وفي الحجاز تميزت حركة الكتابة التاريخية بالتزامها بمناهج المدرسة الإسلامية[5]، فقد سار أحمد زيني دحلان على خطى هذه المدرسة، واضعًا كتابين يمكن تصنيفهما ضمن التاريخ العام وهما: (تاريخ الدول الإسلامية بالجداول المرضية)، وكتاب (الفتوحات الإسلامية).

وقد حاول في كتابه الأول كتابة تاريخ عام مقلدًا بذلك الدينوري في كتابه (الأخبار الطوال)،

و(تاريخ اليعقوبي)، و(تاريخ الطبري). إلا أنه لم يبدأ تاريخه بالحديث عن قصة الخليقة. ولم يذكر الأنبياء والرسل قبل الرسول ﷺ، إنما بدأ بسيرة الرسول ذاكرًا ولادته وبعثته ووفاته وعمره بأسلوب مختصر جدًا على شكل جداول، وقد عرض هذه السيرة كاملة بقوله: «سيدنا محمد رسول الله ﷺ ابن عبد الله بن عبد المطلب بن هاشم بن عبد مناف بن قصي بن كلاب بن مرة بن كعب...ينتهي نسبه إلى إسماعيل بن إبراهيم عليهما الصلاة والسلام بالإجماع واتفاق النسّابين، بُعث رسول الله ﷺ بمكة، وعمره أربعون سنة، ومكث بمكة بعد البعثة ثلاث عشرة سنة ثم هاجر إلى المدينة ومكث بها عشر سنين إلى أن توفاه الله وعمره ثلاث وستون سنة، ومدة نبوته ورسـالته ثلاث وعشرون سنة، وأما بقية سيرته وغزواته فتطلب من كتب السير وبقية التواريخ»[6]. هذا كل ما ذكره دحلان من سيرة الرسول ﷺ. وأتبع ذلك بالحديث عن الدول الإسلامية من عهد الخلفاء الراشدين إلى العصر الذي عاش فيه المؤلف، مخصصًا الجزء الأكبر للحديث عن الأخبار السياسية الخاصة بحكام هذه الدول، وذلك على شكل جداول ذاكرًا فيها ولادة الحاكم، وتوليه الحكم، ووفاته، وعمره، ومدة حكمه بالسنوات والشهور وأحيانًا بالأيام. ثم يذكر على شكل حلقات دائرية متصلة اسم الحاكم ونسبه. ثم يذكر باختصار أبرز الأحداث السياسية في عهده. واشتمل الكتاب على (872) جدولًا، وهذا يعني أنه تناول فترات حكم (872) حاكمًا في الدول الإسلامية في الفترات التاريخية المتعاقبة منذ وفاة الرسول ﷺ[7] وحتى عهد السلطان العثماني عبد الحميد الثاني الذي تولى الحكم سنة 1293هـ/ 1876م[8]. وجاءت جداول دحلان متباينة في المعلومات، ففيما يتعلق بالخلفاء الراشدين والأمويين والعباسيين وسلاطين الدولة العثمانية جاءت معلومـاته مكتملة بالنسبة لولادة الحاكم وتاريخ ولايته ووفاته وعمره ومدة حكمه[9] كذلك بعض الحكام في الدول الإسلامية غير المذكورة. وقد بلغت الجداول المكتملة المعلومات حوالي (166) جدولًا من أصل (872)[10]، في حين بلغت الجداول التي تركها دون تواريخ (35)[11] جدولًا. أما باقي الجداول التي بلغ عددها حوالي (671) فقد تباينت فيها المعلومات الخاصة بتواريخ الحكام، بين نقص في تاريخ الولادة والوفاة والعمر[12]، ونقص في تاريخ الولادة والعمر ومدة الحكم[13]، وبين نقص في المعلومات كافة ما عدا ولاية الحكم[14]، أو نقص في المعلومات ما عدا ذكر تـاريخ الوفاة[15]. ويمكن القول إن نسبة المعلومات التاريخية المكتملة في كتـاب دحلان تصل إلى 25٪ من مجموع الجداول التي جعلها أساسًا لكتابه.

وقد أشار المؤلف إلى منهجه في بداية الكتاب الذي وصفه بالفهرست، ووضعه أصلًا تلبية لطلب من لا يستطيع المؤلف مخالفته[16]، ليسهِّل عليه مطالعة تاريخ الدول الإسلامية

من خلال كتاب واحد دون العودة إلى الكتب التاريخية الكثيرة، وقال في ذلك: «فسألني من لا تسعني مخالفته أن أجمع تاريخًا مختصرًا يكون كالفهرست لتلك التواريخ يستحضر به الناظر فيه ما في تلك التواريخ إجمالًا، ثم إذا أراد الوقوف على حقيقة الأمر وتفاصيل تلك الأخبار يكشف عما أراده من التواريخ، ويكون الوقوف على هذا الفهرست سببًا مرغبًا للبحث عما أجمل فيه حتى يقف الناظر عن تفصيله من التواريخ المبسوطة فأجبته إلى ذلك»[17]. ثم يقول عن المادة التاريخية التي تضمنها الكتاب: «وجعلت مبدأ ذلك من زمن نبينا ﷺ، وأما ما كان قبل زمن النبي ﷺ فيكفي فيه ما هو مذكور في التواريخ ولا يحتاج إلى هذا الفهرست، وجعلت لكل دولة بابًا وسميته تاريخ الدول الإسلامية بالجداول المرضية...»[18]. واشتمل الكتاب على عشرة أبواب، أفرد بابًا منها لأمراء مكة حتى عصره.

نظر دحلان إلى الأحداث نظرة دينية خاصة، فقد ردها إلى إرادة الله سبحانه وتعالى وتدبيره. والشواهد في كتابه كثيرة جدًّا خاصة فيما يتعلق بنشوء الدول وانهيارها، وظهرت هذه النظرة بأوضح صورها في حديثه عمن قام من «أولاد سيدنا علي وسيدنا جعفر ابني أبي طالب رضي الله عنهما لطلب الخلافة لإقامة العدل وإزالة الجور، ولم يقدر الله لهم إتمام الأمر لأنه سبحانه وتعالى قضى وقدر أن الدنيا لا بد أن يوجد فيها كثير من الظلم والجور حتى تمتلئ جورًا وظلمًا، وقضى وقدر أن ذلك لا يجري على أيدي العلويين بل على أيدي غيرهم، فلذلك صرف الأمر إلى غيرهم، فأول قائم منهم سيدنا الحسين بن علي رضي الله عنهما...»[19]. هذه أبرز الملامح الخاصة بتاريخ الدول الإسلامية كمثال على التاريخ العام.

والكتاب الثاني لأحمد بن زيني دحلان في التاريخ العام (الدولة العثمانية من كتاب الفتوحات الإسلامية)، جعله في أخبار الدولة العثمانية وسلاطينها، مدفوعًا باعتقاده بأن سيرة الدولة العثمانية من أفضل سير الدول الإسلامية بعد الخلفاء الراشدين وذلك لأن العثمانيين - في رأيه - متمذهبون بمذهب أهل السنة، صحيحو العقيدة، ناصرون لأهل السنة، قائمون بتعظيم الصحابة وأهل البيت والعلماء والصالحين، ليس عندهم شيء من الزيغ والابتداع، ولهم الفتوحات الشهيرة والجهاد والغزوات الكثيرة، وقائمون أيضًا بشعائر الحج، وتأمين الطرق للحجاج والزوار، فيجب على كل مسلم أن يدعو لهم بالتثبيت والتأييد والإعانة والنصر والتوفيق لما يحبه الله ويرضاه...»[20]. وتبدو هذه النظرة أكثر وضوحًا عند المؤلف في عرضه لأخبار الدولة ودور سلاطينها في الجهاد، ونصرة الدين والدفاع عن الإسلام، لا بل هو دائم الدعاء للدولة والسلطان[21].

جعل دحلان كتابه سجلًا لأخبار الدولة العثمانية، فمحور تاريخه هم سلاطين آل عثمان من حيث توليهم الحكم، والأحداث التي جرت في عهد كل سلطان، وغزواتهم وحروبهم وفتوحاتهم في آسيا وإفريقيا وأوروبا[22]، مبتدئًا بالسلطان عثمان المؤسس ومنتهيًا بالسلطان عبد الحميد الثاني.

ولم يستطع دحلان إخفاء شعوره الديني وولائه السياسي المطلق للسلطان العثماني، وقد ركز خلال عرضه للأحداث على التدبير الإلهي لنصرة السلاطين العثمانيين الذين جعلهم الأفضل سيرة بعد الخلفاء الراشدين، وكان دائم الدعاء لهم، وإضفاء التأييد على كل الأحداث التاريخية الخاصة بهم.

التاريخ المحلي:

ظهر الاهتمام بالتواريخ المحلية في كل الأزمنة تعبيرًا عن شعور الجماعة، وقد عبّرت مجتمعات العالم الإسلامي عن الرباط الوثيق الذي يربط الناس بمكان مولدهم، «ومع أن كثيرًا من التواريخ المحلية في الإسلام نشأت من الاعتبارات الدينية والفقهية. غير أن المفاخر الإقليمية كانت وراء مباحث العلماء...»[23].

واعتبر أن من البديهي ألا يغفل المؤرخ تاريخ بلده عندما يكتب عن تاريخ إقليم آخر، واعتبر بعض المؤرخين عدم الاهتمام بتاريخ أوطانهم عيبًا فاضحًا[24].

ولعل أهم ما يتميز به كتّاب التاريخ المحلي المتعاقبون في تاريخ مكان ما هو المتابعة العمياء لأول كتاب ألف عن ذلك المكان، وفيما عدا ذلك أتاح التاريخ المحلي حرية واسعة لميول المؤرخ الشخصية، وبذلك قدم من الأشكال والمحتويات أنواعًا تزيد عما قدمها التاريخ الحولي. فهناك تنويعات صغرى متعددة، ولكن يمكن التمييز في كتابة التواريخ المحلية والإقليمية بين تيارين عامّين: التاريخ المحلي الدنيوي الذي يهتم بتاريخ بلد المؤرخ للفترات القديمة إلى ما قبل الإسلام، والتاريخ المحلي الديني الذي يهتم بتاريخ بلد المؤرخ في ظل الإسلام بالتركيز على أبرز فضائل بلده، وأبرز رجاله من العلماء والساسة والحكماء[25].

لقد حاول المؤرخون في الجزيرة العربية إبراز تاريخ بلادهم، متأثرين بانتمائهم المكاني، ومتأثرين أيضًا بالمدرسة التاريخية الإسلامية كجزء من تكوينهم الديني والثقافي. ويعد هذا الاتجاه من أكثر الاتجاهات التاريخية التي لاقت اهتمامًا وتأليفًا من المتعلمين من أبناء الجزيرة العربية... وقد أشار بعض المؤرخين إلى تقصير أهل بلادهم في تسجيل أخبارها، وعَدُّوا ذلك عيبًا كبيرًا كابن

بشر في نجد الذي أظهر عدم رضاه لأن أهل نجد لم يكن لهم عناية كبيرة بكتابة تاريخ وطنهم، وإذا كانوا كتبوا تاريخهم فإنه أظهر نقده للأسلوب الذي عالج فيه المؤرخون السابقون أخبار بلادهم لأنهم اعتمدوا سرد الأحداث كطريقة في التأليف، وجعلوها مختصرة من دون تحليل أو تعليل.

وفي عُمان أيضًا أخذ الأزكوي والسالمي على أهل عُمان انشغالهم بالعلوم الدينية والهموم الدنيوية عن الاهتمام بتاريخ عُمان.

التاريخ المحلي في نجد:

كان لظهور دعوة الشيخ محمد بن عبد الوهاب في نجد في النصف الثاني من القرن الثامن عشر الأثر الواضح في نشاط الكتابة التاريخية، فظهر العديد من المؤلفات التي كتب أغلبها أتباع الحركة وعلماؤها، وهي الأكثر «تداولًا».

وتناولت تلك المؤلفات تاريخ نجد من خلال التركيز على هذه الحركة، وآثارها في مختلف جوانب حياة المجتمع. والمحور الأساس الذي اعتمده المؤرخون كان أخبار الشيخ محمد بن عبد الوهاب والأئمة السعوديين الذين تبنوا هذه الحركة والدفاع عنها. وفي هذا السياق وضع مؤلف مجهول كتابًا بعنوان (كتاب تاريخ كيف كان ظهور شيخ الإسلام الشيخ محمد بن عبد الوهاب)[26] وتناول فيه أخبار الشيخ والأئمة السعوديين بأسلوب أقرب ما يكون إلى العامية. ولم يكن لدى المؤلف منهج واضح في تنظيم مادته التاريخية، فقلما كان يذكر تاريخًا لا بل نادرًا، واكتفى بذكر الأحداث دون تواريخ. كما عبر عن الأحداث من وجهة نظر أحد أتباع دعوة الشيخ محمد بن عبد الوهاب، ومن أشد المتحمسين لها.

ولأن المؤلف جعل كتابه للحديث عن كيفية ظهور الشيخ محمد بن عبد الوهاب فقد كان ينتظر أن يتضمن الظروف العامة التي كانت عليها البلاد النجدية قبل ظهور الشيخ ابن عبد الوهاب، والحديث عن حياة الشيخ الاجتماعية والعلمية بتفصيل أوسع، ولكن جهد المؤلف انصب على إبراز الأحداث التي تلت ظهور الشيخ والتجاءه إلى الدرعية، والغزوات التي قام بها قادة الحركة وأتباعها، وقامت الدولة على أساسها فيما بعد[27]، كما أبرز القبائل التابعة للدولة السعودية الناشئة[28]، وأشار إلى بعض البلدان في نجد وأسمائها والمسافات بين المدن والأقاليم التابعة للدولة[29].

والتزم المؤلف بإيراد أخبار خاصة ببلاد نجد بدأها بإنكار الشيخ محمد بن عبد الوهاب على والده ما كان يأخذه من مال عدّه رشوة، وخروجه من العيينة[30]. وخلو أخباره من التواريخ

جعل معرفة عصر المؤلف ناقصة، مع أن هناك أحداث بالغة الأهمية مثل التجاء الشيخ محمد بن عبد الوهاب إلى الدرعية، وقد أشارت أغلب المصادر النجدية إلى أن هذا الحدث كان في عام 1157هـ/ 1744م [31]. وآخر حدث ذكره المؤلف ويمكن الاستدلال منه على نهاية الفترة الزمنية التي تضمنها تاريخه ما دعا به للإمام عبد العزيز «بطول العمر»[32]، ثم الدعاء له في نهاية الكتاب بالرحمة[33]، وكانت وفاة الإمام عبد العزيز سنة 1218هـ/ 1803م[34]. وبذلك يمكن القول إن المؤلف كان معاصرًا لأحداث الدعوة منذ بدايتها، وبالتالي يعد من المصادر التي يمكن الإفادة منها في دراسة الدعوة وبدايات التوسع للدولة السعودية الأولى.

ويعد كتاب (كيف كـان ظهور شيخ الإسلام...) ضمن سلسلة متصلة من التواريخ المحلية التي عنيت بتغطية تاريخ نجد من خلال دعوة الشيخ محمد بن عبد الوهاب والدولة السعودية، ومع أن المؤلف المجهول لم يكن على دراية كبيرة بالكتابة التاريخية إلا أن كتابه يعد مساهمة متواضعة في هذا الاتجاه. ويمكن القول إن البداية الحقيقية لهذه السلسلة (أو الحلقة المتصلة) لتاريخ نجد المحلي بدأت واضحة الأهداف على يد حسين بن غنام (ت1225هـ/ 1810م) الذي كان بحكم تكوينه الديني من أبرز أتباع دعوة الشيخ محمد بن عبد الوهاب[35]. وقد عبّر عن منهجه في تدوين أخبار هذه الحركة في مقدمة كتابه إذ قال: «أردت أن أصنّف...من الغزوات التي هي في محيا الدهر كالغرر، والفتوحات الإسلامية التي مبدؤها العقد السادس من القرن الثاني عشر...ولم أذكر في هذه الغزوة المسطورة والسير المقررة والمزبورة، إلا الكبيرة الواضحة المشهورة، وهجرت ما ليس واضحًا وشهيرًا، وذكرت بعض حوادث السنين فما هو مستفيض من المسلمين، خصوصًا بلدان الموحدين، وذكرت وفاة بعض الأعيان ممن كان بالدين مذكورًا، وتركت من ليس منهم معروفًا ولا ميسورًا، ورتبته في كتاب وخمسة فصول...»[36]. فالغرض الرئيسي من الكتاب هو تدوين أخبار الحركة وزعمائها، والغزوات التي استطاعت الحركة بوساطتها فرض سيطرتها على بلدان نجد، وما رافق هذه الغزوات من أحداث، إلى تراجم علماء وأعيان من أتباع الدعوة جاعلًا التاريخ بالحوليات أساسًا في ذكر الأحداث، إذ بدأ بأخبار انتقال الشيخ محمد بن عبد الوهاب إلى الدرعية وما ترتب عليه من ولادة للدولة السعودية وكان ذلك سنة 1157هـ/ 1744م أو 1159هـ/ 1746م[37]، وانتهى

بأخبار سنة 1212هـ/ 1797م[38]. وبذلك يكون قد دوّن أخبار ثلاث وخمسين سنة متتالية دون انقطاع من أحداث الحركة والدولة[39]. كما أفرد قسمًا خاصًا للحديث عن الشيخ محمد بن عبد الوهاب فذكر اسمه ونسبه ومولده ونشأته ثم رحلاته في طلب العلم وانتقاله إلى الدرعية

والاتفاق الذي تم بينه وبين الأمير محمد بن سعود، وقد أورد نص هذا الاتفاق حرفيًا وكأن المؤلف كان حاضرًا، قال: «فلما تحقق الأمير محمد بن سعود معرفة التوحيد، وعلم ما فيه من المصالح الدينية والدنيوية، قال له : يا شيخ إن هذا دين الله ورسوله الذي لا شك فيه، فأبشر بالنصرة لك ولما أمرت به، والجهاد لمن خالف التوحيد، ولكن أريد أن أشترط عليك اثنتين: نحن إذا قمنا في نصرتك، والجهاد في سبيل الله، وفتح الله لنا ولك البلدان، أخاف أن ترحل عنا وتستبدل بنا غيرنا، والثانية: أن لي على الدرعية قانونًا آخذه منهم في وقت الثمار، وأخاف أن تقول لا تأخذ منهم شيئًا، فقال : أما الأولى فابسط يدك: الدم بالدم والهدم بالهدم، وأما الثانية فلعل الله أن يفتح لك الفتوحات فيعوّضك الله من الغنائم ما هو خير منها.

فبسط الأمير محمد يده وبايع على دين الله ورسوله والجهاد في سبيله، وإقامة شرائع الإسلام، والأمر بالمعروف والنهي عن المنكر، فقام ودخل معه البلد واستقر عنده...»[40]. وفي ختام الحديث عن حياة الشيخ ابن عبد الوهاب تحدث المؤلف عن مؤلفاته[41].

وخصص ابن غنام جزءًا من كتابه لإبراز الآثار الإيجابية لدعوة الشيخ محمد بن عبد الوهاب على نجد وغيرها، وأعطى صورة واضحة عن الأحوال الاجتماعية والسياسية والدينية التي كانت سائدة قبيل مجيء الشيخ مركزًا على إبراز أوضاع المجتمع الدينية التي تميزت بانتشار مظاهر الشرك والابتعاد عن الدين ليس في نجد وحدها[42]، وإنما في البلدان المجاورة كاليمن[43] ومصر[44] والشام[45]، وفي بعض أنحاء العراق، والبحرين، والقطيف[46].

وكان قد أشار في بداية الكتاب إلى موضوعات دينية فكرية ذات صلة بالدعوة، فقد تحدث عن اختلاف المسلمين وانقسامهم شيعًا وطوائف. وغربة الإسلام، معناها والأحاديث الواردة فيها، واضطهاد الأخيار وتعذيبهم، والتزام السنة ومعنى العلم والرأي، والفرق بين الاجتهاد والتقليد والاتّباع، ثم معنى التوحيد وإنكار العلماء تعظيم القبور وبناء المشاهد والاستغاثة بالصالحين أمواتًا وأحياء، ونهي الرسول ﷺ عن اتخاذ قبره وقبور الأنبياء والصالحين أعيادًا وأوثانًا [47].

ويبدو أن تاريخ نجد وما فيها من أحداث خاصة بدعوة الشيخ والدولة السعودية قد شغلت المؤلف عن ذكر أخبار من خارجها، إلا في إشارات قليلة من انتشار الطاعون في بغداد والبصرة ونواحيهما سنة 1187هـ/ 1773م[48].

أما أخبار نجد غير السياسية فقد كانت عبارة عن إشارات قليلة عن السيول والبرد وذلك في أخبار سنتي 1179هـ/ 1765م[49] و1211هـ/ 1796م[50]، وإشارات قليلة عن الأوضاع

الاقتصادية يتعلق معظمها بغلاء أسعار الطعام كما هو الحال في أخبار سنة 1181هـ/ 1767م[51]، و1182هـ/ 1768م[52]، و1197هـ/ 1782م[53]، والأوبئة التي أصابت المحاصيل في سنتي 1175هـ/ 1761م[54] و1211هـ/ 1796م[55].

وأورد في نهاية كل غزوة ترجمة لأحد العلماء أو الأعيان من أتباع الحركة، والتزم بذلك ما أورده في مقدمة كتابه، وكانت التراجم التي أوردها قليلة قياسًا بعدد الغزوات التي ذكرها[56].

كان كتاب ابن غنام في الأصل يقع في جزءين، جزء بعنوان (روضة الأفكار والأفهام لمرتاد حال الإمام) قصره على حياة الشيخ محمد بن عبد الوهاب ورسائله، وحالة نجد والإحساء وما كان سائدًا فيهما من مظاهر الشرك. والجزء الآخر من الكتاب سماه (الغزوات البيانية والفتوحات الربانية) تعرض فيه المؤلف لتاريخ الحوادث والغزوات التي واكبت الدعوة الإصلاحية وانتشارها، وقيام الدولة السعودية الأولى، ووقف عند عام 1212هـ/ 1797م[57]، وقد حُقق الكتاب بجزءيه ونشر بكتاب واحد اشتهر بتاريخ نجد[58].

ومهما يكن من أمر المادة التاريخية والدينية التي تضمنها كتاب ابن غنام، وتتعلق بدعوة الشيخ محمد بن عبد الوهاب والأئمة السعوديين إلا أنه سجل هذه الأحداث من موقع القريب والمعاصر والمطلع على ما يجري، فجاءت أخباره الخاصة بالغزوات مصدرًا مهمًا للمؤرخين الذين جاؤوا بعده حتى عُدّ من اوائل من اعتنى بالتدوين التاريخي في نجد على ما اشتمله الكتاب من مادة تاريخية[59]، كما يعد تاريخ ابن غنام من أوفى المصادر التي عاصرت ظهور الحركة الإصلاحية وانتشارها، وجاء من وجهة نظر فقيه مؤرخ كان من تلاميذ الحركة، ومن أبرز المدافعين عنها من الناحية الفكرية شعرًا ونثرًا.

وفي سياق الحديث عن دعوة الشيخ محمد بن عبد الوهاب وآثارها في الكتابة التاريخية وخاصة المحلية، دوّن مؤلف مجهول معاصر لابن غنام كتابًا سماه (لمع الشهاب في سيرة الشيخ محمد بن عبد الوهاب)، وقد يظن القارئ ابتداءً أن العنوان في السيرة، ولكنه أقرب ما يكون إلى التاريخ المحلي، وأهم ما يميزه عن تاريخ ابن غنام التنوع في طبيعة المادة التاريخية التي اهتم هذا المؤلف بتسجيلها، وقد جعل كتابه في خمسة أبواب وخاتمة أشار إليها في مقدمة الكتاب[60]. تضمن الباب الأول تعريفًا بالشيخ ابن عبد الوهاب من حيث اسمه ونسبه وطلبه العلم ورحلاته[61]، وفي الباب الثاني تناول انتشار دعوة الشيخ في نجد ثم لقاءه بأمير الدرعية وموافقة الأخير على نصرة الدعوة والجهاد في نشرها[62]، وفي الثالث عرض نسب محمد بن سعود أمير الدرعية وما كان عليه قبل الدعوة، وفي الباب الرابع عرض للظروف

والأوضاع التي مكنت محمد بن سعود وابنه عبد العزيز و سعود وعبد الله بن سعود من ترسيخ حكمهم في بلدان نجد وأطرافها منفردًا في ذكرالقبائل النازلة في نجد[63]. وفي الباب الخامس تابع عرض أخبار توسع السعوديين في اتجاه الحجاز واليمن، وضمّن هذا الباب فصولًا كثيرة منها أعمال جيوش محمد علي ضد دعوة الشيخ محمد بن عبد الوهاب وأتباعها، والسياسة العثمانية تجاه البلاد النجدية، وبدء ظهور الإنجليز على مسرح الأحداث من حيث عرض المؤلف ما أوقعوه من فتن بأهل رأس الخيمة وتوابعهم أيام دولة الإمام سعود بن عبد العزيز[64]. ومما تضمنه هذا الباب بيان حدود ملك نجد، وأسماء بعض البلاد المشهورة فيه[65]، وبيان بعض بلاد الحجاز المشهورة، وكذلك اليمن، وعُمان[66]، وسواحل بني خالد، وقد أفاض في الحديث عن بني خالد رؤساء الأحساء فذكر أسماء قبائلهم، وما كانوا عليه من الرئاسة[67]، وأورد معلومات عن بعض قبائل عُمان، وأعراب الحجاز مبينًا عدد أفراد كل قبيلة، واسمها، وناحيتها التي تسكن فيها، كذلك اليمن وقطر[68]. كما أورد معلومات نادرة تدل على اهتمام ملفت في تسجيل أخبار تتعلق بحياة المجتمع، وكان ذلك على شكل أرقام إحصائية، وعلى الرغم من نسبة الدقة في هذه الأرقام إلا أنها تلقي ضوءًا على عدد السكان في تلك الفترة. وأورد أيضًا الأموال المحصلة لآل سعود أيام دولة سعود[69]، ثم عدد السكان الخاضعين لحكم السعوديين في جزيرة العرب[70].

وقد غطّى صاحب لمع الشهاب أخبار ما يزيد على ثلاثة وسبعين عامًا من تاريخ نجد بصفة خاصة وتاريخ الجزيرة العربية بصفة عامة للفترة 1160هـ/ 1747م-1233هـ/ 1817م وذلك حسب الموضوعات ذاكرًا تواريخ الأحداث البارزة[71]. وتميزت المادة التاريخية الواردة في الكتاب بالتنوع، فبالإضافة إلى الأوضاع السياسية عني المؤلف بإيراد أخبار مهمة حول الأوضاع الاجتماعية والاقتصادية، خاصة فيما يتعلق بالقبـائل وفروعها وأماكن وجودها.

وكانت معالجة المؤلف للأحداث من وجهة النظر غير المؤيدة للحركة، فقد وصفها بالبدعة في أكثر من موضع[72]. ولم يكن محايدًا[73]. وتبدو أهمية هذا الكتاب في أنه أورد أخبارًا خاصة بحياة الشيخ محمد بن عبد الوهاب والأمير محمد بن سعود، وكيف استمر هذا الاتفاق بعد وفاة الزعيمين الشيخ ابن عبد الوهاب وابن سعود، كما تميز المؤلف بمعلوماته المفصلة عن سياسة الأئمة السعوديين تجاه البلدان الخاضعة لهم، وكيفية إدارتها، ومواردها الاقتصادية.

وعلى أي حال يبقى هذا الكتاب مصدرًا من مصـادر تاريخ نجد والجزيرة العربية خاصة فيما يتعلق بدراسة الأوضاع الاجتماعية والاقتصادية والسياسية والإدارية إبان نشوء وتوسع

الدولة السعودية الأولى خلال النصف الثاني من القرن الثاني عشر الهجري والثلث الأول من القرن الثالث عشر الهجري.

وبرز من أهل نجد أيضًا المؤرخ محمد بن عمر الفاخري (ت1277هـ/ 1860م)، وقد سجّل تاريخًا مختصرًا بأخبار نجد والبلدان المحيطة بها. وجعله على تاريخ السنين مبتدئًا بعام 850هـ/ 1446م، حيث اشترى حسن بن طوق جد آل معمر العيينة وعمّرها[74]. والعيينة هي البلدة التي ولد فيها الشيخ محمد بن عبد الوهاب في عام 1115هـ/ 1703م[75]، واستمر الفاخري في تدوين أخبار نجد والجزيرة العربية حتى عام 1277هـ/ 1860م وهي سنة وفاته[76]. وقد كان الجزء الأكبر من الأحداث التاريخية التي سجلها الفاخري بأسلوب مختصر، فقد سجّل أخبار (219) سنة متقطعة وغير متسلسلة في (125) صفحة[77]، وكان غير منتظم في السنوات بين 850هـ/ 1446م و1080هـ/ 1669م[78]، وكانت أكثر انتظامًا للفترة التالية من 1081هـ/ 1670م حتى 1277هـ/ 1860م[79].

وفي إطار اهتمام الفاخري بأخبار نجد أولى عناية خاصة للأحداث الواقعة في إقليم سدير (المنطقة التي ولد فيه المؤلف) ثم البلدان القريبة، ويعود سبب اهتمامه هذا إلى سهولة الحصول على الأخبار. أما المناطق البعيدة فكان من المتعذر معرفة أخبارها، وخاصة أن الفوضى والصراعات وانعدام الأمن جعل من إمكانية التنقل بين البلدان لجمع الأخبار أمرًا عسيرًا. لذلك كانت الأخبار الخاصة بالنزاعات المحلية في نجد للفترة السابقة لظهور دعوة الشيخ محمد بن عبد الوهاب أكثر منها للفترة التي تلت ظهور الحركة وما أعقب ذلك من أحداث. وبعد الاتفاق المشهور باتفاق الدرعية بين الشيخ محمد بن عبد الوهاب والأمير محمد بن سعود حرص المؤلف على متابعة الأخبار الخاصة بالدولة السعودية الأولى والثانية خاصة بعد عام 1160هـ/ 1747م، فتحدث عن حروبها مع القوى المحلية في نجد، وحكام الأحساء، ومع جيوش الدولة العثمانية وولاتها في العراق ومصر، ثم نزاع الدولة السعودية مع أشراف مكة.

وإلى جانب الأحداث السياسية أورد الفاخري بعض الإشارات المتعلقة بالأوضاع الاقتصادية في نجد وبعض بلدان الجزيرة خاصة ارتفاع الأسعار وانخفاضها[80]، ومتابعة سنوات القحط[81]، والأمطار والسيول[82]. كما أورد إشارات خاصة بالعملات والموازين والمكاييل المعمول بها في نجد وبعض بلدان الجزيرة العربية[83]. كذلك اهتم بمتابعة انتشار الأوبئة التي كانت تفتك بالناس والحيوانات والزرع[84]، والظواهر الكونية من كسوف وخسوف[85] وهبوب رياح[86].

واهتم الفاخري أيضًا بالترجمة لأعيان نجد من رؤساء القبائل وحكام بعض البلدان النجدية، وترجم لعلماء وقضاة وشعراء، كما ذكر وفيات بعض الناس العاديين الذين كانوا يسقطون في النزاعات المحلية، وغزوات الدولة السعودية[87].

ولم يقتصر الفاخري على إيراد الأخبار الخاصة بنجد، وإنما أورد أخبارًا مفيدة عن البلدان المجاورة، فاهتم بذكر بعض الأحوال السياسية في الحجاز[88]، وعُمان[89]، وأخبارًا متنوعة عن البحرين[90]، ورأس الخيمة[91]، والكويت[92]، واليمن[93]. ولكن تاريخه في موضوعه الرئيس تركز على تناول اخبار نجد.

ومن خارج الجزيرة العربية أورد أخبارًا خاصة بالعراق[94]، ومصر[95]، والشام[96] تتعلق بالحياة السياسية، وأخبار الأوبئة، ووفيات بعض الشخصيات البارزة من علماء وتجار، خاصة ممن يرجعون في أصولهم إلى نجد. كما اهتم بإيراد أخبار عن سلاطين الدولة العثمانية ولكن مختصرة وتتعلق بوفاة سلطان وتولي آخر[97]. وأورد خبر استيلاء الإنجليز على رأس الخيمة وإحراقها عام 1224هـ/ 1712م[98].

وفيما يتعلق بتراجم الأعلام من العلماء والأعيان في نجد والجزيرة العربية، فقد أولى عناية خاصة بعلماء الحنابلة[99]، علماء المذهب الذي ينتمي إليه المؤلف[100]، كما أورد بعض التراجم على المذهب المالكي[101]، والشافعي[102].

وتبدو أهمية تاريخ الفاخري في أنه تناول أخبار الفترة الواقعة بين نهاية تاريخ المنقور الذي انتهى إلى سنة 1123هـ/ 1711م[103]، وقيام الدولة السعودية الأولى سنة 1157هـ/ 1744م. ويرى عبد الله يوسف الشبل محقق كتاب الفاخري أنه: «لولا تاريخ الفاخري لضاع تاريخ هذه الفترة» ويعني بها الفترة الممتدة بين عامي 1123هـ/ 1711م و1157هـ/ 1744م. وعلى أي حال فإن الفاخري أضاف إضافة أخرى إلى تاريخ نجد خاصة وتاريخ الجزيرة العربية عامة في فترة القرن الثاني عشر والثالث عشر الهجريين باختصار واعتدال. ويبدو أن حمد الجاسر كان محقًّا عندما رغب في أن يكون عنوان الكتاب (تاريخ الفاخري) وليس الأخبار النجدية، لأن الفاخري لم يقتصر على تسجيل أخبار نجد وحدها، بل ضمّن كتابه أخبارًا كثيرة عن باقي بلدان الجزيرة العربية والبلدان المجاورة[104].

تظهر النزعة المحلية واضحة عند عثمان بن بشر (ت1290هـ/ 1873م) الذي عني بتدوين أخبار نجد على تاريخ السنين، مقسمًا تاريخه إلى فترتين؛ فترة أطلق عليها السوابق، امتدت حوالي (271) سنة من 850هـ/ 1446م إلى سنة 1156هـ/ 1743م. والفترة الثانية وهي الفترة الرئيسة

151

التي دون تاريخه من أجلها وابتدأها بسنة 1157هـ/ 1744م وهي السنة التي انتقل فيها الشيخ محمد بن عبد الوهاب إلى الدرعية والتقى أميرها محمد بن سعود، وما ترتب على هذا اللقاء من قيام الدولة السعودية. واستمر ابن بشر في تسجيل الأحداث حتى سنة 1267هـ/ 1850م. وبذلك يكون قد دوّن أخبار (110) سنوات من تاريخ دعوة الشيخ محمد بن عبد الوهاب وجهود الأئمة السعوديين في نشر الدعوة داخل نجد وما حولها من البلدان المجاورة دون انقطاع، وجعل ذلك في مجلدين؛ اشتمل الأول على أخبار الدولة السعودية الأولى وتوسعها وحروبها وأمرائها حتى قدوم القوات المصرية وتدميرها الدرعية عاصمة الدولة السعودية وأسرها العلماء والأمراء من آل سعود عام 1234هـ/ 1818م، بينما ابتدأ المجلد الثاني بظهور الإمام تركي الذي بدأ بإعادة تكوين الدولة السعودية من جديد، وانتهى هذا المجلد إلى سنة 1267هـ/ 1850م، وتوفي سنة 1290هـ/ 1873م، وعاصر فترة النزاع على الحكم بين أبناء فيصل بن تركي ولم يدوّنها.

وقد نبّه ابن بشر إلى منهجه في ترتيب الأحداث التاريخية الخاصة بحوالي (381) سنة مع ما أطلق عليه السوابق، وقال في ذلك: «فإن بعض من سبق من علماء نجد أرّخوا تأريخات ورسموا ترسيمات قصروا فيها عن المطلوب، ولكن لا تخلو من فائدة في معرفة بعض الحوادث والأماكن وسني الجدب والخصب ومعرفة اختلاف أهل نجد وافتراقهم وتغير عقائدهم قبل ظهور هذا الدين...وهي قبل هذا الكتاب متصلة به، وقد رأيت أن أتركها ولا أن أبدأ بها هذا الكتاب لأن السنين التي بعدها هي التي لأجلها وضع الكتاب...فهي أحق بالتقديم لفضلها وفضل أهلها، ولكونها من السنين المباركة على أهل نجد...فأردت أن أدخل السنين السابقة بين سني هذا الكتاب منتشرة فيه متتابعة كل سنة سابقة تحت كل سنة لاحقة، والعلامة عليها قولي: (سابقة) ليحوي الكتاب فائدة المتقدم والمتأخر، وسميته عنوان المجد في تاريخ نجد»[105]. وتبدو الحيرة التي سيطرت على ابن بشر في كيفية ترتيب مادته التاريخية التي جمعها على ما يبدو ممن سبقه من المؤرخين، والمادة التاريخية التي عاصر أحداثها، وتجاذبته هذه الحيرة بين النزعة المحلية وجعْل نجد هي الأساس، أم يغلبه حماسه للدعوة الإصلاحية والدولة السعودية ليجعل أخبارها الأساس والمبتدأ لتاريخه. ويبدو أن حماسه للدعوة والدولة تغلبا عليه فجعلها الأساس والمحور الذي دارت فيه أخباره التاريخية وليكون محورها ومركزها نجد.

وقبل التعرف على المادة التاريخية التي ضمنها ابن بشر كتابه، ينبغي الإشارة إلى نظرته إلى التاريخ، حيث رأى فيه سجلًا لأخبار الماضين ووقائع الملوك وأخبارهم[106].

كما نظر ابن بشر إلى التاريخ على أنه أفضل موضع لتسجيل أعمال الحكام السعوديين ومفاخرهم، وقال في ذلك: «ثم إن نفسي لم تزل تتوق لمعرفة وقائعهم وأحوالهم وجيوشهم العرمرمية وقتالهم فإنهم هم الملوك الذين حازوا فضايل المفاخر»(107). وبعد أن أشار إلى دولتهم وتوسعها ونصرتهم لدعوة الشيخ محمد بن عبد الوهاب التي نقلت المجتمع في البلاد النجدية من حياة الخرافات والأوهام والبدع والفوضى والنزاع إلى النظام والأمن والتوحيد على حد تعبير ابن بشر الذي قال: «فحقيق لمن هذه حالهم وفعالهم أن يتشرف القرطاس والمداد بنشر فضائلهم في البلاد وبين العباد»(108).

وفي نظرته إلى التاريخ المحلي، تبدو نزعته الوطنية – إن جاز التعبير – واضحة من خلال نقده لعلماء وأهل نجد بسبب تقصيرهم في تسجيل أخبار البلاد النجدية، ويقول في ذلك: «وأعلم أن أهل نجد وعلماءهم القديمين والحديثين لم يكن لهم عناية بتأريخ أيامهم وأوطانهم ولا من بناها، ولا ما حدث فيها، وسار منها وسار إليها»(109). وعلى الرغم من إشارته إلى محاولات البعض من أهل نجد كتابة تواريخ لبلادهم لكنها – بنظر ابن بشر – لا تفي بالغرض، فقد جاءت مختصرة وسردية ودون تعليل للحوادث، ولعله يشير بذلك إلى ابن منقور(110) والفاخري(111). وتبدو النزعة الوطنية أكثر وضوحًا من خلال قوله: «فمن اعتنى بشيء من أخبار الماضين فقد أتحف هدية وافرة لمن بعده من الخايفين تتشرف بذكرها أوطانها، وتفتخر بذلك ملوكها وسكانها، ويطلبها العلماء والملوك ويتحدث بها المالك والمملوك»(112). وقد قُدِّر لتاريخ ابن بشر أن يحقق هدفه في إبراز تاريخ نجد وما حولها من بلدان الجزيرة العربية.

أما المادة التاريخية التي اهتم ابن بشر بتسجيلها فهي حياة الشيخ محمد بن عبد الوهاب، وفي أثناء ذلك أشار إلى حالة نجد قبل ظهور دعوته ثم أشار إلى رحلاته العلمية وعلاقته مع أمير العيينة، وبداية الدعوة، وانتقاله إلى الدرعية ومبايعته أميرها على «أن الدم بالدم والهدم بالهدم...»، إلا أن محمد بن سعود شرط في مبايعته للشيخ أن لا يتعرضه فيما يأخذه من أهل الدرعية مثل الذي كان يأخذه رؤساء البلدان على رعاياهم، فأجابه على ذلك رجاء أن يخلف الله عليه من الغنيمة»(113). ثم تحدث عن حال الدرعية وقت قدوم الشيخ إليها(114)، وجعل قدوم الشيخ إليها بداية لتاريخه، وفي حوادث سنة 1206هـ/ 1791م تحدث مرة أخرى عن الشيخ محمد بن عبد الوهاب على إثر وفاته في العام المذكور مبينًا صفاته ونسبه، والحركة التي دعا إليها. ومصنفاته ومشايخه وتلامذته وأبنائه الأربعة وذريته، والقصائد التي قالها ابن غنام في رثائه(115).

أما أخبار حكام الدولة السعودية فقد أبرز أخبارهم بشكل رئيس ملقيًا الضوء على دورهم في حمل راية الدعوة الإصلاحية وإخضاع البلاد وتحقيق الأمن والنظام، وترجم لهم وتحدث عن مجالسهم وتنظيمهم للبلاد، وأمراء الأقاليم المعينين من قبلهم وقضاتهم وعمالهم وصفاتهم وسياستهم تجاه الرعية[116]، وذلك من وجهة نظر المتحمس لسيرتهم. وعبّر عن ذلك بقوله: «وبالجملة فمحاسنهم وفضائلهم أشد من أن تذكر وأكثر من أن تحصر، ولو بسط القول في وقائعهم وغزواتهم، وسعوداتهم وما مُدحوا به من الأشعار ومن قصد بابهم من الرؤساء العظام من أقاصي الأقطار، وما حمل إليهم من الأموال والسلاح والخيل والجياد، التي لا يدركها العد والتذكار، لجمعت فيها عدة أسفار، ولكنني قصدت الإيجاز والاختصار»[117]. وعلى الرغم من أنه توسع في أخبار آل سعود، إلا أنه عدّ ذلك إيجازًا. ومن خلال هذه النظرة المليئة بالإعجاب والحماس للسعوديين عالج ابن بشر الأحداث الخاصة بوجود القوات المصرية العثمانية في نجد، والأعمال التي قامت بها ضد السكان وضد أتباع الدعوة وزعمائها، وفظائعهم التي قاموا بها في الدرعية على وجه الخصوص، حيث فصّل في وصفها ضمن أحداث سنة 1234هـ/ 1818م[118].

ومن مظاهر الحماس التي غلبت على ابن بشر في ذكره للأحداث ما استخدمه من عبارات دالة على الدعوة الإصلاحية وجنودها والمعارضين لها، فهي دعوة التوحيد[119]، وجنودها جنود المسلمين[120]، وجيوشها منصورة[121]، والمعارضون لها أعداء للمسلمين[122]، وهم أهل الباطل[123]، والخارجون على الدعوة بعد دخولهم فيها «مرتدون»[124]. لا بل ذهب إلى أن الله سبحانه وتعالى أراد لأهل نجد الخروج من مظاهر البدع والكفر والفرقة على يد الشيخ محمد بن عبد الوهاب وقال في ذلك: «لما أراد الله سبحانه الذي يعلم السر وأخفى أن يمضي أمره، ويعلي كلمته، ويجمع أهل نجد بعد تفرقهم، على إمام واحد...»[125]، لا بل ذهب إلى أبعد من ذلك حيث جعل الغلاء والقحط عقابًا من الله سبحانه وتعالى بعد مقتل الإمام عبد العزيز الذي اغتيل سنة 1218هـ/ 1803م، والإمام الذي قُتل سنة 1249هـ/ 1833م. وقد قال بعد مقتل الأخير في سياق حديثه عن غلاء وقحط أصابا البلاد سنة 1251هـ/ 1835م:«وكان هذا الغلاء والقحط أوقعه الله بعد قتل الإمام تركي وعلى وجهه إقبال خالد وعساكر الترك...وكان هذا الغلاء مشابهًا لما أوقعه الله حين قتل الإمام عبد العزيز بن محمد بن سعود...فإنه وقع الغلاء والقحط بعده في نجد سبع سنين...»[126]. ويبدو ابن بشر في نظرته إلى الدعوة وزعمائها وأتباعها متأثرًا بسلفه ابن غنام[127].

154

ولم يقتصر ابن بشر على ذكر الأخبار السياسية المتعلقة بنجد وإنما أورد إشارات خاصة بالأحداث السياسية في الجزيرة العربية كلها، كما أورد إشارات خاصة بمصر حول الحملة الفرنسية ذاكرًا أسبابها ومقاومة المصريين لها، وتعاون الإنجليز والعثمانيين في إخراج الفرنسيين من مصر(128)، كما أشار إلى بعض الأوضاع السياسية في العراق(129)، وأورد أخبارًا عن تولي بعض السلاطين العثمانيين في استنبول(130).

وبالإضافة إلى الأحداث السياسية داخل نجد وخارجها عُني ابن بشر أيضًا بإيراد بعض الإشارات حول الحياة الثقافية، وذلك من خلال ترجمته للعلماء النجديين(131)، ومجالس التدريس التي كان يحضرها الحكام السعوديون وما كان يدرس فيها، وأوقات التدريس(132)، ودور القضاة المعينين على البلدان في التعليم(133). وفي سياق اهتمام ابن بشر بالحياة الثقافية أورد تراجم كثيرة لعلماء وقضاة وأعيان في نجد والجزيرة العربية كان لهم دور فاعل ومؤثر في حياة المجتمع النجدي خاصة والجزيرة العربية عامة(134).

واهتم ابن بشر أيضًا بالأوضاع الاقتصادية في نجد والجزيرة، مركزًا على أخبار نجد، فتحدث عن الأمطار والسيول(135)، والخصوبة(136)، والقحط(137)، وارتفاع وانخفاض الأسعار، والعملات المتداولة وقيمتها، والمكاييل والأوزان المستخدمة(138)، والعوامل المؤثرة على الزرع من أوبئة ورياح وبَرَد، وطيور(139). ومن الأمثلة على أخباره الاقتصادية ما أورده في أخبار سنة 1220هـ/ 1805م حيث يقول: «وفي هذه السنة اشتد الغلاء والقحط على الناس في نجد وما يليها، وسقط كثير من أهل اليمن ومات أكثر إبلهم وأغنامهم وفي آخرها في ذي القعدة بلغ البر ثلاثة آصع بالريال، وبلغ التمر سبع وزنات بالريال، وبيع في ناحية الوشم والقصيم خمس وزنات بالريال.

وأما مكة فالأمر فيها أعظم مما ذكرنا بسبب الحرب والحصار وقطع الميرة والسابلة عنها، وذلك حيث انتقض الصلح بين غالب وبين سعود، فَسُدَّت الطريق كلها عن مكة من جهة اليمن وتهامة والحجاز ونجد، لأن كلهم رعية سعود وتحت أمره، فثبت عندنا وتواتر أن كيلة الأرز والحب بلغت في مكة ستة أريل، وكيلتهم أنقص من صاع نجد، وبيع فيها لحوم الحمر والجيف بأغلى ثمن، وأكلت الكلاب، وبلغ رطل الدهن ريالين، ومات خلق كثير منهم جوعًا، وأما في نجد فاشتد الجوع فيها على الناس، ولكن جعل لهم الأمن العظيم في نواحيهم...وطال هذا الغلاء والجوع في نجد نحو ست سنين»(140).

وبالإضافة إلى الأوضاع الاقتصادية أورد ابن بشر إشارات متعددة عن الظواهر الفلكية(141)، والأوبئة التي كانت تظهر بين الحين والآخر(142)، وكانت تؤثر سلبًا في حياة المجتمع وخاصة

الاقتصادية، مما جعل بعض السكان يُجلون عن بعض الأقاليم خاصة في أيام الغلاء والقحط والجوع إلى الزبير والبصرة.

وقد أولى ابن بشر عناية خاصة بإقليم سدير الذي يعد موطن المؤلف وفيه ولد، حيث أورد أخبارًا كثيرة محلية اقتصادية واجتماعية خاصة بأعيان سدير وعلمائها(143).

واستطاع ابن بشر تدوين أخبار الدعوة والدولة التي تناولها ابن غنام، ولكن ابن بشر تناول ما وجده من أحداث عند ابن غنام وصاغها بأسلوب أكثر تنظيمًا مستفيدًا بالإضافة إلى ابن غنام من المؤرخين السابقين(144)، ومستفيدًا أكثر من الأخبار المختصرة التي سجلها الفاخري، فاستطاع كتابة تاريخ حولي محلي في إطار الدولة السعودية وأمرائها الذين جعل منهم محورًا للتاريخ ولمآثرهم هدية للأجيال من بعد، كما عبر عن ذلك في مقدمة كتابه. ومع كل ما تقدم فقد أخذ عليه مؤرخ نجدي – هو صاحب مخطوط العقود الدرية – تعصبه ضد أهل القصيم، واتهمه بأنه دائمًا يحاول إظهار أهل القصيم بأنهم خارجون على الطاعة ومثيرون للقلاقل، وهي تهم لا أساس لها على حد تعبير صاحب العقود الدرية(145). وكان ابن بشر قد أشار في أخبار عام 1265هـ/1848م إلى خروج أهل القصيم على الطاعة وتعاونهم مع الأتراك(146).

وضمن سلسلة تاريخ نجد المحلي سار إبراهيم بن صالح بن عيسى على أثر من سبقه من مؤرخي نجد ليساهم في تدوين أخبارها، مستفيدًا من مؤلفات المؤرخين الذين سبقوه، ففي كتابه الأول المسمى بـ (تاريخ بعض الحوادث الواقعة في نجد ووفيات بعض الأعيان وأنسابهم وبناء بعض البلدان من 700 إلى 1340هـ) قال في مقدمته عن موضوعات الكتاب: «سألني بعض الإخوان... أن أجمع له نبذة من التاريخ على طريق الاختصار، تطلعه على بعض الحوادث الواقعة في نجد، ووفيات بعض الأعيان، وبعض شيء من أنسابهم، وبناء بعض بلدان نجد... وجمعت له هذه النبذة من تواريخ علماء نجد»(147). والتزم ابن عيسى في ذكره لأحداث التاريخ في نجد باختصار من سنة 700هـ/1300م وهي السنة التي عُمِّر فيها بلد التويم في سدير، وأنهى كتابه هذا بسقوط إمارة آل رشيد على يد عبد العزيز آل سعود سنة 1340هـ/1921م(148). ورتب تاريخه على السنين مقلدًا بذلك من سبق خاصة الفاخري، وكانت السنوات التي أورد أخبارها متقطعة وغير منتظمة لستة قرون ونصف. ففي سنة 700هـ/1300م وحتى نهاية القرن التاسع الهجري أورد أخبار أربع سنوات(149)، وتبدو السنوات أكثر انتظامًا للفترة المتعلقة بالقرن الثاني عشر والثالث عشر والنصف الأول من القرن الرابع عشر، مع إغفاله لسنوات قليلة في هذه الفترات.

وأبرز الموضوعات التي أثارت اهتمام ابن عيسى أوضاع نجد في ظل دعوة الشيخ محمد بن عبد الوهاب وظهور الدولة السعودية، والأحداث السعودية، والأحداث السياسية والنزاعات والحروب، ووجود القوات

العثمانية في نجد للقضاء على الحركة والدولة الناشئة، وما اتصل بذلك من أخبار خاصة بالأئمة السعوديين[150]، وإخضاعهم لبعض البلدان في نجد والجزيرة[151]، ويبدو ابن عيسى متأثرًا بابن غنام والفاخري وابن بشر في جعله الموضوعات السابقة محورًا لتاريخه.

وأورد ابن عيسى أيضًا إشارات خاصة بالأحوال الاقتصادية والعوامل المؤثرة فيها من أمطار وسيول[152] وقحط[153] وارتفاع وانخفاض للأسعار، وعملات متداولة، وموازين مستخدمة[154]، وأوبئة[155]، وظواهر كونية[156]، وهذه الإشارات خاصة بنجد وبالبلدان المجاورة في داخل الجزيرة وخارجها.

ومن جهة أخرى أولى ابن عيسى عناية خاصة لتراجم أعيان وعلماء من نجد وبلدان الجزيرة[157]، وجاءت معلوماته ذات فائدة في التعرف على الحياة الثقافية والاجتماعية لنجد والجزيرة العربية. وعلى الرغم من تكرار ابن عيسى لكثير من الأحداث الواردة عند ابن غنام والفاخري وابن بشر، إلا أنه استطاع تقديم مادة تاريخية وفق نظرة خاصة به. وتعد مساهمته حلقة من حلقات التاريخ المحلي لنجد، وليس من الموضوعية الإنقاص من مساهمته هذه[158].

وفي كتابه الذي سمّاه (عقد الدرر فيما وقع في نجد من الحوادث في آخر القرن الثالث عشر وأول الرابع عشر) الذي ألّفه تلبية لرغبة الملك عبد العزيز ليكمل به تاريخ ابن بشر الذي وقف في أخباره عند سنة 1267هـ/ 1850م قال: «فابتدأت في ذلك من سنة ثمان وستين ومائتين وألف»[159]، وبدا ابن عيسى في كتابه هذا منسجمًا في أخباره مع ما أورد ه سلفه ابن بشر، وذلك لاهتمامه بمتابعة التاريخ السياسي وتبدل الأحداث وتغيرها في نجد. كما تابع ابن عيسى أخباره بالاهتمام بتراجم الأعيان والعلماء في نجد، والاهتمام بالأوضاع الاقتصادية على نسق تاريخ بعض الحوادث وتاريخ ابن بشر، وذلك حوالي ثلاث وسبعين سنة بانتظام عدا السنوات 1296هـ/ 1878م و1297هـ/ 1879م و1298هـ/ 1880م، وقال عن سبب عدم ذكره لهذه السنوات: «ولم يقع فيها ولا فيما بعدها إلى تمام السنة الثامنة والتسعين بعد المائتين والألف ما يحسن ذكره»[160].

واللافت أن السنوات التي لم يذكرها ابن عيسى لم يذكرها أيضًا صاحب العقود الدرية في تاريخ البلاد النجدية، وقال بعد أخبار سنة 1295هـ/ 1878م عند تناوله لسنة 1299هـ/ 1881م:

«ومضت الثلاث السنوات دون أن يوجد فيها من الحوادث ما يوجب الشرح إلا حوادث بوادي لا أهمية لها...»[161]، وغير واضح إن كان ابن عيسى قد رأى هذا المخطوط أم لا.

ويبقى حال ابن عيسى كحال من سبقه من مؤرخي نجد، فتاريخه مكتوب من وجهة نظر موالية تمامًا، وجاء تكملة لما بدأه ابن بشر، وغطى أحداثًا سياسية حافلة بالصراع على الحكم، وحافلة أيضًا بجهود عبد العزيز آل سعود في استرداد سيطرته على نجد من آل رشيد، ويبدو واضحًا أن ابن عيسى لا يذكر تفصيلات عن أمراء آل رشيد[162].

التاريخ المحلي في الحجاز:

يمكن تصنيف كتاب (خلاصة الكلام في بيان أمراء البلد الحرام) لأحمد زيني دحلان ضمن التاريخ المحلي، وقد قال دحلان عن المادة التاريخية التي ضمنها هذا الكتاب: «فقد سألني بعض من لا يسعني مخالفته أن ألخص في كراريس من ولي إمارة مكة من زمن النبي ﷺ إلى وقتنا هذا ليسهل مراجعة ذلك عند الاحتياج، وإن كان ذلك مذكورًا في التواريخ، إلا أنه منتشر في ضمن كثير من الوقائع والأخبار لا يهتدي إليه من أراده إلا بمشقة، فجمعت هذه الكراريس ملخصًا لما فيها من التواريخ المعتمدة عند أهل العرفان، مقتصرًا على ما لا بد منه في البيان...»[163]. وإلى جانب المادة التاريخية والفترة الزمنية التي وضحها المؤلف في مقدمة الكتاب التي امتدت من السنة الثامنة للهجرة إلى سنة 1299هـ/ 1881م، أي حوالي (1291) سنة منها (376) تحت نفوذ الدولة العثمانية، فقد أوضح أيضًا سبب تأليفه ومنهجه في عرض مادته التاريخية التي جاءت ملخصة لما هو موجود في كتب التاريخ.

وقد عرض دحلان مادته التاريخية على أساس التسلسل التاريخي جاعلًا الأساس من تولى الحكم في البلد الحرام، فمرّة يبتدئ بالموضوعات كقوله: «ذكر من ولي مكة منذ فتحها إلى خلافة عمر بن الخطاب رضي الله عنه»[164]، ومرّة يجمل الموضوع بقوله: «ذكر ولاة الأمويين على مكة المكرمة»[165]، ويتحدث باختصار شديد عن الخلفاء الأمويين والعباسيين لارتباط أخبارهم بمن تولى على مكة من قبل كل خليفة.

واتبع دحلان طريقة تسجيل أبرز الأحداث التي تقع في عهد المتولي على مكة جاعلًا الأساس أخبار الوالي من حيث سنة توليه. أما ذكره للتواريخ فقد كان يكتفي بذكر السنة وغلب ذلك على الفترة الممتدة بين عامي 8هـ و1034هـ/ 1624م[166]، بعد ذلك صار يذكر الأحداث باليوم والشهر والسنة وأحيانًا الوقت من اليوم[167].

وعلى الرغم من أن الصفة الغالبة على الأخبار كانت الأحداث السياسية، إلا أن المؤلف كان يذكر أحيانًا قليلة أخبارًا اقتصادية خاصة المتعلقة بالقحط وارتفاع الأسعار[168]، وأخبارًا عن السيول والآثار التي كانت تنتج عنها[169]، وبعض الظواهر الفلكية[170]، والأوبئة[171]. ولكن الإشارات حول كل ذلك كانت قليلة.

وقد أورد دحلان أخبارًا من خارج مكة لكنها قليلة كحفر قناة السويس والابتداء بذلك سنة 1286هـ/ 1869م[172]، وعن محاربة محمد علي باشا لحركة المهدي السوداني [173]. ولم يتمكن من إخفاء معارضته لدعوة الشيخ محمد بن عبد الوهاب التي عبّر عن موقفه منها خلال حديثه عن غزوات الشريف غالب ضد أتباع هذه الحركة، وبلغت ستًا وخمسين غزوة[174].

التاريخ المحلي في عُمان:

بدأت ظاهرة تدوين التاريخ العُماني المحلي على الحوليات منذ أوائل القرن التاسع الهجري/ الخامس عشر الميلادي، دون أن يكون الأساس فيها العقيدة والإمامة[175]. وفي القرنين الثاني عشر والثالث عشر الهجريين كتب في التاريخ المحلي لعُمان: الأزكوي[176]، والمعولي[177]، وصاحب كتاب تاريخ أهل عُمان[178]، وابن رزيق[179]، والسالمي[180]. وقد جعل هؤلاء المؤرخون من تاريخ الأئمة وأعمالهم محورًا لتاريخ عُمان[181].

وقد عرض مؤلف كتاب كشف الغمة الجامع لأخبار الأمة الذي يُنسب للمؤرخ العُماني سرحان بن سعيد الأزكوي أخبار الدولة الإسلامية وعُمان في أربعين بابًا كان نصيب عُمان منها أحد عشر بابًا، وقد يبدو أن الكتاب في تاريخ الإسلام ودوله والفرق التي ظهرت فيه، ولكن الغرض من تأليفه هو جمع أخبار المذهب الإباضي وأئمته وأحداث عُمان في ظل هذا المذهب. وقد أشار المؤلف إلى ذلك صراحة إذ قال: «فصنفت هذا الكتاب...وجعلت ظاهره في القصص والأخبار، وباطنه في المذهب المختار...»[182]. وقد تم تحقيق الجزء الخاص بتاريخ عُمان وأطلق عليه (تاريخ عمان المقتبس من كشف الغمة الجامع لأخبار الأمة)[183]. ويبدأ هذا الجزء بدخول الأزد إلى عُمان، وأخبار العرب فيها قبل الإسلام من خلال الحديث عن حكامها من آل مالك بن فهم، ثم تناول بعد ذلك أخبار أهل عُمان من ظهور الإسلام وحتى عام 1140هـ/ 1727م وهو العام الذي تم فيه تنصيب السيد سيف بن سلطان إمامًا.

وتوجد في معلومات الأزكوي عن الفترة التي تلت القرن الثالث الهجري فجوات ذكر الأزكوي سببها، إذ قال: «وقد طالعت...الكتب الكثيرة وسألت أهل الخبرة فلم أقف على

علم ذلك...»[184]. ويظهر الأزكوي نقده الشديد لأوضاع عُمان قبيل قدوم الجيوش العباسية إلى عُمان منتقدًا تنصيب الأئمة الذي لم يكن ذا فعالية في مسيرة الأحداث، وقد قال في ذلك: «ولم تزل الفتن تتراكم بين أهل عُمان وتزيد بينهم الإحن، وصار أمر الإمامة معهم لعبًا ولهوًا وبغيًا وهوى، لم يقتفوا كتاب الله ولا آثار السلف الصالح من آبائهم وأجدادهم، حتى أنهم عقدوا في عام واحد ست عشرة بيعة ولم يفوا بواحدة منها...»[185]. ومع مجيء الجيوش العباسية سنة 280هـ/ 893م وسيطرتها على عُمان تبرز نظرة الأزكوي إلى الدولة العباسية باعتبارها سلطة خارجية سيطرت على عُمان، فجعل الأزكوي سيطرتها غضبًا سلطه الله على عُمان، وقال في ذلك: «وخرجت عُمان من يد أهلها ولم يغير الله ما بهم بل غيروا ما بأنفسهم، وكان قتالهم وحربهم بينهم طلبًا للملك ورغبة في الرياسة، وكل منهم يود أن يكون الملك بيده أو بيد من مال إليه بوده، فسلط الله عليهم من هو للملك أطلب منهم، أفسدوا دينهم فنزع الله عنهم دولتهم وسلط عليهم عدوهم»[186]. هذه هي نظرة الأزكوي للأحداث التاريخية، وهذه نظرته المعارضة لأي سلطة على عُمان من غير أهلها، كما يبدو تفسيره للأحداث من وجهة نظر الإباضية خاصة فيما يتعلق بالأحداث التي وقعت في عصر الراشدين والأمويين والعباسيين.

اهتم الأزكوي بالأحداث السياسية الخاصة بالأئمة وتنصيبهم وعزلهم وما رافق ذلك، دون الالتفات إلى أي أحداث خارجية، إلا أنه خرج عن هذا الالتزام للاهتمام بأحداث خارجية ارتبطت بتاريخ عُمان عند تناوله مثلًا جهاد الإمام ناصر بن مرشد وابن عمه الإمام سلطان بن سيف بن مالك في مقاومة البرتغاليين في مسقط، ولم يتوسع المؤرخون العُمانيون في تفصيل الأحداث الخاصة بمقاومة الأئمة العُمانيين للوجود البرتغالي في عُمان مثلما توسعوا بالحديث عن النزاعات القبلية والسياسية على السلطة[187].

وأغفل الأزكوي أيضًا جوانب حياة المجتمع العُماني الثقافية والاجتماعية، أما الاقتصادية فقد أورد إشارتين؛ الأولى في عهد الإمام سلطان بن سيف (ت1090هـ/ 1679م) أثناء حديثه عن فترة حكمه، وقال: «وربما تكلم متكلم في إمامته من أسباب التجارات لأن له وكلاء معروفين بالبيع والشراء له، وقد جمع مالًا واعتمرت عُمان في دولته وزهرت واستراحت الرعية في عصره وشكرت ورخصت الأسعار وصلحت الأثمار»[188]، والثانية في عهد الإمام مهنا بن سلطان.

وسار على أثر الأزكوي كل من صاحب كتاب قصص وأخبار جرت في عُمان المنسوب إلى المعولي[189]، وصاحب كتاب تاريخ أهل عُمان[190]، وابن رزيق.

فقد اهتم ابن رزيق بتاريخ عُمان من خلال سيرة الأئمة البوسعيديين الذين جعلهم محور التاريخ في كتابيه (الفتح المبين في سيرة السادة البوسعيديين)، و(الشعاع الشائع باللمعان في ذكر أئمة عُمان).

وفي الكتاب الأول يؤكد ابن رزيق على تناوله تاريخ عُمان في الفترات الزمنية المتعاقبة، لتبيان دور أسرة البوسعيد في عُمان وعلى وجه الخصوص الإمام أحمد بن سعيد، وعبّر عن ذلك صراحة بقوله: «فليعلم الواقف على هذا الكتاب (الفتح المبين) فإننا وإن كان غرضنا في هذا الكتاب سيرة الإمام الحميد أحمد بن سعيد ونسله خاصة، فالألْيَق أن نذكر أئمة عُمان عمومًا ليزداد الفهم تفيهمًا، ويعلم من لا يعلم بعد تعليمنا إليه أن للأزد العُمانيين شأنًا عظيمًا»[191]. وتبدو أهمية هذه الإشارة في أنها توضح نظرة ابن رزيق إلى تاريخ عُمان من خلال تاريخ أسرة البوسعيديين، فبعد أن تحدث عن نسب هذه الأسرة وقدم أصولها في عُمان في الباب الأول الذي جعله في نسبهم وأصولهم وفروعهم، وصحابة الرسول ﷺ من الأزديين رجالًا ونساءً، ثم مشاهير علمائهم[192]، أشار في بداية الباب الثاني إلى أن ذكره لأئمة عُمان جاء من قبيل التأكيد على إبراز أهمية الدور الذي قام به البوسعيديون في حكم عُمان وهذا محور الفكرة التاريخية عنده، وجعل ترتيب مادته التاريخية على أساس الابتداء بتسلسل نسب السادة الأزديين البوسعيديين العُمانيين في الباب الأول، وجاء الباب الثاني في ذكر طوائفهم، وذراريهم الأزديين والأساطين السلاطين، والباب الثالث في ذكر أزد عُمان، وما لهم من الشأن من الجلند ابن مسعود إلى الإمام البوسعيدي الحميد أحمد بن سعيد الأزدي العُماني الإباضي ونسله[193].

وتبدو أهمية كتاب ابن رزيق الفتح المبين في أنه سجل تاريخ عُمان في فترة عاصرها ومن موقع القريب من أصحاب السلطة مما أتاح له الاطلاع على نصوص المعاهدات التي كانت عقدت بين أئمة عُمان والبرتغاليين[194]. كما حاول تدوين أخبار العلاقات السياسية بين عُمان وبقية إمارات الخليج وأطراف الجزيرة العربية، وخاصة فيما يتعلق بالموقف من الدولة السعودية وأتباع دعوة الشيخ محمد بن عبد الوهاب.

وجاء اهتمام ابن رزيق بتفصيل الأحداث وتفاعلاتها خاصة في الفترة التي عاصرها مصدرًا مهمًا حول المجتمع في عُمان الذي ظلت الأحداث السياسية والنزاعات هي المسيطرة، كما تميز عمن سبقه في ذكره لبعض علماء عُمان وأعيانها ممن كان لهم دور في الأحداث وكانوا من ذوي المكانة عند الأئمة[195]. أما الحياة الثقافية فكان اهتمامه بها قليلًا، وكذلك بالأوضاع الاقتصادية، حيث شغلته الأحداث السياسية على ما يبدو عن الاهتمام بالجوانب الحضارية

الأخرى. وحتى الإشارات التي أوردها حول الأوضاع الاقتصادية فهي قليلة ومن ذلك ما قاله عن عهد الإمام حمد بن سعيد (ت 1206هـ/ 1791م): «ولما استولى حمد على عُمان اشتد المَحْل الذي قبل أن يخلع الملك عليه أبوه سعيد، فمات أكثر نخلها وشجرها، هرب من المَحْل أكثر أهل عُمان إلى أرض الباطنة ومسقط، وبلغ دلو الماء بالمطرح بعشرة فلوس، إذ أن أهل الآبار حموا الماء وذادوا الناس عنه، فجعلوا يبايعونهم الماء، الدلو بعشرة فلوس...» [196].

ثم تابع الحديث عن الإمام الذي خرج بالناس إلى الاستسقاء وطلب الغيث، وأظهر المؤلف كيف استجاب الله سبحانه وتعالى دعـاء الإمام حيث «عم الخصب عُمان، ورجع أكثر من نُفي من أهلها إليها، ورخصت الأسعار، وأكثرت الأثمار»[197].

تكمن أهمية تاريخ ابن رزيق للفترة التي عاصرها في أنه يعكس الاتجاهات السياسية والفكرية في عُمان تجاه أحداث الجزيرة والخليج سواء أكان ذلك دعوة الشيخ محمد بن عبد الوهاب أم أعمال القواسم أم ما وصف بالقرصنة في الخليج، أم تحركات القوى الأجنبية في المنطقة، وهي إشارات غير قليلة[198]. وقد عبّر فاروق عمر عن أهمية كتاب الفتح المبين بالقول: «ويعتبر هذا الكتاب مصدرنا الرئيس عن فترة آل بوسعيد حتى تظهر كتب ومخطوطات أخرى عن هذه الفترة»[199].

وحاول ابن رزيق تسجيل أخبار عُمان في عهد خمسة وعشرين إمامًا بقصيدة منظومة في (145) بيتًا من الشعر، ويبدو أن ابن رزيق كان مغرقًا بالنظم، ويبدو أيضًا أنه وضع هذه المنظومة بعد تأليفه (سيرة الإمام أحمد بن سعيد وأولاده) لما أشار إلى ذلك في كتابه الشعاع الشائع الذي تناول فيه تاريخ عُمان نظمًا[200].

وقد سـار ابن رزيـق في كتابـه هذا على نمـط الكتب المعروفة بكتب المتون والشـروح، ذلك أنه يذكر البيـت من الشعـر ثم يشرح مفرداته شرحـًا لغويـًا، مع بيان موقع كل كلمـة فيه من الإعراب والبلاغـة، ثم يشرح المعنى الكلي للبيـت، متنـاولًا الأحداث الخاصـة بتاريـخ عُمـان في عهـد كل إمـام من الأئمـة المذكوريـن مُركّـزًاعلى الأحداث السياسيـة المتعلقة بالإمامة، جاعلًا محور التاريخ الأئمة وعدلهم حيث قال في مقدمة الكتاب: «وقد سميت هذه القصيدة: الشعاع الشـائع باللمعان في ذكر أئمة عُمان وما لهم في العدل من الشان»[201]. ويستطرد ابن رزيق فيتحدث عن موضوعات تتعلق بأحداث وشخصيات من خارج عُمان وداخل نطاق الأمة، فيذكر أولاد عبد المطلب بن هاشم وأخبار أبي بكر وخلافته، والصحابي أبي عبيدة عامر بن الجراح، وعهد الخليفة عمر بن الخطاب ومناقبه وعماله[202].

ويبدو أن الأحداث التاريخية الخاصة بالأئمة المذكورين في هذا الكتاب معلومات متطابقة في المضمون مع ما ذكره في كتابه الفتح المبين في سيرة السادة البوسعيديين(203) وما ذكره عن الإمام ناصر بن مرشد الذي تحدث عن فضائله وكراماته دون أي مناقشة أو تحليل(204).

وعرض السالمي لتاريخ عُمان من خلال سيرة الأئمة والأعيان فيها، وقال في الأحداث التي اهتم بتدوينها والفترة الزمنية التي تناولها: «وكتبت ما أمكنني أن أكتبه من أحوال عُمان، وأئمتها من أول أمر العرب فيها إلى آخر ما انتهى إليّ علمه من أخبار أهلها الماضين»(205). وبهذا جعل السالمي تاريخه مشتملًا على تاريخ عُمان من فترة ما قبل الإسلام والهجرات القبلية إليها مرورًا بإسلام أهل عُمان والعمال الذين تولوا عليها، كما أفرد بابًا في عقيدة أهل عُمان موضحًا المبادئ التي يقوم عليها المذهب الإباضي، ليتناول بعد ذلك أحداث الإمامة من وجهة نظر الفقيه المتعمق في المذهب(206). وقبل ذلك كله عرّف بعمان وبفضائل أهلها.

ومن أبرز ما ميّز السالمي في عرضه للأحداث، الدقة في التعامل مع المصادر وفي انتقاء الروايات من كتب السير العُمانية التي وضعها علماء وفقهاء عُمان(207) فيما يتعلق بالإمامة وشرعيتها وشروطها، وما يتعلق بها من أحكام فقهية في صلب المذهب، ومعالجة الأحداث الخاصة بالإمامة من وجهة نظر المذهب الإباضي. ويتّبع السالمي منهج عرض الروايات حول الأحداث، وفي نهاية هذه الروايات يعطي أحيانًا رأيه الذي اتصف بالاعتدال(208)، كما تميز بتوضيح مواقف العلماء ودورهم في أحداث الإمامة، فيشير إلى نصائح العلماء للإمام(209) واهتمام أهل العلم والرأي(210)، كما اهتم بتراجم العلماء وذكر تاريخ وفياتهم مع أن الإشارات قليلة في ذلك(211).

ويرى السالمي في التاريخ فائدة كبيرة، إذ لولاه لما كان بالإمكان حفظ سير الأئمة العُمانيين وعدلهم، وقد جعلهم الأكثر فضلًا بعد الصحابة في سياسة الأمصار(212).

ومهما كانت طبيعة المعلومات الواردة في كتاب السالمي فإنه يُعد من المؤرخين الذين ساهموا في تسجيل أحداث الإمامة في عُمان وإن كان قد اعتمد على من سبقه كالأزكوي وابن رزيق، إلا أنه أضاف معلومات لا توجد في الأول، وانتقد الثاني لأنه يعتمد على السنة العامة(213)، ولكنه (السالمي) أضاف مادة تاريخية جديدة ومرتبة على الموضوعات فسجّل أخبار عُمان حتى سنة 1328هـ/ 1910م. وذهب البعض إلى وصفه بأنه امتداد للتقليد السابق، إذ جعل من سير الأئمة إطارًا لأحداث عصره، إلا أنه التزم بمنهج علمي دقيق في جمع المادة وترتيبها حتى عُدّ «أهمّ كتاب في تاريخ عُمان في النصف الثاني من القرن التاسع عشر وبداية القرن العشرين...»(214).

163

التاريخ المحلي في اليمن:

التزمت مدرسة التـاريخ المحلي اليمنية بتسجيل الأحداث التاريخية على طريقة الحوليات. وسيتم التعرف على أنماط من الكتابات التاريخية اليمنية المحلية.

فقد سجل المؤرخ والأديب محسن أبو طالب تاريخًا يتناول الفترة التي أعقبت إخراج العثمانيين من اليمن على يد الإمام المؤيد محمد بن القاسم بن محمد 990هـ/ 1582م- 1054هـ/ 1644م[215]، ويبدأ كتاب أبي طالب الذي حققه ونشره عبد الله الحبشي بأحداث سنة 1056هـ/ 1646م وينتهي إلى عام 1160هـ/ 1747م، وبذلك يكون سجلًا لـ (104) سنوات من أحداث تاريخ اليمن[216]، ولأن المؤلف ينتمي إلى الدولة القاسمية وأحد أفراد أسرة الإمامة الزيدية[217]، فقد اهتم بتسجيل أخبار اليمن من خلال متابعة الأحداث السياسية الخاصة بالإمامة، فهو مهتم بمتابعة تحركاتهم في البلاد اليمنية، وتنازعهم على السلطة، وتنازعهم مع القبائل[218]، وسفرهم ومجيئهم وعلاقاتهم الداخلية والخارجية، والخاصة والعامة، والموالين والمعارضين[219]. كما اهتم بتسجيل أخبار العمال والأمراء على البلاد الخاضعة للإمامة الزيدية خلال الفترة التي دون المؤلف أخبارها[220]، كما أورد إشـارات عن وجود البرتغاليين ومحاولة السيطرة على البنادر الساحلية في جنوبي اليمن مثل بندر المخا وبندر الشحر[221].

واهتم المؤلف أيضًا بعلاقات الإمامة بالبلدان المجاورة كعُمان[222] والحجاز[223] وحضرموت[224]، وأورد أخبارًا عن ولاة البصرة[225]، وأخبارًا متنوعة أغلبها عن الأوضاع السياسية في مكة في ولاية الحجاز[226].

وعلى صعيد اهتمام المؤرخ بأحوال اليمن الاقتصادية أورد إشارات توضح الظروف التي مر بها المجتمع اليمني في ظل الأحداث السياسية غير المستقرة في غالب الأحيان بسبب النزاع على الحكم، والفوضى التي كانت القبائل تحدثها وكان من الصعب إخضاعها، فقد تحدث عن القحط والغلاء[227]، والمحاولات التي كانت تجري لإخضاع الأسعار لنظام معين ومن ذلك ما أورده في أخبار سنة 1078هـ/ 1667م من منع البيع بأكثر من سعر يومه لأجل النسأ[228]، وكذلك صرف القروش بالدراهم لعدم المساواة[229]. ومن الإشارات التي أوردها أيضًا في هذا السياق حول الأوضاع الاقتصادية في أخبار سنة 1135هـ/ 1722م: «وكانت الشدة عندها طائرة كالشرر في جميع الأقطار ونفاذ الذخائر في أيسر طعام والدرهم والدينار بسبب كثرة الجراد فإنها أكلت الثمار، وما على الأشجار حتى غلت الأسعار، (وانعدمت الأقوات)، وبيعت الأطيان والنفائس من الحلي والسلاح بأرخص الأثمان...وأكل الفقراء الميتة والكلاب، ودقوا العظام،

وشربوا دم ما يذبح في المدن من الأنعام...واتفق من أهوال الشدة ما لا يمكن التعبير عنه بقلم ولا بمثلها من قادم الزمان يعلم، وأقدم الناس في بعض الجهات على أكل بعضهم البعض وخلت قرى عديدة من أهلها بالموت في التهايم والجبال...»[230]، كما أورد إشارات كثيرة حول الظواهر الفلكية التي نظر المؤلف إليها من خلال نظرة المنجمين، إذ كان يربط تحرك الكواكب والنيازك والكسوف بأحداث تعقبها تكون على شكل أمطار أو قحط أو غلاء أو تبدل أحوال الحكم القائم[231]. ففي أخبار سنة 1062هـ/ 1651م يقول: «وفيها ظهر نجم من مطلع سهيل مدور الشكل...وكان يبدو من مطلع سهيل كما ذكرنا ويسير فيجاوز نصف السماء في أسرع وقت، وكان ينتهي سيره إلى ناحية الشمـال، ويقطع في الليل والنهار نحو اثني عشر درجة عرضًا، وبقي على ذلك أيامًا ثم اضمحلّ، وبيد الله أزمّة الأمور، وهذا نجم من ذوات الأذناب، ولها أحكام عند المنجمين وأهل الحساب، والغالب يكون بعدها القحط والغلاء والتبديل والتحويل»[232]. وفي أخبار سنة 1078هـ/ 1667م يقول: «وفيها ظهر وقت المغرب نور مستطيل مثل المنارة في التخييل، وهو نجم من النيـازك المعروفة، وعلامات على غلاء الأسعار، وقِلّ الأمطار، وابتداؤه من برج الثور وأول برج الحمل ولها عند المنجمين أحكام، وتعقبه ارتفاع الأسعار باليمن وثوران كثير من الفتن، واشتد القحط والفناء بمكة ونواحي منى، وكان يخرج من مكة في اليوم نحو مائة جنازة...»[233]. وتدل هذه الإشارات على تفسير المؤلف للتاريخ من خلال الظواهر والتبدلات الفلكية أو ما يسمى بتنبؤ المنجمين بالأحداث من خلال هذه الظواهر. كما اعتنى المؤلف بإيراد أخبار حول آثار السيول والرياح، وما سمّاه بالرجفات (ولعلها الهزات) والزلازل والبَرد والثلوج، التي كانت تحدثها من تدمير للبيوت والمزروعات وبالتالي على الأحوال الاقتصادية بعامة[234]. واللافت للأخبار التي أوردها أنه تحدث عن سقوط ثلوج عظيمة في صنعـاء في عامي 1070هـ/ 1659م و1140هـ/ 1727م[235]. وأورد بعضًا من الأخبار فيها بعض المبـالغة ومن ذلك قوله في أخبار سنة 1090هـ/ 1679م عن البَرَد حيث يقول: «وفيها نزل ببلاد حجّة بَرَد وزن الحبة ستة أرطال...»[236].

واهتم أبو طالب بالترجمة للعلماء والأعيان الذين عاشوا في اليمن خلال الفترة التي سجّل تاريخها، ومع أن أغلب التراجم كانت لعلماء وأعيان وفقهاء من أتباع المذهب الزيدي إلا أنه أورد بعضًا من التراجم لعلماء على المذهب الشافعي[237]، وأورد ترجمة واحدة لامرأة يمنية من آل الإمام[238]، واثنين من المهتمين بالتنجيم[239]، والشعراء والأدباء[240]. وقد عني بذكر أسماء المترجم لهم وأنسابهم والعلوم والفنون التي اشتهروا بها والوظائف التي شغلها بعضهم.

وتكمن أهمية كتاب أبي طالب في أنه يؤرخ للفترة التي أعقبت استقلال اليمن عن الحكم العثماني الأول الذي بدأ في عام 945هـ/ 1538م(241) وانتهى على يد الإمام محمد بن القاسم عام 1045هـ/ 1635م(242)، ويتضح من خلال الأحداث السياسية التي تلت الخروج العثماني، كثرة النزاعات على السلطة، وانقسام القبائل وإثارتها للفوضى. وتضمن الكتاب معلومات حول الأوضاع السياسية مع إشارات إلى الأوضاع الاقتصادية والثقافية.

وفي محاولة أخرى من جانب مؤلف مجهول لتسجيل أخبار اليمن، تابع شاهد عيان حوالي أربعة وعشرين عامًا من الفوضى في الحكم والفساد والنزاع بين القبائل، وسجلها على شكل مذكرات يومية، وعني بالتأريخ لها باليوم والشهر والسنة وأحيانًا في الوقت من النهار أو الليل، وعني هذا المؤلف فقط بأحداث اليمن، وذلك من جوانب مختلفة أبرزها الأحوال السياسية الخاصة بالإمامة وما سادها من نزاع وخلاف على الحكم، ومن ملامح هذا النزاع تنصيب ثلاثة من الأئمة في وقت واحد(243). وفي أخبار سنة 1266هـ/ 1849م يحدد المؤلف سبب الفساد والفوضى وانعدام الأمن نتيجة للاختلاف والتنافس على الإمامة «وبسبب ذلك سرى الفساد وعم البلاد حتى بلغ النهب الجِراف، والداخل صنعاء خائف والخارج منها خائف، والناس في ضيق شديد، والأمر والنهي إنما هو في المدينة لا غير...»(244). ويلقي المؤلف مسؤولية هذه الفوضى على القبائل التي كان يصف أفرادها بالبغاة(245)، وكانت هذه الفوضى حتى في الأعياد، ففي أخبار سنة 1284هـ/ 1867م يقول المؤلف: «وفي خلال العيد كثرت الفتن بين القبائل...»(246). ومن الطبيعي أن تتأثر الأوضاع الاجتماعية والاقتصادية جراء هذه الفوضى والاضطراب. ويشعر القارئ لهذه الحوليات أن طبيعة الأحداث طغت عليها الصراعات لدرجة أن المؤلف قلما يذكر فترة ساد فيها الهدوء وعمّ الأمن(247). أما آثار هذه الأحداث على الوضع الاقتصادي وخاصة على العملة التي كان يفرضها الحكام المتنازعون فتُضرَب العملة لتُصرَف على جنود الحاكم وتوابعه دون حساب ودون الالتفات لما في أيدي الناس، وكانت شعارًا لمن يتوصل إلى الحكم، فما إن يستولي أحدهم على السلطة حتى يضرب النقود باسمه ويُبطل عملة من سبقه. أما الزراعة فقد كانت محصولاتها لا تجد سوقًا لها لأن الناس محاصرون داخل المدن وخارجها والطرق غير آمنة(248). وحرص المؤلف على توضيح دور العلماء والقضاة، فأشار إلى قيامهم بتهدئة الفتن أحيانًا، وأحيانًا أخرى كانوا يتعرضون للسجن والظلم(249). كما أبرز دور أهل صنعاء وعبّر عن إعجابه بهم لأنهم جهدوا في الدفاع عن مدينتهم من القبائل المحيطة بصنعاء التي كانت تهاجمها بين الحين والآخر(250).

وأورد المؤلف إشارات تفيد في دراسة الأوضاع الإدارية في الفترة التي سجل أخبارها والخاصة بعمال وقضاة اليمن‏(251)، هذا بالإضافة إلى إشارات حول وفيات بعض العلماء في هذه الفترة‏(252).

وسجل محمد بن إسماعيل الكبسي تاريخًا محليًا لليمن رتبه على السنين منذ أن بعث رسول الله ﷺ عماله إلى اليمن، إلى عصر المؤلف 1305هـ/ 1887م، حيث «رصد من ولي هذه الأقطار اليمنية من أول الإسلام ومن عاصرهم من العلماء الأعلام...»‏(253) بإيجاز شديد، وقد اعتمد المؤلف في رصده للأحداث على «ما علق بالخاطر وبقي في خزانة الحفظ القاصر...»‏(254)، وقد أدت شدة الاختصار إلى تقليل الفائدة المرجوة من هذا الكتاب‏(255).

وفي حضرموت برز مؤرخ عُني بتسجيل أخبار بلاده وقبائلها في القديم والحديث، وهو سالم الكندي من بلاد تريس في حضرموت، وجعل محور تاريخه قيام سلطنة على يد غالب بن محسن الكثيري‏(256) 1223هـ/ 1808م-1287هـ/ 1870م‏(257)، وكان غالب قد ولد في حضرموت ثم سافر إلى الهند عام 1246هـ/ 1830م حيث جمع ثروة كبيرة ثم عاد إلى حضرموت عام 1272هـ/ 1855م‏(258). ويبدو أن سبب عودته التطورات التي جرت في حضرموت، إذ نجح آل عبد الله وهم من آل كثير في إرساء قواعد سلطنة لهم بالسيطرة على أهم مدينتين في حضرموت الداخل وهما تريم وسيئون، فأصبح مهمًا وجود غالب لمتابعة تأسيس السلطنة وتوسيعها‏(259).

تناول الكندي أخبار حضرموت وما حولها من البلدان، وبدأ بالتعريف بموقع حضرموت، وبأول عامل عليها من قبل الرسول ﷺ، ثم عاد للحديث عن تاريخ مدن حضرموت الواردة في القرآن الكريم كمدينة سبأ وقصة انهيار السد وخصوبة أرض مأرب، ثم أورد أخبارًا تتحدث عن فضل اليمن، مستشهدًا بآيات من القرآن الكريم وآراء المفسرين، وبأحاديث نبوية، كما أشار إلى من دخل اليمن من الأنبياء‏(260). وتحدث الكندي بعد ذلك عن سيرة الرسول ﷺ والخلفاء من بعده ومن جاء بعدهم، وقال في ذلك: «ثم إني أردت أن أقدم هنا منه ذكر بعثة سيدنا ونبينا وشفيعنا ومولانا محمد بن عبد الله بن عبد المطلب ﷺ، ثم نذكر الخلفاء الراشدين ومن بعدهم...»‏(261)، وانتهى إلى نهاية الدولة الأموية في الأندلس 415هـ/ 1024م‏(262). كما أورد إشارات تتعلق بظهور المهدي المنتظر‏(263). وبعد هذا التقديم يبدأ الكندي بتدوين أخبار حضرموت على تاريخ السنين من سنة 573هـ/ 1177م إلى سنة 1308هـ/ 1890م. وكانت أخباره للفترة من سنة 566هـ/ 1170م إلى 1265هـ/ 1848م بتسلسل متقطع بينما الفترة التي عاصرها 1265هـ/ 1848م-1308هـ/ 1890م كانت أكثر اتصالًا وانتظامًا. وأورد الكندي في تاريخه أخبارًا من البلدان القريبة والبلدان التي

كان لها وجودها على مسرح الأحداث في ذلك الوقت كالدولة العثمانية والإنجليز(264) وعُمان، وعسير، والحجاز، ونجد، وصنعاء(265).

واهتم الكندي أيضًا بتدوين أحوال حضرموت السياسية على صعيد الأسر التي تحكم حضرموت وعلاقاتها بالقبائل (داخليًا) وعلاقاتها بالقوى الخارجية، والعلاقة مع البلدان المجاورة.

وأشار إلى الأوضاع الاقتصادية في القرن الثاني عشر والثالث عشر الهجريين، وأبرز عوامل ارتفاع وانخفاض الأسعار خاصة المتعلقة بالسلع المتداولة كالذرة والتمر والبر والسمن، والبهار وأنواع العملة المتداولة في البلاد وكذلك أنواع الموازين والمكاييل(266)، كما تحدث باختصار عن الزلازل والأمطار والسيول والأوبئة(267)، واهتم بالظواهر الفلكية وأورد معها أحداثًا، وكأنه يريد الربط بين هذه الظواهر وبين ما يقع من أحداث عامة(268).

وفيما يتعلق بالحياة الثقافية أورد الكندي إشارات حول ما سمّاه مجالس التعليم أو الحلقات العلمية، وأطلق عليها «المدرس»، وذكر ما كان يدرس فيها كقراءة القرآن وتبيين الحلال والحرام والنصح للوالي والرعية، كما أشار إلى بناء الأربطة للتعليم(269). وأورد الكندي تراجم كانت في أغلبها لعلماء حضرموت ومن الأسر المشهورة فيها مثل آل باعلوي، وآل عيدروس والسقاف، والجفري وآل الحبشي، وآل باكثير. وقد برز علماء من هذه الأسر في التصوف. كذلك ترجم للأعيان في بلاد حضرموت من تجار وأشراف وحكام(270). كما اهتم بإيراد أسماء العمال والقضاة خلال الثلث الأخير من القرن الثالث عشر الهجري(271).

والتزم الكندي بتخصيص الجزء الأكبر من كتابه للحديث عن آل كثير: سلاطينهم وتحركاتهم، وعلى رأسهم السلطان غالب الكثيري الذي جعله محورًا للأحداث التاريخية، وأولى علاقاتهم مع القوى الموجودة في حضرموت، وعلاقاتهم بالقبائل الكبيرة مثل يافع والشنافر عناية كبيرة.

وفيما يتعلق بنظرة الكندي إلى التاريخ فقد رأى أنه تسجيل لأعمال السلطان غالب وأجداده، وقال في ذلك: «فعلق الآن بقلبي نبراس أن أحكي ابتداء حال هذا السلطان من الأساس وما حصل لأجداده وله من الفتوحات والملاحم العظام، وذكر من ساعدهم وعاونهم وأمدهم من الأنام، ومن عاندهم وشاراهم من الطغام، وما وقع وظهر من الوقائع والحوادث في الجهة الحضرمية...وما بلغني من الأمور والوقائع في غيرها من الجهات والوفيات...»(272). وأضاف قائلًا:

«وأبتدي بذكر من ملك من أجداد هذا السلطان ومن قبلهم لتلك الجهة ومن عاصرهم وقاومهم وعاونهم وحادّ وما ينسب لهذه الجهة وما يتعلق بها من أحوال من قديم الزمان... ثم أعقب ذلك بتاريخ مولد ذلك السلطان ونشوئه وظهوره وغير ذلك من الوقائع وتوليه في البلاد وإجلائه منها بعض الأجناد...»[273]. وقد شغلت الأحداث المتعلقة بالسلطان غالب مما عاصره الكندي ما يزيد على ثلثي الكتاب.

وركز الكندي على إبراز دور العلماء في نصرة الحاكم لتحقيق الشريعة، من خلال تقريب الحاكم للعلماء ومشاورتهم في شؤون الدولة[274]. وفسر الأحداث تفسيرًا دينيًّا باعتبار أن كل الأحداث التاريخية تسير وفق الإرادة الإلهية[275]، وجعل من التغييرات الفلكية إشارات دالة على وقوع أحداث[276]. كما أولى الرؤيا والكرامات أهمية خاصة في تفسير الأحداث أيضًا[277]. ومن جهة أخرى نظر الكندي إلى الدولة العثمانية على أنها المدافعة عن الإسلام، وأن السلطان العثماني هو سلطان الإسلام والمدافع عنه، ودعا له بالنصر والتأييد. وتنسجم نظرة الكندي إلى السلطان العثماني مع نظرة سيده السلطان غالب الذي كان مواليًا للسلطان العثماني[278]. ويقول الكندي داعيًا لأحد سلاطين آل عثمان: «الله ينصر السلطان وعساكره، ويخذل من ناوأه وعارضه»[279].

وكان للأوضاع العامة تأثير شديد في الكندي، فعندما تبلغ من السوء مبلغًا كان يتوقف عن تدوين الأخبار، مثلما حدث في شهر رمضان من سنة 1269هـ/ 1852م حيث يقول: «والآن وقفت عن المقال لحتى تحسن الأفعال...ويزول الشر»[280].

وجاء تاريخ الكندي سجلًا مهمًا للأحداث التي جرت في حضرموت خلال القرون الماضية وخاصة القرن الثالث عشر، فقد تابع أحداث حضرموت صغيرها وكبيرها مع بعض الأخبار الخاصة بالقسم الشمالي من اليمن، كما أشار إلى أحداث من خارج اليمن للبلدان المحيطة، فجاء كتابه تاريخًا شاملًا لهذا القرن الثالث عشر، غير أن العامية طغت على أسلوبه في الكتابة.

وعُني المؤرخ أحمد بن محمد الجرافي بتسجيل أخبار اليمن على أساس التاريخ المحلي الحولي خلال الفترة الثانية من الحكم العثماني لليمن بدءًا بعام 1289هـ/ 1872م[281]. وقد دوّن أخبار تسع سنوات حافلة بالأحداث الخاصة باليمن باليوم والشهر والسنة والوقت من النهار وأحيانًا بالساعة منذ عام 1307هـ/ 1889م إلى 1316هـ/ 1898م.

وأبرز الموضوعات التي اهتم الجرافي بتسجيلها متابعة أخبار الوجود العثماني الذي كان من أبرز مظاهره في هذه الفترة كثرة الولاة على اليمن، وكثرة الوقعات التي خاضها العثمانيون مع

القبائل والأئمة، وملاحقة أبناء اليمن الذين حرصوا على الاستمرار في مقاومة الوجود العثماني. وقد شكلت هذه الأحداث الجزء الأكبر من حوليات الجرافي، فتحدث عن أساليب المقاومة مثل مهاجمة مراكز البريد، وقطع خطوط التلغراف، ونصب الكمائن للعساكر العثمانية، وقطع الطرق، والقيام بالتفجيرات في مراكز العثمانيين، واغتيال بعض المسؤولين الموالين لهم[282]. وقد كان المحرك لهذه المقاومة الأئمة، والعلماء الموالون لهم، والقبائل.

وخصص الجرافي جزءًا كبيرًا من تاريخه للحديث عن سياسة الولاة في اليمن، ومحاولاتهم إدخال بعض مظاهر التحديث إلى ولاية اليمن. كما أورد إشارات خاصة بتعيين وعزل الولاة على اليمن، وسياسة العثمانيين تجاه المقاومة اليمنية، ومحاربة القبائل[283].

ولم تمنع هذه الأحداث الجرافي من الاهتمام بتراجم العلماء من فقهاء وقضاة ومفتين وشعراء وأخبارهم، كما اهتم بترجمة شيوخه الذين تلقى العلم على أيديهم[284]. وأولى عناية خاصة للأوضاع الاقتصادية فتابع سقوط الأمطار وانقطاعها وارتفاع الأسعار وانخفاضها والعملات والموازين المتداولة[285]. هذا بالإضافة إلى إيراده أخبارًا عن الظواهر الطبيعية من كسوف وخسوف، وزلازل[286]، كما اهتم بالأوبئة التي ظهرت خلال التسع سنوات التي اهتم بتدوين أخبارها[287].

وإلى جانب الأخبار الخاصة باليمن اهتم الجرافي بأخبار وأحداث خاصة بالبلدان المجاورة لليمن وخاصة السياسية، والتراجم لبعض العلماء والأعيان، وظهور الأوبئة[288]، ومتابعة أخبار الحجاج اليمنيين[289]. كما أورد خبرًا عن ظهور المهدية في السودان[290]، وعن زلازل وقعت في استنبول[291].

وأبرز ما يميز أخبار الجرافي أنها جاءت من معاصرٍ قريب للأحداث، متابع لما يجري حوله، كما يميزها أن المؤرخ الذي دونها كان فقيهًا يتحرى الدقة، ولذلك فإن حوليات الجرافي تعد من المصادر الرئيسة للاطلاع على أحداث اليمن في بدايات القرن الرابع عشر الهجري/ العقد الأخير من القرن التاسع عشر الميلادي.

ودوّن مؤلف مجهول الأحداث اليومية في اليمن وفق التاريخ الحولي من عام 1224هـ/ 1809م وحتى 1317هـ/ 1899م، ويبدو أن المؤلف كان يعيش وسط الأحداث، فجعل يتابع ما يجري حوله ويسجل ذلك بأسلوب طغت عليه العامية. وكان من أبرز الأحداث التي كانت موضع اهتمام المؤلف ما يتعلق بالإمامة وتتابع الأئمة ونزاعهم على الحكم. وقد لخص المؤلف الأحداث السياسية والاقتصادية والاجتماعية التي أحاطت باليمن خلال خمس وأربعين سنة قبل عام

1266هـ/ 1849م حيث قال في حوادث السنة المذكورة: «ومن هنا قد بنيت على الاختصار مما وجدت لأنها أمور طويلة من تغلّب أهل الفساد على الدولة في كل البلاد وتربشت (اختلت) الأمور، وقطعت الطرق، ولم زد بقي دخل للإمام شيء، إنما تارة يدوّر ما عـاد في الخزائن، وتارة يخرج من ملكه دفعًا على عرضه من كل باغي من القبائل الخارجين والتوابع الداخلين... فما أظن ما نحن فيه خمسة وأربعين سنة إلا بسب البغاة[292]، ثماني وعشرون سنة في كل سنة إمام، وكل أحد يذهب ما عاد بقي من بيت المال، والآخرين خربوا الدور والقبائل تغلبوا على ما خلف السور، وآخرها عقال ومشايخ وطاغوت، وسبعة وعشرين سنة تُرك وطاغوت أحمر وقانون على خلاف الشريعة ومنكرات ظاهرات وكل حركات الرجل بفلوس للدولة إن قام سلّم وإن قعد سلّم، وإن رقد سلّم وإن أكل سلّم، وإن شرب سلّم وإن سافر سلّم، وإن عمر بيت أو رفعه سلّم، وإن دخل له شيء من ماله، وضابطه ما بقي من غير تسليم سوى النوم، وما أظن إلا أن قد بيسلّم حق النور...»[293]. ويبدو من النص قدزة المؤلف على إيجاز الأحداث بأسلوب عرض فيها أحوال اليمن طيلة (45) عامًا، موضحًا الأوضاع السياسية التي من أبرز مظاهرها كثرة النزاع على الإمامة وكثرة الأئمة. وكان لعدم الاستقرار آثار صعبة على حياة المجتمع، فالأئمة مشغولون بالنزاع على الحكم، وبيت المال ليس فيه مال، والقبائل تتنازع خارج صنعاء تقتل وتنهب، والعثمانيون أذاقوا السكان ألوانًا متنوعة من وسائل تحصيل الضرائب. وقد عبر المؤلف عن كثرة الضرائب بإشارته إلى أن القائم والجالس والآكل والشارب يدفعها عن كل حركة من هذه الحركات.

وأورد هذا المؤلف أخبارًا خاصة بالأئمة وتوليهم الحكم، وأبرز الأحداث في فترة حكمهم، وكبار الموظفين في عهدهم، وسياستهم الداخلية والخارجية[294]. ومن جهة أخرى عرض بالتفصيل لدخول العثمانيين إلى اليمن في عهد الإمام المتوكل، وأورد صورة الاتفاق الذي جرى بين الإمام المتوكل محمد بن يحيى الذي حكم اليمن من سنة 1261هـ/ 1845م-1266هـ/ 1850م وبين العثمانيين[295]، وقد أطال في الحديث عن هذا الاتفاق الذي تم على أساسه دخول العثمانيين إلى صنعاء سنة 1265هـ/ 1849م، ومما أورده في هذا الخصوص في أحداث سنة 1265هـ/ 1849م قوله: «وفي غرة شعبان بعد انقضاء صلاة الجمعة ضربت مدافع الرحيل وتوجه الإمام بجنوده... نحو تهامة للقاء الأتراك...وتوجه إلى الحديدة بمن معه ولقيه العجم...وأمروا جند الإمام يحطوا في محل خارج الحديدة، ودخل الإمام وخواصه البندر واجتمع بالشريف[296]، ودونوا الأمور بينهم، ولم يظهر لغيرهم ما انطوت عليه ضمائرهم»[297].

وتحدث المؤلف عن الإمام المتوكل، فذكر أنه «كان إمامًا لا يخدع رعيته، ولا يخون أمانته ولا ينقض العهد من عنقه ويسلك مسلك الظالمين...ولما فشى أمره وظهر مكره، وقاد الأتراك من تهامة، وظن العافية والسلامة والرياسة والزعامة معه الإقامة في الحديدة ست ليال تجهز توفيق باشا[298] ومعه من العجم نحو ألفين على اختلاف أنواعهم...»[299].

«ووصل صنعاء يوم عشرين في شهر شعبان من السنة المذكورة فرمان عن تشاور بين الشريف والباشا المتوكل وذلك توطئة منهم وتمهيد وتغرير وتلبيس...وأمروا الخطيب بقراءته يوم الجمعة على الناس تضمن أن السلطان أمر الشريف محمد عون والباشا بنصر المتوكل وأن حكم البلاد إلى الإمام والولاية للسلطان بواسطة الشريف محمد عون...وفي يوم تاسع وعشرين شعبان وصل سيدي الإمام صنعاء وبسط للناس شباك الحيل، وأوهم كل أحد بإيهام على قدر عقله، ويقرب في ذهنه، وكل ذلك ترغيب للناس وتحسين لفعله القبيح بوصول الأتراك، وكثرة أموالهم وأنهم من أعوانه على البغاة بالأموال والأنفس...»[300]. وقد أجّج هذا الحدث الذي أدى إلى سيطرة العثمانيين على صنعاء مرة ثانية ثورات أهل صنعاء والقبائل اليمنية على وجود العثمانيين في صنعاء. وقد أعطى المؤلف صورة عن إحدى الثورات بقوله في أحداث سنة 1265هـ/ 1848م: «فلما أصبح الصباح يوم الجمعة خرج الأتراك يطوفون في شوارع صنعاء حتى انتهوا إلى قاع اليهود، فقيل منهم من يشتري الخمر من الذميين ومنهم من يشتري ذبائح الذميين...وكأنهم مستضعِفون العرب واثقون بقوتهم وأموالهم وقوة سلطانهم، فلما أشرق النهار ثارت حمية العرب وعلتهم الغيرة الإسلامية فصاحوا على الأتراك صيحة يشيب منها الوليد في لحظة واحدة من باب القصر إلى بئر العزب...فما كان غير ساعة واحدة حتى أتوا على آخرين في صنعاء من العجم، ونحروهم كنحر الجزور، فلعمري لقد قتلوهم شر قتلة، وضربوهم بالفؤوس والمعاول والخشب، وطعنوهم بالجنابى ورموهم بالبنادق وغنموا أموالهم...»[301]. ويستمر المؤلف في متابعة المقاومة والثورة ضد العثمانيين في جميع أنحاء اليمن[302]، كما تابع أخبار العثمانيين وبداية التخطيط للتوجه إلى اليمن وولاتهم وسياساتهم وصفاتهم، وتعيينهم وعزلهم، وعقد مقارنات بينهم من حيث سياساتهم، والفرمانات الواصلة إلى اليمن، واحتفالاتهم الرسمية، كما أورد أخبارًا عن أحداث خاصة بالسلاطين العثمانيين في استنبول، وعن دور من سماهم بالإفرنج الذين كان لهم دور كبير في تسيير الأحداث في الدولة العثمانية[303]. وأورد كذلك بعض الإشارات عن مظاهر التحديث التي أدخلها العثمانيون إلى اليمن مثل التلغراف، وإرسال بعثة علمية من أبناء اليمن للدراسة في استنبـول تتكون من عشرة طلاب، بالإضافة إلى فتح الطرق وإنشاء مجلس للمعارف ومجلس للصنايع[304].

وتناول المؤلف مقاومة اليمنيين للسيطرة العثمانية على بلادهم، ومظاهر هذه المقاومة التي اتخذت أشكالًا متنوعة مثل قطع التلغراف، ومهاجمة المراكز التابعة للعثمانيين وإشعال الحرائق في البيوت[305]، كما أظهر دور صنعاء في هذه الأحداث ودور أهلها خاصة في المقاومة[306].

وإلى جانب متابعة المؤلف للأحوال السياسية أورد بعض التراجم للعلماء والقضاة والأعيان[307]، وتناول الأوضاع الاقتصادية التي تأثرت بالأحداث السياسية، فتابع سقوط وانقطاع الأمطار وآثار ذلك في الزراعة، وأسعار الطعام، وارتفاع قيمة العملة وانخفاضها متأثرة بتغير الحكام وتبدلهم، كذلك أورد أسماء الموازين والمكاييل المتداولة، والأسواق الموجودة، والآفات الزراعية، والأوبئة[308]، والظواهر الطبيعية[309].

وأعطى المؤلف صورة واضحة عن الحياة العامة في عهد الإمام المتوكل محمد بن أحمد الشهاري 1271هـ/ 1855م-1295هـ/ 1878م ضمن حوادث سنة 1285هـ/ 1868م حيث يقول: «وكثر القتل، وفشا الطاعون في جميع أرض اليمن، وترادفت عليهم بسبب ذلك المحن من عاهة العنب، وقل الرطب وموت العباد، وكثر الجراد، ويبس البلاد، وقلة الأمطار، وغلا الأسعار، وموت الأخيار، وتسلط الفجار، وقل في الناس أهل الرشاد وكثر فيهم أهل البغي والفساد، ولكن مع صلاح نية الإمام المتوكل سكنت صنعاء وحوازها من بعضهم البعض...»[310]. وأورد المؤلف بعض الأمثلة الشعبية المتداولة في اليمن[311].

ولم يقتصر اهتمام المؤلف على الأحداث الخاصة باليمن، فقد تجاوزها إلى البلدان المجاورة كالحجاز ونجد[312]، وإلى البلدان الأخرى كالمغرب[313]، ومصر واستنبول[314]، وتركز اهتمامه في هذا المجال على أخبار الأوبئة وخاصة الطاعون، ففي أخبار سنة 1276هـ/ 1859م أورد خبرًا أجمل فيه بلدان العالم بقوله: «وفي صفر...كثر الفناء في العالم، وكان من الآيات والعبر...وتنقل في النواحي بلد بعد بلد، وما خرج منه لم يعد إليه، ولما حان الحصاد للثمار ارتفع سعر الطعام والله القابض والباسط»[315].

لقد تابع المؤلف الأحداث التاريخية يومًا بيوم وشهرًا بشهر وسنة بسنة في كثير من الأحيان، وانتقد ممارسات الموظفين العثمانيين من ولاة وعسكر، تلك الممارسات التي أكد أن السلطان العثماني لم يكن يعلم بها، ولو علم لجاهدهم بسبب اقترافها. ويقول في تشكيل الدولة العثمانية للجنة للتحقيق في الأحداث التي وقعت في اليمن سنة 1309هـ/ 1891م موضحًا أسباب معارضة الإمام لممارسات العثمانيين «وما أوجب قيامه إلا لما ظهر من أجناده من البغي والفساد وظهور الفواحش والمنكرات أجمع شرب الخمور واللواط والزنا والربا والقمار والميري[316]

والرسوم وأعظمها إبطال الشريعة وتعطيل الحدود فهذا كله من البوش والحكام في اليمن... فلو يعلم سلطان الإسلام مولى الخاص والعام، بما صار منهم لجاهدهم بنفسه فخشي كل أحد من البوش على نفسه من السلطان...»(317).

وانتقد المؤلف سياسات بعض الأئمة، ومن ذلك تقريبهم لوزراء ظلمة(318) (على حد تعبيره) واتباعهم لآراء من سماهم الوشاة(319)، وعزلهم للعلماء وتشريدهم(320). وأعلن نقده للإمام المتوكل الذي أدخل العثمانيين إلى اليمن، فقد قال عنه في سنة إعدامه 1266هـ/ 1849م: «ولهفي على هذا الخليفة لولا ما تقدم من أمر الأتراك، ولعمري لولا ما تقدم من خبر الأتراك وهلاك الأنفس والأموال بسببه لرثيته بأبلغ مرثية في زماننا...»(321). وعن كثرة الاختلاف على الإمامة قال عند وفاة الإمام علي بن المهدي عام 1287هـ/ 1870م: «وفيها توفي سيدي علي بن المهدي بعد طول مرضه...وما قد عهد في التواريخ القديمة أن ملكًا أو سلطانًا أو خليفة تملك خمس مرات، وخلع خمس مرات، وكل دعوة يترتب عليها قتل نفوس ونهب وسلب...»(322).

والمؤرخ كعربي مسلم نظر إلى التاريخ على أنه تجارب وأحداث، وأن فكرة التاريخ عنده أن العرب المسلمين لما تمسكوا بتعاليم الإسلام وبطاعة إمامهم وصلوا إلى الصلاح والفلاح، وعندما ابتعدوا عن تعاليم الإسلام وخرجوا على إمامهم خسروا وتفرقوا. ويقول واصفًا ما حدث من الفوضى وسيطرة العثمانيين في ظل هذه النظرة: «وما أظن إلا أنها تغيرت نيات العرب لأن الأعمال بالنيات، وكل عبد ما نوى، فأول الأمر ظهر الصلاح منهم والفلاح، فلما تمكنوا في العمل ظهرت فيهم القبائح فنعق فيهم ناعق الشتات وصاح...فإنهم لما تمكنوا استحلوا ما حرّم الله، وخالفوا أمر إمامهم، ونهبوا الضعيف الهارب من الجوع، وتكشفوا المحصنات، وهتكوا أعراض من بساحتهم الذين لجأوا إليهم وتركوا أوطانهم، فوقع بهم ما ذكر»(323).

وتميز صاحب الحوليات اليمانية عن غيره من المؤرخين اليمنيين السابقين في توسعه بذكر الأحداث وتفاصيلها، ورؤيته الناقدة. ويؤخذ عليه إغراقه في العامية، وعدم إجادته الكتابة العربية الصحيحة(324).

السِّيَر والتراجم:

اهتم المؤرخون المحدثون في الجزيرة العربية بسير الحكام، ودونوا أخبارهم على أساس حولي، ومن خلال تناول أخبار الحكام تطرقوا لتاريخ البلاد. ومن الأمثلة على السير، كتاب المؤرخ النجدي الأصل العراقي الإقامة عثمان بن سند في كتابه (مطالع السعود بطيب أخبار

الوالي داود)، وفي عُمان وضع ابن رزيق كتابًا في سيرة السيد سعيد بن سلطان، سلطان عُمان، وفي اليمن دون لطف الله جحّاف سيرة الإمام المنصور، وسمى كتابه (درر نحور الحور العين في سيرة الإمام منصور...)، ودوّن الإرياني سيرة الإمام المنصور بالله محمد بن يحيى حميد الدين سماه (الدر المنثور في سيرة الإمام منصور). وفي المخلاف السليماني دوّن عبد الرحمن البهكلي أخبار الشريف حمود في كتاب سماه: (نفح العود في سيرة الشريف حمود)، وينبغي الإشارة هنا إلى أن هؤلاء المؤرخين دونوا أخبار حكامهم وهم على قيد الحياة إلا ابن رزيق فانه وضع كتابه بعد وفاة الإمام.

تناول عثمان بن سند الذي ولد في نجد ثم انتقل للإقامة في العراق[325] في كتابه الذي دوّنه عام 1241هـ/ 1825م، وسماه (مطالع السعود بطيب أخبار الوالي داود)[326]، تناول أخبار وسيرة الوالي داود باشا، كما تناول فيه تاريخ العراق وعلاقته بجيرانه للفترة الممتدة من ولادة داود باشا سنة 1188هـ/ 1774م وحتى عام 1242هـ/ 1826م. وقد جعله «مرتبًا على سنين وأعوام أولها عام ولادة ذلك الهمام (يعني داود باشا) مبينًا في كل سنة ما وقع من الأحوال مما أحاط به علم مؤلفه من ثقات الرجال»[327]. أما المادة التاريخية التي ضمنها كتابه فقد أشار إليها بالقول: «... ولا أطيل حذرًا من أمل في الكلام على أحوال قبل وزارته (يعني داود باشا) مما وقع قبلها، وبعد تألق بدر سيادته وولادته ذكرًا من العمارات التي جددها أيام وزارته على حسب ما وقعت فيه من الأعوام...مترجمًا للوزراء من سليمان إلى سعيد[328]، ذاكرًا لهم ما يليق ذكره في هذا الديوان، ولمصاحب له...من علماء مصره الأكارم»[329]. وبذلك جعل ابن سند من سيرة داود باشا محورًا لأخبار العراق وخاصة السياسية، جاعلًا هذه السيرة على الحوليات، فشملت أربعًا وأربعين سنة قبل عهد داود باشا، وعشر سنوات في ظل ولايته. وبذلك فإن الفترة الزمنية التي سجلها أربع وخمسون سنة. وبذلك يعد كتاب ابن سند تاريخًا للعراق من خلال سيرة والٍ بذاته فهو توفيق بين فن كتابة السيرة وفن تاريخ الحوادث على السنين[330].

وبالإضافة إلى الأحداث السياسية الخاصة بالولاة تضمن الكتاب تراجم لرؤساء القبائل وبعض الأعيان المشهورين وعلماء من البصرة وبغداد والأطراف المجاورة، وختم كتابه بمن أخذ عنهم العلم وأجازوه، ومن جالسهم. واعتمد في تراجمه هذه على معرفته بهم واطلاعه على أخبارهم[331]. وغلب على كتابه الشعر الذي أورده خاصة في مدح الوزير داود وبعض أعيان عصره، ولم ينس ابن سند أن يعبّر عن موقفه المعارض أشد المعارضة للحركة الوهابية، وعبّر عن ذلك شعرًا ونثرًا تجاه زعمائها وعلمائها وأتباعها[332]، وخاصة أنه يسجل سيرة لوالي

بغداد الوالي العثماني الحاكم باسم السلطان العثماني الذي رأى في هذه الحركة تهديدًا خطيرًا للدولة العثمانية، وخاصة عندما أخضع السعوديون الحجاز لسلطتهم[333].

وفي عُمان كان للعلاقات الوثيقة التي ربطت حميد بن محمد بن رزيق بأسرة البوسعيد الحاكمة في عُمان، وإعجابه بهذه الأسرة وحكامها ما جعله يدّون أخبار أحد هؤلاء الحكام وهو سعيد بن سلطان بن الإمام أحمد بن سعيد 1206هـ/ 1791م-1256هـ/ 1873م، فقد افرد كتابًا خاصًا في سيرة هذا الإمام الذي تولى الحكم عام 1221هـ/ 1806م، ألفه بعد وفاة الإمام وقال في مقدمة هذه السيرة: «ولما قضى بحكم القضاء تاقت نفسي لذكر ما كان له من الكوائن في زمانه، لعلوّ شأنه وسلطانه، فأنا الآن إن شاء الله، لأذكر بعض ما حفظته في سيرته الجزئية السنية...وقد سميت هذا الكتاب بدر التمام في سيرة الهمام سعيد بن سلطان بن الإمام...»[334]. وذكر بعد هذه المقدمة مولد الإمام ووفاته، والأحداث السياسية التي رافقت توليه للحكم، وقال عن ذلك: «تولى السيد سعيد بن سلطان أمر عُمان، وقعد على سرير الملك بعد وفاة أبيه سلطان...وكان تقديم السيد سعيد في الملك على أخيه سالم بن سلطان بعد وفاة أبيهما رأي من السيدة بنت الإمام، ورضاء من أخيه سالم»[335].

والجدير بالذكر أن الأمور سارت بعد تولي الإمام المذكور إلى النزاع والاختلاف، إذ لم يكن سعيد هو الابن الأكبر لأبيه سلطان حتى ينتقل إليه الحكم بالوراثة، كما أن الحكم لم يؤل إليه بطريقة الاختيار، وهي الطريقة المعروفة عند الإباضية، وإنما تولى بحكم القوة، ذلك أن التفكك في الدولة اتخذ أكبر صورة له عند مقتل سلطان بن أحمد في عام 1219هـ/ 1804م، وكما هي العادة عند وفاة الحاكم، انتهز الزعماء والرؤساء والأقارب تلك الفرصة لكي يعمل كل منهم على الاستئثار بالسلطة والنفوذ. وفي ظل هذه الظروف كان السيد سعيد بن سلطان محرومًا من ممارسة أي سلطة فعلية، وكان عمه قيس يسيطر على ميناء صحار، وعمه محمد يسيطر على مقاطعة السويق، بينما كان ابن عمه بدر بن سيف يأخذ طريقه إلى مسقط معتمدًا على تأييد السعوديين له إذ كان معروفًا بولائه لهم. أما أسرة خلفان التي كانت تقوم بالحكم في ميناء مسقط فانتهزت الفرصة لتستعيد سلطانها القديم، وأما القبائل العُمانية فكانت مشتتة من حيث التبعية والانفصال خاصة حينما انتهزت عدة قبائل فرصة الاضطرابات الناشبة في عُمان فأعلنت انفصالها واستقلالها بشؤونها، كما انتهز السعوديون الفرصة فاحتلوا الظاهر والبريمي[336].

وفي سياق هذه الأحداث عرض ابن رزيق لأخبار عُمان ذاكرًا خلاف أبناء أسرة البوسعيد على الإمامة، مركزًا على الأحداث السياسية، إذ ذكر محاولات الإمام للقضاء على معارضيه

وتأمين الاستقرار، وإخضاع كل مظاهر التمرد التي كان من أبرزها ثورة قبيلة بني بوعلي التي ترجع بأصولها إلى نجد، التي اعتنقت مبادئ الشيخ محمد بن عبد الوهاب عند امتداد النفوذ السعودي إلى عُمان عام 1216هـ/ 1801م و1226هـ/ 1811م، وأعلنت انفصالها عن حكومة مسقط، واستقل زعماؤها بشؤون مقاطعتهم (جعلان) الواقعة إلى الجنوب الغربي من مسقط[337]. كما عرض العلاقات بين الإمام والدولة السعودية التي كان من أبرز مظاهرها محاولة كل من الطرفين التوسع على حساب الآخر، وأشار أيضًا إلى العلاقات بين الإمام والإنجليز الذين استعان بهم لإخضاع المعارضين لحكمه وخاصة بني بوعلي.

ولم يلتفت ابن رزيق لغير الأحداث السياسية باستثناء ما أورده عن انتشار الطاعون الذي أودى بحياة الكثير من الناس في عُمان وخارجها، وقد وقع هذا الطاعون في عُمان سنة 1236هـ/ 1820م، «فعمها جميعًا، وكان هذا الطاعون الحادث غير الطاعون الذي يأتي على استامبول الروم، والشام وبغداد والبصرة، بل هو طاعون يصهر بطن الإنسان، فيخرج القيء من فمه، والسلح من دبره حتى يموت من إصابة ذلك الداء في الحال. ومنهم من يموت بعد يومين أو ثلاثة أيام...فمات من عُمان خلق لا يحصي عددهم غير الله، ووقع هذا الطاعون المذكور في الهند والسند ومكران وبلدان الإنجليز والفرنسيس، وعمّ فارس والكويت والبحرين والظاهرة، وأرض توام، فمات منه خلق لا يحصي عددهم غير الخالق جل وعلا»[338].

وقد رثا ابن رزيق صاحب السيرة بأربع قصائد تقع في مائة وأربعة وثمانين بيتًا من الشعر أوردها في نهاية كتابه[339]. وقد ألقت هذه السيرة الضوء على علاقات عُمان بنجد، والتعاون بين شاه إيران والإمام سعيد لمواجهة التوسع السعودي، كما ألقت الضوء على موقف الإنجليز من هذه الأحداث[340].

وأولى مؤرخو اليمن عناية خاصة بتدوين سير الأئمة المعاصرين لهم، ومن هؤلاء لطف الله جحّاف الذي عني بتسجيل تاريخ اليمن في ظل عهد الإمام المنصور علي 1151هـ/ 1738م- 1224هـ/ 1809م، الذي ولاه والده على صنعاء سنة 1171هـ/ 1757م أو 1172هـ/ 1758م، ثم تولى الإمام بعد موت والده سنة 1189هـ/ 1775م[341]. وقد وصف الشوكاني مبايعته بالإمامة بالقول: «فبايعه العلماء والحكام وآل الإمام وسائر الناس على اختلاف طبقاتهم ولم يتخلف عنه أحد...»[342].

ارتبط جحّاف بعلاقات متينة مع الإمام المذكور، كما تمتع بمكانة وحظوة عند أعيان عصره، وأتاحت له هذه المكانة الاطلاع على الأحداث وتفاصيلها، والاستفادة منها في تسجيل تاريخه

الذي سماه (درر نحور الحور العين بسيرة الإمام المنصور علي وأعلام دولته الميامين)[343]، وقد تم نشر مقتطفات من الكتاب الذي ما زال مخطوطًا، ومن هذه المقتطفات تلك التي نشرت بعنوان (نصوص يمنية عن الحملة الفرنسية على مصر)[344]، ونشر حمد الجاسر في مجلة العرب الأخبار المتعلقة بقيام الدولة السعودية الأولى بعنوان (من تاريخ الدولة السعودية الأولى في المؤلفات اليمنية)[345]. وقد أورد المؤرخ اليمني صاحب نيل الوطر مقتطفات من مقدمة كتاب جحّاف، ومما جاء فيها: «أما بعد فهذا مختصر لطيف مؤلف نحيف لم يسألني أحد أن أضعه ولا عوّل عليّ فرد من الناس أن أجمعه مقصور على دولة الإمام المنصور وحوادث أعوامه والشهور، واتبعت فيه من يستحق الإثبات في مسطور، وربما قال القائل: قصرت في فلان، وطولت في فلان، وأهملت أمر فلان، وفصلت شأن فلان، مع أني ولو بلغت في وصفهم الغاية التي لا تدرك، لم أسلم من القيل والقال...»[346]. ويتضح من المقدمة منهج المؤلف في ذكر الحوادث وفق هذه السيرة، إذ جعل أخبار الإمام المنصور هي المحور الرئيس، ثم أدرج ضمن هذا التاريخ أعيان الدولة وعلماءها، وذلك وفق التاريخ الحولي جاعلًا سنة توليه الإمامة 1189هـ/ 1775م بدايةً لتاريخه، والسنة التي توفي فيها 1224هـ/ 1809م نهاية له. وقد وصف حسين العمري كتاب جحاف بقوله: «جمع فيه تاريخًا للفترة التي حكم فيها المنصور علي...مترجمًا في نهاية كل سنة (حولية) أعلام رجال تلك الفترة التي امتدت خمسًا وثلاثين سنة، فجاء كتاب (الدرر) هذا كنزًا حافلًا بالمعلومات والأخبار جمعه مؤرخ كان يعيش في وسطها وعلى علاقات وطيدة بالمنصور علي وأبنائه ورجال دولته وغيرهم من علماء وأدباء وشعراء»[347]. ولم يقتصر جحاف على الأخبار من داخل اليمن، بل ضمّن كتابه كل ما له علاقة باليمن وإمام اليمن، فقد تحدث عن دعوة الشيخ محمد بن عبد الوهاب وقيام الدولة السعودية الأولى وتوسعها في الجهات المجاورة كاليمن والعراق منذ عام 1189هـ/ 1775م وحتى 1223هـ/ 1808م. وقال حمد الجاسر واصفًا المادة التاريخية الخاصة بالدولة السعودية: «ولا شك أن هذا المؤرخ اليمني ملمّ بحوادث تهامة والجهات اليمنية أكثر من غيره من مؤرخي نجد، كابن بشر صاحب عنوان المجد»[348].

ولم يقتصر إلمام جحاف بأحداث عصره على اليمن، فقد أورد أخبارًا مفصلة عن الحملة الفرنسية على مصر وبين موقفه منها كعربي مسلم، فقد قال في أخبار سنة 1212هـ/ 1797م: «وفيها وردت الأخبار بدخول الفرانسة، جعل الله ديارهم دارسة، وغيرهم من الإفرنج الأبالسة، ديار مصر طهرها الله من الدنس، فاستولوا عليها، ومدوا أيدي الكفر إليها، وأظهروا بها الفساد، وعاثوا وتسلطوا على من بها من المسلمين، ولاثوا كل ذلك بضرب من الخداع، والمكر والحيل

والأطماع. وقد أتينا على تفاصيل الأخبار، وما نقل إلينا في ذلك من صنع الكفار في كتابنا: (قرة العين بالرحلة إلى الحرمين)[349] ولا بأس بالإشارة إلى ذلك على جهة الاختصار...»[350]. وقد عرض جحاف لأخبار الحملة ذاكرًا الأسباب والدوافع التي جعلت بونابرت يفكر بالسيطرة على مصر، ثم تناول مسير الحملة، وكيف تم الحصول على إذن بالخروج إلى الإسكندرية من السلطان العثماني. ويورد جحاف خبرًا فريدًا في هذا السياق، فقد قال عن تجهيز الحملة وبداية سيرها بقيادة بونابرت: «وكان في نفسه (بونابرت) في مصر لما يسمع من خيراتها، فعبأ أثقاله، وطلب رجاله...وسار في مراكبه يخوض لجج البحار...فوصلوا إلى سلطان الإسلام سليم بن مصطفى خـان[351]، فقدموا بين يدي نجواه هدايا وتحف، وسألوه الإذن لهم بالخروج إلى الإسكندرية، ليعبروا منها إلى بحر السويس لحاجات لهم بالهند، فأبى ذلك، ولم يسعفهم إلى ما هنالك فتخللوا أخباره، وتفقدوا آثاره، فوجدوه منهمكًا في لذاته...ورأوا أمه تحل الأمور وتعقد، وتصلح ما شاء وتفسد، فقدموا إليها مالًا واسعًا، وسألوها طلبتهم، فأسعفت أمنيتهم، فجعلوا إليها صكًا في الإذن بالعبور من الإسكندرية فوضعت خاتم السلطان على ذلك...»[352]. وتابع أخبار الحملة وما جرى لها في عكـا وصدامها مع الإنجليز في باب عدن، وتعاون سلطان مسقط مع الإنجليز ضد الفرنسيين.

وقد أبرز جحّاف مواقف الحكام والناس من هذه الحملة ودخولها إلى مصر، فعلى صعيد الناس العاديين تمثلت المواقف بحشد المتطوعين في الحجاز حيث قدموا إلى صعيد مصر للدفاع عنها. وعلى الصعيد الرسمي أورد الخطابات المتبادلة بين الإمام المنصور والشريف غالب بن مسـاعد[353] بشأن الاستعداد لمواجهة أي خطر قد يكون على بلادهم[354]، كما أورد الفرمان السلطاني المرسل إلى الشريف غالب حيث أرسل الأخير صورة منه للإمام المنصور، وتضمن هذا الفرمان إثارة الهمم لمواجهة الخطر الجديد الذي قد يطال كل البلدان الإسلامية[355]. وبطيِّ فرمان السلطان العثماني ترجمة خطاب حكومة الإدارة بفرنسا إلى بونابرت عند قيامه بالحملة على مصر[356]، ومما ورد في هذا الخطاب الموجه إلى قادة الحملة: «والابتداء يكون بالإسكندرية فإذا حضرتم إليها، وحصلتم عليها، فإن أمكنكم أخذها بالحيـل والخداع، فبها ونعمة بلا نزاع، وإلا فحاربوهم وأحرقوهم وأخربوا ديارهم، واهتكوا أعراضهم»[357]. كما أورد المؤلف أخبارًا حول اتصال الشريف غالب ببونابرت ليأمن جانبه[358]، وما تلا ذلك من أحداث حتى إخراجهم على يد العثمانيين[359]. وأورد أيضًا مجموعة الخطابات والمكاتبات المتعلقة بالحملة، وقد أتاحت له ذلك المكانة التي حظي بها عند الإمام منصور. وهكذا قدّم جحاف مجموعة من الوثائق المتعلقة بالحملة الفرنسية وموقف حكام البلدان المجاورة حيث عكست

موقف حكام اليمن والحجاز والعثمانيين من هذه الحملة.

ولم يقتصر اهتمام جحاف على الأحداث السياسية والتراجم فقط، بل أشار إلى الأوضاع الاقتصادية من أسعار وأنواع للعملات المتداولة[360]. وبذلك أراد جحاف لكتابه أن يكون تاريخًا شاملًا لعصر المنصور علي بما في ذلك ما دار من أحداث في ديار الإسلام: مصر والشام والروم والسند، ولعل أهم هذه الأحداث أخبار التوسع السعودي الأول والحملة الفرنسية على مصر، والتنافس البريطاني الفرنسي في المنطقة[361].

وفي منطقة أبي عريش وتهامة أو ما يعرف بالمخلاف السليماني[362]، سجل القاضي عبد الرحمن البهكلي الضمدي التهامي[363] أخبار الشريف حمود بن محمد الحسني صاحب أبي عريش 1160هـ/ 1747م-1233هـ/ 1817م في كتاب سماه (نفح العود في سيرة الشريف حمود) وذلك على تاريخ السنين، وتوقف عند سنة 1225هـ/ 1810م من عهد الشريف، وأكمله أحمد عبد الله بن عاكش الضمدي[364]. وقد جعل البهكلي من حياة الشريف حمود محورًا للأحداث التاريخية في المنطقة، وكان الشريف حمود استقل بولاية أبي عريش وسائر الولاية الراجعة إلى المنطقة المذكورة كصبيا وضمد والمخلاف السليماني. وفي عام 1217هـ/ 1802م خضعت المنطقة للدولة السعودية، وظل النزاع قائمًا بين الشريف حمود والأئمة في اليمن، «وهو مستمر على الانتماء إلى صاحب نجد ومات في سنة 1233هـ»[365].

واهتم البهكلي بأخبار الشريف من حيث مولده ونشأته، وبداية ظهوره على ساحة الأحداث إلى أن تولى الحكم على أبي عريش، ودخوله في طاعة الدولة السعودية، وغزوه لتهامة اليمن باسم هذه الدولة[366]. ولم يقتصر حديث البهكلي على الأحداث السياسية، فقد أورد تراجم لعلماء وأعيان من المخلاف وأمراء نجد وأعيان اليمن وعلماء وأعيان من مكة[367]، كما أولى عناية خاصة لأسماء الأماكن الجغرافية ومواقعها[368]، وعرّف ببعض القبائل ونسبها وأماكن وجودها[369]، هذا بالإضافة إلى إشارات حول الأوضاع الاقتصادية والأوبئة التي ظهرت في الفترة التي دوّن أخبارها[370]. كما يلقي كتاب البهكلي الضوء على فترة مهمة من العلاقات بين اليمن والسعودية في الربع الأول من القرن الثالث عشر الهجري.

ويظهر اتجاه السير بصورة أكثر وضوحًا في كتاب علي بن عبد الله الإرياني الذي اهتم بتدوين أخبار اليمن مع بداية دعوة الإمام المنصور بالله محمد بن يحيى حميد الدين عام 1307هـ/ 1889م مؤسس حكم أسرته بيت حميد الدين في اليمن. وقد ولد هذا الإمام عام1250ه/ 1834م وتوفي عام 1322هـ/ 1904م[371]. وجعل الإرياني سيرة هذا الإمام محور

الأحداث التاريخية التي تابع تسجيلها سنة بعد سنة وبالشهر واليوم والوقت من اليوم حتى وفاة الإمام. ويظهر من خلال عرضه للأحداث أن المؤلف كان قريبًا من الإمام مما أتاح له الاطلاع على الأحداث الجارية، وقال عن لقائه به: «لقد واجهنا حفظه الله بما يليق بجلالة أخلاقه السنية...فلم يزل...يتعهدنا بجزيل فضله وبرّه...»(372). وقال عن مضمون كتابه: «وإني لما وضعت عصا التسيار وحططت رحالي في شريف المقام، ...سمعت أذناي ووعى قلبي وشاهد بصري وقائع جرت بين الأجناد المنصورية، أنصار الحق من البرية، وبين أعداء الله العجم، يحق لها أن توثق بقيد القلم، ويلزم حفظها في بطون الأوراق حفظًا لمآثر هذا الإمام...»(373). وقد عُرف كتابه بـ الدر المنثور في سيرة الإمام المنصور، وجاءت المادة التاريخية التي ذكرها بين التأكيد على أهمية الولاء لآل البيت، وذكر نسب الإمام قائلًا: «ولنتبرك بذكر نسبه، وذكر شيء من بداياته»، وتحدث عن خروجه من مدينة صنعاء، والعلامات الدالة على ظهور الإمامة عليه، والأحداث التي حدثت معه بعد خروجه من صنعاء، والعلماء الذين بايعوه، كما تناول كرامات الإمام، وخصائصه وصفاته من كرم وحسن خلق وجودة في الرأي، وشجاعة وإقدام، وفصاحة وبلاغة وتواضع وأدب(374). وبعد هذه الصفات والأحوال الخاصة عرض بتوسع للأحداث السياسية وخاصة ما يتعلق بتوطيد نفوذ الإمام داخل اليمن، والقضاء على الفوضى التي تحدثها القبائل من جهة، ومن جهة أخرى حروبه مع القوات العثمانية. كما عرض عددًا من المكاتبات المتبادلة بين الإمام والمسؤولين العثمانيين حاول فيها العثمانيون منح الإمام امتيازات خاصة وإغراءات من أجل موافقته على وجودهم في اليمن. ورفض الإمام الإغراءات المعروضة عليه متذرعًا بأن هدفه إقامة الشريعة في اليمن، وأنه سيعمل على الاستمرار في الجهاد من أجل تحقيق هدفه المذكور(375).

ويعكس الإرياني في كتابه نظرة سيده الإمام، فهو معارض للوجود العثماني في اليمن، وقد وصف العثمانيين في المقدمة بـ «أعداء الله العجم»(376). وأظهر من خلال ذكره للوقائع التي دارت بين جنود الإمام والعساكر العثمانية أن الخسائر والهزائم دائمًا «بالقوات العثمانية»(377)، وقد أكثر من ذكر التفصيلات المتعلقة بالمقاومة اليمنية ضد العثمانيين، وكثيرًا ما أبدى إعجابه بهذه المقاومة التي اتخذت أشكالًا مختلفة مثل نهب حمولات التموين الخاصة بالعثمانيين(378)، وقطع السلك (التلغراف)(379)، واستخدام البارود في تفجير مراكز العثمانيين داخل اليمن، أو بيوت المتعاونين معهم من اليمنيين(380)، ونصب كمائن للجنود العثمانيين والمتعاونين معهم وقتلهم بالبنادق والحجارة(381)، حتى النساء أشار إلى دورهن في هذه المقاومة(382). وقد رد العثمانيون على هذه المقاومة بتدمير بعض القرى بالمدافع وإحراقها كما ذكر الإرياني(383).

وذكر الإرياني القبائل الموالية للإمام بالثناء والتقدير[384]، بينما شتم القبائل المتعاونة مع العثمانيين، ووصف رجالها بأعوان العجم[385]. ومن الإشارات التي أوردها في هذا الشأن قوله: «وفي شهر رمضان ثقلت وطأة العجم على أهل الشرف، وما زال أعوان العجم من العرب المخذولين يخادعون أهل الشرف، ويرغبونهم في الطاعة...ويمنونهم الأماني الكاذبة، ويبطنون لهم الشر والخداع، فأطاعهم من المشايخ والرعاع من أطاع...» [386].

وتبدو أيضًا فكرة التدبير الإلهي للأحداث مسيطرة على المؤلف أثناء عرضه لما يتعلق بالإمام والموالين له، وقد أورد إشارات كثيرة حول العناية الإلهية التي تحفظ الإمام المنصور في المعارك التي خاضها ضد معارضيه، وفي وقعاته ضد العثمانيين، وأن الله سبحانه ناصر لهذا الإمام لأنه يريد نصرة الدين على حد تعبير الإرياني، كما أن الله سبحانه وتعالى قد منحه من الكرامات ما يؤكد حفظ الله له ورعايته[387].

وإلى جانب الأخبار السياسية أورد الإرياني إشارات عن الأوضاع الاقتصادية خاصة غلاء الأسعار. كما أورد إشارات خاصة ببعض سنوات القحط، وسقوط الأمطار، والآفات التي كانت تصيب الزرع والضرع، وبعض الظواهر الكونية[388].

كذلك أورد إشارات قليلة عن الحياة الثقافية بذكره عددًا من المكاتب التعليمية في صنعاء مثل مكتب الرشدية للأطفال، ومكتب المعارف، والإعدادية، والصنايع ومكتب العربية[389]، وعناية الإمام بطلبة العلم[390] وتراجم بعض العلماء[391].

وغلب على الإرياني الاهتمام بأوضاع اليمن أكثر من اهتمامه بالأحداث الخارجية، ويبقى كتابه مهمًا للتعرف على أوضاع اليمن في الربع الأول من القرن الرابع عشر الهجري وخاصة جهود اليمنيين في التخلص من الوجود العثماني. ولكن يجب أن لا يغيب عن الذهن أن المؤلف دوّن تاريخه من وجهة نظر الموالي والمؤيد للإمام، والمعارض للعثمانيين.

وبرز ضرب آخر من ضروب الكتابة التاريخية في الجزيرة العربية هو التراجم، إذ عُني بعض المؤرخين بتسجيل أخبار الأعيان من ملوك وولاة ووزراء وغيرهم في صورة تعد من أثبت صور التعبير التاريخي كما يرى روزنثال[392]. وأسهمت التراجم إسهامًا ملحوظًا في التاريخ الإسلامي منذ بدايته بسبب الاهتمام بسيرة الرسول ﷺ، وبسبب النزاع بين الفرق في الإسلام الذي نشب معظمه باسم الشخصيات والفضائل والعيوب الشخصية. كما أدى إلى ازدهار هذا النوع من الكتابة التاريخية علاقات المؤرخين بأعيان عصرهم واهتمامهم بتراجم الخلفاء والولاة، يضاف إلى ذلك أن كثيرًا من تاريخ فروع المعرفة أصبح يفهم على أنه مجموعة لتراجم كبار العلماء[393].

لقد جمع محمد بن عبد الله بن حميد النجدي الحنبلي تراجم خاصة بعلماء الحنابلة في كتاب سمّاه (السحب الوابلة على ضرائح الحنابلة)[394] أكمل فيه ما بدأه عبد الرحمن بن أحمد بن رجب (ت 795هـ/ 1392م) ، الذي جمع تراجم الحنابلة حتى سنة 750هـ/ 1349م، وعلى الرغم من أن عبد الرحمن بن محمد العليمي المقدسي ترجم للحنابلة إلى سنة وفاته عام 920هـ/ 1514م[395]، إلا أن ابن حميد لم يعثر على ما ترجمه العليمي وقال في ذلك: «ولم أظفر بها، ومن بعده لم أقف على طبقات تجمع تراجمهم، فاستخرت الله تعالى وسعيت في ذلك واستحسنت الشروع من حيث وقف ابن رجب، لأن طبقات العليمي قليلة الوجود، وغير مستفيضة[396]، فشرعت في ذلك من سنة إحدى وخمسين وسبعمائة إلى عصرنا هذا»[397]. وأراد ابن حميد من كتابه هذا أن يجمع علماء المذهب الذي ينتمي إليه وذلك من عام 751هـ/ 1350م وحتى الفترة التي دوّن فيها تاريخه، وقد يكون في الثلث الأخير من القرن الثالث عشر الهجري[398].

ورتّب ابن حميد مادة التراجم التي دوّنها على حروف المعجم «تسهيلًا لمراجعة المستفيد»[399]. ويبدو واضحًا أن سبب اختياره هذا الأسلوب هو التيسير في الكشف عن موقع الترجمة. ولأن عددًا من المترجم لهم لم يستطع المؤلف معرفة تواريخ وفياتهم استبعد ترتيبهم على الطبقات، وجعل الاسم الأول للمترجم له هو الأساس ثم اسم والده، وجاءت المعلومات الخاصة بالمترجم له تفصيلًا واختصارًا حسب توافر المعلومات لديه، وهو يذكر اسمه كاملًا من عدة مقاطع ثم يذكر نسبه ولقبه وشهرته.

واشتمل الكتاب بأجزائه الثلاثة على (850) ترجمة، وقد أورد تراجم الرجال المعروفة تواريخ وفياتهم، وبعد ذلك أورد جملة من العلماء الذين لم يعثر على تراجمهم، وختم كتابه بتراجم للنساء على المذهب الحنبلي[400]، وشملت التراجم علماء المذهب الحنبلي في الشام ومصر والعراق ونجد.

وقد أشار ابن حميد إلى مصادره بشكل واضح في مقدمة الكتاب[401]، ونقل ما تضمنته المصادر من تراجم الحنابلة نقلًا حرفيًا في كثير من الأحيان، إذ لم يتجاوز دوره جمع وترتيب المادة التاريخية الموجودة خاصة في كتب التراجم للفترة السابقة لعصره، وبعد النقل يعقب بزيادة أو استدراك أو تصحيح أو رد وتفنيد أو موازنة بين رأي وآخر[402].

وفيما يتعلق بالمعلومات الخاصة بالمترجم لهم، فقد اهتم بذكر مولد المترجم له في بداية الترجمة ومكانها أحيانًا، ونشأته العلمية وارتحاله وتنقله، والعلوم التي اشتهر بها وبعض مؤلفاته، ثم ينهي الترجمة بتاريخ الوفاة. ولم يقتصر اهتمام ابن حميد على علماء الحنابلة ممن

اشتهروا بعلم من العلوم وإنما اهتم بالعلماء في مختلف فنون العلم والأدب، ومن أبرز هذه العلوم الحديث، والفقه وأصوله، والفروع، والفرائض، والقراءات، وعلوم العربية، والتصوف، والحساب والجبر والمقابلة والهندسة وعلوم الهيئة والفلك[403].

وتبقى موضوعية ابن حميد في عرض التراجم موضع فحص وتدقيق، فقد تأثر بظروف عصره وبخروجه من نجد وإقامته في مكة، حيث كانت دعوة الشيخ محمد بن عبد الوهاب ما زالت تلقى صدىً واسعًا في الأوساط السياسية والثقافية، وتتباين المواقف العامة خاصة بين العلماء؛ فمنهم المؤيد ومنهم المعارض، فعلى الرغم من أن صاحب الدعوة كان نجدي الموطن وحنبلي المذهب كذلك كان ابن حميد، لكن ابن حميد – مع ذلك – كان معارضًا لهذه الدعوة وأتباعها[404]، وظهرت معارضته من خلال تراجمه لبعض العلماء النجديين، فإذا كانوا من الموالين للدعوة ذكر بعضًا من مثالبهم وعيوبهم، وإذا كانوا معارضين ذكر محاسنهم وفضائلهم[405].

وتبرز قيمة كتاب ابن حميد في أنه يمثل مجموعًا ضم علماء الحنابلة لفترة من الزمن تزيد على خمسمائة سنة حافظًا بذلك أخبارهم ونتاجهم العلمي من الضياع، كما أنه تضمن مادة تاريخية مهمة عن الفترة التي عاصرها المؤلف تفيد في دراسة جوانب الحياة المختلفة خاصة الثقافية في البلدان التي أقام فيها علماء حنابلة وردت تراجمهم في هذا الكتاب.

وفي اليمن عُني بالتراجم محمد بن علي الشوكاني الذي سجل أخبار أكابر الأعيان والعلماء في إطار الأمة الإسلامية من مختلف المذاهب والأقطار للفترة الممتدة من بعد القرن السابع الهجري وحتى عام تأليفه الكتاب سنة 1213هـ/ 1798م[406]، وقال: «سميته البدر الطالع بمحاسن من بعد القرن السابع»[407]. وجاء تأليفه لهذا الكتاب للرد على ما اشتهر عن جماعة من أهل المذاهب الأربعة من أن وجود مجتهد بعد المائة السادسة أو بعد المائة السابعة كان متعذرًا، فأراد من خلال التراجم التي أوردها الإتيان بالدليل على نفي هذا الادعاء، يقول في ذلك: «حداني ذلك إلى وضع كتاب يشتمل على تراجم أكابر العلماء من أهل القرن الثامن ومن بعدهم...بل ربما كان في أهل العصور المتأخرة من العلماء المحيطين بالمعارف العلمية على اختلاف أنواعها من يقل نظيره من أهل العصور المتقدمة...»[408]. وبلغت التراجم الواردة عند الشوكاني ما يزيد على (590) ترجمة منها أربع

[تراجم للنساء[409]، وما يزيد على (250) ترجمة خاصة بعلماء وأعيان وأدباء وشعراء اليمن، وأغلب التراجم اليمنية لمعاصرين أو قريبين لعصر المؤلف. كما تضمنت تراجم الشوكاني علماء وأعيان من مصر والشام والعراق والحجاز ونجد والمغرب وتونس، وبلاد الهند والسند

وإيران. وأكثر تراجمه من هذه البلدان كانت من مصر. ويبدو أن الشوكاني أراد من هذا التنوع أن يسير على أثر من سبقه من المؤرخين الذين اهتموا بتراجم علماء الأمة دون النظر إلى بلدانهم فهم في إطار أمة واحدة ويجمعهم دين واحد. وعبّر عن تأثره بمن سبقه من المؤرخين بالقول: «ويصير من أمعن النظر في مطالعته بعد إمعانه في مطالعة تاريخ الإسلام والنبلاء وكامل ابن الأثير وتاريخ ابن خلكان محيط بأعيان أبناء الزمان من سلف هذه الأمة وخلفها»(410)، فقد أراد الشوكاني أن يكون كتابه ضمن حلقة متصلة من الكتب التي عنيت بالتراجم في فترة من الزمن ضمن حياة هذه الأمة.

ولم يقصر الشوكاني تراجمه على مذهب واحد، مما ينسجم مع نظرته في محاربة التعصب بشتى أشكاله، وظهرت هذه الدعوة في معظم مؤلفاته(411). فقد ترجم لعلماء وأعيان على المذهب الشافعي الذي حظي أتباعه بالنصيب الأكبر من التراجم(412)، ذلك لأنه الأكثر انتشارًا في اليمن، يليه الحنفي(413)، فالمالكي(414)، فالحنبلي(415).

وفيما يتعلق بالأسس التي اعتمدها الشوكاني في اختيار تراجمه، والفئات التي اهتم بالترجمة لها قال: «فالحاصل أن المذكورين في هذا الكتاب هم أعيان الأعيان وأكابر أبناء الزمان من أهل القرن الثامن ومن بعدهم إلى الآن. وربما أذكر من أهل عصري ممن أخذت عنه أو أخذ عني أو رافقني في الطلب أو كاتبني أو كاتبته من لم يكن بالمحل المتقدم ذكره، لما جبل عليه الإنسان من محبة أبناء عصره ومصره، وربما أذكر من أهل عصري من لم يجر بيني وبينه شيء من ذلك»(416)، فالشوكاني جعل محور التراجم الأكابر والأعيان الذين عاشوا بعد القرن السابع. وعند تتبع التراجم التي أوردها يلاحظ أن الشوكاني لم يلتزم التزامًا دقيقًا بما قرره في المقدمة، ذلك أن نحو نصف الذين ترجم لهم (250 من 590) كانوا من أهل اليمن، ومن ضمن هذه التراجم ترجمته لنفسه وترجمة والده، وقد بلغت تراجم أهل اليمن الذين عاصرهم من شيوخه وزملائه في الطلب وتلاميذه، ومن رآهم والتقى بهم، ومن ناظرهم في مجلس الإمام، ومن كاتبهم، ومن قدم اليمن، بالإضافة إلى أئمة عصره نحو (150)(417). وهؤلاء في أغلبهم عاشوا في القرن الثاني عشر الهجري وحتى أوائل النصف الثاني من القرن الثالث عشر، ويبدو أنهم يمنيون، ذلك أن الشوكاني بقي داخل اليمن ولم يغادرها، ولم يستطع جمع أخبار العلماء من خارج اليمن إلا عن طريق الأخبار التي كانت ترد عليه من القادمين إلى اليمن سواء كانوا يمنيين أم غيرهم.

ومن الأئمة الذين توسع في ترجمتهم إمام عصره الإمام المنصور علي بن العباس

(ت1224هـ/ 1819م) الذي أنعم على الشوكاني بالقضاء الأكبر عام 1209هـ/ 1794م[418]. وقد عبّر عن علاقته بهذا الإمام والمكانة التي تمتع بها عنده بقوله: «وكان يجلني إجلالًا عظيمًا»[419].

وقد رتب الشوكاني التراجم الواردة في كتابه على حروف المعجم، وأشار إلى ذلك في المقدمة[420]. وعند تتبع التراجم الواردة يظهر أن الشوكاني التزم بهذا الترتيب فيما يتعلق بالاسم الأول للمترجم له، وإذا تشابه الاسم الأول يكون الترتيب على الاسم الثاني (ويكون في الأغلب اسم الأب)، وإن تشابه الاسم الثاني لا يلتزم الشوكاني بعد ذلك بأسلوب معين في الترتيب، ومن الأمثلة على أسلوبه في ترتيب التراجم: «إبراهيم بن أحمد بن علي» ذكر بعده «إبراهيم بن أحمد اليافعي» ثم جعل بعده «إبراهيم بن أحمد خان» ثم تلاه «إبراهيم بن أحمد بن ناصر»[421]. وافتتح الشوكاني تراجمه بترجمته لعالم زاهد من علماء اليمن رغب في الاعتزال عن مخالطة الناس وهو إبراهيم بن أحمد الكنيعي (ت784هـ/ 1382م)، وقد عبّر الشوكاني عن إعجابه بهذا العالم اليمني قائلًا عن سبب تقديمه في بداية الكتاب: «وقد جعلته (كتابه البدر الطالع) على حروف المعجم مقدمًا لمن قدمته حروف اسمه وإن كان غيره أقدم منه، مبتدئًا بقطب اليمن، وجنيد ذاك الزمن الناسك المتأله إبراهيم...الكنيعي»[422].

ويعتبر تاريخ الولادة والوفاة عند الشوكاني من المعلومات الرئيسة في كل ترجمة، ففي حال وجودهما، يكون تاريخ الولادة في بداية الترجمة، وتنتهي الترجمة بتاريخ الوفاة، وإذا لم يكن المؤلف مطمئنًا إلى تاريخ الولادة أو الوفاة فإنه يرجح تاريخًا تقريبيًا، فيقول: «ولد تقريبًا سنة...» وقد يذكر تاريخ الولادة والوفاة بالسنة والشهر، وبين التاريخين يتحدث عن نشأة المترجم له وحياته العلمية بما في ذلك شيوخه ومؤلفاته، وأحيانًا تلاميذه. هذا فيما يتعلق بالعلماء، أما الأعيان من سلاطين وحكام وأمراء فإنه يتحدث عن أبرز الأحداث في عهدهم. وقد أورد الشوكاني عددًا من المراسلات والمكاتبات الخاصة بالأئمة الذين عاصرهم[423]. وتوسع في الحديث عن الأئمة الزيدية منهم[424]. وقد شكا المؤلف من نقص المعلومات الخاصة ببعض أعيان وعلماء الزيدية، وعزا هذا النقص إلى عاملين؛ أولهما: أن الاهتمام بالسجع غلب على المؤلفين المهتمين بتسجيل التراجم وكان همّهم تسجيع الألفاظ والتأنق في تنقيحها وتهذيبها على حساب بيان الأحوال والمولد والوفاة[425]، وثانيهما أن العلماء غير اليمنيين كانوا قليلي العناية بعلماء وأعيان اليمن[426].

وذكر الشوكاني أنه صان كتابه عن ذكر العيوب والمثالب، وقال في ذلك: «...صنت هذا الكتاب عن ذكر المعايب وطهرته عن نشر المثالب لا كما يفعله كثير من المترجمين من الاستكثار من ذلك فإن الغيبة قبيحة إذا كانت بفلتات اللسان التي لا تحفظ ولا يبقى أثرها بل

تنسى في ساعتها فكيف بها إذا حررت بالأقلام وبقيت أعوامًا...»[427]. والسؤال الذي يرد هنا إلى أي مدى التزم الشوكاني بما وضعه لنفسه من شروط في الترجمة للعلماء الذين ضمّنهم كتابه؟ إن الإجابة على هذا السؤال قد تكون ضمن فكرتين أساسيتين: الأولى نظرة الشوكاني إلى الخلاف بين علماء العصر الواحد وهو ما يسمى بـ «خلاف الأقران»، ومن ذلك موقفه من أحد علماء عصره البارزين. ففيما يتعلق بنظرته لخلاف الأقران قال رأيه في الخلاف بين السخاوي (ت902هـ/ 1496م) والسيوطي (ت911هـ/ 1505م)، وأخذ عليهما مأخذًا كبيرًا خاصة على السخاوي الذي اعتمد عليه كثيرًا في جمعه أخبار التراجم الواردة في كتابه[428]، وقال عن السخاوي: «...وإن كان إمامًا غير مدفوع لكنه كثير التحامل على أكابر أقرانه كما يعرف ذلك من طالع كتابه (الضوء اللامع)، فإنه لا يقيم لهم وزنًا بل لا يسلم غالبهم من الحط منه عليه وإنما يعظم شيوخه وتلامذته...»[429]. ويقول عن كتاب السخاوي الضوء اللامع «وليت صاحب الترجمة (السخاوي) صان ذلك الكتاب الفائق عن الوقيعة في أكابر العلماء من أقرانه، ولكن ربما كان له مقصد صالح...»[430]. وهكذا فإن الشوكاني لم يكن متوازنًا في التعامل مع المترجم لهم، فقد أخذ الإذن من أحد أبناء عصره ليذكر بعض هناته وهو محمد بن حسين دلامة الذماري 1150هـ/ 1737م-1209هـ/ 1794م قال: «فإني كنت أمازحه قبل تحرير هذه التراجم بزيادة على خمس سنين أني سأكتب له ترجمة أذكر فيها ما صار فيه من مكابدة غرام بعد غرام وهيام عقب هيام، فكان يأذن بذلك، ولو علمت أنه يكرهه ما ذكرته...»[431]. ولم يستطع الالتزام بما وضعه لنفسه من حفظ كتابه عن ذكر المثالب والعيوب، ووقع فيما أخذه على غيره فيما يتعلق بخلاف الأقران. ففي ترجمته لابن عصره لطف الله جحاف (ت1243هـ/ 1827م)[432]، أشاد به في بداية الترجمة له ثم أخذ يذكر بعضًا من عيوبه ومثالبه بالفاظ مختلفة، وكان ما استخدمه السخاوي أخف حدة مما استخدمه الشوكاني ضد جحاف[433]. ومن جهة أخرى ذكر عاكش الضمدي في كتابه (حدائق الزهر)[434] أن أحد تلاميذ الشوكاني وهو محمد بن علي بن حسين العمراني (ت1264هـ/ 1847م) كان يذكر الشوكاني ذكرًا غير حسن في حلقاته الدراسية ومجالسه[435]، بينما وصفه الشوكاني عندما ترجم له أنه تفرّد في علوم الحديث، وقال عنه: «قليل النظير في مجموعه، وكثرة فنونه وإتقانه»[436]، وقد يكون العمراني تحدث عن الشوكاني بعد وفاته، لأن العمراني عاش بعد الشوكاني بأربع عشرة سنة.

وعكست المادة التاريخية الواردة في كتاب الشوكاني عصر المؤلف الذي كان مشاركًا في الأحداث، وتلميذًا ومدرسًا ومفتيًا وقاضيًا أكبر ووزيرًا أول في آخر أيامه، فقد أورد أحداثًا سياسية، وإشارات كثيرة عن الحياة الثقافية وما تجاذبها من تيارات التقليد والتعصب والاجتهاد،

كما ظهر من خلال التراجم الواردة الخاصة بعصر المؤلف أهم المراكز العلمية في اليمن، وأهم العلوم التي اشتهرت، وتمثلت بـ علوم الحديث، والفقه، والعربية والتفسير والقراءات والمنطق، والهيئة، والهندسة، كما أعطت التراجم صورة واضحة عن أُسر الأعيان وأسر العلماء المشهورة في اليمن.

وعني بهذا النوع من الكتـابة التاريخية (التراجم) مؤرخ من بلاد تهامة هو الحسن بن أحمد بن عبد الله المعروف بعاكش الضمدي (ت1289هـ/ 1872م)[437]، فقد جمع أخبار علماء عصره ممن تتلمذ عليهم في كتاب بعنوان (حدائق الزهر في ذكر الأشياخ أعيان الدهر)[438]، وقال في مقدمة كتابه: «هذا مؤلف لطيف جامع لمن أخذت عليه العلم من مشايخي العلماء الأعيان»[439]. وأضاف موضحًا هدفه: «قصدي بذلك التشبه بأهل العلم في سلوك هذه الطريق...»[440]. وقد بلغ عدد العلماء الذين ترجم لهم اثنين وخمسين عالمًا لم يعتمد في ترتيبهم على أسلوب واضح ومحدد، لا على حروف المعجم ولا على أساس تاريخ الوفاة، مما يجعل الكشف عن أي ترجمة أمرًا يحتاج إلى بعض الوقت. وافتتح تراجمه بترجمة طويلة لوالده، وأتبعها بترجمة لشيخه محمد بن علي الشوكاني، وكانت الترجمتان المذكورتان هما الأطول بين تراجمه[441]. واقتصر في تراجمه على العلماء الذين تتلمذ على أيديهم في ضمد وبلدان المخلاف السليماني، والذين أخذ عنهم خلال رحلاته إلى صنعاء. كما ترجم للعلماء الذين لقيهم أثناء أدائه فريضة الحج. وكانت أغلب تراجمه لعلماء يمنيين، وترجم لاثنين من علماء مكة التقى بهما في الحج سنة 1243هـ/ 1827م[442]، ومغربي كان مجاورًا في مكة ثم ارتحل إلى مدينة صبيا إحدى بلدان تهامة حيث أقام الضمدي عنده ثلاث سنوات يتلقى العلم[443].

يبدأ الضمدي الترجمة بذكر اسم المترجم له ثم تاريخ ولادته، ثم يتحدث عن نشأته العلمية ذاكرًا شيوخه والعلوم التي درسها، والعلوم التي اشتهر بها، ومؤلفاته وصفاته وأخلاقه، وينهي الترجمة بذكر تاريخ وفاته. وقد أورد ثماني تراجم دون تاريخ ولادة[444]، وست تراجم دون تاريخ وفاة[445]. وثلاث تراجم دون تاريخ ولادة ولا وفاة[446]. وكان الضمدي قد اهتم بالترجمة لمشايخه وزملائه، ممن التقى بهم، أو جرى مكاتبات مستمرة بينه وبينهم، أوممن حصل على إجازات منهم.

ويبدو أن الضمدي كان متأثرًا بكتاب البدر الطالع لشيخه الشوكاني في تدوينه التراجم، وقد أشار إلى ذلك صراحة أثناء ترجمته محمد بن علي العمراني 1194هـ/ 1780م-1264هـ/ 1847م الذي كان ينال من الشوكاني في مجالسه وحلقاته التدريسية، وقال الضمدي: «وقد اطلعت على

ترجمة للمترجم له (العمراني) لشيخنا في البدر الطالع»[447]. كما بدا تأثره واضحًا بأسلوب الشوكاني من خلال ما كان يردده الأخير في كتابه عن معاصريه والمكاتبات بينه وبينهم وصيغ التعبير عنها[448]، فقد استخدم الضمدي العبارات نفسها[449].

ونظر عاكش الضمدي إلى العلماء وآداب التعامل مع أخبارهم وأحوالهم بتقديس وإجلال، إذ قال في مقدمة كتابه: «فإن للعلماء علينا من الحقوق...ومن ذلك تعظيمهم باللسان والجنان والأركان وعدم التعرض لما يؤذيهم في الدخول في أعراضهم الجميلة والاستهانة بمناقبهم الجزيلة الجليلة...وقد ورد في الآيات الفرقانية والأحاديث النبوية والآثار المصطفوية ما يقتضي النها عن جملة ذلك...»[450] والتزم بهذه النظرة، ففي حديثه عن العمراني وما يذكره بحق الشوكاني والسيرة الحسنة التي ذكرها الشوكاني للعمراني يقول عاكش الضمدي: «وأما المترجم – العمراني – فإن له تاريخًا استطرد فيه ذكر شيخنا البدر والمتعين كف اللسان عن أعراض أهل العلم، ولا تتخذ مقالة بعضهم في بعض سلمًا إلى القدح فإن هذا مضر بالدين، فإن لحوم العلماء مسمومة، وعادة الله في منتقصيهم معلومة، قالوا ومن تسارع إلى العلماء بالسب ابتلي بموت القلب قيل وهو الكفر»[451].

ويعد كتاب عاكش الضمدي ذا قيمة مهمة في دراسة أوضاع المخلاف السليماني واليمن، وخاصة الجوانب المتعلقة بالحياة الثقافية والعلمية. وفي كتابه تراجم لم ترد عند الشوكاني، وبعضها ورد عنده ولكن الضمدي توسع فيها في الوقت الذي تجنب فيه ذكر الأحوال السياسية مقتصرًا كتابه (حدائق الزهر) على شيوخه من العلماء.

النسب:

ظهرت العناية بالأنساب، روايتها وكتابتها، عند المسلمين خلال القرن الأول للهجرة، وتمثلت في مرحلتها الأولى بوجود نسّابين في كل قبيلة، وبوجود كتب لدى بعض القبائل بأنسابها وأخبارها وأشعارها[452].

كان النسب موضع اهتمام عند مؤرخي الجزيرة العربية، فقد اهتم به ابن لعبون في نجد، حيث وضع كتابًا في نسب آل مدلج تلبية لرغبة ابن عمه، غير أن القسم الخاص بالنسب غير موجود ضمن النسخة المعروفة من كتابه، إذ اقتصرت هذه النسخة على أحداث تاريخية تم تصنيفها ضمن التاريخ العام[453].

واهتم بالنسب في الحجاز عبد الرحمن بن عبد الكريم الأنصاري ت بعد (1197هـ/ 1782م) فقد دوّن أنساب الأسر الموجودة في المدينة في القرن الثاني عشر الهجري في كتاب سماه: (تحفة المحبين والأصحاب في معرفة ما للمدنيين من الأنساب)، وقد بلغت البيوت التي ذكرها في كتابه هذا (331) بيتًا [454]، والمؤلف يذكر البيوت التي ربطته بأحد أفرادها رابطة قرابة، كحديثه عن (بيت الأنصاري)[455]، ومن ذلك القرابة من جهة الأم[456]، أو ممن ربطته بهم علاقة صحبة وصداقة، ويعبر عن ذلك بقوله: «وكان بيننا وبينه محبة وصحبة»[457] و«بيننا وبينه مناسبة...»[458] و«جارنا وصاحبنا»[459] و«كان بيننا وبينه محبة عظيمة......»[460] و«كان شريكنا في طلب العلوم.............»[461] و«زوجة صاحبنا...»[462] و«صاحبنا وعزيزنا وسميّنا... وسكن دارنا»[463] و«صاحبنا وعزيزنا...»[464] و«كانت بيننا وبين والده صحبة ومحبة...»[465] و«بيننا وبينه محبة شديدة وصحبة أكيدة...»[466] و«بيني وبينه صحبة ومحبة وخلة ومودة وكان شريكنا في الدرس والطلب...»[467] و«صاحبنا»[468] و«والد صاحبنا»[469] و«بيننا وبينه صحبة ومحبة من الصغر إلى الكبر لم يشبها شيء من الكدر...»[470] و«كان بيننا وبينه وبين أخيه عداوة شديدة إلى الممات...»[471] و«أصلهم صاحبنا»[472] و«قد زرته في عام رحلتي إلى اليمن في سنة 1172»[473] و«كان شريكنا في الدرس...»[474] و«سافر معنا»[475] و«كان بينه وبين صاحبنا مصاحبة»[476] و«امتدحني»[477] و«قرأت عليه»[478] و«بنت صاحبنا»[479]. ولا يقتصر الأنصاري على ذكر من ربطته بهم علاقة الصداقة والجيرة بالسكن والاشتراك بالدرس، بل أضاف إلى ذلك كله من كان يرتبط بوالده بصحبة وصداقة، وبين من كانت تربطه بجده أيضًا. ومن هذه الإشارات: «وكان بينه وبين والدنا محبة...»[480] و«كان من خواص أصحاب جدي الجد الأمجد...»[481] و«كان بينه وبين جدنا يوسف الأنصاري محبة شديدة ومودة أكيدة...»[482]. ويمكن القول إن الأنصاري كان موفقًا في اختيار عنوان كتابه عندما أطلق عليه (تحفة المحبين والأصحاب...).

ويمثل كتاب الأنصاري سجلًا مهمًا في الأنساب للذين قدموا إلى المدينة ومكة وجاوروا فيها، فمنهم من مات ودفن فيها، ومنهم من جاور وعاد إلى بلاده. واستطاع المؤلف أن يسجل تاريخًا اجتماعيًا واقتصاديًا لمجتمع المدينة خاصة للفترة التي عاش فيها المؤلف وهي القرن الثاني عشر الهجري/ الثامن عشر الميلادي.

ورتب المؤلف مادته التاريخية هجائيًا حسب اسم البيت الذي يذكره، ويذكر سبب التسمية، وسبب النسبة التي قد تكون لشخص[483]، أو لمدينة[484]، أو بلدة[485]، أو بلاد[486]، أو قبيلة[487]،

أو جبل[488]، أو مهنة[489]، أو صنعة (حرفة)[490]، أو وظيفة[491]، أو قلعة[492]، أو طريقة (صوفية)[493]، ثم يذكر بعد ذلك أول من قدِم من البيت الذي يتحدث عنه، ثم يذكر تاريخ قدومه إلى المدينة وتاريخ مولده لمن وجد معلومات تسعفه بهذا الخصوص، وأحيانًا يذكر أبناءه وبناته وأزواجهم وأزواجهن، ومن تناسل حسب توافر المعلومات عند المؤلف. وصفات بعض الأشخاص وثرواتهم ووظائفهم، ورحلاتهم، وتواريخ وفياتهم ومكان دفنهم.

وذكر الأنصاري كل بيت وأفراده المشهورين أو الذين عرفهم أو سمع عنهم، ذكورًا كانوا أو نساءً من الوافدين والمجاورين والمولودين في المدينة. والمدقق في أصول البيوت المذكورة في الكتاب يلاحظ أن أغلبها تنحدر من أصول قادمة من خارج المدينة قدموا إليها مهاجرين ومجاورين وعاملين بالمهن والتجارة والوظائف، وأصول هذه البيوت من البلدان المجاورة، ومنها العربية، والإسلامية غير العربية، ومن هذه الأصول المصرية وتشمل: المصري (من قرى ومدن مصرية)[494]، والشامية وتشمل (الحلبي، والدمشقي، والمقدسي، والأنطاكي)[495]، والعراقية وتشمل: (البصري، والبغدادي، والموصلي)[496]، واليمنية وتشمل: (التهامي، والزبيدي، والحضرمي)[497]، والحجازية وتشمل: (المكي، والمدني، والطائفي، والينبعي)[498]، والنجدي[499]، والإحسائي[500]، والمغاربي، وتشمل: (التونسي، والفاسي، والجزائري، والأندلسي)[501]، والسوداني[502]، والمشرقي[503].

أما الأصول التي أوردها من غير العرب واندمجت في مجتمع المدينة فهي: الرومية[504]، والبنغالية[505]، والأوزبكية[506]، والسندية[507]، والأعجمية (الإيرانية)[508][15]، والشيعية[509]، والهندية[510]، والكردية[511]، والبوسنية[512]، وبلاد سيحون[513]، وداغستان[514]، والزرند[515]، وبخارى[516]، وبلاد ما وراء النهر[517]، والحبشة[518].

ومجتمع المدينة المختلف الأصول أظهره المؤلف (الأنصاري) متجانسًا في اندماج عجيب أساسه الدين، وعند التدقيق في المصاهرات التي جرت بين هذه البيوت يظهر التجانس والاندماج في مجتمع واحد بأفضل صوره من خلال ممارسة هذا المجتمع لحياته الاعتيادية بعيدًا عن أي تعصب.

ويمكن القول إن كتاب الأنصاري يمثل مصدرًا مهمًا لدراسة تركيبة المجتمع المدني في المدينة المنورة من حيث أصول الأسر، وطبيعة العلاقات الاجتماعية التي ربطت بينها، والوظائف التي تولتها، والمهن التي عملت بها، وذلك خلال القرن الثاني عشر الهجري/ الثامن عشر الميلادي.

ومما يؤخذ على الأنصاري ذكره للناس بما يكرهون ولو أن ذلك كان في حالات قليلة، ولكن هذا قد يتعارض مع ما ذهب إليه بعض المؤرخين الذين يدعون إلى البعد عن ذكر مساوئ الناس، ومن أبرز هؤلاء المؤرخين السخاوي في كتابه (الإعلان بالتوبيخ لمن ذم التاريخ)[519]. ومن هذه المساوئ التي ذكرها الأنصاري لبعض الأشخاص من بعض البيوت التي ترجمها في كتابه: السفاهة، والتبذير، والبله، وشرب الخمر، وحضور مجالس اللهو والزمور، وتحريك الفتن بين الناس، والبخل والشح، والمجون والخلاعة، وسوء التدبير، وسفاهة الرأي، والكذب، ووصفه لبعض الناس أنه من أعوان الشيطان[520]. وبعيدًا عن أي جدل حول إيراد مثل هذه الأخبار فإنها تعكس سلوكيات بعض الناس الذين لا يخلو منهم أي مجتمع أو عصر.

ويمثل كتاب الأنصاري كنزًا ثمينًا لدراسة الأحوال الاجتماعية والاقتصادية لمجتمع المدينة، وذلك من خلال الحرف والمهن التي أوردها وانتسبت إليها الكثير من البيوت. ومن أبرزها: شيخ الفراشين، وصناعة الصياغة، والحلاقة، والإسكافة، وشيخ المزورين، وصنعة الخياطة، وفلاحة الحدائق، وبيع البر، وصناعة العقارة، وبيع الحبوب، والفلاحة والزراعة، وبيع القماش، وبيع الخضرة، والعطارة، وحفر الآبار، وضرب اللبن، وتجليد الكتب، وشيخ الدلالين، وصنعة الفخار، وصنعة الحمصانية، وصب الشمع، وصنعة الفرانة، وصنعة السمانة، وصنعة السبح، وصنعة الساعات، وصنعة الحرير، وشيخ السقائين، وصنعة القزازة، وبيع الفول المطبوخ، وبيع التمر، وصنعة الكوافي البيض المنقوشة، وعمل القلل، والفخار، وصناعة القفاص، وعمل الأمشاط أو بيعها، وصناعة قطع الورد وسائر الأزهار، وصنعة الكيمياء، وبيع المسك، وفلاحة النخيل[521].

وعُني بالنسب في عُمان حميد بن رزيق، فقد سجل نسب القبائل العدنانية والقحطانية، وأفرد لكل منهما كتابًا مستقلًا عن الآخر، فجعل «الصحيفة العدنانية»[522] خاصة بالقبائل العدنانية في حين أفرد للقبائل القحطانية كتابًا آخر سمّاه «الصحيفة القحطانية»[523].

وحاول ابن رزيق في هذين الكتابين أن يبرز مفاخر ومآثر ومناقب المنتسبين للعدنانية والقحطانية من أنبياء وقبائل وملوك وأعيان وعلماء وشعراء خلال المراحل التاريخية المتعاقبة، وقد قال في مقدمة الصحيفة القحطانية: «لقد قلت بألسنة الإنصاف البرهانية في خطبة الصحيفة العدنانية فسأشرح أخبار مناقبهم الحديثة القديمة...للأعيان من بني معد قحطان، ولما أتممت ما يسر الله لي من مناقب العدنانية، فالآن شارع إن شاء الله تعالى فيما تيسر من ذكر مناقب اليمنية القحطانية، وفي الحقيقة أن هاتين القبيلتين بلغتا في الفخر الغاية القصوى...»[524].

وجاء كتاب ابن رزيق الخاص بالقحطانية في ثمانية أبواب تضمن الباب الأول تعريفًا بأنساب القحطانية والقبائل اليمنية المنتسبة إليها[525]، بينما ذكر في الباب الثاني الأنبياء الذين ينتسب إليهم القحطانيون وهم: هـود وصـالح وشعيب عليهم السلام[526]. وفي الباب الثالث ذكر ملوك بني قحطـان ومـا لهم من المناقب والشأن[527]، وتضمن الباب الرابع ذكر أخبار تبابعة حِمير ومناقبهم وأبرز رجالهم[528]، وفي الباب الخامس ذكر أصحاب النبي ﷺ مظهرًا فيه أسماء الصحابيات الراويات[529]، وفي الباب السادس ذكر التابعين وتابعيهم[530]، وضمّن هذا الباب (الجزء الأول والثاني والثالث والرابع من كتاب الترتيب في الفقه برواية أبي سفيان محبوب ابن الرحيل عن الربيع بن حبيب عن عبد الرحمن بن حرملة بن سعيد بن المسيب عن الرسول ﷺ)[531]، ثم يعـود لمتابعة الحديث عن علماء اليمانية من أهل عُمان مترجمًا لحياتهم وأبرز أخبارهم[532]. وفي الباب الذي يليه ذكر أسماء شعراء القحطانية في الجاهلية والإسلام وبلغ عددهم (26) شاعرًا من كبار شعراء العرب[533]، منهم ستة شعراء عُمانيين من اليمنية القحطانية[534]، وفي الباب الأخير ذكر الأئمة اليمنية العمانية وملوكهم وبلغ عددهم (29) أولهم سعيد وسليمان ابنا الجلندي وآخرهم سعيد بن أحمد بن سعيد[535] الذي تولى الإمامة بعد موت أبيه عام 1188هـ/ 1774م[536].

ويركز ابن رزيق في كتابه على تاريخ أهـل عُمان ضمن إطار النسب، فقد عرض أخبار القبائل التي استقرت في عُمان، ثم أبرز علماء عُمان، وشعراءها وملوكها وأئمتها حتى نهاية القرن الثاني عشر الهجري/ الثامن عشر الميلادي.

وعني ابن رزيق في الصحيفة العدنانية بأخبار القبائل العدنانية (عرب الشمال) مظهرًا سيرة الرسول ﷺ وأعماله والخلفاء الراشدين من بعده ثم خلفاء الدولتين الأموية والعباسية حتى نهايتهما، ويشير كذلك إلى سير شخصيات عدنانية كثيرة منها سيف الدولة الحمداني، ويفرد بابًا خاصًا لذكر مناقب نساء العدنانية[537].

ويبدو ابن رزيق متأثرًا بمساهمات من سبقه من العرب في اتجاه النسب، يظهر ذلك من خلال إشاراته المتكررة عن دور النسب في حياة العرب واهتمامهم به، وقال في ذلك: «إعلم أن أهل الأدب والفهم...والعلم قد حثوا على تعليم النسب والمعرفة ليحفظوا بذلك أنسابهم، ويصلوا أرحامهم، ويأتوا ما أمروا وينتهوا عما نهوا عنه من سوء الفعال، وتجنب الأراذل والجهال، فقد كانت العرب تحفظ أنسابها كحفظها أرواحها ما لم تحفظه أمة من الأمم حتى أن الرجل منهم ليعلم ولده نسبه كتعليمه بعض منافعه وهو فعلهم من قديم الدهر لئلا يدخل الرجل منهم في غير قومه، ولا ينتسب إلى غير قبيلته، ولا ينتمي إلى غير عشيرته. أحاطوا بذلك أحسابهم

وحفظوا أنسابهم، ولا يرى ذلك في غيرهم من الأمم حتى أن الرجل وغيره من الأمم يسأل عما وراء أبيه فيبقى خجلًا فيما لا يعرفه...»(538). وأورد ابن رزيق أيضًا أقوال العرب وإشارات الرسول ﷺ في الحض على تعلم النسب(539).

الرحلات:

توصف كتب الرحلات بأنها أقرب إلى الجغرافيا منها إلى التاريخ لكن اهتمامها بوصف البلدان ومواقعها وسكانها ومعالمها الحضارية المتنوعة يجعلها أقرب ما تكون للتاريخ لأن أصحابها يكتبون مشاهداتهم، ويرصدون جوانب الحياة المختلفة التي يشاهدونها أو يسمعونها من سكان البلدان التي يزورونها.

وفي هذا السياق قام أحد علماء مكة وهو عباس بن علي المكي بالسفر خارج بلاده، وزار خلال رحلته العديد من البلدان الإسلامية في النصف الأول من القرن الثاني عشر الهجري، ودون مشاهداته الخاصة وملاحظاته الشخصية في البلاد التي زارها في كتاب سماه (نزهة الجليس ومنية الأديب الأنيس)(540) ودوّن فيه ما استهواه من النوادر والآثار، ولم يكن الهدف من رحلاته هو التعرف على البلدان وتدوين أخبارها وأحوالها بقدر ما كان الهروب من ظروف عانى منها وطلبًا للرزق(541).

وقال المكي واصفًا الأخبار والأحداث التي اهتم بتسجيلها في هذه الرحلة: «وكنت في مدة هذه الأسفار أسطر كل ما شاهدته من العجائب في تلك البلدان والأقطار، وأثبت اسم كل من اجتمعت به من العلماء الأحبار، والصلحاء الأبرار، والرؤساء ذوي الافتخار، والأمراء والوزراء والأدباء والشعراء، وأدون كل ما سمعته منهم من شعر لطيف، وخبر ظريف، ومسائل علمية، ونكت أدبية، فلما رأيت قد اجتمع عندي من ذلك شيء كثير، استخرت الله سبحانه واهتديت به في كل الأمور، وكفى بربك هاديًا ونصيرًا»(542). وقد غلب على المؤلف الإغراق في استخدام الألفاظ المسجعة وتزيين العبارات، فطغى ذلك على كثير من أخباره. وأراد لكتابه أن يختلف عن باقي التصانيف فقد قال: «وعملًا بالقول القائل: خالف تعرف، فجاءت على كل حال، بعون المعين المتعال، رحلة لطيفة، أنيسة ظريفة، بليغة مفيدة، وحيدة فريدة، جميل معناها والبيان، بثنية الحسن بلا دهان، قد راقت ألفاظها ورقت وحسنت معانيها البليغة ودقت، فأتت بعون الخبير اللطيف على وضع بديع لطيف، محتوية على تواريخ وتراجم...يشتاق لها أبناء القربة، وأجوبة وإيرادات، وألغاز ومعميات، ورسائل أنيسة، وإنشاءات نفيسة، ومواعظ

وتفاسير، وتحارير وتقارير، وعلوم غريبة، وشواهد عجيبة، وأحاديث وأخبار، ونثر وأشعار، ونكت ولطائف، وحكايات وظرائف، ومسائل ومباحث...»(543).

وما ذكره المكي ينطبق على المادة التي ضمنها كتابه بجزئيه، فقد سجل ما شاهده وما سمعه وما قرأه من أحداث وأخبار وطرائف خلال رحلاته التي استمرت من عام 1131هـ/ 1718م- 1139هـ/ 1726م، وزار خلالها النجف الأشرف وكربلاء والبصرة وبغداد في العراق، وأصفهان وشيراز في إيران، كما زار الهند وتجول في بلدانها الشهيرة وعدن، واستقر ببندر المخا حيث ألّف فيها كتابه المذكور، وفرغ من كتابته سنة 1148هـ/ 1735م كما ذكر صاحب نشر العرف(544).

الهوامش

(1) لمزيد من المعلومات حول دوافع ابن لعبون لتأليف كتابه انظر الفصل الثالث، دوافع المؤرخين.

(2) ابن لعبون، تاريخ ابن لعبون، ط1، مطبعة أم القرى، 1938، ص3. وسيشار له ابن لعبون، تاريخ.

(3) ابن لعبون، المصدر نفسه، ص74.

(4) ابن لعبون، حديث الكتب، تاريخ ابن لعبون، مجلة العرب، ج9و10، س22، 1987، ص687-689.

(5) رؤوف، د.عماد عبد السلام، كتابة العرب لتاريخهم في العصر العثماني، ط1، دار الشؤون الثقافية العامة، آفاق عربية، العراق، بغداد 1988م، ص21-22. وسيشار له عند تكرار وروده، عماد رؤوف، كتابة العرب لتاريخهم.

(6) دحلان، تاريخ الدول الإسلامية بالجداول المرضية، ص5.

(7) دحلان، المصدر نفسه، ص5.

(8) دحلان، نفسه، ص134.

(9) دحلان، نفسه، الصفحات 5-27، 121-134.

(10) دحلان، تاريخ الدول الإسلامية، الصفحات، 34، 37، 46-48، 54، 62، 63، 75.

(11) دحلان، المصدر نفسه، الصفحات 39، 50-51، 53-54، 56-57، 69.

(12) دحلان، نفسه، انظر على سبيل المثال: ص30.

(13) دحلان، نفسه على سبيل المثال: ص30، 34.

(14) دحلان، نفسه، على سبيل المثال: ص37.

(15) دحلان، نفسه، على سبيل المثال: ص30، 33.

(16) حول دوافع المؤلف وغرضه من تأليف الكتاب انظر الفصل الثالث دوافع المؤرخين.

(17) دحلان، نفسه، ص4.

(18) دحلان، نفسه، ص4.

(19) دحلان، تاريخ الدول الإسلامية، ص134.

(20) دحلان، الدولة العثمانية من كتاب الفتوحات الإسلامية، ج2، ص109.

(21) دحلان، المصدر نفسه، انظر على سبيل المثال ص113، 146، 148.

(22) دحلان، نفسه، ص110-476.

(23) روزنثال، علم التاريخ عند المسلمين، ترجمة الدكتور صالح أحمد العلي، مؤسسة الرسالة، ط2، بيروت، 1983، ص206. وسيشار له عند تكرار وروده روزنثال، علم التاريخ عند المسلين.

(24) روزنثال، المرجع نفسه، ص207.

(25) روزنثال، نفسه، ص206-236.

(26) تم حذف أول كلمتين من العنوان (كتاب تاريخ) بعد التحقيق والنشر فأصبح عنوان الكتاب: (كيف كان ظهور شيخ الإسلام محمد بن عبد الوهاب)، انظر: مجهول، كيف كان ظهور شيخ الإسلام محمد بن عبد الوهاب، تحقيق عبد الله صالح العثيمين، مقدمة التحقيق، ص7.

(27) مجهول، كيف كان ظهور شيخ الإسلام محمد بن عبد الوهاب، ص44-45، 66-84.

(28) مجهول، المصدر نفسه، ص111-127.

(29) مجهول، نفسه، ص111-117، 124-127.

(30) لم تحدد المصادر النجدية بشكل دقيق تاريخ خروج الشيخ محمد بن عبد الوهاب إلى خارج نجد انظر: مجهول، كيف كان ظهور شيخ الإسلام، ص33، ابن غنام، تاريخ نجد، ص82؛ ابن بشر، عنوان المجد، ج1، ص36-37.

(31) ابن غنام، تاريخ نجد، ج1، ص86-88 ذكر أنه انتقل بين عام 1157 أو 1158. أما الفاخري في الأخبار النجدية، ص106، فذكر أنه انتقل سنة 1158 أو 1159. أما ابن بشر فقد رجح انتقاله سنة 1158هـ.

(32) مجهول، كيف كان ظهور شيخ الإسلام، ص123.

(33) مجهول، المصدر نفسه، ص124.

(34) ابن بشر، عنوان المجد، ج1، ص167.

(35) لمزيد من المعلومات عن التكوين الديني والسياسي لابن غنام انظر الفصل الأول، تكوين المؤرخين، والفصل الثالث: دوافع المؤرخين.

(36) ابن غنام، تاريخ نجد، ص5-6.

(37) ابن غنام، المصدر نفسه، ص90.

(38) ابن غنام، تاريخ نجد، ص201.

(39) ابن غنام، نفسه، ص90-201.

(40) ابن غنام، نفسه ص81.

(41) ابن غنام، المصدر نفسه، ص81-91.

(42) ابن غنام، نفسه، ص10-15.

(43) ابن غنام، نفسه، ص16-18.

(44) ابن غنام، نفسه، ص15-16.

(45) ابن غنام، نفسه، ص18.

(46) ابن غنام، نفسه، ص19.

(47) ابن غنام، تاريخ نجد، ص13-77.

(48) ابن غنام، المصدر نفسه، ص136.

(49) ابن غنام، نفسه، ص126.

(50) ابن غنام، نفسه، ص98.

(51) ابن غنام، نفسه، ص127.

(52) ابن غنام، نفسه، ص128.

(53) ابن غنام، نفسه، ص156.

(54) ابن غنام، نفسه، ص117.

(55) ابن غنام، نفسه، ص199.

(56) ابن غنام، نفسه، ص134، 140، 175، 180.

(57) الجاسر، مؤرخو نجد من أهلها، مجلة العرب، ج9 س5، 1971، ص792-793. وانظر أيضًا: الشويعر، ابن غنام مؤرخ وتاريخ، مجلة الدارة، ع1 س4، 1978، ص38.

(58) من الجدير بالذكر أن الكتاب الذي نشره وحققه ناصر الدين الأسد، تم ترتيب موضوعاته في قسمين داخل كتاب واحد أطلق عليه (كتاب تاريخ نجد) المسمى: (روضة الأفكار والأفهام لمرتاد حال الإمام وتعداد غزوات ذوي الإسلام) وقد عمل الدكتور الأسد على إعادة ترتيب أقسام الكتاب وصياغة عباراته وقال في ذلك: (ولما كان الكتاب في صورته هذه عسيرًا على القارئين وطلاب العلم...فقد اتجهت النية...إلى إخراجه في صورة جديدة...))، فأعاد تقسيم الكتاب فجعله أربعة أقسام يتضمن بعضها عدة فصول وجمع في كل قسم ما يندرج فيه من موضوعات، كان بعضها متفرقًا في مواطن متعددة من الكتاب، ثم جرده من السجع والعبارات المتكررة والحشو. انظر: ناصر الدين الأسد، مقدمة التحقيق لكتاب ابن غنام، تاريخ نجد، ص8-9

(59) الشويعر، ابن غنام مؤرخ وتاريخ، مجلة الدارة، ع1 س4، 1978، ص43.

(60) مجهول، لمع الشهاب في سيرة الشيخ محمد بن عبد الوهاب، ص13.

(61) مجهول، المصدر نفسه، ص15-26.

(62) مجهول، المصدر نفسه، ص27-44.

(63) مجهول، لمع الشهاب، ص49-67.

(64) مجهول، المصدر نفسه، ص139-141.

(65) مجهول، نفسه، ص142-147.

(66) مجهول، نفسه، ص148-152.

(67) مجهول، نفسه، ص153-161.

(68) مجهول، نفسه، ص162-169.

(69) مجهول، نفسه، ص170.

(70) مجهول، نفسه، ص171.

(71) مجهول، نفسه، ص119، 126-127، 134، 138.

(72) مجهول، لمع الشهاب، انظر على سبيل المثال ص13، 27.

(73) أبو حاكمة، مقدمة تحقيق كتاب لمع الشهاب، ص10-13.

(74) الفاخري، الأخبار النجدية، ص60.

(75) ابن غنام، تاريخ نجد، ص81.

(76) انظر ابن الفاخري، تكملة على تاريخ والده، الفاخري، الأخبار النجدية، ص184.

(77) الفاخري، الأخبار النجدية، ص59-184.

(78) الفاخري، المصدر نفسه، ص60-74.

(79) الفاخري، نفسه، ص74-184.

(80) الفاخري، الأخبار النجدية، ص68، 73، 74، 77، 80، 82، 90-91، 96، 110، 115، 128، 135، 172، 183.

(81) الفاخري، المصدر نفسه، ص72، 73، 76، 90-91، 196.

(82) الفاخري، نفسه، ص94، 172، 176، 183، 83، 92، 94، 99، 119، 128، 163، 175، 176، 179.

(83) الفاخري، نفسه، ص82، 96، 101، 115، 120، 133، 134، 135، 149، 163، 172.

(84) الفاخري، نفسه، ص178، 181، 183، 77، 83، 93، 121، 116، 136، 103، 115، 94، 96-114، 177-182.

(85) الفاخري، نفسه، ص78، 69، 125، 170، 172، 177، 181، 183.

(86) الفاخري، نفسه، ص82، 93، 163، 169، 170.

(87) الفاخري، نفسه، انظر على سبيل المثال: ص62، 65، 69، 74، 83، 84-86، 88، 91-92، 95-97، 100، 104-107، 116، 119، 122، 126، 136، 141، 143، 158، 163، 171، 177.

(88) الفاخري، الأخبار النجدية، ص62-67، 72-73، 84، 88، 91، 116، 122، 129، 132، 142.

(89) الفاخري، المصدر نفسه، ص131، 133، 135، 137، 138، 150.

(90) الفاخري، نفسه، ص157، 138، 139، 164-165، 167.

(91) الفاخري، نفسه، ص154.

(92) الفاخري، نفسه، ص157.

(93) الفاخري، نفسه، ص61، 66، 72، 98، 147.

(94) الفاخري، نفسه، ص65، 84، 86، 88، 97، 103، 116، 117، 168، 182.

(95) الفاخري، نفسه، ص129-131، خاصة بالحملة الفرنسية.

(96) الفاخري، نفسه، 98، 135، 159.

(97) الفاخري، نفسه، ص122، 136.

(98) الفاخري، نفسه، ص137.

(99) الفاخري، نفسه، ص61، 62، 69، 71، 81.

(100) انظر لمزيد من المعلومات حول تكوين المؤلف الديني: الفصل الأول.

(101) الفاخري، المصدر نفسه، ص130.

(102) الفاخري، نفسه، ص88.

(103) المنقور، تاريخ المنقور، تحقيق عبد العزيز الخويطر، ص82.

(104) الجاسر، تاريخ الفاخري لا الأخبار النجدية، مجلة العرب، ج5 و6، 1981، ص443-444.

(105) ابن بشر، عنوان المجد في تاريخ نجد، ج1، ص31.

(106) ابن بشر، المصدر نفسه، ج1، ص25.

(107) ابن بشر، نفسه، ج1، ص27.

(108) ابن بشر، نفسه، ج1، ص29.
(109) ابن بشر، نفسه، ج1، ص29.
(110) ابن منقور، تاريخ ابن منقور، تحقيق عبد العزيز الخويطر.
(111) الفاخري، الأخبار النجدية، تحقيق عبد الله يوسف الشبل.
(112) ابن بشر، عنوان المجد، ج2، ص7.
(113) ابن بشر، المصدر نفسه، ج1، ص42.
(114) ابن بشر، نفسه، ج1، ص33-47، (هذه الصفحات خاصة بالشيخ محمد بن عبد الوهاب).
(115) ابن بشر، نفسه، ج1، ص180-196. ويكون ابن بشر قد تحدث عن الشيخ محمد بن عبد الوهاب بشكل منفصل من الكتاب بحوالي (30) صفحة من مجموع (759) صفحة من غير السوابق.
(116) ابن بشر، نفسه، ج1، ص278-279، 342، 351، 354-355، 362-365، 420-422، 423-428؛ ج2، ص110-117، 122-125.
(117) ابن بشر، عنوان المجد، ج1، ص277، ص355.
(118) ابن بشر، المصدر نفسه، ج1، ص429-434. وانظر أيضًا حول حروب القوات المصرية في نجد: ج1، ص387-392، 397-437، 439، 440-449، 461-463؛ ج2، ص110-135.
(119) ابن بشر، نفسه، ج1، انظر على سبيل المثال: ص42، 45.
(120) ابن بشر، نفسه، ج1، ص119، 126، 138.
(121) ابن بشر، نفسه، ج1، انظر على سبيل المثال: ص145، 152، 154، 168، 172، 178.
(122) ابن بشر، نفسه، ج1، ص68.
(123) ابن بشر، نفسه، ج1، ص60.
(124) ابن بشر، نفسه، ج1، ص75، 174.
(125) ابن بشر، نفسه، ج1، ص37؛ وج2، ص40. وانظر أيضًا ما ذكره حول خروج فيصل بن تركي من سجنه في مصر، ج2، ص207.
(126) انظر النص: ابن بشر، عنوان المجد، ج2، ص140. وحول القحط بعد موت عبد العزيز ج1، ص284-285
(127) انظر حول ابن غنام: الفصل الأول، تكوين المؤرخين.
(128) ابن بشر، المصدر السابق ج1، ص245-250.
(129) ابن بشر، المصدر نفسه ج1، ص258، 313، 336، 380؛ ج2، ص80، 158، 160.
(130) ابن بشر، نفسه ج1، ص167، 292.
(131) ابن بشر، نفسه، ج1، ص465-468؛ ج2، ص42-47، 37.
(132) ابن بشر، نفسه ج1، ص347-350، 366؛ ج2، ص235-236، 256-257، 284-285.
(133) ابن بشر، نفسه ج2، ص138، 300.
(134) ابن بشر، نفسه ج1، ص106-107، 115، 142، 166، 169، 180-192، 210، 299، 316-317، 464-468؛ ج2، ص52-58، 67-69، 110، 286-290؛ وبالقسم الخاص بالسوابق: ج2، ص308-311، 323.
(135) ابن بشر، نفسه، ج1، ص74، 236، 301؛ ج2، ص139، 204/ السوابق، 312، 333، 335.
(136) ابن بشر، نفسه ج1، ص301؛ ج2، ص203-204.
(137) ابن بشر، نفسه ج1، ص74، 59، 153، 284، 293، 298؛ ج2، ص249/ السوابق، ص366.

(138) ابن بشر، عنوان المجد، ج1، ص74، 91، 153، 293، 298، 302، 435، 450؛ ج2، ص59، 66، 76، 91، 139، القسم الخاص بالسوابق، ص327، 338، 339، 360.

(139) ابن بشر، المصدر نفسه، ج1، ص59، 101، 172، 236، 450؛ ج2، ص55، 78، 89-90، 220، 358.

(140) ابن بشر، نفسه ج1، ص284-285.

(141) ابن بشر، نفسه ج1، ص88، 366؛ ج2، ص86، 219، 306.

(142) ابن بشر، نفسه ج1، ص113، 121، 156، 299، 366، 459؛ ج2، ص83.

(143) ابن بشر، نفسه ج1، ص366، 426، 450.

(144) الجاسر، مؤرخو نجد من أهلها، 2، مجلة العرب، ج10 س5، 1971، ص882.

(145) النجدي، العقود الدرية، ورقة 75و76. ولكنه لم يأت بتأكيدات موثقة لاتهامه ابن بشر بالتحامل على أهل القصيم واكتفى بالقول: «فنحن نجزم أن هناك أسبابًا خطيرة أوجبت هذه الحركة، ولكنا مع الأسف الشديد لا نملك معرفة تلك الأسباب».

(146) ابن بشر، عنوان المجد، ج2، ص250.

(147) ابن عيسى، تاريخ بعض الحوادث الواقعة في نجد، ص26.

(148) ابن عيسى، المصدر نفسه، ص202.

(149) ابن عيسى، نفسه، ص28-40.

(150) ابن عيسى، تاريخ بعض الحوادث الواقعة في نجد، انظر على سبيل المثال: ص93، 97، 111، 112-114، 135-137، 140، 142، 147.

(151) ابن عيسى، نفسه، ص114، 133-135.

(152) ابن عيسى، نفسه، ص66، 72، 77، 89، 92، 94، 95، 97، 101، 113، 107، 121، 147، 162، 184.

(153) ابن عيسى، نفسه، ص 60-61، 65-66، 83، 86، 108، 113، 121، 131، 181.

(154) ابن عيسى، نفسه، ص60-61، 70، 72، 93، 97، 101، 110، 181، 184-190، 192.

(155) ابن عيسى، نفسه ص104، 60، 73، 88، 89-90، 93، 97-98، 100، 114-115، 132-133، 158، 175، 190، 198، 201-202.

(156) ابن عيسى، نفسه ص54، 127، 140، 160.

(157) ابن عيسى، نفسه ص46، 52، 54، 59، 62، 68، 73-79، 82، 84-86، 88-94، 96، 98، 100، 102، 105-117، 120-121، 124، 127، 133، 139، 140، 153، 155، 157.

(158) انظر مصطفى عبد الغني الذي وصف كتاب ابن عيسى (تاريخ بعض الحوادث) بالركاكة والسذاجة: مؤرخو الجزيرة العربية، ص62-63.

(159) ابن عيسى، عقد الدرر فيما وقع في نجد من الحوادث، ص8.

(160) ابن عيسى، المصدر نفسه، ص82.

(161) النجدي، العقود الدرية في تاريخ البلاد النجدية، ورقة 91.

(162) ابن عيسى، عقد الدرر، ص90. وانظر على سبيل المثال أحداث سنة 1315 حيث وفاة محمد بن عبد الله آل رشيد الذي حكم نجد كلها لم يذكر شيئًا عن حياته عندما ذكر وفاته.

(163) دحلان، خلاصة الكلام في بيان أمراء البلد الحرام، ص5.

(164) دحلان، المصدر نفسه، ص7.

(165) دحلان، نفسه، ص10.
(166) دحلان، نفسه، ص7-93.
(167) دحلان، نفسه، ص93-105، 112، 211، 250-273، 277-352.
(168) دحلان، خلاصة الكلام في بيان أمراء البلد الحرام، ص57، 109، 115، 335، 256.
(169) دحلان، المصدر نفسه، ص106، 110، 240، 284.
(170) دحلان، نفسه، ص36.
(171) دحلان، نفسه، ص105.
(172) دحلان، نفسه، ص372.
(173) دحلان، نفسه، ص340.
(174) دحلان، نفسه، ص282-322.
(175) فاروق عمر، الإمامة الإباضية في عُمان، ص10.
(176) الأزكوي، كشف الغمة الجامع لأخبار الأمة.
(177) المعولي، قصص وأخبار جرت بعُمان، انظر لمزيد من المعلومات: انظر الفصل الأول من هذه الدراسة.
(178) مجهول، كتاب تاريخ أهل عُمان، انظر لمزيد من المعلومات: انظر الفصل الأول من هذه الدراسة.
(179) ابن رزيق، الشعاع الشائع باللمعان في ذكر أئمة عُمان، وكتابه: الفتح المبين في سيرة السادة البوسعيديين.
(180) السالمي، تحفة الأعيان في سيرة أهل عُمان.
(181) عماد عبد السلام رؤوف، كتابة العرب لتاريخهم، ص61.
(182) الأزكوي، كشف الغمة، ص16.
(183) حققه ونشره عبد المجيد حسيب القيسي، تم نشره عن دار الدراسات الخليجية.
(184) الأزكوي، كشف الغمة، ص65.
(185) الأزكوي، المصدر نفسه، ص58.
(186) الأزكوي، نفسه، ص59.
(187) انظر مثلًا: الأزكوي الذي جعل أغلب كتابه عن الأحداث السياسية الداخلية كيف تناول مقاومة الإمام ناصر والإمام سلطان: الأزكوي، م.ن، ص101-105، 108.
(188) الأزكوي، كشف الغمة، ص108.
(189) انظر قصص وأخبار جرت في عُمان، تحقيق عبد المنعم عامر. وانظر أيضًا لمزيد من المعلومات: الفصل الأول من هذه الدراسة حول مؤلف الكتاب والفصل الرابع، مصادر المؤرخين.
(190) مجهول، تاريخ أهل عُمان، تحقيق وشرح سعيد عبد الفتاح عاشور، انظر أيضًا: الفصل الأول والرابع من هذه الدراسة.
(191) ابن رزيق، الفتح المبين، ص213.
(192) ابن رزيق، المصدر نفسه: ص1-144.
(193) ابن رزيق، نفسه، ص2.
(194) عماد عبد السلام رؤوف، كتابة العرب لتاريخهم، ص61.
(195) ابن رزيق، الفتح المبين، ص401.
(196) ابن رزيق، المصدر نفسه، ص413.

(197) ابن رزيق، م.ن، ص412-413.

(198) أبو حاكمه، محاضرات في تاريخ شرق الجزيرة.

(199) فاروق عمر، مقدمة في دراسة مصادر التاريخ العُماني، ص159.

(200) ابن رزيق، الشعاع الشائع باللمعان في ذكر أئمة عُمان، ص325.

(201) وقد نشر ضمن كتاب الفتح المبين في سيرة السادة البوسعيديين، وقد قامت وزارة التراث القومي بسلطنة عُمان بطبعه ونشره عام 1977م.

(202) ابن رزيق، الشعاع الشائع، ص113-202.

(203) ابن رزيق، الفتح المبين في سيرة السادة البوسعيديين. ويؤكد وجهة النظر هذه فاروق عمر، مقدمة في دراسة مصادر التاريخ العُماني، ص145.

(204) ابن رزيق، الشعاع الشائع، ص92. ولم ترد هذه الفضائل عند الأزكوي، انظر: الأزكوي، كشف الغمة، ص106-107.

(205) السالمي، تحفة الأعيان، ص40.

(206) انظر لمزيد من المعلومات حول تكوين السالمي، الفصل الأول من هذه الدراسة.

(207) انظر على سبيل المثال كتاب السير والجوابات لفقهاء وعلماء عُمان، تحقيق سيدة إسماعيل كاشف، 1986.

(208) السالمي، تحفة الأعيان، ج1، ص102-104، 253-256، 353-355.

(209) السالمي، المصدر نفسه، ج1، ص132-133، 140-149.

(210) السالمي، نفسه، ج2، ص161-164، 216.

(211) السالمي، نفسه، انظر على سبيل المثال ج1، ص334-337، ج2، ص293.

(212) انظر الإشارات الواردة في ذلك: السالمي، تحفة الأعيان، ج1، ص3-4، 280.

(213) انظر حول مصادر السالمي، الفصل الرابع، مصادر المؤرخين، وانظر أيضًا: فاروق عمر، الإمامة الإباضية في عُمان، ص19.

(214) عماد عبد السلام رؤوف، كتابة العرب لتاريخهم، ص61.

(215) الشوكاني، البدر الطالع، ج2، ص238-240.

(216) أبو طالب، تاريخ اليمن، عصر الاستقلال عن الحكم العثماني الأول من سنة 1056هـ إلى سنة 1160هـ، تحقيق عبد الله محمد الحبشي، ط1، مطابع الأوفست، 1990.

(217) انظر الفصل الأول، تكوين المؤرخين.

(218) أبو طالب، تاريخ اليمن، ص89، 91، 128، 129، 140، 187، 318، 337، 403، 471.

(219) أبو طالب، المصدر نفسه، ص30، 34، 37، 56، 59، 67، 70، 72، 80، 81، 85، 91، 93، 107، 117، 125، 133، 137، 245، 266-267، 403، 464، 468، 475، 499.

(220) أبو طالب، نفسه، ص32، 68، 72، 74، 75، 84، 91، 96، 97، 117، 118، 121، 131، 141، 266، 267، 304، 308، 315، 318، 407.

(221) أبو طالب، نفسه، ص116-127، 169، 180، 181.

(222) أبو طالب، نفسه، ص83، 95، 113، 123، 135-136، 138، 145، 177.

(223) أبو طالب، نفسه، 126، 130، 245، 305، 314، 405-406.

(224) أبو طالب، نفسه، ص84، 86، 92، 104، 117، 316، 317، 391، 14، 21، 42، 71، 72، 76-81.

(225) أبو طالب، نفسه، ص90، 113.

(226) أبو طالب، نفسه، ص29، 98-100، 104، 106، 113، 124، 125-126، 129-130، 132، 133، 135، 137-138، 141، 144، 167.

(227) أبو طالب، نفسه، ص34-38.

(228) النسأ، من الربويات وهو كل زيادة مشروطة أو في حكم المشروطة يتقاضاها المقرض من المستقرض مقابل تأخير الوفاء. أبو طالب، تاريخ اليمن، هامش 6، ص107.

(229) أبو طالب، تاريخ اليمن، ص107.

(230) أبو طالب، المصدر نفسه، ص413-414. وانظر أيضًا إشارات أخرى ص34، 38، 177، 376.

(231) أبو طالب، نفسه، ص26، 28، 31، 106، 108، 187، 198.

(232) أبو طالب، نفسه، ص31.

(233) أبو طالب، نفسه، ص106.

(234) أبو طالب، نفسه، ص31، 66، 67، 85، 88، 91، 110، 137، 145، 172، 187، 457، 486.

(235) أبو طالب، تاريخ اليمن، ص85، 457.

(236) أبو طالب، المصدر نفسه، 177.

(237) أبو طالب، نفسه، انظر على سبيل المثال حول تراجم العلماء التي أوردها المؤلف الصفحات 28-29، 31-32، 35، 37، 58، 71، 73، 76، 88، 95....

(238) أبو طالب، نفسه، ص238-239.

(239) أبو طالب، نفسه، ص78-79، 116.

(240) أبو طالب، نفسه، ص230-232، 270، 291، 307، 310، 315، 469.

(241) الموزعي، من علماء القرن الحادي عشر، دخول العثمانيين الأُول إلى اليمن المسمى الإحسان في دخول مملكة اليمن تحت ظل عدالة آل عثمان، ص24.

(242) سالم، المؤرخون اليمنيون في العهد العثماني الأول 1538-1635، ص10.

(243) مجهول، صفحات مجهولة من تاريخ اليمن. انظر على سبيل المثال: ص22، 29، 32، 33، 39، 42، 43، 50-51، 55، 58، 60، 67، 76، 84، 106.

(244) مجهول، المصدر نفسه، ص35.

(245) مجهول، نفسه، ص42، 57-58، 90.

(246) مجهول، نفسه، ص65.

(247) مجهول، نفسه، ص69.

(248) مجهول، نفسه، ص29، 36، 44-45، 48-50، 65، 69، 70، 78، 94، 99، 105.

(249) مجهول، نفسه، ص34، 39، 58، 59، 80-81، 90، 94-98.

(250) مجهول، نفسه، ص53، 57، 58، 60، 66، 69، 74، 81.

(251) مجهول، نفسه، ص22، 26، 33-36، 39، 45، 55، 60، 69، 71، 73، 76-77، 83-84، 86، 110.

(252) مجهول، نفسه، ص7، 86، 94، 101، 103، 105، 108.

(253) الكبسي، اللطائف السنية في أخبار الممالك اليمنية، ص5.

(254) الكبسي، المصدر نفسه، ص5.

(255) العمري، المؤرخون اليمنيون، ص96.
(256) الكندي، تاريخ حضرموت، م1، ص25.
(257) الكندي، المصدر نفسه، م1، ص331 وم2، ص312.
(258) الكندي، م.ن، م2، ص149.
(259) عكاشة، قيام السلطنة القعيطية، ص61-62.
(260) الكندي، تاريخ حضرموت، م1، ص25-38.
(261) الكندي، المصدر نفسه، م1، ص38.
(262) الكندي، نفسه، م1، ص38-66.
(263) الكندي، تاريخ حضرموت، م1، ص66-70.
(264) الكندي، المصدر نفسه، م2، ص184، 229، 277، 327، 367. وحول أخبار الإنجليز، م2، ص94، 182-185، 230، 309، 311، 339، 353، 355، 373، 385-387، 389-391.
(265) الكندي، نفسه، م2، ص19، 34، 164، 230، 293، 310، 321، 324، 381، 359، 343-344.
(266) الكندي، نفسه، م1، ص132، 137، 141، 189، 243، 245، 263، 267، 343؛ م2، ص20، 176، 181، 230، 288، 328، 332، 382، 409، 414.
(267) الكندي، نفسه، م1، ص73، 75، 88، 120، 126، 132؛ م2، ص241، 408.
(268) الكندي، نفسه، م1، ص212، 220؛ م2، ص339، 388.
(269) الكندي، نفسه، م1، ص206، 218، 319، 324، 354، 377؛ م2، ص22، 26-27، 396.
(270) الكندي، تاريخ حضرموت، م1، ص88، 206، 304، 339؛ م2، ص102، 148، 162، 164، 176-179، 188-192، 224، 290، 293، 324-327، 338-339، 356، 358-359، 373-374، 378-380، 385، 395، 397، 399، 401، 403، 410، 412، 414.
(271) الكندي، المصدر نفسه، م2، ص54، 55، 159، 270، 310، 396، 401.
(272) الكندي، نفسه، م1، ص34-35.
(273) الكندي، نفسه، م1، ص34-35.
(274) الكندي، نفسه، م2، ص261-262. وانظر أيضًا حول تأثره بشيخه علوي السقاف حول الفكرة المذكورة سابقًا: م2، ص65-68.
(275) الكندي، تاريخ حضرموت، م1، ص434-435، 444، 449؛ م2، ص170-171، 176-177، 179-180، 189، 194، 253، 261-262، 282، 352، 367، 377، 378، 382.
(276) الكندي، المصدر نفسه، م2، ص240-241.
(277) الكندي، نفسه، م1، ص308-312، 314، 316، 405، 456، 460؛ م2، ص29، 152، 221، 256، 288-289.
(278) الكندي، نفسه، م2، ص195، 283، 291-292، 321، 315-316، 328.
(279) الكندي، نفسه، م2، ص321.
(280) الكندي، نفسه، م2، ص116.
(281) العمري، مقدمة التحقيق لكتاب الجرافي، الحوليات، ص5.
(282) الجرافي، حوليات، ص34-37، 41-47، 49-53، 61-62، 69، 80، 85، 92، 111، 114، 116، 118، 141، 143-144، 150، 152-155، 159، 164، 178-179، 183-184.

(283) الجرافي، المصدر نفسه، ص25، 29، 33-37، 49، 54-55، 57، 63-68، 70-71، 76-79، 84، 87، 89، 93، 96-98، 100-101، 148-150، 172، 177، 182، 185.

(284) الجرافي، نفسه، ص26-27، 30، 32-33، 83، 85-86، 133، 138، 151، 153، 156، 158، 173، 176، 184-185.

(285) الجرافي، نفسه، ص25، 59، 88، 96، 104-106، 109، 112-114، 126، 161، 179، 182-185.

(286) الجرافي، نفسه ص31، 34، 75، 85، 88، 96، 140، 172.

(287) الجرافي، نفسه، ص87، 94، 96، 108، 147.

(288) الجرافي، نفسه، ص90، 104، 106، 110.

(289) الجرافي، حوليات، ص74، 103، 121.

(290) الجرافي، المصدر نفسه، ص40.

(291) الجرافي، نفسه، ص131.

(292) كلمة كان المؤلف يطلقها على الخارجين على الحكم، وعلى المثيرين الفوضى والفساد في اليمن، وقد وردت في مواضع كثيرة من الكتاب، انظر: مجهول، حوليات يمانية، ص56-57، 71، 74، 76، 78، 84، 85، 91، 103، 108-111، 123، 136-137، 154، 157، 163، 173، 182، 193، 282.

(293) مجهول، حوليات يمانية، ص184.

(294) مجهول، حوليات يمانية، ص17-18، 22-28، 30-31، 36-39، 41-43، 46، 48-50، 52، 67-68، 72-73، 75، 92-94، 103، 105-107، 125، 130-131.

(295) مجهول، المصدر نفسه، ص128-183.

(296) الشريف محمد بن عون، أمير مكة، تولى الإمارة فيها مرتان الأولى سنة 1243-1267 والثانية 1272-1274، وتوفي عام 1274هـ. انظر: دحلان، تاريخ الدول الإسلامية، ص163.

(297) مجهول، حوليات يمنية، ص164.

(298) الوالي العثماني على الحجاز.

(299) مجهول، حوليات يمنية، ص164.

(300) مجهول، حوليات يمانية، ص165.

(301) مجهول، المصدر نفسه، ص165.

(302) مجهول، نفسه، ص168-170.

(303) مجهول، نفسه، ص37، 39، 46، 57، 63، 89، 104، 108، 162، 171-173، 175-179، 291، 292، 298-305، 308-310، 315-319، 321-323، 334، 336، 338، 340-341، 354، 360-361، 366، 369، 377-378، 381، 383-384، 400، 407، 414، 470.

(304) مجهول، نفسه، ص311، 367، 346، 574-575.

(305) مجهول، حوليات يمانية، ص41، 79، 309، 325-326، 354-355، 369، 378، 383-386، 395، 398-399، 426، 433-440، 442-450، 464-489، 523، 533، 537، 539، 567، 570-573.

(306) مجهول، المصدر نفسه، ص21، 116-117، 124-125، 173، 242، 313-314.

(307) مجهول، نفسه، ص25، 35، 68، 138، 213، 227، 255، 336، 345، 346، 364، 560.

(308) مجهول، نفسه، ص36، 38-39، 44-45، 49، 52، 68، 123، 136، 162، 181، 238، 249-250، 253-255، 276، 284، 305-307.

(309) مجهول، نفسه، ص121، 377، 382، 458، 477.

(310) مجهول، نفسه، ص276.

(311) مجهول، نفسه، ص187، 208، 228، 271، 360، 410، 427، 489، 514، 564، 566.

(312) مجهول، نفسه، ص21، 23، 25، 246، 288.

(313) مجهول، نفسه، ص38.

(314) مجهول، نفسه، ص137، 196.

(315) مجهول، حوليات يمانية، ص255.

(316) ضريبة الأرض.

(317) مجهول، المصدر نفسه، ص457.

(318) مجهول، نفسه، ص32، 33، 35، 50، 62-63، 65، 68-69، 80، 84-85، 108، 111-115، 119، 122، 124، 225، 230، 252.

(319) مجهول، نفسه، ص107.

(320) مجهول، نفسه، ص108-109.

(321) مجهول، نفسه، ص183-184.

(322) مجهول، حوليات يمانية، ص285.

(323) مجهول، المصدر نفسه، ص444.

(324) الحبشي، مقدمة تحقيق كتاب حوليات يمانية، ص12.

(325) لمزيد من المعلومات حول المؤلف وتكوينه انظر: الفصل الأول، تكوين المؤرخين.

(326) ابن سند، مطالع السعود بطيب أخبار الوالي داود، مخطوط ورقة 27.

(327) ابن سند، مطالع السعود، ورقة 28.

(328) وشملت هذه الفترة حكومة عمر باشا من سنة 1188هـ/ 1774م ثم حكومة مصطفى باشا 1189هـ/ 1775م، وعبدي باشا في نفس السنة السابقة، وحكومة عبد الله باشا 1190هـ/ 1776م، وحكومة حسن باشا سنة 1192هـ/ 1778م، وحكومة سليمان باشا 1221هـ/ 1806م وحكومة عبد الله باشا الكردي 1225هـ/ 1810م، وحكومة سعيد باشا ابن سليمان باشا الكبير 1228هـ/ 1813م وحكومة الوزير داود باشا سنة 1232هـ/ 1816م. انظر الدجيلي، عثمان بن سند البصري، مجلة لغة العرب، ج4، س3، 1913م، ص183.

(329) ابن سند، مطالع السعود، ورقة 28-29.

(330) عماد رؤوف، كتابة العرب لتاريخهم، ص37.

(331) الدجيلي، عثمان بن سند البصري، مجلة لغة العرب، ج4، س3، 1913، ص183-184.

(332) ابن سند، مصدر سابق، الورقات 142-145، 174-175، 195.

(333) غرايبة، قيام الدولة السعودية، ص88؛ وانظر أيضًا: غرايبة، محاضرة حول الخليج العربي في العهد العثماني دراسات في التاريخ والسياسة والقانون والاقتصاد، الندوة الدبلوماسية الثالثة، العام 1980.

(334) ابن رزيق، بدر التمام في سيرة الهمام سعيد بن سلطان، ملحق بكتاب الفتح المبين ص459-460.

(335) ابن رزيق، المصدر نفسه، ص462.

(336) جمال زكريا قاسم، دولة بوسعيد في عُمان وشرق إفريقيا، ص131-132.

(337) السالمي، تحفة الأعيان، ج2، ص188-189؛ وانظر أيضًا: جمال زكريا قاسم، دولة بوسعيد، ص143.

(338) ابن رزيق، بدر التمام، ص536.

(339) ابن رزيق، بدر التمام، ص553-562.

(340) ابن رزيق، المصدر نفسه، ص474-486، 507-526.

(341) الشوكاني، البدر الطالع، ج1، ص459-467. وانظر أيضًا ترجمته عند البهكلي، نفح العود في سيرة الشريف حمود، ص261-262.

(342) الشوكاني، المصدر نفسه، ج1، ص461.

(343) ذكر العمري أن الكتاب حتى عام 1988م كان مخطوطًا. انظر العمري، مدرسة الشوكاني في كتابة التاريخ، مجلة دراسات يمنية، ع32، 1988، ص58.

(344) نصوص يمنية عن الحملة الفرنسية على مصر، نصوص مختارة من المخطوطة اليمنية، درر نحور الحور العين بسيرة الإمام المنصور علي ورجال دولته الميامين، 1189هـ/ 1775م1224-هـ/ 1809م، نشر وتحقيق سيد مصطفى سالم، مركز الدراسات اليمنية.

(345) الجاسر، حمد، من تاريخ الدولة السعودية الأولى في المؤلفات اليمنية، مجلة العرب، الأجزاء ج9، 10 س46، 1991/ ج3، 4 س27، 1992/ ج9، 10س27، 1992/ ج11، 12س27، 1992/ ج1، 2س28، 1993/ ج3، 4س28، 1993/ ج5، 6س28، 1993/ ج9، 10س28، 1993/ ج11، 12س28، 1993/ ج3، 4س29، 1994/ ج5، 6س29، 1994/ ج7، 8س29، 1994/ ج9، 10س25، 1994/ ج11، 12س29، 1994.

(346) زباره، نيل الوطر، ج2، ص190-191.

(347) العمري، مدرسة الشوكاني في كتابة التاريخ، مجلة دراسات يمنية، ع32، 1988، ص57-58.

(348) الجاسر، من تاريخ الدولة السعودية الأولى من المؤلفات اليمنية، مجلة العرب، ج11، 12س29، 1994، ص783.

(349) ذكر سيد مصطفى سالم أنه حاول العثور على الكتاب لكنه لم ينجح، وقال: «ويبدو أن سبب ضياعه أو إهمال شأنه هو صغر حجمه، وكونه مجرد مذكرات عن رحلته إلى الحرمين). انظر نصوص يمنية تحقيق ونشر سيد مصطفى سالم، ص87، هامش 3. وسيشار له نصوص يمنية

(350) نصوص مختارة عن الحملة الفرنسية، من كتاب جحاف، ص87.

(351) السلطان سليم الثالث بن السلطان مصطفى الثالث، تولى الخلافة سنة1203 وخلع سنة1222 وقتل سنة1223. انظر: دحلان، تاريخ الدول الإسلامية، ص133.

(352) نصوص يمنية، ص88-90.

(353) ولي إمارة مكة بعد موت أخيه الشريف سرور سنة 1202 وقيل أن أخاه عبد المعين ولي يومًا واحدًا بعد موت سرور ثم نزل عن الإمارة لأخيه الشريف غالب ثم نازعه في الإمارة أخيه الشريف عبد الله بن سرور، انظر: دحلان، تاريخ الدول الإسلامية، ص162.

(354) نصوص يمنية، مصدر سابق، ص106-111، 130-131.

(355) نصوص يمنية، ص112-118.

(356) نصوص يمنية، ص119-127.

(357) نصوص يمنية، ص126.

(358) نصوص يمنية، ص128.

(359) نصوص يمنية، ص156.

(360) الجاسر، قيام الدولة السعودية...، من كتاب جحاف، مجلة العرب، ج3، 4س29، 1994، ص260. وانظر أيضًا ج7، 8س28، 1993.

(361) العمري، المؤرخون اليمنيون، ص78-81.

(362) امتد هذا المخلاف بصورة عامة بمحاذاة شاطئ البحر الأحمر، بطول حوالي 200كم، من وادي عنود في الشمال إلى وادي حرض في الجنوب، وانطلاقًا من الساحل، ضم المخلاف شريطًا من الأرض بعمق من 50-70 كم حتى مشارف مرتفعات الصفاء وهروب وصلا وحشر التي تشكل مناطق جبلية معزولة ومنفصلة عن الفجوة العميقة الممتدة لمحاذاة البحر الأحمر، من باب المندب في الجنوب حتى ميناء العقبة في الشمال. والمخلاف السليماني موزع على الخريطة السياسية حاليًا بحيث يضم الطرف الجنوبي لتهامة الواقعة في السعودية وشريطًا ضيقًا من تهامة الواقعة في اليمن من ميدي إلى حرض. انظر ميشيل توشرر، المخلاف السليماني في اليمن، ترجمة علي محمد زيد، مجلة دراسات يمنية، ع32، 1988، ص72-73.

(363) انظر حول تكوين المؤلف وموطنه: الفصل الأول.

(364) البهكلي، نفح العود في سيرة الشريف حمود، تكملة أحمد عاكش الضمدي.

(365) الشوكاني، البدر الطالع، ج1، ص240-241.

(366) البهكلي، نفح العود، ص123، 139، 142، 201، 256، 272-273.

(367) حول هذه التراجم انظر: البهكلي، نفح العود، ص111، 115-116، 131، 161، 164، 165، 173، 200، 218، 220، 228، 230، 233، 246-249، 261-262، 265، 269.

(368) البهكلي، المصدر نفسه، ص99، 106، 112، 134، 163، 177، 185-186، 213-214، 232-233، 243، 277، 285، 287، 290-291، 300.

(369) البهكلي، نفسه، ص175، 239، 249.

(370) البهكلي، نفسه، ص129، 195، 196، 198-202.

(371) زباره، أئمة اليمن بالقرن الرابع عشر للهجرة، ص147.

(372) الإرياني، الدر المنثور في سيرة الإمام المنصور، ج1، ص215. وانظر أيضًا حول قرب المؤلف من الإمام، ج1، ص243.

(373) الإرياني، المصدر نفسه، ج1، ص215-216.

(374) الإرياني، نفسه، ج1، ص223-257.

(375) لمزيد من المعلومات انظر الفصل الرابع، مصادر المؤرخين/ المصادر المكتوبة.

(376) الإرياني، نفسه، ج1، ص215؛ ج2، ص14، 179، 184، 187، 226، 230.

(377) الإرياني، الدر المنثور، ج1، ص260-263، 267، 269، 289، 295، 300، 335، 390، 393، 396-397، 399، 401،...

(378) الإرياني، المصدر نفسه، ج1، ص269، 314، 319، 384.

(379) الإرياني، نفسه، ج1، ص291، 394، 468، 470.

(380) الإرياني، نفسه، ج1، ص319، 402، 502.

(381) الإرياني، نفسه، ج1، ص384، 401.

(382) الإرياني، نفسه، ج1، ص334.

(383) الإرياني، نفسه، ج1، ص385؛ ج2، ص232.

(384) الإرياني، نفسه، ج1، ص295، 313.

(385) الإرياني، نفسه، ج1، ص278-279، 288.

(386) الإرياني، نفسه، ج2، ص57.

(387) أورد الإرياني إشارات كثيرة حول هذه النظرة، انظر: الإرياني، نفسه، ج1، ص245-255، 259-261، 263، 422، 482؛ ج2، ص10، 11، 69، 86، 89، 92، 96-104، 190-191، 304-306.

(388) الإرياني، الدر المنثور، ج1، ص84، 468، 490؛ ج2، ص5-6، 65، 84-85، 122-125، 134-135، 164.

(389) الإرياني، المصدر نفسه، ج2، ص64.

(390) الإرياني، نفسه، ج1، ص441-442.

(391) الإرياني، نفسه، ج1، ص442.

(392) روزنثال، علم التاريخ عند المسلمين، ص141.

(393) روزنثال، المرجع نفسه، ص142-143.

(394) ابن حميد، السحب الوابلة على ضرائح الحنابلة، ج1، ص11.

(395) ابن حميد، السحب الوابلة، ج1، ص5-6.

(396) هل يكون ابن حميد فعلًا لم يعثر على طبقات العليمي؟ وإذا كان ما ذكره دقيقًا فكيف يحكم على هذه التراجم بأنها غير مستفيضة.

(397) ابن حميد، المصدر نفسه، ج1، ص6-7.

(398) ابن حميد، نفسه، ج2، ص633. وقد وصل ابن حميد في بعض تراجمه إلى علماء توفوا سنة 1282هـ. ولمزيد من التفصيلات انظر: الفصل الأول من هذه الدراسة حول حياة المؤلف ومؤلفاته.

(399) ابن حميد، نفسه، ج1، ص11-12.

(400) انظر تراجم النساء: ابن حميد، نفسه، ج3، ص1203-1242.

(401) انظر حول المصادر التي اعتمد عليها: الفصل الرابع، مصادر المؤرخين، المصادر المكتوبة.

(402) الشواهد كثيرة في الأجزاء الثلاثة من كتاب ابن حميد، السحب الوابلة.

(403) ابن حميد، السحب الوابلة، ج1، ص5-97، 100-162، 198-199؛ ج2، ص429، 437، 439، 531، 614، 802، 814؛ ج3، ص926، 928، 951، 990، 1003.

(404) لمزيد من المعلومات حول التكوين الديني والفكري والسياسي لابن حميد، انظر:الفصل الأول، تكوين المؤرخين

(405) ابن حميد، المصدر نفسه، ج2، ص630، 675-680؛ وج3، ص973-974.

(406) الشوكاني، البدر الطالع، ج2، ص375.

(407) الشوكاني، المصدر نفسه، ج1، ص4.

(408) الشوكاني، نفسه، ج1، ص2-3.

(409) الشوكاني، نفسه، ج1، ص242، 248، 259؛ ج2، ص25-26، 325.

(410) الشوكاني، نفسه، ج1، ص4.

(411) لمزيد من التفصيلات حول تكوينه الفكري والديني انظر الفصل الأول.

(412) الشوكاني، البدر الطالع، انظر على سبيل المثال: ج1، ص8، 26، 37، 39، 49، 54، 56، 87، 102، 117، 142، 164، 166، 182، 238، 249، 252، 286، 300، 328؛ ج2، ص106، 109، 115، 121، 130، 148، 156، 181،

182، 184، 187، 296، 208، 214...

(413) الشوكاني، المصدر نفسه، انظر على سبيل المثال: ج1، ص8، 109، 119، 121، 158، 160، 161، 265، 402، 445؛ ج2، ص45، 57، 120، 260، 264، 269، 286، 292-294، 354، 356.

(414) الشوكاني، نفسه، انظر على سبيل المثال: ج1، ص308، 519؛ ج2، ص113-114، 119، 150، 157، 229، 247، 255، 256، 338.

(415) الشوكاني، نفسه، ج1، ص63، 328، 446؛ ج2، ص108، 295، 302، 316.

(416) الشوكاني، نفسه، ج1، ص3.

(417) الشوكاني، نفسه، ورد بالجزء الأول حسب تسلسل أرقام التراجم (354) ترجمة وبالجزء الثاني (241) ويكون المجموع على حسب الأرقام الواردة (595) وهو غير دقيق وفق التسلسل الوارد في الكتاب.

(418) الشوكاني، البدر الطالع، ج1، ص459-467.

(419) الشوكاني، المصدر نفسه، ج1، ص465.

(420) الشوكاني، نفسه، ج1، ص4.

(421) الشوكاني، نفسه، ج1، ص4-10.

(422) الشوكاني، نفسه، ج1، ص4-7.

(423) لمزيد من المعلومات حول هذه المكاتبات انظر: الفصل الأول والرابع.

(424) لمزيد من المعلومات حول تكوين المؤلف العلمي والسياسي، انظر: الفصل الأول.

(425) الشوكاني، البدر الطالع، ج1، ص3.

(426) الشوكاني، نفسه، ج2، ص83-84.

(427) الشوكاني، نفسه، ج2، ص162.

(428) انظر لمزيد من المعلومات حول اعتماد الشوكاني على السخاوي: الفصل الرابع، مصادر المؤرخين، المصادر المكتوبة.

(429) الشوكاني، نفسه، ج1، ص333-334. ولمزيد من المعلومات عن رأي الشوكاني في الخلاف بين السخاوي والسيوطي انظر ترجمة السخاوي في البدر الطالع، ج2، ص184-187، وترجمة السيوطي، ج2، ص328-335.

(430) الشوكاني، المصدر نفسه، ج2، ص187.

(431) الشوكاني، م.ن، ج2، ص162. وانظر الترجمة كاملة ص161-163.

(432) لمزيد من المعلومات عن لطف الله جحاف انظر: الفصل الأول.

(433) الشوكاني، البدر الطالع، ج2، ص6-71. وحول العبارات التي استخدما الشوكاني انظر: ص67.

(434) لمزيد من المعلومات حول عاكش الضمدي انظر: الفصل الأول.

(435) عاكش الضمدي، حدائق الزهر، مخطوط، ورقة 57-58.

(436) الشوكاني، المصدر نفسه، ج2، ص210.

(437) انظر حول هذا المؤرخ: الفصل الأول.

(438) عاكش الضمدي، حدائق الزهر في ذكر الأشياخ أعيان الدهر، مخطوط، نسخة منه محفوظة في دارة الملك عبد العزيز بالرياض برقم 502، ولدى الباحث صورة عن المخطوط، تكرم المسؤولون بدارة الملك عبد العزيز بتزويده بها.

(439) عاكش، حدائق الزهر، ورقة 1.

(440) عاكش، حدائق الزهر، ورقة 1.

(441) عاكش، المصدر نفسه، ترجم لوالده في الورقات 1-14 وللشوكاني في الورقات 15-32.

(442) عاكش، نفسه، ورقة 85-86، 102.

(443) عاكش، نفسه، ورقة 65-75.

(444) عاكش، نفسه، الورقات 65-75، 86-87، 98-99، 121-124، 128-131، 139.

(445) عاكش، نفسه، الورقات 38-42، 75-76، 106-110، 136، 138.

(446) عاكش، نفسه، الورقات 86-87، 120-122.

(447) عاكش، البدر الطالع، ورقة 58.

(448) الشوكاني، م.ن، ج1، ص318-319؛ ج2، ص176.

(449) عاكش، حدائق الزهر، الورقات 90-93، 95، 101.

(450) عاكش، المصدر نفسه، ورقة 1.

(451) عاكش، نفسه، ورقة 57-58.

(452) عبد العزيز الدوري، كتب الأنساب وتاريخ الجزيرة العربية، الندوة العالمية الأولى لدراسات تاريخ الجزيرة العربية، ص129.

(453) انظر: القسم الخاص بالتاريخ العام في بداية هذا الفصل. وانظر أيضًا حول ما كتبه في النسب ما أشار إليه في مقدمة كتابه: تاريخ ابن لعبون، ص3؛ وانظر حول عدم وجود القسم الخاص بالنسب: الجاسر، تاريخ الفاخري لا الأخبار النجدية، مجلة العرب، ج5و6، 1981، ص450-453.

(454) الأنصاري، تحفة المحبين والأصحاب في معرفة ما للمدنيين من الأنساب.

(455) الأنصاري، المصدر نفسه، ص7-34. وحظي هذا البيت بالقسم الأكبر من بين البيوت الأخرى.

(456) الأنصاري، نفسه، ص18، 20.

(457) الأنصاري، نفسه، وبلغ عدد الذين ذكرهم المؤلف وكان بينه وبينهم صحبة ومحبة (39) حيث أطلق هذه العبارة على 39 فردًا من 39 بيتًا.

(458) الأنصاري، نفسه، ص160-161.

(459) الأنصاري، نفسه، ص172، 229، 367.

(460) الأنصاري، نفسه، ص76، 223، 224، 273، 300، 351، 378.

(461) الأنصاري، تحفة المحبين، ص226.

(462) الأنصاري، المصدر نفسه، ص237، 366، 402.

(463) الأنصاري، م.ن، ص230.

(464) الأنصاري، م.ن، ص253.

(465) الأنصاري، م.ن، ص239، 255، 274-275.

(466) الأنصاري، تحفة المحبين، ص265، 434، 460، 478، 489، 507.

(467) الأنصاري، المصدر نفسه، ص274-275، 285، 300.

(468) الأنصاري، نفسه، ص44، 243، 285، 287، 295، 299، 301، 470، 478، 487، 490، 493.

(469) الأنصاري، نفسه، ص16، 311.

(470) الأنصاري، نفسه، ص364، 368، 450.

(471) الأنصاري، نفسه، ص458.

(472) الأنصاري، نفسه، ص377، 455، 481.

(473) الأنصاري، نفسه، ص158.

(474) الأنصاري، نفسه، ص71، 285، 465، 487.

(475) الأنصاري، نفسه، ص154.

(476) الأنصاري، نفسه، ص177.

(477) الأنصاري، نفسه، ص193.

(478) الأنصاري، نفسه، ص266.

(479) الأنصاري، نفسه، ص485.

(480) الأنصاري، نفسه، ص179، 190، 291، 292، 323، 369.

(481) الأنصاري، نفسه، ص225.

(482) الأنصاري، تحفة المحبين، ص299، 352.

(483) الأنصاري، المصدر نفسه. وبلغ عدد البيوت التي تنسب إلى شخص والواردة في الكتاب حوالي (87) بيتًا. انظر على سبيل المثال ص35، 75، 77-78.

(484) الأنصاري، نفسه، وبلغ عدد البيوت التي تنتسب إلى مدينة حوالي (15) بيتًا. انظر على سبيل المثال ص45، 48، 69، 127.

(485) الأنصاري، نفسه، وبلغ عدد البيوت التي تنتسب إلى بلدة حوالي (31) بيتًا. انظر على سبيل المثال ص46، 74، 80، 81.

(486) الأنصاري، نفسه، بلغ عدد البيوت التي تنتسب إلى بلاد معينة (16) بيتًا. انظر على سبيل المثال ص65، 116، 118، 154، 172.

(487) الأنصاري، نفسه، ص143، 367، 444.

(488) الأنصاري، نفسه، ص315، 331، 407.

(489) الأنصاري، نفسه، بلغ عدد البيوت التي تنتسب إلى مهنة (12) بيتًا. انظر على سبيل المثال ص70، 106، 119، 126، 147.

(490) الأنصاري، نفسه، بلغ عدد البيوت التي تنتسب إلى صنعة (حرفة) (10) بيوت. انظر على سبيل المثال ص217، 292، 385، 349.

(491) الأنصاري، نفسه، ص97، 98، 316.

(492) الأنصاري، نفسه، ص401.

(493) الأنصاري، نفسه، ص47، 243، 249، 399.

(494) الأنصاري، تحفة المحبين، بلغ عدد البيوت التي تنتسب إلى أصول مصرية (36) بيتًا. انظر على سبيل المثال ص66، 95، 119، 127، 136، 409، 411.

(495) الأنصاري، المصدر نفسه، بلغ عدد البيوت التي تنتسب إلى أصول شامية (19) بيتًا. انظر على سبيل المثال ص105، 152، 176، 391، 403، 430.

(496) الأنصاري، نفسه، ص110، 116، 194، 212، 410، 431.

(497) الأنصاري، نفسه، بلغ عدد البيوت التي تنتسب إلى البلاد اليمنية (14) بيتًا. انظر على سبيل المثال ص102، 103، 120، 122، 134.

(498) الأنصاري، نفسه، ص143، 160، 173، 184، 197، 214، 278، 445، 446، 506.

(499) الأنصاري، نفسه، ص169، 290، 315.

(500) الأنصاري، نفسه، ص114، 337.

(501) الأنصاري، نفسه، بلغ عدد البيوت التي تنتسب إلى أصول مغاربية (36) بيتًا. انظر على سبيل المثال ص13، 91، 132، 136، 147، 154، 155، 162، 180.

(502) الأنصاري، نفسه، ص383.

(503) الأنصاري، نفسه، ص256، 312.

(504) الأنصاري، تحفة المحبين، بلغ عدد البيوت التي تنتسب إلى أصول رومية (60) بيتًا. انظر على سبيل المثال ص39، 43، 45، 46، 48، 69، 71، 75، 77.

(505) الأنصاري، المصدر نفسه، ص224، 369، 487، 500، 503، 504، 506.

(506) الأنصاري، نفسه، ص266، 366، 414.

(507) الأنصاري، م.ن، ص189، 236، 287، 335، 412، 449، 450.

(508) الأنصاري، نفسه، ص356.

(509) الأنصاري، نفسه، ص479.

(510) الأنصاري، نفسه، بلغ عدد البيوت التي تنتسب إلى أصول هندية (29) بيتًا. انظر على سبيل المثال ص79، 106، 115، 126، 132، 137، 138.

(511) الأنصاري، نفسه، ص87، 149، 361، 407، 456، 490.

(512) الأنصاري، نفسه، ص116.

(513) الأنصاري، م.ن، ص207.

(514) الأنصاري، نفسه، ص229، 232.

(515) الأنصاري، نفسه، ص264.

(516) الأنصاري، نفسه، ص108، 211، 461.

(517) الأنصاري، نفسه، ص118.

(518) الأنصاري، نفسه، ص151.

(519) السخاوي، الإعلان بالتوبيخ لمن ذم التاريخ، تحدث فيه عن الشروط والآداب التي يجب على المؤرخ أن يتحلى بها عند كتابته للتاريخ. وينبغي الإشارة هنا إلى أن السخاوي على الرغم من أنه ذكر أقوال الفقهاء والعلماء حول آداب وشروط العمل بالتاريخ إلا أنه لم يلتزم بذلك والخلاف المشهور بينه وبين ابن عصره السيوطي دليل على ذلك.

(520) الأنصاري، تحفة المحبين، ص186، 187، 189، 274، 284، 286، 310، 344، 379، 388.

(521) الأنصاري، المصدر نفسه، يمكن ذكر عدد الصفحات ولكنها كثيرة جدًا، فكل بيت تقريبًا يخلو من مهنة أو وظيفة أو حرفة، فلمزيد من المعلومات يمكن العودة إلى الكتاب نفسه.

(522) الكتاب مخطوط محفوظ في المكتبة البريطانية، لندن، انظر فاروق عمر، الإمامة الإباضية في عُمان، ص12 وص97.

(523) ابن رزيق، الصحيفة القحطانية، مخطوط محفوظ بمكتبة أكسفورد ببريطانيا برقم S3 1261. ولدى الباحث صورة عن المخطوط تقع في (954) ورقة ورقم الأوراق على الوجهين، ويكون العدد بكل ورقة منفصلة 447 ورقة من القطع الكبير.

(524) ابن رزيق، الصحيفة القحطانية، ورقة1.

(525) ابن رزيق، المصدر نفسه، الورقات 3-61.

(526) ابن رزيق، الصحيفة القحطانية، الورقات 62-72.

(527) ابن رزيق، المصدر نفسه، الورقات73-180.

(528) ابن رزيق، نفسه، الورقات 180-307.

(529) ابن رزيق، نفسه، الورقات 308-348.

(530) ابن رزيق، نفسه، الورقات 349-360.

(531) ابن رزيق، نفسه، الورقات 361-475.

(532) ابن رزيق، نفسه، الورقات 476-705.

(533) ابن رزيق، الصحيفة القحطانية، الورقات 711-747.

(534) ابن رزيق، المصدر نفسه، الورقات 748-784.

(535) ابن رزيق، نفسه، الورقات 785-954.

(536) ابن رزيق، الفتح المبين في سيرة السادة البوسعيديين، ص386.

(537) فاروق عمر، دراسة في مصادر التاريخ العُماني، ص89-91.

(538) ابن رزيق، الصحيفة القحطانية، ورقة 2-3.

(539) ابن رزيق، المصدر نفسه، ورقة 3-4.

(540) المكي، نزهة الجليس ومنية الأديب الأنيس، ج1، ص19.

(541) المكي، نزهة الجليس، ج1، ص20.

(542) المكي، المصدر نفسه، ج1، ص18.

(543) المكي، نزهة الجليس، ج1، ص18.

(544) زبارة، نشر العرف، م2، ص17.

الفصل الثالث

دوافع الكتابة التاريخية عند مؤرخي الجزيرة العربية

دوافع الكتابة التاريخية عند مؤرخي الجزيرة العربية

دوّن مؤرخو الجزيرة العربية في العصر الحديث تاريخ بلادهم مدفوعين بدوافع مختلفة، وكان للبيئة التي عاشوا فيها أثر واضح على توجهاتهم في التدوين التاريخي. وكانت تلك الدوافع متداخلة، وهي سياسية واجتماعية ودينية وثقافية. والسياسية منها اتخذت اتجاهين فكتابة التاريخ كانت تتم إما بطلب رسمي من المؤرخ لتدوين تاريخ حركة سياسية أو تاريخ حاكم؛ وإما بمبادرة ذاتية من المؤرخ للتأريخ لحركة يؤمن بمبادئها، أو حاكم يحظى بالمكانة والرعاية لديه، وفي الحالتين يكون المؤرخ قريبًا من الحاكم مما يجعله مطلعًا على مجريات الأحداث الخاصة بالحركة أو الحاكم.

وقد صدّر بعض المؤرخين مؤلفاتهم بمقدمات بينوا فيها غرضهم من الكتابة في التاريخ، وبعض هذه المؤلفات لا تحمل اسم المؤلف، وغلب عليها أنها تواريخ محلية يمكن تصنيفها ضمن مدرسة الحوليات (التأريخ بالسنين) للفترة التي عاشها المؤلف.

وفيما يلي عرض لدوافع المؤرخين في الجزيرة العربية إلى كتابة التاريخ وفقًا للتقسيم الجغرافي، حيث سيتم أولًا تناول المؤرخين في وسط الجزيرة (نجد والحجاز) ثم عُمان، ثم جنوبي الجزيرة (اليمن).

الدوافع السياسية:

يتطلب الحديث عن الدوافع السياسية الإجابة على عدد من التساؤلات، فهل دوّن المؤرخ أخباره استجابة لأمر من الحاكم؟ أم أنه ارتبط بعلاقة وثيقة معه؟ أم أنه سعى إلى الحصول على مكانة مرموقة عنده كمكافأة له على ما كتب؟ أم أنه يسعى للحصول على مكافآت وجوائز؟.

كتب بعض المؤرخين تواريخهم بطلب رسمي، وقد أشار بعضهم إلى ذلك في مقدمة كتابه مثل بعض مؤرخي وسط الجزيرة وعُمان وجنوب الجزيرة. وهنالك مؤرخون عاشوا في

أكناف حكام عصرهم وكانت لهم مكانة عندهم فغمروهم بالعطايا، فكتبوا تواريخ موضوعها الرئيسي سير وبطولات أولئك الحكام. ومن دوافع المؤرخين السياسية:

أ. الدافع السياسي الرسمي:

مثّل هذا الاتجاه في وسط الجزيرة العربية حسين بن أبي بكر بن غنام الاحسائي 1152هـ/ 1739م-1225هـ/ 1810م[1] الذي تتلمذ على يد الشيخ محمد بن عبد الوهاب 1115هـ/ 1703م-1206هـ/ 1791م[2]. وهذه التلمذة لم تتم – كما يرى البعض – عن طريق لقائه بالشيخ محمد بن عبد الوهاب[3] وإنما عن طريق تأثر ابن غنام «بإمام الدعوة الشيخ محمد ابن عبد الوهاب...فكان مرتبطًا به روحًا ومعنى، فسجّل حياته وتابع دعوته ورصد الوقائع الحربية والغزوات لانتشار هذه الدعوة وما جرى فيها من أحداث...»[4]. ورأى البعض أن ما كتبه ابن غنام يعد من أهم مصادر التاريخ السعودي في دوره الأول[5]، وقد ألّف كتابه (روضة الأفكار والأفهام لمرتاد حال الإمام وتعداد غزوات ذوي الإسلام) في جزءين؛ تضمن الأول ترجمة لحياة الشيخ محمد بن عبد الوهاب وعددًا من رسائله وردوده، بينما كان الجزء الثاني تأريخًا للدولة السعودية الأولى من قيامها حتى سنة 1212هـ/ 1797م[6].

وأشار ابن غنام إلى الدافع الذي جعله يكتب تاريخ دعوة الشيخ محمد بن عبد الوهاب وأحداثها وظروفها بقوله:

«أردت أن أصنّف فيما أشرق ضياؤه وانتشر وشاع في غالب الأقطار واشتهر من الغزوات التي هي في محيا الدهر كالغرر، والفتوحات الإسلامية التي مبدؤها العقد السادس من القرن الثاني عشر، فرأيت العوم في تيار خطير، وركوب زاخر أمواجه خطير، وتحققته أمرًا عسيرًا، والإمام[7] أيده الله تعالى يعزم عليّ في ذلك ويشير...فشرعت فيه حتى أتقنته تصحيحًا وتحريرًا...»[8].

ومما يؤكد التزام ابن غنام بدعوة الشيخ محمد بن عبد الوهاب ودفاعه عنها وعن زعمائها وتبنيه لآرائها ما قاله البهكلي ت 1248هـ/ 1832م عن تاريخ ابن غنام:

«وهو تاريخ كبير اشتمل على فنون من التواريخ لأيامهم وعقائدهم وما جريتهم وسيرتهم...»[9].

وقد حرص ابن غنام على تدوين أخبار دعوة الشيخ محمد بن عبد الوهاب وأخبار زعمائها من آل سعود الذين تبنّوا نصرة هذه الدعوة[10]، وربما أراد ابن غنام من تناوله الأحداث التاريخية ونظمه القصائد في مدح الشيخ ابن عبد الوهاب وابن سعود في مناسبات متعددة[11]، التأكيد على التزامه بالحركة ومبادئها، وتأييده لزعامتها السياسية، ومما قاله شعرًا:

فإن منـى قلبـي وروحي وراحتـــي   شـيوخي بنـو الجهابـذة الطهـرُ
فهـم قدوتي في الديـن والعلم والتقى   ومـورد آرائـي إذا همّنـي أمـرُ [12]

وجاء كتابه (روضة الأفكار والأفهام لمرتاد حال الإمام وتعداد غزوات ذوي الإسلام) مركزًا على أنباء الحركة، ومخصصًا للتأريخ لزعمائها، فكان أوفى سجل لها خلال نصف قرن من سنة 1158هـ/ 1745م-1213هـ/ 1798م[13]، و«يلحظ إخلاص هذا المؤرخ للدعوة والسلفيين في كل فقرة من فقرات مؤلفه»[14].

وألّف حمد بن محمد بن لعبون (ت بعد 1255هـ/ 1839م) [15] كتابين في التاريخ؛ أحدهما في أخبار نجد، والثاني في النسب، وكان تأليفه لهما بناءً على طلب، فكتابه الذي عُرف بـ (تاريخ ابن لعبون) ألّفه بناءً على طلب ابن عمه ضاحي بن محمد بن إبراهيم بن عون[16] لإثبات نسبه ونسب آل مدلج[17]، مع العلم أن ما يتعلق بنسب آل مدلج غير موجود في النسخة المطبوعة[18]. ويذكر حمد الجاسر أن ابن لعبون له كتاب مخطوط عنوانه (تاريخ النسابة حمد بن محمد لعبون المدلجي الوائلي الذي قال في أوله:

«وبعد فقد سألني من طاعته عليّ واجبة، وصلاته إليّ واصلة واصبة أن أجمع له نبذة من التاريخ، تطلق على ما حدث بعد الألف من الهجرة، من الولايات والوقائع المشهورة من الحروب، والملاحم...وملوك الأوطان، ووفيات الأعيان، وغير ذلك مما حدث في هذه الأزمان، خصوصًا في الدولة السعودية...فأجبته إلى ذلك ورأيت أن أكمل له الفائدة، ولغيره من بعده بمقدمة تكون كالأساس للبيان، ملخصة من لدن آدم أبي البشر إلى أثناء القرن الثالث عشر من الهجرة النبوية، وأودعه من شوارد الفوائد، وفرائد القلائد ما لا يحتوي عليه تاريخ واحد...وراعيت فيه الإيجاز والاختصار...»[19]. وهذا الكتاب مفقود.

وممن مثّل الاتجاه الرسمي في كتابة التاريخ أحد المؤرخيـن النجديين وهو عثمان بن سند النجدي البصري[20] (ت 1242هـ/ 1826م)[21] الذي ألّف تاريخًا عنوانه: (مطالع السعود بطيب أخبار الوالي داود)[22]، وعكس فيه وجهة النظر العثمانية المتمثلة في ولاية بغداد[23]. ومع أن ابن سند لم يشر إلى وجود طلب رسمي من الوالي داود لتأليف هذا التاريخ الذي حمل اسمه، إلا أن طبيعة العلاقة التي ربطت بين المؤلف والوالي كانت واضحة في كتابه، والمكافآت والعطايا التي حصل عليها، والمكانة التي حظي بها ترجح القول بأن المؤلف ألف كتابه بناءً على طلب الوالي، وقد ذهبت بعض الآراء إلى ذلك[24]، ومما يرجح هذا الرأي قول المؤلف:

«وقد كنت وعدت حضرته العلية تأليف كتاب يتضمن ذكر أوصافه السنيّة»[25]، وأورد ابن سند هذه الإشارة بعد أن تحدث عن أهمية وضرورة تدوين أخبار الأكابر واعتباره من المفاخر والمآثر[26].

ثم إنه بعد أن وضع مسودات الكتاب توقف على ما يبدو عن متابعة التأليف، وكان القاضي الحيدري يتردد عليه، ويطلب منه إتمام الكتاب ويلح عليه في إتمامه، وقد أشار المؤلف إلى ذلك بقوله: «فقد طال شوق الأبصار إلى مطالع السعود في أخبار أعلم الوزراء وأعظمهم داود فما ينفك عني إلا وأدوات...جوازم وأفكاري نواثر لجواهر مدحه نواظم، وأقلامي في حدود الأوراق بواكٍ لواطم، فأبقى كذلك يومـًا أو يومين لا يستريح لي يراع ولا أنملة وعين...فما زلت كذلك إلى أن مات ذلك القاضي...إلى أن ورد عليّ كتاب من بعض من تشرف بحلول أنظار سامي الجناب...»[27] وكأن ابن سند كان على موعد مع ما سيأتيه من الوالي الذي أرسل في طلبه، كما أرسل إليه كتابًا قال المؤلف عن مضمونه:

«ومما تضمنه الكتاب بعد السلام والعتاب إلى أن قال ثم لا يخفى على شريف علمكم أنه تعلقت إرادة الحضرة العلية والسدة السنيّة بوصولكم إلى دار السلام لتفوزوا بما يغبطكم به الخاص والعام...»[28].

ولم يتأخر ابن سند عن تنفيذ الأمر الوارد إليه وخاصة أنه رأى بهذا الطلب انفراجًا للكُرَب التي يعاني منها وعبّر عنها بقوله:

«وهان عليّ ما ألقى من الكآبة ونبذت من وراء ظهري الأهل تحريًا أن يطير لي طائر كهل، ولما للحضرة العلية من الحقوق الشرعية...»[29].

ولعل من أسباب الكآبة التي كان يعاني منها المؤلف بعده عن الأهل وقلّة المال الذي عوّضه الوالي عنه بالعطايا التي منحه إياها: «فافترّ لي من كرمه وجهه وثغره، وبوأني بيتًا فسيح المنازل موردًا عن جرّائه للأفاضل»[30].

ولم تقتصر عطايا الوالي للمؤلف على البيت، بل شملت تحسينات أخرى وصفها المؤلف بقوله:

«ووصلت البيت الذي بوأني إياه أرسل في الحال ما لاق من الكسوة، وأتبعها بعد أيام من الدراهم...»[31].

وأمام هذه المكافآت لم يجد ابن سند طريقة للتعبير عن إعجابه بهذا الوالي إلا تدوين تاريخ يخلّد به ذكره «وخلّدت له بهذا الأنموذج»[32]، وهو كتابه مطالع السعود وقد أنهى المؤلف كتابه

هذا بعد عودته من سرايا الوالي وبعد حصوله على عطاياه ومكافآته، «ووافق دخولي دار السلام، اثنا عشر ذي الحجة الحرام في عام أرّخه داود يمتثل أمره»[33]، وكان ابن سند قد بدأ التأليف في العام نفسه «وابتدأ تأليفه وتنظيمه وترصيفه اليوم الحادي والعشرون عام أحد وأربعين بعد المائتين والألف»[34]. وأشار المؤلف إلى كتابته مسودة أولى للكتاب استغنى عنها «إذ لم يكن فيه كلمة مما في تلك الأوراق بل ولا حرف لما ذكرت من اضمحلال أكثرها ولعدم تنقيحها وتحررها فلهذا أعرضت عنها»[35].

ويبدو أن العلاقة بين المؤلف وداود باشا كانت قبل اللقاء الذي تم بينهما، إذ يشير حمد الجاسر إلى أن داود باشا أسند إلى المؤلف مهمة التدريس في مدرسة أنشأها في بغداد، واعتبر الجاسر أن تعيينه في هذه المدرسة جعله يؤلف هذا الكتاب[36]. ولعل عمل المؤلف في هذه المدرسة كان من العوامل التي ساهمت في توثيق العلاقة بين المؤلف والوالي الذي جعله يكثر من المدح والثناء عليه شعرًا ونثرًا، ومن مدحه له في قصيدة طويلة قال:

ما مثل داود رأيت ولا أرى	ومثلي من هو في البحوث مدقق
قد كاد يابس كل عود مسّه	ببنانه في كل وقت يورق[37]

وجعل ابن سند كتابه تاريخًا للعراق وجواره خلال الفترة من مولد داود حتى وفاة المؤلف[38]. وقد جاء في حوالي 600 ورقة من القطع الكبير، ولم يكتمل الكتاب لأن المؤلف توفي سنة 1242هـ/ 1826م، وامتدت حكومة داود إلى أواخر سنة 1246هـ/ 1830م، وجاء نصف الكتاب شعرًا من مدح ورثاء وذم للذين جاء ذكرهم في الكتاب الذي كان أغلبه في أخبار الوالي داود[39].

وللمؤلف كتب أخرى في التاريخ منها كتاب (سبائك العسجد في أخبار أحمد نجل رزق الأسعد) وهو من أعيان الكويت[40]، وتضمن أخباره من مولده حتى وفاته، وترجم فيه أيضًا أحوال الرجال الذين جالسوا المترجَم وصحبوه وخدموه وكاتبوه وعرفهم وعرفوه من أعيان البصرة ومشايخ الزباره[41]. ويجيء هذا الكتاب ضمن اهتمام المؤلف بالتراجم والسير، وله كتاب آخر ضمن هذا الخط في سيرة خالد النقشبندي[42]. إلا أن كتابه مطالع السعود كان الأكثر شهرة من بين هذه المؤلفات.

وساهم إبراهيم بن صالح بن عيسى(1270هـ/ 1853م-1343هـ/ 1924م) [43] أيضًا في تدوين تاريخ نجد بناء على طلب الإمام عبد العزيز آل سعود الذي كلفه بإتمام ما بدأ به ابن بشر الذي ألّف تاريخًا وقف فيه عند أخبار سنة 1267هـ/ 1850م، وتوفي سنة 1290هـ/ 1873م[44]. وقد مهد ابن عيسى لتاريخه بالحديث عن أهمية التاريخ وفائدته،

وأهمية تدوين أخبار الملوك لأنهم الأولى بالاقتداء والأولى بتسجيل الأخبار[45] وظهرت دوافعه السياسية واضحة بقوله:

«...أشار إلى الحقير الفقير من إشارته محمولة بالطاعة على الرؤوس، وأيامه الغر الحسان السعيدة، وأفعاله الحميدة الرشيدة، وأياديه الجسيمة العديدة، قد سطرت في التواريخ والطروس الذي أقام الله به عماد الإسلام، وأجرى على يديه اجتماع شمل المسلمين بعد الفتن العظام... الإمام المكرم عبد العزيز بن الإمام عبد الرحمن...أن أجمع له - أعلى الله مقامه - كتابًا يتضمن ذكر ما وقع في آخر القرن الثالث عشر وأول القرن الرابع عشر في نجد من الحوادث والوقائع، وملوك الأوطان، ووفيات الأعيان، وغير ذلك إلى وقتنا الآن، فأجبته إلى ما طلب، وعلمت أن ذلك مما عليّ قد وجب»[46].

ويضيف ابن عيسى مؤكدًا على أن كتابه جاء تكملة لتاريخ ابن بشر:

«وجعلت ذلك ذيلًا على تاريخ عثمان بن عبد الله بن بشر...وكان عثمان قد أنهاه إلى آخر سنة سبع وستين ومائتين وألف، وعاش بعد ذلك إلى سنة تسعين ومائتين وألف...»[47].

وهكذا رأى ابن عيسى أن طلب الإمام عبد العزيز هو أمر وجب عليه تنفيذه، وقد عبّر البسام عن هذا الأمر بقوله عن المكانة التي تمتع بها ابن عيسى:

«صارت له محبة في القلوب، وحسن ذكر على الألسن، وثقة في النفوس حتى أن جلالة الملك عبد العزيز أراد أن يؤرخ لنجد من حيث وقف قلم عثمان بن بشر فلبى رغبته بتاريخه...»[48].

وفي كتابه تاريخ بعض الحوادث الواقعة في نجد الذي ألّفه بناء على طلب بعض المحيطين به من أصدقائه، ويقول في ذلك:

«إنه قد سألني بعض الإخوان المحبين أن أجمع له نبذة من التاريخ على طريقة الاختصار، تطلعه على بعض الحوادث الواقعة في نجد ووفيات بعض الأعيان، وبعض شيء من أنسابهم وبناء بعض البلدان...»[49].

وفي الحجاز ألّف أحمد بن زيني دحلان(1232هـ/ 1817م-1304هـ/ 1886م)[50] في التاريخ كتبًا متعددة منها: أمراء البلد الحرام[51]، وتاريخ الدول الإسلامية في الجداول المرضية[52]، والدولة العثمانية من كتاب الفتوحات الإسلامية[53] وضمّنه كتابًا صغيرًا بعنوان الفتنة الوهابية[54]، إذ كان من معارضي دعوة الشيخ محمد بن عبد الوهاب.

وبعد أن بيّن دحلان قيمة التاريخ في كونه يمثل مصدرًا للعظة والعبرة من تدبر صنع الله في القرون الخالية، وكيف تصرف بقدرته وإرادته سبحانه وتعالى في الأمم الماضية[55]، قسّم فوائد التاريخ إلى دينية دنيوية، ودينية أخروية، وقال في ذلك:

«فمن فوائده الدنيوية أنه إذا طالع أخبار الماضين فكأنه عاصرهم، وإذا علمها فكأنه حاضرهم، ومنها أن الملوك ومن إليهم الأمر والنهي إذا وقفوا على ما فيها من سيرة أهل الجور والعدوان ورأوها مدونة يتناقلها الناس فيرويها خلف عن سلف، ونظروا إلى ما أعقبت من سوء الذكر وقبيح الأحدوثة وخراب البلاد وهلاك العباد وذهاب الأموال وسوء الأحوال، استقبحوها وأعرضوا عنها وطرحوها، وإذا رأوا سيرة الولاة العادلين وحسنها وما يتبعهم من الذكر الجميل بعد ذهابهم وأن بلادهم وممالكهم عمرت وأموالهم كثرت استحسنوا ذلك ورغبوا فيه وثابروا عليه وتركوا ما ينافيه، هذا سوى ما يحصل لهم من معرفة الآراء الصائبة التي دفعوا بها مكايد الأعداء، وخلصوا بها من المهالك، واستصانوا نفائس المدن وعظيم الممالك. ولو لم يكن غير هذا لكفى به فخرًا. ومنها ما يحصل للإنسان من التجارب والمعرفة بالحوادث، وما تصير إليه عواقبها فإنه لا يحدث أمر إلا قد تقدم هو أو نظيره، فيزداد بذلك عقلًا ويصح لأن يُقتدى به...»[56].

وفي سياق حديثه عن فوائد التاريخ قدّم دحلان فهم السخاوي (ت902هـ/ 1496م)[57] للتاريخ من حيث أن من حفظه زاد عقله، «ومن نظر في وقائع الزمان هانت عليه مصيبته»، وأنه مما يُتجمّل به في المجالس»[58]، وأورد أيضًا أقوالًا للشعراء حول فائدته، كقول الشاعر:

إذا علم الإنسان أخبار من مضى   توهمته قد عاش حينًا من الدهر[59]

تركزت على أن التاريخ فيه العظة والصبر والزهد بالحياة الدنيا، حيث إن الأمم التي مضت وذهبت ستتلوها الأمم الموجودة وهكذا فما على الإنسان إلا الاعتبار من ذلك، ويتزود بما ينفعه في آخرته. كما أشار إلى آراء كبار المؤرخين المسلمين وجهودهم في كتابة وتدوين التاريخ[60].

وبعد هذه الإشارات التي تدل على فهم المؤرخ لأهمية التاريخ وفائدته والتي دفعت به للاهتمام بالتاريخ، أفصح عن الغرض الرئيس من تأليفه لكتاب تاريخ الدول الإسلامية الذي جاء بناءً على طلب ممن لا يستطيع المؤلف رفض طلبه دون أن يفصح عن صاحب الطلب، ويقول في ذلك:

«فسألني من لا تسعني مخالفته أن أجمع تاريخًا مختصرًا يكون كالفهرست لتلك التواريخ يستحضر الناظر فيه ما في تلك التواريخ إجمالًا، ثم إذا أراد الوقوف على حقيقة الأمر وتفاصيل

تلك الأخبار يكشف عما أراده من التواريخ، ويكون الوقوف على هذا الفهرست سببًا مرغبًا للبحث عما أجمل فيه حتى يقف الناظر على تفصيله من التواريخ المبسوطة، فأجبته إلى ذلك. وسألني أيضًا أن أذكر عند ذكري بعض الدول التي لم تشتهر عند كثير من الناس، مبدأ تلك الدولة وكيفية منشئها وسبب حدوثها ليكون ذلك أيضًا مرغبًا للناظر في البحث عن تفصيل ما يتعلق بذلك، فأجبته مستعينًا بحول الله وقوته، وجعلت مبدأ ذلك من زمن نبينا ﷺ. وأما ما كان قبل زمن النبي ﷺ فيكفي ما هو مذكور في التواريخ، ولا يحتاج إلى هذا الفهرست. وجعلت لكل دولة بابًا وسميته تاريخ الدول الإسلامية بالجداول المرضية...»[61].

وقد مثّل دحلان أيضًا وجهة النظر الحجازية (وجهة نظر الأشراف) من خلال كتابه المسمى (خلاصة الكلام في بيان أمراء البلد الحرام)[62].

ويظهر دافع سياسي آخر في كتاب لمؤلف مجهول هو كتاب (لمع الشهاب في سيرة الشيخ محمد بن عبد الوهاب)[63]، وهذا المؤلف لم يكن من مؤيدي دعوة الشيخ[64]، ويرى حمد الجاسر أنه كان صنيعة لأحد الموظفين الإنجليز، وألّف كتابه هذا بناءً على رغبة إحدى الجهات التي لها صلة بهم[65]. ويذهب أبو عليه إلى أن مؤلف لمع الشهاب يُظهر تحاملًا واضحًا على أتباع الشيخ محمد بن عبد الوهاب ودعوته[66].

واهتم العُمانيون بتسجيل تاريخ بلادهم السياسي، وجعلوا من الأئمة والأعيان محورًا للتاريخ. وقد اعتمدوا في القرنين الثامن عشر والتاسع عشر على من سبقهم من المؤرخين الذين حاولوا تسجيل تاريخ عُمان على شكل قصص أو سير وأخبار، ومن هؤلاء عبد الله بن خلفان بن قيصر الصحاري الذي عاش في القرن 11هـ/ 17م[67]، وألّف كتابًا في سيرة الإمام ناصر بن مرشد (ت 1059هـ/ 1649م)[68] أشار في مقدمته إلى سبب تأليفه بالقول:

«...أما بعد فقد سألاني وأمراني من أمتثل لأمرهما ودًا، ولا أبقى عنهما في الطوع والنصح جهدًا، أحدهما محمد بن سيف الوالي ذو المجد والإجلال، والشيخ الكامل ناصر بن ثاني بن جمعة بن هلال أن أشرع لهما في ابتداء سيرة الإمام، وأشرع في تحصيلها موجزًا لألفاظ الكلام...»[69].

ويضيف:

«فأجبتهما إلى ما طلبا...ولست أنا من أهل هذه الرتبة الباذخة...بل كنت مجيبًا لهما في التأليف، وملبيًا لخدمتهما في التصنيف، وكان ذلك على حسب الطاقة والتكليف...»[70].

وتجدر الإشارة هنا إلى أن ابن قيصر الصحاري لم يذكر أي تفصيلات عن الشيخين المذكورين.

ويبدو الدافع السياسي أكثر وضوحًا عند حميد بن محمد بن رزيق (ت1274هـ/ 1857م)[71] الذي وضع كتابه (الفتح المبين في سيرة السادة البوسعيديين) استجابة لطلب من السيد حمد بن سالم بن سلطان ابن الإمام أحمد بن سعيد البوسعيدي، فقد سأل ابن رزيق أن يشرح له ما سمعه وحفظه عن نسب الإمام أحمد بن سعيد البوسعيدي (ت1188هـ/ 1774م)[72] وسيرته ومملكته، وسيرة أبنائه، وما جرى لهم. إذ يقول ابن رزيق في هذا الشأن:

«أما بعد، لقد سألني ذو الدراية والاحتشام... السيد حمد بن مولانا سالم بن سلطان بن الإمام أحمد بن سعيد البوسعيدي اليمني الأزدي، أن أشرح له ما سمعته وحفظته عن أهل المعرفة بالأنساب والأخبار المطابقة للصواب عن نسب الإمام الحميد، أحمد بن سعيد، وما جرى في سيرته الجلية، ومملكته العلية، من القضية الرضية، وعن السبب الذي استأصل به من اليعاربة جرثومة السلطان، وأصار ليده ما كان بيدهم من زمام الزمان بعُمان، وأن أبيّن له بعد فراغي من ذكر نسبه وسيرته وحدود مملكته بلا إبهام، سيرة أولاده النجباء الكرام، وما جرى لهم من الشأن...»[73]. وجاء ذكره للأحداث مطابقًا لما أورده.

وتناول ابن رزيق من خلال سيرة السادة البوسعيديين تاريخ عُمان في الفترة من 1154هـ/ 1741م-1273هـ/ 1856م، مسجلًا لذلك وفق رؤية السلطة القائمة[74]. وكانت بين الأسرتين: أسرة آل رزيق وأسرة البوسعيديين علاقات قديمة من المودة طالما تغنى بها المؤلف وأكد عليها[75]، وقد عزز ذلك ارتباط المؤلف بأحمد بن سعيد الذي كان واليًا على صحار[76]. وخصّه المؤلف ونسله بهذا التاريخ، وجعل الباب الثالث منه «في ذكر أئمة أزد عُمان، وما لهم فيها من الشأن، من الجلند ابن مسعود رحمه الله، إلى الإمام البوسعيدي الحميد، أحمد بن سعيد الأزدي العُماني الإباضي، ونسله السادة الأماجد الصناديد...»[77]. ولعل ذلك كله جعل بعض الآراء تميل إلى أن ابن رزيق تقرب من السلطة وتمتّع بحمايتها، وقد عبّر عن هذا الرأي مصطفى عبد الغني بقوله:

«وإذا كان ابن رزيق إباضي الرؤية كالمؤرخين السابقين عليه، فهو لم يستطع التخلص من عقدة إيثار السلطنة في كثير أو قليل، فقد نشأ تحت حمايتها وأكل خبزها»[78].

ومما يؤكد قرب ابن رزيق من الأئمة الحكام في عصره تأكيده على أنه كان يقضي الساعات الطويلة إلى جانب سالم بن سلطان ابن الإمام (ت1236هـ/ 1820م)[79]، ومن إشاراته إلى ذلك قوله:

«وسمرت معه ذات ليلة من شهر رمضان وهي ليلة الرابع عشر من رمضان سنة الألف والمائتين والثلاثين، فلما مضى على سمرنا ثلث من الليل قال...»[80].

ولما توفي سالم بن سلطان سنة 1236هـ/ 1820م رثاه بقصيدة مطلعها:

عـزاء وللحر الحليم عـزاء إذا مـا أتتـه رجّـة وبـلاءُ[81]

وكان يكثر من مدحه في أثناء حياته:

«وأما مدحي له أيام حياته نظمًا ونثرًا فلا أحصيه، كما لا أحصي إحسانه. وكفاني لولا مودته وإحسانه لما تصديت لنظم القريض، فهو قد صقل جناني بجود بنانه، وشحذ لساني بشعشاعية إحسانه»[82]. ويتضح من كلام ابن رزيق أن الإمام كان يحيطه بالرعاية والعناية الخاصة ويحسن إليه. مما كان له أكبر الأثر في قوله الشعر وكتابته التاريخ.

ويختم ابن رزيق كتابه بالآهات والزفرات على سالم بن سلطان قائلًا: «فآهًا، آهًا على ذلك الزمان، وعلى مفارقة ذلك السيد الذي تعد مودته للأوداء الروح والأبدان، وعني لم يزل ذلك الحزن المرادف بالأنين...»[83].

وبعد موت سالم بن سلطان تحول المؤلف للاهتمام بسيرة سعيد بن سلطان (ت1273هـ/ 1856م) [84] ابن الإمام أحمد بن سعيد فألف سيرة خاصة به سماها (بدر التمام في سيرة الهمام سعيد بن سلطان ابن الإمام أحمد بن سعيد البوسعيدي اليمني العُماني الأزدي»[85].

وقال ابن رزيق في مقدمة كتابه بدر التمام:

«أما بعد...لما سقت وسايق إلمام الكلام لسيرة الإمام أحمد بن سعيد الإمام الهمام وأتبعتُ بعده ذكر مناقب أولاده، أهل التفضيل على الجملة والتفصيل، تماسكت عن نظم سيرة الهمام، رفيع الشأن سعيد بن سلطان، اقتداء بمذهب المؤرخين، الأولين والآخرين، إذ هم لا يؤرخون أهل المناقب العلية إلا بعد ارتحالهم للمنية، ...كان سعيد بن سلطان في الوجود، غير مفقود، ولما قضى بحكم القضاء تاقت نفسي لذكر ما كان له من الكوائن في زمانه، لعلو شأنه وسلطانه...»[86].

وبعد وفاته سنة 1273هـ/ 1856م رثاه المؤلف بأربع قصائد تقع في (148) بيتًا[87] ثم ختم كتابه بإظهار محاسن سعيد بن سلطان، ومما قاله فيه:

يـا ابن الكرام لنـا طاب الزمـان بكم ... لنـا الزمـان ولولاكـم فلم يطب
ولـو تجشم مدحي جـاء يـا حمدٌ ... إليك يسعى على الأذقـان والركب
لا تسـأم المـدح يا بحر النـدى ففمي ... من بحر جودك يحوي أشـرف الحَبب
شـواهد الـود لا يمحى لهـا أثـر ... من القلـوب فمـا شهم بهـن غبى
خذهـا بكفّ قبـول يا ابن سـالم إذ ... جـاءت لفيض نـوال منك مقتـرب
قل أنـت أهلًا إذا جـاءت مسلمـة ... مدّي يديك لأخذ الوشي والذهـب[88]

وهذه الأبيات ومعها أبيات أخرى أرسل بها المؤلف إلى سالم بن سلطان بن الإمام ومعها قوله: «الحمد لله العلام، على فضله التمام، والصلاة والسلام على سيدنا، ما جرت في ألواحها الأقلام إلى جناب سيدنا ومولانا وذخرنا، ومن له الفضل علينا، سليل الكرام حمد بن مولانا سالم بن سلطان بن الإمام، أعزك الله...وبعد، فواصلك كتاب التاريخ المشتمل على السيرة الغرّاء، مفصلًا ومجملًا، في الأنساب والأحساب، مسفرًا مناقب الأئمة اليمنية العُمانية، تفضل بقبوله وأنت كريم.

والسلام من العبد المملوك المحلف الشاعر، الذي مودته عنكم لم تتبرد، حميد بن محمد كتبه بيده...»[89].

وهكذا فقد كانت العلاقات الوثيقة التي ربطت المؤلف وعائلته من قبله بالبوسعيديين[90] دافعًا مؤثرًا لكي ينهض ابن رزيق لتدوين أخبارهم واعتبارهم محور التاريخ العُماني.

أما في جنوب الجزيرة العربية (اليمن) فتكاد المؤلفات التاريخية المتوافرة التي تدخل ضمن فترة الدراسة، تكاد تخلو من مؤرخ ينطلق من دافع رسمي سياسي للتأليف في التاريخ عدا محمد بن إسماعيل الكبسي 1221هـ/ 1806م-1308هـ/ 1891م[91]، فقد اهتم بتاريخ اليمن، وترك فيه عدة مؤلفات هي: اللطائف السنية في أخبار الممالك اليمنية، وتاريخ الزمان وسبب تفرّق الناس بالبلدان من لدن نوح عليه السلام بعد الطوفان إلى سيرة سيد البشر ولد عدنان ﷺ أتمه سنة 1304هـ/ 1886م، والنفحات المسكية والإجازات السنية والسيرة المتوكلية المحسنية والتراجم البهية، تتمة البسامة (ذكر فيها المنصور الحسين بن القاسم)، والعناية التامة شرح أنوار الإمامة تكملة القصيدة البسامة[92].

وجاء تأليف الكبسي لكتاب اللطائف السنية تلبية لطلب أحد أشراف المخلاف السليماني وهو أحمد بن علي المعافي[93] الذي رأى بأن الواجب يحتم عليه الاستجابة لهذا الطلب، معتبرًا

أن رفضه لذلك سيُلحق به إثمًا كبيرًا فهو حريص على رضاه، والفوز بدعوة من هذا الرجل تنفعه في آخرته على حد تعبيره.

«فهذا كشكول لطيف، ومحمول على الأرواح خفيف سألني ما لا يسعني رده ولا يحل لي صده، وهو سيدي الوالد العلامة المصقع الفهامة المبدع فرع الدوحة العلوية، وطراز العصابة الحسنية أحمد بن علي المعافي من أشراف المخلاف السليماني، أنعم الله عليه بالعلم والعمل، وبلّغه غاية السؤال والأمل في رصد تاريخ من ولي هذه الأقطار اليمنية من أول الإسلام ومن عاصرهم من العلماء الأعلام...فوافقته إلى المساعدة في المدة اليسيرة وتكلف هذه المشقة، رجاءً لنيل دعوة منه متقبلة، ووفور المودة المتصلة...»[94].

ومع أن عبد الله الحبشي قد رأى بأن كتاب اللطائف السنية سرد تاريخي لا يسمن ولا يغني من جوع فيما يتعلق بالفترة التي عاصرها، إلا أنه اعتبر كتابه (العناية التامة) الذي أرّخ فيه لليمن من سنة 1127هـ/ 1715م-1295هـ/ 1878م عبارة عن تراجم مقتضبة للحكام الذين تولّوا الحكم في هذه الفترة، ويحتوي فائدة كبيرة لتاريخ اليمن[95]. وقد تضمن هذا الكتاب تاريخ اليمن حتى عام 1290هـ/ 1873م[96].

وعلل الكبسي إيراده لبعض أخبار أشراف مكة في كتابه قائلًا:

«وذكرت هذا عرضًا في ذكر ولاة مكة تبركًا بذكر المواقف الطاهرة، والمقامات المشرفة، وتتميمًا لسرد ولاية أهل البيت النبوي، ومعدن الرسالة، وقرناء التنزيل، ومهبط أمين الله جبريل. وإلا فقد عرف المقصد الأول في هذا المختصر الحقير، ومطلب ذلك الشريف الخطير...»[97].

ب. الدافع السياسي الذاتي:

يمثل هذا الاتجاه مجموعة من المؤرخين من مختلف بلدان الجزيرة، فقد ألّف هؤلاء تواريخ للحكام الذين يحظون برعايتهم، وكان لتكوينهم الديني أثر في تدوينهم لهذه التواريخ، إذ رأوا في هؤلاء الحكام القدوة، ولا بد من تخليد سيرهم، وتدوين أخبارهم للاقتداء بها.

ومن المؤرخين الذين يمكن تصنيفهم ضمن هذا الاتجاه اثنان: أحدهما نجدي والآخر حجازي، أما الأول فهو عثمان بن بشر 1212هـ/ 1797م-1290هـ/ 1873م[98]، وهو من قبيلة بني زيد في بلدة شقراء[99]، وكان مواليًا لدعوة الشيخ محمد بن عبد الوهاب وآل سعود الذين تغنّى بأمجادهم ومحاسنهم[100] من خلال كتاب سمّاه (عنوان المجد في تاريخ نجد) ووقف فيه عند أخبار سنة 1267هـ/ 1850م[101]. وقد توفي بعد هذا التاريخ بثلاث وعشرين سنة مما

دفع بالأستاذ غرايبة إلى القول بأن ولاء ابن بشر لآل سعود كان وراء عدم التأريخ للأحداث التي أدت إلى أفول نجمهم[102].

ومع أن ابن بشر نظر إلى التاريخ نظرة الواعي إلى قيمته وخطورته مما جعل الدوافع التي أوردها متعددة ومتنوعة، وهي الرغبة في التعرف على أخبار الماضي وأقوامه وأحداثه[103]، والإعجاب بدعوة الشيخ محمد بن عبد الوهاب وآل سعود الذين رأى فيهم المنقذ للبلاد من الشرور والمفاسد التي كانت سائدة[104]، وقلة اهتمام أهل نجد بتدوين تاريخ بلادهم الذي أدى إلى ضياع كثير من أخبارهم مما جعله يشكو قلة المصادر التي توفرت لديه، مما اضطره لبذل جهد كبير للحصول على أخباره[105]. كما رأى في التاريخ الموعظة والعبرة لمن يريد الاتعاظ والاعتبار[106]. وأخيرًا أراد من هذا التاريخ أن يكون هدية للأجيال التالية للإطلاع على تاريخ بلادهم وملوكهم، ويقول في ذلك:

«فمن اعتنى بشيء من أخبار الماضين فقد أتحف هدية وافرة لمن بعده من الخالفي تتشرف بذكرها أوطانها، وتفتخر بذلك ملوكها وسكانها، ويطلبها العلماء والملوك ويتحدث بها المالك والمملوك»[107].

وهذه الدوافع التي عبر عنها ابن بشر في مقدمة كتابه توضح الغرض الرئيس الذي من أجله دوّن هذا التاريخ، متأثرًا بالعلماء الذين اهتموا بتدوين أخبار الملوك ووقائعهم، ويؤكد على إعجابه بدعوة الشيخ محمد بن عبد الوهاب وآل سعود[108] الذين قاموا بجهود كبيرة لتخليص البلاد النجدية من مظاهر الشرك والبدع التي حلّت بالمجتمع، ويقول في ذلك:

«ثم إن هذا الدين الذي منّ الله به في آخر هذا الزمان على أهل نجد بعد ما كثر فيهم الجهل والظلم والجور والقتال، فجمعهم الله بعد الفرقة وأعزهم بعد الذلة، وأغناهم بعد العيلة، فجعلهم إخوانًا فأمنت السبل وحييت السنن، وماتت البدع، واستنار التوحيد بعد ما حفا ودرس... وذلك بسبب من عمّت بركة علمه العباد، وشيّد منار الشريعة في البلاد قدوة الموحدين وبقية العلماء المجتهدين، وناصر دين سيد المرسلين شيخ مشايخنا المتقدمين الأجلّ والكهف الأظلّ الشيخ محمد بن عبد الوهاب... فأواه من جعل عزّ الإسلام على يديه وجاد بنفسه وما لديه... محمد بن سعود وبنوه ومن ساعدهم على ذلك وذووه خلد الله ملكهم مدى الزمان وأبقاه في صالح عقبهم ما بقي الثقلان فشمّر في نصرة الإسلام بالجهاد وبذل الجد والجهد والاجتهاد...»[109].

ولم يكتف ابن بشر بالإشارة إلى ولائه وانتمائه لهذه الحركة وزعامتها السياسية والدينية فحسب، بل أراد الإطلاع على أحوالهم وتسجيل أخبارهم، وعبّر عن ذلك بالقول:

«ثم إن نفسي لم تزل تتوق لمعرفة وقائعهم وأحوالهم وجيوشهم العرمرمية وقتالهم، فإنهم هم الملوك الذين جازوا فضايل المفاخر، وذلّ لهيبتهم كل عنيد من باد وحاضر»[110].

بعد ذلك يتجه المؤلف لذكر أعمال آل سعود وآل الشيخ في القضاء على كثير من البدع، وتحقيق الأمن. وقد عبّر عن آثار الدعوة في البلاد بقوله:

«وزالت سنن الجاهلية، وزال البغي والعدوان، وسيبت الإبل والخيل الجياد، والبقر وجميع المواشي في الفلوات فكانت تلقح وتلد وهي في مواضعها آمنات مطمئنات وليس عندها من يرعاها ويحميها إلا من يأتيها ويسقيها، وسارت عمالهم إلى جميع الأعراب في الشام والعراق واليمن وأقصى الحجاز إلى ما وراء ينبع إلى دون مصر إلى عدن وما دون البصرة والبحرين وأقصى عُمان...وهدموا القباب والمواضع الشركية في تلك الأقطار، وعمروا المساجد بالصلوات والدروس والأذكار، وكسروا الصنم ذا الخلصة...»[111].

وبعد أن عرض ابن بشر للآثار التي تركتها دعوة الشيخ ابن عبد الوهاب والجهود التي بذلها آل سعود في مناصرة الدعوة، عاد إلى التأكيد:

«فحقيق لمن هذه حالهم وفعالهم أن يتشرف القرطاس والمداد بنشر فضائلهم في البلاد وبين العباد»[112].

وفي حديثه عن الإمام تركي آل سعود[113]، مؤسس الدولة السعودية الثانية يؤكد المؤلف على ذكر محاسن هذه الأسرة بقوله:

«ولو رسمت نصائحهم ومراسلاتهم المتضمنة لذلك، وشدة تعاهدهم للأمر بالمعروف والنهي عن المنكر والدعوة إلى الله دائمًا لا يفترون، لبلغت كتابًا، ولكن هذه الرسالة تنبيه على حسن سيرته وفضله وشفقته على رعيته، وسأنبه على شيء من مراسلات ابنه فيصل فيما بعد، ليعلم الواقف على حسن سيرة أهل هذه المملكة ونزاهتهم وحسن طويتهم وشفقتهم على رعيتهم»[114].

وجاء حديث ابن بشر هذا في معرض حديثه عن رسالة فيها نصائح بالأمر بالمعروف والنهي عن المنكر وجهها الإمام تركي إلى الرعية.

ويظهر الغرض الرئيس من تأليف ابن بشر لهذا التاريخ في بداية الجزء الثاني حيث عبّر عنه بشكل واضح، قال:

«وقد أفردت المجلد الأول من هذا الكتاب شافٍ لذكر سيرتهم ودولتهم، وافٍ محتوٍ على ذكر مغازيهم ومناقبهم، وذكر ما صنعوا من المآثر الجسار، وأمام زمانهم وفضائلهم التي اشتهرت في الخاص والعام، ووقائعهم المذكورة، وفتوحاتهم المشهورة التي اشتهرت بين الأنام، وعساكرهم المنصورة التي أينما سلكت ملكت، وأينما حلّت فتكت وسفكت»[115].

لم تقتصر المؤشرات التي أوردها ابن بشر حول دوافعه على ما أورده في المقدمة، إنما تأكدت أيضًا من خلال عرضه للأخبار التاريخية التي يظهر فيها التركيز الواضح على إبراز دور آل سعود والشيخ محمد بن عبد الوهاب في تغيير وجه البلاد النجدية من الأوضاع السيئة إلى الأوضاع التي أصبحت عليها فيما بعد، ولم يتوقف ابن بشر عند إيراد الإشارات للتأكيد على إعجابه بآل سعود[116]، بل ارتبط بعلاقات وثيقة مع الإمام فيصل بن تركي[117]، الذي التقى به أكثر من مرة[118]. ولذلك كان من أبرز المدافعين عن الحركة وأنصارها[119].

أما المؤرخ الثاني فهو العباس بن علي بن نور الدين العاملي الموسوي 1111هـ/ 1699م- بعد 1179هـ/ 1766م[120]. وقد ألّف كتابًا جمع فيه أخبار رحلة قام بها خارج بلاده (مكة) واصفًا البلاد التي زارها وطاف بها مسجلًا كل مشاهداته فيها، ولعل من الأسباب التي دفعته إلى مغادرة بلاده (مكة) رغبته في كسب المال، والهرب من ظلم الأقارب، والاستجابة لتشجيع أستاذه نصر الله الحائري الذي شجعه على السفر والاغتراب[121]، وكان الهدف من تأليف كتابه تقديم خدمة للفقيه الوزير أحمد بن يحي خزندار، الوزير ببندر المخا، وقد عبّر عن هذا الهدف بالقول عن كتابه الذي كان عبارة عن رحلة سماها (نزهة الجليس ومنية الأديب الأنيس): «وخدمت بها حضرة المخدوم الأعظم، الرئيس المعظم، رفيع الرتبة والقدر، الذي أغناني في غربتي عن بذل ماء وجهي لزيد وعمرو... الفقيه أحمد بن المرحوم يحي خزندار...»[122].

ويتضح من خلال الظروف التي أخرجت المؤلف من بلاده وأهمها ضيق الحال وقلّة المال، أن المؤلف قد وجد هدفه عند الوزير أحمد بن يحي خزندار الذي كفاه سؤال الناس وغمره بكرمه. وهناك- في بندر المخا - ألّف كتابه هذا سنة 1148هـ/ 1735م كهدية للوزير[123].

أما دافعه الآخر لكتابة هذه الرحلة وتضمينها مشاهداته، فهو جعلها تذكرة من بعده للأصحاب ذوي البلاغة والآداب، وتبصرة لمن تهزه نفسه لركوب بعير الاغتراب، ويستفيد بمطالعتها الأصدقاء والأحباب[124].

وفي جنوبي الجزيرة (اليمن) كان لعدد من المؤرخين علاقات وثيقة مع حكام بلادهم، فألّفوا لهم تاريخهم وحصلوا على الهدايا والحظوة، منهم: محسن بن الحسن المعروف بأبي

طالب الروضي 1103هـ/ 1692م-1170هـ/ 1757م الذي ألّف كتبًا عديـدة في التاريخ والأدب[125]، ويمكن الاستدلال على دوافعه إلى الكتابة التاريخية من خلال كتبه أو ما كُتب عنه أو من خلالهما معًا، فاهتمامه بسير الأئمة يشير بوضوح إلى أنه اهتم بالتاريخ الرسمي، ولعل ما قاله الشوكاني في ترجمته يوضح ذلك:

«قال الشعر، ومدح الأكابر، واتصل بالوزير الكبير علي بن أحمد راجح وزير الإمام المنصور بالله الحسين بن القاسم، وبأخيه الوزير محسن بن أحمد راجح ومدحهما، وبالغ في ذلك، وصنف لهما مصنفات يطرزها بمدحهما...»[126].

فهذا المؤرخ – كما يدل النص – اهتم بتدوين أخبـار الأئمة والوزراء، وإظهار المدح لهم معتبرًا إياهم محور التاريخ اليمني. ويظهر هذا التوجه عند المؤلف في الكتب التي ألّفها مثل: (مسك دارين بمدائح الوزير علي بن راجح)، و(سجع المطوق بمدائح رب المنائح علي بن أحمد راجح)، و(أقراط اللجين في سيرة المتوكل على الله القاسم بن الحسن) إمام اليمن للفترة 1128هـ/ 1715م-1139هـ/ 1726م، و(الشذور العسجدية في الخلافة الأحمدية)، و(شي صنعاء في أخبار الإمام المتوكل على الله القاسم بن محمد وولده المنصور...»[127].

وقد أكد الحوثي في ترجمته لأبي طالب على اهتمام المؤلف بكتابة تاريخ للوزراء والأعيان وقال في ذلك:

«ومدح أكابر الأعيان وأخذ جوائزهم، وحفظ في إبان عمره واتصل بالوزراء آل راجح فأحسنوا إليه وقلدوا جيده بأطواق المنن، ومدحهم بغرر المدائح خصوصًا الوزير جمال الدين علي بن أحمد راجح، وألّف له التواريخ، وفعل كتابًا في مناقبهم...ولما مات الفقيه إسماعيل النهمي نصب له الدهر شراك المحن...واستثقله أرباب الدولة المهدوية العباسية حتى أنه فعل تاريخًا لسيرة الإمام المهدي سبع سنين في مجلد وأبلغه إلى حضرته فأرسل له بقدر معلوم من الدراهم ووعده بالجائزة لتمام التاريخ...»[128].

تفيد الإشارات السابقة بأن أبي طـالب كان قد جعل من التاريخ وسيلة للتقرب إلى الحكام، وذلك بما يشتمل عليه من مدح للأئمة والوزراء شعرًا ونثرًا، كما أنه تكسّب بالتاريخ مالًا وهدايا وجوائز.

ويظهر الدافع الذاتي واضحًا عند مؤرخ آخر من مؤرخي جنوبي الجزيرة وهو لطف الله جحّاف (1189هـ/ 1775م-1243هـ/ 1827م)[129]، فقد ذكر في مقدمة كتابه (درر نحور الحور

العين في سيرة المنصور علي وأعلام دولته الميامين) أن هذا الكتاب «مختصر لطيف ومؤلف نحيف لم يسألني أحد أن أصنعه، ولا عوّل عليّ فرد من الناس أن أجمعه، مقصور على دولة الإمام المنصور وحوادث أعوامه والشهور»[130].

وتدل الإشارات الواردة في المصادر عن علاقة جحّاف بالأئمة وقربه منهم على أن هناك دوافع سياسية ذاتية غلبت على المؤرخ للاهتمام بأخبار الأئمة الذين رأى فيهم محورًا لتاريخ اليمن في عصره، فقد قال الشوكاني (ت 1250هـ/ 1834م) عن هذه العلاقة: «صار الآن متصلًا بمولانا الإمام المتوكل على الله أحمد بن المنصور وله عنده حظ وافر، فصار اتصاله به من أعظم ما يعده الناس من مثالب الإمام المتوكل رحمه الله على كثرة محاسنه...»[131] وأضاف الشوكاني عن حضور جحّاف مجالس الإمام قوله:

«وبعد مضي قريب سنتين من خلافة مولانا الإمام المهدي أودعه الحبس وتشفعت له فأطلقه وأبعده من حضرته...»[132].

وعلى أي حال جاء كتاب جحّاف تاريخًا للفترة التي حكم فيها المنصور علي من بداية عهده سنة 1189هـ/ 1775م إلى تاريخ وفاته سنة 1224هـ/ 1809م مترجمًا في نهاية كل سنة أعلام رجال الإمام، فجاء كتابه سجلًا للأخبار جمعها جحّاف من خلال وجوده إلى جانب الإمام، كما ساعده أيضًا علاقاته الوثيقة بالإمام وأبنائه ورجال دولته[133].

وألّف عبد الرحمن البهكلي 1182هـ/ 1768م-1248هـ/ 1832م[134] كتابًا في سيرة الشريف حمود 1170هـ/ 1756م-1233هـ/ 1828م سماه (نفح العود في سيرة أيام الشريف حمود)، وقد اهتم عاكش الضمدي (ت1289هـ/ 1872م)[135] بالعثور عليه، فبحث عنه «حتى منّ الله سبحانه بالعثور على ذلك المؤلف الذي سماه (نفح العود في أيام الشريف حمود...) ولكنه جرد أوله عن الخطبة كما جرت عادة المؤلفين في السير وبلغ فيه إلى سنة خمسة وعشرين بعد المائتين والألف، وعاش بعدها الشريف حمود إلى عام ثلاثة وثلاثين بعد المائتين والألف...»[136].

وقد احتوى الكتاب حوادث المخلاف السليماني إلى سنة 1225هـ/ 1810م وأكمله السيد عاكش الضمدي بذيل سماه (نزهة الظريف في دولة أولاد الشريف)[137] حيث رأى في أيام الشريف حمود من الأحداث ما يستنهض الهمة لتسجيلها، «وفي طي ذلك وقائع متتابعة وملاحم كثيرة رائعة، وقد أردت بعون الله أن أكمل ما فاته من السنين»[138]. وقد عبّر عاكش الضمدي عن إعجابه بما قام به البهكلي بالقول: «ألّف مؤلفًا بديعًا في أيام الشريف الذي استوفى شرف

النجار واستكمل معاني الفخار، سيد ملوك الإسلام، وأعظم قطب الأشراف الكرام حمود بن محمد بن أحمد الحسني»[139].

ويمكن الإشارة – في مجال الحديث عن الدوافع السياسية لكتابة التاريخ – إلى رسالة ألّفها عاكش الضمدي[140] وسماها (الدر الثمين في ذكر المناقب والوقائع لأمير المسلمين) في (26) صفحة، وقد قال في مقدمتها: «وقد جعلت ما جمعته مختصًا بالمتفقات في أيام الإمام العادل حامي حمى الإسلام، والغرة الباذخة في جبين الأيام، عز الإسلام محمد بن عائض عافاه الله تعالى، وقد رقمت طرفًا يسيرًا مما سلف في أيام والده الأمير عائض بن مرعي...»[141].

ومن مؤرخي اليمن (سالم بن حميد التريسي الكندي) 1217هـ/ 1809م-1306هـ/ 1898م[142] الذي دفعه تأييده للدولة الكثيرية التي حكمت في حضرموت ثم أُقصيت إلى تأليف كتابه في (تاريخ حضرموت وقبائلها وملوكها) وسماه (العدة[143] المفيدة)، كما ألّف أيضًا (شمس الظهيرة في أنساب السادة العلوية) مشجر في أربعة مجلدات[144]. وذكر الزركلي أن الكندي «خدم السلطان غالب بن محسن الكثيري، فكان الكاتب والأمين الكاتم لأسرار الدولة...»[145]، ورجّح الحبشي أن يكون إتقان الكندي ومعرفته بعلم المساحة من العوامل التي شجعت على جعله كاتبًا موثّقًا لبعض الصكوك التي يحتاجها المتنازعون وأهل القضايا لدرجة «أن هنالك بعض الوثائق التي تحمل تحريرًا بخط الكندي»[146]. وينفي الحبشي ما ذهب إليه السقاف – الذي نقل عنه الزركلي[147] – من أن الكندي قد شغل منصب كاتب وأمين أسرار الدولة، ويرجح استعانة السلطان غالب به عندما قدم من الهند من أجل كتابة بعض الرسائل إلى القبائل والأعيان[148].

وعلى الرغم من اختلاف الآراء حول مكانة المؤلف عند السطان غالب الكثيري، إلا أن هذه الآراء أجمعت على وجوده قريبًا من السلطان، ولكنها اختلفت في كونه موظفًا أو معينًا للسلطان يطلبه عند الحاجة، ولعلّ ما أشار إليه المؤلف في كتابه يوضح طبيعة المكانة التي حظي الكندي بها، وتتضح هذه المكانة من خلال حديثه عن أمر السلطان غالب له بكتابة الرسائل.

«ثم أمرني أن أكتب وأملى علي مكاتبات كثيرة للقبائل وللسلطان منصور بن عمر بن عيسى بن بدر وجماعته...فكتبت ما أملاه علي، ثم خرجت من عنده بعد إذني بالخروج وذلك بعد مضي برهة من الليل، وكملت الكتب في دار ببلد سيؤون ساكن به أحد من قرابتي، وأمرني بالطلوع إلى حضرته بتلك الكتب بكرة الثلاثاء...طلعت بتلك الكتب بعد تكملتها...»[149].

وقد بدأ الكندي بالتعبير عن رغبته في حفظ الحوادث وإنكار ما يستنكر من أفعال القبائل

الخارجة عن الشرع (على حد تعبير المؤلف)(150)، ثم يكشف عن غرضه الرئيس من تأليف الكتاب بقوله:

«فعلق الآن بقلبي نبراس أن أحكي ابتداء حال هذا السلطان من الأساس، وما حصل لأجداده وله من الفتوحات...»(151).

وهذا الدافع توضحه نظرة الكندي إلى الماضي والتطلع إلى المستقبل، فقد رأى بأن آل كثير كانوا حكامًا للبلاد إلا أنهم طُردوا. وتطلع المؤلف إلى عودة هذه الأسرة في المستقبل من خلال غالب الكثيري، ذلك الموظف الموجود في الهند «ليحصل إن شاء تعالى على حسب نيته الصالحة ما يزيل من حضرموت أنواع الجور والفساد، وحرز واستيلاء ما أخذه على أجداده من تلك البلاد المستولي عليه جماعة من الأجناد، وإقامة الشريعة المطهرة، وقمع سفاسف أهل الظلم والفساد»(152).

فالمؤلف يرى أن آل الكثيري أصحاب حق وهو يدعو إلى إعادة هذا الحق إلى أصحابه وذلك عن طريق قلمه وفكره، وقد بدأ التأليف قبل مجيء الكثيري من الهند، وذلك ما يمكن استنتاجه من قوله:

«وغالب المذكور المقصود بهذا التأليف الآن في حال تأليف هذا جمع دار بجهة الهند بمدينة حيدر آباد»(153).

ورأى الكندي أن طاعة غالب الكثيري الذي ينتمي إلى آل البيت الأشراف واجبة(154)، كما رأى فيه محورًا للفكرة التاريخية، «فلما كان والي الأمر واجب على سائر الأنام طاعته ومساعدته ومعاونته كان ذلك من لازم محبته، ومن لازم الصدق في ذلك كله الاعتناء به في حضوره وغيبته خطر ببالي وسنح أن ظهر الأمر الرحماني، واتضح وبهر القهر الرباني، وصح وحصل النصر والظفر والتأييد السلطان الملك المصان، المسدد إن شاء الله المعان، السعيد الذي اسمه كمسماه أو يزيد غالب بن محسن...»(155).

وذكر الكندي المحاور الرئيسة التي سيهتم بتدوينها مركزًا على أخبار السلطان غالب خاصة بعد قدومه إلى حضرموت، وجميع الأحداث الخاصة بعصره، والتي تمكن من الحصول عليها من مشاهداته وقربه من السلطان، ومما قاله عن هذه المحاور:

«فعلق الآن بقلبي نبراس أن أحكي ابتداء حال هذا السلطان من الأساس، وما حصل لأجداده وله من الفتوحات والملاحم العظام، وذكر من ساعدهم وعاونهم وأمدهم من الأنام، ومن

235

عاندهم وشاراهم من الطّغام. وما وقع وظهر من الوقائع والحوادث في الجهة الحضرمية ووادي الأحقاف وهي الأتلال من الرمال التي بين حضرموت وعُمان، ومَرْبع الأئمة الأشراف»[156].

ومن جهة أخرى يحاول المؤلف إظهار سوء الأحوال في حضرموت قبيل مجيء السلطان غالب، ليجعل من وجوده في حكم البلاد تخليصًا لها مما تعانيه، وترسيخًا للنظام والأمن، كما يحاول إعطاء صورتين للأوضاع العامة التي سادت بلاد حضرموت؛ صورة قاتمة قبل مجيء السلطان غالب، وصورة مشرقة زاهية للبلاد والعباد بعد مجيئه، وقد عبّر عن ذلك بالقول:

«ثم لما كثر من قبائل يافع ومماليكهم وأقوامهم من الظلم والاستطالة والغشم خصوصًا حوالي بلد شبام، وصاح الناس لذلك وتضرعوا إلى الله سبحانه وتعالى في إزالة ذلك المنكر، فقيض الله سبحانه بمنّه وكرمه قيام وظهور السلطان المعان بحول الله الديان غالب...، فرجعت الآن إلى سبك وانسجام ما نحن بصدده وقصده من ذكر قيامه إلى ما شاء الله تعالى من الحوادث، بعد ترتيب السنوات، لكون جلّ جمع هذا بسبب قيامه وظهوره، وما تقدم هنا توطئة لذلك...»[157].

وهناك دافع آخر مثّل وجهة نظر الإمامة الزيدية في اليمن عبّر عنه علي بن عبد الله الإرياني (ت1323هـ/ 1905م)[158] في تدوينه سيرة المنصور محمد بن يحيى حميد الدين (ت1322هـ/ 1904م) [159] التي سماها (الدر المنثور في سيرة مولانا أمير المؤمنين المنصور)[160]، وفي قصيدة نظمها في رثاء من مات في الربع الأول من القرن الرابع عشر من أعلام ضحيان[161] وصعدة[162]، وبلاد الأهنوم[163]، وصنعاء، وذمار[164]، وزبيد[165]، وجبله[166]، واليمن الأسفل[167].

وقد حدد الإرياني دوافعه من تسجيل أحداث التاريخ الخاصة بالإمام المنصور على شكل سيرة تتناقلها الأجيال، وتكون موعظة وعبرة لمن أراد أن تحفظ سيرته ويعرفها الناس، فبالإضافة إلى دافع الموعظة والاعتبار فقد وجد الإرياني من كرم الإمام وحسن استقباله له عندما حل عليه ضيفًا، بعد أن كان يعاني من الظلم والملاحقة[168]، إذ رأى في حسن استقباله له دافعًا قويًا لتسجيل الصفات التي رآها فيه بهدف إشاعتها بين الناس للاقتداء بها. وفي هذا المجال يقول: «ولقد واجهنا حفظه الله بما يليق بجلالة أخلاقه السنية، وقابلنا بما هو أهله كما ذلك دأب العناصر النبوية، والفروع المصطفوية، فلم يزل - حفظه الله - ...يتعهدنا بجزيل فضله وبرّه...»[169].

ولأن المؤلف كان من المؤيدين للأئمة في اليمن ومعارضًا لوجود العثمانيين، فقد أراد من تأليفه هذا «إغاظة الحساد وأهل النفاق»، وربما قصد بهم كل الذين يحاولون إثارة القلاقل والفوضى في اليمن سواء كانوا يمنيين في الداخل أم من العثمانيين الموجودين في اليمن:

«وإني لما وضعت عصا التسيار، وحططت رحالي في شريف المقام، ومنّ الله عليّ بذلك، فله الحمد على هذا الإنعام، سمعت أذناي ووعى قلبي وشاهد بصري وقائع جرت بين الأجناد المنصورية، أنصار الحق من البرية، وبين أعداء الله العجم، يحق لها أن توثق بقيد القلم، ويلزم حفظها في بطون الأوراق حفظًا لمآثر هذا الإمام...وإشاعةً لكراماته المتواترة بالاتفاق، وإن في حفظ تلك الحوادث تبصرة وذكرى لمن يأتي بعد من الحُذّاق، وعبرة لأهل الإيمان والوفاق، وإغاظة لذوي الحسد والشقاق، فرأيت من اللازم بحكم المروءة، والواجب لشرع الفتوة خدمة هذا المقام الرفيع، طود الخلافة الشامخ المنيع، بتاريخ يشتمل على السيرة المنصورية والوقائع السنية العلوية الصفينية»[170].

وكان الإرياني أكثر تحديدًا لأهدافه عندما قال بعبارة صريحة «أن ذكر الفتى عمره الثاني، وأن الثناء الحسن المخلد الذي ليس بفاني...»[171]، مشيرًا إلى الإمام المنصور. ومن جهة أخرى صور الإرياني العصر الذي عاش فيه بأنه عصر انعدم فيه العدل وكثر الظلم والطغيان، والمسؤول عن ذلك كله الحكم العثماني. وقد عبر عن هذه الأوضاع شعرًا بقوله:

أنّت الأرض واشتكت	سطوة الزمان
ثم ولولت وغدت	تطلب الأمان
بها الذي له سجدت	العظيم الشان
دولة الأعاجم التي جُبلت	على الطغيان
جورها وما صنعت	بلغ العنان
فأجاب ما سألت	رفع الامتحان
وطوى بساط ملكه	آل عثمان

ويلاحظ أن البيت الأخير تأريخ شعري لتخليص البلاد على يد الإمام من الأوضاع السيئة التي كانت تعاني منها جراء الوجود العثماني، واعتداءات القبائل، وهو سنة 1316هـ[172].

وقد مدح الإرياني الإمام منصورًا بقصائد لم يوردها في كتابه وإنما اكتفى بالإشارة إليها، حيث قال:

«هذا وقد قال الحقير في مدح مولانا، حفظه الله، قصائد كثيرة، قديمة وأخيرة، وقد أضربت عن ذكر بعضها في غضون هذه السيرة خوفًا أن ينسب إليّ أني ممن بشعره مفتون، وذلك عيب لا يرتضيه العاقلون»[173].

وتُظهر هذه الإشارات وغيرها أن الإرياني كان شديد الإعجاب بالإمام المنصور، ومن ذلك قوله:

«ولقد رأيناه وشاهدناه يكتب في اليوم الواحد، ما لا يقدر عليه إنسان، وذلك من جوابات ومكاتبات لغاية الإحكام والإتقان، وإجراء الأحكام الشرعية بإيضاح، وتبيان وإجابات السؤال»[174].

ولعل أغلب كُتّاب السيرة يحرصون على تدوين سير للحكام بدافع تخليد أيامهم بعد أن يكونوا قد تمتعوا بالحظوة والمكانة والكرم عندهم، فكتبوا تواريخ لفترات زمنية محورها الحاكم/ الإمام من خلال مشاهداتهم وقربهم منه. فالإرياني لم يتحرج من وصف العامة بـ «الأنذال» لأنهم يثيرون القلاقل والاضطرابات على الإمام المنصور سيده وصاحب السيرة الحميدة، الذي عندما يذكر اسمه يقول: «حضرة الإمام عليه أفضل الصلاة والتسليم»[175].

ومن الإشارات حول مشاركة المؤلف ببعض الأحداث لصالح الإمام ما أورده حول قيامه بتهدئة العامة عند كل محاولة للثورة والاضطراب:

«وحين أجمع أهل بلاد يريم على مبايعة هذا الإمام الكريم، أمروني أن أكتب البيعة إلى حضرة الإمام... مصحوبة بأبيات التهنئة بتلك الفتوح»[176].

وعن لقائه بالإمام يقول:

«ولما وصلنا حضرته السعيدة، وفاكهنا بأخلاقه الحميدة المجيدة، وتأملنا قوة آرائه السديدة، وتدابيره الرشيدة، وسمعنا من درر ألفاظه في مذاكرة العلوم فرائد مفيدة، ولاح لنا أنه أوحد الرجال، وفريد أهل الكمال، ونعمة الله في هذا الزمن ورحمة الله على أهل اليمن، ولقد وقع حبه من حينئذ في قلبي، وصادفه فارغًا فتمكنا»[177].

ومن شدة إعجاب المؤلف بسيرة الإمام يقول ضمن أخبار سنة 1316هـ/ 1898م:

«فلما كانت الوقائع الحادثة في سنة 1316هـ حقيقة بأن تفرد بالتأليف، وتجمع بالتصنيف، رأيت أن أفردها في هذه الكراريس بلفظ يفعل في الأسماع فعل الخندريس[178]»[179].

وهكذا يلاحظ أن الدوافع السياسية حركت كثيرين من مؤرخي الجزيرة العربية لتدوين التاريخ، وقد دونه بعضهم بناء على طلب رسمي من ذوي الحكم والسلطان مثل: ابن غنام، وابن سند، وابن لعبون، وابن عيسى، وابن دحلان، وابن رزيق، والكبسي، ودونه بعضهم

الآخر بدافع ذاتي، معبرين بذلك عن امتنانهم للحكام، وقد وجدوا عندهم الحظوة، وتلقوا منهم الجوائز والمكافآت، مثل: ابن بشر، ومحسن أبي طالب، ولطف الله جحّاف، والبهكلي، والكندي، والإرياني.

الدوافع الدينية (المذهبية):

ساهمت الدوافع الدينية إلى جانب الدوافع السياسية في زيادة الاهتمام بالكتابة التاريخية. ولإلقاء الضوء على الدوافع الدينية ينبغي التركيز على مدى الأثر الذي يتركه التكوين الديني للمؤرخ في كتابته في التاريخ وخاصة أن بعض المؤرخين هم فقهاء وعلماء في هذه الحركة الدينية أو ذلك المذهب.

ظهر في نجد مخطوط حققه عبد الله صالح العثيمين لمؤلف مجهول، وعنوان المخطوط: (كيف كان ظهور شيخ الإسلام محمد بن عبد الوهاب)[180]، ويتضح منه أن المؤلف من أنصار الشيخ محمد بن عبد الوهاب ودعوته، وتدل عباراته في هذا الكتاب على أن حماسه لتلك الدعوة وصاحبها وأنصارها لا يقل عن حماس ابن غنام وابن بشر[181]. فهو يصف الشيخ محمد بن عبد الوهاب بأنه شيخ الإسلام، وأنه «عظيم الجهاد، وكان لا ينام الليل من الجهاد، وكان رجلًا كريمًا في ذاته، قويًا للقتال، وكان يأمر قومه بالصبر على القتال. وكان يأمر بقتال الناس بالليل. وكان أكثر قتاله العرب أصحاب بيوت الشعر حتى أسلموا، وكان حين ظهور الإسلام أصابهم جوع عظيم. وكان لا يجد في بيته شيئًا من الجوع، وكان يطعم الناس من بيته ويترك نفسه وأولاده. وكان رحمه الله شديدًا على الحرب بأمر الناس بالشجاعة»[182].

واعتبر المؤلف أن الإسلام هو الوصف المناسب للحكم على كل من يدخل في الدعوة، ونصب من نفسه مدافعًا عن الدعوة وأنصارها منذ بداية ظهورها في العيينة[183].

وحول الاتفاق بين الشيخ محمد بن عبد الوهاب ومحمد بن سعود[184] الذي تم في الدرعية[185] بين عامي 1158 و1159هـ/ 1745 و1746م[186]، وتأسست بناءً عليه الدولة السعودية كنظام سياسي قال المؤلف:

«وأتى شيخهم محمد أبا عبد العزيز. وقد عاهده على أنه يقيم الإسلام ويجاهد مدينة نجد...»[187].

كما وصف دخول البلدان النجدية في الدعوة بأنه دخول في الإسلام[188]، وسمى أنصار الدعوة بالمسلمين[189] وخصومهم بالمشركين[190]. ومن الواضح أن الولاء الذي أظهره المؤلف للحركة وأتباعها جعل منه مدافعًا عنها وعن أنصارها، فجاء كتابه تسجيلًا لأحداثها مع التركيز على زعيم الدعوة الشيخ محمد بن عبد الوهاب.

وعلى الرغم من أن ابن غنام وابن بشر وابن عيسى كانوا من أتباع دعوة الشيخ محمد بن عبد الوهاب والمدافعين عنها، إلا أنهم كتبوا مؤلفاتهم وفق نظرة سياسية للأحداث من خلال التركيز على دور السعوديين في حماية هذه الدعوة والدفاع عنها. أو من خلال طلب زعماء الدعوة من هؤلاء المؤرخين كتابة أخبارهم وتدوينها[191].

وفي نجد أيضًا كان هناك دافع مذهبي وراء تأليف ابن حميد 1236هـ/ 1820م-1295هـ/ 1878م كتابه (السحب الوابلة على ضرائح الحنابلة)[192]، فقد أشار في مقدمته إلى:

«أن التاريخ فن طريف يشتاقه كل ذي طبع لطيف، وقد قال الإمام الشافعي رضي الله عنه: من حفظ التاريخ زاد عقله» وقال بعضهم إذا حفظ الإنسان أخبار من مضى توهمته قد عاش حينًا من الدهر وفيه فوائد عظيمة، ومنافع جسيمة، أجلّها الاعتبار بمن مضى، والاقتداء بمن سار منهاج الرضى، وتنشيط الهمة في طلب العلم عند الاطلاع على كيفية أحوال العلماء واجتهادهم، وصبرهم وقناعتهم، إلى غير ذلك من الفوائد، التي هي بالخير إن شاء الله عوائد»[193].

وهذه الدوافع أشار إليها أغلب المؤرخون، لكن الدافع الرئيس الذي ارتبط بالانتماء المذهبي للمؤلف كونه حنبليًا جعله يصنع هذه التراجم الخاصة بالعلماء من الحنابلة لحفظ أخبارهم ومآثرهم من الضياع، وقد عبّر عن ذلك بالقول[194]:

«هذا وإن السادة الحنابلة لا زالت عليهم سحائب الرحمة وابلة، قد نجب منهم أعلام في العراق ومصر والشام:

جمال ذي الأرض كانوا في الحياة وهم ... بعد الممات جمال الكتب والسّير

وقد جمع تراجم متوسّطيهم وأول متأخريهم...فاستخرت الله تعالى وسعيت في ذلك واستحسنت الشروع من حيث وقف ابن رجب[195] لأن طبقات العليمي[196] قليلة الوجود وغير مستقصية، فشرعت في ذلك من سنة إحدى وخمسين وسبعمائة إلى عصرنا هذا، مع القصور والتقصير، والذهن الجامد والطرف الحسير، لأن كونهم لم يجمعوا أحوج إلى ارتقاء الدون مرقى الأكابر، خوفًا على ضياع تراجمهم كما ضاعت ضرائحهم بين المقابر»[197].

وتكفي هذه الإشارة للتأكيد على التزام ابن حميد - كواحد من أتباع المذهب الحنبلي - بجمع تراجم لعلماء هذا المذهب وحفظ أخبارهم حتى لا تضيع كما ضاعت ضرائحهم، وبذلك يكون دافعه مذهبيًا.

وفي عُمان ظهر الدافع الديني عند بعض المؤرخين الذين كان لهم ولاء وانتماء للحركة الإباضية، فالأزكوي (سرحان بن سعيد) الذي عاش في القرن 11/ 12هـ، 17/ 18م سجل تاريخًا خاصًا بعُمان حتى سنة 1140هـ/ 1728م وسماه (كشف الغمة الجامع لأخبار الأمة)[198]، وقد صرح بما دفعه إلى وضع هذا الكتاب في مقدمته:

«قد دعتني الهمة إلى جمع هذا الكتاب وتأليفه وتلخيص معانيه وتصنيفه فلبيتها أهلًا وسهلًا، وإن لم أكن أنا للتأليف أهلًا، وذلك لما رأيت أكثر أهل زمـاننا قد غفلوا عن أصل مذهبهم الشريف، وأقبلوا على أئمة مذهبهم بالتعنيف والتعسيف، ومالوا إلى حب السـادات ذوي التشريف، وقد رغبت أنفسهم عن قراءة الكتب التي خلفها السلف ليعرفوا المحق ممن هو على شفا جرفٍ هارٍ فانهار به إلى التلف، وقد سمعت أحدًا ممن يتحلى بالعلم وينتسب إلى ذوي المعرفة والفهم، يقول عجل أهل النهر بخروجهم عن طاعة ذي الفخر، وقد عرفت من كثير ممن ينتمي لهذا المذهب، ويعزى إليه ويعرف به وينسب، خلافًا لأئمته الذين أسسوه، وركونا إلى الذين آنفوا عنه ودنسوه، فصنفت هذا الكتاب وبينت فيه عذر أولي الألباب، وجعلت ظاهره في القصص والأخبار، وباطنه في المذهب المختار. لأن الناس لقراءة الأثر لا يستمعون ولاستماع القصص عن اللغو يبتغون، فملت إلى رغبتهم لكي يكونوا مستمعين، ولقراءته بصميم القلب مهطعين، عسى أنهم لأصول المذهب يعرفون ولأهل الحق بالحق يعترفون، وسميته: كشف الغمة الجامع لأخبار الأمة»[199].

فالغرض الرئيس من تأليف الأزكوي كتابه (كشف الغمة) هو الحفاظ على المذهب الإباضي من الضياع، وذلك بتسجيل أخبار رجاله ليكون مرجعًا لكل طالب لأثرهم. وجعله في المذهب باطنًا وفي القصص والأخبار ظاهرًا. وجاء حرص الأزكوي على المذهب انطلاقًا من وجود خطر عليه تمثل بعزوف الجيل الجديد عن القراءة والتحري، هذا بالإضافة إلى قلة الكتب التاريخية المتداولة بين الناس[200].

أما السالمي (ت 1332هـ/ 1913م) الذي عده البعض من أشهر مؤرخي عُمان فقد اهتم بتدوين أخبار عُمان من وجهة النظر الإباضية، وشمل تاريخه تاريخ عُمان من فترة ما قبل الإسلام والهجرات القبلية مرورًا بدخول الإسلام إليها حتى سنة 1328هـ/ 1910م[201].

«وحيث كان العدل وسيرة الفضل في عُمان أكثر وجودًا بعد الصحابة من سائر الأمصار، تشوقت نفسي إلى كتابة ما أمكنني الوقوف عليه من آثار أئمة الهدى ليعرف سيرتهم الجاهل بهم، ويقتدي بها الطالب لأثرهم»[202].

ويزيد السالمي من تأكيده على الاهتمام بالمذهب ورجاله وتدوين أخبارهم من خلال قوله:

«وقد كنت عزمت أن أجمع سيرة تجمع أحوال المذهب، وذكر أهله أينما كانوا من الحجاز، والعراق، وعُمان، واليمن، والمغرب، وخراسان وغيرها من عهد الصحابة إلى عصرنا هذا، ثم رأيت أن ذلك شيء يطول، وخشيت معاجلة الأيام قبل تمام المأمول، فعجلت للناس السيرة العُمانية، وإن كان في الأجل فسحة جمعت إن شاء الله باقي السير على حسب ما ذكرت، فأجعل سيرة الصحابة في جلد مفرد، وسيرة أهل العراق، واليمن، وخراسان، في جلد مفرد، وسيرة أهل المغرب في جلد مفرد، فتجتمع السير في أربع مجلدات...»[203].

ويظهر أثر التكوين الديني واضحًا على السالمي كإباضي اهتم بجمع أخبار المذهب ورجاله ليس في عُمان وحدها بل في البلدان التي انتشر فيها المذهب منذ بداية ظهوره وحتى عصر المؤلف.

ويظهر تمسك السالمي بالإباضية وشرحه لمبادئها وذكر علمائها والاهتمام بانتشارها من خلال مؤلفاته الأخرى، ومنها رسالته (اللمعة المرضية) التي تناول فيها أصول الإباضية، مؤكدًا أنها الفرقة التي على الحق من بين الفرق الإسلامية الثلاث والسبعين، وأشار في هذه الرسالة إلى أن الإباضية تنسب إلى عبد الله بن اباض وإلى كيفية انتشارها في مختلف البلدان وخاصة في الجزيرة العربية، وشمال إفريقية[204]، وأبرز علماء الإباضية ومؤلفاتهم وأقوالهم في المذهب[205]. ولعب السالمي أيضًا دورًا في الدفاع عن الإمامة وشرعيتها[206]، ومما يوضح تضلّعه في المذهب كتابه الذي يقع في عدة أجزاء في الفقه الإباضي[207].

ويتضح التكوين الديني للسالمي أيضًا من خلال نظرته للتاريخ وتأكيده على أنه يعين على الاقتداء بالسيرة الحسنة وتمثلها، وتجنب السيرة غير الحميدة عن طريق الاعتبار بنتائجها، يقول:

«لا يخفى على عاقل أن علم التاريخ مما يعين على الاقتداء بالصالحين، ويرشد إلى طريقة المتقين، لأن فيه ذكر أخبار من مضى من صالح وطالح، فإذا سمع العاقل أخبار الصالحين اشتاقت نفسه إلى اقتفاء آثارهم، وإذا سمع أخبار الطالحين أشفقت نفسه أن يكون من جملتهم، فتراه بذلك يقتفي آثار من صلح، ويتجنب أحوال من طلح فيجاهد نفسه حق الجهاد...»[208].

وقد شكا السالمي من قلة المشتغلين بالتاريخ في بلاده خاصة عندما أراد جمع تاريخه الخاص بالمذهب ورجاله، وعزا ذلك إلى انصراف أهل العلم إلى الحكم وإقامة العدل، والانصراف إلى العلوم الدينية الفقهية، «وبيان ما لا بد من بيانه للناس، أخذًا بالأهم فالأهم، فلذلك لا تجد لهم سيرة مجتمعة، ولا تاريخًا شاملًا، فتتبعت ما أمكنني تتبعه من كتب السير والآثار والتواريخ، وكتبت ما أمكنني أن أكتبه من أحوال عُمان، وأئمتها من أول أمر العرب فيها إلى آخر ما انتهى إليّ علمه من أخبار أهلها الماضين، ليكون عبرة للمعتبرين وعظة للمتعظين»[209].

ومن خلال التاريخ يتم إطلاع الأواخر على أخبار الأوائل[210]، وفي هذا المجال أورد السالمي أخباره عن الإمام راشد بن الوليد معتمدًا على كتاب أبي سعيد، «ولولا أن أبا سعيد ذكر هذا الطرف من سيرته لغاب عنه علمه كما غاب عنا علم غيره من الأئمة، وذلك كله لإهمال التاريخ وقلة الاعتناء به، وإن للتاريخ فضلًا عظيمًا لا يقدر قدره»[211].

الدوافع الاجتماعية:

تبدو الدوافع الاجتماعية محركًا آخر لبعض المؤرخين للاهتمام، خاصة بالأنساب، وممن سار على هذا الخط ابن سند الذي سبق الحديث عنه، فقد وضع كتابًا بعنوان (سبائك العسجد في أخبار أحمد نجل رزق الأسعد)، ترجم فيه لحياة أحمد بن محمد بن حسين بن رزق، وهو تاجر مشهور توفي في بلد قردلان (وهي قرية يفصل بينها وبين العشار شط العرب)[212]، وترجم فيه أيضًا للرجال الذين جالسوا المترجم وصحبوه وخدموه وكاتبوه وعرفهم وعرفوه من أعيان البصرة ومشايخ الزبارة[213].

وفي نجد وضع ابن لعبون كتابًا في النسب بناء على طلب من ابن عمه ضاحي بن عون الذي أراد إثبات نسب قبيلته التي ينتسب إليها آل مدلج، وقال في ذلك:

«أما بعد، فقد سألني من إجابته عليّ واجبة، ومنّته وصلته إليّ واصلة واصبة، ابن العم الشقيق الذي بمنزلة الأخ الشقيق... ضاحي بن محمد بن إبراهيم بن عون أن أثبت له نسب قبيلته المسمّى بآل مدلج طلبًا منه لحفظ الأنساب، وللمواصلة التي توجب الثواب، فأجبته إلى ذلك، وكتبت برسمه ما بلغني وتلقيته من أشياخ القبيلة...»[214].

وعلى الرغم من أن هذا الكتاب في النسب إلا أن القسم المطبوع منه لم يرد فيه شيء يتعلق بذلك[215].

وكتب في النسب من أهل الحجاز عبد الرحمن الأنصاري ت بعد 1197هـ/ 1782م[216]، فقد جعل من كتابه (تحفة المحبين والأصحاب في معرفة ما للمدنيين من الأنساب)[217] تاريخًا لمجتمع المدينة المنورة في القرن الثاني عشر الهجري/ الثامن عشر الميلادي، وذكر فيه الأسر المدينية التي ارتبط بعلاقات وثيقة مع كثيرين من أفرادها إما بعلاقة صداقة ومحبة[218]، أو بحكم التجاور[219]، أو الاشتراك في الطلب (الدرس)[220]، أو السكن في بيت المؤلف[221]، أو من رافقه في السفر والرحلة[222]،

أو من ارتبطوا بعلاقة صداقة مع والده[223]، وبجدّه[224]. فكان اختياره لعنوان الكتاب متناسقًا مع طبيعة الأسر التي أوردها.

ويمكن القول إن كتابه يمثل سجلًا مهمًا في الأنساب للذين قدموا المدينة ومكة للمجاورة. وقد أعطى فيه صورة لمجتمع المدينة بتركيبته المتنوعة التي ضمت أسرًا عربية من مختلف الأقطار[225]، وأسرًا ذات أصول غير عربية ولكنها إسلامية تنتمي إلى بلدان من أقطار العالم الإسلامي[226]. وعبّر الأنصاري عن اهتمامه «بذكر أنساب أهالي المدينة المنورة الموجودين من حين تاريخ هذا الكتاب، لكمال ما بيننا وبينه من المناسبة والانتساب، واستوعبت فيه غالب ذكر الآباء والأبناء والأمهات والجدات والأجداد والأحفاد والأسباط من الأشراف والأطراف والأسقاط والأعقاب...» [227].

وجاء كتابه هذا إكمالًا لما ألفه من رسائل لتفنيد مزاعم بعض الأسر التي انتسبت للأنصار بغرض الحصول على مكاسب مادية[228]، وهو ما اعتبره الأنصاري خطأً كبيرًا لا بد من تفنيده. وغطّى على دافعه الرئيس بالقول: «وإنما هو موعظة وذكرى لأولي الألباب، وينتفع به من ناب، ويرجع المرتاب إلى جواب الصواب»[229]. وفي كلامه هذا إشارة إلى من يدعي النسب إلى غير نسبه الأصلي مثل أحد أفراد بيت الخياري «الذي ادعى أنه من الأنصار لكونه من أهل الأعسار، ولا أدعي ما ادّعاه من كان قبله في الأصول والأخبار، وقد حققت ذلك في رسالتي المسماة بـ (نزهة الأبصار في عدم صحة نسبة الخمسة البيوت إلى الأنصار): بيت الخياري، بيت الكراني، بيت التمتام، بيت بافضيل، بيت باشعيب، وسبب دعواهم أنه وردت صدقة من سلطان المغرب[230] للأنصار وقدرها مائة دينار. وكنا غائبين عن المدنية، بعضنا بمكة وبعضنا بالعوالي مخرجين من

المدينة فطمع هؤلاء المذكورون[231] في أخذها، وأعانهم عليه قوم آخرون فقد جاؤوا ظلمًا وزورًا، وصاروا يشاركوننا فيها بالكذب والبهتان من غير حجة ولا برهان»[232]. ويلاحظ

الانفعال الكبير الظاهر على المؤلف وهو يتحدث عن ادعاء هؤلاء النسب، والذي دفعه إلى تأليف الرسالة لتفنيد هذا الادعاء. وقد يكون أيضًا كتابه (تحفة المحبين) تكميلًا لما ورد في تلك الرسالة التي ألّفها – على ما يبدو – قبل هذا الكتاب نظرًا لإشارته لها في أكثر من موضع منه[233]، وتوضيحًا لنسب الأسر الموجودة في المدينة.

ومن الدوافع التي شجعت المؤلف على كتابة تحفته في الأنساب الرغبة في التعرف على أنساب أصحابه ومن تربطه بهم قرابة، فوقع في نفسه الميل إلى البحث ومطالعة كتب الأنساب التي استطاع بالرجوع إليها تأليف كتابه هذا. وقد عبّر المؤلف عن ذلك بقوله:

«إنني منذ نشأت من أيام عنفوان الشباب إلى أن طعنت في السن والرأس قد شاب، وأنا مولع بمطالعة كتب الأنساب، ومراجعة ما صُنِّف فيها من كتاب، مع محاورة الأصحاب، ومذاكرة الأحباب، ومحاضرة الأتراب، إلى أن تحصّل عندي من ذلك ما يملأ الوطاب من العجب العجاب، فاستخرت الله (تعالى) الكريم الوهاب في وضعي لهذا الكتاب المُطاب، المغني عن أطنابي الإطناب والإيجاز والإسهاب، مخصوصًا بذكر أنساب أهالي المدينة المنورة الموجودين من (حين) تاريخ هذا الكتاب، لكمال ما بيننا وبينهم من المناسبة والانتساب»[234].

وكان الأنصاري أشار في بداية مقدمته إلى أهمية تعلم النسب نزولًا عند قول الرسول ﷺ: «تعلموا ما تصلون به أرحامكم من الأنساب»[235].

وفي عُمان على الرغم من تبني ابن رزيق لوجهة نظر السلطنة في الكتابة التاريخية[236] من خلال كتابه الفتح المبين وبدر التمام في سيرة السيد الهمام سعيد بن سلطان – الملحق بكتابه الفتح المبين[237] – إلا أنه اهتم أيضًا بالتاريخ في إطار النسب فألّف كتابين سمّى الأول: (الصحيفة العدنانية)، والثاني (الصحيفة القحطانية)[238]. وجاء تأليفه لهذين الكتابين استجابة لأهل العلم والأدب الذين حثوا على تعلم النسب والمعرفة «ليحفظوا بذلك أنسابهم، ويصلوا أرحامهم ويأتوا ما أمروا، وينتهوا عما نُهوا عنه...فقد كانت العرب تحفظ أنسابها كحفظها أزواجها ما لم تحفظه أمة من الأمم»[239].

أما الغرض الرئيس من تأليف ابن رزيق في نسب العدنانية والقحطانية ما قاله في الصحيفة العدنانية: «وأما بعد لما رأيت العدنانية والقحطانية قد صرفوا الهمم بالتصنيف في مجدهم التليد والطريف، وأرعفوا القلم في ألواح النكرة الشاملة، فكل فئة تزهى بشرفها على الأخرى وتدعي بالفخر أنها أجدر به...قلت لما كان هذا مذهبهم...فسأشرح أخبار مناقبهم القديمة والحديثة، وأترك ما أبقى كل منهم على صاحبه من الأفعال الذميمة والخبيثة»[240].

كما رأى أن التنافس والتناحر بين القبائل المنتسبة إلى العدنانية والقبائل المنتسبة للقحطانية قد خلط الأمور وأربك المآثر والأعمال الجليلة لكلا الطرفين، وما هذان الكتابان إلا محاولة منه إلى إبراز فضائل الطرفين ومآثرهم[241].

وقال في مقدمة الصحيفة القحطانية: «أما بعد لقد قلت بألسنة الإنصاف البرهانية في خطبة الصحيفة العدنانية فسأشرح أخبار مناقبهم الحديثة القديمة عبارة للأعيان عن بني معد وقحطان، ولما أتممت ما يسر الله لي من مناقب العدنانية فالآن شارح إن شاء الله تعالى فيما تيسر من ذكر مناقب اليمنية القحطانية، وفي الحقيقة أن هاتين القبيلتين بلغتا في الفخر الغاية القصوى...»[242].

الدوافع الثقافية:

يقصد بالدوافع الثقافية الأسباب والعوامل التي دفعت بعض المؤرخين إلى جعل تراجم العلماء وتقصي أخبارهم وأحوالهم محورًا لتاريخهم، مركزين على شيوخهم وتلاميذهم وفاءً لأولئك العلماء كما عبّر عن ذلك عاكش الضمدي 1289هـ/ 1872م[243].

وقد اهتم بالترجمة للعلماء اثنان من المؤرخين من الجزيرة العربية أحدهما من (اليمن) وهو الشوكاني (محمد علي) (ت 1250هـ/ 1834م)، والثاني من المخلاف السليماني وهو عاكش الضمدي (ت1289هـ/ 1872م). وهذا لا يعني أنه لا يوجد غيرهما ممن اهتموا بهذا الجانب، فقد مثلت مدرسة التراجم نشاطًا واسعًا في الاهتمام بأخبار العلماء، الأدباء منهم والفقهاء والمؤرخين. ويلاحظ من يلقي نظرة في المؤلفات الحديثة المختصة بجمع التراث أن هناك كمًّا كبيرًا من المؤرخين الذين ألّفوا في هذا الميدان خلال القرون الحادي عشر والثاني عشر والثالث عشر الرابع عشر الهجري/ السابع عشر والثامن عشر والتاسع عشر الميلادي، وأغلب مؤلفاتهم ما زال مخطوطًا[244].

ومحمد بن علي بن محمد بن عبد الله الشوكاني(1173هـ/ 1760م-1250هـ/ 1834م)[245] وصفه لطف الله جحّاف (ت 1243هـ/ 1827م)[246] بكثرة التلاميذ من العلماء والأدباء، فهم «خلق لا يحصون منهم مؤلف هذا الدفتر»[247]. كما اشتهر الشوكاني بالعلوم المختلفة: النحو والصرف والمعاني والبيان وأصول الفقه[248].

وتولى التدريس ولم يبلغ العشرين من العمر[249]، واعتُبر من أعلام النهضة الحديثة، وكانت دعوته لمحاربة البدع والتقليد مشابهة لدعوة الشيخ محمد بن عبد الوهاب في نجد[250]. وقد دعا الشوكاني للاجتهاد ونبذ التقليد، وكان بينه وبين معاصريه من العلماء وخاصة في صنعاء

مناقشات كلامية وجدل فقهي، ولكنه لم يخرج عن هذا النطاق، ولم يصطنع العنف والقوة مع خصومه(251).

وعبّر الشوكاني عن اهتمامه بالتأليف ومحبته للعلم شعرًا، وذلك عند مرضه سنة 1224هـ/ 1809م:

سلام على تلك الدفاتر إن	بهنّ غرامًا فوق كل غرام
سلام عليها ما حييت وإن أمت	فهذا وداع والدموع دوامي
على أنها ألقت مقاليد وصلها	إليّ وهامت بي كمثل هيامي
ولكنني لو عشت ما عشت لم أقل	شفيت غرامي أو قضيت مرامي(252)

لقد كان الشوكاني عالمًا مجددًا دعا إلى الاعتماد على الكتاب والسنة في الأحكام الدينية، وتنقية الدين مما لحق به من بدع وضلالات، ودعا إلى فتح باب الاجتهاد. وألّف حول هذه القضايا نحو مائة كتاب. وكان متوليًّا للقضاء الأكبر عام 1209هـ/ 1794م، ووصل إلى منصب الوزارة إلى جانب منصبه كقاضٍ أكبر(253)، ولذلك فإن من الجدير التعرف على أغراضه من التأليف في التاريخ خاصة وأنه جمع بين علوم متعددة؛ الفقه والحديث والتفسير والأدب والتاريخ والتدريس والقضاء(254).

عبّر الشوكاني عن دوافعه للتأليف في التراجم في كتابه المسمى (البدر الطالع بمحاسن من بعد القرن السابع) بقوله:

«فإنه لما شاع على ألسن جماعة من الرعاع اختصاص سلف هذه الأمة بإحراز فضيلة السبق في العلوم دون خلفها، حتى اشتهر عن جماعة من أهل المذاهب الأربعة تعذر وجود مجتهد بعد المائة السادسة كما نقل عن البعض، أو بعد المائة السابعة كما زعمه آخرون. وكانت هذه المقالة بمكان من الجهالة لا يخفى على من له أدنى حظ من علم، وأنزر نصيب من عرفان، وأحقر حصة من فهم، لأنها قصر للتفضل الإلهي، والفيض الرباني على بعض العباد دون البعض، وعلى أهل عصر دون عصر، وأنباء دهر دون دهر بدون برهان ولا قرآن. على أن هذه المقالة المخذولة والحكاية المرذولة تستلزم خلو هذه الأعصار المتأخرة عن قائم بحجج الله، ومترجم عن كتابه وسنة رسوله، ومبين لما شرعه لعباده، وذلك هو ضياع الشريعة بلا مرية، وذهاب الدين بلا شك. وهو تعالى قد تكفّل بحفظ دينه وليس المراد حفظه في بطون الصحف والدفاتر بل إيجاد من يبينه للناس في كل وقت وعند كل حاجة».

«وحداني ذلك إلى وضع كتاب يشتمل على تراجم أكابر العلماء من أهل القرن الثامن ومن بعدهم مما بلغني خبره إلى عصرنا هذا، ليعلم صاحب تلك المقالة أن الله وله المنة قد تفضل على الخلف كما تفضّل على السلف، بل ربما كان في أهل العصور المتأخرة من العلماء المحيطين بالمعارف العلمية على اختلاف أنواعها من يقل نظيره من أهل العصور المتأخرة»[255].

ومن الدوافع التي ساهمت في تأليف الشوكاني لهذه التراجم، الخلط الحاصل في التأليف بين الإنشاء والتاريخ وغلبة السجع على أسلوب التأليف في العصر الذي عاش فيه المؤلف، مما ترك أثرًا سلبيًا في التاريخ، وأصبح التركيز على البلاغة والإنشاء أكثر من التركيز على بيان الأحوال والمولد والوفاة للعلماء، فأراد المؤلف وضع كتاب من نمط مختلف، يقول الشوكاني في ذلك:

«وقد استكثر المتأخرون من المشتغلين بأخبار الناس المؤلفين فيها من تسجيع الألفاظ والتأنق في تنقيحها وتهذيبها مع إهمال بيان الأحوال والمولد والوفاة. ومثل ذلك لا يعد من علم التاريخ، فإن مطمح نظر مؤلفه وقصارى مقصوده هو مراعاة الألفاظ وإبراز النكات البديعة، وهذا علم آخر غير علم التاريخ، إنما يرغب إليه من أراد أن يتدرب في البلاغة، ويتخرج في فن الإنشاء»[256].

وبعد تمييزه بين التاريخ والأدب، وتأكيده على ضرورة تجريد التأليف التاريخي من السجع، وضع الشوكاني الأسس التي يحتاجها الطالب في أخذه العلم ذاكرًا العلوم التي يجب أن يدرسها المتعلم وفق ترتيب يُعنى به فكريًا وثقافيًا[257].

وفي حديث الشوكاني عن نوعية التراجم التي ضمنها كتابة قال: «وقد ضممت إلى العلماء من بلغني خبره من العباد والخلفاء والملوك والرؤساء والأدباء، ولم أذكر منهم إلا من له جلالة قدر ونبالة ذكر وفخامة شأن دون من لم يكن كذلك».

ثم أضاف:

«وربما أذكر من أهل عصري من أخذت عنه أو أخذ عني أو رافقني في الطلب أو كاتبني أو كاتبته...، لما جُبل عليه الإنسان من محبة أبناء عصره ومصره. وربما أذكر من أهل عصري من لم يجر بيني وبينه شيء من ذلك»[258].

وهؤلاء الذين ترجم لهم الشوكاني من العلماء والملوك والرؤساء والأدباء وأعيان الأعيان وأكابر أبناء الزمان عاشوا بين القرنين الثامن الهجري/ الرابع عشر الميلادي والنصف الأول من القرن الثالث عشر الهجري/ التاسع عشر الميلادي.

وقد أخذ الشوكاني على علماء الزيدية عدم اهتمامهم بأخبار وأحوال علمائهم مما أدى إلى ضياع أخبار الكثيرين منهم، وفي ترجمته لأحمد بن صالح بن أبي الرجال(1029هـ/ 1619م-1092هـ/ 1681م) قال:

«وبرع في كثير من المعارف، وهو صاحب (مطلع البدور ومجمع البحور) ترجم فيه لأعيان الزيدية فجاء كتابًا حافلًا. ولولا كمال عنايته واتساع اطلاعه لما تيسر له جمع ذلك الكتاب لأن الزيدية مع كثرة فضلائهم ووجود أعيان منهم في كل مكرمة على تعاقب الأعصار، لهم عناية كاملة ورغبة وافرة في دفن محاسن أكابرهم، وطمس آثار مفاخرهم، فلا يرفعون إلى ما يصدر عن أعيانهم من نظم أو نثر أو تصنيف رأسًا. وهذا مع توفر رغباتهم إلى الاطلاع على ما يصدر من غيرهم، والاشتغال الكامل بمعرفة أحوال سائر الطوائف، والإكباب على كتبهم التاريخية وغيرها. وإني لأكثر التعجب من اختصاص المذكورين بهذه الخصلة التي كانت سببًا لدفن سابقهم ولاحقهم، وغمط رفيع قدر عالمهم، وفاضلهم، وشاعرهم، وسائر أكابرهم، ولهذا أهملهم المصنفون في التاريخ على العموم كمن يترجم لأهل قرن من القرون أو عصر من العصور، وإن ذكروا النادر منهم ترجموه ترجمة مغسولة عن الفائدة، عاطلة عن بعض ما يستحقه، ليس فيها ذكر مولد ولا وفاة ولا شيوخ، ولا مسموعات ولا مقروءات ولا أشعار ولا أخبار، لأن الذين ينقلون أحوال الشخص إلى غيرهم هم معارفه وأهل بلده، فإذا أهملوه أهمله غيرهم وجهلوا أمره. ومن هذه الحيثية تجدني في هذا الكتاب إذا ترجمت أحدًا منهم لم أدر ما أقول لأن أهل عصره أهملوه، فلم يبق لدي من بعدهم إلا مجرد أنه فلان بن فلان لا يدري متى ولد، ولا في أي وقت مات، وما صنع في حياته»[259].

ويظهر نقد الشوكاني لعلماء الزيدية واضحًا من خلال النص، لأنهم غفلوا عن الترجمة لمن سبقهم أو من كانوا في عصرهم، مما أدى إلى ضياع أخبارهم، ولعل المؤلف قد لاحظ ذلك من خلال جمعه لتراجمهم، إذ لم تتوافر له معلومات كافية لبيان أحوالهم ومولدهم وموتهم. وفي كتابه (أدب الطلب ومنتهى الأرب)[260]، وضّح الشوكاني الأسس التي يحتاجها الطالب عند أخذه العلم، فقد قال في مقدمته:

«وبعد فإنني قد عزمت عزم الله لي على الخير على أن أجمع في هذه الورقات ما ينبغي لطالب العلم اعتماده في طلبه والتحلي به في إيراده وإصداره وابتدائه وانتمائه. وما يشرع فيه ويتدرج إليه حتى يبلغ مراده على وجه يكون به فائزًا بما هو الثمرة والعلة الغائبة التي هي أول الفكر وآخر العمل، وسميته (أدب الطلب ومنتهى الأرب) وإني أتصور الآن أن الكلام بمعونة الله

ومشيئته لا بد أن يتعدى إلى فوائد ومطالب ينتفع بها المنتهي كما ينتفع بها المبتدئ ويحتاج إليها المقصر ويعدها المتحققون بالعرفان من أعظم الهدايا»[261].

ولعل الشوكاني من خلال كتابه هذا أراد أن يعطي دليلًا آخر على تميزه بين أبناء عصره، ويؤكد على أن الاجتهاد لم يتوقف.

وجاء كتابه التفسير الذي سماه (فتح القدير الجامع بين فني الرواية والدراية من علم التفسير) ضمن تأكيده على استمرارية الاجتهاد، ووجود العلماء الذين يقومون على خدمة الدين بالبحث والتمحيص، وقال في مقدمة كتابه:

«إن غالب المفسرين تفرقوا فريقين، وسلكوا طريقين: الفريق الأول اقتصروا في تفاسيرهم على مجرد الرواية، وقنعوا برفع هذه الراية، والفريق الآخر جردوا أنظارهم إلى ما تقتضيه اللغة العربية، وما تفيده العلوم الآلية، ولم يرفعوا إلى الرواية رأسًا، وإن جاءوا بها لم يصححوا لها أساسًا، وكلا الفريقين قد أصاب، وأطال وأطاب...»[262].

ووصف الشوكاني كتابه فتح القدير بقوله: «فهذا التفسير وإن كبر حجمه، فقد كثر علمه، وتوفر من التحقيق قسمه... واشتمل على ما في كتب التفاسير من بدائع الفوائد، مع زوائد فوائد وقواعد شوارد، فإن أحببت أن تعتبر صحة هذا فهذه كتب التفسير على ظهر البسيطة انظر تفاسير المعتمدين على الرواية، ثم أرجع إلى تفاسير المعتمدين الدراية، ثم أنظر في هذا التفسير بعد النظرين، فعند ذلك يسفر الصبح لذي عينين، ويتبين لك أن هذا الكتاب هو لب اللباب»[263].

لقد تم استعراض دوافع الشوكاني في التأليف في التاريخ والطلب والتفسير التي ركز فيها كلها على فكرة الاجتهاد، وهذا لا يعني أنه ظل بعيدًا عن السياسة، فقد ألّف رسالة سماها (رفع الأساطين في حكم الاتصال بالسلاطين)[264]، وهي أشبه ما تكون بفتوى تحرّم على أهل العلم البقاء بعيدًا عن السلاطين، ورفض تولي المنصب، ورأى أن العالم إذا دُعي من قبل الحاكم فما عليه إلا الاستجابة لأن في وجوده عند الحاكم وقريبًا منه خير للرعية، وقطع للطريق أمام الظلمة الذين يسعون وراء مصالحهم الخاصة فيزينون بعض السياسات الخاطئة، ويظلمون الناس وبالتالي تعم الشرور والفوضى. يقول الشوكاني عن ضرورة وجود العلماء بجانب الحكام:

« ولا يخفى على ذي عقل، أنه لو امتنع أهل العلم والفضل والدين عن مداخلة الملوك، لتعطلت الشريعة المطهرة، لعدم وجود من يقوم بها، وتبدلت تلك المملكة الإسلامية بالمملكة الجاهلية في الأحكام الشرعية من ديانة ومعاملة، وعم الجهل وطمّ، وخولفت أحكام الكتاب

والسنة جهارًا، ولا سيما من الملك، وخاصته، وأتباعه، وحصل لهم الغرض الموافق لهم، وخبطوا في دين الإسلام كيف شاؤوا، وخالفوه مخالفة ظاهرة، واستبيحت الأموال، واستحلت الفروج، وعطلت المساجد والمدارس، وانتهكت الحرم، وذهبت شعائر الإسلام، ولا سيما الملوك الذين لا يفعلون ذلك إلا مخافة على ملكهم أن يُسلب، وعلى دولتهم أن تذهب، وعلى أموالهم أن تُنهب، وعلى حرمتهم أن تُنتهك، وعلى عزهم أن يُذل، ووجدوا أعظم السبل إلى التخلص عن أكثر أحكام الإسلام قائلين: جهلنا، لم نجد من يعلمنا، لم نلقَ من يُبَصّرنا، فرّ عنا العارفون بالدين، وهرب منا العلماء العاملون، وفي الحقيقة أنهم يعدون ذلك فرصة انتهزوها، وشدة أطلقت عن أعناقهم، وعزيمة إسلامية ذهبت عنهم، ومع هذا فلم يختصوا بهذه الوسيلة التي فرحوا بها، والذريعة التي انقطعت عنهم، بل الشيطان الرجيم أشد فرحًا بذلك، وأعظم سرورًا منهم، فإنه قد خلى بينه وبين السواد الأعظم، يتلاعب بهم كيف شاء، ويستعبدهم كيف أراد، وهذه فرصة ما ظفر من أهل الإسلام بمثلها، ولا كان في حسابه أن يسعفه دهره بأقل منها»[265].

وقد يكون لهذا الكلام الذي يسوقه الشوكاني بالحجة والبرهان ما يؤكد على أن القرب من الحكام قد يكون فيه منفعة إذا كان القريب من الحاكم عالمًا يعرف حدود الله وأحكامه ولا تأخذه في الله لومة لائم، وهنا يمكن التساؤل عن إمكانية التزام الشوكاني بالقواعد التي وضعها للاتصال بالسلاطين وخاصة أنه كان قاضي القضاء الأكبر في اليمن[266]، كما كان من المقربين إلى الأئمة بحكم منصبه لدرجة أنه كان يتولى الرد على بعض الرسائل التي كانت تأتي إلى الإمام بأمر الإمام، ومن ذلك جوابه على كتاب وصل من يوسف باشا وزير السلطنة العثمانية ت1215هـ/ 1800م[267]، وقال الشوكاني عنه:

«وهذه صورة جواب مولانا الإمام المنصور بالله، أدام الله عليه الإنعام، وهو من إنشاء الحقير جامع هذه التراجم التي اشتمل عليها هذا الكتاب...»[268].

ومما يؤكد مكانة الشوكاني عند الإمام في صنعاء كتابه الذي اشتمل على مراسلات بين الإمام وبين الحكام في البلدان المجاورة إثر الحملة الفرنسية على مصر 1213هـ/ 1798م لتدارس الأوضاع، واتخاذ موقف مناسب تجاه هذا الخطر، وجمع الشوكاني هذه المراسلات في كتاب يعرف باسم (ذكريات الشوكاني) ومما جاء في مقدمته:

«ليعلم الواقف على هذه المكاتبات أنه قد وفد إلى الحضرات الإمامية كتب كثيرة من ملوك مختلفين الديار والأديان عنها، ولم أثبتها، والذي أثبته هنا إنما هو بعض من ذلك كتبه محمد الشوكاني...»[269].

وعن وصول كتب الحكام في الجزيرة العربية إلى الإمام قال: «ووصل بعد هذا الكتاب كتب كثيرة من ملوك مختلفة من صاحب نجد وصاحب مكة ومن طوائف الإفرنج ولم أكتبها هنا لأشغال عرضت حتى ذهبت أصولها»[270].

ومن خلال المراسلات التي كانت أحيانًا تحمل توقيع الشوكاني يظهر أنه كان يتمتع بصلاحيات واسعة تخوله الرد على الرسائل والمكاتبات الواصلة إلى الإمام، ففي كتاب موجه إلى الشريف حمود يقول: «هذه صورة كتاب كتبته إلى الشريف حمود بن محمد مناصحًا له ومحذرًا له من الاعتزاز بالأتراك»[271].

كما وصلت إلى الشوكاني كتب من أحمد يكن باشا والي مكة والمدينة، يطلب من الشوكاني الإسراع في دفع المفروض على اليمن من البن والمال: «هذه صورة كتاب وصل إليّ من الباشا أحمد والي مكة والمدينة والحجاز وجدة»[272].

والمكانة التي تمتع بها الشوكاني عند حكام عصره في صنعاء تتضح من قوله في ترجمته للسيد شرف الدين بن أحمد 1159هـ/ 1746م-1241هـ/ 1825م: «...في سنة 1233هـ غزا البلاد الكوكبانية مولانا الإمام المهدي[273] ابن الإمام المتوكل، ووقعت حروب طويلة بينه وبين سيدي شرف الدين صاحب كوكبان[274]...وأمرني بالبقاء في شبام[275] لتمام الصلح، فبقيت هنالك ثم تم الصلح على يدي ورجعت إلى صنعاء، ومعي سيدي عبد الله شرف الدين...»[276].

والشوكاني هو أول من بايع الإمام المتوكل أحمد بن الإمام المنصور، وتولى قبض البيعة له من إخوته وأعمامه وسائر آل الإمام. وقال في ذلك: «وكنت المتولي لأخذ البيعة له بعد مبايعتي له» [277].

ورافق الشوكاني الإمام المذكور في تحركاته في أنحاء اليمن وسافر معه إلى اليمن الأسفل[278]، وعندما أحاطت به قبائل بكيل[279] قال الشوكاني وقد ابتعد عن صنعاء لمدة (200) ليلة بصحبة الإمام:

«مضت مئتان من ليال أعدّها ومن دون أحبابي أرى الحزن والسهرا»[280]

يظهر من الإشارات السابقة أن الشوكاني حظي بمكانة مرموقة عند الأئمة في صنعاء مما جعله مطلعًا على الأحداث الجارية، وعلى المراسلات والمكاتبات بين الأئمة وحكام البلدان المجاورة. وارتفعت مكانته عندهم إلى الوزارة[281] في آخر أيامه، مما ساعده على توضيح كل ما يدور حوله. وكان كل ذلك بسبب الثقافة الموسوعية التي تمتع بها الشوكاني والتي أهّلته

لبلوغ مرتبة الاجتهاد الذي دعا إليه في أغلب مؤلفاته، لا بل أراد بلوغ ذلك من خلال مؤلفاته الكثيرة والمتنوعة.

واهتم بأخبار العلماء والأعيان عاكش الضمدي (الحسن بن عبد الله بن عبد العزيز) 1221هـ/ 1827م-1289هـ/ 1872م[282] مما جعل تراجمه مصدرًا مهمًا لدراسة الناحية الثقافية[283] في جنوب الجزيرة العربية في القرن الثالث عشر الهجري/ التاسع عشر الميلادي منطلقًا بذلك من أن تخليد العلماء السابقين وأعمالهم واجب على من خلفهم من العلماء[284]. وبدا ذلك واضحًا من خلال مؤلفاته التي ما زال أغلبها مخطوطًا وقد بلغت ثمانية مؤلفات بين كتاب ورسالة، وهي: (الديباج الخسرواني في أخبار أعيان المخلاف السليماني)، و(ذيل نفح العود في أخبار دولة حمود)، و(الذهب المسبوك في تاريخ سيرة الملوك)، و(حدائق الزهر في ذكر أعيان أشياخ العصر)[285]، ورسالة سماها (النسمات السحرية على النفثات النجدية)[286]، ورسالة (الدر الثمين في ذكر المناقب والوقائع لأمير المسلمين[287] عن حكم الأمير عائض بن محمد لعسير)[288]. كما جمع أيضًا (مناظرة أحمد بن إدريس مع فقهاء عسير 1248هـ/ 1832م)[289]، وله مجموعة تراجم سماها: (عقود الدرر في تراجم رجال القرن الثالث عشر)، كانت الأساس الذي اعتمد عليه محمد زباره في كتابه (نيل الوطر)[290]. ونظرًا للنتاج الثقافي الذي قدمه الضمدي فقد عُدّ من أبرز مؤرخي المخلاف السليماني[291].

جاءت تراجم الضمدي للعلماء والأعيان وفق منهج يقوم على أساس تسجيل أخبارهم وأحوالهم، وبتركيز على ذكر محاسنهم ونتاجهم العلمي دون التعرض إلى أخطائهم وأعراضهم. وقد عبّر عن ذلك في مقدمة كتابه (حدائق الزهر في ذكر أعيان أشياخ العصر) بقوله:

«وبعد فإن للعلماء علينا من الحقوق ما بتركه يتم العقوق ومن...ضبط أحوالهم الشريفة وتدوين مناقبهم المنيفة وتحلية محاسنهم في بطون الأوراق، والمحافظة على حفظ نتائج أفكارهم التي هي من أنفس الأعلاق، ومن ذلك تعظيمهم باللسان، وعدم التعرض لما يؤذيهم في الدخول في أعراضهم الجميلة والاستهانة بمناقبهم الجزيلة الجليلة، والتقعد لهم بمراصد الاستخفاف، والتنصب لهم بمنصة الخلاف»[292].

ومما زاد من اهتمام الضمدي بالسير على هذا المنهج من خلال ما أورده عن الخلاف الذي بين محمد بن علي العمراني (ت 1264هـ/ 1847م)[293] والإمام الشوكاني الذي عده من قبيل خلاف الأقران، وقد ذكر الضمدي أن العمراني حاول النيل من الشوكاني في مجالسه وحلقاته العلمية، وعبّر عن ذلك بقوله:

«وقد كان يصدر منه كلمات ناشئة عن التحرم وهي غير مقبولة منه في شيخنا...فقد تقرر أن كلام الأقران بعضهم في بعض غير مقبول...والكل هم أشياخنا وواجب علينا لهم الحق والتعظيم، ولاكن[294] أخذ ميزان العدل بينهم بما فيه برا ساحتهم هو الواجب علينا، والمرجو من الله سبحانه أن يتجاوز عنهم الجميع لسوابقهم في الإسلام، وعنايتهم بحفظ شريعة سيد الأنام، مع أن شيخنا ظاهر اللسان في حقه ويرا[295] له من التعظيم فوق ما يرا لغيره ممن عرفنا. وقد اطلعت على ترجمة للمترجم له لشيخنا في البدر الطالع وأعطاه حقه وأثنى عليه بما فتحه الله تعالى من العلوم[296] وأما المترجم فإن له تاريخًا استطرد فيه ذكر شيخنا البدر»[297].

ويبدو واضحًا التزام الضمدي بالأسس التي ذكرها في مقدمته حول التركيز على ذكر محاسن العلماء وعدم الخوض في أعراضهم وأخطائهم، لأن ذلك مضر بالدين لا بل يصل إلى حد الكفر على حد تعبيره. وما حديثه عن خلاف الأقران بما يتعلق بالشوكاني والعمراني إلا الدليل على ذلك. ويظهر هذا النهج عند الضمدي من خلال تناوله لكل التراجم الواردة في كتابه (حدائق الزهر).

ولم يغفل الضمدي أيضًا عن الإشارة إلى أهمية التاريخ كونه يحوي العظة والعبرة، متأثرًا في ذلك بكثير ممن سبقه من المؤرخين، فهو يقول: «الحمد لله الذي جعل في كرور الأيام وتعاقب الأعوام عبرة لمن اعتبر»[298]. أما الدافع الرئيس لتأليفه كتاب حدائق الزهر فيظهر بوضوح من قوله: «وإن هذا مؤلف لطيف جامع لمن أخذت عليه العلم من مشايخي العلماء الأعيان، فإنهم نور حدقة الوجود، وفضلا هذا الزمان قصدي بذلك التشبه بأهل العلم في سلوك هذا الطريق»[299].

نخلُص مما تقدم إلى أن الدوافع الرئيسية لاهتمام المؤرخين من أبناء شبه الجزيرة العربية خلال القرنين الثاني عشر والثالث عشر الهجريين/ الثامن عشر والتاسع عشر الميلاديين كانت سياسية ودينية واجتماعية وثقافية.

ويلاحظ أن أغلب المؤرخين أكدوا على أن الهدف من تدوين الوقائع التاريخية هو الوعظ والعبرة بما كان، فالاطلاع على أخبار الأمم الماضية يجعلنا نتعظ بما آلت إليه سلبياتها، ونعتبر بما حل بها، كما يجعلنا حريصين على الاقتداء بالإيجابيات التي لا يخلو منها عصر.

والجدير بالذكر هنا أن بعض المؤرخين لم يحدد هدفه من تدوين الوقائع التاريخية، وخاصة أولئك الذين نهضوا إلى تسجيل تواريخ بلادهم على أساس حولي وتسجيل الأخبار اليومية، حيث اقتصرت مهمتهم على إعطاء معلومات تاريخية مختصرة حول الأحداث التاريخية الخاصة بالمنطقة الجغرافية التي ينتمون إليها كما هو الحال عند الفاخري (محمد بن عمر)

1186هـ/ 1772م-1277هـ/ 1860م‏(300) في كتابه (تاريخ الفاخري)‏(301) الذي كان تاريخه مجرد سرد للأحداث وفق السنين.

وفي اليمن وضع الجرافي (أحمد بن محمد بن أحمد بن علي) 1280هـ/ 1863م- 1316هـ/ 1899م‏(302) أُطلق عليه حوليات العلامة الجرافي‏(303)، ولم يتضمن الكتاب مقدمة توضح غرض المؤلف من تأليف هذا الكتاب.

وهنالك مؤلفات مماثلة لمؤلفين مجهولين، ففي نجد وضع مؤلف مجهول تاريخًا ضمّنه أخبار نجد مركزًا فيه على دعوة الشيخ محمد بن عبد الوهاب دون أن يذكر تواريخ واضحة للأحداث‏(304)، في حين وضع مؤلف آخر أخبارًا لنجد ومجتمعها خلال دعوة الشيخ محمد بن عبد الوهاب. وأسلوبه أقرب ما يكون إلى التاريخ الحولي، وقد توقف عند سنة 1233هـ/ 1817م‏(305).

أما في عُمان فهناك مؤلفان أحدهما أطلق على كتابه عنوان (قصص وأخبار جرت في عُمان)، وتميل بعض الآراء إلى نسبته لأبي سليمان محمد بن عامر بن رشيد المعولي (ت بعد سنة 1198هـ/ 1783م)‏(306). وقد احتوى هذا الكتاب على سرد لتاريخ عُمان بشكل حولي توقف فيها عند سنة 1157هـ/ 1744م‏(307). أما المؤلف الثاني، فقد أطلق على كتابه اسم: (تاريخ أهل عُمان)، وتشبه الأخبار الواردة في هذا الكتاب – إلى حد كبير – ما هو وارد في كتاب (قصص وأخبار جرت في عُمان)، وقد توقف مؤلفه عند أخبار سنة 1198هـ/ 1783م. ولم يحو أي مقدمة توضح غرض المؤلف من تأليفه‏(308).

وفي اليمن أيضًا هنالك كتابان؛ الأول تاريخ حولي لليمن لمؤلف مجهول تناول أحداث اليمن من سنة 1263هـ/ 1846م إلى سنة 1287هـ/ 1870م‏(309)، والثاني لمؤلف مجهول أيضًا تناول تاريخ اليمن منذ سنة 1224هـ/ 1809م إلى 1316هـ/ 1898م‏(310).

الهوامش

(1) تقدم الحديث عن حياة ابن غنام في الفصل الأول. انظر: تكوين المؤرخين، مؤرخو نجد: حسين بن غنام.

(2 تقدم الحديث عنه وعن حركته في التمهيد.

(3) الشويعر، ابن غنام مؤرخ وتاريخ، مجلة الدارة، ع1س4، 1978، ص33.

(4) الشويعر، المرجع السابق، ص36.

(5) العيسى، الحياة العلمية في نجد، ص232-233.

(6) ابن غنام، تاريخ نجد، انظر أيضًا: العيسى، الحياة العلمية في نجد، ص232-233؛ البسام، علماء نجد، ج1، ص214.

(7) لم يوضح ابن غنام اسم الإمام الذي ألحّ عليه بإتمام الكتاب وقد يكون الإمام عبد العزيز بن محمد آل سعود الذي حكم الدولة السعودية (1765-1803) الذي كان أكثر الحكام السعوديين تمسكًا بمبادئ الشيخ محمد بن عبد الوهاب وأكثرها تقيدًا بنصائحه وإرشاداته. انظر: غرايبة، قيام الدولة السعودية، ص56. وقد يكون ابنه سعود الذي توفي سنة 1814.

(8) ابن غنام، تاريخ نجد، ص5-6.

(9) البهكلي، عبد الرحمن بن أحمد، ت1248هـ/ 1832م، نفح العود في سيرة الشريف حمود، تكملة عاكش الضمدي، ص280-281.

(10) ابن سند، عثمان، مطالع السعود بطيب أخبار الوالي داود، ورقة 144-145. انظر أيضًا : عبد الغني، مصطفى، مؤرخو الجزيرة العربية، ص38.

(11) ابن بشر، عنوان المجد في تاريخ نجد، ج1، ص219-225و228-236و356-361.

(12) ابن بشر، المصدر نفسه، ص360.

(13) الجاسر، مؤرخو نجد من أهلها، 1، مجلة العرب، ج9، س5، 1971، ص792-794. انظر أيضًا: الشبل، مقدمة تحقيقه لكتاب الفاخري، الأخبار النجدية، ص27-28.

(14) أبو عليه، دراسة في مصادر تاريخ الجزيرة العربية، ص344.

(15) ابن بشر، عنوان المجد، ج2، ص84؛ البسام، علماء نجد، ج1، ص27؛ الجاسر، مؤرخو نجد من أهلها، 1، مجلة العرب، ج9س5، ص798؛ الشبل، مقدمة التحقيق لكتاب الفاخري، الأخبار النجدية، ص29؛ الجاسر، تاريخ الفاخري لا الأخبار النجدية، مجلة العرب، ج7و8، 1981، ص553.

(16) من نجد أصلًا ومن أثريائها وسكان أبو علية، دراسة في مصادر الجزيرة العربية، ص357.

(17) آل مدلج، أهل التويم وحرمه. انظر: أبو عليه، دراسة في مصادر الجزيرة العربية، ص357.

(18) الجاسر، تاريخ الفاخري، لا الأخبار النجدية، مجلة العرب، ج5و6، 1981، ص450-453.

(19) ابن لعبون، منقول عن حمد الجاسر، تاريخ الفاخري لا الأخبار النجدية، مجلة العرب، ج5و6، 1981، ص450-453.

(20) الجاسر، مؤرخو نجد من أهلها، مجلة العرب، ج10، س5، 1971، ص881.

(21) الدجيلي، عثمان بن سند البصري، مجلة لغة العرب، ج4، س3، 1913، ص181-186. وانظر أيضًا: الجاسر، مؤرخو نجد من أهلها، مجلة العرب، ج10س5، 1971، ص881. وانظر أيضًا : الزركلي، الأعلام، ج4، ص206.

(22) ابن سند، مطالع السعود بطيب أخبار الوالي داود، مخطوط مصور على ميكروفيلم في مكتبة الجامعة الأردنية.

(23) أبو عليه، دراسة في مصادر تاريخ الجزيرة العربية، ص349.

(24) غرايبة، قيام الدولة السعودية العربية، ص99؛ انظر أيضًا: أبو حاكمه، محاضرات في تاريخ شرق الجزيرة، ص5-6؛ أبو عليه، دراسة في مصادر تاريخ الجزيرة العربية، ص349.

(25) ابن سند، مطالع السعود بطيب أخبار الوالي داود، ورقة 16.

(26) ابن سند، المصدر نفسه، ورقة 4.

(27) ابن سند، المصدر نفسه، ورقة 23.

(28) ابن سند، مطالع السعود، ورقة 24.

(29) ابن سند، المصدر نفسه، ورقة 24.

(30) ابن سند، نفسه، ورقة 25.

(31) ابن سند، نفسه، ورقة 25.

(32) ابن سند، نفسه، ورقة 25.

(33) ابن سند، نفسه، ورقة 24.

(34) ابن سند، مطالع السعود، ورقة 27.

(35) ابن سند، المصدر نفسه، ورقة 27.

(36) الجاسر، مؤرخو نجد من أهلها، 2، مجلة العرب، ج10 س5، 1971، ص881.

(37) ابن سند، مطالع السعود، ورقة 22.

(38) غرايبة، قيام الدولة السعودية، ص99؛ أبو حاكمه، محاضرات في شرق الجزيرة، ص5-6.

(39) الدجيلي، عثمان بن سند المصري، مجلة لغة العرب، ج4، س3، 1913، ص184.

(40) طربين، التاريخ والمؤرخون، ص129.

(41) الدجيلي، المرجع نفسه، ج4، س3، 1913، ص184.

(42) رؤوف، كتابة العرب لتاريخهم، ص27؛ وخالد النقشبندي كان من شيوخ ابن سند وأخذ عنه الأخير التصوف. انظر: طربين، التاريخ والمؤرخون، ص129.

(43) الجاسر، مؤرخو نجد من أهلها، 2، مجلة العرب، ج10، س5، 1971، ص885-888. انظر أيضًا: البسام، علماء نجد، ج1؛ عبد الغني، مؤرخو الجزيرة، ص60.

(44) وقف ابن بشر في تاريخه عنوان المجد في تاريخ نجد عند أخبار سنة 1267هـ/ 1850 دون أن يبدي أسباب توقفه خاصة أنه عاش بعد ذلك (23) سنة، وتوفي سنة 1290هـ/ 1873م. انظر: ابن بشر، عنوان المجد، ج2، ص291.

(45) ابن عيسى، عقد الدرر، ص7.

(46) ابن عيسى، المصدر نفسه، ص7-8. انظر أيضًا حول أسباب التأليف التي أوردها: البسام، علماء نجد، ج1، ص118.

(47) ابن عيسى، نفسه، ص8.

(48) البسام، علماء نجد، ج1، ص118. كما عبّر عن غرض ابن عيسى من التأليف: غرايبة، قيام الدولة السعودية العربية، ص98؛ الجاسر، مؤرخو نجد من أهلها، 2، مجلة العرب، ج10، س5، 1971، ص886.

(49) ابن عيسى، تاريخ بعض الحوادث الواقعة في نجد، ص26.

(50) لمزيد من المعلومات حول دحلان انظر: الفصل الأول، تكوين المؤرخين، مؤرخو الحجاز.

(51) دحلان، أمراء البلد الحرام.

(52) دحلان، تاريخ الدولة الإسلامية في الجداول المرضية، المطبعة البهية، القاهرة 1306هـ.

(53) دحلان، الدولة العثمانية من كتاب الفتوحات الإسلامية بعد مضي الفتوحات النبوية، اعتنى بطبعه طبعة جديدة بالأوفست، وقف الإخلاص، استنبول، تركيا، 1992.

(54) دحلان، الفتنة الوهابية، ضمن تاريخ الدولة الإسلامية.

(55) دحلان، تاريخ الدول الإسلامية في الجداول المرضية، ص2.

(56) دحلان، المصدر نفسه، ص2.

(57) الشوكاني، البدر الطالع، ج2، ص184-187. وحول ما أورده السخاوي في فوائد التاريخ انظر: السخاوي، محمد بن عبد الرحمن، ت902هـ/ 1496م، الإعلان بالتوبيخ لمن ذم التاريخ، دراسة وتحقيق محمد عثمان الخشن، مكتبة ابن سينا، 1989، ص61.وسيشار له عند تكرار وروده السخاوي، الإعلان بالتوبيخ لمن ذمّ التاريخ.

(58) دحلان، تاريخ الدول الإسلامية، ص2.

(59) دحلان، المصدر نفسه، ص2.

(60) دحلان، تاريخ الدول الإسلامية، ص3.

(61) دحلان، المصدر نفسه، ص3.

(62) أبو عليه، دراسة في مصادر تاريخ الجزيرة العربية، ص353.

(63) مؤلف مجهول، لمع الشهاب في سيرة الشيخ محمد بن عبد الوهاب.

(64) عبد الغني، مؤرخو الجزيرة، ص140؛ أبو عليه، دراسة مصادر تاريخ الجزيرة، ص347.

(65) الجاسر، تاريخ الكويت، مجلة دراسات الخليج، 1976م، ص153.

(66) أبو عليه، دراسات في مصادر تاريخ الجزيرة العربية، ص347.

(67) فاروق عمر، الإمامة الإباضية في عُمان، ص99.

(68) ناصر بن مرشد: أحد أئمة عُمان في القرن الحادي عشر الهجري/ السابع عشر الميلادي، وتوفي سنة 1059هـ. وهو مؤسس دولة اليعاربة واختير إمامًا على عُمان بالبيعة للفترة 1034هـ/ 1624م1059-هـ/ 1649م. انظر: ابن قيصر، عبد الله بن خلفان بن سليمان ت بعد 1050هـ/ 1640م، سيرة الإمام ناصر بن مرشد، تحقيق عبد المجيد حسيب القيسي، ط2، وزارة التراث القومي، سلطنة عُمان، 1983م، ص13. وسيشار له ابن قيصر، سيرة الإمام ناصر وانظر أيضًا : القيسي، مقدمة التحقيق لكتاب ابن قيصر، سيرة الإمام ناصر بن مرشد، ص1-9.

(69) ابن قيصر، سيرة الإمام ناصر، ص13.

(70) ابن قيصر، المصدر نفسه، ص14.

(71) لمزيد من المعلومات حول ابن رزيق انظر: الفصل الأول، تكوين المؤرخين، مؤرخو عُمان.

(72) أحمد بن سعيد بن أحمد بن محمد السعيدي الأزدي العُماني ت1188هـ/ 1774م. انظر: ابن رزيق، الفتح المبين، ص352-387.

(73) ابن رزيق، الفتح المبين، ص1.

(74) رؤوف، كتابة العرب لتاريخهم، ص61.

(75) ابن رزيق، الفتح المبين، ص418-421، 331، 386-387، 424-441.

(76) عبد الغني، مؤرخو الجزيرة، ص101-102.

(77) ابن رزيق، الفتح المبين، ص2.

(78) عبد الغني، مؤرخو الجزيرة، ص107.

(79) ابن رزيق، الفتح المبين، ص454.

(80) ابن رزيق، المصدر نفسه، ص451.

(81) ابن رزيق، نفسه، ص454.

(82) ابن رزيق، نفسه، ص455.

(83) ابن رزيق، الفتح المبين، ص455.

(84) ابن رزيق، المصدر نفسه، ص460.

(85) ابن رزيق، بدر التمام في سيرة السيد الهمام سعيد بن سلطان بن الإمام أحمد بن سعيد البوسعيدي اليمني العُماني الأزدي، ص459-565، ملحق بكتاب ابن رزيق الفتح المبين.

(86) ابن رزيق، الفتح المبين، ص459.

(87) ابن رزيق، المصدر نفسه، ص553-562.

(88) ابن رزيق، نفسه، ص565.

(89) ابن رزيق، الفتح المبين، ص563.

(90) عبد الغني، مؤرخو الجزيرة، ص101-102، 104.

(91) السيد، مصادر تاريخ اليمن، ص307. وانظر أيضًا: الحبشي، مصادر الفكر العربي، ص459-460. كما ذكره الجرافي، الحوليات، ص32.

(92) السيد، مصادر تاريخ اليمن، ص307-309؛ الحبشي، مصادر الفكر العربي، ص459-460.

(93) أحمد بن علي المعافي، من أشراف المخلاف السليماني.

(94) الكبسي، اللطائف السنية في أخبار الممالك اليمنية، ص5.

(95) الحبشي، مقدمة التحقيق لكتاب مؤلف مجهول، حوليات يمنية، ص6.

(96) صالحية، المخطوطات اليمنية، ص690-691.

(97) الكبسي، اللطائف السنية، ص29.

(98) انظر لمزيد من التفصيلات حول ابن بشر: الفصل الأول، تكوين المؤرخين، مؤرخو نجد.

(99) شيخ أمين، الحركات الأدبية في الحجاز، ص634.

(100) ابن بشر، عنوان المجد، ج1، ص361.

(101) ابن عيسى، عقد الدرر، ص69-70.

(102) غرايبة، قيام الدولة السعودية، ص97-98.

(103) ابن بشر، عنوان المجد، ج1، ص25.

(104) ابن بشر، المصدر نفسه، ج1، ص27.

(105) ابن بشر، نفسه، ج1، ص29.

(106) ابن بشر، نفسه، ج2، ص7.

(107) ابن بشر، عنوان المجد، ج2، ص7.

(108) شيخ أمين، الحركة الأدبية في الحجاز، ص616. انظر أيضًا : عبد الغني، مؤرخو الجزيرة، ص43.

(109) ابن بشر، عنوان المجد، ج1، ص26-27.

(110) ابن بشر، المصدر نفسه، ج1، ص27.

(111) ابن بشر، عنوان المجد، ج1، ص27-28.

(112) ابن بشر، المصدر نفسه، ج1، ص29.

(113) الإمام تركي بن عبد الله بن محمد بن سعود 1235هـ/ 1819م1249-هـ/ 1833م مؤسس الدولة السعودية الثانية بعد سنوات قليلة من سقوط الدولة السعودية الأولى التي استمرت سبعين سنة وجعل الرياض عاصمة لدولته بدل الدرعية واستمرت حتى عام 1891م. انظر: الحنبلي، مثير الوجد في أنساب ملوك نجد، ص42. وانظر أيضًا : غرايبة، تاريخ العرب الحديث، ص114.

(114) ابن بشر، عنوان المجد، ج2، ص118.

(115) ابن بشر، عنوان المجد، ج2، ص9.

(116) ابن بشر، المصدر نفسه، ج1، ص27-28؛ ج2، ص9.

(117) الإمام فيصل بن تركي.

(118) ابن بشر، عنوان المجد، ج2، ص235.

(119) رؤوف، كتابة العرب لتاريخهم، ص60.

(120) الطهراني، الذريعة إلى تصانيف الشيعة، ج1، ص533، 536. ولم توضح المراجع الأخرى تاريخ الوفاة واكتفت بالإشارة إلى حياته حتى سنة 1148. انظر: زباره، نشر العرف، ج2، ص16-18؛ السيد، مصادر تاريخ اليمن، ص266-267.

(121) مقدمة التحقيق لكتاب المكي: نزهة الجليس ومنية الأديب الأنيس، ج1، ص14-22.

(122) المكي، نزهة الجليس، ج1، ص19.

(123) السيد، أيمن، مصادر تاريخ اليمن، ص266-267.

(124) المكي، نزهة الجليس، ج1، ص18.

(125) لمزيد من المعلومات حول محمد بن أبي طالب انظر: الفصل الأول، تكوين المؤرخين، مؤرخو اليمن.

(126) الشوكاني، البدر الطالع، ج2، ص76.

(127) الحبشي، مقدمة تحقيق كتاب أبو طالب، تاريخ اليمن، ص8-9.

(128) ترجمة الحوثي لأبي طالب في كتابه نفحات العنبر. انظر كتاب محسن أبو طالب، تاريخ اليمن، مقدمة التحقيق للحبشي، ص6-7، وأورد نفس الترجمة زباره في كتابه نشر العرف، ج2، ص408-412.

(129) انظر حول جحّاف: الفصل الأول، تكوين المؤرخين، مؤرخو اليمن.

(130) زباره، نيل الوطر، م2، ص190-191 من كتاب جحّاف درر نحور الحور العين. انظر نفس النص: السيد، مصادر تاريخ اليمن، ص289-290.

(131) الشوكاني، البدر الطالع، ج2، ص69.

(132) الشوكاني، المصدر نفسه، ج2، ص71.

(133) العمري، مدرسة الشوكاني في كتابة التاريخ، مجلة دراسات يمنية، ع32، 1988، ص57-58.

(134) الشوكاني، البدر الطالع، ج1، ص318-322. انظر أيضًا: عاكش الضمدي، حدائق الزهر، مخطوط، الورقات 43-51؛ زباره، نيل الوطر، ج1، ص142، انظر أيضًا: ص317؛ العمري، مدرسة الشوكاني في كتابة التاريخ، مجلة دراسات يمنية ع32، 1988، ص62-63؛ الحبشي، مصادر، ص454؛ السيد، مصادر تاريخ اليمن، ص292-293.

(135) زباره، نيل الوطر، ج1، ص314-318.

(136) البهكلي، نفح العود في سيرة الشريف حمود، مقدمة الضمدي الذي كمّل على الكتاب، ص67-68.

(137) العقيلي، الحسن بن أحمد عاكش الضمدي، مجلة العرب، ج2، س6، 1971، ص101.

(138) البهكلي، نفح العود، مقدمة عاكش الضمدي، ص67-68.

(139) البهكلي، نفح العود، مقدمة عاكش الضمدي، ص67.

(140) سيأتي الحديث بالتفصيل عنه في الصفحات الآتية.

(141) العقيلي، الحسن بن عاكش الضمدي، مجلة العرب، ج9 س7، 1973، ص591.

(142) لمزيد من المعلومات عن هذا المؤرخ انظر: الفصل الأول، تكوين المؤرخين، مؤرخو اليمن.

(143) بعد مراجعة لسان العرب لابن منظور اتضح أن العِدة تعني الجماعة قلت أو كثرت. ولم ترد الكلمة مشكلة. وقد يكون المؤلف قد أراد من هذا العنوان أنه تاريخ في أخبار الجماعة المفيدة، وهي جماعة الكثيريين. انظر: ابن منظور، معجم لسان العرب، ط3، م9، ص80.

(144) الحبشي، مصادر الفكر العربي، ص460. وذكر الحبشي أن نسخة مخطوطة من شمس الظهيرة موجودة في مكتبته الخاصة ونسخة أخرى في مكتبة أحفاد المؤلف.

(145) الزركلي، الأعلام، ج3، ص238.

(146) الحبشي، مقدمة تحقيقية لكتاب الكندي، تاريخ حضرموت وقبائلها، م1، ص13.

(147) الزركلي، الأعلام، ج3، ص238.

(148) الحبشي، المرجع نفسه، م1، ص13.

(149) الكندي، تاريخ حضرموت، م2، ص154.

(150) الكندي، المصدر نفسه، م1، ص14.

(151) الكندي، تاريخ حضرموت، م1، ص34.

(152) الكندي، المصدر نفسه، م1، ص26.

(153) الكندي، نفسه، م1، ص26.

(154) الكندي، نفسه، م1، ص26.

(155) الكندي، نفسه، م1، ص26.

(156) الكندي، تاريخ حضرموت، م1، ص34..

(157) الكندي، المصدر نفسه، م1، ص331.

(158) انظر حول الإرياني: الفصل الأول، تكوين المؤرخين، مؤرخو اليمن.

(159) الحبشي، مصادر الفكر العربي، ص461.

(160) الإرياني، الدر المنثور في سيرة الإمام المنصور، ج1، ص217.

(161) ضحيان: هجرة مشهورة من بلاد بني جماعة وأعمال صعدة. انظر: الحجري، مجموع بلدان اليمن، م2، ج3، ص552.

(162) صعدة: مدينة مشهورة شمال صنعاء تبعد عنها سبع مراحل. انظر: الحجري، المرجع السابق، م2، ج3، ص467.

(163) الأهنوم: ناحية معروفة في الشمال الغربي من صنعاء على مسافة أربع مراحل، فيها قرى كثيرة وجبال شامخة وحصون منيعة ومدارس علمية، ومساجد ومزارع. انظر: الحجري، المرجع السابق، م2، ج3، ص95.

(164) ذمار: بلدة مشهورة جنوب صنعاء تبعد عنها ثلاث مراحل متقاربة. انظر الحجري، م1، ج1، ص341.

(165) زبيد: نسبة الاسم إلى وادي زبيد، وهو من أشهر أودية اليمن وبه سميت مدينة زبيد انظر: الحجري، م1، ج1، ص341.

(166) جبله: بلدة من أعمال إب في الجنوب الغربي عن إب التي تقع في الجنوب الغربي من صنعاء. الحجري، م1، ج1، ص31، 178.

(167) اليمن الأسفل: بلاد جنوب اليمن.

(168) الإرياني، الدر المنثور، ج1، ص216.

(169) الإرياني، المصدر نفسه، ج1، ص215.

(170) الإرياني، الدر المنثور، ج1، ص215-216.

(171) الإرياني، المصدر نفسه، ج1، ص216.

(172) الإرياني، الدر المنثور، ج1، ص216.

(173) الإرياني، المصدر نفسه، ج1، ص217.

(174) الإرياني، نفسه، ج1، ص243. انظر إشارات أخرى: ج1، ص45، 230-231؛ وج2، ص16، 52، 110، 200، 250.

(175) الإرياني، نفسه، ج1، ص305.

(176) الإرياني، الدر المنثور، ج1، ص305.

(177) الإرياني، المصدر نفسه، ج1، ص305.

(178) الخندريس: الخمر القديمة.

(179) الإرياني، نفسه، ج2، ص5.

(180) مجهول، كيف كان ظهور شيخ الإسلام الشيخ محمد بن عبد الوهاب، ط2، 1994.

(181) العثيمين، مقدمة تحقيق كتاب مؤلف مجهول، كيف كان ظهور شيخ الإسلام، ص16.

(182) مجهول، كيف كان ظهور شيخ الإسلام، ص51.

(183) مجهول، المصدر نفسه، ص34.

(184) انظر: التمهيد.

(185) تقدم ذكرها في التمهيد عند الحديث عن الدولة السعودية ودعوة الشيخ محمد بن عبد الوهاب.

(186) لمزيد من المعلومات انظر: التمهيد، فقد تم الحديث عن الاتفاق المذكور والمصادر التي أوردت أخبارًا متباينة حول تاريخه.

(187) مجهول، كيف كان ظهور شيخ الإسلام الشيخ محمد بن عبد الوهاب، ص34.

(188) مجهول، المصدر نفسه، ص36، 37، 39، 44، 125.

(189) مجهول، نفسه، ص46، 53، 58، 59، 90، 98.

(190) مجهول، نفسه، ص62، 70.

(191) انظر الأوراق الخاصة بالدوافع السياسية.

(192) لمزيد من المعلومات حول ابن حميد انظر: الفصل الأول، تكوين المؤرخين، مؤرخو نجد.

(193) ابن حميد، السحب الوابلة على ضرائح الحنابلة، ج1، ص3-4.

(194) ابن حميد، المصدر نفسه، ج1، ص4.

(195) هو الإمام الحافظ عبد الرحمن بن أحمد بن رجب...السلامي البغدادي، أبو الفرج، ت795هـ، صاحب التصانيف ذكره المؤلف ابن حميد في السحب الوابلة.

(196) العليمي، عبد الرحمن بن محمد بن عبد الرحمن ت928هـ. ذكره ابن حميد في السحب الوابلة.

(197) ابن حميد، السحب الوابلة، ج1، ص4.

(198) الأزكوي، تاريخ عُمان المقتبس من كتاب كشف الغمة الجامع لأخبار الأمة، حققه ونشره عبد المجيد حسيب القيسي، دار الدراسات الخليجية؛ وانظر أيضًا: فاروق عمر، الإمامة الإباضية في عُمان، ص16.

(199) الأزكوي، كشف الغمة، ص15-16.

(200) فاروق عمر، مقدمة في دراسة مصادر التاريخ العماني، ص111-112. انظر أيضًا لنفس المؤلف: الإمامة الإباضية في عُمان، ص16.

(201) عمر، الإمامة الإباضية في عُمان، ص18.

(202) السالمي، تحفة الأعيان، ج1، ص4.

(203) السالمي، المصدر نفسه، ج1، ص4-5.

(204) عوض حليفات، نشأة الحركة الإباضية، ص17.

(205) السالمي، اللمعة المرضية، 1981، ص1-32.

(206) عُمان، تاريخًا وعلماء (من مصادر أجنبية)، ترجمة محمد أمين عبد الله، وزارة التراث القومي والثقافة، ص37-38. انظر أيضًا : عبد الغني، مؤرخو الجزيرة، ص107.

(207) السالمي، عبد الله بن حميد بن سلوم، ت1332هـ/ 1914م، معارج الآمال على مدارج الكمال بنظم مختصر الخصال، تحقيق محمد محمود إسماعيل، وزارة التراث القومي والثقافة، سلطنة عُمان، 1983م.، ج1 وسيشار له عند تكرار وروده السالمي، معارج الآمال.

(208) السالمي، تحفة الأعيان، ج1، ص4.

(209) السالمي، تحفة الأعيان، ج1، ص4.

(210) السالمي، المصدر نفسه، ج1، ص294.

(211) السالمي، نفسه، ج1، ص280.

(212) ابن عيسى، تاريخ بعض الحوادث، ص133. وقيل أنه خلف من الأموال ما قيمته ألف ألف ومائة ألف ريال، وابن رزق هذا أصله من آل رزق أهل حرمه، وانتقلوا منها وسكنوا بلد الغاط وهم من بني خالت سنة 1224هـ.

(213) الدجيلي، عثمان بن سند البصري، مجلة لغة العرب، ج4، س3، 1913، ص184. انظر لمزيد من المعلومات حول دوافع الكتابة التاريخية لابن سند: الصفحات السابقة.

(214) ابن لعبون، تاريخ ابن لعبون، ص3.

(215) ابن لعبون، المصدر نفسه؛ انظر أيضًا: الجاسر، تاريخ الفاخري لا الأخبار النجدية، مجلة العرب، ج5و6، 1981، ص450-453.

(216) فيما يتعلق بوفاة الأنصاري، فقد أورد الأنصاري في كتابه أخبار لسنة 1197هـ. انظر الأنصاري، تحفة المحبين، ص508، وليس التاريخ الذي ذهب إليه مؤلف مجهول في كتابه تراجم المدينة المنورة في القرن الثاني عشر الهجري أنها كانت سنة 1195هـ. انظر: مجهول، تراجم المدينة المنورة في القرن الثاني عشر الهجري، ص54.

(217) الأنصاري، تحفة المحبين.

(218) الأنصاري، المصدر نفسه، انظر على سبيل المثال ص18، 20.

(219) الأنصاري، نفسه ص172، 229، 367.

(220) الأنصاري، نفسه ص226.

(221) الأنصاري، نفسه ص230.

(222) الأنصاري، نفسه ص154.

(223) الأنصاري، تحفة المحبين، انظر على سبيل المثال ص179، 190.

(224) الأنصاري، المصدر نفسه، ص225، 299، 352.

(225) الأنصاري، نفسه، ص66، 105، 116، 102، 143، 169، 112، 391، 91، 383، 197، 256. وكل رقم يدل على بداية ذكر المؤلف لأسرة تنتمي إلى بلد عربي.

(226) الأنصاري، نفسه، ص39، 266، 189، 365، 479، 79، 87، 116، 207، 229، 264، 108، 118، 151.

(227) الأنصاري، نفسه، ص2.

(228) ألّف الأنصاري رسالة ذكرها في كتابه تحفة المحبين سماها: (نزهة الأبصار في صحة نسب الخمسة بيوت المنسوبين للأنصار. والخمسة بيوت التي ذكرها المؤلف هي بيت بافضيل وبيت باشعيب وبيت الخياري وبيت الكراني وبيت التمتام. انظر الأنصاري، تحفة المحبين، ص105.

(229) الأنصاري، نفسه، ص2.

(230) كان ذلك سنة 1155هـ. وسلطان المغرب إذ ذاك هو عبد الله بن إسماعيل.

(231) المذكورين.

(232) الأنصاري، تحفة المحبين، ص206.

(233) الأنصاري، المصدر نفسه، ص206 و 105.

(234) الأنصاري، نفسه، ص2.

(235) الأنصاري، نفسه، ص1.

(236) قاسم، دولة بوسعيد في عُمان وشرق إفريقيا 1741-1861، ص283.

(237) ابن رزيق، الفتح المبين في سيرة السادة البوسعيديين. انظر أيضًا: بدر التمام في سيرة السيد الهمام سعيد بن سلطان، ملحق بكتاب الفتح المبين.

(238) مخطوطان أحدهما في جامعة أكسفورد وأخرى في المتحف البريطاني. انظر: أبو حاكمه، محاضرات في تاريخ شرق الجزيرة، ص13.

(239) ابن رزيق، الصحيفة القحطانية، صورة عن المخطوطة لدى الباحث، ورقة 2.

(240) النص مقتبس من كتاب فاروق عمر، مقدمة في دراسة مصادر التاريخ العُماني، الذي ذكر أنه اطلع على المخطوطة في لندن.

(241) فاروق عمر، المرجع السابق.

(242) ابن رزيق، الصحيفة القحطانية، ورقة 1.
(243) عاكش الضمدي، حدائق الزهر، صورة عن المخطوط لدى الباحث، ورقة 1.
(244) الحبشي، مصادر الفكر العربي، الصفحات 444-463. وانظر أيضًا: السيد، مصادر تاريخ اليمن، الصفحات 253-315.
(245) انظر عن الشوكاني وحياته ووفاته وتكوينه العام: الفصل الأول، تكوين المؤرخين.
(246) انظر الصفحات السابقة من هذا الفصل.
(247) العمري، الشوكاني في تراجم معاصريه، القسم الأول، مجلة دراسات يمنية، ع13، 1983، ص93-104.
(248) العمري، مدرسة الشوكاني في كتابة التاريخ، مجلة دراسات يمنية، ع32، 1988، ص58-60.
(249) الشوكاني، البدر الطالع، ج2، ص214-225. وانظر أيضًا: محافظة، الاتجاهات الفكرية الحديثة، ص44.
(250) الشيال، محاضرات في الحركات الإصلاحية، ج1، ص66، وانظر أيضًا: مقبل، محمد بن علي الشوكاني وجهوده التربوية، ص24.
(251) الشيال، محاضرات في الحركات الإصلاحية، ج1، ص66. انظر أيضًا: محافظة، الاتجاهات الحديثة، ص44-49.
(252) الشوكاني، أسلاك الجوهر، ديوان شعر، ص321.
(253) محافظة، الاتجاهات الفكرية، ص44-49.
(254) الشوكاني، البدر الطالع، ج2، 214-225.
(255) الشوكاني، البدر الطالع، ج1، ص2-3.
(256) الشوكاني، المصدر نفسه، ج1، ص3.
(257) الشوكاني، أدب الطلب، ص1.
(258) الشوكاني، البدر الطالع، ج1، ص3.
(259) الشوكاني، البدر الطالع، ج1، ص59-60.
(260) الشوكاني، المصدر نفسه، ج2، ص89. انظر أيضًا: الشوكاني، أدب الطلب، ص15.
(261) الشوكاني، أدب الطلب، ص15.
(262) الشوكاني، فتح القدير الجامع بين فني الرواية والدراية من علم التفسير، ج1، ص6.
(263) الشوكاني، المصدر نفسه، ج1، ص7.
(264) الشوكاني، رفع الأساطين في حكم الاتصال بالسلاطين.
(265) الشوكاني، رفع الأساطين، ص74-75.
(266) الشوكاني، البدر الطالع، ج1، ص224.
(267) الشوكاني، المصدر نفسه، ج2، ص368.
(268) الشوكاني، نفسه، ج2، ص364.
(269) الشوكاني، محمد بن علي، ت1250هـ/ 1834م، أسلاك الجوهر – ديوان شعر، تحقيق ودراسة د.حسين عبد الله العمري، ط2، دار الفكر، دمشق 1986م، ص8. وسيشار له عند تكرار وروده ، الشوكاني، ذكريات.
(270) الشوكاني، المصدر نفسه، ص8.
(271) الشوكاني، نفسه، ص156.
(272) الشوكاني، نفسه، ص187، 189.

(273) الإمام المهدي هو عبد الله بن الإمام أحمد المتوكل. وتوفي الإمام المهدي سنة 1251هـ/ 1834م. الشوكاني، أسلاك الجوهر، مقدمة التحقيق، ص34-35.

(274) كوكبان، حصن مشهور مطل على شبام كوكبان في الغرب الشمالي من صنعاء وعلى مسافة مرحلة واحدة من صنعاء، الحجري، مجموع بلدان اليمن، م2، ج3، ص668-669.

(275) شبام: اسم مشترك بين أربعة بلدان في اليمن وهي: شبام كوكبان وشبام حراز وشبام الغراس من بلاد صنعاء وشبام حضرموت.

(276) الشوكاني، البدر الطالع، ج1، ص276.

(277) الشوكاني، البدر الطالع، ج1، ص77-79.

(278) الشوكاني، أسلاك الجوهر، ص207. وانظر: البدر الطالع، ج1، ص406، 474.

(279) بكيل: بطن من همدان بنو بكيل بن جشم أخو حاشد بن جشم بن خيران. الحجري، مجموع قبائل اليمن، م1، ج1، ص125.

(280) الشوكاني، أسلاك الجوهر، ص289، 301.

(281) محافظة، الاتجاهات الفكرية الحديثة، ص44.

(282) لمزيد من التفصيلات انظر: الفصل الأول، تكوين المؤرخين، مؤرخو اليمن.

(283) الحبشي، مقدمة التحقيق لكتاب مؤلف مجهول، الحوليات اليمانية، ص6,

(284) الضمدي، حدائق الزهر في ذكر أشياخ العصر والدهر، ورقة 1.

(285) العقيلي، الحسن بن أحمد بن عاكش الضمدي، مجلة العرب، ج2، س6، 1971، ص101.

(286) العقيلي، المصدر نفسه، ج3، س6، 1971، ص183.

(287) العقيلي، م.ن، ج9، س7، 1973، ص591-592.

(288) توشرر، المخلاف السليماني في اليمن، مجلة دراسات يمنية، ع32، 1988، ص70.

(289) أبو داهش، مناظرة أحمد بن إدريس مع فقهاء عسير 1248هـ/ 1832م، جمع الحسن بن أحمد بن عبد الله عاكش الضمدي 1221-1290هـ، مجلة العرب، ج5 و6، س21، 1986، ص326-330.

(290) توشرر، المخلاف السليماني في اليمن، مجلة دراسات يمنية، ع32، 1988، ص70.

(291) توشرر، المرجع نفسه، ص70.

(292) الضمدي، حدائق الزهر، ورقة 1.

(293) الضمدي، المصدر نفسه، ورقة 62.

(294) ولاكن: ولكن.

(295) يرا: يرى.

(296) انظر الشوكاني، البدر الطالع، ج2، ص210. وقد ترجمه الشوكاني ترجمة وافية وأشار إلى أنه كان ممن أخذ العلم بين يديه وكان من المجتهدين ومن ذوي الشأن الكبير في علوم مختلفة وخاصة في الحديث وقال في آخر ترجمته له: (وهو إلى الآن في عمله وبالجملة فهو قليل النظير في مجموعه وكثرة فنونه وإتقانه) ولعل العلاقة كانت طيبة من جانب الشوكاني وقد يكون العمراني تعرض للشوكاني بعد وفاته سنة 1250، إذ أن العمراني بقي حيًا إلى سنة 1264.

(297) الضمدي، ورقة 57-58.

(298) الضمدي، حدائق الزهر، ورقة 1.

(299) الضمدي، المصدر نفسه، ورقة 1.

(300)البسام، علماء نجد، ج3، ص922؛ انظر أيضًا: الشبل: مقدمة تحقيقه لكتاب الفاخري الأخبار النجدية، ص30؛ الجاسر، تاريخ الفاخري لا الأخبار النجدية، 3، مجلة العرب، ص556.

(301) الجاسر، تاريخ الفاخري لا الأخبار النجدية، مجلة العرب، ج5و6، 1981، ص450-453.

(302) زبـاره، أئمـة اليمن، ج2، ص280-285. ونزهة النظر ج1، ص140؛ السيد، مصادر تاريخ اليمن، ص311؛ العمري، مقدمة تحقيق حوليات الجرافي، ص12؛ الزركلي، الأعلام، ج1، ص248.

(303) الجرافي، حوليات الجرافي، انظر مقدمة التحقيق، ص5-20.

(304) مجهول، كيف كان ظهور الشيخ مخمد بن عبد الوهاب.

(305) مجهول، لمع الشهاب في سيرة الشيخ محمد بن عبد الوهاب، تحقيق أحمد مصطفى أبو حاكمه.

(306) فاروق عمر، الإمامة الإباضية في عُمان، ص17.

(307) مجهول، قصص وأخبار جرت في عُمان، تحقيق عبد المنعم عامر، وزارة التراث القومي، عُمان.

(308) مجهول، تاريخ أهل عُمان.

(309) مجهول، حوليات يمنية من سنة 1224هـ إلى سنة 1316هـ، أو اليمن في القرن التاسع عشر الميلادي.

(310) مجهول، صفحات مجهولة من تاريخ اليمن.

الفصل الرابع
مصادر المؤرخين ومنهجهم في التعامل معها

- المصادر المكتوبة
- المصادر الشفوية
- المشاهدات

مصادر المؤرخين ومنهجهم في التعامل معها

اعتمد المؤرخون في الجزيرة العربية على ثلاثة أنواع من المصادر هي: المكتوبة، والشفوية، والمشاهدات. وتتمثل المكتوبة بالمؤلفات التاريخية السابقة المتعلقة بتاريخ بلادهم، وتشمل كتب التاريخ العام، والتراجم، والسير، والأنساب، والبلدان، سواءً كانت في إطار الأمة الإسلامية كوحدة واحدة أو كانت خاصة بالبلدان التي ينتمي إليها هؤلاء المؤرخون. ومن المصادر المكتوبة أيضًا المراسلات التي تعد وثائق مهمة تلقي الضوء على العلاقات بين الحكام في الجزيرة العربية والقوى المحلية في بلادهم، وبينهم وبين القوى الخارجية الموجودة في المنطقة كالعثمانيين، والإنجليز، والفرنسيين. ويمكن إضافة الشعر كذلك إلى المصادر المكتوبة، إذ حرص كثير من المؤرخين على الاستشهاد بشعر الشعراء القدماء أو المعاصرين للدلالة على الأوضاع السائدة في الفترات المتعلقة بالدراسة.

وتُعدّ الرواية الشفوية من المصادر الرئيسة التي اعتمد عليها المؤرخون، وعوّلوا عليها لتسجيل الكثير من أخبارهم. وكانت رواياتهم بعضها واضح الإسناد، وبعضها الآخر مجهول الإسناد، إذ كثيرًا ما لجأ المؤرخون إلى عبارات مثل: «بلغنا، قيل، وصلت الأخبار» دون أن يذكر المؤرخ صاحب الخبر. وقد يصف المؤرخ مصدره المجهول بأنه ثقة، وأنه معروف بأنه ثقة دون ذكر اسمه، ومثل هذه الإشارة تدل على إدراك المؤرخين لخطورة الرواية الشفوية، فالمؤرخ قد يشير بعبارة الثقة هذه لإضفاء أهمية أكبر على الحادثة التي يذكرها، أو ليخلص نفسه من مسؤولية تدوينها. كما قد يلجأ المؤرخ إلى القول: «بلغنا ممن حضر تلك الوقعة...» حتى يؤكد أنه استقى أخباره من شاهد عيان متجاهلًا أن ما يكتبه سيخضع يومًا للفحص والتدقيق.

أما المشاهدات فيقصد بها مدى معاصرة المؤرخ واطلاعه على الأحداث، ومدى قربه منها. ومن أكثر المؤرخين اعتمادًا على المشاهدات كُتّاب السيرة الذين يعبّرون في سيرهم عن مدى قربهم من أصحاب السير، حيث يسجلون ما يشاهدون من أحداث. ومنهم أيضًا كُتّاب الحوليات الذين عنوا بتسجيل مشاهداتهم اليومية، أو تسجيل ما ينقله إليهم معاصروهم. وتتوقف أهمية الأخبار التي يدونونها على نشاطهم في متابعة الأحداث، وقدرتهم على تدوين ما يشاهدون.

وسيعرض هذا الفصل المصادر المكتوبة والشفوية والمشاهدات لكل من مؤرخي نجد ثم الحجاز ثم عُمان ثم اليمن وفق الترتيب الزمني لوفياتهم.

المصادر المكتوبة

مؤرخو نجد:

أورد بعض المؤرخين في نجد إشارات واضحة إلى مصادرهم في بداية مؤلفاتهم، بينما اعتمد بعضهم الآخر على من سبقه دون الإشارة إليه. فقد سجل ابن غنام (ت سنة 1225هـ/ 1810م) أخبار دعوة الشيخ محمد بن عبد الوهاب وغزواته ودور السعوديين في نشر دعوته من خلال معاصرته للأحداث، ولم يشر إلى اعتماده على مصادر مكتوبة إلا في الصفحات الأولى حيث استشهد بآيات من القرآن الكريم[1]، وأحاديث نبوية شريفة[2]. كما أورد رسالة تهنئة من الشيخ محمد بن عبد الوهاب إلى الأمير عبد العزيز بن محمد على ما تم تحقيقه من فتح الرياض[3]. ويرى البعض أن ابن غنام عوّل على غيره ممـن سبقه مثل أحمد بن بسام (ت1040هـ/ 1630م)[4] وأحمد بن منقور (ت1125هـ/ 1713م)[5] ومحمد بن ربيعة العوسجي (ت1158هـ/ 1745م)[6] وعبد الله بن أحمد بن عضيب الناصري (ت1160هـ/ 1747م)[7] وإبراهيم بن أحمد بن يوسف (ت1206هـ/ 1791م)[8]. كما أن ابن غنام استشهد بأبيات من الشعر[9].

ويبدو أن ابن غنام اعتمد – أكثر ما اعتمد – في تأريخه لدعوة الشيخ محمد بن عبد الوهاب على معاصرته لها، وبالتالي فإنه لم يكن بحاجة إلى أخبار سابقيه، مكتفيًا بما أورده من إشارات دينية تمثلت في الآيات والأحاديث، وأضاف إلى ذلك شواهد شعرية في بعض الأحيان.

وتكرر ما حدث عند ابن غنام عند صاحب كتاب (كيف كان ظهور شيخ الإسلام الشيخ محمد بن عبد الوهاب) حيث دوّن المؤلف أخباره دون الإشارة إلى مصادره أو إلى تواريخ خاصة بالأحداث. وكان المؤلف معاصرًا لدعوة الشيخ، فقد دعا للأمير عبد العزيز بن محمد في موضع من الكتاب[10]، وفي موضع آخر ذكر الأمير عبد العزيز داعيًا له بالرحمة[11]. وقد توفي الأمير عبد العزيز عام 1218هـ/ 1803م[12].

أما صاحب كتاب (لمع الشهاب في سيرة الشيخ محمد بن عبد الوهاب) الذي توقف في تدوين أخباره عند سنة 1233هـ/ 1817م[13]، فقد أشار في كتابه إلى بعض المصادر التاريخية المتعلقة بالعهد الإسلامي، منها: الطبري وابن خلكان وابن الجوزي، ففي حديثه عن حرب اليمامة في أيام خلافة أبي بكر قال: «وأسروا منهم خلقًا كثيرًا كما نص عليه ابن خلكان والطبري وابن الجوزي في تواريخهم»[14]. كما أورد عددًا من المراسلات بين ابن سعود وبعض زعماء البلدان في نجد، دون أن يوضح الطريقة التي تمكن بوساطتها من الحصول على هذه المكاتبات[15].

وألّف عثمان بن سند (ت1242هـ/ 1826م) كتابًا في التاريخ سماه (مطالع السعود بطيب أخبار الوالي داود)، ومع أنه كان معاصرًا للأحداث التي سجلها إلا أنه أشار أكثر من مرة إلى

مؤرخ تركي[16] يرى حمد الجاسر أنه الكركوكلي (ت1243هـ/ 1827م)صاحب كتاب (دوحة الوزراء في تاريخ وقائع بغداد الزوراء) باللغة التركية، كما يرى أن ابن سند نقل عن الكركوكلي أسباب الصلح بين علي باشا وسعود، ذلك الصلح الذي أسفر عن انسحاب علي باشا من الأحساء سنة 1214هـ/ 1799م[17].

ولم يغفل ابن سند الشعر في كتـابه، فقد أورد شعرًا كان في أغلبه من نظمه مدحًا وهجاءً ورثاءً[18] في رجال عصره، كما أورد أشعارًا لغيره دون ذكر أصحابها[19].

أما حمد بن لعبون ت بعد (1255هـ/ 1839م) فقد أشار إلى نوعين من المصادر المكتوبة، ومما يدل على ذلك العبارات التي أوردها في مقدمة تاريخه، مثل: «وما رأيته في الوثائق بخط العلماء» و«ملتقطًا له من كتب عديدة...معتَمَدة عند أهل الأذهان»[20]، وذلك في تدوينه للمادة التاريخية التي بدأها بهبوط آدم عليه السلام حتى نهاية الدولة العباسية. وقد بلغت المصادر المكتوبة التي أشار إليها حوالي (32) مصدرًا منها: الطبري في تاريخ الرسل والملوك، وابن الجوزي[21]، وابن كثير[22]، والسيوطي[23]. وفي القسم الخاص غير المطبوع من الكتاب أشار حمد الجاسر إلى اعتماد ابن لعبون على المؤرخين النجديين مثل: أحمد بن بسام وابن منقور والعوسجي[24].

وعلل ابن لعبون عدم ذكر مصادره بشكل مفصّل بأنه لا يريد الإطالة، ولذلك ذكر الأحداث «على سبيل التلخيص والاختصار، حاذفًا ذكر القائل والناقل في جميع الأخبار إلا النزر القليل، استغناءً عن التطويل، ملتقطًا له من كتب عديدة في هذا الشأن»[25]. واستشهد في بعض الأحداث بالشعر الذي أورده على سبيل الحكمة والموعظة، وكان أكثر الشعراء استشهادًا بشعرهم: امرؤ القيس، والمهلهل بن ربيعة، وحسان بن ثابت[26].

ولم يشر الفاخري الذي كتب تاريخًا لنجد ابتداءً من سنة 850هـ/ 1446م حتى تاريخ وفاته سنة 1277هـ/ 1860م إلى مصادره إلا في حالات قليلة؛ فقد أشار إلى المنقور في أخبار سنة 1099هـ/ 1687م[27]، وأخبار سنة 1105هـ/ 1693م[28]، وذكر أن وفاته كانت سنة 1125هـ/ 1713م، ولكنه لم يحدد له تاريخًا بعينه أو أي مؤلفات أخرى[29]. وقد يكون اعتمد على تاريخ المنقور بشكل رئيسي، فقد ذكر ابن عيسى ت 1343هـ/ 1924م أن المنقور بدأ تاريخه بأخبار سنة 1048هـ/ 1638م وانتهى إلى سنة 1125هـ/ 1713م[30]. ومما يرجح اعتماد الفاخري

عليه أنه لم يذكر السنوات التي أغفلها المنقور وهي 1053هـ/ 1643م، 1054هـ/ 1644م، 1055هـ/ 1645م[31].

واستشهد الفاخري بالشعر في بعض الحالات، وكان يصف الأشعار التي يوردها بأنها غير عربية، ويعني بذلك أنها ليست فصيحة[32].

ومن مؤرخي نجد أيضًا ابن بشر(ت1290هـ/ 1873م) الذي أشار في مقدمة كتابه (عنوان المجد في تاريخ نجد) إلى قلة المصادر التاريخية المتعلقة بتاريخ نجد، وأخذ على أهل نجد قلة اهتمامهم بتاريخ بلادهم[33].

وفي بحثه عن أخبار آل سعود ووقائعهم لم يوفق ابن بشر في العثور على تاريخ يعتمد عليه، ويؤكد ذلك بقوله: «وإني تتبعت من أرّخ أيامهم فلم أجد ما يشفي الغليل، ...إلا أنّي وجدت لمحمد بن علي بن سلوم الوهبي[34] إشارات لطيفة في تتابع السنين...ثم وجدت أيضًا ترسيمات السنين لغيره أحسن من رسمه متصلة به، فلما ظفرت بالسنين وبمعرفة الوقائع فيها استخرت الله في وضع هذا المجموع...»[35].

وذكر ابن بشر في مقدمة الكتاب أيضًا أن بعض علماء نجد دوّنوا تواريخ ولكنها لا تفي بالمطلوب وقال عنها: «فإن بعض من سبق من علماء نجد أرخوا تأريخات ورسموا ترسيمات قصروا فيها عن المطلوب...»[36].

وقد استفاد ابن بشر من هذه التواريخ في تسجيله أخبار نجد للفترة من 850هـ/ 1446م إلى 1156هـ/ 1743م وسماها السوابق[37]، واعتمد في ذلك على مصادر مكتوبة وهي: (الإعلام بأعلام بيت الله الحرام)[38] و(سمط النجوم العوالي في أنباء الأوائل والتوالي)[39]. واعتمد على الإعلام خاصة فيما يتعلق بأخبار الأشراف في الحجاز وتحركاتهم تجاه نجد[40].

وقد أثار ابن بشر حوله الكثير من التساؤلات بسبب إغفاله لمن سبقه من المؤرخين أمثال المنقور (ت 1125هـ/ 1713م) وابن غنام (ت 1225هـ/ 1810م). والفاخري (ت1277هـ/ 1860م) الذي كان معاصرًا له وخاصة أن التشابه بين تاريخ ابن بشر ومن سبقه من المؤرخين يبدو واضحًا، وهو ما دفع البعض إلى القول بأن ابن بشر قد نقل ما سجله المنقور من مذكرات وحوادث عامة لتاريخ نجد[41]. بينما يرى آخرون أنه اعتمد على ابن غنام بشكل رئيسي دون أن يذكر ذلك[42]، وعبر حمد الجاسر عن إغفال ابن بشر تاريخ ابن غنام بالقول:

«لم يجد ابن بشر صعوبة في تدوين تاريخه هذا، فقد عمد إلى تاريخ ابن غنام فجرده من السجع، وصاغه صياغة بدت أرق من أسلوب ابن غنام...كما وجد ابن بشر في المؤلفات

الأخرى التي سبقت الإشارة إليها عونًا له في تدوين الحوادث التي دعاها بالسوابق»[43]. ومن الإشارات التي ترد حول التأكيد على اعتماد ابن بشر على ابن غنام التشابه في بداية تاريخ كل منهما حيث يبدآن بعام 1158هـ/ 1745م[44]، ومن المرجح أيضًا أن يكون ابن بشر قد نقل أخبار الغزوات عن ابن غنام[45]. وهذا لا يعني أن ابن بشر لم يذكر ابن غنام في كتابه، فقد ذكر تاريخ وفاته ومؤلفاته، ولكنه أغفل ذكر كتابه في التاريخ[46]، كما ذكر قصائده في مدح دعوة الشيخ محمد بن عبد الوهاب وزعمائها[47].

وإلى جانب ابن غنام اعتمد ابن بشر على الفاخري، إذ أن هناك تشابهًا واضحًا بين التاريخين خاصة فيما يتعلق بالسوابق، فالفاخري بدأ تاريخه بعام 850هـ/ 1446م وقال في أخبار هذه السنة: «اشترى حسن بن طوق جد آل معمر العيينة من آل يزيد»[48].

وبدأ ابن بشر سوابقه بالسنة نفسها وقال في أخبارها: «اشترى حسن بن طوق جد آل معمر بلد العيينة من آل يزيد»[49]، ويستمر التشابه بين الأخبار الواردة عند المؤرخين، مما يرجح اعتماد ابن بشر على الفاخري، أو اعتمادهما كلاهما على مصدر واحد.

ومما أُخذ على ابن بشر أنه قليلًا ما كان يناقش أخباره ويمحصها[50]، وهذا المأخذ ليس دقيقًا لأنه يتناقض مع ما حدده في مقدمة كتابه عندما أخذ على من سبقه من المؤرخين سردهم للحوادث التاريخية دون ذكر أسبابها أو تفاصيلها، قائلًا:

«واعلم أن أهل نجد وعلماءهم القديمين والحديثين لم يكن لهم عناية بتأريخ أيامهم وأوطانهم ولا من بناها، ولا ما حدث فيها، وسار منها وسار إليها، إلا نوادر يكتبها بعض العلماء، هي عنها أغنى، لأنهم إذا ذكروا السنة قالوا قتل فيها فلان بن فلان ولا يذكرون اسمه ولا سبب قتله، وإذا ذكروا قتالًا أو حادثة قالوا في هذه السنة جرت الوقعة الفلانية، ونحن نعلم أن من زمن آدم إلى اليوم كله قتـال، لكن نريد أن نعرف الحقيقة والسبب...وكل ذلك في تاريخهم معدوم»[51].

وحاول ابن بشر أن يفصّل أخبار الحوادث، ففي حادثة مقتل الإمام عبد العزيز بن محمد سنة 1218هـ/ 1803م أورد ابن بشر تفصيلات لم يذكرها من سبقه مثل الفاخري الذي اكتفى بوصف القاتل بأنه عراقي[52]، بينما ذكر ابن بشر أن الإمام عبد العزيز «قضى عليه رجل قيل أنه كردي من أهل العمادية بلد الأكراد المعروفة عند الموصل، اسمه عثمان، أقبل من وطنه لهذا القصد محتسبًا حتى وصل الدرعية في صورة درويش...وقيل إن هذا الدرويش...من أهل بلد الحسين رافضي خبيث...فهذا والله أعلم أحرى بالصواب، لأن الأكراد ليسوا بأهل رفض

وليس في قلوبهم غلّ على المسلمين، والله أعلم»(53). وتجدر الإشارة إلى أن هذه الحادثة نفسها وردت بعد ابن بشر عند ابن عيسى (ت1343هـ/ 1924م) بصورة مختصرة، حيث اكتفى بالقول إن القاتل من أهل العراق(54). فصل ابن بشر في أخبار الحملة الفرنسية على مصر في أخبار سنة 1212هـ/ 1797م

ذاكرًا أسبابها ومحاولات المماليك في التصدي لها، وموقف الدولة العثمانية والإنجليز منها(55)، وفي نهاية حديثه أشار إلى مصدره بشكل واضح قائلًا: «قلت قد نقلت أخذ الفرنسيس هذا لمصر من أوراق تاريخ وجدت في الطائف حين فتحها عثمان المضايفي فنقلتها باختصار، ولم أقف على صفة استنقاذ الدولة لمصر من أيدي القرنسيس، إلا أنهم أخذوه من أيديهم سنة سبعة عشر وطردوهم عنه، والله سبحانه وتعالى أعلم»(56).

ومن المصادر المكتوبة التي أشار إليها ابن بشر في كتابه رسائل ومكاتبات الأئمة السعوديين إلى النواحي النجدية، فقد تمكن من الاطلاع عليها من خلال قربه من هؤلاء الأمراء، وأورد بعضها بعد أن قدم إلى ذلك بالقول: «وكتب الإمام فيصل حفظه الله تعالى إلى أهل النواحي بعد ذلك نصيحة يحضهم فيها على فعل الطاعات وترك المحظورات، ويأمرهم بالتمسك بالتوحيد والاستقامة عليه، فينبغي إيرادها لما فيها من الفوائد وهي هذه...»(57).

كما أورد ابن بشر مكاتبات بينه وبين بعض علماء نجد حول الأحداث العامة في عصره(58)، ورسائل متبادلة بين الشريف غالب والأمير عبد العزيز حول مبادئ دعوة الشيخ محمد بن عبد الوهاب وإمكانية إجراء مناظرة بين علماء الحجاز ونجد(59)، ونصائح وتوجيهات من الإمام تركي إلى الرعية(60).

وفيما يتعلق بنظرته إلى الشعر، أورد ابن بشر لابن غنام قصائد في تهنئة سعود بن عبد العزيز بالحج(61)، وفي مدح الشيخ محمد بن عبد الوهاب ودعوته(62). كما أورد قصيدة طويلة لابن غنام رثا بها الشيخ(63)، وقصيدة أخرى لابن غنام يرد فيها على قصيدة لابن فيروز(64) كانت تحريضًا ضد دعوة الشيخ محمد بن عبد الوهاب، وهي في ستين بيتًا(65) مطلعها:

على وجهها الموسوم بالشوم قد خطّا   عروس هوى ممقوتة زارت الشطّا(66)

وقصيدة ثالثة لابن غنام يهنئ فيها الإمام عبد العزيز بن محمد والشيخ محمد بن عبد الوهاب بالنصر ودخول الأحساء(67)، وقصيدة رابعة لـ محمد بن إسماعيل الصنعاني يمدح فيها ومطلعها:

سلامي على نجد ومن حلّ في نجد   وإن كان تسليمي على البعد لا يجدي(68)

وأورد ابن بشر في أثناء حديثه عن الإمام تركي قصيدة في مدحه قالها ابن منصور[69]، وقصيدة أخرى قالها ياسين الشافعي نزيل البحرين مدح فيها الإمام فيصل بن تركي[70]، ثم قال ابن بشر: «وقد مُدح الإمام فيصل بقصايد عديدة ومناظيم فريدة على لفظ العرب ولفظ النبط تركتها طلبًا للاختصار» [71].

وكان ابن حميد (ت1295هـ/ 1878م) من أكثر مؤرخي نجد اعتمادًا على المصادر المكتوبة، وقد أشار في كتابه (السحب الوابلة على ضرائح الحنابلة) إلى مصادره بشكل واضح، ففي حديثه عن مادة كتابه قال: «وجمعتها من (الدرر الكامنة في أعيان المائة الثامنة) للحافظ أبي الفضل شهاب الدين ابن حجر[72] بخط تلميذه الحافظ محمد بن عبد الرحمن السخاوي[73]، ومن تاريخ السخاوي المذكور (الضوء اللامع في أهل القرن التاسع) و(ذيله) لتلميذه جار الله بن فهد المكي[74]. ومن (إنباء الغُمُر بأبناء العمر) للحافظ ابن حجر أيضًا، ومن (سلك الدرر في أعيان القرن الثاني عشر) للعلامة السيد محمد خليل بن علي بن محمد البخاري الأصل الدمشقي المرادي[75]، مفتي الحنفية بدمشق. ومن كتاب (الورود الأُنسي في مناقب الأستاذ عبد الغني النابلسي) للعلامة كمال الدين محمد بن محمد العامري الغزي الشافعي[76]. وقليلًا من (الريحانة) للشهاب الخفاجي[77]، ومن (تذكرة) إبراهيم بن يوسف المهتار المكي[78]، وهو عشر مجلدات بخطه. وقليلًا من مجلدين من (عنوان النصر في أعيان العصر) للصلاح الصفدي[79]، ومن (حسن المحاضرة) للجلال السيوطي[80] من خطه ومن طبقات العليمي[81] الصغرى ومن كتابه (الأنس الجليل في تاريخ القدس والخليل)، ومن (سكردان الأخبار) للعلامة محمد بن طولون الصالحي[82] الحنفي بخطه، ومن (تذكرة) الأكمل محمد بن إبراهيم بن مفلح الحنبلي[83]، ومن (معجم) الحافظ نجم الدين عمر بن فهد الهاشمي المكي[84] بخط ولده عبد العزيز، ومن (شذرات الذهب في أخبار من ذهب) للعلامة عبد الحي بن العماد الصالحي الحنبلي[85]، ومن (خلاصة الأثر في أعيان القرن الحادي عشر) للعلامة محمد أمين الدمشقي الحنفي[86]»[87].

وقد تبين من تتبع منهج ابن حميد في استخدامه للمصادر التي ذكرها أن اعتماده تركز بشكل رئيس على السخاوي في كتابه (الضوء اللامع)[88] ثم ابن العماد الصالحي في كتابه (شذرات الذهب في أخبار من ذهب)[89] ثم كتاب ابن حجر (الدرر الكامنة في أعيان المائة الثامنة)[90]. أما المصادر الأخرى التي ذكرها فكان اعتماده عليها متفاوتًا، ولم يأخذ من بعضها رغم إشارته إليها في المقدمة مثل كتاب محمد أمين الدمشقي (خلاصة الأثر في أعيان القرن الحادي عشر)، وكتاب إبراهيم بن يوسف المهتار (التذكرة)[91].

واستعان ابن حميد بمصادر مكتوبة أخرى في تراجمه أشار إليها بقوله: «وغير ذلك مما وقفت عليه من التراجم في ظهور الكتب والمجاميع والأوراق المتفرقة»(92). كما أورد عناوين خمسة وعشرين كتابًا لم يذكرها في المقدمة واستفاد منها في كتابه. وقد يؤخذ على ابن حميد عدم الدقة في التعامل مع مصادره، ففي نقله عن العليمي مثلًا يقول: «قال العليمي» دون أن يحدد كتاب العليمي الذي أخذ منه أهو (الطبقات الصغرى) أو (الأنس الجليل) اللذين أشار إليهما في مقدمة كتابه(93). وأحيانًا يقول: قال العيني، وقال ابن أخيه(94). وكذلك أشار ابن حميد إلى ابن فهد في مواضع متعددة بعبارة: «قال ابن فهد»(95) دون أن يوضح ما إذا كان المقصود هو النجم بن فهد أم جار الله بن فهد.

وكان ابن عيسى (ت 1343هـ/ 1924م) أحد مؤرخي نجد الذين اعتمدوا على المصادر المكتوبة، فقد دوّن أخبار نجد في كتابين؛ الأول (تاريخ بعض الحوادث الواقعة في نجد ووفيات بعض الأعيان وأنسابهم وبناء بعض البلدان من 700-1340هـ)(96)، والثاني (عقد الدرر فيما وقع في نجد من الحوادث في آخر القرن الثالث عشر وأول الرابع عشر) الذي جاء ذيلًا على تاريخ ابن بشر (عنوان المجد في تاريخ نجد)(97)، وأشار – أي ابن عيسى – في مقدمة كتابه الأول، تاريخ بعض الحوادث، إلى المصادر المكتوبة التي اعتمد عليها ذاكرًا بعض من سبقه صراحة متجاهلًا بعضهم الآخر. ومما ورد في مقدمته حول المصادر:

«وجمعت...هذه النبذة من تواريخ علماء نجد، مثل تاريخ أحمد بن محمد بن عبد الله بن بسام، وهو نحو كراس ابتدأه من سنة 1015هـ...وتاريخ أحمد بن محمد المنقور التميمي، وهو نحو كراس ونصف، ابتدأه من وفاة أحمد بن يحيى بن عطوة ساكن الجبيلة سنة 1048 إلى أن وصل إلى سنة 1125هـ...»(98).

وأشار ابن عيسى إلى مؤرخين من أهل نجد قاموا بمحاولات متواضعة لتسجيل أخبار مختصرة لبلادهم(99)، إلا أنه أغفل مصادر تاريخ نجد المتداولة التي عنيت بتسجيل تاريخ الأحوال العامة للبلاد النجدية في الفترات السابقة للفترة التي عاشها، ومن هؤلاء المؤرخين: ابن غنام صاحب تاريخ نجد، أو (روضة الإفهام والأحكام لمرتاد حال الإمام وغزوات ذوي الإسلام)(100)، والفاخري (ت 1277هـ/ 1860م) في تاريخه (الأخبار النجدية)(101)، وابن بشر في تاريخه الذي وقف فيه عند أخبار سنة 1267هـ/ 1850م(102). ولم يذكر ابن عيسى في كتابه حتى وفياتهم(103)، وليس هناك من تفسير واضح لذلك، فما الذي جعله يذكر المنقور في مقدمة كتابه ويشير إلى وفاته ويذكر مؤلفاته(104) ويتجاهل باقي المؤرخين كابن غنام والفاخري وابن

بشر، مع أنه يعرف بعضهم معرفة جيدة مثل ابن بشر الذي جعل كتابه (عقد الدرر) إكمالًا لتاريخ ابن بشر (عنوان المجد) وقال في مقدمة التكملة: «وجعلت ذلك ذيلًا على تاريخ عثمان بن عبد الله بن بشر المسمى (عنوان المجد في تاريخ نجد) وكان عثمان قد أنهاه إلى آخر سنة سبع وستين ومائتين وألف، وعاش بعد ذلك إلى سنة تسعين ومائتين وألف، وتوفي في بلد جلاجل»[105]، كما أشار إلى تاريخ وفاته مرة أخرى ضمن حوادث سنة 1290هـ/ 1873م[106].

وعلى الرغم من تجاهل ابن عيسى لتواريخ ابن غنام والفاخري وابن بشر، إلا أنه يؤكد قيامه بالتحقق من الأحداث وتمحيصها وتدقيقها في التواريخ التي وجدها، ويقول في ذلك: «وما رأيت في هذه النبذة فإني لم أذكره إلا بعد التحري والتحقيق، والبحث والتدقيق من التواريخ المذكورة وغيرها، مما وقفت عليه من تواريخ أهل نجد، ولم أذكر فيها شيئًا إلا ولي فيه مستند والعهدة على من ذكرت»[107].

ولعل في تعليق حمد الجاسر على منهج ابن عيسى في تعامله مع المصادر في مقدمة كتابه (تاريخ بعض الحوادث) ما يفيد ما أورده ابن عيسى في مقدمة كتابه، حيث يقول الجاسر: «وكثير من السنين لا يذكر فيها شيئًا من الأخبار، وقد رتب فيه الحوادث التي يسميها ابن بشر سوابق، ولم يأت بشيء جديد عما في تاريخي ابن بشر والفاخري، سوى الحوادث التي وقعت بعدهما».

ويأخذ الجاسر على ابن عيسى ما يأخذه على ابن بشر من عدم ذكره لتاريخي الرجلين من مصادره مع أن مقابلة ما جاء في تاريخه هذا بما ذكراه تثبت نقله عنهما[108].

ويتضح رأي الجاسر من خلال المقارنة بين الأحداث الواردة عند ابن عيسى والفاخري وابن بشر، ففي أخبار سنة 1063 - على سبيل المثال لا الحصر - قال الفاخري:

«وفي سنة ثلاث وستين بعد الألف وقعة الشبول هم وأهل التويم قتلوا من أهل التويم عدد كبير»[109]. ولا يختلف ما أورده ابن بشر عما أورده الفاخري حيث قال: «وفي سنة ثلاث وستين وألف كانت وقعة بين الشبول وأهل بلد التويم المعروف في سدير قتل من أهل التويم عدد كثير»[110]. وما أورده ابن عيسى يتطابق تمامًا مع ما أورده الفاخري، قال ابن عيسى: «وفي سنة 1063 وقعة الشبول هم وأهل بلد التويم قتل في هذه الوقعة من أهل التويم عدد كثير»[111].

والاختلاف بين ابن عيسى والفاخري وابن بشر هو أن الأول بدأ تاريخه بحوادث عام 700 ثم انتقل إلى سنة 770 ثم 820 ثم 850[112]، في حين بدأ الفاخري وابن بشر بأخبار سنة 850هـ/ 1446م[113]. ومن خلال تتبع ابن عيسى ومقارنة ما أورده مع من

سبقه من المؤرخين يبدو أنه نقل عن الفاخري وابن بشر. ومما يوضح إطلاعه على تاريخ الفاخري ما أورده في أخبار سنة 1233هـ/ 1817م عند دخول إبراهيم باشا إلى الدرعية وما رافق ذلك من أحداث كان الفاخري قد أرّخها ببيتين من الشعر[114] نقلهما ابن عيسى عن الفاخري[115].

وفي أخبار سنة 11080هـ/ 1668م ينقل ابن عيسى عن ابن بشر استيلاء آل حميد على الأحساء، ويورد بيتين من الشعر وردا عند ابن بشر أخذهما من مصدر قال عنه: «وأرّخ بعض أدباء أهل القطيف»[116].

ويؤخذ على ابن عيسى أيضًا إيراده بعض الأخبار من مصادر غير واضحة، ففي أخبار سنة 1133هـ/ 1720م يقول: «وفي سنة 1133 في سابع جمادى الأولى، ذبحة آل جناح في الدار في الخريزة في بلد عنيزة، ورأيت في بعض التواريخ أن ذلك سنة 1138 والله سبحانه وتعالى أعلم»[117].

وتأثر ابن عيسى بابن بشر في تضمين كتابه (عقد الدرر) الذي جعله ذيلًا على كتاب (عنوان المجد) كثيرًا من الشعر، ومن ذلك قصيدة للقاضي علي بن الحسين الحفظي قاضي عسير[118]، وقصائد عديدة لأحمد بن علي بن حسين بن مشرف يهنئ فيها الإمام فيصل بعودته إلى نجد[119]، وقدومه إلى الأحساء[120]، وقصيدة في رثائه[121]، وقد بلغت هذه القصائد حوالي (125) بيتًا. وقصيدة لمحمد بن عبد الله مانع الوهبي يرثي بها عبد الرحمن بن حسن آل الشيخ، وجاءت في (62) بيتًا[122]، وقصائد قالها العلماء في بعضهم تهنئة ومدحًا ورثاءً[123].

ويمكن القول بشكل عام أن المؤرخين النجديين اعتمد بعضهم على بعض، وكل منهم نقل عن الذي قبله دون الإشارة إلى ذلك بشكل صريح، وكانوا ينقلون عن مصدر واحد في بعض الأحيان، ولعل طبيعة الأحداث وتسلسلها كانا من الأسباب التي أدت إلى التشابه الكبير بين المادة الموجودة في هذه التواريخ.

مؤرخو الحجاز:

اختلفت طبيعة المؤلفات التاريخية التي وضعها مؤرخون حجازيون عاشوا في فترات متباعدة عن مؤلفات مؤرخي نجد فالمكي (ت بعد 1148هـ/ 1735م) قام برحلة خارج بلاده مكة، وسجّل مشاهداته في البلدان والأماكن التي زارها في كتابه (نزهة الجليس ومنية الأديب الأنيس)[124].

بينما وضع الأنصاري (ت بعد 1197هـ/ 1782م) كتابًا في أنساب أهل المدينة المنورة للأسر التي

كانت في عصره وسماه (تحفة المحبين والأصحاب في معرفة ما للمدنيين من الأنساب»[125]، واتجه دحلان (ت 1304هـ/ 1886م) إلى تدوين تواريخ مختصرة للدول الإسلامية، وأمراء البلد الحرام[126].

وقد استفاد المكي في تدوين أخباره من مصادر متنوعة، فأورد ما يزيد على أربعة عشر اسمًا لمؤلفات تاريخية بأسلوب غير واضح ودون مناقشة أو تمحيص، حيث يذكر اسم الشهرة لصاحب الكتاب[127]، وأحيانًا يذكر اسم الكتاب إلى جانب اسم الشهرة للمؤلف باختصار شديد لا يفي بالغرض[128]. وغلب على كتابه الأسلوب الأدبي، إذ أورد موضوعات متعددة تتعلق بالتفسير والشعر واللغة والنحو وتراجم علماء وطرائف وغرائب، وذكر المكي في مقدمة كتابه أنه لا يمتلك القدرة على التأليف فيقول: «وسهرت على تأليفها الليالي، وإن كان جرابي من زاد الآداب خالي، وأثبت فيها هذا الذي نقلته، وجمعته وحررته، رجاء أن تكون تذكرة من بعدي للأصحاب...»[129].

وأشار الأنصاري في مقدمة كتابه إلى ما يفهم منه الاعتماد على كتب النسب، فقد ذكر أنه منذ نشأته «من أيام عنفوان الشباب إلى أن طعنت في السن والرأس قد شاب، وأنا مولع بمطالعة كتب الأنساب، ومراجعة ما صُنِّف فيها من كتاب»[130]. وأورد في تاريخه مصادره المكتوبة بشكل واضح، فبالإضافة إلى استشهاده بإشارات دينية من القرآن الكريم[131] والحديث النبوي الشريف[132]، اعتمد على النقل من مصادر تاريخية أغلبها في التراجم، وخاصة أنه يتناول الأسر الساكنة في المدينة المنورة وأشهر رجالها من علماء وخطباء ومدرسين، سواء كانوا في عصر المؤلف أم من العصور السابقة.

ومن أبرز المصادر التي نقل الأنصاري منها كتاب السخاوي (الضوء اللامع في أعيان القرن التاسع)[133]، وابن فرحون (ت 799هـ/ 1396م) في تاريخه للمدينة المنورة[134]، والسمرقندي المدني في كتابه (تاريخ أعيان القرن العاشر)[135]، بالإضافة إلى مصادر أخرى في التاريخ والتراجم.

وأشار الأنصاري إلى نقله من المصادر بإشارات واضحة في بداية كل اقتباس ونهايته، ففي تناوله استخدام الآغوات في الحرم النبوي قال في نقله عن السخاوي: «ورأيت في (التحفة اللطيفة في تاريخ المدينة الشريفة) للحافظ السخاوي ما نصه ...»[136]. وفي حال تصرفه بالنص كاختصاره لبعض المعلومات فإنه يشير إلى ذلك، ففي حديثه عن أسماء من ولي مشيخة الحرم النبوي يقول: «ورأيت في تاريخ العلامة ابن فرحون المالكي المدني ما نصه بالاختصار...

انتهى كلام ابن فرحون»[137]. وفي موضع آخر يقول عن سبب التسمية لبيت الريّس وأبرز رجال هذا البيت: «وقد ذكر الحافظ السخاوي في تاريخه ما ملخصه...انتهى»[138].

وكان الأنصاري يناقش الروايات ويدقق معلوماتها، فعندما أورد خبرًا يتعلق ببيت البخاري احتكم في آخر ذلك الخبر إلى المنطق، وفنده، وفي ذلك يقول: «وفي مكة المكرمة بيت البخاري المشهورين بها، وكان منهم جماعة كل منهم خطيب وإمام بالمسجد الحرام، وقد انقرض هذا البيت أيضًا في مكة سنة 1140هـ في أيام الشريف عبد الله بن سعيد، وورثهم حيث لا وارث لهم من العصبيات ولا من الأرحام. وكان من جملة مخلفاتهم الحديقة المعروفة بالبخارية بالمعلاة، وقد عمرها الشريف عبد الله المذكور بأحسن عمارة. وهي الآن بيد ورثة الشريف عبد الله المزبور. وقد غلط بعض المتأخرين من المؤرخين حيث قالوا إنهم من أولاد عم المذكورين، فلو كان الأمر كذلك لورثوا منهم ما هناك» [139].

وأورد الأنصاري إشارات غير واضحة لبعض مصادره، من مثل قوله: «أرّخه بعض الأدباء...» [140]، و«أرّخ جمع من الأدباء الفضلاء»[141]، و«أخبارهم مشهورة في كتب التواريخ مسطورة...»[142].

واهتم الأنصاري بالشعر بصورة قليلة، فكل ما أورده من الشعر لم يزد عن (21) بيتًا، منها ما يؤرخ لأحداث، ومنها وصف لمكارم رجال[143]، وقد نسب بعض الأبيات لأصحابها[144]، في حين أورد أبياتًا أخرى مجهولة القائل[145].

وفي الحجاز أيضًا سجّل أحمد زيني دحلان تاريخ الدول الإسلامية منذ قيامها حتى عصره، معتمدًا على كتب التاريخ الإسلامي التي لم يشر إليها في مقدمات كتبه وإنما تمت معرفتها من خلال استخدامه لها، ففي كتابه (تاريخ الدول الإسلامية بالجداول المرضية) عرض قيام الدول الإسلامية، مبتدئًا بذكر النبي ﷺ وخلفائه والدول التي قامت بعد، وذلك على شكل جداول ركز فيها على ولادة الحكـام وخلافتهم ووفياتهم ومدد حكمهم إلى الدولة العثمانية[146]، وذلك اعتمادًا على مؤلفات مؤرخين سابقين أبرزهم ابن خلدون[147]، وابن خلكان[148]، والسيوطي في كتابه حسن المحاضرة[149]، وابن الأثير في كتابه الكامل[150]. واعتمد في كتابه (خلاصة الكلام في بيان أمراء البلد الحرام) على النقل من المحبي في كتـابه (خلاصة الأثر في أعيان أهل القرن الحادي عشر)[151]، وتاريخ السنجاري[152]، وتاريخ الرضى[153]. وفي كتابه (الدولة العثمانية) اعتمد على تاريخ القطبي[154]، بالإضافة إلى مصادر أخرى.

وكان ابن زيني دحلان في ذكر مصادره يقتصر على إيراد اسم الشهرة للمؤلف[155] أو اسم الشهرة مع اسم الكتاب مختصرًا[156] مثل «القرماني – تاريخه»[157]، أو اسم الشهرة للمؤلف مع ذكر عنوان الكتاب كاملًا[158]، وفي أحيان أخرى يستخدم عبارات غير واضحة للمصادر كقوله: «قال بعض المؤرخين»[159]، و«ذكر كثير من المؤرخين»[160]، و«مبسوط في التواريخ»[161]. وقلما يحاول المؤلف مناقشة مصادره أو إيراد أكثر من مصدر للخبر الواحد[162]. وفي تفسيره لكثير من الحوادث التاريخية يحيل القارئ إلى ما هو مبسوط في التواريخ ويشير إلى ذلك بقوله: «هذا حاصل القصة باختصار... ووقائعه طويلة مذكورة في التواريخ»[163].

مؤرخو عُمان:

حاول مؤرخون عاشوا في عُمان في فترات زمنية متعاقبة تسجيل تاريخ بلادهم باعتماد كل منهم على من سبقه، دون أن يشيروا إلى مصادرهم بشكل واضح.

فالأزكوي (ت بعد 1140هـ/ 1727م) في تاريخه كشف الغمة الجامع لأخبار الأمة[164]، تجنب ذكر مصادره باستثناء إشارات عامة لا توضح ممن نقل، ومن ذلك قوله بشأن الحوادث: «لقد طالعت الكتب الكثيرة وسألت أهل الخبرة فلم أقف على ذلك...»[165]، و«وقفت على كتاب مسطور...»[166]، و«إني وجدت تاريخًا...»[167]. وكل ما أورده من إشارات حول مصادره هو ما نقله عن الكلبي فيما يتعلق بدخول الأزد إلى عُمان[168]، وإلى كتب السير العُمانية ومنها السيرة القحطانية لأبي قحطان خالد بن قحطان، وهو من علماء عُمان عاش في القرن 3هـ/ 9م[169].

ومن المصادر التي نقل عنها الأزكوي ولم يورد لها ذكرًا، سيرة الإمام ناصر بن مرشد (ت1059هـ/ 1649م) التي ألّفها عبد الله بن خلفان بن قيصر (ت بعد 1059هـ/ 1649م)[170]. فبعد المقارنة بين ما أورده ابن قيصر والأزكوي تبيّن أن الأخير نقل السيرة كاملة عند حديثه عن الإمام ناصر بن مرشد، فقد نقل ما يتعلق بالأحداث الرئيسة بصورتها الحرفية مع حذف بعض الجمل والعبارات والألفاظ الزائدة[171]، كما تخلص من الشعر الذي ذكره ابن قيصر في مدح الإمام[172] وكل ما أورده من الشعر الأبيات التي أرّخ فيها ابن قيصر لموت الإمام وهي:

فبالجمعة الزهراء مات ابن راشد ... وعشر ليال من ربيع الآخر
وتسع وألف بعد خمسين حجة ... لهجرة من يعلو على كل مفخر
عليه صلاة الله ما لاح بارق ... وما حسّ رعد في السحاب السحنفر[173]

فقد أورد الأزكوي بيتين منها فقط مع تغييره في الجمل تقديمًا وتأخيرًا، والبيتان هما:

فبالجمعة الزهراء مات ابن راشد   لعشر من الشهر الربيع المؤخر

وخمسون مع ألف وتسع تصرمت   لهجرة هادينا النبي المطهر (174)

ويميل الأزكوي أيضًا إلى الاختصار في نقله عن المصادر كما هو الحال في اعتماده على سيرة أحمد بن مداد حيث يقول: «هذا ما اختصرته من سيرة أحمد بن مداد يدل على أن إمامة الإمام عمر بن قاسم الفضيلي وقعت على إمامة بركات بن محمد بن إسماعيل»(175).

وكما نقل الأزكوي عمّن سبقه من المؤرخين وكتّاب السير، فقد نقل عنه من جاء بعده، ففي كتاب (قصص وأخبار جرت بعمان) الذي نُسب إلى محمد بن عامر بن رشيد المعولي (ت بعد 1198هـ/ 1783م)(176) نجد أخبارًا منقولة عن الأزكوي، لا بل نجد أن كتاب المعولي يكاد يكون نسخة أخرى من كتاب الأزكوي، والاختلاف بين الكتابين هو أن تاريخ الأزكوي ينتهي إلى سنة 1140هـ/ 1727م(177)، بينما وقف مؤلف قصص وأخبار عند أخبار سنة 1154هـ/ 1741م(178). واعتمد أيضًا صاحب كتاب تاريخ أهل عُمان على كتاب الأزكوي، وهو يشبه إلى حد كبير كتاب قصص وأخبار، وينتهي به إلى أخبار سنة 1154هـ/ 1741م(179).

وقد علل عبد الفتاح عاشور ظاهرة التشابه الكبير في الأخبار الواردة بين المصادر العُمانية هذه بالقول: «ومع تشابه المعلومات التي جاءت في هذا الكتاب مع ما جاء في غيره من الكتب التي وقفنا عليها في تاريخ عُمان، فإننا نكرر ما سبق أن أشرنا إليه من أن الخطوط العريضة في التاريخ - تاريخ أية أمة أو أية دولة أو أي فرد - ثابتة لا تتغير، بحيث لا يكون الخلاف بين مصدر وآخر إلا في التفصيلات والفروع، والتعليقات والتحليلات...»(180). ولكن ما جاء في النص لا يعني أن التشابه في الحوادث والأخبار يجعل من ثلاثة مؤرخين(181) يتشابهون حرفيًا فيما كتبوه، لدرجة يظن القارئ معها أنه يقرأ نسخًا لكتاب ألّفه شخص واحد، ومما يدعم ذلك ما فعله الأزكوي بكتاب ابن قيصر في سيرته(182).

وتفنيدًا لما قاله عاشور يمكن المقارنة بين نصوص أوردها عدد من المؤرخين أخذوا عن بعضهم بعضًا أو عن كتاب ابن قيصر، وسأبدأ بنص من كتاب ابن قيصر حول تردي الأوضاع العامة في عُمان قبيل تنصيب الإمام ناصر، حيث يقول:

«اختلف حينئذ وما ائتُلف للقضاء رأي أهل الرستاق، ومالكهم مالك بن أبي العرب فلم يكن ما بينهم اتفاق، ووقع ما بينهم القتل، وقلع بعض قلاعه المنيفة، فاستشاروا من علماء

المسلمين أهل الاستقامة الشريفة من أهل الجبال ومن جباهها أن ينصبوا لهم إمامًا ليأمرهم بالمعروف وينهاهم عن المنكر ويكون لهم مقدامًا»[183].

وقال الأزكوي في الموضوع نفسه مع تغيير وتبديل في بعض الألفـاظ: «وذلك أنه اختلف أهل الرستاق ووقعت بينهم المحنة والشقاق وسلطانهم يومئذ مالك بن أبي العرب المقدم ذكره في الباب السابق، فاستشاروا العلماء المسلمين أهل الاستقامة في الدين أن ينصبوا لهم إمامًا يأمرهم بالمعروف وينهاهم عن المنكر»[184].

ويورد صاحب قصص وأخبار جرت في عُمان الحدث نفسه على النحو التالي: «وكان عند ظهوره اختلاف بين أهل الرستاق...شقاق وسلطانهم يومئذ مالك بن أبي العرب اليعربي، فاستشار أهل العلم أهل الاستقامة في الدين، أن ينصبوا لهم إمامًا يأمرهم بالمعروف وينهاهم عن المنكر»[185].

وأما صاحب تاريخ أهل عُمان فقال: «وكان ظهوره بعدما اشتدت الفتن بين أهل الرستاق، ووقعت إحن بينهم وشقاق، وسلطانهم يومئذ مالك بن أبي العرب اليعربي. فاستشار أهل العلم وأهل الاستقامة في الدين أن ينصبوا لهم إمامًا يأمرهم بالمعروف وينهاهم عن المنكر»[186].

ومن خلال هذه النصوص تبدو فكرة نقل المؤرخين أكثر وضوحًا، فقد نقل بعضهم عن بعض أو نقلوا جميعًا من مصدر واحد. ولم يختلف ابن رزيق (ت1274هـ/ 1857م) كثيرًاعن الأزكوي في تعامله مع المصادر، فقد أورد إشارات قليلة إلى اعتماده على الأزكوي كقوله: «قال صاحب كتاب كشف الغمة وغيره من المؤرخين العُمانيين...»[187]، ولكنه فعل ما فعله الأزكوي بكتاب ابن قيصر[188]، فقد نقل ابن رزيق عن الأزكوي حرفيًا المواد الخاصة بنسب طيء بن أدد[189]، وعُمان في زمن الدولة العباسية[190]. وبمقابلة ما ورد عند المؤرخيْن من أخبار يتبين أن المادة التاريخية عند ابن رزيق تشبه إلى حد كبير المادة التاريخية عند الأزكوي، وهذه المادة جاءت في حوالي (50) صفحة[191] وهي متعلقة بتاريخ عُمان منذ زمن الدولة العباسية وحتى نهاية عهد الإمام ناصر بن مرشد (ت1059هـ/ 1649م) ، كما نقل عنه في الأخبار الخاصة بالإمام يعرب بن بلعرب والإمامة والولاية في عُمان[192].

ومن مصادر ابن رزيق المكتوبة كتاب لابن قيصر نقل عنه أخبار الإمام سعيد بن عبد الله، واكتفى بذكره بهذه العبارة: «قال ابن قيصر، ولم أقف على تاريخ متى وقعت البيعة له...»[193]. ويبدو من هذه الإشارة أن ابن رزيق اطلع على كتاب ابن قيصر الذي نقل عنه الأزكوي أيضًا وكان يشير إليه بالقول: «ووجدت...»[194]، بينما يشير ابن رزيق إلى التواريخ التي دونها عُمانيون

بالقول: «ذكر أصحاب التواريخ من أهل عُمان...»[195]. وإلى جانب هذه المصادر اعتمد ابن رزيق على كتب السير العُمانية كسيرة أبي قحطان خاصة فيما يتعلق بإمامة المهنا[196]، وكان الأزكوي قد أوردها أيضًا في تاريخه.

وبالإضافة إلى اعتماد ابن رزيق على المؤرخين العُمانيين اعتمد أيضًا على كتب التاريخ الإسلامي مثل: ابن إسحاق، الواقدي، والمسعودي، وذلك فيما يتعلق بتاريخ عُمان ودخول الإسلام إليها وأحداثها وأخبارها في ظل الدولة الإسلامية[197].

ولم يذكر ابن رزيق مصادره في الصحيفتين العدنانية والقحطانية[198]، ويبدو أنه اعتمد على روايات استقاها من رواة عُمانيين أو مصادر أخرى لا يذكرها، كما يستند على الشعر في دعم أخباره[199]، ويبدو أيضًا أن ابن رزيق نقل أبوابه الأولى في الصحيفة القحطانية عن كتاب الأنساب للعوتبي الذي عاش في القرن الخامس الهجري في عُمان[200].

وكان لولع ابن رزيق في الشعر أثر واضح في كتبه، فقد وصفه السالمي بـ «الشاعر»[201]. ونظم القصائد الكثيرة في المدح والرثاء، لدرجة أنه ألّف كتابه (الشعاع الشائع باللمعان في ذكر أئمة عُمان) على شكل منظومة شعرية تقع في (145) بيتًا تناول فيها تاريخ عُمان في عهد خمسة وعشرين إمامًا – من عهد الجلند – بن مسعود إلى عهد سلطان بن مرشد اليعربي الذي كان آخر ملوك اليعاربة، وبعده انتقل الحكم في عُمان إلى أحمد بن سعيد وكان ذلك سنة 1156هـ/ 1743م[202]. ومطلع المنظومة:

عُمـان عـن لسـان الحـال ردّي … جوابًـا منـك لي أرجـو الجوابـا[203]

وفي آخر المنظومة قال:

فـذا عـدّ الأئمـة مـن عُمـان … فمـا ألِفَـت ولايتهـم سبابـا
فحسبهم صنيعهـم سـرورًا … يجزيهـم إذا شـهدوا الحسابـا[204]

كما أورد قصيدة في رثاء السيد سعيد جاءت في (148) بيتًا[205]. وظهر ولع ابن رزيق بالشعر في الصحيفة القحطانية أيضًا، حيث أورد كثيرًا من القصائد من نظمه ونظم غيره من الأدباء والعلماء في عصره[206].

وتميز السالمي (ت1332هـ/ 1913م) عمّن سبقه من المؤرخين العُمانيين في أنه أشار إلى المصادر التاريخية القليلة الخاصة بتاريخ أهل عُمان في مقدمة كتابه (تحفة الأعيان لسيرة أهل عُمان)، وقد علل قلة المصادر بانشغال العلماء بإقامة العدل، وبالعلوم الدينية، وقال في ذلك:

«تشوقت نفسي إلى كتابة ما أمكنني الوقوف عليه من آثار أئمة الهدي ليعرف سيرتهم الجاهل بهم، وليقتدي بها الطالب لأثرهم – مع قلة المادة في هذا الباب – إذ لم يكن التاريخ من شغل الأصحاب، بل كان اشتغالهم بإقامة العدل وتأثير العلوم الدينية، وبيان ما لا بد من بيانه للناس، أخذًا بالأهم فالأهم، فلذلك لا تجد لهم سيرة مجتمعة، ولا تاريخًا شاملًا، فتتبعت ما أمكنني تتبعه من كتب السير والآثار والتواريخ، وكتبت ما أمكنني أن أكتبه من أحوال عُمان...»[207].

وعلى الرغم من عدم إشارة السالمي إلى مصادره في المقدمة، فقد أشار إليها في كتابه خلال تناوله للأحداث، ويشير إلى نقله من المصادر بأسلوب واضح، ومنها: ابن خلدون، والمسعودي حول دخول العرب إلى عُمان وأخذها من يد الفرس[208]. وابن الأثير والجاحظ حول فضائل أهل عُمان[209]، والواقدي حول إسلام ملوك عُمان[210]، والأصمعي والسجتساني، وخلف بن زياد البحراني في سيرته[211].

وأشار السالمي أحيانًا إلى نقله من المصادر بشكل واضح كقوله في ذكر فضائل أهل عُمان: «ذكر أبو يعقوب في لواحق المسند من روايات الربيع بن حبيب عن شيخه أبي سفيان، وهو محبوب بن الرحيل...»[212].

كما اعتمد على العوتبي في كتابه أنساب العرب كأحد المصادر العُمانية، وذلك فيما يتعلق بأخبار مالك بن فهم بعد ملكه لعُمان، وأخبار عُمان بعد ملك العرب لها، وانتقال ملك عُمان من أولاد مالك بن فهم إلى بني معوله بن شمس، ثم إسلام أهل عُمان[213]، وعمال عُمان بعد الرسول ﷺ[214]. ويرى فاروق عمر أن السالمي نقل حرفيًا من العوتبي في أحداث عُمان الأولى خلال القرون الأول والثاني والثالث للهجرة[215].

وفيما يتعلق بالأحداث التي رواها الأئمة والعلماء العمانيون عامة والإباضيون خاصة خلال القرون الستة الأولى، وما تخللها من أحداث ونزاعات وخلافات في الرأي، وتقرير لمبادئ وقواعد دينية تتعلق ببحث وتفسير قيام الخلافة والإمامة وحقوق الأئمة وواجباتهم، اعتمد السالمي على كتب السير والجوابات لأئمة وعلماء عُمان في تلك الفترة ومنهم أبو الحواري[216] ومحمد بن محبوب[217] وابو المؤثر[218] وابو قحطان[219] وابو الحسن البسياني[220] والعديد من السير العُمانية[221].

وأكثر السالمي من إيراد الرسائل والأجوبة الفقهية حول مسائل الإمامة، خاصة فيما يتعلق بتنصيب الأئمة وردود الفعل المختلفة على ذلك، فعن إمامة الخليل بن شاذان بن الصلت بن مالك الخروصي يقول:

«وفي بيان الشرع كتاب من موسى بن أحمد، وأحمد بن محمد، والحسن، وعمر بن محمد... إلى أبي عبد الله محمد بن صلهام، وهو وزير الإمام خليل قالوا فيه بعد كلام طويل...»[222].

ثم يضيف بعد ذلك القول: «ولم نظفر بجواب هذا الكتاب، غير أني وجدت جوابًا من أبي علي الحسن بن أحمد النزواني وهو فيما أحسب قاضي الإمام الخليل رحمهما الله كتبه أبو علي جوابًا في مثل هذه القضية...»[223].

واعتمد السالمي إلى جانب السير العُمانية على الأزكوي، وأشار إليه في حديثه عن تاريخ عُمان في القرون الأولى[224]، كما اعتمد على ابن رزيق على الرغم من التحفظات التي أبداها عليه، لأنه يأخذ أخباره من ألسنة العامة[225]. وحول إشاراته التي أوردها عن ابن رزيق ماذكره عن مسقط وعمارتها حيث يقول: «وذكر ابن رزيق وهو شاعر متأخر أدركنا بعض من أدرك زمانه أن مسقط عمّرها بعض عرب عُمان وهم يمن الأنساب» [226].

وحول شكه في أخبار ابن رزيق يقول ضمن حديثه عن أخبار الإمام بلعرب بن سلطان ابن سيف بن ملك: «وذكر ابن رزيق الشاعر في وجود الإمام بلعرب أخبارًا هائلة أعرضنا عن ذكرها للشك في صحتها»[227].

ويظهر تمسك السالمي بسيرة أهل عُمان من خلال دفاعه عنهم عند مناقشته لما ورد في رحلة ابن بطوطة الذي زار عُمان وتحدث عن بعض مشاهداته فيها ذاكرًا بعض الصفات غير الحميدة التي رآها عند بعض الناس. فأورد السالمي نص ابن بطوطة المتعلق بعُمان وناقشه في محاولة منه لإظهار عدم صحة ما ذكره ابن بطوطة[228].

ومن المصادر المكتوبة التي أوردها مجموعة من الوثائق الرسمية، وهي الرسائل والمكاتبات بين الأئمة وولاتهم، المتعلقة بشؤون الحكم وسياسة الرعية وفق الشريعة[229]. كما أورد كتابًا من أهل عُمان إلى أهل المغرب حول تولية الإمام عزان بن قيس[230]. ولا يعطي السالمي أي إشارة حول كيفية حصوله على مثل هذه المكاتبات، ولا يقف إيراده لها على المكاتبات بين الإمام وولاته بل أورد رسالة بعث بها الإمام سلطان بن سيف بن ملك إلى من وصفه بـ«ملك صنعاء» إسماعيل بن القاسم، وجواب الأخير عليه، وكل منهم يذكّر الآخر بمواقف جماعة المذهب الذي ينتمي إليه في قضية التحكيم[231]. كما أورد كتابًا آخر قال عنه: «هذا كتاب من النصارى للإمام سيف بن سلطان اليعربي...» وفيه تهديد ووعيد للسلطان وأهل عُمان دون أن يوضح من هم النصارى، كما أورد نص جواب الإمام على الكتاب[232].

وأورد السالمي قصائد شعرية في مدح الأئمة ورثائهم[233]، وقصيدة تتحدث عن قصة حدثت لفتاة دُفنت ثم خرجت من التراب، واعتنى بتاريخها بعض أهل ذلك العصر، وجاءت القصيدة في (66) بيتًا[234].

وبعد هذا التناول لمصادر المؤرخين العُمانيين المكتوبة يمكن القول إن هؤلاء المؤرخين: الأزكوي وصاحب قصص وأخبار جرت بعُمان وصاحب تاريخ أهل عُمان وابن رزيق والسالمي، قد اعتمدوا على بعضهم ونقل كل منهم عن الآخر، ولكنهم لم يشيروا إلى ذلك إلا في حالات قليلة.

مؤرخو اليمن:

اهتم المؤرخون اليمنيون بتدوين أخبار بلادهم بصور مختلفة، ولم يكن عند بعضهم منهج واضح وخاصة فيما يتعلق بالتعامل مع المصادر، وهناك عدد منهم لا يذكرون مصادرهم المكتوبة، مثل محسن بن الحسن (أبو طالب) (ت1170هـ/ 1757م) الذي ألّف كتابًا في التاريخ تناول فيه أحداث اليمن منذ بداية القرن الحادي عشر الهجري حتى سنة 1160هـ/ 1747م[235]. وقد استعان أبو طالب بكتابي (أنباء الزمن وبهجة الزمن) للمؤرخ يحيى بن الحسين في التأريخ للحوادث من سنة 1001هـ/ 1592م إلى 1045هـ/ 1635م، ثم استعان بذيله الزمن من سنة 1045هـ/ 1635م إلى سنة 1099هـ/ 1687م[236].

وأورد المؤرخ اليمني لطف الله جحاف (ت1243هـ/ 1827م) في كتابه (درر نحور الحور العين بسيرة الإمام المنصور) نصوصًا تتعلق بالحملة الفرنسية على مصر، منها: مجموعة المراسلات التي وصلت إلى الإمام المنصور من قبل الشريف غالب شريف مكة[237]، ويوسف باشا والي المدينة المنورة[238]، والصدر الأعظم[239]، ورد الإمام المنصور على كتابي الشريف غالب[240]، وصورة عن الفرمان السلطاني إلى الشريف غالب المرسل إلى الإمام[241]، وترجمة خطاب حكومة الإدارة بفرنسا إلى بونابرت عند قيامه بالحملة على مصر[242]. وكل هذه المخاطبات والمكاتبات تتحدث عن كيفية استيلاء الفرنسيين على مصر والظروف السائدة في ذلك الوقت، وأبرزها التنافس بين الإنجليز والفرنسيين في جنوب اليمن والخليج[243]، وموقف العرب المسلمين تجاه الحملة وكيفية مقاومتها[244].

لقد تميز جحاف بمعاصرته للأحداث التي سجلها في كتابه، لذلك لم يعول على من سبقه من مؤرخي اليمن[245].

ومن بين المؤرخين اليمنيين محمد بن علي الشوكاني الذي جمع تراجم لأعيان وعلماء عاشوا بعد القرن السابع في كتاب سماه (البدر الطالع بمحاسن من بعد القرن السابع)، ولم يشر في مقدمة هذا الكتاب إلى المصادر التي اعتمدعليها، وإنما انشغل بنقد المؤرخين الذين غلب على أسلوبهم السجع على حساب المعلومة والخبر التاريخي[246].

وتميز الشوكاني بسعة اطلاعه على فنون العلم المتعددة، وقد أورد عددًا كبيرًا من كتب التاريخ وخاصة كتب التراجم، وبلغت هذه الكتب حوالي (60) كتابًا، منها كتب يمنية. ومن بين المصادر الرئيسة التي عوّل عليها كثيرًا كتاب السخاوي (الضوء اللامع)[247]، وكتب ابن حجر الخاصة بالتراجم[248]، ثم الصفدي[249]. ومن المؤلفات اليمنية التي اعتمد عليها وذكرها، كتاب طيب السمر لأحمد بن محمد بن الحسن الحيمي الكوكباني[250]، وتاريخ الخزرجي[251]، وبغية المستفيد بأخبار مدينة زبيد، وقرة العيون بأخبار اليمن الميمون وكلاهما لابن الديبع[252].

ومن الأمثلة على تدقيق الشوكاني للمصادر وتمحيصها، ما أورده حول ترجمة السيد محمد بن إبراهيم بن علي بن المرتضى بن المفضل بن المنصور 775هـ/ 1373م-840هـ/ 1436م:

«وقد سردت نسبه ههنا وإن كان قد تقدم...لكنني رأيت السخاوي ترجمه فغلط في نسبه وقال محمد بن إبراهيم بن علي بن المرتضى بن الهادي بن يحيى بن الحسين بن القاسم، وذكر النسب إلى علي كرم الله وجهه، فجعل المرتضى بن الهادي، وجعل الهادي بن يحيى بن الحسين، وهذا غلط بيّن. وصاحب الترجمة...المعروف بابن الوزير ولد في شهر رجب سنة 775...وقال السخاوي أنه ولد تقريبًا سنة (765) وهذا التقريب بعيد والصواب الأول...»[253].

ويضيف في مناقشته لما ورد في المصادر حول هذه الترجمة ذاكرًا أكثر من رواية: «قال صاحب مطلع البدور وقد ترجم له الطوائف وأقر له المؤالف والمخالف ترجم له ابن حجر العسقلاني في الدرر الكامنة، وترجم له مصنف سيرة العراقي علامة وقته بمكة انتهى. وما ذكره من أن ابن حجر ترجم له في الدرر فلا أصل له، فإنه لم يترجم له فيها أصلًا، بل هي مختصة بمن مات في القرن الثامن ولم يترجم لمن تأخر موته إلى القرن التاسع حتى أكابر مشايخه كالعراقي والبلقيني وابن الملقن مع أنهم ماتوا في أول القرن التاسع كما تقدم ذلك. وأما صاحب الترجمة فهو تأخر موته إلى سنة (840) أربعين وثمان مائة، فكيف يترجم له؟ بل ترجم له الحافظ ابن حجر العسقلاني في أنبائه وترجم له السخاوي كما تقدمت الإشارة إلى ذلك، وترجم له التقي إبن فهد في معجمه، فقال السخاوي إنه تعانى النظم فبرع فيه وصنّف بالرد على الزيدية (العواصم والقواصم في الذبّ عن سنة أبي القاسم) واختصره في الروض الباسم...وهكذا

ابن حجر فإنه ذكره في أنبائه في ترجمة أخيه الهادي لأن صاحب الترجمة إذ ذاك كان صغيرًا، فقال وله أخ يقال له محمد مقبل على الاشتغال بالحديث شديد الميل إلى السنة بخلاف أهل بيته انتهى. ولو لقيه الحافظ ابن حجر بعد أن تبحر في العلوم لأطال عنان قلمه في الثناء عليه، فإنه يثني على من هو دونه بمراحل، ولعلها لم تبلغ أخباره إليه وإلا فابن حجر قد عاش بعد صاحب الترجمة زيادة على اثني عشرة سنة كما تقدم في ترجمته، وكذلك السخاوي لو وقف على (العواصم والقواصم) لرأى فيها ما يملأ عينيه وقلبه، ولطال عنان قلمه في ترجمته، ولكن لعله بلغه الاسم دون المسمى. ولا ريب أن علماء الطوائف لا يكثرون العناية بأهل هذه الديار لاعتقادهم في الزيدية ما لا مقتضى له إلا مجرد التقليد لمن لم يطلع على الأحوال...»(254).

ويتبين مما أورده الشوكاني المنهج الذي تمتع به وسار عليه في التعامل مع الأخبار التاريخية وسعة الاطلاع التي عكستها كثرة المصادر التي أوردها في ترجمة واحدة كما هو الحال في ترجمة السيد محمد بن إبراهيم بن علي المرتضى التي تقدم ذكرها. ولم يقتصر الشوكاني في كتابه على تراجم اليمنيين، إذ اشتمل على علماء المسلمين فيما بعد القرن السابع.

ومن خلال مناقشة الشوكاني للمصادر، دخل في الحديث عن الخلاف بين السيوطي والسخاوي مدافعًا عن السيوطي بقوله: «وقوله (السخاوي) أنه (السيوطي) كثير التصحيف والتحريف مجرد دعوى عاطلة عن البرهان، فهذه مؤلفاته على ظهر البسيطة محررة أحسن تحرير ومتقنة أبلغ إتقان. وعلى كل حال فهو غير مقبول عليه لما عرفت من قول أئمة الجرح والتعديل بعدم قبول الأقران في بعضهم بعضًا مع ظهور أدنى منافسة، فكيف بمثل المنافسة بين هذين الرجلين التي أفضت إلى تأليف بعضهم في بعض. فإن أقل من هذا يوجب عدم القبول والسخاوي رحمه الله وإن كان إمامًا غير مدفوع لكنه كثير التحامل على أكابر أقرانه كما يعرف ذلك من طالع كتابه (الضوء اللامع)، فإنه لا يقيم لهم وزنًا، بل لا يسلم غالبهم من الحط منه عليه، وإنما يعظم شيوخه وتلامذته ومن لم يعرفه ممن مات في أول القرن التاسع قبل موته، أو من كان من غير مصره، أو يرجو خيره أو يخاف شره»(255).

والجدير بالذكر أن الشوكاني وجد نفسه طرفًا في خلاف الأقران دون أن يشعر، فما أخذه على السخاوي وقع فيه عند ترجمته لابن عصره لطف الله جحاف الذي عاش في الفترة 1189هـ/ 1775م-1243هـ/ 1827م. فبعد أن ذكره بالخير والتميز في العلم والخلق كال له في نهاية الترجمة التهم، وأنقص من قدره(256). ومما قاله عنه في بداية الترجمة:

«ولازمني دهرًا طويلًا فقرأ علي في النحو والصرف والمنطق والمعاني والبيان

والأصول والحديث...وصار من أعيان علماء العصر وهو في سن الشباب»(257). وبعد أن أصبح جحاف في مكانة مرموقة عند الإمام المتوكل، ونال عنده حظًا وافرًا، قال عنه الشوكاني:

«ولكنها لا تزال تقع منه سعايات إليه بأخبار الناس...وكشف قناع الحياء، وكاشف بالمكروه من يقدر على مكاشفته، وأكثر التحرش والسعاية في السر ممن لا يقدر على مكاشفته، وكان يثب على الوصايا والأوقاف فيأخذ أكثرها لنفسه ويحرم الضعفاء من مصارفها...ومن فواقره أنه في مواقفه يكثر الثناء على الحجاج...»(258). ثم ذكر ألفاظًا شنيعة بحق ابن عصره جحّاف، لا تتناسب مع نظرة الشوكاني إلى ما أخذه على بعض العلماء الذين كانوا يذكرون مساوئ بعضهم(259).

وهكذا بدا الشوكاني منفعلًا لدرجة جعلته يقع فيما وقع فيه السيوطي والسخاوي في النيل من بعضهما، وبالتالي لم يلتزم بالشروط التي على المؤرخ الالتزام بها والتي عبر عنها السخاوي بكتابه (الإعلان بالتوبيخ لمن ذم التاريخ)(260).

وبالإضافة إلى اعتماد الشوكاني على المصادر المكتوبة المتمثلة بالمؤرخين أورد أيضًا المكاتبات الخاصة بينه وبين علماء وأعيان عاشوا في عصره، وجاءت هذه المكاتبات على شكل رسائل نثرية وشعرية، وأسئلة وأجوبة حول بعض القضايا الدينية والفكرية(261)، كما أورد بعضًا من المكاتبات المتبادلة بين الحكام في الجزيرة العربية، وقد تيسر له ذلك لقربه من الحكام في اليمن(262). بل كانت بعض الرسائل من إنشائه وعليها ختمه، مما يدل على تمتعه بصلاحيات واسعة عند أئمة عصره، مما جعله أكثر قدرة من غيره على إيراد الرسائل والمكاتبات المتبادلة بين حكام الجزيرة وخاصة أن معظم الرسائل التي أوردها الشوكاني تضمنت مواقف كل من شريف مكة وإمام اليمن والسلطان العثماني تجاه الحملة الفرنسية على مصر، وكيفية التعامل مع هذا الحدث ومواجهته، ومن هذه الرسائل: كتاب من الشريف غالب إلى إمام اليمن المنصور سنة 1213هـ/ 1798م(263)، وكتاب السلطان العثماني إلى الشريف غالب – شريف مكة(264)، وكتاب من الشريف غالب إلى إمام اليمن(265)، وجواب الإمام المنصور عليه(266). وتتضمن هذه الكتب استنهاض الهمم لإخراج الفرنسيين وطردهم، والتعاون مع الإنجليز لتحقيق هذا الهدف. وفي ترجمته ليوسف باشا أمير المدينة الشريفة وبندر جدة (ت1215هـ/ 1800م) يورد الشوكاني الرسائل المتبادلة بين ذلك الأمير العثماني والإمام المنصور حول الحملة الفرنسية على مصر(267).

وأولى الشوكاني أهمية خاصة للشعر، فقد بلغت القصائد التي نظمها والقصائد التي تبادلها مع رجال عصره على شكل رسائل وأسئلة وأجوبة، ومشاهدات حوالي (2600) بيت، وقد أوردها الشوكاني في كتاب بعنوان: (أسلاك الجوهر)(268) الذي يعد مصدرًا مهمًا عن

الحركة الأدبية، كما يصور الحياة السياسية والفكرية في اليمن في الفترة التي عاشها الشوكاني 1173هـ/ 1758م-1250هـ/ 1834م.

ومن قصيدة للشوكاني كتبها إلى سعود بن عبد العزيز (ت1229هـ/ 1814م) وعلماء نجد في أيام توسع وانتشار دعوة الشيخ محمد بن عبد الوهاب في جزيرة العرب، وردًا على أسئلة كانت ترد إليه نظم قصيدة من (59) بيتًا مطلعها:

إلى الدرعية الغراء تسري	فتخبرها بما فعل الجنود
وتصرخ في رُبا نجد جهارًا	فيسمعها إذا صرخت سعود[269]

ومما جاء في القصيدة حول مبادئ هذه الحركة وموقف الشوكاني منها:

فإن قلتم قد اعتقدوا قبورًا	فليس لذا بأرضنا وجود
ومن يأتي إلى عبد حقير	فيزعم أنه الرب الودود
فهذا الكفر ليس به خفاء	ولا ردٌّ لذاك ولا جحود
ولست بمنكر هدمًا لقبر	إذا لعبت بجانبه القرود
وقالوا إن ربّ القبر يقضي	لنا حاجة فتأتيه الوفود
كذبتم ذاك رب العرش حقًا	تعالى أن تكون له ندود
ومن يقصد إلى قبرٍ لأمر	بغير توسل فهو الكنود[270]

وفي ختام الحديث عن مصادر الشوكاني المكتوبة ينبغي الإشارة إلى أخطاء وقع فيها في تواريخ الوفاة والميلاد لبعض التراجم، ومن ذلك ترجمة أحمد بن إسماعيل بن عثمان بن أحمد بن رشيد بن إبراهيم شرف الدين: «ولد في سنة 813 ثلاث عشرة وثمان مائة بقرية من كوران...وعمر الدور وانتشر علمه، فأخذ عليه الأكابر وحج في سنة 761 إحدى وستين وسبعمائة. ولم يزل على جلالته حتى (مات) في أواخر سنة 793 ثلاث وتسعين وسبعمائة»[271].

وفي ترجمته محمد بن أحمد بن عثمان، أبو عبد الله شمس الدين الذهبي الحافظ الكبير: «ولد ثالث شهر ربيع الآخر سنة 773 ثلاث وسبعين وسبعمائة، وأجاز له في سنة مولده جماعة بعناية أخيه من الرضاع وطلب بنفسه بعد سنة (690)، ومات في ليلة الثالث من ذي القعدة سنة 748 ثمان وأربعين وسبعمائة»[272].

وفي ترجمته محمد بن أبي بكر المعروف بالسكاكيني: «ولد سنة 635 خمس وثلاثين وستمائة بدمشق...(ومات) في صفر سنة 821 إحدى وعشرين وثمان مائة»[273].

وألّف الكبسي محمد بن إسماعيل (ت 1308هـ/ 1891م) كتاب (اللطائف السنية)، وجعله في تاريخ أحوال اليمن من أول الإسلام ومن تولى فيها ومن عاصرهم من العلماء الأعلام، وقال في مقدمته: «وأنا في الحال متخل عن جوامع الأسفار ودفاتر التواريخ والأخبار، وإنما نقلت ما علق بالخاطر وبقي في خزانة الحفظ القاطر...»[274]. واعتماد الكبسي على الذاكرة لم يغنه عن النقل من المؤرخين اليمنيين الذين سبقوه مثل: الجندي في تاريخه، والخزرجي، وابن الديبع، والإمام الهادي عز الدين الحسن في كتابه العناية التامة في شرح مسائل الإمامة[275]، والقاسمي في تاريخ مكة، والنهرواني فيما يتعلق بأخبار الأشراف والدولة العثمانية[276]. ويشير إلى مصادره في الغالب بعبارات غير واضحة كقوله «ذكر بعض المؤرخين»، و«قال المؤرخون»، و«اختلف المؤرخون»، و«انتهى ما وجدته في التواريخ»، و«ذكر أهل التاريخ»[277].

ومن المبالغات التي أوردها الكبسي دون تعليق ولا تدقيق ما نقله عن مصدر مجهول حول أخبار وقعة بين الإمام الناصر أحمد بن الهادي وبين القرامطة في عام 305هـ/ 917م، إذ يقول واصفًا تلك الوقعة: «فإن الجند الناصري قتلوا من هذه الطائفة أممًا لا يحصيها العدد، ولا ينتهي إلى حد، حتى رُوي أن الدماء سالت وسمع لها دوي كدوي السيل...»[278].

أما المؤرخ اليمني سالم بن محمد الكندي (ت1316هـ/ 1898م) فقد حاول توخي الدقة والأمانة في النقل من المصادر في كتابه (تاريخ حضرموت)، حيث أشار في الصفحات الأولى من الكتاب إلى من سبقه من العلماء الذين وصفهم بالثقات وذلك خلال تناوله لحكام جنوب اليمن من أجداد السلطان غالب ومن قبلهم، وكل من قاومهم وعاونهم وعاصرهم: «وما يتعلق بها من أحوال من قديم الزمان ناقلًا لذلك من تواريخ لمن سبقه من العلماء والموثوق بهم من المؤرخين، وجل ذلك من تاريخ السيد الطيب بافقيه الشحري، ثم أعقب ذلك بتاريخ مولد ذلك السلطان ونشوئه وظهوره...»[279].

وعن الفترة المتعلقة ببعث الرسول ﷺ قال عن مصادره: «ثم إني أردت أن أقدم هنا منه ذكر بعثة سيدنا ونبينا وشفيعنا ومولانا محمد بن عبد الله بن عبد المطلب ﷺ...ناقلًا ذلك بحذف من اختصار سيدي وشيخي...علوي بن سيدنا الإمام سقاف بن محمد بن عيدروس بن سالم بن حسين الجفري لتاريخ الإمام العلامة الخير السيوطي»[280].

وبعد الانتهاء من الفترة التاريخية المذكورة: «انتهى ما وجد من تاريخ الخلفاء بحذف من اختصار سيدنا الحبيب العلامة علوي بن سقاف لتاريخ سيدنا الإمام السيوطي»[281].

وهذه الإشارات تدل على أن المؤلف كان أمينًا في العزو إلى مصادره. وقد اعتمد على كتب الحوليات الحضرمية ومن أبرزها تاريخ أحمد بن عبد الله شنبل (ت920هـ/ 1514م)وقد استفاد منها في تاريخ حضرموت حتى سنة 903هـ/ 1497م[282] ثم استعان بتاريخ الطيب بافقيه من سنة 901هـ/ 1495م حتى آخر القرن العاشر 1000هـ/ 1591م[283]. ويبدو أن القرن الحادي عشر الهجري لم يشهد بروز مؤرخين حاولوا تدوين أخبار حضرموت، فحاول المؤلف سد هذا الفراغ بإيراد بعض التراجم من كتاب محمد بن أبي بكر الشلي (ت1092هـ/ 1681م) (الجواهر والدرر في أخبار القرن الحادي عشر)[284]. وفي القرن الثاني عشر اعتمد على تاريخ أحمد بن محمد باعباد وذلك للفترة التي عاصرها من 1104-1144هـ/ 1692-1731م[285] ثم انتقل فجأة إلى سنة 1161هـ/ 1748م[286].

ولم يحاول الكندي مناقشة مصادره أو نقدها أو إيراد أكثر من رواية أو مصدر للخبر الواحد، فهو يأخذ عن مصادره دون مناقشة، لأنه ينقل عن شيوخه من آل باعلوي الذين لا يذكرهم إلا بديباجة طويلة من عبارات التكريم والتبجيل، مما جعله مسلّمًا وواثقًا بكل ما أوردوه من أخبار. ومن الإشارات التي يذكر بها شيوخه من آل باعلوي: «انتهى ما وجد من تاريخ الخلفاء بحذف من اختصار سيدنا الحبيب العلامة علوي بن سقاف...»، و«قال الشيخ العارف بالله الكبير الشيخ محمد بن علي باطحن» و«قال الشيخ الكبير العالم بالله الخبير علي بن أبي بكر بن الشيخ عبد الرحمن السقاف باعلوي...»، و«انتهى من عقد الجواهر والدرر في أخبار القرن الحادي عشر للشيخ الإمام السيد الشريف محمد بن أبي بكر بن أحمد الشلي باعلوي...»[287].

ومن مصادر الكندي أيضًا ابن الديبع والخزرجي[288]، إلى جانب عدد من المؤرخين كابن الوردي والقزويني والخزاعي وابن منبه والماوردي والدميري والذهبي، وكان يشير إليهم باسم الشهرة فقط[289].

أما الفترة التي عاصرها المؤلف فكان من مصادره المكتوبة لتأريخها ما زوده به أستاذه وشيخه علوي بن سقاف الجفري من مكاتبات، وكان يشير إلى ذلك بالقول: «وكل هذا بلغنا في الكتاب الذي وصل من سيدنا الحبيب العلامة علوي بن سقاف الجفري مؤرخ...»[290]. وفي حوادث سنة 1270هـ/ 1853م يتحدث عن أعمال الدولة في تحصيل الأموال من الناس وممارستهم ضد السادة العلويين ويقول: «فلما علم سيدنا الحبيب الإمام العلامة علوي بن سقاف الجفري ببلد تريس شق ذلك عليه من الدولة غاية المشقة، فكتب إلى الدولة كتابًا مجرد نصح أحببت أن أثبته هنا، ولم يردوا جوابًا بل وأعرضوا عنه تجبرًا وتكبرًا واستعجابًا بالرأي الفاسد، وهذا الكتاب المشار إليه...»[291]. وأورد كتبًا أخرى على هذا النمط[292].

وحاول الكندي الاستفادة من الشعر كمصدر مكتوب لتسجيل الأحداث التاريخية، إذ أورد أبياتًا من الشعر للأديب صلاح الدين القرشي الذي أرّخ لسيل وقع في مكة المشرفة سنة 971هـ/ 1563م قائلًا:

إني رأيت لسيل في مكة	قد أخذ الدور وأخلا البقاع
لاذ بباب الله مستعصمًا	وطاف بالبيت طواف الوداع
تاريخه إن رمت تعريفه	علا على الركن اليماني ذراع[293]

كما أورد أشعارًا تؤرخ الكوارث الطبيعية كالفيضانات والسيول في مواضع مختلفة من كتابه[294]، وقصائد في مدح السلطان، والحث على تنصيب الولاة[295]. ومن قصائد المدح أورد أربعًا لمحسن بن علوي بن سقاف في مدح السلطان غالب وتقع في (110) أبيات[296].

أما المؤرخون اليمنيون الذين دونوا تاريخًا لفترات عاصروها على شكل حوليات أو سير فإن مصادرهم المكتوبة تركزت في أغلبها على مكاتبات ومراسلات أتيح لهم الحصول عليها وإرفاقها بمؤلفاتهم، دون الإشارة إلى وسيلة حصولهم عليها، ومن هؤلاء المؤرخين أحمد ابن محمد الجرافي (ت 1316هـ/ 1898م) الذي سجل أحداث اليمن في عصره للسنوات 1307هـ/ 1889م-1316هـ/ 1898م[297]. وتضمن تاريخه وثائق ورسائل وتعميمات من السلطنة العثمانية خاصة بشؤون اليمن. ويبدو أن المؤلف وصل إلى هذه الوثائق عن طريق والده الذي كان عضوًا في مجلس إدارة ولاية اليمن[298]. وبعد وفاة والده عُرض على المؤلف أن يشغل مكانه فرفض، فتولاه أخوه الفقيه عبد الكريم[299]، مما ضمن للمؤلف الاستمرار في الاطلاع على كل ما يأتي من وثائق وتعميمات صادرة من السلطنة العثمانية. ومن الأمثلة على هذه المكاتبات ما أورده ضمن أخبار سنة 1311هـ/ 1893م قائلًا : «وفي يوم الثلوث سلخ شهرنا الحجة: أرسل الباشا لسيدي العلامة الصفي أحمد بن

محمد الكبسي وأراه مكتوبًا ورد في السلك من السلطنة...مضمونه...هذا حاصل المكتوب...»[300]. وفي أخبار سنة 1312هـ/ 1894م أورد المؤلف نص خطاب من المشير أحمد فيضي إلى الإمام المنصور يؤكد فيه على طلب السلطان أن يكتب إلى الإمام ليحضر إلى دار الخلافة، ويعيش هناك معززًا مكرمًا. ومما ورد في هذا الكتاب:

«والقصد : إن كنت طالبًا الرئاسة فاقترح ما تريد، وعلينا تنجيز ما تريد، وإن كنت مريدًا للأمر بالمعروف والنهي عن المنكر فمثلنا من يقول: هل من مزيد، وإن قصدك المال فنحن نعطيك فوق ما تؤمل وتريد، وليس القصد إلا جمع الكلمة...»[301].

ويورد المؤلف من الكتاب أيضًا: «فالقصد: أنك تريد الاتصال بالذات الشاهانية، واستقرارك هنالك فلك ذلك، على أن تكون أنت المقدم الرأي، وجيهًا مكرمًا، وأمينًا معظمًا، مجللًا محترمًا، رئيس الأشراف الذين هناك، فكم من شريف حواه المقام السلطاني...»(302).

وينهي المؤلف نص الكتاب بقوله: «حُرر في 5 محرم سنة 1312-1894، هذا لفظ المكتوب نقلته باللفظ من دون زيادة ولا نقصان»(303).

وقد أورد أيضًا رد الإمام المنصور على هذا الكتاب، ومما ورد فيه: «فأقول: الذي اختاره جانبًا يسيرًا من مملكة آبائنا وأجدادنا، نقيم فيها أوامر الله ونواهيه، ونستعين على ضرب الأجانب والسفيه، ويبقى أجل اليمن بأيدي المأمورين، إن أقاموا فيه الفرائض والسنين، وعملوا بشريعة الله فيما ظهر وبطن، حتى لا ينسب إلى الذات الشاهانية...ثم نختار الإعانة منكم بيسير من الآلات الحربية، يقوم بها حفظ ذلك الجانب اليسير، وبعد ذلك يحصل الاتحاد، والجامع بيننا نصرة دين رب العباد...»(304). وفي نهاية الكتاب ذكر أنه «حرر بتاريخ 26 محرم سنة 1312هـ» وهذا يعني أن المؤلف تمكن من الاطلاع ودونه في العام نفسه الذي يسجل أخباره.

وبالإضافة إلى هذه المكاتبات (الوثائق) اعتمد الجرافي على ما كان يصل بالسلك (التلغراف) من أخبار عن السلطنة العثمانية(305).

وإلى جانب المكاتبات السياسية أورد الجرافي مكاتبات لعلماء درس على أيديهم أو حصل منهم على إجازات(306) كقوله في ترجمة الإمام محمد بن عبد الله الوزير: «وذلك أن ولادته حسبما أفادني هو بخطه في إجازة منه للحقير في عشرين شهر شعبان سنة 1217هـ»(307).

ويتضح من الإشارات السابقة أن الجرافي أولى عناية خاصة للمصادر المكتوبة خاصة المتعلقة بالمراسلات والوثائق، كمصادر لحولياته التي تعد سجلًا مهمًا لأحداث اليمن في العقد الأخير من القرن التاسع عشر.

وأورد المؤرخ اليمني علي عبد الله الإرياني (ت1323هـ/ 1905م) عدة وثائق هي عبارة عن مراسلات بين الإمام المنصور والمسؤولين العثمانيين، وكان بعضها بتكليف من السلطان العثماني مباشرة، وبعضها الآخر أرسلها ولاة اليمن العثمانيون أو بعض الأعيان المعروفين بولائهم للدولة العثمانية الذين أرسلوها بطلب من الولاة. وبدأت المراسلات بتكليف الشريف عون الرفيق(308) التوجه إلى الإمام وتقديم النصح له، وللقبائل اليمنية أملًا في كسب الولاء والعودة إلى طاعة الدولة(309).

298

وقد بيّنت هذه المراسلات الأوضاع القائمة في اليمن خلال العقد الأخير من القرن التاسع عشر، وعلاقة اليمن بالدولة العثمانية، وموقف الإمامة من الوجود العثماني. فقد أظهرت بأن الدولة قامت بمحاولات متعددة لإغراء الإمام المنصور بالمال، والحظوة عند السلطان إذا وافق على الوجود العثماني في اليمن. ومن هذه المراسلات:

كتاب من الياور علي مثنى الحسيني(310) إلى الإمام حرر يوم 15 شهر ربيع الآخر سنة 1309(311)، وجواب الإمام المنصور عليه وتاريخه 25 ربيع الثاني سنة 1309(312). وكتاب من السيد محمد الرفاعي الحموي(313)، ومعه مكتوب من القاضي أحمد بن يحيى الردمي(314). وكتابان موجهان إلى الإمام المنصور(315)، وكتاب آخر من السيد محمد الحريري مؤرخ بصنعاء في 29 ربيع الأول سنة 1309(316)، وجواب الإمام المنصور على كتاب السيد محمد الحريري الذي بقي متمسكًا بمعارضة أعمال العثمانيين في اليمن التي تتعارض مع الدين، والكتاب المؤرخ في 6 صفر 1309(317). كما وصل إلى الإمام كتاب فيه قصيدة تمدحه وتثني عليه(318) من السيد جعفر الحلّي وسادات النجف ثم جواب الإمام عليه(319). وكتاب من الإمام المنصور إلى حاشد(320) وبكيل(321) يحذرهم فيه من التزيي بزي الأتراك(322). وكتاب من الياور علي مثنى الحسيني بأمر المشير عبد الله باشا تضمن معاودة طلب الصلح(323). وكتاب من الإمام إلى الشام حول الرابطة التي تربط بين العرب في محاولة لتحريضهم على الامتناع عن إرسال أبنائهم إلى الجيش، لأنهم سيأتون لمقاتلة إخوانهم في اليمن، كما يوضح لهم في هذا الكتاب الأعمال التي يقوم بها العسكر والمسؤولون العثمانيون في اليمن(324). كما أرسل الإمام كتابًا لا يختلف كثيرًا عن الكتاب المذكور إلى المحامل المتجهة إلى الحج(325).

والمكاتبات التي أثبتها المؤلف في كتابه تعد وثائق مهمة لفهم العلاقة التي كانت قائمة بين السلطة الحاكمة في اليمن (سلطة الإمام) وبين الدولة العثمانية، وموقف الإمام من السلطان وسياسة الدولة، وكان يفصل بينهما. كما أن هذه الوثائق تلقي الضوء على الموقف العام تجاه العثمانيين في أواخر القرن التاسع عشر ومحاولة الإمام حشد المعارضة ضد السياسة العثمانية في الشام، واستغلال موسم الحج وتوضيح سياسة العثمانيين في اليمن للمسلمين، وأن الدولة العثمانية تأخذ أبناء العرب وتجندهم لضرب إخوانهم العرب.

وأورد المؤلف عددًا من القصائد خاصة في الشعر السياسي، فقد أورد قصائد لشعراء كانوا موالين للإمام في اليمن، وأرسلوا رسائل في المدح والثناء على الإمام(326)، في حين صبوا جام غضبهم على الأتراك مركزين على مظالمهم في اليمن(327).

ويمكن القول إن الإرياني استطاع أن يعطي صورة متوافقة مع نظرته للحكم العثماني في اليمن، كما استطاع أن يعكس من خلال مصادره وجهات نظر الشعراء والمؤرخين المتوافقة مع نظرته، فأبرز إعجابهما بموقف الإمام، ومعارضتهما للوجود العثماني في اليمن. وقد أطلق بعض الشعراء على العثمانيين أسماء مثل: «الترك»(328) و«العجم»(329). كما أورد المؤلف قصائد تصف الوقائع التي دارت بين الإمام وجنده وجنود الأتراك في اليمن(330). وفي قصيدة طويلة «لسيف الإسلام العلامة، عماد الدين يحيى بن الإمام» أنشأها تبرمًا من العرب، وإثارة لهمة سيف الإسلام محمد بن المتوكل جاءت في (95) بيتًا ومطلعها:

عُد عن ذي المبسم الشيم　　　وأُهيل الضال والسلم(331)

قال الشاعر:

غير أن العرب قاطبة　　　أُلبسوا بالظلم والظلم
لم يراعوا أمر قائمهم　　　والوفا بالعهد والديم
فابتلوا بالترك تطحنهم　　　طحن من لم يدر بالنقم(332)

وأورد قصيدة أخرى لإبراهيم بن عبد الوهاب يتحدث فيها عن أفعال الأتراك في اليمن منها قوله:

فقد طمس الأعاجم دين طه　　　بجنح ظلام مسود الفتاح
وقد أخذوا نساء محصنات　　　فأين رجالهن أولوا الكفاح
وقد أخذوا الرجال وعند سوء　　　وأرباب الحمية في نياح
فمن يلد الذكور فهم نظام　　　ومن يلد الإناث فللسفاح
ومن يكسب من الأموال شيئًا　　　فللحما يعلم كل صاح(333)

وختم المؤلف ما أورده من الشعر بقصيدة للإمام عن أسباب قيامه ضد الأتراك قال فيها:

إنا نهضنا وللأتراك صلصلة　　　وشدة ضاق منها السهل والجبل
وأفسدوا الدين والدنيا وما علموا　　　أن الأماني يوافى بينها الأجل
ردوا نصوص كتاب الله واتخذوا　　　قانونهم ناسخًا للدين وانتحلوا(334)

مؤرخو المخلاف السليماني

يعتبر عبد الرحمن البهكلي أحد مؤرخي المخلاف السليماني الذين لم يشيروا إلى مصادر مكتوبة إلا في حالات نادرة، وذلك في كتابه (نفح العود في سيرة الشريف حمود) الذي دوّن فيه سيرة الشريف حمود، معتمدًا على معاصرته له، وقربه من الأحداث[335].

أما الحسن بن عبد الله المعروف بـ (عاكش الضمدي) (ت1289هـ/ 1872م) فقد اهتم بجمع تراجم لعلماء عصره في كتاب سماه «حدائق الزهر في ذكر أشياخ الدهر»، ودوّن فيه أخبار العلماء الذين عاصرهم من شيوخ تلقى على أيديهم العلم ومشاركين له في الطلب. واعتمد في أخباره إلى جانب مشاهداته على المكاتبات التي كان يزوده بها المترجم لهم[336].

ولم يشر عاكش الضمدي إلى مصادره المكتوبة في كتابه الذي أكمل به (نفح العود) للبهكلي، وإنما اكتفى بالقول: «فإني قد استقصيت تواريخ من سلف ممن تملك المخلاف السليماني فلم يتفق له ما اتفق لهذا الشريف»[337].

المصادر الشفوية:

تنوعت المصادر الشفوية التي اعتمد عليها المؤرخون في الجزيرة العربية، فمن أخبار واضحة الإسناد، إلى أخبار اعتمدوا فيها على مشاهدي الأحداث دون ذكر اسم راوي الخبر. وأخبار اكتفوا بإطلاق عباراة (الثقة) على ناقليها دون أي توضيح، وأخبار أسندوها إلى مجهولين دون وصف المجهول بأي صفة مستخدمين في ذلك عبارات عامة غير واضحة.

وقد ألمح بعض مؤرخي الجزيرة العربية إلى عوامل مؤثرة قد يكون لها انعكاس سلبي على الخبر الشفوي، وتنبهوا إلى أهمية التدقيق عند الأخذ بالأخبار الشفوية، فهذا ابن بشر(ت1290هـ/ 1873م) في نجد يشكو من عدم إمكانية ضبط الخبر الشفوي والاعتماد عليه في الأخبار التاريخية، وقال في ذلك:

«والكذب آخر هذا الزمان غلب على الناس، فلا نتجاسر أن نكتب كل ما نقلوه في القرطاس لأننا وجدناهم إذا سمعوا قولًا ونقلوه من موضع إلى موضع زادوه ونقصوه. واختلاق الكذب عليهم أغلب، فذهبوا فيه كل مذهب»[338].

وفي اليمن نبه أحد مؤرخي الحوليات وهو أحمد الجرافي (ت 1316هـ/ 1899م) إلى أن الناس ينقلون الأخبار دون تحقق ودون تمحيص ويقول في تعليقه على بعض الأخبار التي

كانت تصله: «...إلا أن رأينا في هذا الزمان أن كل أحد يخبرنا بما يريد دون تحقق»(339). وقد حاول مؤرخ عُماني وهو السالمي (ت1332هـ/ 1913م) أن لا يعتمد على الأخبار التي ينقلها عامة الناس لا بل رفض الثقة بأخبارهم محتجًا بعدم قدرتهم على إتقان النقل وضبطه وقال في ذلك: «فقد رأينا بعض الناس يأخذ الأخبار من لسان العامة ثقة بهم، ولسنا ممن يثق بالعامة فإن غالبهم ليس ضابطًا أو أكثرهم لا يحسن النقل»(340).

هذا وقد نبه روزنثال إلى العوامل المؤثرة في صحة الرواية الشفوية، فبعد أن ذكر أن النقل من الذاكرة لم يكن يعتبر نقلًا دقيقًا قال: «أما الروايات الشفوية التي كانت تدون فيما بعد في التأليف، فبالرغم من أنها كانت لا تحتوي على جميع الكلمات التي وردت في الأصل، وبالرغم من أنها كانت تختلف قليلًا عن أسلوب العبارة الأصلية، فإنها احتفظت بالمعنى المقصود بكل دقة وأمانة»(341). وعبر روزنثال بما أورده فيما يتعلق بالرواية الشفوية التي اعتمدها المؤرخون المسلمون الأوائل لذلك تميزت بالدقة والأمانة.

مؤرخو نجد:

اعتمد مؤرخو نجد على الرواية الشفوية كمصدر رئيس في تسجيل أخبارهم، ومنهم مؤلف لمع الشهاب الذي كان يعتمد على ما كان يصله من أخبار دونما منهج واضح في ذكر مصادره، ولم ترد عنده إلا رواية واحدة واضحة الإسناد وهي تلك المتعلقة ببيان نسب الشيخ محمد بن عبد الوهاب حيث قال: «حدثنا عبد الله بن غنام الإحسائي، أخبرنا محمد بن ماجد، أنبأنا محمد بن ماضي النجديان، والكل ثقة...»(342).

وإيراد المؤلف لهذا الخبر بهذا الإسناد يدل على إدراكه لأهمية الرواية الشفوية في تسجيل مثل هذا الخبر، فقد ذكر الخبر عن أكثر من شخص وأورد أسماءهم ومواطنهم واصفًا لهم بالثقة. ولعل هذه الإشارة تتناسب مع ما ذكره من الالتزام بالتحقق فيما ينقل إليه حيث قال: «وأنا ملتزم في هذه الأوراق أن لا أقول إلا ما سمعته وحققته»(343) ومع هذا فإن حمد الجاسر أخذ على أخبار صاحب لمع الشهاب مآخذ كثيرة خاصة فيما يتعلق بنسب آل سعود ورحلات الشيخ محمد بن عبد الوهاب واعتبرها غير صحيحة»(344).

وأشار صاحب لمع الشهاب لناقلي أخبار الأحداث التي يسجلها بعبارات متعددة مثل قوله: «هكذا ذكر لنا من رآهم ودخل أرضهم»، وهذه الإشارة وردت في حديثه عن بيان أحوال بني ياس من عرب عُمان(345). وفي حديثه عن أخبار الشيخ محمد بن عبد الوهاب، فإنه استقاها

ممن عاصروا الشيخ وهم ثقة على حد تعبيره «أنبأنا من يوثق به عند بعض المعاصرين للشيخ النجدي الشيخ محمد بن عبد الوهاب أنه طلب العلم وهو حدث»(346)، وفي موضع آخر يقول «حدثنا بعض الثقات المعاصرين للشيخ محمد بن عبد الوهاب وقد أدركناهم شيوخًا في الزبير والكويت»(347). وفي إشارة ثالثة يقول: «وحدثنا رجل من أهل الدرعية يوثق بقوله أن الشيخ محمد ابن عبد الوهاب أول أمره لما خرج عن قومه...جلا إلى العيينة»(348). وبالطريقة نفسها يورد أخبار آل سعود حيث يقول:

«ذكر الثقات من المخبرين عن نشأت محمد بن سعود أنه كان رجلًا كثير الخير والعبادة»(349)، و«حدثنا بعض أهل الخبرة بأحوال آل سعود بما جرى لهم في تسخير بعض الحجاز وكيفية ذلك...»(350).

ويلاحظ أن المؤلف استقى بعض أخباره أثناء تنقله بين نجد والكويت والزبير، إذ كان يسأل العارفين في تلك البلاد حول الأخبار التي يسجلها خاصة أخبار الشيخ محمد بن عبد الوهاب(351)، كما سمع أخبارًا من بغداديين وبصريين(352).

وفي أخباره التي أسندها إلى مجهول واستخدمها في ذكر أخبار القوات المصرية في نجد اكتفى صاحب لمع الشهاب عن ناقل الخبر بالقول «قال الراوي»(353)، و«يقول الناقل»(354). والإشارات غير الواضحة كثيرة في كتابه، ومنها «قال الراوي، حكى، قال بعض من أخبرنا، وقد نقل لنا، قال المخبرون، وقيل...»(355).

وعوّل ابن سند في كتابه مطالع السعود على ما سمعه وتداوله الناس من أخبار، وخاصة أنه سجل أخبار الوزير داود الذي كان معاصرًا له حيث قال: «كتبت في تلك الأيام ما تلقفته من ألسنة العوام مما أظن أن أسانيده صحيحة»(356).

بينما اعتمد ابن لعبون على ما سمعه من أخبار حول نسب ابن عمه الذي طلب منه إثبات وتوضيح نسبه لآل مدلج، وقال ابن لعبون في ذلك: «فأجبته إلى ذلك وكتبت برسمه ما بلغني وتلقيته من أشياخ القبيلة مثل عبد الله بن أحمد بن فواز وحمد بن عبد الله بن مانع وغيرهما»(357).

أما الفاخري فلم يعتمد على مصادر شفوية واضحة، إذ غلب على الإشارات الواردة في كتابه إسنادها إلى مجهول، وعبر عن ذلك بقوله: «يقال، قيل، ذكروا»(358).

وأما ابن بشر فقد كانت لديه رؤية واضحة حول الرواية الشفوية والعوامل المؤثرة عليها. فأدرك المراحل التي تمر بها وتعرضها للزيادة والنقصان بقصد أو من دون قصد، وأشار

إلى ذلـك في مقدمـة كتـابه حيث يقـول: «ثم إني أردت أن أجمع مجموعًا في وقائع آل سعود وأيامهم وأخبـارهم ولا وجدت من يخبرني عنها خبرًا مصدقًا، ولا عالم بها لا يقول إلا حقًّا إلا ما يحكى بالاستفاضة. والكذب آخر هذا الزمان غلب على الناس»[359].

ومع هذه المآخذ التي أخذها ابن بشر على أهل زمانه وأبرزها عدم الثقة فإنه لم يستطع تجنب الاعتماد على الرواية الشفوية، لذلك وضع لنفسه منهجًا حدده في المقدمة حول كيفية استفادته منها حيث يقول:

«وأخذت صفة الوقائع والمواضع من أفواه رجال شاهدوها، وما لم يدركوه منها فعمن شاهدها نقلوها، وبذلت جهدي في تحري الصدق، ولم أكتب إلا ما يقع في ظني أنه الحق من قول ثقة يغلب على الظن صدقه عن صفة الوقائع ومواضعها وغير ذلك...»[360].

وهكذا حدد ابن بشر مصادره الشفوية بالاعتماد على من شاهدوا الوقائع والأحداث التي يسجلها، وهناك إشارات عديدة توضح ذلك، فقد كان من رواة أخباره حول طلب الشيخ محمد بن عبد الوهاب العلم ورحلاته : عثمان بن منصور الناصري[361] وأحمد بن محمد المدلجي[362]. وفيما يتعلق بالسوابق حول الأحداث الخاصة بالقرن العاشر والحادي عشر الهجريين كان يذكر إسناده بالقول: «أخبرني شيخنا القاضي عثمان بن منصور الحنبلي الناصري متع الله به قال: أخبرني بعض مشائخي عن أشياخهم قال...»[363]. ومن الإشارات الدالة على نقله للخبر من مشاهدين للحدث الذي يكتبه، تلك المتعلقة بأخبار سنة 1213هـ/ 1798م عن مسير سليمان باشا من العراق إلى نجد حيث قال: «قال لي رجل ممن سار معهم»[364]، وعن مسير سعود بن عبد العزيز إلى الزبير وهدمه القباب والمشاهد الموجودة هناك، يذكر مصدره بالقول: «قال لي رجل من أهل الزبير»[365]، وعن مآثر الإمام سعود بن عبد العزيز يقول في أخبار سنة 1229هـ/ 1813م: «وذكر لي رجل كان عندهم في القصر يعلم القرآن قال: كان سعود في آخر ولايته يجمع المساكين يوم سبع وعشرين من رمضان...»[366]، وعن وصفه لمسير إبراهيم باشا إلى بلد شقراء في نجد في أخبار سنة 1233هـ/ 1817م يقول: «وذكر لي رجل كان في وسطها قال: إن رصاص القبوس والمدافع والقنابر والبنادق يتضارب بعضها ببعض في الهواء فوق البلد وفي وسطها»[367].

وأشار ابن بشر إلى مصادر غير واضحة (مجهولة الإسناد)، من ذلك اعتماده على بعض من وصفهم بالثقة دون أن يسميهم كقوله: «أخبرني من أثق به»[368]. ومن العبارات التي استخدمها لبعض مصـادره قوله: «ذكر لي»[369]، و«ذكر لنا»[370]، و«قيل»[371]. ولكي يخلص ابن بشر نفسه من مسؤولية ما أورده من أخبار مجهولة الإسناد قال: «فمن وجد في كتابي هذا زيادة أو نقصًا

أو تقدمًا أو تأخرًا فليعلم الواقف عليه أني لم أتعمد الكذب فيه، وإنما هو ممن نقله إلي والعهدة على ناقليه، وأثبت في كتابي بعض الحوادث التي لا تختص بنجد لأنه ربما قد يحتاج إليها بعض من وقف عليها»[372].

واعتمد ابن حميد في كتابه السحب الوابلة على كتب التراجم بصورة رئيسة، ثم اعتمد على المصادر الشفوية التي أشار إليها في مقدمة كتابه بقوله: «وما تلقيته من أفواه المشايخ الكرام»[373]، ولكن الإشارات التي تدل على اعتماده على هذا النوع من المصادر كانت قليلة. كذلك فعل ابن عيسى الذي أشار في مقدمة كتابه (تاريخ بعض الحوادث الواقعة في نجد...) إلى اعتماده على الأخبار الشفوية بالقول: «ثم بعد ذلك ما رأيناه وسمعناه من ثقات أهل عصرنا»[374]. ولم يلتزم ابن عيسى بهذا، إذ كانت الروايات التي أوردها مجهولة الإسناد، وقد عبر عن استخدامه للمصدر الشفوي بعبارة «قيل»[375]، ولم ترد لديه إشارات إلى مصادره الشفوية في كتابه عقد الدرر الذي ذيّل به على تاريخ ابن بشر[376].

مؤرخو الحجاز:

لم تكن الرؤية واضحة لدى بعض المؤرخين في الحجاز حول المصادر الشفوية والتعامل معها، فقد أشار المكي في كتابه (نزهة الجليس) إلى أنه أثناء أسفاره شاهد من العلماء والصلحاء والرؤساء والأمراء والوزراء والأدباء والشعراء الكثير وسمع منهم، وقال في ذلك: «وأدون كل ما سمعته منهم من شعر لطيف، وخبر ظريف، ومسائل علمية ونكت أدبية»[377]. وأغلب الإشارات التي أوردها المكي في كتابه غير واضحة ومن العبارات التي استخدمها للإشارة إلى مصادره: «روى، يروى»[378] و«قيل»[379] و«حكى، يحكى»[380] و«قال بعض البلغاء»[381] و«قال بعض العارفين»[382] و«قال الشاعر»[383] و«قال بعضهم»[384] و«قال أرباب المنطق»[385].

وأشار الأنصاري في كتابه (تحفة المحبين) إلى الأخبار الشفوية كأحد المصادر التي تجمعت لديه، وكانت عاملًا مساعدًا إلى جانب ما وجده في كتب الأنساب والتاريخ، فقد قال في المقدمة: «إنني منذ نشأت من أيام عنفوان الشباب...وأنا مولع بمطالعة كتب الأنساب... مع محاورة الأصحاب، ومذاكرة الأحباب ومحاضرة الأتراب...»[386]، وكان يأخذ أخباره من والده[387]، وشيخه محمد بن يوسف الزرندي الأنصاري[388]، والمعاصرين له ممن ذكرهم بأسمائهم كقوله: «وأخبرني حماد أفندي»[389]. كما اعتمد في أخباره على من وصفهم بـ«الثقة» كقوله: «أخبرني بعض الثقات»[390]. أما المصادر المجهولة الإسناد فقد عبر عنها بعبارات مختلفة مثل: «يقال، قيل، بلغني، أُخبرنا، أُخبرت، سمعت»[391].

والمدقق في البيوت التي ذكرها الأنصاري في كتابه يلاحظ أن أغلب هذه البيوت كان المؤلف قد ارتبط بأحد أفرادها بعلاقات صداقة أو قرابة أو اشتراك في الدرس، أو السكن أو الصحبة في السفر، مما جعله قادرًا على الاستفادة من علاقاته هذه لتسجيل بعض الأخبار الخاصة بكل بيت من البيوت التي سجلها(392). كأصول هذه البيوت وسبب تسميتهم والبلاد التي قدموا منها.

وغلب على مصادر أحمد زيني دحلان عدم الوضوح في المصادر الشفوية إذ كان يكتفي بالقول: «يحكى»(393)، و«جاءت الأخبار»(394)، و«قيل»(395).

مؤرخو عُمان:

اختلفت رؤية المؤرخين في عُمان إلى المصادر من حيث التدقيق فيها ومناقشتها، فالأزكوي في كتابه كشف الغمة استخدم عبارات غير واضحة مثل «قيل»(396)، و«بلغني، وبلغنا»(397).

أما حميد ابن رزيق فقد عوّل كثيرًا على المصادر الشفوية مما جعل السالمي يشكك في بعض أخباره، آخذًا عليه اعتماده على أقوال العامة دون تحقق، ففي أخبار السالمي عن إمامة السلطان بن مرشد قال: «هذا من كلام ابن رزيق إلا من كان من إصلاح في لفظه وحذف لبعضه لأجل إصلاح التركيب ولم نجده مأثورًا من غيره فالله أعلم بصحته...»(398).

ومن أبرز المصادر الشفوية التي اعتمد عليها ابن رزيق ما أخذه عن والده، حيث أشار إليه في أكثر من موضع، ومن ذلك قوله: «أخبرني أبي محمد بن رزيق عن أبيه جدي رزيق بن بخيت بن سعيد بن غسان، ومعروف بن سالم الصنايعي(399)، وخاطر بن حميد البراعي، ومحمد(400) العجمي القصاب، وقد دخل كلامهم بعضه في بعض، بالاتفاق، قالوا:...»(401). كما اعتمد على والده في الخبر الذي أورده حول انتقال ملك اليعاربة إلى أحمد بن سعيد...والخبر حول عهد الإمام أحمد بن سعيد وما كان يفرض على التجار في مسقط حيث قال: «وسألت والدي محمدًا، عن محصول فرضة مسقط أيام دولة الإمام أحمد بن سعيد، فقال لي من خمسة اللكوك إلى ثلاثة اللكوك خالصات من جميع المخروج، وسألته عن جملة عسكر الإمام أحمد، فقال لي: عددهم كثير لا يحصى»(402). واعتمد أيضًا على جده في ذكر بعض الأخبار(403)، وعلى المشايخ المسنة. ومن إشاراته إلى اعتماده على الشيوخ الكبار قوله في أخبار تنصيب سلطان بن سيف الذي خلف الإمام ناصر بن مرشد الذي توفي سنة 1059هـ/ 1649م قال: «أخبرني غير واحد

من المشايخ المسنة، منهم معروف بن سالم الصائغي، وخاطر بن حميد البراعي وغيرهما عما سمعوه من آبائهم المسنة، فاختلفت رواياتهم لفظًا وائتلفت معنى»[404].

واستقى ابن رزيق أخباره أيضًا من معاصرين للأحداث ذاكرًا أسماءهم مثل الفقيه القاضي مبارك بن عبد الله بن مبارك[405]، وخميس بن سالم الهاشمي[406]، والقاضي سعيد بن أحمد اليحمدي[407]، والمعلم مسعود بن خميس بن صالح بن سنان الأعمى المنذري[408].

أما مصادره غير الواضحة فقد أشار إليها بعبارات مختلفة كقوله: «أخبرني غير واحد من المشايخ الذين أصدقهم»[409]، و«أخبرني غير واحد من الذين أصدقهم ويصدقهم غيري في الروايات...» [410]، و«أخبرني غير واحد من المشايخ المسنة عن أهل عُمان عن آبائهم...»[411]. وأما الإشارات المسندة إلى مجهول فعبر عنها بعبارات مثل: «قيل»[412] و«قال بعض الرواة، بلغني، بلغنا»[413].

وأخذ السالمي على ابن رزيق نقله كثيرًا من الأخبار عن ألسنة العامة والمشايخ المسنة الذين قد لا يضبطون الخبر بشكل دقيق، ومع ذلك اعتمد هو الآخر على الأخبار الشفوية. ومما أورده حول ابن رزيق والنقل عن ألسنة الناس دون تحقق قوله:

«هذا من كلام ابن رزيق، فقد رأينا بعض الناس يأخذ الأخبار من لسان العامة ثقة بهم ولسنا ممن يثق بالعامة، فإن غالبهم ليس ضابطًا أو أكثرهم لا يحسن النقل، والله أعلم بحقيقة الأمر»[414].

ولم يلتزم السالمي بما ذكره في النص، فقد استفاد من أخبار ابن رزيق ونقل عنه أخبار إمامة سلطان بن مرشد بن عدي اليعربي التي كان مصدره فيها «والده عن جده ومجموعة من الشيوخ»[415]، كما أنه اعتمد على أخبار وردت إليه من مصادر مجهولة وعبّر عنها بصيغ مختلفة مثل «قيل» التي وردت عنده في أكثر من اثنين وعشرين موضعًا[416].

وقد أشار أيضًا إلى مصادره المجهولة بالقول: «ذكر لي بعض الأصحاب، وحدثني الثقة، وأحسب أني سمعت...، فكان بعض شيوخنا يذكر لنا...»[417].

مؤرخو اليمن:

ونقل مؤرخو اليمن من المصادر الشفوية التي كانت تصل إليهم، ففي تاريخ اليمن لأبي طالب اعتمد المؤلف على مصادر شفوية فيما يتعلق بالفترة التي عاصرها وكانت قريبة من عصره ذاكرًا في بعضها السند وناسبًا البعض الآخر إلى مجهول.

ومن مصادره الواضحة ما نقله عن سيده الحسين بن علي المتوكل، وعلي بن الحسين[418]، والحاج سعد مجربي ومملوكه الخازن[419].

كما اعتمد على أخبار وصف أصحـابها بالثقة، وعبر عنها بصيغ مختلفة كقوله: «أخبرني من لا أظن به الكذب»[420]. وعن أخبار حادثة المحطوري سنة 1111هـ/ 1699م كان يشير إلى المصدر بقوله: «ذكر لي من كان له به اختصاص». وفي إشارات أخرى حول بعض الأخبار كان يقول: «وأخبرني بعض الكتاب المصدق في أقواله...» و«قد أخبرني من أثق به ممن عرف هذا...» و«بلغ الإمام خبر ثقة لا شك فيه»[421]. أما أخباره المجهولة السند فقد أشار إليها بالعبارات: «بلغ الخبر، وجاء الخبر، وفدت الأخبار، وأخبر المخبر، وقيل»[422] و«يقال»[423].

أما لطف الله جحاف فقد حاول توخي الدقة والأمانة في التعامل مع المصادر الشفوية، وحرص على ذكر راوي الخبر بشكل أكثر وضوحًا من غيره. ففي أخباره عن نسب الشيخ محمد بن عبد الوهاب يقول: «ولنذكر ما يعرف الناس من نسبه فيقول: أخبرنا عبد الله بن المبارك الأحسائي ثم الدرعي، وبمثل خبره أخبرنا عبد العزيز بن أحمد النجدي اليمامي قالا: هو...قال عبد العزيز بن أحمد فيما كتبه إلي...قال ابن المبارك فيما كتبه إلي...»[424]. وقد استفاد لطف الله جحاف أيضًا من رحلته إلى الحج في نقل بعض الأخبار كقوله: «أخبرني بعض المكيين المترددين إلى الدرعية في عام حجي أن للشيخ محمد بن عبد الوهاب ابنين...قال ابن المبارك في آخر مكتوبه إليّ...وكتب إليّ ابن المبارك مفصلًا لأحوال أولاد عبد العزيز، فذكر سعود بن عبد العزيز وقال...». ويتضح من هذه الإشارة أن جحاف أخذ بعض الأخبار من الناس الذين التقى بهم في الحج مثل سرور مملوك الشريف غالب[425]، وعبد العزيز ابن أحمد الدرعي[426]. ثم استوفى أخباره بعد عودته إلى اليمن من مكاتباته مع بعض النجديين مثل عبد الله بن المبارك[427]، وعبد الله بن زيد الشقري[428]، وعبد الله بن نفيسة[429]، وعبد الله بن عيسى[430] الذين زودوه بأخبار الدولة السعودية والأحداث العامة في نجد برسائل مكتوبة مما جعله عارفًا بما يدور من أحداث، ولذلك عبّر عن مصادره بصورة دقيقة من خلال المقارنة بين هذه الأخبار كما هو الحال في الخبر المذكور عن الشيخ محمد بن عبد الوهاب، وأخبار أبناء عبد العزيز. وقد استخدم عبارات تدل على مصادره الشفوية تتعلق بالفترة التي أعقبت حجه عام 1213هـ/ 1798م مثل: «نقل إلينا»[431] و«جاءت الأخبار»[432] و«تواردت الكتب»[433] و«وصلت الأخبار»[434].

وجحاف كغيره من مؤرخي الجزيرة اعتمد على مصادر شفوية مجهولة الإسناد، وعبّر

عنها بقوله: «أخبرنا»(435) و«قال بعض الناس»(436) و«تخبرنا»(437) و«قيل»(438) وكل هذه الصيغ حول أخبار من خارج اليمن.

وتميز محمد بن علي الشوكاني عن غيره من مؤرخي اليمن بتدقيقه في المصادر المكتوبة خاصة لتراجم العلماء الذين لم يعاصرهم المؤلف، أما الذين عاشوا في عصره فقد اعتمد في تدوين أخبارهم على مشاهداته واتصالاته معهم. وقد استفاد من بعض المصادر الشفوية في تدوين أخبار من عاصرهم ومن ذلك ترجمته لأحمد المكر(439) «رجل من أهل اليمن الأسفل رأيته في سنة 1215 وقد صار في سن عالية، أخبرني أنه في مائة وأربع وعشرين سنة ونصف سنة، ومع هذا فهو صحيح العقل والحواس، مستقيم القامة حسن العبارة... ثم بعد هذه السن تزوج وولد له كما أخبرني عن نفسه في سنة (1216) وأخبرني غيره...»، ولأن مثل هذا الخبر غريب، يقول: «وهذا العمر خارج عن العادة المعروفة في هذه الأزمنة». ومن الإشارات الأخرى التي تدل على إدراك المؤلف لأهمية نقل الخبر الشفوي قوله عن الذين يترجم لهم: «يحكي عن نفسه»(440) و«يحكى عنه»(441) و«سمعته منه»(442)، كما اعتمد الشوكاني على أخبار نقلها الحجاج «حسبما نسمعه من الحجاج»(443). ونقل أيضًا بعضًا من أخباره من مصادر شفوية غير واضحة كان يشير إليها بالقول: «روي، قال الراوي»(444) و«المحكي»(445) و«قيل»(446) و«يقال»(447) و«بلغنا»(448).

وحاول كتاب الحوليات اليمنية تدوين الحوادث اليومية من خلال مشاهداتهم وما ينقل لهم من أخبار، ففي الكتاب المسمى (صفحات مجهولة من تاريخ اليمن) لمؤلف مجهول سجّل لأحداث اليمن خلال أربعة وعشرين عامًا من 1263هـ/ 1846م -1287هـ/ 1870م اعتمد المؤلف في كتابتها على ما كان ينقل إليه من أخبار، وعبّر عن مصادره هذه بقوله: «قيل أن» و«كما صح عن الثقات» و«كما حكي» و«شاع الخبر» و«وصل الخبر»(449).

وأشار سالم الكندي في كتابه تاريخ حضرموت إلى أن من بين مصادره ما بلغه من الأمور والوقائع عن طريق التلقي والسماع من الثقات. ومما ورد في مقدمة الكتاب:

«فعلق الآن بقلبي نبراس أن أحكي ابتداء حال هذا السلطان... وما بلغني من الأمور والوقائع في غيرها من الجهات والوفيات وغير ذلك على تكرار الأزمان والأحيان وبالمشاهدة والعيان أو التلقي والسماع من الثقات»(450). وفي موضع آخر قال: «ليعلم الواقف على ذلك ما سبق في الزمان الأول من الحوادث والوقائع منقول من تواريخ وإملاء من ثقات أئمة...»(451)، ويقصد الكندي بالأئمة الثقات السلطان غالب وشيوخ المؤلف من آل باعلوي، ففي حديثه عن سيل ضرب البلاد في 26 رمضان من سنة 1120هـ/ 1708م يقول: «قال لي رجل من السادة آل باعلوي

راحت علينا نحو تسعمائة نخلة في المسيلة»(452). وفي خبر آخر يقول: «أخبرني سيدنا الحبيب العلامة المربي علوي بن سقاف بن محمد الجفري»(453)، وفي اعتماده على السلطان غالب قوله: «وأخبرني من أثق به غالب وجلسائه في حيدر عباد»(454).

وأورد الكندي إشارات لمصادر اكتفى بالقول إنه نقلها عن ثقات مستخدمًا عبارات منها: «أخبرني من أثق به وبخبره...»(455) و«أخبرني به من أثق بمقالته»(456) و«أخبرني...جماعة من الموثوق بهم من سادة وغيرهم»(457) و«بلغنا عمن أثق به»(458) و«بلغنا عن الثقة»(459). وأكثر عبارة استخدمها «بلغنا»(460)، وأحيانًا يضيف إليها «عن الثقة»، فتصبح: «بلغنا عن الثقة»(461). وذلك في حديثه عن الفترة التي عاصرها.

واعتمد الكندي أيضًا على مصادر شفوية غامضة أسند الخبر فيها إلى مجهول، فقال: «حكي»(462) و«قيل»(463) و«يقال»(464).

ودقّق الجرافي في الأخبار الشفوية وأظهر حرصًا في الأخذ بها، وذلك في حولياته الخاصة بتاريخ اليمن خلال القرن التاسع عشر الميلادي. ففي أخبار سنة 1309هـ/ 1891م، وعن توجه المشير أحمد فيضي على رأس حملة إلى حجة والمناطق الشمالية من اليمن يقول: «وفي يوم الخميس سابع عشر شهرنا، عزم أحمد فيضي القومندان ومعه عساكر فوق الألف، وكان عزمه جهة القبلة، ويبلغ أنه قاصد لبلاد كوكبان وحجة ونحوهما، ثم بلغ وصوله كحلان، ثم عزم إلى حجة، ولا بد من وقوع حروب وخطوب، ولكن تفصيلات الأمور تحتاج إلى نقل صحيح، وما وجدنا ذلك إلا أن رأينا في هذا الزمان أن كل أحد يخبر بما يريد من دون تحقق»(465). وتحفظ الجرافي على ذكر عدد قتلى وقعة بين العثمانيين وأهل البستان سنة 1308هـ/ 1890م بسبب عدم تيقنه من صحة الأخبار المتعلقة بذلك: «هذا ولم يقع في هذه القتلة مقاتيل كثير، إلا أنهم ثلاثة رؤوس، وأما من العساكر السلطانية فالله أعلم كم وقع، لأنه لم يأتنا خبر متيقن...»(466). ويتضح من هذه النصوص أن الجرافي كان ينتظر وصول أخبار تؤكد على صحة ما يرد إليه من أخبار فيدققها ويمحصها ومن ثم يدونها.

ومن المصادر التي اعتمد عليها الجرافي ما كان يرد إليه من أخبار عبر السلك (التلغراف) خاصة فيما يتعلق بما يجري في عاصمة العثمانيين وما يصدر منها من فرمانات وتعميمات خاصة باليمن. ومن الأمثلة على اعتماده على هذا النوع من المصادر ما ذكره عن زلازل في استنبول سنة 1894 في شهر صفر: «وفي هذا الشهر وصل في السلك أنها وقعت زلازل عظيمة في استنبول، ووقع بسببها خراب كثير»(467).

واعتمد الجرافي أيضًا على أخبار كانت تصله ممن وصفهم بالثقات⁽⁴⁶⁸⁾، ومن رجال عرفهم⁽⁴⁶⁹⁾، ومن آل السادة الكبابسة⁽⁴⁷⁰⁾. كما أشار إلى اعتماده على مصادر مجهولة الإسناد عبر عنها بمثل قوله: «وصلت الأخبار من محلات بعيدة» و«وصل الخبر» و«قيل» و«يقال» و«جاء الخبر» و«كما سمعنا»⁽⁴⁷¹⁾.

وسجل مؤلف مجهول أخبار اليمن للفترة الواقعة بين 1224هـ/ 1809م-1316هـ/ 1898م في (حوليات يمانية)، وحرص على نقل أخباره اليومية عن التجار⁽⁴⁷²⁾ والحجاج⁽⁴⁷³⁾ والمشاهدين للأحداث من رجال ذكرهم بالاسم⁽⁴⁷⁴⁾، ومشاهدين رووا أخبار الأحداث التي شاهدوها⁽⁴⁷⁵⁾. كما استقى أخبارًا ممن وصفهم بالثقة⁽⁴⁷⁶⁾، ومن مجهولين.

ومن الأمثلة على ما استقاه المؤلف من التجار قوله في أخبار سنة 1234هـ/ 1818م عن أعمال العساكر التركية في تهامة: «حتى أخبر بعضهم (أي التجار) أنهم لا يجدون ذات فرج إلا وطئوها»⁽⁴⁷⁷⁾. ومن الأخبار التي نقلها عن الحجاج ما أورده في حوادث سنة 1308هـ/ 1890م عن وقوع فناء عظيم بين الحجاج وقال في ذلك: «هذا في نصف محرم مفتتح سنة 1308... وصل خبر من حجاج بيت الله أهل البحر، فوصل أهل الساحل والحجاز، وأخبروا بفناء عظيم، وأكثره في أهل الشام»⁽⁴⁷⁸⁾.

والأشخاص الذين ذكرهم المؤلف بالاسم كمصادر لبعض أخباره هم (يحيى الرضي)⁽⁴⁷⁹⁾ و(حسين الناشري)⁽⁴⁸⁰⁾ و(حسين بن محمد)⁽⁴⁸¹⁾ و(عبد الله بن صالح كحيل صاحب الخيمة)⁽⁴⁸²⁾ و(حاكم يريم)⁽⁴⁸³⁾.

ووصف مؤلف (حوليات يمنية) أحداث ثورة أهل اليمن على الأتراك سنة 1265هـ/ 1848م نقلًا عن مشاهد لها كان موجودًا في قصر الوالي العثماني: «ولقد أخبرني من كان عندهم في القصر حال الصيحة إنهم سمعوا صيحة كادت تقلع الأرض من تحتهم، وظنوا أنها قامت القيامة، وأنا أخبرني خلق كثير يشهدون لله أنهم سمعوا صيحة من السماء لا كأنها من الأرض وكلا منهم في ناحية من الذين أخبروني ناس في قاع اليهود وناس في شراره...»⁽⁴⁸⁴⁾.

ومن العبارات التي استخدمها في النقل عمن شاهدوا الأحداث دون ذكر أسمائهم واكتفى بوصفهم – بالثقة – قوله: «أخبرني من أثق به»⁽⁴⁸⁵⁾، وللتعبير عن إسناده الخبر إلى مجهول قوله: «جاءت الأخبار»⁽⁴⁸⁶⁾ و«وصلت الأخبار»⁽⁴⁸⁷⁾ و«خُبِّرنا شفاهًا»⁽⁴⁸⁸⁾ و«تواترت الأخبار»⁽⁴⁸⁹⁾ و«شاعت الأخبار»⁽⁴⁹⁰⁾ و«هذا خبر ما سمعناه»⁽⁴⁹¹⁾، و«قيل»⁽⁴⁹²⁾.

وقد ذكر صاحب الحوليات أن هناك عاملًا مهمًا يؤثر في استمرار وصول الأخبار وانقطاعها، وعبر عن ذلك في أخبار سنة 1309هـ/ 1891م حيث استمرار النزاع بين العرب والأتراك في اليمن قائلًا: «ولكن مع قطع المسافرين الداخلين، فلم يظهر لنا خبر إلا أخبار ما يمكن رقمها لاختلافها وبعضها تصح وبعضها لا تصح، وأما الكاين والمجمع عليه، فقد أعظم القتال الآن في الحيمة وحراز وحجرة بن مهدي...»(493).

أما علي بن عبد الله الإرياني الذي دون أخبار الإمام المنصور في سيرة سماها (الدر المنثور)، وتناول فيها تاريخ اليمن من خلال سيرة هذا الإمام. فقد أشار في بداية كتابه إلى الاعتماد على ما سمعه من أخبار كأحد المصادر الرئيسة، وقال في ذلك: «وإني لما وضعت عصا التسيار، وحططت رحالي في شريف المقام، ومنّ الله عليّ بذلك، فله الحمد على هذا الإنعام، سمعت أذناي، ووعى قلبي وشاهد بصري وقائع جرت بين الأجناد المنصورية، أنصار الحق من البرية، وبين أعداء الله العجم...»(494).

واعتمد الإرياني على ذوي المكانة في العلم والمنصب، وكان يذكر ناقل الخبر باسمه، ومن هؤلاء الذين عوّل عليهم: الإمام المنصور(495) الذي ألف له هذه السيرة بقوله: «أخبرني الإمام عليه السلام»(496)، والشيوخ المعاصرون عن طريق سماعه منهم مثل القاضي العلامة محمد بن أحمد العراسي(497) ويحيى بن يحيى دوده(498). ومجموعة من العلماء قال عنهم: «وممن سمعنا منهم الإذعان، والشهادة بأنه أوحد الزمان، القاضي العلامة عماد الدين وبقية المحققين يحيى بن علي الإرياني - رحمه الله - والقاضي العلامة جمال الدين علي بن يحيى...»(499). واعتمد أيضًا على الحاج علي بن محمد الأكوع(500) والحاج علي بن محمد(501) والسيد الصفي أحمد ابن يحيى بن المنصور(502) والسيد الضياء عباس بن عبد الله بن المؤيد الذي كان عاملًا للإمام في بلاد غريان(503) والسيد هاشم بن يحيى الشرفي(504) والسيد أحمد بن محمد الخلفي، والنقيب عبد الله بن ناصر القرحة(505)، وصالح بن قاسم(506)، والسيد محمد بن عباس(507) ومحمد بن الحسين بن عباس(508) والعلامة صفي الإسلام(509)، والسيد عبد الله بن يحيى أبو منصور(510)، وحمود بن ناشر(511)، وأحمد بن أحمد مساعد(512).

واعتمد المؤلف أيضًا على نقل الأخبار عمن شاهدها دون أن يذكر اسمه كقوله: «ما أخبرنا به المشاهدون...»(513). وممن وصفهم بالثقة كقوله: «أخبرني من أثق به»(514). واعتمد في إشارات أقل مما اعتمد عليه غيره من إسناد الخبر إلى مجهول، ومن ذلك قوله: «هذا حكاه بعضهم، بلغ أيضًا خبر، وأخبروا، ما أخبرنا به، وصلتنا الأخبار، حكى لنا جماعة»(515).

مؤرخو المخلاف السليماني

اعتمد عبد الرحمن البهكلي في كتابه (نفح العود في سيرة الشريف حمود) في تدوين أخبار كان معاصرًا لها، وأشار إلى المصادر الشفوية التي اعتمد عليها بالقول: «أخبرني من أثق بخبره ولا أتهمه في أثره» و«أخبرني من حضر الوقعة» و«وصلت الأخبار الصحيحة» و«قيل» و«بلغني»[516].

مشاهدات المؤرخين:

والنوع الثالث من المصادر التي كان لها دور مهم في كتابات المؤرخين في الجزيرة العربية مشاهداتهم ومعاصرتهم للأحداث، ويعد ذلك من المصادر المهمة التي تبين مدى قدرة المؤرخ على الإحاطة بأحداث عصره وتسجيلها كما هي دون أن يكون للأهواء والميول دور في توجيه الأخبار بعيدًا عن الحقيقة. وهناك إشارات تكشف ميول وأهواء المؤرخين من طريقة روايتهم لأحداث عصرهم حيث كانوا يظهرون حقائق ويخفون أخرى، وهو ما يطلق عليه (الحقائق المختارة Selected Facts).

لقد اهتم بعض المؤرخين في نجد بتدوين أخبار البلاد النجدية في حلقة متصلة ركزت في معظمها على إبراز دور دعوة الشيخ محمد بن عبد الوهاب وانعكاساتها على المجتمع النجدي، وعلى علاقات الدرعية التي كان يتزعمها آل سعود، وعلى الزعامات المجاورة لها، ثم على العلاقات مع الحكام في البلدان المجاورة لنجد ومع القوى المسيطرة كالدولة العثمانية، كل ذلك كان موضع تركيز واهتمام هؤلاء المؤرخين جاعلين المحور المحرك والفاعل في هذه الأحداث الشيخ محمد بن عبد الوهاب والأئمة السعوديين الذين تبنوا الدفاع عن دعوة الشيخ ونشرها في البلاد، وأول المؤرخين الذين اهتموا بتاريخ هذه الحركة من موقع القرب من زعمائها ومتابعة أخبارهم وأحوالهم هو حسين بن غنام الأحسائي الذي عاش بين 1152هـ/ 1739م[517]-1225هـ/ 1810م[518]، وانتقل إلى الدرعية وأكرمه هناك الشيخ محمد بن عبد الوهاب 1115هـ/ 1703م-1206-1791م والأمير عبد العزيز بن محمد بن سعود وأقام عندهما في الدرعية[519]. وعاصر ابن غنام أحداث الدعوة وعاش إلى ما بعد وفاة الشيخ محمد بن عبد الوهاب (ت 1206هـ/ 1791م)[520] ومقتل الأمير عبد العزيز عام 1218هـ/ 1803م وجعل كتابه على الحوليات، وانتهى إلى أحداث سنة 1212هـ/ 1797م، وعاش بعدها إلى سنة 1225هـ/ 1810م. وقد تساءل عبد الكريم غرايبة عن سبب تركه لأخبار ثلاث عشرة سنة

من حياته دون تاريخ، وقال معلقًا على ذلك: «فهل كان غير راض عن أعمال سعود الكبير»[521]. لكن حمد الجاسر يذكر بأنه عثر على نسخة تحوي تاريخ حوادث تمتد إلى قرب زمن وفاة المؤلف، ويقول الجاسر: «وقد قدمت هذه النسخة للمغفور له الملك عبد العزيز آل سعود لطبعها غير أنه رؤي الاكتفاء بتاريخ ابن بشر»[522]. واشتمل تاريخ ابن غنام على فنون من التواريخ لأيام وعقائد وسير زعماء دعوة الشيخ محمد بن عبد الوهاب[523]. وحمل بعض المعارضين للحركة على ابن غنام لأنه حرص على تدوين أخبارها[524].

واهتم مؤلف آخر مجهول بتدوين أخبار نجد في ظل دعوة الشيخ محمد بن عبد الوهاب ووقف في تاريخه عند أخبار سنة 1233هـ/ 1817م[525]. وقد سجل أحداثه من خلال اعتماده على ما كان ينقل إليه من أخبار شفوية[526]، وتميز باهتمامه بتدوين أخبار تفيد في دراسة الحياة الاجتماعية والاقتصادية إلى جانب السياسية في نجد أواخر القرن الثاني عشر والثلث الأول من القرن الثالث عشر، وقد حمل حمد الجاسر على مؤلف الكتاب بصورة ملفتة[527].

وسجّل ابن سند (ت 1242هـ/ 1826م) تاريخ العراق في فترة الوالي داود الذي عاصره، وحصل على كرمه وعطفه، وركز في أخباره على المدح شعرًا ونثرًا[528].

وحرص محمد بن عمر الفاخري الذي عاش بين 1186هـ/ 1772م-1277هـ/ 1860م على تسجيل أخبار نجد وأحداثها للفترة الواقعة بين سنة 850هـ/ 1446م وسنة 1277هـ/ 1860م، ولم يوضح طريقة إطلاعه على أحداث عصره، ولم ترد إشارات توضح قربه من الأحداث وإطلاعه على تفاصيلها، ففي سنة 1233هـ/ 1817م، وبعد وصول القوات المصرية إلى نجد واضطراب الأحوال، وصف الفاخري ذلك قائلًا: «وكانت هذه السنة كثيرة الاضطراب والاختلاف ونهب الأموال وسفك الدماء، وتقدم أناس وتأخر غيرهم وذلك بحكمة الله وقدرته وقد قلت في تاريخها:

عام به الناس جالوا	ونال منا الأعادي فيه ما نالوا
قال الأخلاء أرخه فقلت لهم	أرخت قالوا بماذا قلت غربال[529] (1233)»[530]

أما عثمان بن عبد الله بن بشر الذي عاش بين 1212هـ/ 1797م-1290هـ/ 1873م، فقد وفرت له علاقته بالأئمة السعوديين القدرة على الاطلاع على ما يجري من أحداث، فسجّل تاريخ نجد منذ سنة 850هـ/ 1446م-1267هـ/ 1850م[531]، مع أنه توفي سنة 1290هـ/ 1873م وكرر ما فعله ابن غنام، وقد قدم عبد الكريم الغرايبة تفسيرًا لذلك[532] وهو أن ابن بشر لم يكن يرغب

بتدوين أخبار النزاع الذي حدث بين أبناء الإمام فيصل بن تركي وما أعقب ذلك من سيطرة آل رشيد على الرياض ونجد[533]. الا أن هذا الرأي ليس دقيقًا لان ابن بشر توقف عن التدوين سنة 1267هـ/ 1850م والنزاع بين أبناء الإمام فيصل كان بعد وفاة الإمام فيصل سنة 1282هـ/ 1865م.

وظهرت مشاهدات ابن بشر ومعاصرته للأحداث في أخبار سنة 1225هـ/ 1810م عندما حج إلى مكة. «وحججت في تلك السنة وشهدت سعودًا وهو راكب مطيته محرمًا بالحج، ونحن مجتمعون في نمره لصلاة الظهر، وخطب فوق ظهرها خطبة بليغة، ووعظ الناس فيها وعلمهم المناسك...ورأيت الشريف غالب أقبل فوق حصانه، ونحن جلوس في الصف وليس معه إلا رجل واحد، ونزل سعود من كور مطيته وسلم عليه وتعانقا. وسلم عليه المسلمون، فأقيمت الصلاة جمعًا، وقصدنا بعدها عرفة، ودخل سعود بعد ذلك مكة وسار فيها سيرة حسنة»[534].

وفي أخبار سنة 1229هـ/ 1813م يتحدث ابن بشر عن مشاهداته لحلقات الدرس التي كانت تعقد، وبعد أن يصف طريقة دخول الإمام إلى مجلس العلم يقول عن حلقة الدرس: «حضرت القارئ في ذلك الدرس في تفسير الحافظ محمد بن جرير الطبري، وحضرته أيضًا في تفسير ابن كثير، فإذا فرغ الدرس نهض سعود قائمًا في دولته، ودخل القصر، وجلس في مجلس من مجالسه القريبة للناس، ودفعوا إليه حوائجهم حتى يتعالى النهـار، ويصير وقت القيلولة فيدخل إلى حرمه، فإذا صلى الناس الظهر، أقبلوا إلى الدرس عنده في قصره في موضع بناه، وأعده لذلك بين الباب الخارج والباب الداخل، على نحو من خمسين سارية جعل مجالسه ثلاثة أطوار كل مجلس فوق الآخر، فمن أراد الجلوس في الأعلى أو الأوسط أو الذي تحته أو فوق الأرض اتسع له ذلك.

ثم يأتون إخوته وبنوه وعمه وبنوه وخواصه على عادتهم للدرس ويجلسون بمجالسهم، ثم يأتي سعود على عادته، ولم يكن يحضر ذلك المجلس أحد من أبنائه لأن هذا الوقت عند كل واحد منهم مجلس طلبة علم يأخذون عنه إلى قرب العصر، والعالم الذي يجلس للتدريس في هذا الموضع المذكور والوقت المذكور إمام مسجد الطريف عبد الله بن حماد، وبعض الأحيان القاضي عبد الرحمن بن خميس إمام مسجد القصر، ويقرأ اثنان في تفسير ابن كثير ورياض الصالحين، فإذا فرغ من الكلام على القراءة سكت. ثم ينهض سعود ويشرع في الكلام على تلك القراءة...»[535].

ومن مشاهداته أيضًا ما ذكره في أخبار سنة 1243هـ/ 1827م حول اطلاعه على سجل يتضمن اتفاقًا بين آل زهير وآل راشد واصفًا هذا الاتفاق بقوله: «وحصل مجاولات بين الفريقين، ثم

وقع الصلح بينهم واجتمعوا له وحضره العلماء والرؤساء والمشايخ وكتبوا بينهم سجلًا كتبه محمد بن سلوم الفرضي، وأودعوه شيئًا عظيمًا من العهود والمواثيق، رأيت سجلهم هذا حسبت فيه ثمان وعشرين شاهدًا وعليه ختمه وفيه من الشيوخ عشرة...»[536].

وارتبط ابن بشر بعلاقات وثيقة مع آل الشيخ من خلال المكاتبات التي دارت بينه وبين عبد الرحمن بن حسن بن الشيخ محمد بن عبد الوهاب[537]، كما تمتع بعلاقات طيبة مع الأئمة السعوديين وعلى رأسهم الإمام فيصل بن تركي الذي التقاه مرتين؛ الأولى كانت سنة 1262هـ/ 1845م[538]، والثانية سنة 1265هـ/ 1848م، وقد وصف ابن بشر لقاءه بالإمام في المرتين، وتحدث عن مجلس الإمام الذي كان يضم أعيان الغزو والعلماء. ومما قاله عن التقائه بالإمام فيصل سنة 1265هـ/ 1848م:

«فسار الإمام فيصل أعزه الله...ثم رحل ونزل قرب بلد المجمعه، فركبت إليه للسلام عليه فكان وصولي إلى مخيمه قبل صلاة العصر، فصليت معهم، وإذا بالمسلمين مجتمعين للدرس في الصيوان الكبير، وإذا هو جالس فيه والمسلمون يمينه وشماله ومن خلفه وبين يديه وعبد اللطيف إلى جنبه، فأمر القارئ عليه بالقراءة فقرأ عليه في كتاب التوحيد تأليف الشيخ محمد بن عبد الوهاب...ثم سلمت على الإمام فقابلني بالتوقير والإكرام، ورحب بي أبلغ ترحيب، وقربني أحسن تقريب...ثم سلمت على الشيخين عبد اللطيف وعبد الله بن جبر، فقمنا جميعًا ودخلنا مع الإمام في خيمته وجلسنا عنده، فابتدأ عبد الله يقرأ على الإمام في كتابه سراج الملوك وعبد الله يسمع...»[539].

واهتم ابن عيسى الذي عاش بين عامي 1270هـ/ 1853م و 1343هـ/ 1924م[540] بتدوين تاريخ نجد من سنة 700هـ/ 1300م إلى سنة 1340هـ/ 1921م وذلك في كتابه (تاريخ بعض الحوادث الواقعة في نجد)[541] دون أن يوضح مدى قربه من الأحداث أو علاقته بالأئمة السعوديين باستثناء إشارة وردت في مقدمة كتابه الذي أكمل في تاريخ ابن بشر، حيث ذكر أن الإمام عبدالعزيز هو الذي طلب منه إكمال تاريخ ابن بشر[542] الذي دوّن فيه أخبار نجد منذ سنة 1268هـ/ 1851م إلى سنة 1340هـ/ 1921م، وكان معاصرًا لهذه الفترة.

وفي الحجاز اعتمد المكي (ت بعد 1179هـ/ 1766م)على ما شاهده في البلدان التي زارها أثناء رحلاته، واشار إلى ذلك في المقدمة بقوله:

«وكنت في مدة هذه الأسفار أسطر كل ما شاهدته من العجائب في تلك البلدان والأقطار، وأثبت اسم كل من اجتمعت به من العلماء الأخيار والصلحاء والأبرار والرؤساء ذوي الافتخار

والأمراء والوزراء والأدباء الشعراء»(543). وغلب على المكي الأسلوب الأدبي في وصفه لمشاهداته كقوله عند دخوله مدينة أصفهان سنة 1131هـ/ 1718م: «دخلنا بالعز والفرح والأمان، دار السلطنة الصفوية أصفهان»(544).

والأنصاري الذي عاش بين عامي 1124هـ/ 1712م وبعد 1197هـ/ 1782م(545) اهتم بتدوين تاريخ المجتمع في المدينة المنورة في القرن الثاني عشر في إطار النسب معتمدًا في ذلك على مشاهداته ومعرفته للأسر التي كانت موجودة في عصره، وقد ارتبط المؤلف بعلاقات متنوعة مع أفراد من مختلف البيوت (الأسر) التي ذكرها في كتابه (تحفة المحبين)، ومن الإشارات التي تدل على ذلك قوله: «وأيضًا من هذه الطائفة المزبورة محمد أفندي أرنود إمام القلعة السلطانية، كان رجلًا فقيهًا يحضر معنا درس شيخنا أبي الطيب السندي»(546). وفي حديثه عن بيت الجنيد قال: «سيدي أحمد بن موسى بن عجيل اليمني صاحب مدينة بيت الفقيه المشهورة، وقبره في خارجها، وعليه قبة عظيمة عمّرها المرحوم مراد باشا، وقد زرته في عام رحلتي إلى اليمن الميمون في سنة 1173...»(547). ومن الإشارات الدالة على معرفته بكثير من أفراد البيوت التي يتحدث عنها قوله: «وأدركنا من هذا البيت...»(548) و«أيضًا أدركت أخاه»(549) و«قد أدركنا من أولاد أولاده...»(550) وهنالك إشارات كثيرة مماثلة(551).

أما ابن رزيق الذي عاش بين عامي (1191هـ/ 1777م و 1274هـ/ 1857م) فقد ذكر في كتابه (الفتح المبين في سيرة السادة البوسعيديين) أحداثًا عاصرها، وكان خلالها على صلة وثيقة بالسادة البوسعيديين يحضر مجالسهم. وزادت قوة علاقته بالسيد حمد بن سالم بن سلطان، وقد أكد ابن رزيق على العلاقة التي كانت قائمة بين آل رزيق والبوسعيديين في كتبه. وللتأكيد على مكانة البوسعيديين في نفوس آل رزيق فقد ألّف ابن رزيق سيرة خاصة بالسيد سعيد بن سلطان وسماها: (بدر التمام في سيرة السيد الهمام سعيد بن سلطان)(552).

وزاد عبد الله بن حميد السالمي ما أخذه عن الأزكوي وابن رزيق، فبالإضافة إلى تناوله تاريخ عُمان من فترة ما قبل الإسلام تناول ما بعد الفترة التي وقف عندها ابن رزيق وهي سنة 1327هـ/ 1909م(553)، وتميز السالمي باختياره للروايات واعتداله في مناقشتها.

وفي اليمن دوّن محسن أبو طالب الذي عاش بين عامي 1103هـ/ 1692م و 1170هـ/ 1757م(554) أخبار اليمن منذ بداية القرن الحادي عشر وحتى عام 1160هـ/ 1747م، وقد عاصر عددًا من الحكام واتصل بهم، ووضع في أخبارهم وحوادث عصرهم المؤلفات(555). وكذلك لطف الله جحاف الذي عاش بين عامي 1189هـ/ 1775م و1243هـ/ 1827م(556) فقد جعل كتابه (درر نحور الحور

317

العين...) تاريخًا للفترة التي حكم فيها الإمام المنصور علي من تاريخ دعوته 1189هـ/ 1775م إلى تاريخ وفاته في عام 1224هـ/ 1809م، وقد وصف حسين العمري كتابه (درر نحور الحور العين) بالقول:

«فجاء كتاب (الدرر) هذا كنزًا حافلًا بالمعلومات والأخبار، جمعه مؤرخ كان يعيش في وسطها وعلى علاقات وطيدة بالمنصور علي وأبنائه ورجال دولته وغيرهم من علماء وأدباء وشعراء»[557].

ومما يؤكد معاصرة المؤلف وقدرته على الإحاطة بما يدور في عصره من أحداث، ما أورده من مكاتبات ومراسلات حول المواقف في مكة والدولة العثمانية واليمن من الحملة الفرنسية على مصر عام 1213هـ/ 1798م[558].

وأوضح الشوكاني الذي عاش بين عامي 1173هـ/ 1760م و1250هـ/ 1834م[559] في مقدمة كتابه (البدر الطالع) إلى معاصرته لكثير من العلماء والأعيان الذين ترجم لهم[560].

وأورد الشوكاني من بين ما يزيد على (590) ترجمة، (150) ترجمة لأشخاص اتصل بهم عن طريق الدرس (من شيوخه)[561] أو قرأوا عليه بمختلف العلوم التي أتقنها[562]، أو شاركوه في الطلب وعرفوه معرفة جيدة[563]، أو كاتبهم وكاتبوه ودار بينهم مساجلات شعرية وأسئلة وأجوبة في كثير من المسائل الفكرية والفقهية[564]، وترجم أيضًا لبعض من التقى بهم وكانت بينهم وبينه مودة وعلاقة، ومن عاصره وعرفه ولم يلتق به[565]، ومن كان بينه وبينهم مناظرات في مجلس الإمام[566]. كما ترجم لعلماء قدموا من بلاد أخرى التقى بهم في اليمن[567] وللأئمة الذين عاصرهم[568].

وبدأ سالم الكندي الذي عاش بين عامي 1217هـ/ 1809م و1316هـ/ 1898م[569] بتدوين تاريخه (تاريخ حضرموت) بعناية وانتظام كقريب من الأحداث مشاهد لها. ويشكل ما دونه كمشاهد للأحداث ضعفي ما دونه بالاعتماد على المصادر الأخرى وخاصة المكتوبة، ومن ذلك حديثه عن التقائه بالسلطان غالب في أخبار سنة 1272هـ/ 1855م، قال: «فعند ذلك خرج سيدنا الحبيب علوي إلى عند ضريح الحبيب عبد الرحمن هو وجماعة من الحبائب، وجلسوا في مسجد هناك، وخرجت معهم، ...ثم صلّى سيدنا الحبيب علوي في المدرسة صلاة العشاء، وصليت معه...»[570].

أما كتب الحوليات التي سجلها مؤرخون يمنيون من خلال متابعتهم لما يجري في اليمن من أحداث يومية فقد كان مصدرهم فيها ما شاهدوه، وما نقل إليهم من المعاصرين لهذه الأحداث.

ومن هؤلاء المؤرخين أحمد الجرافي 1280هـ/ 1863م-1316هـ/ 1899م[571] في كتابه الذي عُرف بـ (حوليات الجرافي)، الذي دوّن فيه أخبار اليمن اليومية من سنة 1307هـ/ 1889م إلى سنة 1316هـ/ 1898م[572]. بينما اهتم مؤلف مجهول بتسجيل أحداث اليمن في القرن الثالث عشر الهجري/ التاسع عشر الميلادي وبالتحديد من سنة 1224هـ/ 1809م إلى سنة 1316هـ/ 1889م، ومن مشاهداته قوله في أخبار سنة 1289هـ/ 1872م عن أحوال اليمن في ظل الحكم العثماني[573]: «وأنا أُبسر (أبصر) وأسمع ذلك عيانًا». وفي أخبار سنة 1307هـ/ 1898م وعن الأحوال الاقتصادية للبلاد وغلاء الأسعار وسياسة العثمانيين في أخذ الضرائب قال: «وكان أهل صنعاء يخرجوا يدوروا الحب من البر ويأخذ كلا بقدر رباعي ثماني ربع ثماني ربع الرباعي ويتلقوهم المأمورين في الأبواب ويأخذوه عليهم قهرًا، أنا ممن شاهد ذلك يتيم ابن العمياء النشاده وفوق ذلك زد أخذ الجمروك عليه المسب والحب جميع وبقي يبكي باب السمسرة طول يومه...»[574].

وأشار علي بن عبد الله الإرياني (ت 1323هـ/ 1905م) في السيرة التي ألّفها للإمام المنصور إلى مشاهداته كمصدر رئيسي بقوله: «وشاهد بصري، وقائع جرت بين الأجناد المنصورية أنصار الحق من البرية، وبين أعداء الله العجم»[575]. وقد أباح له قربه من الإمام المنصور الاطلاع على الأحداث بشكل مباشر خاصة على المكاتبات التي جرت بين الإمام وغيره من أصحاب المكانة عند العثمانيين لإغراء الإمام بقبول الوجود العثماني[576]. ومن مشاهداته ما أورده عن كرامات الإمام المنصور حيث قال:

«فمن ذلك ما يعلمه كل عاقل، وهو ما أكرمه الله به من إعانته على كثير من الأعمال التي لا يقدر على عملها الجم الغفير من الرجال. ولقد رأيناه وشاهدناه يكتب في اليوم الواحد ما لا يقدر عليه إنسان، وذلك من جوابات ومكاتبات بغاية الإحكام والإتقان، وإجراء الأحكام الشرعية بإيضاح وتبيان، وإجابات السؤال، وافتقاد جميع بيوت الأموال، والنظر في جميع الأحوال، وفي مؤونة الوافدين والمهاجرين والمجاهدين، وهم كثيرون. وكل ذلك باطلاع الإمام، مع محاسبة الوكلاء، بثبات وبيان، وهذه الأمور لا تدخل تحت طوق البشر، وإنما يكرم الله بها من صبر، وإنما ذكرنا ما ذكرنا عن اختيار ونظر، فلو جمع ما يكتبه في يوم لزاد على كراستين، مع اشتغاله أيضًا بما ذكرنا وتفقد جميع أحوال المقام وأهله حتى الخيل والبغال والجمال، هذا دأبه في كل يوم طلعت عليه الشمس»[577].

وتجدر الإشارة هنا إلى أن المؤلف أعطى معلومات مفيدة في التعرف على المهام التي كان يقوم بها الإمام، من إجراء للأحكام الشرعية، وتفقد لبيوت الأموال، والنظر في مؤونة الوافدين

من المهاجرين والمجاهدين، وهذه المؤونة التي كانت لها موازنة تبلغ في الأسبوع 1000 ريال يتولى توزيعها وكلاء في مناطق مختلفة من اليمن، وبذلك فإن المؤلف أورد معلومات مفيدة حول الأوضاع الاقتصادية والإدارية لليمن في عهد الإمام المنصور.

وفي المخلاف السليماني ألّف عبد الرحمن البهكلي الذي عاش بين عامي 1182هـ/ 1768م و1248هـ/ 1832م⁽⁵⁷⁸⁾ سيرة للشريف حمود الذي كان البهكلي معاصرًا له والمتوفى سنة 1233هـ/ 1817م، وسماها (نفح العود في سيرة الشريف حمود)، ووقف البهكلي في أخباره عند سنة 1255هـ/ 1810م، وقد وصف عاكش الضمدي معاصرة البهكلي لأحداث ما كتب بقوله: «ولأن تلك الوقائع على عين منه ومسمع ولا ينبئك مثل خبير»⁽⁵⁷⁹⁾.

وترجم الحسن بن عبد الله المعروف بعاكش الضمدي الذي عاش بين عامي 1221هـ/ 1827م و1289هـ/ 1872م⁽⁵⁸⁰⁾ لعلماء عصره من خلال مشاهداته ومكاتباته ومحادثاته معهم، وجمع كل ذلك في كتابه المسمى (حدائق الزهر في ذكر أعيان أشياخ العصر)، وقال في نهاية كتابه: «وقد انتهى ذكر من أخذت عنهم العلم من الأشياخ الأعلام وأذيل ذلك بذكر جماعة شاركوني في الطلب...»⁽⁵⁸¹⁾.

الهوامش

(1) ابن غنام، تاريخ نجد، ص33-35.

(2) ابن غنام، المصدر نفسه، ص20-35.

(3) ابن غنام، نفسه، ص136.

(4) أحمد بن محمد بن عبد الله بن بسام، دوّن كرّاسًا ابتدأه من سنة 1015هـ إلى سنة 1039هـ. وذكر الفاخري انتقاله إلى ملهم سنة 1015هـ، ولم يذكر وفاته ضمن حوادث سنة 1040هـ، وكان قاضيًا في ملهم ثم انتقل إلى العيينة وتوفي فيها سنة 1040هـ. انظر: الفاخري، الأخبار النجدية، ص65؛ وابن عيسى، تاريخ بعض الحوادث، ص26 و50؛ وانظر أيضًا: الجاسر، مؤرخو نجد من أهلها، مجلة العرب، ج9، س5، 1971، ص788-789.

(5) أحمد بن محمد بن المنقور التميمي: ولد سنة 1067هـ وألّف تاريخًا غلب عليه صفة المذكرات إذ دوّن فيه أخبار قراءاته الخمس وشيوخه وحجّه لأربع مرات وأبناءه. وتوفي سنة 1125هـ. انظر: المنقور، تاريخ المنقور، تحقيق عبد العزيز الخويطر، ص211، وص56-79. انظر حول وفاته: ابن بشر، عنوان المجد، ج2، ص360.

(6) محمد بن ربيعة العوسجي، ت1158هـ، كان قاضيًا في بلد ثادق. انظر: ابن بشر، عنوان المجد، ج1، ص47؛ وابن عيسى، تاريخ بعض الحوادث، ص107.

(7) عبد الله بن أحمد بن عضيب الناصري العمروي التميمي ت1160هـ أو 1161هـ. وكان قاضيًا في مدينة عنيزة، ويعد من ذوي المحاولات في تدوين تاريخ نجد انظر حوله: ابن عيسى، تاريخ بعض الحوادث، ص108. وانظر أيضًا : الجاسر، مؤرخو نجد من أهلها، مجلة العرب، ج9، س5، 1971، ص791-792.

(8) إبراهيم بن أحمد بن يوسف، ت1206هـ. انظر: الشويعر، ابن غنام مؤرخ وتاريخ، مجلة الدارة، ع1، س4، 1978، ص36.

(9) شيخ أمين، الحركة الأدبية في الحجاز، ص614.

(10) مجهول، كيف كان ظهور شيخ الإسلام، ص123.

(11) مجهول، المصدر نفسه، ص124.

(12) ابن بشر، عنوان المجد، ج1، ص167.

(13) مجهول، لمع الشهاب في سيرة الشيخ محمد بن عبد الوهاب.

(14) مجهول، المصدر نفسه، ص23.

(15) مجهول، نفسه، ص85-87.

(16) ابن سند، مطالع السعود بطيب أخبار الوالي داود.

(17) الجاسر، تاريخ الكويت، مجلة دراسات الخليج والجزيرة العربية، ع6، س2، 1976، ص149 والصفحات 141-174.

(18) ابن سند، مطالع السعود، مخطوط، انظر على سبيل المثال الأوراق 3، 5-10، 18-22، 24-26، 45.

(19) ابن سند، المصدر نفسه، الأوراق 11، 23، 66.

(20) ابن لعبون، تاريخ ابن لعبون، ص3.

(21) ابن لعبون، المصدر نفسه، ص3.

(22) ابن لعبون، نفسه م.ن، ص10، 11.

(23) ابن لعبون، نفسه، ص5، 30، 43.

(24) الجاسر، تاريخ الفاخري لا الأخبار النجدية، مجلة العرب، ج5و6، 1981، ص450-451.

(25) ابن لعبون، تاريخ ابن لعبون، ص3.

(26) ابن لعبون، المصدر نفسه، ص12-15، 21-26، 31-50، 55-56، 63-65.

(27) الفاخري، الأخبار النجدية، ص82.

(28) الفاخري، المصدر نفسه، ص86.

(29) الفاخري، نفسه، ص95.

(30) ابن عيسى، تاريخ بعض الحوادث الواقعة في نجد، ص26. ويذكر الشبل في مقدمة التحقيق لكتاب الفاخري أن تاريخ المنقور يبدأ من سنة 948هـ إلى نهاية سنة 1123هـ. ويتفق مع الشبل في ذلك البسام. بينما ذهب حمد الجاسر إلى أن المنقور سجل تاريخًا لحوالي 180 سنة مبتدئًا من سنة 945-1125 وفي رأي ثالث أن المنقور سجل تاريخًت ابتداءً من سنة 1044-1123. انظر: الشبل، مقدمة التحقيق لكتاب الفاخري، ص51-53؛ البسام، علماء نجد، ج1، ص196؛ الجاسر، مؤرخو نجد من أهلها، مجلة العرب، ج9 س5، 1971، ص789؛ مكتبة العرب، تاريخ الشيخ أحمد المنقور، مجلة العرب، ج8، س5، 1971، ص783.

(31) المنقور، تاريخ المنقور، ويتبنى هذا الرأي حول نقل الفاخري عن المنقور: الأستاذ يوسف الشبل في مقدمة التحقيق لكتاب الفاخري، ص51-53. وانظر أيضًا: الفاخري، الأخبار النجدية، ص69-70.

(32) الفاخري، الأخبار النجدية، ص129.

(33) ابن بشر، عنوان المجد، ج1، ص29.

(34) محمد بن سلوم الوهيبي التميمي ولد سنة 1161هـ في بلد العطار من قرى سدير، وكان من المعارضين لدعوة الشيخ محمد بن عبد الوهاب هو وشيخه محمد بن عبد الله بن فيروز ورحل معه إلى البصرة حتى وفاته، ثم انتقل بعد ذلك إلى وتوفي سنة 1246هـ/ ووصفه الفاخري بالفرضي الحاسب. انظر: الفاخري، الأخبار النجدية، ص168؛ ابن عيسى، تاريخ بعض الحوادث، ص158، وهامش (1) ص29 من كتاب ابن بشر، ج1.

(35) ابن بشر، مصدر سابق، ج1، ص29-30 وج2، ص23.

(36) ابن بشر، المصدر نفسه، ج1، ص30.

(37) ابن بشر، المصدر نفسه، ج2، ص295-377.

(38) وهو من تأليف محمد بن علي بن محمد المعروف بالنهرواني ت990هـ. انظر: هامش (1) ص 30 من كتاب ابن بشر. بينما ورد في كشف الظنون أن عنوان الكتاب (الإعلام بأعلام بلد الله الحرام) وهو من تأليف محمد بن أحمد المكي الحنفي ت 988هـ. انظر: حاجي خليفة، كشف الظنون، م1، ص126.

(39) الكتاب من تأليف عبد الملك بن حسين بن عبد الملك العصامي، ولد بمكة سنة 1049 وتوفي بها سنة 1111هـ. البغدادي، هدية العارفين، م5، ص628.

(40) ابن بشر، عنوان المجد، ج2، ص304، 307، 329، 332، 333، 337، 343-344.

(41) مكتبة العرب، تاريخ أحمد المنقور، مجلة العرب، ج8، س5، 1970، ص783.

(42) أبو حاكمه، محاضرات في تاريخ شرق الجزيرة، ص99.

(43) الجاسر، مؤرخو الجزيرة من أهلها، 2، مجلة العرب، ج10، س5، 1971، ص889.

(44) ابن غنام، تاريخ نجد؛ ابن بشر، عنوان المجد؛ انظر أيضًا: الشويعر، ابن غنام...، مجلة الدارة، ع1، س4، 1978، ص36، 37، وعبد الغني، مؤرخو الجزيرة، ص138-139.

(45) عبد الغني، مؤرخو نجد، ص99.

(46) ابن بشر، عنوان المجد، ج1، ص310-311.

(47) ابن بشر، المصدر نفسه، ج1، ص193-199، 219-225، 228-236.

(48) الفاخري، الأخبار النجدية، ص60.

(49) ابن بشر، عنوان المجد، ج2، ص296.

(50) شيخ أمين، الحركة الأدبية في الحجاز، ص617.

(51) ابن بشر، عنوان المجد، ج1، ص29.

(52) الفاخري، الأخبار النجدية، ص132.

(53) ابن بشر، عنوان المجد، ج1، ص264-266.

(54) ابن عيسى، تاريخ بعض الحوادث، ص130.

(55) ابن بشر، عنوان المجد، ج1، ص245-250.

(56) ابن بشر، المصدر نفسه، ج1، ص250.

(57) ابن بشر، نفسه، ج1، ص215-219.

(58) ابن بشر، نفسه، ج2، ص104-106.

(59) ابن بشر، نفسه، ج1، ص171-172.

(60) ابن بشر، نفسه، ج1، ص113-118.

(61) ابن بشر، نفسه، ج1، ص197-199.

(62) ابن بشر، نفسه، ج1، ص356-361.

(63) ابن بشر، عنوان المجد، ج1، ص193-196.

(64) هو محمد بن عبد الله بن فيروز الوهبي والد عبد الوهاب صاحب الحاشية ومحمد هذا من المعارضين لدعوة الشيخ، ولد سنة 1146هـ وتوفي في الزبير سنة 1260هـ.انظر هامش(2) ص219 من كتاب ابن بشر، ج2.

(65) ابن بشر، المصدر نفسه، ج1، ص219-225.

(66) ابن بشر، نفسه، ج1، ص219.

(67) ابن بشر، نفسه، ج1، ص228-236.

(68) ابن بشر، نفسه، ج1، ص233.

(69) ابن بشر، نفسه، ج2، ص118-120.

(70) ابن بشر، نفسه، ج2، ص220-226.

(71) ابن بشر، نفسه، ج2، ص226.

(72) أحمد بن علي، ت852هـ/ 1448م.

(73) محمد بن عبد الرحمن، ت902هـ/ 1496م.

(74) جار الله محمد بن عبد العزيز بن عمر بن فهد الهاشمي المكي، ت954هـ/ 1547م.

(75) محمد خليل بن علي بن محمد مراد البخاري الأصل الحنفي، ت1206هـ/ 1791م.

(76) محمد بن محمد بن محمد بن عبد الرحمن الغزي، ت1214هـ/ 1799م.

(77) أحمد بن محمد بن عمر، الأديب اللغوي المفسر، ت1069هـ/ 1658م.

(78) إبراهيم بن يوسف عالم مكي، مات مقتولًا بصنعاء سنة 1071هـ/ 1660م.

(79) خليل بن أيبك الصفدي، ت764هـ/ 1362م.

(80) عبد الرحمن بن أبي بكر، ت911هـ/ 1505م.

(81) عبد الرحمن بن محمد بن عبد الرحمن، ت928هـ/ 1521م.

(82) محمد بن علي بن أحمد بن علي الصالحي الحنفي، ت953هـ/ 1546م.

(83) أكمل الدين بن مفلح محمد بن إبراهيم بن عمر، ت1011هـ/ 1602م.

(84) نجم الدين محمد المدعو عمر بن محمد بن محمد بن عبد الله بن فهد المكي القرشي، ت885هـ/ 1480م.

(85) ابن العماد الصالحي، ت1089هـ/ 1678م.

(86) محمد أمين بن فضل الله بن محسن الله محمد المحبي الحموي الأصل الدمشقي الحنفي، ت1111هـ.

(87) ابن حميد، السحب الوابلة، ج1، ص7-11.

(88) اعتمد ابن حميد في الأجزاء الثلاثة من كتابه على النقل من الضوء اللامع وأورد ذكره في أكثر من (291) موضع. انظر: ابن حميد، السحب الوابلة، ج1و2و3.

(89) وأورد ذكر ابن العماد الصالحي في أكثر من (124) موضع، انظر: ابن حميد، ج1و2و3.

(90) وأورد ذكر ابن حجر وكتابه في (104) مواضع، انظر: ابن حميد، ج1و2و3.

(91) ابن حميد، المصدر نفسه، ج1و2و3.

(92) ابن حميد، نفسه، ج1، ص11.

(93) ابن حميد، نفسه، ج1، ص7-11، 36، 101، 325؛ وج2، ص743، وج3، ص1088.

(94) ابن حميد، نفسه، ج1، ص273.

(95) ابن حميد، السحب الوابلة، ج3، ص1041، 1049، 1240، 1013، 1036.

(96) ابن عيسى، تاريخ بعض الحوادث الواقعة في نجد.

(97) ابن عيسى، عقد الدرر فيما وقع في نجد من الحوادث في آخر القرن الثالث عشر -ذيل على كتاب ابن بشر- عنوان المجد) حققه وعلق عليه: عبد الرحمن بن عبد اللطيف بن عبد الله آل الشيخ.

(98) ابن عيسى، تاريخ بعض الحوادث، ص26-27؛ انظر أيضًا حول مصادر ابن عيسى: غرايبة، قيام الدولة السعودية، ص98، والجاسر، مؤرخو نجد من أهلها، مجلة العرب، ج9، س5، 1971، ص788-789.

(99) انظر على سبيل المثال: المنقور، تاريخ المنقور، حققه عبد العزيز الخويطر.

(100) ابن غنام، تاريخ نجد، تحقيق ناصر الدين الأسد.

(101) الفاخري، الأخبار النجدية، تحقيق عبد الله يوسف الشبل.

(102) ابن بشر، عنوان المجد، ج2، ص291.

(103) ابن عيسى، تاريخ بعض الحوادث، ص133-135، 173-175، 184-186.

(104) ابن عيسى، المصدر نفسه، ص90.

(105) ابن عيسى، عقد الدرر، ص8.

(106) ابن عيسى، المصدر نفسه، ص69-70.

(107) ابن عيسى، تاريخ بعض الحوادث، ص27.

(108) الجاسر، مؤرخو نجد من أهلها، 2، مجلة العرب، ج1، س5، 1971، ص887. ويتبنى ما أورده الجاسر: بكر شيخ أمين، الحركة الأدبية في الحجاز، ص618، وعبد الغني، مؤرخو الجزيرة، ص139.

(109) الفاخري، الأخبار النجدية، ص71.

(110) ابن بشر، عنوان المجد، ج2، ص326.

(111) ابن عيسى، تاريخ بعض الحوادث، ص59.

(112) ابن عيسى، تاريخ بعض الحوادث، ص28-35.

(113) الفاخري، الأخبار النجدية، ص60؛ ابن بشر، عنوان المجد، ج2، ص296.

(114) الفاخري، المصدر نفسه، ص150.

(115) ابن عيسى، تاريخ بعض الحوادث، ص146.

(116) ابن بشر، عنوان المجد، ج2، ص330-331. وذكر الفاخري الحادثة ولم يذكر الشعر. انظر: ص75؛ وانظر أيضاً: ابن عيسى، تاريخ بعض الحوادث، ص126-127.

(117) ابن عيسى، تاريخ بعض الحوادث، ص93، 107.

(118) ابن عيسى، عقد الدرر، ص10-14.

(119) ابن عيسى، المصدر نفسه، ص34.

(120) ابن عيسى، نفسه، ص40-43.

(121) ابن عيسى، نفسه، ص47-48.

(122) ابن عيسى، نفسه، ص56-58.

(123) ابن عيسى، نفسه، ص72، 78-79، 86-88.
(124) المكي، نزهة الجليس ومنية الأديب الأنيس، 2 ج.
(125) الأنصاري، تحفة المحبين والأصحاب في معرفة ما للمدنيين من الأنساب.
(126) دحلان، تاريخ الدول الإسلامية في الجداول المرضية، والدولة العثمانية من كتاب الفتوحات الإسلامية بعد مضي الفتوحات النبوية، وكتابه أمراء البلد الحرام.
(127) المكي، نزهة الجليس، ج1، ص30، 35، 43، 48، 114، 118، 120-122، 136.
(128) المكي، المصدر نفسه، ج1، ص44، 76، 127، 270، 300، 301، 438، 446، 505.
(129) المكي، نفسه، ج1، ص18.
(130) الأنصاري، تحفة المحبين، ص1-2.
(131) الأنصاري، المصدر نفسه، ص24، 163، 180، 278، 467.
(132) الأنصاري، نفسه، ص3، 134، 155-185، 214، 231، 286، 394، 456.
(133) الأنصاري، نفسه، ص8، 14، 252، 357، 411.
(134) الأنصاري، نفسه، ص15، 55، 57، 58، 173.
(135) الأنصاري، نفسه، ص33، 60، 91، 158.
(136) الأنصاري، تحفة المحبين، ص54.
(137) الأنصاري، المصدر نفسه، ص57-58.
(138) الأنصاري، نفسه، ص252.
(139) الأنصاري، نفسه، ص109.
(140) الأنصاري، نفسه، ص93.
(141) الأنصاري، نفسه، ص277.
(142) الأنصاري، نفسه، ص218.
(143) الأنصاري، نفسه، ص188، 253.
(144) الأنصاري، نفسه، ص123، 306، 316، 388، 416، 447، 489.
(145) الأنصاري، نفسه، ص271، 256، 278، 306.
(146) دحلان، تاريخ الدول الإسلامية بالجداول المرضية.
(147) دحلان، المصدر نفسه، ص8، 38، 51، 64، 74.
(148) دحلان، نفسه، ص11، 45، 46، 174.
(149) دحلان، نفسه، ص25، 27، 29، 45-46، 84.
(150) دحلان، نفسه، ص45، 53، 59، 64، 65، 74، 87.
(151) دحلان، نفسه، ص82، 88، 91، 93، 101، 115، 119، 128، 130، 134، 136، 137، 143-144.
(152) دحلان، نفسه، ص40، 31، 33، 127، 132، 135، 141، 145، 147.
(153) دحلان، نفسه، ص87، 142، 149، 230، 235.
(154) دحلان، الدولة العثمانية، ص131، 135، 136، 140، 145، 150، 179.
(155) دحلان، تاريخ الدول الإسلامية، ص8، 11، 26، 53. انظر أيضًا: أمراء البلد الحرام، ص11، 14، 17؛ وتاريخ الدولة العثمانية، ص185، 269.

(156) دحلان، تاريخ الدول الإسلامية، ص11، 25، 46، 64، 68. وانظر أيضًا: أمراء البلد الحرام، ص20، 21، 24، 36، 40، 87، 88، 94. وفي كتابه تاريخ الدولة العثمانية، ص185، 269.

(157) دحلان، تاريخ الدول الإسلامية، ص20، 68؛ والدولة العثمانية، ص185.

(158) دحلان، تاريخ الدول الإسلامية، ص87؛ وفي كتابه أمراء البلد الحرام، ص15، 82، وفي كتابه الدولة العثمانية، ص173، 295.

(159) دحلان، الدولة العثمانية، ص111.

(160) دحلان، المصدر نفسه، ص139، 142. وفي كتابه أمراء البلد الحرام، ص242.

(161) دحلان، م.ن، ص181، وفي كتابه تاريخ الدول الإسلامية، ص16، 18، 20، 59، 67، 68، 83، وفي كتابه أمراء البلد الحرام، ص100.

(162) من الإشارات القليلة حول إيراده لأكثر من مصدر للخبر الواحد، انظر: دحلان، أمراء البلد الحرام، ص20، 70.

(163) دحلان، تاريخ الدول الإسلامية، ص17. انظر إشارات أخرى: ص16، 18، 20، 59، 67-68، 83.

(164) الأزكوي، كشف الغمة الجامع لأخبار الأمة، حقق قسمًا منه عبد المجيد حسيب القيسي وسماه تاريخ عُمان المقتبس من كتاب كشف الغمة.

(165) الأزكوي، المصدر نفسه، ص65.

(166) الأزكوي، نفسه، ص66.

(167) الأزكوي، نفسه، ص72-73.

(168) الأزكوي، نفسه، ص25.

(169) انظر سيرة خالد بن قحطان ضمن كتاب السير والجوابات لأئمة وعلماء عُمان، تحقيق سيدة إسماعيل كاشف، ج1، 1986، ص123، والسيرة المذكورة ص86-154.

(170) ابن قيصر، سيرة الإمام ناصر بن مرشد، تحقيق عبد المجيد حسيب القيسي، وزارة التراث القومي، 1983.

(171) قارن بين ابن قيصر، سيرة الإمام ناصر، والأزكوي، كشف الغمة، ص95-106.

(172) انظر الشعر الذي أورده ابن قيصر في السيرة التي جاءت في 133 صفحة بعد التحقيق منها حوالي 80 صفحة شعرًا بقي منها 53 صفحة، قام الأزكوي بتهذيبها بحوالي (11) صفحة. انظر: الأزكوي، ص95-106.

(173) ابن قيصر، سيرة الإمام ناصر، ص132-133.

(174) الأزكوي، كشف الغمة، ص105-106.

(175) الأزكوي، المصدر نفسه، ص82.

(176) مجهول، قصص وأخبار جرت بعُمان، مقدمة التحقيق، ص6. انظر أيضًا: فاروق عمر، الإمامة الإباضية في عُمان، ص17.

(177) الأزكوي، كشف الغمة، ص133.

(178) مجهول، قصص وأخبار، ص150.

(179) مجهول، تاريخ أهل عُمان، تحقيق وشرح سعيد عبد الفتاح عاشور، وزارة التراث القومي، 1980.

(180) مجهول، المصدر نفسه، مقدمة التحقيق، ص11.

(181) الأزكوي، كشف الغمة؛ مجهول، قصص وأخبار جرت بعُمان؛ مجهول، تاريخ أهل عُمان.

(182) انظر الأزكوي، كشف الغمة، وابن قيصر، سيرة الإمام ناصر.

(183) ابن قيصر، سيرة الإمام ناصر بن مرشد، ص14.
(184) الأزكوي، كشف الغمة، ص96.
(185) مجهول، قصص وأخبار جرت بعُمان، ص97-98.
(186) مجهول، تاريخ أهل عُمان، ص123-124.
(187) ابن رزيق، الفتح المبين في سيرة السادة البوسعيديين، ص247، 249، 260.
(188) ابن رزيق، المصدر نفسه، ص238. انظر نفس الإشارة عند الأزكوي، كشف الغمة، ص62، 63.
(189) ابن رزيق، م.ن، ص73-74؛ الأزكوي، ص39-40.
(190) ابن رزيق، م.ن، ص221-240؛ الأزكوي، ص47-65.
(191) ابن رزيق، ص(221-282) نقل عن الأزكوي الصفحات (47-107).
(192) ابن رزيق، م.ن، ص305-311؛ الأزكوي، كشف الغمة، ص116-121.
(193) ابن رزيق، الفتح المبين، ص240-246 وهي موجودة في كتاب الأزكوي ص65-72.
(194) الأزكوي، كشف الغمة، ص65.
(195) ابن رزيق، الشعاع الشائع باللمعان في ذكر أئمة عُمان، ص88.
(196) انظر سيرة خالد بن قحطان في كتاب: السير والجوابات لأئمة وعلماء عُمان، ج1، ص123. انظر أيضًا: الأزكوي، ص55، وابن رزيق، ص132.
(197) ابن رزيق، الفتح المبين، ص8، 38، 55، 218، 80، 86، 92، 93، 95-96، 101، 103، 105، 126.
(198) يوجد لدى الباحث صورة عن الصحيفة القحطانية.
(199) فاروق عمر، مقدمة في دراسة مصادر التاريخ العُماني، ص107، ولنفس المؤلف: الإمامة الإباضية في عُمان، ص12.
(200) فاروق عمر، المرجع نفسه، ص93. انظر أيضًا: عبد الغني، مؤرخو الجزيرة، ص104-105.
(201) السالمي، تحفة الأعيان بسيرة أهل عُمان، ج2، ص64.
(202) ابن رزيق، الشعاع الشائع باللمعان في ذكر أئمة عُمان، ص345.
(203) ابن رزيق، المصدر نفسه، ص4.
(204) ابن رزيق، نفسه، ص345.
(205) ابن رزيق، بدر التمام، ملحق بالفتح المبين، ص553-562.
(206) ابن رزيق، الصحيفة القحطانية، مخطوط، وكتابه الفتح المبين في سيرة السادة البوسعيديين وبدر التمام الملحق بالفتح المبين.
(207) السالمي، تحفة الأعيان بسيرة أهل عُمان، ج1، ص4.
(208) السالمي، المصدر نفسه، ج1، ص6-9، 19-28.
(209) السالمي، نفسه، ج1، ص14، 65-67، 285، 291.
(210) السالمي، نفسه، ج1، ص57.
(211) السالمي، نفسه، ج1، ص15، 21، 71.
(212) السالمي، نفسه، ج1، ص10.
(213) السالمي، نفسه، ج1، ص30-52.
(214) السالمي، نفسه، ج1، ص65.

(215) فاروق عمر، مقدمة في دراسة مصادر التاريخ العُماني، ص82، 89.
(216) السالمي، تحفة الأعيان، ج1، ص117، 156، 158، 242-243، 247-248، 255، 268-269.
(217) السالمي، المصدر نفسه، ج1، ص117.
(218) السالمي، نفسه، ج1، ص132، 160، 205، 213، 229، 238، 246، 253، 269، 275، 276.
(219) السالمي، نفسه، ج1، ص137، 241، 244، 272.
(220) السالمي، نفسه، ج1، ص239، 241.
(221) انظر حول السير العمانية: كتاب السير والجوابات لعلماء وأئمة عُمان، تحقيق سيدة إسماعيل كاشف، 1986، ج1.
(222) السالمي، تحفة الأعيان، ج1، ص300-302.
(223) السالمي، المصدر نفسه، ج1، ص300-302.
(224) السالمي، نفسه، ج1، ص352، 371، 374.
(225) السالمي، تحفة الأعيان، ج1، ص159.
(226) السالمي، المصدر نفسه، ج2، ص64.
(227) السالمي، نفسه، ج2، ص95.
(228) انظر ما ذكره ابن بطوطة: ابن بطوطة، تحفة النظار في غرائب الأمصار وعجائب الأسفار، ج1، ص292-298. وقد أورد السالمي النص كاملًا في كتابه تحفة الأعيان، ج1، ص364-374.
(229) السالمي، المصدر نفسه، ج2، ص25، 26، 29، 31، 34، 36-39.
(230) السالمي، نفسه، ج2، ص248-249.
(231) السالمي، نفسه، ج2، ص56-57، 60.
(232) السالمي، تحفة الأعيان، ج2، ص108-109.
(233) السالمي، المصدر نفسه، ج2، ص61-64، 73-75، 94، 112-113، 101، 104، 173، 177، 210، 266.
(234) السالمي، نفسه، ج2، ص104.
(235) أبو طالب، تاريخ اليمن، عصر الاستقلال عن الحكم العثماني الأول من سنة 1056هـ إلى سنة 1160هـ، تحقيق عبد الله محمد الحبشي، 2ج/ 1مج.
(236) مقدمة التحقيق للحبشي، أبو طالب، تاريخ اليمن، ص10.
(237) نصوص يمنية عن الحملة الفرنسية على مصر، تحقيق سعيد عبد الفتاح عاشور، ص106-111، 130-133.
(238) نصوص يمنية، ص146-152.
(239) نصوص، المصدر نفسه، ص153-156.
(240) نصوص، نفسه، ص134-136، 143-144.
(241) نصوص، نفسه، ص112-118.
(242) نصوص، نفسه، ص119-127.
(243) نصوص، نفسه، ص94-95.
(244) نصوص، نفسه، ص95-106.
(245) انظر: جحاف، درر نحور الحور العين، قسم منه منشور في مجلة العرب بعنوان: (من تاريخ الدولة السعودية في المؤلفات اليمنية) في السنوات (91، 92، 93، 94). وانظر أيضًا: قسم من الكتاب بعنوان (نصوص يمنية عن الحملة الفرنسية)، تحقيق سعيد عبد الفتاح عاشور.

(246) الشوكاني، البدر الطالع بمحاسن من بعد القرن السابع، ج1، ص3-4.

(247) الشوكاني، البدر الطالع، انظر على سبيل المثال ج1، ص15، 29، 39-50؛ وج2، ص115، 120، 142.

(248) الشوكاني، المصدر نفسه، ج1، ص10، 43، 63، 81؛ وج2، ص148، 151، 169، 207، 253، 352.

(249) الشوكاني، نفسه، ج1، ص170، 182، 228، 357، 468. وج2، ص108، 112، 251، 287، 282، 286، 298.

(250) الشوكاني، نفسه، ج1، ص103، 221، 231. ج2، ص128، 322.

(251) الشوكاني، نفسه، ج1، ص140؛ ج2، ص283.

(252) الشوكاني، نفسه، ج1، ص308.

(253) الشوكاني، نفسه، ج2، ص81. انظر إشارات أخرى مماثلة: ج2، ص81-93، 245-246، 249، 268-269.

(254) الشوكاني، البدر الطالع، ج2، ص82-83.

(255) الشوكاني، البدر الطالع، ج1، ص333-334.

(256) الشوكاني، المصدر نفسه، ج2، ص60-71.

(257) الشوكاني، نفسه، ج2، ص60-71.

(258) الشوكاني، نفسه، ج2، ص71.

(259) الشوكاني، نفسه، ج2، ص71.

(260) السخاوي، الإعلان بالتوبيخ لمن ذم التاريخ، انظر: ص80-88. ومن الشروط التي أوردها السخاوي «العدالة مع الضبط التام» وأورد السخاوي قولًا للذهبي في قوم أعرض أهل الجرح والتعديل عن كشف حالهم خوفًا من السيف والضرب قال: «وما زال هذا في كل دولة قائمة يصف المؤرخ محاسنها ويغضي عن مساوئها». هذا إذا كان المؤرخ ذا دين وفير، فإن كان مداحًا مداهنًا، لم يلتفت إلى الورع، بل ربما أخرج مساوئ الكبير، وهناته في هيئة المدح والمكارم والعظمة. ويقول السخاوي معلقًا على ذلك ربما يخفى من ترجمته ما يظهر خلافه، ولا يسمح بترجمته بعد موته بما ترجمه به في حياته، وأحسن من هذا التحري في العبارات والتبري من الصريح دون خفي الإشارات.

وكذا مع التحري فيمن يبغضه لعداوة سببها المنافسة في المراتب، فما أكثر الاختلاف بين المتعاصرين والتباين لها، بحيث عقد ابن عبد البر في (جامع بيان العلم) له بابًا لكلام الأقران المتعاصرين من العلماء بعضهم في بعض، وأنه لا يقبل كلام بعضهم في بعض، وإن كان كل منهم بمفرده ثقة حجة، وربما يكون بين المتعاصرين الشيء من غير عداوة وكذا فضله بعضهم عنها، والحكم كذلك فإن اجتمعا فأولى بعدم القبول.

ولخص السخاوي الآداب والشروط الواجب على المؤرخ الالتزام بها بقوله: (وبالجملة، فالشرط مع العدالة والضبط، والتمييز بين المقبول والمردود، مما يصل إليه من ذلك، وبين الرفيع والوضيع، وعدم العداوة الدنيوية، والمحاباة المفضية للعصبية، المعبر بعضهم عنه بتجنب الغرض والهوى الفهم، بحيث لا يكون جاهلًا بمراتب العلوم، سيما الفروع والأصول، ويفهم الألفاظ ومواقعها، خوفًا من إطلاق ألفاظ لا تليق بالمترجمين، فيحصل التعرض له بالتنقيص والتعزير الذي يشين). السخاوي، الإعلان بالتوبيخ لمن ذم التاريخ، ص88.

(261) الشوكاني، البدر الطالع، ج1، ص212، 224، 261، 352، 360-368، 422، 433-437، 447-456، 470، 490؛ ج2، ص30، 33-37، 60-71، 104-105، 164، 179، 272-276.

(262) الشوكاني، المصدر نفسه، ج2، ص224.

(263) الشوكاني، البدر الطالع، ج2، ص15-18.

(264) الشوكاني، المصدر نفسه، ج2، ص9-15.
(265) الشوكاني، نفسه، ج2، 18-20.
(266) الشوكاني، نفسه، ج2، ص20-23.
(267) الشوكاني، نفسه، ج2، ص358-361، 364-366.
(268) الشوكاني، ديوان الشوكاني (أسلاك الجوهر)؛ انظر أيضًا مقدمة التحقيق، ص8.
(269) الشوكاني، أسلاك الجوهر، ص161.
(270) الشوكاني، أسلاك الجوهر، ص163.
(271) الشوكاني، البدر الطالع، ج1، ص39-41.
(272) الشوكاني، المصدر نفسه، ج2، ص110-112.
(273) الشوكاني، م.ن، ص151-153.
(274) الكبسي، اللطائف السنية في أخبار الممالك اليمنية، ص3.
(275) الكبسي، المصدر نفسه، ص78، 86، 87، 90، 102، 106، 124.
(276) الكبسي، نفسه، ص202، 208-212.
(277) الكبسي، نفسه، ص4، 13، 66، 214-215، 251، 253، 255.
(278) الكبسي، نفسه، ص17.
(279) الكندي، تاريخ حضرموت، م1، ص34.
(280) الكندي، المصدر نفسه، م1، ص38.
(281) الكندي، نفسه، م1، ص65.
(282) الكندي، نفسه، م1، ص153.
(283) الكندي، نفسه، م1، ص222.
(284) الكندي، نفسه، م1، ص225-241.
(285) الكندي، تاريخ حضرموت، م1، ص243-299.
(286) الكندي، المصدر نفسه، م1، ص301.
(287) الكندي، نفسه، م1، ص65، 98، 105، 106، 234، 236.
(288) الكندي، نفسه، م1، ص33، 87، 153، 164.
(289) الكندي، نفسه، م1، ص28، 30، 31، 32، 163، 109، 116.
(290) الكندي، نفسه، م1، ص217.
(291) الكندي، نفسه، م2، ص124.
(292) الكندي، نفسه، م2، ص128-129، 135، 197-203، 215، 217، 218.
(293) الكندي، تاريخ حضرموت، م1، ص211.
(294) الكندي، المصدر نفسه، م1، ص211، 223، 231-233.
(295) الكندي، نفسه، م1، ص222-224، 355-363، 365.
(296) الكندي، نفسه، م1، ص355-364.
(297) الجرافي، حوليات الجرافي، 1307-1316هـ/ 1889-1898م، تحقيق ودراسة حسين بن عبد الله العمري، ط1، دار الفكر المعاصر، بيروت، 1992.

(298) مجلس إدارة ولاية اليمن: أنشئ بناء على قانون (فرمان) إنشاء مجالس إدارية للولايات العثمانية وعمد الولاة المتتابعون على ولاية اليمن ابتداءً من عام 1289هـ/ 1872م إلى إنشاء مجلس للولاية برئاسة الوالي، ومركزه صنعاء، وكان يتم تشكيل المجلس بانتخاب أربعة من العلماء من أعيان البلد وآخرين يتم تعيينهم بحكم وظائفهم. انظر، الجرافي، حوليات، ص6.

(299) الجرافي، حوليات، ص132.

(300) الجرافي، حوليات، ص119.

(301) الجرافي، المصدر نفسه، ص122-123.

(302) الجرافي، نفسه، ص122-123.

(303) الجرافي، نفسه، ص126.

(304) الجرافي، حوليات، ص129-130.

(305) الجرافي، المصدر نفسه، ص119.

(306) الجرافي، نفسه، ص26، 32.

(307) الجرافي، نفسه، ص26.

(308) الشريف عون الرفيق بن محمد بن عبد الغني بن عون، كان مقيمًا في استنبول حتى سنة 1299هـ/ 1881م حيث عين أميرًا على الحجاز، ووصلها في 8 ذي الحجة واستمر أميرًا عليها حتى سنة 1321هـ/ 1903م. انظر: أحمد زيني دحلان، أمراء البلد الحرام، ص379-380.

(309) الإرياني، سيرة الإمام المنصور، مقدمة التحقيق، ج1، ص137.

(310) علي مثنى الحسيني الرحامي اليمني، وأصله من السر (وادي مشهور بالشمال الشرقي من صنعاء بمسافة 23 كم)، تعلم لغة العجم ودخل استنبول فصار ياورًا أي (خادم السلطان). انظر: الإرياني، سيرة الإمام المنصور، ج1، هامش ص357.

(311) الإرياني، المصدر نفسه، ج1، ص358-359.

(312) الإرياني، نفسه، ج1، ص359-364.

(313) محمد الرفاعي الحسيني الحموي، محمد بن عمر بن حسن الحريري الرفاعي ولد بحماه سنة 1274هـ/ 1758م نشأ في بلده ثم انتقل إلى استنبول، ورئس الطريقة الرفاعية، وعاد إلى حماه شيخًا للزاوية الحريرية وتوفي سنة 1316هـ/ 1898م. الإرياني، سيرة الإمام المنصور، ج1، هامش 1، ص365.

(314) أحمد بن يحيى الردمي، أديب، تولى بيت القضاء في أيام الدولة العثمانية في يريم وحراز وحجة والعدين وناحية البستان وسنحان والحيمة وبني الحارث وهمدان ينسب إلى بيت ردم من قرى البيتان. وتوفي 1320هـ/ 1920م. الإرياني، ج1، هامش 1، ص365.

(315) الإرياني، سيرة الإمام المنصور، ج1، ص364-368.

(316) الإرياني، المصدر نفسه، ج1، ص371-375.

(317) الإرياني، نفسه، ج1، ص375-381.

(318) الإرياني، نفسه، ج1، ص454-455.

(319) الإرياني، نفسه، ج1، ص455.

(320) حاشد: من بطون همدان، وحاشد هو أخو بكيل بن جشم بن خير وقيل ابن خيوان بن نوف بن تبع بن زيد بن عمرو بن همدان وبلادهم ما بين صنعاء وصعدة في الجانب الغربي. انظر: محمد الحجري، مجموع بلدان اليمن وقبائلها، ج1، ص213-226.

(321) بكيل: بطن من همدان بنو بكيل بن جشم أخو حاشد بن جشم بن خيران وقيل ابن خيوان بن نوف بن تبع بن زيد بن عمرو بن همدان وبلادهم ما بين صنعاء وصعدة في الجانب الشرقي. انظر: الحجري، مجموع بلدان اليمن، ج1، ص125-126.

(322) الإرياني، سيرة الإمام المنصور، ج1، ص471-472.

(323) الإرياني، المصدر نفسه، ج2، ص58-63.

(324) الإرياني، نفسه، ج2، ص156-161.

(325) الإرياني، نفسه، ج2، ص307-312.

(326) الإرياني، نفسه، ج1، ص76.

(327) الإرياني، نفسه، ج1، ص76-79، 306، 341، 350، 429، 456، 471.

(328) الإرياني، سيرة الإمام المنصور، ج1، ص306، 497، 507، 510.

(329) الإرياني، المصدر نفسه، ج1، ص263، 266.

(330) الإرياني، نفسه، ج1، ص504-517.

(331) الإرياني، نفسه، ج2، ص77-81.

(332) الإرياني، نفسه، ج2، ص78-79.

(333) الإرياني، نفسه، ج2، ص169.

(334) الإرياني، نفسه ج1، ص456.

(335) البهكلي، نفح العود في سيرة الشريف حمود، وضع تكملة عليه عاكش الضمدي.

(336) عاكش الضمدي، حدائق الزهر، مخطوط، ورقة 131.

(337) عاكش، التكملة على نفح العود، ص311.

(338) ابن بشر، عنوان المجد، ج1، ص29.

(339) الجرافي، حوليات، ص75.

(340) السالمي، تحفة الأعيان، ج2، ص159.

(341) روزنثال، مناهج العلماء المسلمين في البحث العلمي، ترجمة الدكتور أنيس فريحة، مراجعة الدكتور وليد عرفات، نشر مؤسسة فرانكلين، بيروت، نيويورك، 1961، ص123.

(342) مجهول، لمع الشهاب في سيرة الشيخ محمد بن عبد الوهاب، ص24.

(343) مجهول، المصدر نفسه، ص18.

(344) الجاسر، تاريخ الكويت، مجلة دراسات الخليج والجزيرة العربية، ع6، س2، 1976، ص153.

(345) مجهول، لمع الشهاب، ص162.

(346) مجهول، المصدر نفسه، ص15.

(347) مجهول، نفسه، ص27.

(348) مجهول، نفسه، ص32.

(349) مجهول، لمع الشهاب، ص45.

(350) مجهول، المصدر نفسه، ص95.

(351) مجهول، نفسه، ص15، 25، 27، 32، 45، 95.

(352) مجهول، نفسه، ص18، 19.

(353) مجهول، نفسه، ص103، 120.

(354) مجهول، نفسه، ص115.

(355) مجهول، نفسه، ص28، 30، 32، 47، 55، 57، 107، 121، 173.

(356) ابن سند، مطالع السعود بطيب أخبار الوالي داود، ورقة 17.

(357) ابن لعبون، تاريخ ابن لعبون، ص3. والقسم المطبوع من الكتاب هو في التاريخ ولم يحتوِ على النسب. انظر الكتاب؛ والجاسر، تاريخ الفاخري لا الأخبار النجدية، مجلة العرب، ج5و6، 1981، ص450-453.

(358) الفاخري، الأخبار النجدية، ص61، 71-72، 76، 93، 103-104، 109، 117، 129، 134، 141، 148-149، 150، 173، 180-183.

(359) ابن بشر، عنوان المجد، ج1، ص29.

(360) ابن بشر، المصدر نفسه، ج1، ص30.

(361) ابن بشر، نفسه، ج1، ص36، 268.

(362) ابن بشر، نفسه، ج1، ص274.

(363) ابن بشر، عنوان المجد، ج2، ص323.

(364) ابن بشر، المصدر نفسه، ص253.

(365) ابن بشر، نفسه، ج2، ص276.

(366) ابن بشر، نفسه، ج1، ص352.

(367) ابن بشر، نفسه، ج1، ص 391. انظر أيضًا: ص94، 243.

(368) ابن بشر، نفسه، ج1، ص274.

(369) ابن بشر، نفسه، ج1، ص36، 46، 94، 120، 188، 189، 197، 213-214، 227، 244، 253.

(370) ابن بشر، نفسه، ج1، ص439، ج2، ص79.

(371) ابن بشر، نفسه، ج1، ص51، 70، 119، 122، 133، 159، 205، 264، 265، 272، 284؛ ج2، 190.

(372) ابن بشر، نفسه، ج1، ص30.

(373) ابن حميد، السحب الوابلة، ج1، ص11.

(374) ابن عيسى، تاريخ بعض الحوادث الواقعة في نجد، ص27.

(375) ابن عيسى، المصدر نفسه، ص108، 116، 125، 133.

(376) ابن عيسى، عقد الدرر.

(377) المكي، نزهة الجليس، ج1، ص27.

(378) المكي، المصدر نفسه، ج1، ص27-28.

(379) المكي، نفسه، انظر على سبيل المثال ج1، ص77، 96، 110، 117، 119، 130، 178، 179.

(380) المكي، نفسه، ج1، ص93، 98، 525.

(381) المكي، نفسه، ج1، ص53.

(382) المكي، نفسه، ج1، ص54.

(383) المكي، نفسه، ج1، ص55.

(384) المكي، نفسه، ج1، ص92.

(385) المكي، نفسه، ج1، ص76.

(386) الأنصاري، تحفة المحبين، ص1-2.

(387) الأنصاري، المصدر نفسه، ص87، 134، 357.

(388) الأنصاري، نفسه، ص7.

(389) الأنصاري، نفسه، ص198، 261، 409.

(390) الأنصاري، نفسه، ص236.

(391) الأنصاري، نفسه، ص98، 201، 453.

(392) الأنصاري، نفسه، انظر على سبيل المثال ص71، 214، 286، 253، 213، 341، 480.

(393) دحلان، أمراء البلد الحرام، ص78. انظر أيضًا كتاب الدولة العثمانية، ص112.

(394) دحلان، المصدر نفسه، ص120، 160، 167، 208، 242، 345، 356. انظر أيضًا كتابه الدولة العثمانية، ص109، 114، 134، 152، 154، 158، 173، 184، 198، 212، 293، 296.

(395) دحلان، المصدر نفسه، ص20، 36، 39، 79، 332، 338، 344، 362، 382.

(396) الأزكوي، كشف الغمة، ص25، 33، 39، 106، 107، 110.

(397) الأزكوي، المصدر نفسه، ص49، 50، 61.

(398) السالمي، تحفة الأعيان، ج2، ص159.

(399) لعله الصائغي.

(400) ورد عند السالمي (محسن) وليس (محمد) انظر: السالمي، ج2، ص156.

(401) ابن رزيق، الشعاع الشائع باللمعان، ص345. انظر أيضًا كتابه الفتح المبين، ص347.

(402) ابن رزيق، الفتح المبين، ص365.

(403) ابن رزيق، الشعاع الشائع، ص325.

(404) ابن رزيق، الشعاع الشائع، ص257.

(405) ابن رزيق، الفتح المبين، ص144.

(406) ابن رزيق، نفسه، ص379.

(407) ابن رزيق، نفسه، ص409.

(408) ابن رزيق، نفسه، ص471.

(409) ابن رزيق، الشعاع الشائع، ص86.

(410) ابن رزيق، الفتح المبين، ص379.

(411) ابن رزيق، المصدر نفسه، ص248، 355. انظر أيضًا: الشعاع الشائع، ص93-95، 257.

(412) ابن رزيق، نفسه، ص16، 23، 64، 82، 83، 86، 89، 91، 92، 97، 105، 108-110، 132، 224، 225، 463. وانظر أيضًا: الشعاع الشائع: ص58، 97، 131، 208، 224، 244-245، 273، 299.

(413) ابن رزيق الفتح المبين، ص11، 13، 198، 223، 224، 226، 227، 230-231، 332. انظر أيضًا: الشعاع الشائع، ص47.

(414) السالمي، تحفة الأعيان، ج2، ص159.

(415) السالمي، المصدر نفسه، ج2، ص156. انظر أيضًا: ابن رزيق، الشعاع الشائع، ص345.

(416) السالمي، نفسه، ج1، ص36، 75، 99، 101، 116، 120-122، 124-127، 131. وج2، ص154، 156، 193، 228، 281، 298.

(417) السالمي، نفسه، ج2، ص114، 241، 242، 252، 258.

(418) أبو طالب، تاريخ اليمن، ج2، ص301، 312، 328.

(419) أبو طالب، المصدر نفسه، ج1، ص7، 8.

(420) أبو طالب، نفسه، ج2، ص206.

(421) أبو طالب، تاريخ اليمن، ج2، ص269، 278، 466.

(422) أبو طالب، المصدر نفسه، ج1، ص57، 291، 123، 125، 210، 228؛ ج2، ص441، 452.

(423) أبو طالب، م.ن، ج1، ص134، 178، 182، 196، 199، 228؛ ج2، س268، 269، 301، 310، 312، 324-325، 342، 347-348، 353، 381، 389، 392، 441، 460، 469، 493، 500.

(424) مقتطفات من كتاب لطف الله جحاف درر نحور الحور العين، منشورة في مجلة العرب تحت عنوان (من تاريخ الدولة السعودية الأولى في المؤلفات اليمنية)، ج11، 12، س7، 1992، ص815-816.

(425) من تاريخ الدولة السعودية في المؤلفات اليمنية، مجلة العرب، ج9، 10، 1991، ص636.

(426) المصدر نفسه، مجلة العرب، ج3، 4، 1992، ص235.

(427) نفسه، مجلة العرب، ج1، 2، س29، 1994، ص74.

(428) نفسه، مجلة العرب، ج3، 4، س29، 1994، ص260.

(429) نفسه، مجلة العرب، ج3، 4، س29، 1994، ص260.

(430) نفسه، مجلة العرب، ج11، 12، س29، 1994، ص474.

(431) من تاريخ الدولة السعودية في المؤلفات اليمنية، مجلة العرب، ج11، 12، س27، 1992، ص818.

(432) نفسه، مجلة العرب، ج1، 2، س28، 1993، ص75، وج3، 4، س29، 1994، ص257، وج5، 6، س28، 1993، ص376.

(433) نفسه، مجلة العرب، ج11، 12، س28، 1993، ص644.

(434) نفسه، مجلة العرب، ج11، 12، س28، 1993، ص806.

(435) من تاريخ الدولة السعودية في المؤلفات اليمنية، مجلة العرب، ج7، 8، س29، 1994، ص469.

(436) المصدر نفسه، مجلة العرب، ج11، 12، س29، 1994، 778.

(437) نفسه، مجلة العرب، ج3، 4، س29، 1994، ص260.

(438) نفسه، مجلة العرب، ج11، 12، س28، 1993، ص778

(439) الشوكاني، البدر الطالع، ج1، ص127.

(440) الشوكاني، البدر الطالع، ج1، ص137.

(441) الشوكاني، المصدر نفسه، ج1، ص474، 493.

(442) الشوكاني، نفسه، ج1، ص459.

(443) الشوكاني، نفسه، ج2، ص4.

(444) الشوكاني، نفسه، ج1، ص204، ج2، ص332، 357.

(445) الشوكاني، نفسه، ج1، ص40.

(446) الشوكاني، نفسه، ج1، ص12، 106، 143، 155، 169، 231، 241، 375، 471، 486؛ ج2، ص238، 332.

(447) الشوكاني، نفسه، ج1، ص107، 168، 169، 171، 303، 357، 370، 374، 440، 490.

(448) الشوكاني، نفسه، ج2، ص7، 8.

(449) مجهول، صفحات مجهولة من تاريخ اليمن، ص25، 28، 101، 103، 107، 110.

(450) الكندي، تاريخ حضرموت، م1، ص34.

(451) الكندي، المصدر نفسه، م1، ص331.

(452) الكندي، نفسه، م1، ص293.

(453) الكندي، نفسه، م2، ص221.

(454) الكندي، نفسه، م1، ص456.

(455) الكندي، نفسه، م1، ص427، م2، ص407.

(456) الكندي، نفسه، م1، ص464.

(457) الكندي، نفسه، م2، ص316.

(458) الكندي، نفسه، م1، ص328، م2، ص263.

(459) الكندي، نفسه، م2، ص107.

(460) الكندي، نفسه، م1، ص469، م2، ص7-414. وقد وردت على ما يزيد على (225) موضع في حوالي (200) صفحة. وذلك من مجموع (414) صفحة في المجلد الثاني من الكتاب.

(461) وفي نفس الصفحة ذكرها بأكثر من شكل، ذكرها أولًا: بلغنا، ثم بلغنا عن الثقة، ثم بلغنا، انظر الكندي، م.ن، م2، ص107.

(462) الكندي، نفسه، م1، ص31.

(463) الكندي، نفسه، م2، ص103، 353، 391.

(464) الكندي، م.ن، م2، ص74، 98، 119، 141، 177، 192، 256، 261، 274، 276، 321، 329، 332، 333، 381-386، 390، 391، 352، 353، 367، 412.

(465) الجرافي، حوليات، ص75.

(466) الجرافي، المصدر نفسه، ص42.

(467) الجرافي، نفسه، ص28، 131.

(468) الجرافي، نفسه، ص27، 29.

(469) الجرافي، نفسه، ص26، 86، 110، 185.

(470) الجرافي، نفسه، ص85.

(471) الجرافي، نفسه، ص31، 35، 70، 107، 110، 150.

(472) مجهول، حوليات يمانية، ص37، 40، 362.

(473) مجهول، حوليات يمانية، ص36، 288، 368، 413، 523.

(474) مجهول، المصدر نفسه، ص354، 377، 417، 530.

(475) مجهول، نفسه، ص45، 176، 278، 362، 366، 524، 526.

(476) مجهول، نفسه، ص34، 65، 176، 360، 456، 481، 482، 523.

(477) مجهول، نفسه، ص37.

(478) مجهول، نفسه، ص368.

(479) مجهول، نفسه، ص417.

(480) مجهول، نفسه، ص530.

(481) مجهول، نفسه، ص354.
(482) مجهول، نفسه، ص377.
(483) مجهول، نفسه، ص484.
(484) مجهول، نفسه، ص168.
(485) مجهول، حوليات يمنية، ص482.
(486) مجهول، المصدر نفسه، ص38. ووردت في 17 موضعًا.
(487) مجهول، نفسه، ص28، 123، 333، 355، 342، 370، 382، 393.
(488) مجهول، نفسه، ص339.
(489) مجهول، نفسه، ص386، 407، 408، 468.
(490) مجهول، نفسه، ص547.
(491) مجهول، نفسه، ص162.
(492) مجهول، نفسه، ص59، وقد وردت في 119 موضعًا.
(493) مجهول، نفسه، ص423-424.
(494) الإرياني، الدر المنثور أو سيرة الإمام المنصور، ج1، ص215.
(495) الإرياني، المصدر نفسه، ج1، ص229، 235، ج2، ص27، 110، 200.
(496) الإرياني، الدر المنثور، ج1، ص235.
(497) الإرياني، المصدر نفسه، ج1، ص235.
(498) الإرياني، نفسه، ج1، ص236.
(499) الإرياني، نفسه، ج1، ص242.
(500) الإرياني، نفسه، ج1، ص247.
(501) الإرياني، نفسه، ج1، ص249.
(502) الإرياني، نفسه، ج1، ص249.
(503) الإرياني، نفسه، ج1، ص251.
(504) الإرياني، نفسه، ج1، ص252.
(505) الإرياني، نفسه، ج1، ص253.
(506) الإرياني، نفسه، ج1، ص322.
(507) الإرياني، نفسه، ج1، ص325.
(508) الإرياني، نفسه، ج1، ص393.
(509) الإرياني، نفسه، ج1، ص17.
(510) الإرياني، نفسه، ج2، ص93.
(511) الإرياني، نفسه، ج2، ص104.
(512) الإرياني، نفسه، ج2، ص109.
(513) الإرياني، نفسه، ج1، ص256، 293، 296، 436، 438، 450، 466، 345.
(514) الإرياني، نفسه، ج1، ص229، 233، 302-303، 311، 345، 437، 438، 450، وج2، ص89، 104، 106، 134.
(515) الإرياني، سيرة الإمام المنصور، ج1، ص296، 308، 334، ج2، ص104، 105، 165، 239.

(516) البهكلي، نفح العود في سيرة الشريف حمود، وضع عليه تكملة: عاكش الضمدي، ص133، 137، 271-272.
(517) الجاسر، من تاريخ الدولة السعودية الأولى في المؤلفات اليمنية، من تاريخ لطف الله جحاف، درر نحور الحور العين، مجلة العرب، ج1و2، 1994، ص80.
(518) ابن بشر، عنوان المجد، ج1، ص310-311. ولم يعط الفاخري تاريخًا واضحًا لوفاته، فقد أورد أنه توفي سنة 1225هـ/ ثم أشار إلى أنه ربما يكون توفي سنة 1226. انظر الفاخري، الأخبار النجدية، ص140.
(519) انظر الفصل الأول، تكوين المؤرخين، مؤرخو نجد. وانظر أيضًا الفصل الثالث، دوافع المؤرخين، الدوافع السياسية.
(520) الفاخري، الأخبار النجدية، ص123-124. انظر أيضًا: ابن بشر، عنوان المجد، ص180-199.
(521) غرايبة، قيام الدولة السعودية العربي، ص97.
(522) الجاسر، تاريخ الكويت، مجلة دراسات الخليج والجزيرة العربية، ع6 س2، 1976، ص45.
(523) انظر ما قاله البهكلي واصفًا تاريخ ابن غنام: البهكلي، نفح العود، ص280-281.
(524) ابن سند، مطالع السعود بطيب أخبار الوالي داود، مخطوط، ورقة 144-145.
(525) مجهول، لمع الشهاب في سيرة الشيخ محمد بن عبد الوهاب.
(526) انظر: المصادر الشفوية، الأوراق السابقة.
(527) الجاسر، تاريخ الكويت، مجلة دراسات الخليج والجزيرة، ع6 س2، 1976، ص253.
(528) ابن سند، مطالع السعود، مخطوط، ورقة 16، 22.
(529) غربال، استعمال محلي معناها المتاعب والمصاعب والمشكلات، ويقول الشبل أن هذه الكلمة أخذت من الواقع المرير الذي كان يعانيه المجتمع بعد هزائمه وحروبه. وغربال بحسب الجمل: غ=1000 + ر=200 + ب=2 + أ=1 + ل=30 فالمجموع 1233، وهو تاريخ السنة. انظر هامش (4) ص150 من كتاب الفاخري.
(530) الفاخري، الأخبار النجدية، ص150.
(531) ابن بشر، عنوان المجد، ج2، ص289.
(532) غرايبة، قيام الدولة السعودية، ص97-98.
(533) انظر حول الأحداث السياسية في نجد بعد وفاة فيصل بن تركي: التمهيد.
(534) ابن بشر، عنوان المجد، ج1، ص314-315.
(535) ابن بشر، المصدر نفسه، ج1، ص348-350.
(536) ابن بشر، عنوان المجد، ج2، ص60.
(537) ابن بشر، المصدر نفسه، ج2، ص47.
(538) ابن بشر، نفسه، ج2، ص235.
(539) ابن بشر، نفسه، ج2، ص256-257.
(540) الجاسر، مؤرخو نجد من أهلها، 2، مجلة العرب، ج1، س5، 1971، ص885-888.
(541) ابن عيسى، تاريخ بعض الحوادث الواقعة في نجد، ص28و202.
(542) ابن عيسى، عقد الدرر، ص8.
(543) المكي، نزهة الجليس، ج1، ص18.
(544) المكي، المصدر نفسه، ج1، ص224.
(545) المرادي، سلك الدرر، ج2، ص304.

(546) الأنصاري، تحفة المحبين، ص71.
(547) الأنصاري، المصدر نفسه، ص158.
(548) الأنصاري، تحفة المحبين، ص160.
(549) الأنصاري المصدر نفسه، ص67.
(550) الأنصاري، نفسه، ص195.
(551) الأنصاري، نفسه، ص175، 195، 208، 225، 272، 275، 357، 360، 411، 435، 485.
(552) ابن رزيق، بدر التمام في سيرة السيد الهمام سعيد بن سلطان، ملحق بكتاب الفتح المبين، ص458-565.
(553) السالمي، تحفة الأعيان بسيرة أهل عُمان، ج2، ص332.
(554) الشوكاني، البدر الطالع، ج2، ص76-77.
(555) الحبشي، مقدمة التحقيق لكتاب أبو طالب، تاريخ اليمن، ج1، ص10. انظر أيضًا: الفصل الثالث من هذه الدراسة.
(556) الشوكاني، البدر الطالع، ج2، ص60-71؛ وانظر أيضصا: عاكش الضمدي، حدائق الزهر، ورقة 25.
(557) العمري، مدرسة الشوكاني في كتابة التاريخ، مجلة دراسات يمنية، ع32، 1988، ص57-58.
(558) نصوص يمنية عن الحملة الفرنسية، من كتاب درر نحور الحور العين في سيرة الإمام المنصور للطف الله جحاف، ص88-93، 106-118، 130-137، 142-144.
(559) الشوكاني، البدر الطالع، ج2، ص214-225.
(560) الشوكاني، المصدر نفسه، ج1، ص3.
(561) الشوكاني، نفسه، ج1، ص318-321، 335، 362-365؛ ج2، ص319، 342، 348، 356-357، 362-363، 379-380، 395، 418، 499.
(562) الشوكاني، م.ن، ج1، ص53-54، 77، 82، 85، 132، 133، 137، 141، 195، 209، 228، 229، 237، 287، 323، 325؛ ج2، ص29، 31، 40، 44، 60-71، 123، 130، 154، 155، 160، 163، 178، 205، 210، 227، 265، 349، 103، 349، 382، 387، 399، 406، 426، 502.
(563) الشوكاني، البدر الطالع، ص ج1، 17-18، 150، 211، 214، 256؛ ج2، ص284-285، 380-381، 469.
(564) الشوكاني، المصدر نفسه، ج1، ص24، 62، 96، 127، 140، 157، 220-221، 224، 259، 267-268، 274، 323، 340؛ج2، ص61، 116-119، 124، 178، 315، 333-338، 391، 421، 433، 490.
(565) الشوكاني، نفسه، ج1، ص49، 114، 203، 237، 290، 292، 336-337؛ ج2، ص34-37، 377، 459.
(566) الشوكاني، نفسه، ج2، ص176، 447.
(567) الشوكاني، نفسه، ج1، ص269، 314؛ ج2، ص228، 407.
(568) الشوكاني، نفسه، ج1، ص77-79؛ ج2، ص377.
(569) السيد، مصادر تاريخ اليمن، ص311-312.
(570) الكندي، تاريخ حضرموت، م2، ص156. انظر أيضًا عن قربه للسلطان: م2، ص154.
(571) زباره، أئمة اليمن، ج2، ص280-285.
(572) الجرافي، حوليات الجرافي.
(573) مجهول، حوليات يمانية، ص543.
(574) مجهول، حوليات يمانية، ص543.

(575) الإرياني، الدر المنثور في سيرة الإمام المنصور، ج1، ص215.

(576) الإرياني، المصدر نفسه، ج1، ص358-368، 371-381. ولمزيد من المعلومات انظر المصادر المكتوبة من هذا الفصل.

(577) الإرياني، الدر المنثور، ج1، ص243-244.

(578) الشوكاني، البدر الطالع، ج1، ص318-322؛ عاكش الضمدي، حدائق الزهر، الورقات 43-51.

(579) عاكش الضمدي، التكملة على نفح العود، انظر البهكلي، نفح العود، ص68.

(580) زباره، نيل الوطر، ج1، ص314-318.

(581) عاكش، حدائق الزهر، مخطوط، ورقة 131.

الخاتمة

شكلت الأوضاع السياسية والتيارات المذهبية والاجتماعية في الجزيرة العربية خلال القرنين الثاني عشر والثالث عشر الهجريين/ الثامن عشر والتاسع عشر الميلاديين عوامل ساعدت على ظهور عدد من المؤرخين الذين عنوا بتدوين تواريخ خاصة ببلدانهم وفق اتجاهات متنوعة بتنوع تكوينهم الثقافي والمذهبي والسياسي والجغرافي.

وقد كان للظروف السياسية الداخلية في بلدان الجزيرة أثرها في المؤرخين، فقد تحدث المؤرخ في نجد عن الأوضاع من وجهة نظر مؤيدة للقوة السياسية فيها، وكذلك الأمر في الحجاز وعُمان واليمن، حيث كانوا متأثرين بتكوينهم المذهبي، ونظر كل منهم إلى التاريخ على أنه تاريخ الأسرة الحاكمة في بلاده. فالذين دوّنوا التاريخ في أغلبهم أدباء جمعوا بين الأدب والتاريخ، وقضاة وفقهاء جمعوا بين الفقه والتاريخ. فالفقه جعلهم ينظرون إلى الأحداث من منظار المذهب الذي يؤمنون به ويسيرون على أحكامه. وجعلهم ينظرون إلى الأحداث ويدونون الخاص بالحكام منها بهدف تخليد ذكراهم. وظهر أثر الأوضاع السياسية والثقافية والمذهبية على عمل المؤرخ في الجزيرة بشكل واضح حيث توصلت الدراسة في هذا السياق إلى أن المؤرخ في نظرته إلى التيار المذهبي أو الحكم في غير بلاده هي نظرة الناقد الذي كان يصل أحيانًا إلى حد التشهير، فقد تعرّض الشيخ محمد بن عبد الوهاب إلى هجوم كبير من مؤرخي البلدان المجاورة كعُمان واليمن والحجاز وكان بعضهم مدفوعًا بتكوينه المذهبي كما هو الحال في عُمان واليمن. بينما كان بعضهم الآخر مدفوعًا بتكوينه السياسي كبعض المؤرخين في اليمن والحجاز. كما هاجم الحركة بعض المؤرخين النجديين ممن رحل عن نجد وعاش إما بكنف الوالي العثماني في بغداد أو في كنف الأشراف والعثمانيين في الحجاز، وكان هؤلاء محكومين بوظائفهم وبالأنظمة السياسية التي ينضوون تحت حمايتها. وقد اكتفى مؤرخو نجد بالدفاع عن الحركة التي آمنوا بها واهتموا بتدوين أخبارها واصفين أتباعها بالمسلمين والموحدين،

والمعارضين لها بالأعداء أو أعداء الدين دون أن يتعرضوا بالتشهير لأي من المذاهب في البلدان المجاورة.

ويُسجَّل لمؤرخي نجد أيضًا تأثرهم بمبادئ دعوة الشيخ محمد بن عبد الوهاب، وعدم ذكرهم للكرامات والرؤيا والفضائل والصفات والمبالغات التي تجعل الحكام والأئمة فوق مستوى البشر، وهي الصفات التي أكثر منها مؤرخو عُمان فيما يخص أئمتهم، وكذلك بعض مؤرخي اليمن عدا الشوكاني (المجدد)، ومؤرخي الحجاز خاصة أحمد زيني دحلان. كما تحدث المؤرخون بحكم تكوينهم الديني عن أن الحاكم أو الإمام محاط دائمًا بالعناية الإلهية، وأن الله سبحانه وتعالى ناصره على عدوه.

وعبر المؤرخون عن مواقفهم من الدولة العثمانية عاكسين نظرة حكامهم وعلاقاتهم بالعثمانيين، ففي الحجاز كان بعض المؤرخين يمجد السلطان العثماني والدولة باعتبار السلطان خليفة المسلمين، بينما لم يتحدث مؤرخو عُمان عن الدولة العثمانية، وسمى مؤرخو نجد الدولة العثمانية بأسماء مختلفة كالعجم والروم. وشن أغلب مؤرخي اليمن هجومًا كبيرًا على العثمانيين وأعمالهم داخل اليمن واصفين أفعالهم بأبشع وصف، وهم بذلك إنما ينطلقون أيضًا من تكوينهم السياسي حيث نظروا إلى الدولة العثمانية من منظار أئمتهم الراغبين بحكم بلادهم بعيدًا عن أي تدخل خارجي. ومن اللافت أن أغلب مؤرخي اليمن فصلوا بين نقدهم لأعمال العثمانيين كجند وموظفين، وبين السلطان كرمز للخلافة، فقد أشار أكثر من مؤرخ إلى أن السلطان العثماني لو علم بأفعال الأتراك في اليمن لحاربهم. وفي جنوب اليمن نجد أن التكوين السياسي والمذهبي يسيطر هو الآخر على المؤرخ في نظرته إلى الدولة، فهذا المؤرخ سني شافعي ولاؤه لآل باعلوي الذين يوالون الدولة الكثيرية التي أعلنت ولاءها منذ قيامها للسلطان العثماني وبقيت على ذلك حتى سقوط الدولة العثمانية.

وهكذا، لم يكن بين مؤرخي الجزيرة العربية توافق في نظرتهم للدولة العثمانية، فقد وصفها بعضهم بأنها دولة الأروام، وبعضهم بالدولة العلية، بينما ركّز بعض المؤرخين على ذكر مساوئ الحكم العثماني في اليمن، وفصّل آخرون منهم غزوات السلاطين ووصفوا عدلهم وحفاظهم على الدين والشريعة، وقيامهم بها على أكمل وجه.

وتأثر مؤرخو الجزيرة بالمدرسة الإسلامية في التأليف، وفق الاتجاهات المتنوعة في الكتابة التاريخية، ولم يتأثروا بالتيارات الحديثة في الغرب لعدم اطلاعهم على الكتابة التاريخية فيه، كذلك اهتموا بالتاريخ المحلي على الحوليات، وكان الاهتمام بإبراز التاريخ المحلي هو الأكثر

من بين الاتجاهات الأخرى، ولكن تأثرهم بالمدرسة الإسلامية في هذا الاتجاه لم يكن واضحًا ودقيقًا، فعلى الرغم من محاولة إبراز التاريخ المحلي لبلدانهم إلا أنهم افتقروا إلى التنظيم في هذا الاتجاه، حيث عنوا بتضمين تواريخهم الحولية أخبارًا أكثرها سياسية مع إيرادهم تراجم ووفيات الأعيان والعلماء في بلدانهم في أخبار السنوات دون أن يكون هناك منهج واضح في ذكر هذه التراجم، فمرّة يذكرون التراجم في بداية السنة التي يسجلون أخبارها ومرة أخرى يذكرون التراجم في نهاية السنة، وفي بعض الأحيان يذكرون التراجم وسط الأخبار، وأحيانًا يذكرون التراجم في البداية والوسط والنهاية متناثرة، كما أنهم كثيرًا ما كانوا يوردون أخبارًا خارجية. ولكن التاريخ السياسي كان هو محور التاريخ المحلي لديهم.

وعلى الرغم من أن أصحاب التاريخ المحلي قد اهتموا بإبراز التاريخ السياسي لبلدانهم إلا أنهم أوردوا إشارات قليلة عن الأوضاع الاجتماعية والاقتصادية وإن كانت ترد في سياق حديثهم عن الأوضاع السياسية.

وتجدر الإشارة هنا إلى أن التاريخ المحلي مثّل حلقات متصلة فيما يتعلق بمؤرخي نجد، إذ أن المؤرخين استطاعوا تدوين أخبار نجد من سنة 850هـ إلى سنة 1340هـ، كما غطى مؤرخو عُمان فترات طويلة من تاريخ بلادهم بحلقات متصلة.

واهتم المؤرخون في الجزيرة بتاريخ السير والتراجم، وقد سار من كتب في التراجم على أثر المدرسة التاريخية الإسلامية في الاهتمام بتراجم العلماء والأعيان أو علماء المذهب الذي ينتمي إليه المؤرخ وفق الترتيب على حروف المعجم. وفي النسب حاولوا إبراز تاريخ المجتمع، وتجلّى ذلك عند الأنصاري – أحد مؤرخي الحجاز – الذي تمكن من إبراز حياة المجتمع في المدينة ونشاطه من خلال اهتمامه بالأنساب. وفي محاولة لتدوين أدب الرحلات حاول مؤرخ حجازي تسجيل مشاهداته في رحلاته التي زار خلالها عددًا من البلدان.

وكانت دوافع مؤرخي الجزيرة متنوعة ارتبطت بنشأة المؤرخ وانتمائه المذهبي والجغرافي. وقد غلبت عليهم الدوافع السياسية التي تفاوتت بين الطلب الرسمي للكتابة التاريخية وفق خطة معينة وبين إعجاب المؤرخ بحاكم زمانه أو الحركة السياسية التي جعل البعض من نفسه المدافع عنها وعن مبادئها، وخاصة إذا عاش في كنف الحكام المعاصرين موظفًا أو مجالسًا أو متمتعًا بعطايا الحاكم وكرمه. وقد أشار المؤرخون إلى دوافعهم لكتابة التاريخ تصريحًا وتلميحًا.

ولم يحفل المؤرخون في اليمن بتعليل أسباب الحوادث إذا ما تعرضوا لها، فهم ينظرون إلى الوقائع والحوادث من الزاوية الضيقة التي ينظر فيها ممدوحهم، فلا يرون الحق إلا له ومعه

343

حتى وإن أساء، ولا يقيمون لغيره وزنًا ولا شأنًا حتى وإن أحسن، لأن هؤلاء المؤرخين كانوا يكتبون تحت تأثير الولاء للعقيدة والمذهب الذي ينتمي إليه ملكه أو إمامه.

ولم تقتصر دوافع الكتابة التاريخية على الدوافع السياسية التي كانت الصفة الغالبة، وإنما كانت هناك دوافع اجتماعية تتمثل في إبراز نسب أسرة معينة إما تلبية لرغبة أحد أقرباء المؤرخ، أو لإظهار نسب مؤرخ ودحض ادعاء بعض المدعين أو التأكيد على دور بعض القبائل الكبيرة وارتباطها بتاريخ بلد ما.

كذلك كانت هنالك دوافع مذهبية تمثلت بالاهتمام بالمذهب الذي حاول المؤرخ إبراز دوره في خدمة المذهب من ناحية، والتأكيد على مكانة المذهب ورجاله وعلمائه وحكامه من ناحية أخرى.

كما كانت هناك دوافع ثقافية تمثلت بمحاولة جمع أخبار علماء وأعيان من بلدان العالم الإسلامي بهدف التأكيد على أن فكرة الاجتهاد مستمرة ولا يمكن أن تتعطل، لأن في تعطيلها تعطيلًا للعقيدة التي تكفل الله سبحانه وتعالى بحفظها واستمراريتها، أو في محاولة لجمع أخبار علماء درس المؤرخ على أيديهم أو التقى بهم أو كاتبهم وحصل على إجازات منهم، وتسجيل أخبار علماء مذهب وحفظ أخبار علمائه.

وأمام كل هذه الدوافع، تظهر مسألة التجرّد التي لم يستطع المؤرخون التمتع بها، فقد ظهرت الميول والأهواء بشكل بارز في معالجتهم للأحداث التاريخية.

واعتمد المؤرخون في نجد على المؤرخين النجديين الذين سبقوهم في تدوين الأخبار السابقة لعصرهم، كما ضمّنوا مؤلفاتهم بعضًا من الخطابات الخاصة برسائل الشيخ محمد بن عبد الوهاب والحكام السعوديين.

وفي الحجاز واليمن والمخلاف السليماني وعُمان، اعتمد المؤرخون على كتب التاريخ الإسلامي فيما يتعلق بتاريخ الدولة الإسلامية الأولى وفضائلها، كما عني بعض مؤرخي اليمن بتضمين مؤلفاتهم كتبًا رسمية متبادلة بين حكام اليمن وبعض حكام بلدان الجزيرة، وتعد هذه المكاتبات وثائق رسمية مهمة لتوضيح العلاقات السياسية بين حكام الجزيرة، كما أنها توضح أدب الرسائل والمكاتبات الذي كان سائدًا في تلك الفترة، وتضمنت المؤلفات اليمنية أيضًا بعض نصوص الخطابات بين أئمة اليمن والمسؤولين في الدولة العثمانية.

وفيما يتعلق بأسلوب المؤرخين في التعامل مع المصادر المكتوبة وطريقة النقل عنها تجدر الإشارة هنا إلى مسألة بالغة الأهمية توصلت إليها الدراسة وهي اعتماد المؤرخين على من سبقهم

من خلال اطلاعهم على مؤلفاتهم ونقلهم عنها دون الإشارة إليها وتجاهلها، كما هو الحال في نجد، واليمن والمخلاف، أما في عمان فقد جاءت بعض الكتب التاريخية متشابهة إلى درجة النقل الحرفي دون الإشارة إلى المصدر. ويمكن القول إن هذه الكتب منقولة من مصدر واحد.

وقد عوّل المؤرخون كثيرًاعلى الرواية الشفوية، وتنوع الخبر الشفوي بين خبر واضح الإسناد وخبر وصف المؤرخون ناقله بالثقة، أو بالمشاهد للحدث. وكانت بعض الروايات تستند إلى مجهول وهو ما استخدمه أكثر المؤرخين.

أما النوع الثالث من المصادر فهو مشاهدات المؤلف ومعاصرته للحدث التي تعطي قيمة أكبر لأهمية المؤرخ إذا ما استطاع متابعة الأحداث التي عاصرها وكتبها من منظار المشاهد لها.

وفي أغلب الأحيان كانت مكانة المؤرخ ووظيفته وقربه من الحاكم كلها عوامل تسهل عليه الاطلاع على مجريات الأحداث في مركز صنع القرار، ومركز توجيه الأحداث. وكان كتّاب الحوليات الذين يدونون أخبار العصر الذي يعيشون سنة بسنة وأحيانًا يومًا بيوم أكثر قربًا من الأوضاع العامة والأحداث اليومية التي يحرص المؤرخ على الاهتمام بتدوينها.

ويمكن القول إن مؤرخي الجزيرة على اختلاف مذاهبهم وانتماءاتهم السياسية والمذهبية، اهتموا بتسجيل تواريخ أصبحت مصادر يعود إليها الباحثون يأخذون منها ما يزيل بعض اللبس حول كثير من القضايا خاصة السياسية منها، وأبرز هؤلاء المؤرخون الفعاليات البشرية لسكان الجزيرة، واهتموا بإبراز جوانب وإغفال أخرى، وأشاروا إلى أحداث، وأغفلوا عن قصد أو عن غير قصد أحداثًا أخرى.

بقي أن نشير إلى أن الاهتمام بنشر بعض المؤلفات التاريخية ذات الصلة بالدول القائمة التي دونت من وجهات نظر موالية تندرج تحت محاولة ترسيخ دور هذه الأسر، والتأكيد على الدور التاريخي لها في قيادة مجتمعاتها، وما قدمت من تضحيات موثقة تاريخيًا، وما انتشار بعض الكتب التاريخية على نطاق واسع إلا دليلًا واضحًا على ذلك. كما أن تجاهل بعض المؤلفات التي دونها مؤرخون معارضون لحركة دينية أو حكم قائم مليئة بالنقد والتشويه ما زالت بعيدة عن النور، مما يدل على أن عالمنا العربي ما زال يخشى الرأي الآخر، ويبتعد عن الحوار والمناقشة.

وتبدو قيمة ما دونه مؤرخو الجزيرة خلال قرنين من الزمن على درجة من الأهمية في اعتمادها كمصادر لتاريخ الجزيرة العربية، ولكن مع الحذر والانتباه من ميول المؤرخين

ودوافعهم وتكوينهم السياسي والمذهبي في كثير من الأحداث والقضايا. وليس من شك في أن قيمة أي تاريخ كمصدر إنما يقررها قِدَمه وقربه من الحوادث التي يصفها أو استخدامه لكتب قديمة أو قريبة من المعاصرة مفقودة، ولذلك تكمن أهمية ما سجله المؤرخون خاصة للفترات التي عاصروها في الكشف عن أحوال مجتمعاتهم السياسية والثقافية والاجتماعية والاقتصادية، فكتابات المؤرخين من الصعب تجاهلها أو الاستغناء عنها لأنها تمثل وجهة نظر لا بد من الاستشهاد بها وأخذها بالاعتبار.

وقد بلغ عدد المؤرخين المجهولي الاسم ستة مؤرخين من مجموع المؤرخين الذين تناولتهم الدراسة، وارتفاع هذه النسبة إنما يدل على ظاهرة معينة تستحق البحث والدراسة، ويبدو أن عدم ورود اسم المؤلف على كتاب عن قصد أو غير قصد يعود إلى أكثر من سبب، فقد يرجع السبب إلى أن المؤرخ معارض للحكم أو الفكرة السائدة في عصره، فهو يكتب رأيه ليبرئ ذمته، أو يكتب بشكل مجرد دون تمجيد، وإلا ما الذي يفسر عدم ورود اسم مؤرخ تناول دعوة الشيخ محمد بن عبد الوهاب وكان معارضًا لها، وواصفًا إياها بالبدعة، وعدم ورود اسمي المؤرخين اليمنيين: صاحب صفحات مجهولة، وصاحب الحوليات اللذين هاجما الأحوال العامة في عصرهما ونقدا الوزراء وذكرا مساوئهم، واتهما القبائل بإثارة الفوضى. وقد أدرجت هذه المؤلفات ضمن هذه الدراسة مع أن مؤلفيها غير معروفين لأنها عالجت تاريخ أجزاء من الجزيرة بتركيز واضح، يدل على أن المؤلف على الأرجح هو من أبناء الجزيرة، إذ ظهر ذلك من خلال متابعته لمجريات الأحداث عن قرب.

ويمكن القول إن الاهتمام بإبراز الأحوال السياسية كان الصفة الغالبة على المؤرخين عند عرضهم للأحداث التاريخية، مغفلين بذلك الجوانب الاجتماعية والاقتصادية، وتبقى مساهماتهم - على الرغم من ذلك - واضحة في تدوين أخبار تاريخية لا يستغنى عنها الباحث في تاريخ أي جزء من أجزاء الجزيرة العربية، ولكن تجدر الإشارة إلى ضرورة الحذر والحيطة عند الرجوع إلى مؤلفات هؤلاء المؤرخين بسبب الأهواء والميول التي سيطرت عليهم.

قائمة المصادر والمراجع

أ. المصادر:
1. الوثائق.
2. المصادر المخطوطة.
3. المصادر المطبوعة.

ب. المراجع الحديثة:
1. باللغة العربية.
2. باللغة الإنجليزية.
3. الرسائل الجامعية.

ج. بحوث منشورة في:
1. دوائر المعارف.
2. كتاب لمجموعة مؤلفين.
3. الدوريات.
4. وقائع المؤتمرات.
5. منشورات المؤسسات.

د. الصحف.

أ. المصادر:

(1) الوثـــائق

- الوثائق غير المنشورة:

أ. وثائق الأرشيف العثماني باستنبول، صورة مترجمة عن هذه الوثائق موجودة في مركز التوثيق الإعلامي لدول الخليج العربي، بغداد.

- دفتر همايوني، (130) رقم البحث 3913، تاريخ الوثيقة 19 شوال 1283، الوثيقة فرمان عالي من السلطان العثماني إلى قائمقام نجد.

- وثائق يلدز، رقم الوثيقة 3936، الوثيقة غير مؤرخة، وهي لائحة في أحوال العراق الماضية والمستقبلية للمشير نصرت باشا.

- أوراق يلدز، وثيقة 3945، تاريخه 7/ 1/ 1306. وهي رسالة من محمد بن عبد الله آل رشيد إلى السلطان عبد الحميد خان، باللغة العربية.

- أوراق يلدز، وثيقة 3946، بدون تاريخ.

- أوراق يلدز، وثيقة 3947 تاريخها 7 /1/ 1307هـ، رسالة من محمد بن عبد الله آل رشيد إلى السلطان عبد الحميد خان.

- أوراق يلدز، وثيقة 3951، تاريخها 18 نيسان 1296، الوثيقة عبارة عن عريضة تحمل توقيع فضل بن علوي.

- أوراق يلدز، وثيقة 3952، وهي عبارة عن عريضة بلا توقيع ولا تاريخ تتعلق بكيفية دخول الإنجليز عدن.

ب. من وثائق رئاسة الوزراء باستنبول، محفوظة في (Dosya Tasnif, No. 77)، وتتعلق هذه الوثائق بمسألة الكويت، وقد حصلت عليها من الدكتور محمد عيسى صالحية. وهذه الوثائق هي:

- تقرير من والي بغداد مؤرخ في 8 ذي القعدة المصادف 28 كانون الثاني 1285، موجه إلى مقام الصدارة العظمى.

- كتاب إلى مقام الصدارة العظمى، في 8 ذي القعدة 1286.
- دائرة الصدارة العظمى، الباب العالي، الأوراق الواردة للديوان الهمايوني، رقم الوثيقة 78، تاريخها 7 محرم 1307.
- دائرة رئاسة الكتاب، رقم الوثيقة 7216، مؤرخة في 7 رمضان 1317.

- **الوثائق المنشورة:**

- من وثائق شبه الجزيرة العربية في عصر محمد علي 1234-1256هـ/ 1819-1840م، دار الوثائق القومية، القاهرة. اختار هذه الوثائق وأعدها الدكتور عبد الرحيم عبد الرحمن عبد الرحيم. المجلد الأول.
- وثيقة رقم (10) محفظة (7) رقمها (112) رسالة من صالح باشا الصدر الأعظم إلى محمد علي.
- وثيقة رقم (11) دفتر (22) معيه تركي (423) ورقة (68).
- وثيقة رقم (12) دفتر (2) عابدين، وحدة الحفظ (20).
- وثيقة رقم (13) دفتر (40) رقمها في وحدة الحفظ (412) ورقة (72).
- وثيقة رقم (14) دفتر (40) رقمها في وحدة الحفظ (413) ورقة (72).
- وثيقة رقم (23) دفتر (462) رقم الوثيقة (189).
- وثيقة رقم (32) دفتر (66) رقم الوثيقة (6).
- وثيقة رقم (37) محفظة (266) رقم الوثيقة (4).
- وثيقة رقم (38) محفظة (267) رقم الوثيقة (163).

(2) المصادر المخطوطة

- الدخيل، سليمان بن صالح ت1365هـ/ 1945م،

القول السديد في أخبار إمارة الرشيد، نسخة مصورة في مكتبة المجمع العلمي العراقي، بغداد، تحت رقم 5146.

- ابن رزيق، حميد بن محمد ت بعد 1274هـ/ 1857م،

الصحيفة القحطانية، نسخة من المخطوطة محفوظة في مكتبة أكسفورد ببريطانيا تحت رقم 1261 S3، لدى الباحث صورة عن المخطوط.

- ابن سند، عثمان النجدي الوائلي البصري ت1242هـ/ 1826م،

تأريخ بغداد المسمى مطالع السعود في أخبار الوزير داود، صورة عن المخطوط محفوظة على شريط ميكروفيلم في مكتبة الجامعة الأردنية تحت رقم (956.082).

- عاكش الضمدي، الحسن بن أحمد بن عبد الله ت1289هـ/ 1872م،

حدائق الزهر في ذكر الأشياخ أعيان الدهر، صورة عن نسخة الشيخ يحيى بن أحمد عاكش محفوظة في دارة الملك عبد العزيز تحت رقم 502، الرياض.

- العزاوي، عباس،

تاريخ نجد، موجود بخط المؤلف في دار صدام للمخطوطات، بغداد، ومصور على شريط ميكروفيلم يحمل الرقم (126).

- النجدي،

العقود الدرية في تاريخ البلاد النجدية، موجود في مكتبة الدراسات العليا، كلية الآداب، جامعة بغداد تحت رقم 570، بغداد.

(3) المصادر المطبوعة

- الإرياني، علي بن عبد الله، ت1323هـ/ 1905م،

الدر المنثور في سيرة الإمام المنصور، تحقيق د.محمد عيسى صالحية، دار الشروق، عمان، 1997، 2ج.

- الأزكوي، سرحان بن سعيد، ت بعد 1140هـ/ 1728م،

تاريخ عُمان المقتبس من كتاب كشف الغمة الجامع لأخبار الأمة، حققه ونشره عبد المجيد حسيب القيسي، دار الدراسات الخليجية.

- الألوسي، محمود شكري، ت1343هـ/ 1924م،

تاريخ نجد، عني بتحقيقه والتعليق عليه محمد بهجت الأثري، المطبعة السلفية بمصر، 1928م.

- الأنصاري، عبد الرحمن بن عبد الكريم، ت بعد 1197هـ/ 1783م،

تحفة المحبين والأصحاب في معرفة ما للمدنيين من الأنساب، تحقيق محمد العروسي المطوي، نشر المكتبة العتيقة، نهج جامع الزيتونة، تونس 1970م.

- باراكلو، جفري،

  الاتجاهات العامة في الأبحاث التاريخية، ترجمة د.صالح أحمد العلي، ط1، مؤسسة الرسالة، بيروت 1984م.

- البسام، محمد بن حمد، ت1246هـ/ 1831م،

  الدرر المفاخر في أخبار العرب الأواخر، تحقيق د.رمزية محمد الأطرقجي، وزارة التعليم العالي والبحث العلمي، جامعة بغداد، بيت الحكمة، 1989م.

- ابن بشر، عثمان بن عبد الله النجدي، ت1290هـ/ 1873م،

  عنوان المجد في تاريخ نجد، حققه وعلق عليه عبد الرحمن بن عبد اللطيف آل الشيخ، ط4، مطبوعات دارة الملك عبد العزيز، الرياض 1982م.

  ونسخة أخرى حققها وعلق عليها بعض الأفاضل بأمر من وزارة المعارف السعودية د.ط، د.م، د.ن، 2ج.

- ابن بطوطة، محمد بن عبد الله بن محمد، ت779هـ/ 1377م،

  تحفة النظار في غرائب الأمصار وعجائب الأسفار، حققه وقدم له وعلق عليه د.علي المنتصر الكتاني، ط4، مؤسسة الرسالة، بيروت، 1985م.

- البغدادي، إسماعيل باشا محمد أمين بن مير سليم الباباني،

  إيضاح المكنون في الذيل على كشف الظنون عن أسامي الكتب والفنون، عني بتصحيحه وطبعه على نسخة المؤلف العبدان الفقيران، دار الفكر، 1982.

- البغدادي، عبد المؤمن بن عبد الحق، ت739هـ/ 1338م،

  مراصد الاطلاع على أسماء الأمكنة والبقاع، مختصر لمعجم البلدان لياقوت، تحقيق وتعليق علي محمد البجاوي، ط1، دار الجيل، بيروت 1992.

- بلنت، الليدي آن،

  رحلة إلى بلاد نجد، ترجمة محمد محمد أنعم غالب، ط1، د.م، 1967م.

- البهكلي، عبد الرحمن بن أحمد الحسن بن علي، ت1248هـ/ 1832م،

  نفح العود في سيرة الشريف حمود، أكمله: عاكش، الحسن بن أحمد بن عبد الله ت1289هـ/ 1872م، دراسة وتحقيق فضيلة الشيخ محمد بن أحمد العقيلي، مطبوعات دارة الملك عبد العزيز، الرياض، 1982.

- تاميزيه، موريس،

رحلة في بلاد العرب، الحملة المصرية على عسير 1249هـ/ 1834م، ترجمة محمد بن عبد الله آل زلفه، الرياض، 1993.

- الجبرتي، عبد الرحمن بن الحسن، ت1237هـ/ 1821م،

عجائب الآثار في التراجم والأخبار، ط2، دار الجيل، بيروت، 1978، 3 مجلدات.

- جحاف، لطف الله ت1243هـ/ 1828م،

درر نحور الحور العين، سيرة الإمام المنصور يحيى ورجال دولته الميامين، 1189هـ/ 1775م- 1224هـ/ 1809م.

نصوص يمنية عن الحملة الفرنسية على مصر، نصوص مختارة من المخطوط المذكور، نشر وتحقيق سيد مصطفى سالم، مركز الدراسات اليمنية، القاهرة، 1975م.

- الجرافي، أحمد بن محمد بن احمد، 1316هـ/ 1899م،

حوليات العلامة الجرافي، تحقيق ودراسة د.حسين بن عبد الله العمري، ط1، دار الفكر المعاصر، بيروت، 1982م.

- حاجي خليفة، مصطفى بن عبد الله قسطنطيني الرومي الحنفي الشهير بملاّ كاتب الحلبي، ت1017هـ/ 1767م،

كشف الظنون عن أسامي الكتب والفنون، دار الفكر، 1982، 2م.

- الحجري، محمد بن أحمد اليماني،

مجموع بلدان اليمن وقبائلها، تحقيق وتصحيح ومراجعة إسماعيل بن علي الأكوع، ط1، وزارة الإعلام والثقافة، 1984م.

- ابن حميد، محمد بن عبد الله النجدي المكي، ت1295هـ/ 1878م،

السحب الوابلة على ضرائح الحنابلة، حققه وقدم له وعلق عليه بكر بن عبد الله أبو زيد، د.عبد الرحمن بن سليمان العثيمين، ط1، مؤسسة الرسالة، بيروت، 1996م.

- ابن حوقل، محمد بن علي أبو القاسم، ت في حدود 350هـ/ 961م،

كتاب صورة الأرض، ق1، طبع في مدينة ليدن بمطبعة بريل، 1967م

- دحلان، السيد أحمد بن السيد زيني ت1304هـ/ 1886م،

أمراء البلد الحرام منذ أولهم في عهد الرسول (ص) حتى الشريف الحسين بن علي، الدائرة المتحدة للنشر، بيروت، د.ت.

- ـــــــــ،

تاريخ الدول الإسلامية في الجداول المرضية، المطبعة البهية، القاهرة 1888م.

- ـــــــــ،

الدولة العثمانية من كتاب الفتوحات الإسلامية بعد مضي الفتوحات النبوية، اعتنى بطبعه طبعة جديدة بالأوفست وقف الإخلاص، استنبول، تركيا، 1992م.

- دحلان،

الفتنة الوهابية من كتاب الدولة العثمانية، طبعة الأوفست، استنبول، 1992.

- الدخيل، سليمان،

تحفة الألباء بتاريخ الأحساء، د.ط، مطبعة الرياض، بغداد، د.ت.

- ابن رزيق، حميد بن محمد، ت1274هـ/ 1857م،

بدر التمام في سيرة السيد الهمام سعيد بن سلطان، ملحق بكتاب ابن رزيق **الفتح المبين**، تحقيق عبد المنعم عامر ود.محمد مرسي عبد الله، وزارة التراث القومي والثقافة، سلطنة عُمان، 1973.

- ـــــــــ،

الشعاع الشائع باللمعان في ذكر أئمة عُمان، تحقيق عبد المنعم عامر، وزارة التراث القومي والثقافة، سلطنة عُمان، 1978م.

- ـــــــــ،

الفتح المبين في سيرة السادة البوسعيديين، تحقيق عبد المنعم عامر ود.محمد مرسي عبد الله، وزارة التراث القومي والثقافة، سلطنة عُمان، 1973.

- الرشيد، ضاري بن فهيد، ت1340هـ/ 1921م،

نبذة تاريخية عن نجد، د.ط، منشورات دار اليمامة، الرياض، مطبعة نهضة مصر، 1961م.

- السالمي، عبد الله بن حميد بن سلوم، ت1332هـ/ 1914م،

تحفة الأعيان بسيرة أهل عُمان، ط5، - د.م، و د.ن، 1974؛ نسخة أخرى د.م، د.ن، 1981، 2ج.

- ـــــــــ،

اللمعة المرضية في أشعة الأباضية، 1981.

- ـــــــ ،

معارج الآمال على مدارج الكمال بنظم مختصر الخصال، تحقيق محمد محمود إسماعيل، وزارة التراث القومي والثقافة، سلطنة عُمان، 1983م.

- السخاوي، محمد بن عبد الرحمن، ت902هـ/ 1496م،

الإعلان بالتوبيخ لمن ذم التاريخ، دراسة وتحقيق محمد عثمان الخشن، مكتبة ابن سينا، 1989.

- السويدي، عبد الرحمن بن عبد الله، البغدادي، ت1200هـ/ 1785م،

تاريخ حوادث بغداد والبصرة من 1186-1192هـ/ 1772-1778م، حققه وقدم له وعلق عليه د.عماد عبد السلام رؤوف، ط2، وزارة الثقافة والإعلام، دار الشؤون الثقافية العامة، 1987م.

- سيتون، ديفيد،

يوميات ديفيد سيتون في الخليج 1800-1809، تحقيق د.سلطان بن محمد القاسمي، ط1، 1994.

- الشهرستاني، عبد الكريم، ت548 هـ/ 1153م،

الملل والنحل، وهو بهامش كتاب علي بن حزم الأندلسي الظاهري، ت456هـ، **الفصل في الملل والأهواء في النحل**، القاهرة، مكتبة ومطبعة محمد علي صبيح، 1928، وط2، دار المعرفة، بيروت، 1975م.

- الشوكاني، محمد بن علي، ت1250هـ/ 1834م،

أدب الطلب، تحقيق ونشر مركز الدراسات والأبحاث اليمنية، صنعاء، 1979م.

- ـــــــ ،

أسلاك الجوهر – ديوان شعر، تحقيق ودراسة د.حسين عبد الله العمري، ط2، دار الفكر، دمشق 1986م.

- ـــــــ ،

البدر الطالع بمحاسن من بعد القرن السابع، ط1، مطبعة السعادة، بجوار محافظة مصر بالقاهرة، 1929، 2ج.

- ـــــــــ،
ذكريات الشوكاني، وزارة الثقافة، جمهورية اليمن الديمقراطية الشعبية، عدن، دار العودة، بيروت، 1983م.

- ـــــــــ،
رفع الأساطين في حكم الاتصال بالسلاطين (رسالة)، دراسة وتحقيق د. حسن محمد الظاهر محمد، ط1، دار ابن حزم، مكتبة الجيل الجديد، بيروت – صنعاء 1992م.

- ـــــــــ،
السيل الجرار المتدفق على حدائق الأزهار، تحقيق محمود إبراهيم زايد، ط1، دار الكتب العلمية، بيروت 1985م.

- ـــــــــ،
فتح القدير الجامع بين فني الرواية والدراية من علم التفسير، حققه وخرّج أحاديثه وفهرسها أبو حفص سيد بن إبراهيم بن صادق بن عمران، ط1، دار الحديث، القاهرة، 1993.

- ـــــــــ،
القول المفيد في أدلة الاجتهاد والتقليد، تحقيق وتعليق أبي مصعب محمد سعيد البدري، دار الكتاب المصري، القاهرة، دار الكتاب اللبناني، بيروت، ب. ن.

- أبو طالب، حسام الدين محسن بن الحسن بن القاسم بن أحمد بن القاسم بن محمد، ت1170هـ/ 1756م،
تاريخ اليمن (عصر الاستقلال عن الحكم العثماني الأول من سنة 1056-1160هـ)، تحقيق عبد الله بن محمد الحبشي، ط1، مطابع المفضل للأوفست، 1990، 2ج.

- العبدلي، أحمد فضل بن علي محسن،
هدية الزمن في أخبار ملوك لحج وعدن، ط1، دار العودة، بيروت 1932؛ ط2، دار العودة، بيروت، 1980م.

- أبو عبيد البكري، عبد الله بن عبد العزيز، ت483هـ/ 1090م،
كتاب المسالك والممالك، حققه وقدم له أدريان فإن ليوفن وأندريه فيري، الدار العربية للكتاب، المؤسسة الوطنية للترجمة والدراسات، بيت الحكمة، 1992، 2ج.

- ابن عيدروس الحبشي، عيدروس بن عمر،

عقد اليواقيت الجوهرية وسمط العين الذهبية بذكر طريق السادات العلوية، وبهامشه كتاب ذخيرة المعاد بشرح راتب الحداد، تأليف عبد الله بن أحمد باسودان، ط1، المطبعة العامرة الشرقية، مصر، 1899م.

- ابن عيسى، إبراهيم بن صالح، ت1343هـ/ 1924م،

تاريخ بعض الحوادث الواقعة في نجد 700-1340هـ، ط1، منشورات دار اليمامة، الرياض 1966م.

- ـــــــــ ،

عقد الدرر فيما وقع في نجد من الحوادث في آخر القرن الثالث عشر وأول القرن الرابع عشر، ذيل على كتاب (عنوان المجد في تاريخ نجد)، حققه وعلق عليه عبد الرحمن بن عبد اللطيف بن عبد الله آل الشيخ، د.ط، طبع على نفقة وزارة المعارف، د.ت.

- ابن غنام، حسين، ت1225هـ/ 1810م،

تاريخ نجد المسمى – روضة الأفكار والافهام لمرتاد حال الإمام وتعداد غزوات ذوي الإسلام، حرره وحققه د.ناصر الدين الأسد، ط1، مطبعة المدني، المؤسسة السعودية، 1961؛ ط2، دار الشروق، 1985.

- الفاخري، محمد بن عمر، ت1277هـ/ 1860م،

الأخبار النجدية، دراسة وتحقيق وتعليق د.عبد الله يوسف الشبل، لجنة البحوث والتأليف والترجمة والنشر، د.ط، جامعة الإمام محمد بن سعود الإسلامية، د.م، د.ت.

- فالين، جورج أوغست،

صور من شمال جزيرة العرب في منتصف القرن التاسع عشر، ترجمة سليم شلبي، مراجعة يوسف إبراهيم يزبك، منشورات أوراق لبنانية، د.ت.

- فيضي، سليمان،

مذكرات، في (غمرة النضال)، د.ط، دار القلم، بيروت، د.ت.

- القنوجي، صدّيق بن حسن، ت1317هـ/ 1889م،

أبجد العلوم الوشي المرقوم في بيان أحوال العلوم، أعدّه للطبع ووضع فهارسه عبد الجبار زكار، منشورات وزارة الثقافة والإرشاد القومي، دمشق، 1987.

- ابن قتيبة، عبد الله بن مسلم، ت276هـ/ 889م،

المعارف، حققه وقدم له ثروت عكاشه، مطبعة دار الكتب، وزارة الثقافة والإرشاد القومي، القاهرة، 1960م.

- ابن قيصر، عبد الله بن خلفان بن سليمان ت بعد 1050هـ/ 1640م،

سيرة الإمام ناصر بن مرشد، تحقيق عبد المجيد حسيب القيسي، ط2، وزارة التراث القومي، سلطنة عُمان، 1983م.

- الكبسي، محمد بن إسماعيل الصنعاني، ت1308هـ/ 1890،

اللطائف السنية في أخبار الممالك اليمنية، تم نسخه وطبعه ونشره بعناية السيد عبد الله بن عبد الله الكبسي، أحد أحفاد المؤلف، مطبعة السعادة، د.ت، 2ج/ 1م.

- الكندي، سالم بن محمد بن سالم بن حميد الحضرمي، ت حوالي 1316هـ/ 1898م،

تاريخ حضرموت المسمى بـ العدة المفيدة الجامعة لتواريخ قديمة وحديثة، تحقيق عبد الله محمد الحبشي، ط1، مكتبة الإرشاد، صنعاء، 1991، 2م.

- ابن لعبون، حمد بن محمد الوائلي الحنبلي النجدي، ت 1255هـ/ 1839م،

تاريخ ابن لعبون، ط1، مطبعة أم القرى، مكة المكرمة، 1938م.

- المبرِّد، محمد بن يزيد الأزدي البصري، ت 285هـ/ 898م،

الكامل في اللغة، حققه وعلق عليه وصنع فهارسه محمد أحمد الدالي، مؤسسة الرسالة، بيروت، 1986، 4ج.

- مجموعة من العلماء (عاشوا في القرن الثالث الهجري)،

السير والجوابات لعلماء وأئمة عُمان، دراسة وتحقيق د.سيدة إسماعيل كاشف، القاهرة، 1986م.

- مجهول، مؤلف، ت بعد 1198هـ/ 1783م،

تاريخ أهل عُمان، تحقيق وشرح د.سعيد عبد الفتاح عاشور، وزارة التراث القومي والثقافة، سلطنة عُمان، د.ت.

- مجهول، (عاش في القرن الثاني عشر الهجري/ الثامن عشر الميلادي)،

تراجم أعيان المدينة المنورة في القرن الثاني عشر الهجري، ط، دار الشروق، 1984م.

- مجهول، ت بعد 1316هـ/ 1898م،

حوليات يمانية، من سنة 1224-1316 أو اليمن في القرن التاسع عشر الميلادي حققه واستخرجه من مسودة المصنف عبد الله الحبشي، ط1، دار الحكمة اليمانية، 1992م.

- مجهول، ت بعد 1287هـ/ 1870م،

صفحات مجهولة من تاريخ اليمن، تحقيق وتقديم القاضي حسين بن أحمد السياغي، ط2، مركز الدراسات والبحوث اليمنية، صنعاء، 1984م.

- مجهول، ت بعد 1159هـ/ 1746م،

قصص وأخبار جرت في عُمان، تحقيق عبد المنعم عامر، سلطنة عُمان، وزارة التراث القومي والثقافة، مطابع سجل العرب، القاهرة، 1979م.

- مجهول،

كيف كان ظهور شيخ الإسلام الشيخ محمد بن عبد الوهاب، حققه وعلق عليه، د.عبد الله الصالح العثيمين، ط2، مطبعة سفير، الرياض، 1994م.

- مجهول، ت بعد 1233هـ/ 1817م،

لمع الشهاب في سيرة الشيخ محمد بن عبد الوهاب، تحقيق د.أحمد مصطفى أبو حاكمة، دار الثقافة، بيروت، 1967م.

- مدحت باشا،

مذكرات، تعريب يوسف كمال بك، ط1، مطبعة هندية بمصر، د.ت

- المرادي، محمد بن خليل بن علي، ت1206هـ/ 1791م،

سلك الدرر في أعيان القرن الثاني عشر، مكتبة المتنبي، بغداد، د.ت، 4مجلدات.

- المقريزي، أحمد بن علي بن عبد القادر، ت845هـ/ 1441م،

المواعظ والاعتبار بذكر الخطط والآثار المعروف بالخطط المقريزية، طبعة جديدة بالأوفست، دار صادر، بيروت، 2ج؛ نسخة أخرى، طبعة جديدة بالأوفست، مكتبة المثنى، بغداد، 2ج.

- أبو منصور البغدادي، عبد القاهر بن طاهر بن محمد، ت429هـ/ 1037م،

الفَرق بين الفِرق وبيان الفرقة الناجية منهم، عقائد الفرق الإسلامية وآراء كبار أعلامها، دراسة وتحقيق محمد عثمان الخشن، مكتبة ابن سينا للنشر والتوزيع، د.ت.

- ابن منظور، جمال الدين بن محمد، ت711هـ/ 1311م، لسان العرب، ط3، بيروت، 1993.

- المنقور، أحمد بن محمد بن أحمد بن حمد بن محمد، ت1125هـ/ 1656م، تاريخ الشيخ أحمد بن محمد المنقور، تحقيق عبد العزيز الخويطر، الرياض، (د.ن)، 1970.

- الموزعي، شمس الدين عبد الصمد بن إسماعيل بن عبد الصمد، من علماء ق11هـ/ 17م، دخول العثمانيون الأول إلى اليمن المسمى: **الإحسان في دخول مملكة اليمن تحت ظل عدالة آل عثمان**، تحقيق عبد الله الحبشي، ط1، بيروت، منشورات المدينة، صنعاء 1986م.

- الموسوي المكي، العباس بن علي بن نور الدين الحسيني، ت حدود سنة 1179هـ/ 1765م، **نزهة الجليس ومنية الأديب الأنيس**، وضع المقدمة محمد مهدي الخرساني، منشورات المطبعة الحيدرية في النجف الأشرف، 1373هـ/ 1967، 2ج.

- الهمداني، الحسن بن أحمد يعقوب، ت بعد 334هـ/ 945م، **صفة جزيرة العرب**، تحقيق محمد بن علي الأكوع، ط2، دار الشؤون الثقافية العامة، آفاق عربية، بيروت 1983.

- ياقوت الحموي، ياقوت بن عبد الله، ت 626هـ/ 1228م، **معجم البلدان**، دار صادر، بيروت، د.ت.

ب. المراجع والدراسات الحديثة:

(1) مراجع باللغة العربية:

- الاحسائي، محمد بن عبد الله بن عبد المحسن آل عبد القادر الأنصاري، **تحفة المستفيد بتاريخ الأحساء في القديم والجديد**، أشرف على طبعه وعلق على بعض حواشيه حمد الجاسر، ط1، مطابع الرياض، 1960م، 2ق.

- أرسلان، الأمير شكيب، **الارتسامات اللطاف في خاطر الحاج إلى أقدس مطاف**، رحلة وقف على تصحيحها وعلق حواشيها السيد محمد رشيد رضا، ط1، مطبعة المنار بمصر 1931.

- أمين، د.عبد الأمير محمد،

دراسات في النشاط التجاري والسياسي الأوروبي في آسيا 1600-1800، منشورات الجامعة الأردنية، عمان 1987م.

- ______،

المصالح البريطانية في الخليج العربي 1747-1778، تعريب هاشم كاطع لازم، مراجعة مكي حبيب المؤمن، منشورات مركز دراسات الخليج العربي 14، مطبعة الإرشاد، بغداد 1977م.

- أوزبران، د.صالح،

الأتراك العثمانيون والبرتغاليون في الخليج العربي 1534-1581، ترجمة وتعليق د.عبد الجبار ناجي، مطبعة الإرشاد، بغداد، منشورات مركز دراسات الخليج العربي بجامعة البصرة، 1987م.

- بروكلمان، كارل،

تاريخ الأدب العربي، نقله إلى العربية د.عبد الحليم النجار، جامعة الدول العربية، الإدارة الثقافية، دار المعارف بمصر، 1962، ج3.

- البسام، عبد الله بن عبد الرحمن بن صالح،

علماء نجد خلال ستة قرون، ط1، مكتبة ومطبعة النهضة الحديثة، مكة المكرمة 1977، 3ج.

- البطريق، د.عبد الحميد،

من تاريخ اليمن الحديث 1517-1840، معهد البحوث والدراسات العربية، جامعة الدول العربية، 1969.

- البلادي، عاتق بن غيث،

نشر الرياحين في تاريخ البلد الأمين (تراجم مؤرخي مكة وجغرافيتها) على مر العصور، دار مكة، د.ت، 2ج.

- بيردييف، عزيز خودا،

الاستعمار البريطاني وتقسيم اليمن، طُبع في الاتحاد السوفياتي، دار التقدم، موسكو، 1990م.

- بيرين، جاكلين،

اكتشاف جزيرة العرب، خمسة قرون من المعاصرة والعلم، نقله إلى العربية قدري قلعجي، قدم له حمد الجاسر، د.ط، دار الكتاب العربي، بيروت، د.ت.

- الجاسر، حمد،

جمهرة أنساب الأسر المختصرة في نجد، ط1، منشورات دار اليمامة للبحث والترجمة والنشر، الرياض، 1981، 2ج.

- ـــــــ،

المعجم الجغرافي للبلاد العربية السعودية، د.ط، منشورات دار اليمان للبحث والترجمة والنشر، الرياض، د.ت، 3ق.

- جب، هـ، ر،

الاتجاهات الحديثة في الإسلام، تعريب جماعة من الأساتذة الجامعيين، ط1، بيروت، 1961م.

- الجميل، د.سيّار،

بقايا وجذور التكوين العربي الحديث، ط1، عمان، الدار الأهلية للنشر والتوزيع، عمان، 1997.

- جوده، د.حسين،

شبه الجزيرة العربية، دراسة في الجغرافية الإقليمية، دار المعرفة الجامعية، 1984م.

- أبو حاكمه، د.أحمد مصطفى،

تاريخ الكويت الحديث 1750-1965م، ط1، طباعة ونشر وتوزيع ذات السلاسل 1984م.

- ـــــــ،

محاضرات في تاريخ شرقي الجزيرة العربية في العصور الحديثة، معهد البحوث والدراسات العربية، مطبعة النهضة الجديدة، القاهرة، 1967م.

- الحبشي، عبد الله محمد،

مصادر الفكر العربي الإسلامي في اليمن، مركز الدراسات اليمنية، صنعاء 1978م.

- الخترش، فتوح،

التاريخ السياسي للكويت في عهد مبارك، دراسة وثائقية مقارنة بالمؤرخين المحليين، ج، ج، سلدانها عن كتاب شؤون الكويت 1896-1904م، ط1، 1985م.

- خزعل، حسين خلف،

تاريخ الكويت السياسي، د.ط، بيروت، 1960، د.ط، بيروت، 1962، 5ج.

- خليفات، د.عوض محمد،

الأصول التاريخية للفرقة الأباضية، سلطنة عُمان، وزارة التراث القومي والثقافة، ط2، عُمان، د.ت.

- أبو داهش، د.عبد الله بن محمد بن حسين،

الحياة الفكرية والأدبية في جنوب البلاد السعودية 1200-1351هـ/ 1785-1932م، ط1، نادي أبها الأدبي، 1986.

- الدباغ، مصطفى مراد،

قطر ماضيها وحاضرها، ط1، منشورات دار الطليعة، بيروت، 1961م.

- رافق، عبد الكريم،

العرب والعثمانيون 1516-1916، ط1، دمشق، 1974م.

- الرشيد، عبد العزيز،

تاريخ الكويت، وضع حواشيه وأشرف على تنسيقه يعقوب عبد العزيز الرشيد منشورات دار مكتبة الحياة، بيروت، 1971م.

- روزنثال، د.فرانز،

علم التأريخ عند المسلمين، ترجمة د. صالح أحمد العلي، مراجعة محمد توفيق حسين، بغداد، مكتبة المثنى، 1963، ط2، بيروت، مؤسسة الرسالة، 1983.

- _____،

مناهج العلماء المسلمين في البحث العلمي، ترجمة الدكتور أنيس فريحة، وراجعه د.وليد عرفات، نشر بالاشتراك مع مؤسسة فرنكلين المساهمين للطباعة والنشر، بيروت، نيويورك، 1961م.

- رؤوف، د.عماد عبد السلام،

كتابة العرب لتاريخهم في العصر العثماني، ط1، دار الشؤون الثقافية العامة، آفاق عربية، العراق، بغداد 1988م.

- زامباور، إدوارد فون،

معجم الأنساب والأسرات الحاكمة في التاريخ الإسلامي، أخرجه د.زكي محمد حسن بك وحسن أحمد محمود واشترك في ترجمة بعض فصوله د.سيدة إسماعيل كاشف. د.ط، مطبعة جامعة فؤاد الأول، 1951، 2ج.

- زباره، محمد بن محمد بن يحيى، الحسني اليمني الصنعاني،

أئمة اليمن بالقرن الرابع عشر للهجرة، الدار اليمنية للنشر والتوزيع، 1984م.

- ـــــــ،

من مجاميعه: **نشر العرف لنبلاء اليمن بعد الألف إلى سنة 1375هـ**، المطبعة السلفية ومكتبتها، 1956.

- ـــــــ،

نيل الوطر في تراجم رجال اليمن في القرن الثالث عشر، ج1، القاهرة، عنيت بنشره المطبعة السلفية ومكتبتها، 1929؛ ج2، القاهرة، عنيت بنشره المطبعة السلفية ومكتبتها، 1931.

- الزركلي، خير الدين،

الأعلام، قاموس تراجم لأشهر الرجال والنساء من العرب والمستعربين والمستشرقين، ط9، دار العلم للملايين، بيروت، 1990.

- سالم، سيد مصطفى،

تكوين اليمن الحديث، ط4، ب.م، 1993م.

- ـــــــ،

المؤرخون اليمنيون في العهد العثماني الأول 1538-1635، الجمعية المصرية للدراسات التاريخية، 1971م.

- سالمة بنت سعيد، السيدة سالمة بنت السيد سعيد بن سلطان (سلطان مسقط وزنجبار)،

مذكرات أميرة عربية، ترجمة عبد المجيد حسيب القيسي، وزارة التراث القومي والثقافة، سلطنة عُمان د.ت.

- السيد، د.أيمن فؤاد،
تاريخ المذاهب الدينية في بلاد اليمن حتى نهاية القرن السادس الهجري، ط1، الدار المصرية اللبنانية، 1988.

- _____،
مصادر تاريخ اليمن في العصر الإسلامي، المعهد العلمي الفرنسي للآثار الشرقية بالقاهرة، نصوص وترجمات، المجلد 7، 1974م.

- الشرقاوي، محمود،
جنوب الجزيرة العربية، القاهرة، مكتبة الأنجلو المصرية، 1959م.

- الشيال، د.جمال الدين،
محاضرات في الحركات الإصلاحية ومراكز الثقافة في الشرق الإسلامي الحديث، السلسلة الثانية، جامعة الدول العربي، معهد الدراسات العربية العالمية، 1958، 2ج.

- شيخ أمين، د.بكري،
الحركة الأدبية في المملكة العربية السعودية، 1972.

- صالح، مصطفى لمعي،
المدينة المنورة، تطورها العمراني وتراثها المعماري، دار النهضة – بيروت، 1981م.

- صالحية، د.محمد عيسى،
المخطوطات اليمنية في مكتبة علي أميري ملت باستنبول، مجلة المخطوطات العربية، الكويت، م26: ج2، 1982، المنظمة العربية للتربية والثقافة والعلوم، 1982.

- الصرّاف، محمود حسن،
تطور قطر السياسي والاجتماعي في عهد الشيخ قاسم بن محمد آل ثاني، د.ط، 1980.

- طربين، د.أحمد،
التاريخ والمؤرخون العرب في العصر الحديث، دراسة عن حركة التأليف التأريخي في أقطار الوطن العربي، دمشق، 1970م.

- الطهراني، آقابزرك،

الذريعة إلى تصانيف الشيعة، ط3، صادر عن دار الأضواء، بيروت 1983م، ج1.

- عبد الرحيم، د.عبد الرحمن،

الدولة السعودية الأولى، رسائل وبحوث 1745-1818، د.ط، المطبعة العالمية، القاهرة، 1969.

- عبد الغني، مصطفى،

مؤرخو الجزيرة العربية في العصر الحديث، دار الموقف العربي، 1980.

- العثيمين، د.عبد الله صالح،

تاريخ المملكة العربية السعودية، ط1، د.ن، 1984.

- العقاد، د.صلاح،

التيارات السياسية في الخليج العربي، مكتبة الأنجلو المصرية، القاهرة، 1982.

- عكاشه، د.محمد عبد الكريم،

قيام السلطنة القعيطية والتغلغل الاستعماري في حضرموت 1839-1918، ط1، دار ابن رشد للنشر والتوزيع، عمان، 1985.

- أبو العلا، محمود طه،

جغرافية شبه جزيرة العرب، ط2، مكتبة الأنجلو المصرية، 1977.

- عماره، د.محمد،

تيارات الفكر الإسلامي، دار المستقبل العربي، القاهرة، 1983م.

- عمر، د.فاروق،

الإمامة الإباضية في عُمان، دراسة تاريخية لأحوال عُمان في ظل الأئمة الإباضية في الحقبة من منتصف القرن الثاني الهجري/ الثامن الميلادي حتى منتصف القرن السادس الهجري/ الثاني عشر الميلادي، جامعة آل البيت، المفرق – الأردن، 1997.

- ــــــــ،

مقدمة في دراسة مصادر التاريخ العُماني، الخليج العربي، بغداد 1974.

- العمري، د.حسين عبد الله،

مائة عام من تاريخ اليمن الحديث 1161-1264هـ/ 1748-1848م، ط1، دار الفكر، دمشق 1984م.

- ـــــــ،

مصادر التراث اليمني في المتحف البريطاني، دار المختار للتأليف والطباعة والنشر والتوزيع، دمشق، 1980.

- ـــــــ،

المؤرخون اليمنيون في العصر الحديث، بحث في التاريخ والمؤرخين، دار الفكر المعاصر، بيروت، دار الفكر – دمشق، ط1، بيروت، 1988.

- عوض، د.عبد العزيز،

دراسات في تاريخ الخليج العربي الحديث، ط1، مكتبة الرائد العلمية، عمان، الأردن 1991، 2ج.

- العيسى، د.مي بنت عبد العزيز،

الحياة العلمية في نجد منذ قيام دعوة الشيخ محمد بن عبد الوهاب وحتى نهاية الدولة السعودية الأولى، إصدارات دارة الملك عبد العزيز، الرياض 1997.

- غرايبة، د.عبد الكريم محمود،

تاريخ العرب الحديث، د.ط، الدار الأهلية للنشر والتوزيع، بيروت، 1984.

- ـــــــ،

قيام الدولة السعودية العربية، قسم البحوث والدراسات التاريخية والجغرافية، المنظمة العربية للتربية والثقافة والعلوم، 1974.

- فلبي، سنت جون،

تاريخ نجد ودعوة الشيخ محمد بن عبد الوهاب السلفية، تعريب عمر الديراوي، د.ط، منشورات المكتبة الأهلية، بيروت، د.ت.

- القوزان، د.ابراهيم،

الأدب الحجازي الحديث بين التقليد والتجديد، ط1، مكتبة الخانجي، 1981م.

- فلييس، ويندل،

تاريخ عُمان، ترجمة محمد أمين عبد الله، سلطنة عُمان، وزارة التراث القومي والثقافة، 1981.

- قاسم، جمال زكريا،

الخليج العربي، دراسة لتاريخ الإمارات العربية في عصر التوسع الأوروبي الأول 1507-1840م، دار الفكر العربي، القاهرة 1985.

- ـــــــ،

دراسة لتاريخ الإمارات العربية 1840-1914، ط2، دار البحوث العلمية، الكويت 1974.

- ـــــــ،

دولة بوسعيد في عُمان وشرق إفريقيا 1741-1861، مكتبة القاهرة الحديثة، 1968.

- كاشف، د.سيدة إسماعيل،

عُمان في فجر الإسلام، مجلة تراثنا، وزارة التراث القومي، سلطنة عُمان.

- كحاله، عمر رضا،

معجم المؤلفين، تراجم مصنّفي الكتب العربية، مكتبة المثنى، بيروت، ودار إحياء التراث العربي، بيروت، 1957.

- لاندن، روبرت جيران،

عُمان منذ 1856 مسيرًا ومصيرًا، ترجمة محمد أمين عبد الله، د.ط، سلطنة عُمان، وزارة التراث القومي، د.ت.

- مايلز، س.ب،

الخليج، بلدانه وقبائله، ترجمة محمد أمين عبد الله، وزارة التراث القومي والثقافة، سلطنة عُمان، 1982م.

- محافظة، د.علي،

الاتجاهات الفكرية عند العرب في عصر النهضة 1798-1914؛ الاتجاهات الدينية والسياسية والاجتماعية والعلمية، الأهلية للنشر والتوزيع د.ت.

- ابن مسفر، عبد الله بن علي،

السراج المنير في سيرة أمراء عسير، ط1، مؤسسة الرسالة، 1978.

- مقبل، صالح محمد صغير،

محمد بن علي الشوكاني وجهوده التربوية، ط1، دار الجيل، بيروت ومكتبة جدة 1989.

- النبهاني، محمد بن خليفة بن حمد بن موسى،

التحفة النبهانية في تاريخ الجزيرة العربية، ط1، دار إحياء العلوم، بيروت، المكتبة الوطنية - البحرين، 1986.

- هارولد. ف، يعقوب،

ملوك شبه الجزيرة العربية، ترجمة أحمد المضواحي، مركز الدراسات والبحوث اليمني، صنعاء، دار العودة، بيروت 1983م.

- هاليداي، فرد،

المجتمع والسياسة في الجزيرة العربية، تعريب وتقديم د.محمد الرميحي، ط1، د.م، 1976.

- هنتس، فالتر،

المكاييل والأوزان الإسلامية وما يعادلها في النظام المتري، ترجمه عن الألمانية د.كامل العسلي، ط1، منشورات الجامعة الأردنية، 1970.

- الهيله، محمد الحبيب،

التاريخ والمؤرخون بمكة من القرن الثالث الهجري إلى القرن الثالث عشر، «جمع وعرض وتعريف»، ط1، دار الغرب الإسلامي، بيروت، 1994.

- ولينكسون، جون، س،

حدود الجزيرة العربية، قصة الدور البريطاني في رسم الحدود عبر الصحراء، ترجمة مجدي عبد الكريم، ط1، مكتبة مدبولي، القاهرة 1993.

- ويلسون، اللفتنانت كولونيل سير أرنولدت،

تاريخ الخليج، ترجمة محمد أمين عبد الله، ط2، وزارة التراث القومي والثقافة، سلطنة عُمان 1985.

(2) **مراجع باللغة الإنجليزية:**

- Doughty (Charles), Passages From Arabia Desarta, London: Jonathan Cape To-ronto, 1964.
- ——, Travels in Arabia Deserta, in Two Volumes, Newyork, 1964.
- ——, Wanderings in Arabia, London, 1969.
- Musil (Alois), Northern Negd, Newyork, 1928.
- Palgrave, (Willim Gifford), Personal Narrative of a Year's Journey Through Central and Eastern Arabia 1826-1863, London, 1985.

(3) **الرسائل الجامعية:**

أحمد حسين العقبي، **التنافس الإنجليزي الفرنسي في شبه الجزيرة العربية في القرن التاسع عشر الميلادي**، رسالة دكتوراه، جامعة الأزهر، القاهرة، مصر، 1979م.

ج. بحوث منشورة في:

1) **دوائر المعارف:**

- موتيلنسكي، «إباضية» دائرة المعارف الإسلامية. م1.
- موتيلنسكي، «أباضية» دائرة المعارف الإسلامية. م1.

2) **كتاب لمجموعة من المؤلفين:**

- خالد بن قحطان، سيرة خالد بن قحطان،

السير والجوابات لأئمة وعلماء عُمان، تحقيق سيدة إسماعيل كاشف، القاهرة، 1986م.

- مجموعة من المؤلفين الأجانب،

عُمان، تاريخًا وعلماءً، ترجمة محمد أمين عبد الله، وزارة التراث القومي والثقافة، سلطنة عُمان، 1982.

3) **الدوريات:**

- توشرر، ميشيل، المخلاف السليماني في اليمن، ترجمة علي محمد زيد، مجلة دراسات يمنية، صنعاء، ع32، 1988م.

- الجاسر، حمد، تاريخ الفاخري لا الأخبار النجدية -1-، مجلة العرب، الرياض، ج5 و6، 1981.

- ـــــــ، تاريخ الفاخري لا الأخبار النجدية -2-، مجلة العرب، الرياض، ج7 و8، 1981.

- ـــــــ، تاريخ الكويت، مجلة دراسات الخليج والجزيرة العربية، جامعة الكويت، ع6 س2، 1976.

- ـــــــ، الجواهر المعدة في فضائل جدة، تحقيق ونشر لكتاب أحمد بن محمد الحضراوي، ت1327هـ/ 1909م، مجلة العرب، الرياض، ج5 و6، س12، 1978، 404-418.

- ـــــــ، الجواهر المعدة في فضائل جدة، مجلة العرب، الرياض، ج7 و8، س13، 1979، 543-561.

- ـــــــ، الجواهر المعدة في فضائل جدة، مجلة العرب، الرياض، ج9 و10، س13، 1979، 671-686.

- ـــــــ، الجواهر المعدة في فضائل جدة، مجلة العرب، الرياض، ج11 و12، س13، 1979، 121-127.

- ـــــــ، عبد الله بن المبارك بن بشير، مجلة العرب، الرياض، ج3 و4، س2، 1987، ص492-497.

- ـــــــ، عبد الله بن المبارك بن بشير، مجلة العرب، الرياض، ج7 و8، س22، 1987، ص492-497.

- الجاسر، في رحاب الحرمين من خلال كتب الرحلات إلى الحج، مجلة العرب، الرياض، ج3 و4، س12، 1978.

- ـــــــ، كشف الحجب والستور عما وقع لأهل المدينة مع أمير مكة سرور، مجلة العرب، الرياض، ج7 و8، 1985.

- ـــــــ، من تاريخ الدولة السعودية الأولى في المؤلفات اليمنية من كتاب جحاف: درر نحور الحور العين، مجلة العرب، الرياض، ج9 و10، س26، 1991.

- ـــــــ، من تاريخ الدولة السعودية الأولى في المؤلفات اليمنية، مجلة العرب، الرياض، ج3 و4، س27، 1992.

- ـــــــ، من تاريخ الدولة السعودية الأولى في المؤلفات اليمنية، مجلة العرب، الرياض، ج9 و10، س27، 1992.
- ـــــــ، من تاريخ الدولة السعودية الأولى في المؤلفات اليمنية، مجلة العرب، الرياض، ج11 و12، س27، 1992.
- ـــــــ، من تاريخ الدولة السعودية الأولى في المؤلفات اليمنية، مجلة العرب، الرياض، ج1 و2، س28، 1993.
- ـــــــ، من تاريخ الدولة السعودية الأولى في المؤلفات اليمنية، مجلة العرب، الرياض، ج3 و4، س28، 1993.
- ـــــــ، من تاريخ الدولة السعودية الأولى في المؤلفات اليمنية، مجلة العرب، الرياض، ج5 و6، س28، 1993.
- ـــــــ، من تاريخ الدولة السعودية الأولى في المؤلفات اليمنية، مجلة العرب، الرياض، ج9 و10، س28، 1993.
- ـــــــ، من تاريخ الدولة السعودية الأولى في المؤلفات اليمنية، مجلة العرب، الرياض، ج11 و12، س28، 1993.
- الجاسر، من تاريخ الدولة السعودية الأولى في المؤلفات اليمنية، مجلة العرب، الرياض، ج3 و4، س29، 1993.
- ـــــــ، من تاريخ الدولة السعودية الأولى في المؤلفات اليمنية، مجلة العرب، الرياض، ج1 و2، س29، 1994.
- ـــــــ، من تاريخ الدولة السعودية الأولى في المؤلفات اليمنية، مجلة العرب، الرياض، ج5 و6، س29، 1994.
- ـــــــ، من تاريخ الدولة السعودية الأولى في المؤلفات اليمنية، مجلة العرب، الرياض، ج7 و8، س29، 1994.
- ـــــــ، من تاريخ الدولة السعودية الأولى في المؤلفات اليمنية، مجلة العرب، الرياض، ج9 و10، س29، 1994.
- ـــــــ، من تاريخ الدولة السعودية الأولى في المؤلفات اليمنية، مجلة العرب، الرياض، ج11 و12، س29، 1994.

- ـــــــ، مؤرخو الطائف، مجلة العرب، الرياض، ج1، س2، 1967.

- ـــــــ، مؤرخو نجد من أهلها -1-، مجلة العرب، الرياض، ج9، س5، 1971.

- ـــــــ، مؤرخو نجد من أهلها -2-، مجلة العرب، الرياض، ج10، س5، 1971.

- ابن جريس، غيثان بن علي، وثائق من عسير خلال الحكم العثماني 1289-1337، مجلة العرب، الرياض، ج3 و4، س28، 1993.

- الحامد، عبد الله، الحياة الاجتماعية في الجزيرة العربية خلال قرنين من الزمن 1150-1350هـ، مجلة العرب، الرياض، ج3و4، س14، 1979.

- ـــــــ، الشعر في الجزيرة العربية نجد والاحساء والقطيف خلال القرنين 1150-1350هـ، مجلة العرب، الرياض، ج7 و8، 1980.

- الحبشي، عبد الله، لفحات الوجد في فعلات أهل نجد، مجلة العرب، الرياض، ج9 و10، س17، 1983.

- ـــــــ، من شعراء ضمد في كتاب (مطلع البدور)، مجلة العرب، الرياض، ج1 و2، س24، 1989.

- حسين، د.طه، الحياة الأدبية في جزيرة العرب، مجلة الهلال المصرية، 1933، ص595-606.

- الحقيل، عبد الله حمد، رحلات علماء نجد إلى الشام طلبًا للعلم، مجلة الدارة، الرياض، ع2، س24، 1988.

- الحمامي، د.عبد الرزاق، علماء تونس والدعوة الوهابية، مجلة حوليات الجامعة التونسية، تونس، ع30، س15، 1989.

- أبو داهش، د.عبد الله بن محمد، رسالتا ابن مجثل الحفظي في حال أحمد بن إدريس المغربي، مجلة العرب، ج1 و2، ص23، 1988.

- ـــــــ، مناظرة أحمد بن إدريس مع فقهاء عسير 1248هـ/ 1832م، جمع الحسن بن أحمد بن عبد الله عاكش الضمدي 1121-1290، مجلة العرب ج5 و6، س21، 1986.

- ـــــــ، موقف أدباء الجزيرة العربية من الحملة الفرنسية على مصر، 1213-1216هـ/ 1798-1801م، مجلة العرب، الرياض، ج11 و12، س21، 1986.

- الدجيلي، كاظم، الشيخ عثمان بن سند البصري، مجلة لغة العرب، بغداد، ج4، س3، 1913.

- الدوري، د.عبد العزيز، كتابة التاريخ العربي، مجلة المستقبل العربي، مركز دراسات الوحدة العربية، ع163، س15، 1992، ص4-13.

- زكريا، وصفي، حديث اليمن، رحلة جغرافية عمرانية، مجلة المقتطف، ج1، م91، 1937.

- زيدان، تاريخ حضرموت، (وثيقة مخطوطة)، مجلة الدارة، الرياض، ع3، س18، 1982.

- السنيدي، عبد الرحمن حمد، الوجه الفلكي للمؤرخ النجدي عثمان بن عبد الله بن بشر، مجلة الدارة، الرياض، ع3، س22، 1986.

- السياغي، القاضي حسين بن أحمد، قانون صنعاء، مجلة معهد المخطوطات العربية، جامعة الدول العربية، م10، ج2، 1964.

- شلحد، وفد فرنسي يزور الإمام المهدي، مجلة دراسات يمنية، صنعاء، ع18، 1984.

- الشويعر، د.محمد بن سعد، مخطوط: عنوان السعد والمجد فيما استظرف من أخبار الحجاز ونجد، مجلة الدارة، ع3، س21، 1985.

- ـــــــ، ابن غنام مؤرخ وتاريخ، مجلة الدارة، الرياض، ع1، س3، 1978.

- العقيلي، محمد بن أحمد، الحسن بن أحمد عاكش الضمدي -1-، مجلة العرب، الرياض، ج2، س6، 1971.

- ـــــــ، الحسن بن أحمد عاكش الضمدي -2-، مجلة العرب، الرياض، ج3، س6، 1971.

- ـــــــ، الحسن بن أحمد عاكش الضمدي -3-، مجلة العرب، الرياض، ج9، س7، 1973.

- العمري، د.حسين بن عبد الله، الإمام الشوكاني في تراجم معاصريه، القسم الأول، مجلة دراسات يمنية، صنعاء، ع13، 1983.

- ـــــــ، الإمام الشوكاني في تراجم معاصريه، القسم الثاني، مجلة دراسات يمنية، صنعاء، ع14، 1983.

- ـــــــ، الشوكاني مجتهدًا وفقيهًا، مجلة دراسات يمنية، صنعاء، ع34، 1988.

- ـــــــ، عدن بين محوري طموحات محمد علي وأطماع الاستعمار البريطاني، مجلة دراسات يمنية، صنعاء، ع17، 1984.
- ـــــــ، مدرسة الشوكاني في كتابة التاريخ، مجلة دراسات يمنية، صنعاء، ع32، 1988.
- الكراي، القسنطيني، مشروع خطة عثمانية في التصدي للأطماع الاستعمارية بالخليج العربي أواخر القرن التاسع عشر، مجلة المؤرخ العربي، الأمانة العامة، بغداد، ع41/ 42، س16، 1990.
- ابن لعبون، عبد المحسن بن إبراهيم، حديث الكتب، تاريخ ابن لعبون، مجلة العرب، الرياض، ج9 و10، س22، 1987.
- آل مبارك، أحمد بن علي، علماء الاحساء ومكانتهم العلمية والأدبية، محاضرة منشورة في مجلة العرب، الرياض، ج5 و6، س17، 1982.
- مجلة الجديد، محور العدد، عبد العزيز الدوري، إسهام كبير في صياغة فلسفة التاريخ العربي المعاصر، مقابلة مع د.الدوري، مجلة الجديد، ع4، س4، 1997.
- مجلة العرب، معجم ما ألف عن المدينة المنورة (1)، مجلة العرب، الرياض، ج1 و2، س31، 95/ 1996.
- مجلة الهلال، ج4، س10، 1901.
- المشني، أحمد بن محمد هندي، الحياة الفكرية في ضمد 900-1351هـ، مجلة العرب، الرياض، ج9 و10، س29، 1994.
- مكتبة العرب، تاريخ الشيخ أحمد المنقور، مجلة العرب، الرياض، ج8، س5، 1971.

(4) وقائع المؤتمرات، ندوات:

- الدوري، د.عبد العزيز، كتب الأنساب وتاريخ الجزيرة العربية، الندوة العالمية الأولى لدراسات تاريخ الجزيرة العربية في 5-10 جمادى الأولى 1397هـ/ الموافق 23-28 نيسان 1977، قسم التاريخ، كلية الآداب، جامعة الرياض، المملكة العربية السعودية، إشراف الدكتور عبد الرحمن الطيب الأنصاري.
- غرايبة، د.عبد الكريم، الخليج العربي في العهد العثماني، بحث منشور في كتاب دراسات في التاريخ والسياسة والقانون والاقتصاد، الندوة الدبلوماسية الثقافية لعام 1401هـ/ 1980م، إشراف د.إبراهيم الغيص، دولة الإمارات العربية المتحدة، وزارة الخارجية.

(5) منشورات:
- جامعة الملك سعود، فهرس مخطوطات جامعة الملك سعود، ط1، الرياض، 1984.
- جامعة الملك عبد العزيز، فهرس المخطوطات للمكتبة المركزية، جدة.
- دار الكتب المصرية، فهرس مخطوطات الخزانة التيمورية، القاهرة، مطبعة دار الكتب المصرية، 1948.
- فهرس مخطوطات الغربية بالجامع الكبير بصنعاء، طبع بإشراف منشأة المعارف بالإسكندرية، ب.ت.

د. الصحف:

- الزوراء، جريدة عثمانية تصدر يومين بالأسبوع السبت والثلاثاء وتحوي الأخبار والحوادث الداخلية والخارجية، مركز الولاية بغداد.
- الزوراء، بغداد، ع136، الثلاثاء 6 نيسان 1871م.
- الزوراء، بغداد، ع140، الثلاثاء 20 نيسان 1871م.
- الزوراء، بغداد، ع148، الثلاثاء 18 آذار 1871م.
- الزوراء، بغداد، ع199، السبت 13 تشرين ثاني 1871م.
- الاتحاد العثماني، جريدة قومية سياسية أدبية اجتماعية عمرانية طبعت في المطبعة الأهلية بيروت.
- العبادي، عبد القادر، راتب ابن رشيد من الدولة العثمانية، الاتحاد العثماني، بيروت، ع156، السبت 6 ربيع الأول 1327هـ/ 14 آذار 1909م.